KB123404

근대 건강담론과 신체 자료집 (4)

이 저서는 2021년 대한민국 교육부와 한국연구재단의 지원을 받아 수행된 연구임
(NRF-2021S1A5B8096434)

신체정치 자료총서 4

근대 건강담론과 신체 자료집 (4)

초판 1쇄 발행 2022년 12월 31일

엮은이 | 청암대학교 재일코리안연구소
발행인 | 윤관백
발행처 | 선인

등 록 | 제5 - 77호(1998.11.4)
주 소 | 서울시 양천구 남부순환로 48길 1
전 화 | 02)718 - 6252 / 6257   팩 스 | 02)718 - 6253
E-mail | sunin72@chol.com

정가 45,000원

ISBN 979-11-6068-771-2 94900
       979-11-6068-319-6 (세트)

· 잘못된 책은 바꿔 드립니다.

신체정치 자료총서 4

근대 건강담론과 신체 자료집 (4)

청암대학교 재일코리안연구소 편

선인

▌자료집을 내면서 ▌

청암대 재일코리안연구소는『근대 건강담론과 신체 자료집』총 6권을 구상하면서 "총서와 짝을 이루면서도 일반 독자를 겨냥한다."라는 원칙을 세웠었다. 핵심 자료를 추려 주제의식을 명료하게 제시하고 일반 독자에게 '가독성'이 높은 자료집을 만드는 것이 목표였다. 또한, 전체 자료집의 체계를 일관되게 유지하기 위해 1부, 2부, 3부의 기본 틀을 설정하고 시기별·분야별로 자료를 체계화하려고 했다. 이번 자료집(2)도 그 원칙에 따라 오랫동안 정성을 기울인 결과물이다. 1부, 2부, 3부 모두 1920년에서 1925년까지 잡지 신문 교과서 등에 실린 건강담론과 관련 이미지를 대상으로 삼았다.

1부에서는 신문과 잡지에 실린 수많은 관련 기사 가운데 중복을 피하면서 (1) 의료와 신체관 (2) 위생과 청결 (3) 건강·체육으로 그 내용을 범주화했다. 1920년대 초반 '개조의 시대'와 맞물리면서 위생과 건강 담론도 풍성했다. 그 가운데 눈길을 끄는 글을 고르고 문장을 현대어로 바꾸어 일반 독자가 읽기 편하게 했다. 또한 일본어로 쓴『수신 교과서』와『국어 독본』을 한글로 번역했다. 이미지 자료도 함께 제시하여 시원하게 편집한 것은 '가독성'을 위해 바람직하다고 생각한다.

2부에서는『조선급만주』(朝鮮及滿洲)에 나타난 신체관과 의료 관련 기사를 번역했다. 자료집(1)에서도 소개한 바와 같이,『조선급만주』는 1912년 1월부터 1941년 1월까지 월간으로 발행한 잡지이다. 그 전신인『조선』까지 포함하면 무려 34년 동안 발행한 조선에서 가장 긴시간 출간한 종합 잡지다.『조선급만주』는 제국의 권력과 지식이 결합하여 식민지 통치를 위한 '조선 이미지'를 만들어냈다. 그만큼 종주국의 제국의식이 짙게 드리워진 잡지였다. 그러나『조선급만주』는 일제 강점기의 전체상을 파악하는 데 매우 중요 잡지이다. 옛 일본 문장을 읽기 힘들어 이제야 그 잡지를 이용한 연구성과가 나오기 시작한다. 이번 자료집(2)에서는 지면을 크게 늘리고 더욱 촘촘하게 번역했다. 전임 연구진이 많은 시간과 힘을 기울였다. 기사 제목만 훑어보더라도 1920년대 초·중반의 위생 상황과 의학의 관심 분야를 짐작할 수 있다. 관련 연구에 큰 보탬이 되기를 기대한다.

　3부에서는 의약품 광고에 담긴 신체정치를 제시한다. 비교적 쉽게 접근할 수 있는『동아일보』,『조선일보』,『매일신보』,『부산일보』등 만이 아니라, 전문 연구자조차 아직 접근하기 어려운『경성일보』광고 전체를 대상으로 했다는 점에서 의의가 크다. 게다가 여러 잡지에 실린 광고도 모두 조사했다고 하니, 적어도 그 정성만큼은 높이 평가받을 만하다고 생각한다. 기존의 광고사 연구나 의학사 연구에서도 제시한 적이 없는 여러 광고를 우리 자료집에서 새롭게 발굴했다는 점에서 가슴 뿌듯하다. 우리 전임 연구진이 이 자료에 근거해서 관련 저술을 집필하고 있다는 것도 하나의 자랑거리다. 자료집 시리즈를 마칠 때면 핵심 의약품 광고를 범주별로 모두 정리하게 될 것이다.

　코로나 형국에서 오히려 더욱 세심하게 자료집을 준비한 최재성, 황익구, 최규진 연구원의 노고에 감사드린다. 건강과 위생 담론이 그 어느 때보다 중요해진 오늘날의 '코로나 국면'에서 우리 자료집이 '인문학적 사유'를 촉진하는 계기가 되었으면 좋겠다.

청암대학교 재일코리안연구소 소장
김인덕

▌목차 ▌

1부
매체 속의 신체 담론

I. 의료와 신체관

1. 교과서

조선총독부, 『중등교육 수신서 권1』, 조선서적인쇄주식회사, 1935년 번각발행.

제2과 정신과 신체

세상에는 정신만 있고 신체가 없는 인간도 없지만, 신체만 있고 정신이 없는 인간도 없다. 인간인 이상, 누구든지 심신의 양면을 갖추고 있다. 이 양자는 떨어뜨릴 수 없는 밀접한 관계이고 오히려 인간은 그것을 내면에서 보면 정신이고, 외면에서 보면 신체라고 하는 형태에 있다.

작은 가시가 손끝에 찔려도 왠지 모르게 따끔따끔한 기분이 들고 갑자기 공포를 느끼며 손발이 떨리고 말조차 나오지 않는다. 이러한 것은 아무래도 심신과 밀접한 관계가 있고 오히려 일체라는 것을 증명하는 실례이다. 이처럼 정신과 신체는 일체 표리를 이루는 것이기 때문에 속담에도 '건전한 신체에 건전한 정신'이라고 하고 있다.

이처럼 신체와 정신은 일체 양면을 이루고, 더욱이 서로 영향을 주고받는 것이기 때문에 우리가 인간으로서의 임무를 다하기 위해서는 열심히 이 양자를 건전하게 발달시키지 않으면 안 된다. 그렇다고 해서 건전한 신체는 반드시 살이 찌고 병이 없는 것을 말하는 것이 아니다. 수시로 정신의 명을 받들고 충분히 활동할 수 있는 신체를 말하는 것이다. 또한 건전한 정신은 반드시 매사에 느끼기 쉽고 깨우침이 빠른 것이 아니다. 참과 거짓, 옳고 그름의 판단을 그르치는 일 없이, 그에 따라 신체를 잘 지배하는 정신을 말하는 것이다. 따라서 우리는 건전한 정신과 건전한 신체를 함께 갖는 것을 명심해야 한다. 그것은 자신을 위해, 국가와 사회를 위해 보람이 있는 생애를 보낼 수 있도록 힘쓰지 않으면 안 된다.

우리는 지금 심신과 함께 가장 뚜렷하게 성장 발달해 가는 시기에 있다. 만약 이 시기를 조심성 없이 지낸다면 생애에 돌이킬 수 없는 불운을 불러올 수도 있다.

그것을 잘 기억해서라도 우리는 어디까지나 심신의 수양에 힘쓰지 않으면 안 된다. 거기에는 여러 가지의 방법도 있지만 특히 가장 중요한 것은 절제와 단련이다. 절제는 모든 일에 정도를 지키고 제멋대로 함부로 행동하지 않는 것이다. 단련은 적극적으로 곤란에 맞서서 그 중간에서 심신을 단련시키는 것이다. 이 양자가 합쳐져서 비로소 심신을 건전하게 수양할 수 있다.

논어에 '넘치는 것은 오히려 부족한 것과 같다'라는 가르침이 있듯이 어떤 일을 할 때도 정도껏 적당히 하지 않으면 안 된다. 이것이 절제가 필요한 연유이다. 만약에 절제를 지키지 않는다면 신체도 정신도 차츰차츰 손상되어 그 힘도 약해지고 그 기능도 둔해진다. 따라서 우리는 신체와 관련해서는 음식을 삼가고 운동, 휴식, 수면 등을 적당하게 취하고, 정신과 관련해서는 과도한 욕망을 억제하고 너무 현실과 동떨어진 공상에 빠지지 않도록 특히 주의하지 않으면 안 된다.

세상이 발전함에 따라서 우리의 생활은 점차 복잡해지고 심신을 고생시키는 것이 한층 많아지고 우리의 본분을 다함에도 불구하고 많은 곤란이 따라온다. 이 노고와 곤란을 극복할 수 있는 사람은 잘 단련된 심신 외에 다른 것이 없다. 이것이 절제 위에 더욱이 단련이 필요한 연유이다. 예를 들면 무술을 연마하고 체조를 게을리하지 않은 것과 같은 것이며 혹은 야외에서 놀고 높은 산에 오르고 혹은 물에서 헤엄치고 얼음, 눈 위에서 노는 것과 같이 이 모든 것이 신체 단련의 방법이다. 더욱이 옛날의 무사가 무술을 통해서 무사도를 배운 것처럼 우리는 이처럼 신체를 단련하는 것이 그대로 정신 수양이 된다는 것을 잊어서는 안 된다. 또한 그것에 한하지 않고 정신의 단련은 일상생활에 있어서 언제든 할 수 있다. 혹은 안일을 탐하는 생각을 극복하고 학습에 노력하고 남을 속이는 욕구를 버리고 실습에 충실하며 혹은 학우와 사귀고 서로 옳음을 격려하고 그름을 경계하며 혹은 단체의 일원으로서 사사로운 감정을 버리고 공적인 것에 따르고 만약 그 단체가 때때로 그릇되고 옳지 못한 길에서 방황하는 경우에는 자기 혼자서라도 용감히 그것을 반대하여 바른길로 인도하는 등, 각각 그 기회에 대응하여 스스로 잘 정신을 단련하지 않으면 안 된다. 〈6~11쪽〉

2. 신문

치과 의학사 조봉진, 「치아의 상식과 위생(1) 소년기에 제일 많은 충치는 초기에 철저히 고쳐야 합니다」, 『동아일보』, 1931년 6월 5일.

구강위생 즉 예방 치과라는 것은 예로부터 유일한 방책이 단순히 입 속 깨끗하게 하는 것뿐이었지만 사실 그 예방만 가지고는 구강위생이 충분하지 못하였던 것입니다.

그와 동시에 입속에 부패한 것이 있는 것이 건강을 보전하는 데 얼마나 나쁜 영향을 미치는지 잘 알게 된 오늘날에는 민중의 일반적 보건정책의 입장으로서 철저히 우치(齲齒) 즉, 벌레 먹은 이를 예방해야 한다는 운동을 하게 되었습니다.

구미(歐美) 도시, 그 외 일본에서는 각 시립학교에 치과 치료소가 처처에 설치되어 아동의 치아 보호를 시행하고 있습니다. 벌레 먹은 이는 소년기로부터 청년기에 많이 생깁니다.

그러나 성년기에는 비교적 적습니다. 이때에는 이미 생겼던 벌레 먹은 이가 점점 더해가고 있는 것을 명백히 발견하게 되는 경우가 많습니다.

이러한 연유로서 예방책은 보통과 아동의 구강위생에 관한 지식과 상식을 넓혀갈 것이며 또 한편으로는 될 수 있는 데까지 초기에 있는 벌레 먹은 이의 치료를 시행하도록 힘쓸 것입니다.

적당한 잇솔 또는 이쑤시개로 치아를 기계적으로 청결하게 하는 것이 좋습니다.

연한 음식 또는 단단한 음식물을 늘 먹는 것은 치아에 퍽 해로운 것입니다.

그리고 활발한 저작 운동(잘 씹어먹는 것)은 치아에 매우 좋은 것입니다. 활발한 저작은 치아 자신의 보건을 위해서나 또는 전신 영양을 위해서 극히 필요한 것입니다. 치아를 잘 사용하면 치아 혹은 그 주위에 있는 조직의 영양이 풍족해지면서 자연히 튼튼해져 옵니다. 즉 치아를 청결하게 하고 잘 사용하는 사람은 부패하지 않는다는 표어가 새로이 생겼습니다.

그런데 벌레 먹은 이에 대한 저항력의 강약은 과연 어떻게 되는가? 하는 문제를 중심으로 한 설명 중에는 문화와 벌레 먹은 이와의 관계가 비교적 흥미를 일으키는 것입니다.

문화 진보에 따라 벌레 먹은 이가 늘어가는 사실은 어떤 사람을 물론하고 인정하는 바입니다.

그 유력한 예를 들자면 호주에 있는 마오리족입니다. 이 족속은 최초에 비문화적 즉, 자연생활을 경영하던 그 시절에는 전혀 벌레 먹은 이가 없었지만, 겨우 7, 8년간 문명 생활에 발을 내딛고 그 습관과 음식이 유럽인 식으로 진보된 오늘날에 와서는 유럽인과 똑같이 90%

이상 벌레 먹은 이의 소유자가 있게 되었다는 것입니다.

치과 의학사 조봉진, 「치아의 상식과 위생(2) 임신기에 더욱 많은 충치의 예방은 칼슘을 많이 취해야 합니다」, 『동아일보』, 1931년 6월 6일.

치아는 음료수에도 큰 관계가 있습니다. 석회염이 많이 섞인 물 즉, 경수(硬水)를 음용하는 지방의 사람은 석회의 섞이는 분량이 적은 연수(軟水) 음용자보다도 벌레 먹은 이가 적다는 말도 있습니다.

또 근년에 와서는 비타민 결핍증과 치아와의 관계를 많이 논설하게 되었습니다. 비타민이 결핍한 음식을 평상시에 섭취하는 자에게는 치아의 석회화가 불완전하여 벌레 먹은 이가 생기거나 또는 치조농루에 즉 잇몸에 고름 드는 병에 걸리기 쉽다는 것입니다. 이러한 이유로서 벌레 먹은 이를 예방하는 데 음식 문제를 새로이 중요하게 보게 되었습니다.

사실 실험한 예를 볼지라도 먼 길의 배만 타고 다니는 선원이 신선한 채소를 흔히 먹지 못하기 때문에 이 잇몸(齒齦) 출혈 같은 병을 얻는 것입니다.

비타민과 치아의 관계를 논하게 된 것은 1차대전 조금 전 1913년부터입니다. 이와 같이 음식물과 치아와의 관계는 현재까지도 흥미 있는 연구 문제가 되어갑니다.

음식물 중에 칼슘의 풍부한 것은 채소 해초 종류와 우유입니다.

그리고 더구나 임신한 때와 젖 먹이는 동안에는 칼슘의 요구가 성하므로 칼슘이 많이 섞인 식료품을 절대로 많이 먹어야 합니다.

아이들이 많아짐에 따라 벌레 먹은 이가 늘어가는 실례를 보아서도 넉넉히 짐작이 됩니다. 다시 말할 것도 없이 임신 중에 있는 부인은 태아가 발육되어 갈수록 모체로부터 다량의 칼슘을 탈취하기 때문에 벌레 먹은 이가 많아지는 것입니다.

치과 의학사 조봉진, 「치아의 상식과 위생(3) 충치를 예방하려면 식후에 이를 닦아 입 속에 산이 생기지 않게」, 『동아일보』, 1931년 6월 7일.

벌레 먹은 이의 원인을 말하면 이러합니다.

충치는 벌레가 치아를 파먹어 구멍이 난다고 동서양이 일반으로 처음에 이렇게 말하여 왔지만, 학문이 진보되어 옴에 따라 확실한 근거의 원인이 없으면 안 되겠다 하는 데서 마침내 두 가지의 학설이 대립되었습니다.

그 하나는 염증설의 학설입니다. 조직의 염증이 일어나면 아픈 부분이 부으며 나중에는 농즙 즉 고름을 갖게 된다고 인정하는 것입니다.

또 하나의 학설은 화학설로서 입 속에 염산 유산이라는 것이 생겨서 치아의 조직을 용해한다고 즉 삭아가게 한다고 생각하는 것입니다.

그러나 지금으로부터 40년 전 미국 치과의학자 뮤라 씨가 이 두 가지의 학설을 파괴하고서 새로이 화학 세균설을 내세웠습니다.

이 학설로 말하면 입 속에 많이 번식하여 있는 세균 중에서 어떤 종류의 세균은 음식물외 어떤 성분을 통해 분해하여 유산이 생기게 하며, 이 유산의 성질은 치아의 법랑질과 상아질 가운데 있는 인산 칼슘, 탄산 칼슘 같은 것을 풀리게 하며, 또 다른 종류의 세균은 역시좀 남아 있는 치아의 유기질을 풀리게 하는데, 이와 같은 작용이 서로 혼잡한 때에는 마침내충치의 구멍이 생기는 것이라는 것입니다. 이것은 현재 일반으로 믿고 있는 학설입니다.

이러한 세균설에 대하여는 구균 또는 간균(桿菌)설이 대립하여 있다가 오늘날에 와서는간균설이 주창되어 있습니다.

다시 말할 것도 없이 벌레 먹은 이는 이 간균의 작용에 따라 생기는 것입니다.

그런데 간균을 탈회균(脫灰菌)이라고도 말할 수 있습니다.

이 탈회균은 사탕을 분해하여 산을 양성하는 작용을 가졌습니다. 산의 작용이 치아 면에접촉하면 자연히 법랑질이 용해해 갑니다. 다만 이 균이 음식물에 작용하여 산으로 변화하는 동안은 여러 시간 걸리므로 식사 후 한두 시간 안에 입 속의 끼인 찌꺼기 음식물을 다닦아버리면 자연히 산을 만드는 기회가 없게 됩니다. 따라서 벌레 먹은 이도 생기지 않게되므로 어릴 때부터 치아를 깨끗하게 하기만 하면 충치 생길 염려가 없다고 하여도 과언이아닙니다.

치과 의학사 조봉진, 「치아의 상식과 위생(4) 어린이 치아에 대한 어머니의 주의 붕산수로 이를 꼭 닦아줄 일」, 『동아일보』, 1931년 6월 12일.

유치(젖니)가 나서 일정한 시기가 되면 자연히 영구치로 자리를 바꾸고 빠져버리는 고로(이를 갈아버리는 까닭에) 흔히 유치를 중요히 생각지 않는 경향이 있습니다마는, 이것은크게 잘못 생각하는 것입니다.

유치는 생명이 짧다 즉 사용하는 연한이 짧다는 생각에서 어린아이의 이를 혹 등한히 볼수 있으나 유치는 유치의 사명을 단단히 가지고 있는 것입니다.

유치의 발생하는 시기는 아이들에 따라 다소의 차이가 있으나 대체로는 대개 출생 후 반년을 지내면 아래 악골(顎骨) 한가운데서 이가 납니다. 이것을 중절치(中切齒)라 합니다.

그다음에는 옆에 즉 측절치(側切齒)가 나며, 세 번째에는 한 자리를 걸러서 제1 유구치(乳臼齒) 즉 어금니가 발생한 뒤에 셋째 자리에서 송곳니 즉 견치(犬齒)가 나고, 최후로 제2 유구치 즉 둘째 어금니가 나서 상하좌우로 모두 20개의 이가 나게 됩니다.

이가 날 때 어린아이가 신열이 오르는 예도 많습니다. 어린아이가 생후 15개월이 되어 제1 유치가 겨우 나는 고로 그때는 벌써 밥알 같은 고형 음식물을 주어서 잘 씹는 습관을 가르치는 것도 좋습니다. 이같이 하면 치아와 또 치아 주위 조직에 좋은 영향을 끼칩니다.

유치의 보호는 어린아이의 치아가 발생한 때로부터 이의 표면의 법랑질을 청결하게 해주어 우치에 걸리지 않도록 힘써야 합니다. 젖 먹인 뒤에 젖 말 국이 치면에 부착하면 그 젖 국물에 있는 유당이 발효하여 산이 되어서 그 법랑질을 녹여내어 마침내 우치가 되는 고로 어린아이에게 젖을 먹이고 나서는 그 어머니의 손을 깨끗하게 닦은 후 손끝에다가 가제를 말고 거기다가 붕산수에 담갔다가 이의 면을 정히 닦아주는 것을 꼭 실행해야 하며 이만치 극진히 주의를 해주어야 합니다.

이가 점점 발생하여 수가 늘어나면 가제로 닦아주는 것보다도 아주 조그마한 잇솔에다가 치마분을 묻혀서 닦은 후에 잘 씻어내는 것이 좋습니다.

이같이 어머니 되는 이는 하루에 두세 번씩 더구나 야간에 자기 전에 닦아주는 것이 좋습니다.

유구치는 11, 2세까지 남아 있어서 음식물을 저작하는 기계가 되어 사용되는 것이므로 신체의 영양상으로 볼지라도 유치의 건강을 보호해 주어야 할 것입니다.

치과 의학사 조봉진, 「치아의 상식과 위생(5) 어린이 치아에 대한 어머니의 주의 6세 구치를 잃지 않도록」, 『동아일보』, 1931년 6월 13일.

6세 구치라는 것은 어린아이의 나이 만 6살 전후이면 영구치로서 제일 먼저 나는 제일 대구치(大臼齒)입니다.

이것은 상하 좌우의 네 개가 20개의 젖니(乳齒) 뒤로 발생합니다. 따라서 유치와 영구치가 섞여 나 있는 때가 되어 옵니다.

이 6세 구치가 발생 되는 때에는 동시에 악골의 발육이 급속히 진행해지면 그 주위에 부착한 근육도 차차 발육되어 집니다.

그리고 다른 영구치들도 악골 속에서 점점 발육하여 유치와 교환할 준비가 착착 진행됩니다.

6세 구치가 나면, 곧 유치 앞니가 빠져버리며 영구치의 중절치가 발생하면서 점점 젖니가 나던 때와 같은 순서로 영구치와 젖니가 교환을 하다가 12, 3세가 되면 6세 구치 뒤로 제2 대구치가 발생하고서는 교환기는 끝이 납니다.

그런데 이 6세 구치만은 젖니와 교환하는 이는 아닙니다. 6세 구치가 일찍이 나기 때문에 유구치가 영구치하고 바뀌어져 새로이 발생한 것 같이 생각하는 수가 많습니다.

만약 하악골에 있는 6세 구치가 불행히 일찍이 없어졌다 하면, 이 없어진 빈틈을 향하여 즉 틈 쪽으로 전후의 치아가 이동을 하여 발생합니다.

그 결과 아래턱의 발육은 정지되며, 위턱 이와의 관계가 틀어져서 윗니가 아랫니 보다도 현저히 앞으로 돌출하는 상태에 이릅니다. 이런 이를 보통 뻐드렁니라고 합니다.

유치를 갖고 있는 시대에는 이 젖니의 자극만 받아서 발육하던 악골이 저작이 크고, 강한 6세 구치의 자극을 받게 될 때는 악골의 발육이 대단해지면서 주위 조직의 발육상 큰 영향을 주는 것입니다.

그러나 이 6세 구치가 병드는 분수는 실로 다른 치아와 비교하여 극히 심합니다.

그리고 유치의 보호는 영구치 발생하는 데 완전한 길을 지도하는 것과 같습니다.

치과 의학사 조봉진, 「치아의 상식과 위생(6) 어린이 치아에 대한 어머니의 주의 이 갈 때 뻐드렁니 안 나도록」, 『동아일보』, 1931년 6월 14일.

치아의 열(잇줄)이 고르지 못하면 누구든지 얼굴의 미를 파괴시키는 것은 당연하지만 이뿐 아니라 우리들의 음식물을 섭취시키는 데도 장해를 주는 것입니다.

치열이 바르지 못하며 병든 이가 생기기 쉽고 또 치아 소제에 대하여도 곤란합니다.

바꿔 말하면 음식물이 끼어 남아 있기 쉬운 고로 병든 이가 생기는 것입니다.

치아의 열이 고르지 못한 것에는 여러 가지의 종류가 있습니다. 또 아래, 윗니의 열이 서로 틀리는 것에도 여러 종류가 있습니다. 보통 윗니가 아랫니보다 특별히 앞으로 튀어나온 때에는 뻐드렁니라 하고, 아랫니가 윗니보다 앞으로 돌출한 것은 주걱턱이라고 합니다.

이런 것은 선천적 원인도 있거니와 전신적 영양 장애 즉, 구루병 즉 꼽추 되는 병과 내분비 이상이 있는 자에게도 치아의 열에 악영향을 미치게 하고 또 유전으로도 볼 수 있는 것이 있습니다.

양친의 치열과 같은 치열을 가지고 있는 아이들도 많이 있습니다.

선천적으로 치열이 고르지 못한 것은 예방이 곤란하지만, 그것이 후천적 원인으로 된 것은 조그마한 주의에 따라 능히 예방할 수 있습니다.

유치 시대의 잇속이 고르다가도 이의 교환기에 이르러서 영구치가 나기 시작하면서 새로 난 잇속이 고르지 못한 것은 물론 유치의 생리적 흡수작용의 장애로서 영구치의 발생에 이상을 일으키는 것입니다.

　이에 교환기에 주의할 것은 이렇습니다.

　이에 따라서 교환기가 각각 다릅니다.

　너무 일찍이 이를 빼어버린다든가 또 언제든지 유치가 남아 있을 때에는 영구치의 발생을 방해하는 고로 아이의 나이 7세부터 11, 2세경까지는 가정에서도 때때로 입 속 검사를 받을 필요가 있습니다.

　그리고 영구치가 어느 쪽으로 머리를 두고 나오나 살필 필요가 있습니다.

　이 시기에는 1년에 수 3차 진찰을 받을 필요가 있습니다.

　뻐드렁니 같은 것은 이때의 부주의로 하여 생기는 것입니다.

　그리고 콧구멍으로 호흡하지 않고 입으로 호흡하는 데도 웃니가 돌출하는 큰 원인이 됩니다. 그러므로 이 시기에는 코와 귀의 진찰도 자주 해주어야 합니다.

대학병원 소아과 이선근, 「여름과 어린이(1), 발육이 왕성한 때임으로 자외선이 절대로 필요, 습진과 땀띠 소슨 데는 비누질을 말 것」, 『동아일보』, 1931년 7월 21일.

　춘하추동 어느 철을 물론하고 어린이의 주위에는 항상 간단없이 병마가 떠나지 않으므로 어린이를 두신 가정에서는 한시도 맘을 놓지 못하고 있다고 생각합니다. 그중에서도 여름에는 특별히 여러 가지 병이 유행할 뿐만 아니라 위험성을 가진 병이 많이 도는 때인 고로, 더 한층 주의에 주의를 더하여 어린이들의 신변을 감시하는 것이 필요하고, 동시에 어린이의 위생에 유의하셔서 유행병에 대한 예방은 물론 장차 추운 겨울에 감기가 들지 않도록 거기에 대한 저항력을 양성하여 주시는 것이 가하다고 생각합니다. 그러하므로 이로부터 여름철에 주의 시킬 어린이의 위생에 대한 요점을 소개하여 볼까 합니다.

　가. 피부의 위생

　어린이의 피부는 어른에 비하여 저항력이 퍽 약합니다. 이같이 저항력이 약한 피부에 여름철이 되면 더위로 인하여 여러 가지 부스럼이 나기 쉽습니다. 즉 제일 많은 것이 땀띠, 땀띠가 심하여 종기가 되기도 하고 혹은 습진 또는 오금이나 겨드랑이며 관절의 굴곡면 같은 곳이 짓물러서 보기에도 애처로운 것을 목도할 수가 있습니다. 이와 같은 피부병을 예방하는 데 먼저 피부의 저항력을 증진시키는 것이 필요하고, 피부의 저항력을 강하게 하는 데는 무엇보다도 일광과 친하게 하여야 됩니다. 즉 다시 말하면 햇빛을 자주 쐬어주어야 할 것이올시다.

일광이라는 것은 아시는 바와 같이 동물에게만 필요한 것이 아니라 우주 만물이 만약 일광을 쏘이지 못한다면 그네의 생명을 유지하지 못하는 것이올시다. 나무나 풀의 예를 들어 보면 식물은 일광을 받지 못하면 동화작용이 되지 못합니다. 즉 나뭇잎이나 풀잎 속에 있는 엽록소는 일광의 빛을 쏘인 후에야 비로소 공기 중으로부터 흡수한 탄산가스의 동화작용이 되는 것이요, 만약 햇빛을 받지 못 한다하면 식물들은 그 생명을 보전치 못하는 것입니다.

이와 일반으로 동물에게도 일광이란 절대로 필요한 것으로 그 가운데서도 일광 중의 자외선이 가장 우리의 몸에 유익한 작용을 갖고 있습니다. 특별히 발육이 왕성한 어린이에게는 중요한 것입니다. 지금까지 말씀한 것은 일광이 필요하다는 것 즉 일광 중에서도 자외선이 가장 유익하다는 것이나 참고 겸 자외선이 어린이의 신체에 여하한 작용을 준다는 것을 말하여 보려 합니다. 첫째로 동물이나 어린이에게 일광 그중에도 자외선을 비춰주면 전신에 혈액순환이 왕성해지고 여기 따라 신진대사가 잘됩니다. 다음에 혈액의 순환만이 왕성해질 뿐 아니라 혈액의 분량이 증가하고 피부와 근육의 탄력성이 강해지며 피 속에 포함되어 있는 여러 가지 화학적 성분이 많아집니다.

위에 말씀드린 바와 같이 일광의 작용이란 절대로 없어서는 안 될 것이므로 아무쪼록 햇볕을 쏘여주시는 것이 좋으나 그러나 이것도 정도를 넘기면 도리어 해가 되는 것이니 직사광선을 머리에 6시간 직접 쏘이면 뇌빈혈 혹은 일사병 같은 것을 초래하기 쉬운 고로 머리에는 반드시 모자를 씌워서 놀려야 합니다.

다음에는 목욕입니다. 다른 철과 달라 여름은 땀이 많이 나서 피부에 때가 묻는 정도가 유난히 심한 고로 특별히 목욕을 자주 시켜서 항상 정결히 하여 주십시오. 땀이나 때가 묻은 것을 그냥 내버려 두면 체내로부터 외계에 배설하는 작용이 방해되어 피부의 저항력을 약하게 하며, 따라서 여러 가지 병을 일으키기 쉽습니다. 그뿐 아니라 의복이 몹시 더러워지므로 위생상은 물론이거니와 경제상으로 보아서도 손해가 적지 않습니다.

땀띠나 습진 살의 짓무르는 것을 예방함에는 위에 말한 바와 같이 자주 목욕을 시켜 피부를 항상 청결히 할 것이나, 또 한 가지는 목욕 후에 반드시 머리라든지 관절의 굴곡면 오금, 겨드랑이 같은 데는 아연화전분[1]을 발라줄 것이오. 특별히 땀을 많이 흘리는 아이는 목욕 후가 아니라도 때때로 이 약을 몸에 발라주는 것이 필요합니다. 또 한 가지는 습진이나 땀띠가 많이 돋은 아이는 목욕시킬 때 비누를 사용해서는 안 됩니다. 비누로 씻으면 피부에 지방질을 전부 씻어 버리게 되므로 점점 병이 심해지고 쉽게 낫지도 않는 것이니 이러한 때에 비누는 잠시 폐하는 것이 좋습니다. 다음에 어린이들이 여름에는 흙장난 물장난을 심히 함으로 인하여 손이나 발이 트며 전신에 헌 데가 나기 쉬운 고로 흙장난 물장난을 한 후에는

---

1) 산화 아연과 전분을 같은 양으로 섞어 만든 흰색 가루약.

반드시 목욕을 시킨다든지, 혹은 더러워진 국부를 정히 씻은 후에 역시 아연화전분을 발라주시는 것이 좋습니다.

「날마다 꼭꼭 눈 위생 열 가지 지켜야 할 일」, 『동아일보』, 1931년 10월 15일.

눈이 부실할 것 같으면 학업에 큰 영향이 있을 뿐 아니라 자라서 직업능률에도 상상 이상의 나쁜 영향을 미치게 하는 것은 다시 말할 필요도 없습니다. 이런 불행한 일이 없도록 소년 시대부터 특히 눈의 위생에 대하여 주의를 해주어야 합니다. 보통과 때부터 중학교시대에 제일 눈이 나빠지기 쉽습니다.

1. 눈을 비비지 말 것이며 눈꼽을 훔쳐낼 때도 결코 직접 손을 대지 말고 탈지면을 맑은 물이나 2% 붕산수에 적셔서 고이 눈을 감은 위로부터 훔쳐 줄 것입니다.
2. 눈을 항상 깨끗하게 할 것입니다.
3. 먼지나 작은 벌레가 들어간 때에는 다소 아프더라도 참고 비비지 말고, 눈을 감고 있으면 자연히 눈물이 나와 흐릅니다. 이 눈물에 섞여 나오도록 해야 합니다. 만일 부주의하게 비벼대면 먼지 혹은 벌레가 깊이 들어가 버려 각막에 상처를 내게 됩니다.
4. 별로 눈병도 없는 사람이 보통 자외선을 피하게 한다고 하여 안경을 쓰는 것은 눈의 저항력을 약하게 합니다.
5. 가까운 데 물건을 볼 때는 한 자 이내에서 보지는 말 것입니다.
6. 물건을 볼 때는 자세를 바르게 두고 볼 것입니다.
7. 침침한 곳이나 동요하는 곳에서는 독서하지 말 것입니다. (전차 속에서 잡지 같은 것 읽는 것은 제일 해롭습니다.)
8. 근시가 되었거든 적당한 안경을 맞추어 써야 합니다. (시력을 보충해주지 않으면 피곤하기 쉬우므로 점점 더 근시가 더해집니다.)
9. 되도록 밖에 나가 운동을 하여 눈의 과로를 피하게 할 것입니다.
10. 불행히 안질에 걸렸거든 속히 전문 의사에게 맡기도록 합니다. (속히 치료를 시작하면 속히 낫습니다.)

정일수, 「우리의 영양 문제 누구나 알아둘 요양의 연구(1)」, 『조선일보』, 1931년 12월 10일.

우는 온량(溫量)의 단위이다. 즉 말하면 식물(食物)을 말려서 태울 때 발생하는 열력(熱力) 그것과 같은 이치다. 이제 우리가 일상 많이 먹는 식물로 대표될 만한 것과 그에 포함된 성

분이며 열량 관계를 다음에 들어보겠다. (중략)

이로 보아서 육류, 어류, 채소의 영양 가치가 각기 다른 것을 알 것이다.

그리고 칼슘은 물고기, 고기, 새, 조개의 뼈, 껍질과 해조류-김, 미역, 다시마 등에 풍부하며 비타민은 ABC로 그 포함된 식물에 대단히 다른 것이 있다. 종별을 들어 말하면 다음과 같다. (중략)

여기 한 가지 주의할 것은 비타민C이다. 이것은 데우든지, 말리든지 즉 열을 더하면 효력을 잃게 되므로 생신한 그대로 사용해야 한다. 학자에 따라 폐병의 본리(本理)가 인체 중에 칼슘분이 결핍함으로 발한다는 이도 있고, 비타민의 부족으로써 병이 생긴다는 이도 있다.

특히 비타민A는 생장을 돕고, B는 각기를, C는 괴혈병을 예방한다고 한다.

학리에 대하여는 이 이상 구구히 더 말하지 않겠는데, 위에 말한 바에 의지하여 대략 단식(單食)의 해와 혼식의 필요와 아무리 용미봉탕(龍味鳳湯)이며 고량진미의 좋은 음식일지라도 정도 이상으로 많이 먹고 오래 먹음이 하등 무의미한 것을 짐작할 수 있다.

폐병 요양에 식이 문제만치 오해된 것도 없으리라 하겠다. 마치 정반대를 말하는 것이 있다. 그 하나하나를 들어 앞으로 말해보자.

정일수, 「우리의 영양 문제 누구나 알아둘 요양의 연구(3)[2]」, 『조선일보』, 1931년 12월 11일.

1 대식주의

아이 때보다 소장기(少壯期), 안일한 사람보다 활동을 몹시 하는 사람이 식음을 더 섭취할 것은 우리들의 상식으로도 가히 긍정되나, 이로 좇아서 병자는 더욱 다량의 자양물이 필요하다 하여 하루에 우유 5,6 홉이라는 등, 육류 몇 백 돈쭝이라는 등, 계란 10여 개라는 등 덮어놓고 대량으로 먹는 것을 주장하는 이들이 있다. 한 번 그럴듯한 이치이나 다시 안와 무위(安臥無爲)한 것으로 인정하고 보라. 도리어 밤낮 일에 바빠하는 건강체보다 그것을 적게 할 리가 없지 않은가. 뿐만 아니라 폐병 환자는 심장이 약하고 위장의 장해되는 일이 예사이므로 과식으로 인하여 각혈, 만성 또는 위장 가답아를 일으키게 하고 병세를 자못 악화시키는 폐단이 많다. 그렇지 않고 일시적 살이 찌고 체중이 붇는다 하더라도 그것은 소위 돼지 살로 한 번 기동을 시작하거나 각혈 같은 것을 겪는다면 인체 본데 양으로 마르고 마는 것이다.

2 자양물 전용주의

쇠고기나 개곰이나 닭이나 우유나 계란이나 무엇이든지 좋다 하면 없지 못할 밥과 채소는

---

2) 원문에 (3)으로 매겨져 있으나, (2)가 맞음.

전혀 뒤로 돌리고 좋다는 그것만 아무 절제도 없이 자꾸만 먹어서 고치라는 요법, 비타민이나 지방분이 유효하다 하여 특별히 간유를 사 먹고 비타민제를 선용하는 사람, 인간 이하로의 영양량이 2천 5백 칼로리라고 다만 고기나 1, 2종의 음식으로써 그만한 열량만 보충한다면 무관하나 그럴진대 저 영양소의 배당 원칙에 비춰보더라도 절대 그렇지 않은 것을 알 것이다. 지방, 단백질, 탄수화물 등 여러 가지 혼잡한 것이 아니면 우리의 체질은 결핍한 영양량에 따라 차차로 변조를 일으킬 뿐 아니라 결국은 생명까지 잃고 말 것이다.

　인체에 가장 많은 분량으로 필요한 것은 탄수화물이다. 그런데 이것은 어육에는 전혀 없는 성분이라 싫더라도 밥과 나물 등속에서 섭취하지 않으면 안 되는 것이다. 이와 반대로 신선한 채소에는 칼슘, 비타민, 지방, 단백질, 탄수화물 …… 저 온갖 유효한 영양가를 포함한 것이다. 그러므로 채식만 하더라도 우리는 능히 살아갈 수 있을 이치이다. 실제로 고래의 명승(名僧)들은 순채식 금욕자였다.

정일수, 「우리의 영양 문제 누구나 알아둘 요양의 연구(4)[3]」, 『조선일보』, 1931년 12월 12일.

　채식만 하면 인내력이 더 할뿐 아니라 또한 장수할 수 있다는 것이다. 라프너 씨는 이것을 실험하여 고기나 단백질이 풍부한 음식을 너무 먹는 것은 사람의 인내력을 증진시키는 것이 아니라 알코올(酒精分)과 같이 도로 적어진다고 설파하였다. 씨의 첫째 실험은 수평 거환(水平擧睆) 자세를 가지고 얼마 동안 쯤이나 참고 있는가를 시험하였던바 15분 동안을 완전히 가지고 있는 자가 육식주의자 15명 중엔 겨우 두 사람뿐이었으나, 채식을 늘 하는 사람 32명 가운데는 실로 22명의 많은 수를 볼 수 있었다. 씨는 다시 굴실 운동 등을 시험하여 역시 채식주의자가 승리한 것을 발견하였다.
본래 우리의 장내에는 무수한 발효 미균이 붙어 있어 항상 부패작용을 왕성히 하는 터인데 (이 잡균을 없이 할 수 있으면 인생 불로 장수하리라 한다.) 다행히 유산균 등 이로운 것이 한편에서 서식하여 그 부패 작용을 저지하고자 힘써주는 덕택으로 늘 생명을 부지하는 것이다. 그러나 신체의 어느 한 부분에 고장이 생기고 대장균의 배식이 부족 활동시는 저 무수한 악균들이 급기야 부쩍 일어나고 따라서 장내의 소화되지 않는 즉 부패 발효를 일으키는 것이다. 이 부패 작용을 자가 중독이라 하고 발효한 산물을 인톨, 스카틀, 페놀 등이라 일컫는다. 그래서 이 부패물은 악취의 방귀로 또는 대변으로 되어서 배설해지는데 배설될 때까지는 혈류에 섞여들어서 신체의 모든 조직을 해롭게 자극하고 기능을 장해하는 것이다. 그래서 변비나 설사가 번갈아 생김은 물론이고 발열 두통, 식욕 부족, 권태감, 포복감을 일으켜

---

3) 원문에 (4)로 매겨져 있으나, (3)이 맞음.

장결핵이나 폐병이 급히 되어 버리나 않았나 할 만치 의심스러운 기괴한 증이 생긴다. 그러고 자가 중독 가운데 단백질의 부패가 제일 격심한 모양이다.

조현영, 「민중 보건과 이(理) 요법」, 『조선일보』, 1932년 3월 3일.

서언(緒言)

사람이 살아가는 데 질병이 없을 수 없으며 질병이 있는 곳에 의료술이 필요적으로 요구되는 것이다. 그러므로 의료술은 우리의 생활에 의식주보다 조금도 못하지 않게 필요한데, 현대 의료기관이 민중에게 얼마 만한 만족을 주고 있는가. 지금 병원은 일종의 영리기관이다. 의학을 학득(學得)하는 데 장구한 시일과 다대한 노력과 거액의 학비가 드며, 개업을 하는 데 큰 건축물과 훌륭한 설비와 약제사, 간호부, 고인(雇人) 채용 등에 실로 막대한 투자를 요하게 되니 의술을 고귀한 상품화시켜서 그 이윤의 취득에 전심전력하는 것은 사세(事勢)가 면할 수 없는 일이다. 상품화한 의술! 이 고가의 상품은 벌써 무산자는 감히 거기에는 손대 대지 못하는 것이다. 그래서 질병의 고통에 신음하면서 치료할 염(念)도 내지 못하고 오직 저절로 낫기를 또는 죽을 때만 기다리는 사람이 우리 사회에 과연 얼마나 될 것인가. 시골 산촌 농향(農鄕)에는 말할 것도 없고 실비 병원이니, 무료 진료소니, 무엇 무엇이니 하는 기관이 많이 있는 도회에도 그런 비참한 지경에 있는 환자가 빈민 계급에는 가위(可謂) 집집 마다 있다. 이 사실은 우리가 체육 보급, 건강 증진 등 막연한 보건 운동 운운으로 간과하기에는 너무나 급박하고 중대한 문제이다. 여기서 의술을 상품화에서 상식화로! 병원에서 가정으로! 특수 치료인에서 개인의 자각으로! 해방하자!고 힘있게 부르짖는 동시에 그 구체적 방법으로 우리 요구에 가장 적합한 민중 의료술 '이 요법'을 소개하여 그 선전 보급에 대한 사회 유지의 성원과 노력을 기대하는 바이다.

이상적 의료술

이상적 의료술이라면 대중적으로 이용할 수 있는, 즉 어느 장소에서든지, 아무 사람이든지, 무슨 질병에든지 더할 수 있는 치료술이라야 할 것이다. 그런 치료술은 다음의 조건을 구비해야 한다.

1 다대한 설비를 요하지 않을 것, 이것은 경비가 많이 들 뿐만 아니라 치료 장소가 일정해지기 때문에 빈한한, 또는 원격에 있는 중병자는 이용하지 못한다. 중병이 아니라도 단번에 낫지 못하면 오랫동안 노동을 쉬어가면서 왕래할 수 없지 않은가. 지금 병원은 공사설을 말할 것도 없고 공영으로 해서 군군(郡郡), 면면(面面)에 설립을 해도 이 결점을

없이 하지 못할 것이다.

2 비용이 적을 것

아무리 방법이 쉽고 자기 집에서 할 수 있어도 돈이 많이 들면 어려운 사람은 이용할 수 없다.

3 방법이 간이해서 누구라도 실행할 수 있는 것

4 방법의 교졸에 불구하고 위험이 없을 것

5 효험이 현저할 것

6 미신적이 아닐 것

이상 모든 조건에 가장 적합한 치료술로 선정한 것이 곧 그 다음에 말하고자 하는 이(理) 요법이다.

이 요법의 개념

이 요법이란 재래로 있던 것이 아니요, 필자가 새로 명명한 치료법이나 명칭은 새로우나 치료술은 창안한 것이 아니요, 동양 의술과 서양 의술과 각종의 민간요법에서 상술한 요구 조건에 맞도록 취사선택한 종합 치료술을 이름이다. 종합이라면 혹 복잡한 것같이 생각될지 모르나 다만 상식적, 체험적 방법에 의하여 인체 내의 생리작용의 변조를 진찰하고 그것을 정정(整正)함이다. 그 방법은 열, 침, 지압, 촉수, 전기 광선, 온열, 약물, 광수(鑛水) 기타 여하한 종류의 것이라도 치료에 유효한 물리적 혹은 화학적 자극을 신체의 피부나 점막에 가하여 질병의 외부적 반응을 소멸시킴으로 인하여 내부의 병독을 체외로 배제하는 것인데, 이것은 다른 치료법과 달라서 심리적으로 상쾌한 가운데서 치료 작용을 행할 수 있다. 이와 같이 이 요법은 물리 화학적 자극을 이용하는 동시에 실험 심리학 방법을 가장 유효하게 활용하기 때문에 이 ■과 체험에 그 근거가 확실하고 실제에 그 효험이 놀랄 만큼 현저하다.

이료(理療)의 진단법

사람의 심신에 무슨 변동이 생기든지 반드시 그것이 피부 또는 점막에 나타난다. 육체에 무슨 변동이 생기면 그것이 곧 심리적 변동을 일으키는 동시에 어느 피부면에 그 반응이 보이는 것이며 반대로 심리상 무슨 변동을 일으키는 동시에 그 반응이 표면에 나타나는 것이다. 심적 변동을 가장 예민하게 표현하는 곳이 안면의 피부이다. 아무리 감정 압박을 잘하는 사람이라도 한번 실감(實感)에 의하여 정서가 일어나면 그것을 전연 표면에 나타내지 않는다는 것은 절대 불가능이다. 웃음을 참는다, 분노를 억제한다, 태연자약을 꾸민다는 정도에 지나지 못할 것이며 이것은 6, 7세의 아동이라도 직각적(直覺的)으로 그 표정을 판단할 수 있다.

조현영, 「민중 보건과 이(理) 요법⑵」, 『조선일보』, 1932년 3월 4일.

　무슨 감정이든지 반사적으로 심장의 고동을 강조 또는 억압하여 그것이 얼굴에 나타남으로써 사람의 감정을 알기 때문에 고인(古人)들이 모든 감정작용을 심(心)이라고 하고 그것을 심장에서 맡은 줄로 안 것이 결코 무리가 아니다. 이 심적 변동을 진찰함에는 아무리 유명한 의사라도 청진기로 심장의 고동을 듣고는 그 흥분과 침정(沈靜)은 알지언정 그 흥분이 무슨 흥분인지 모를 것이다. 그러나 우리가 육안으로 그 사람의 얼굴을 한번 쳐다보면 그 흥분이 환희의 흥분인지, 분노의 흥분인지 성욕 충동에 인한 것인지, 어려운 일을 당한 때의 긴장으로 인함인지 직각적으로 가장 정확하게 판단할 수 있다. 반대로 술을 먹으면 감정이 격화하고 폐병 환자가 흔히 간병인을 견디지 못하게 괴팍하게 구는 것은 알코올의 자극 또는 병 자극으로 인한 육체적 흥분에서 유발된 감정의 흥분이다. 이에 대한 설명을 하려면 한정이 없으니 자세한 이야기는 다른 기회로 미루고, 여기서 말하고자 하는 것은 사람의 감정을 안색과 안면 근육의 긴축 이완된 부위를 보고 상식적으로, 체험적으로 가장 정확하게 진단할 수 있다는 것이다. 사람의 체질(만성병은 이 체질에 기인한 것이 많다.)을 따라 혹은 질병의 종류를 따라서 신체의 약한 부분, 아픈 곳 혹은 마비된 곳이 다르며, 음식 기호의 온량한열신감고산함(溫良寒熱辛甘苦酸鹹) 등의 차이가 있으며, 맥박의 부침(浮沈) 강약(强弱) 지삭(遲數) 완급(緩急)이 다르며, 혈색의 적황청흑백이 다르며, 감정의 희로애우공에 치우치는 편이 다르며, 기후의 청우한열과 계절의 춘하추동과 시간의 주야 조석을 따라서 상쾌한 때와 노곤한 때가 다 다른 것이다. 이외에도 체온의 고하, 발한의 과부족, 소변의 이삽(利澁), 대변의 조윤(燥潤) 등 …… 한정 없이 우리의 상식적 진단의 자료가 있다.

　이중에 특히 내장 질환에 기인한 피부의 지각 이상 부위를 연구한 것이 헷드 씨대(Heas Zonee) 또는 지각 과민대요, 한의학의 경로인데 이 경로설은 필자가 병자와 접촉할 때마다 그 정확함에 경탄하며 질병 진단이나 치료에나 무상의 중보(重寶)로 생각한다.

　이료의 이화학적 근거

　생물의 신경과 조직은 자극을 받으면 흥분을 일으키고 흥분된 곳에는 동시에 음성 전위(電位)의 고양이 나타나는 것은 생물 전기학이 명시하는 바이다. 따라서 인체에서도 내부에 질병이 생기면 반드시 그 부분에 이상 흥분이 일어나며 음성 전위가 고양되고 그 조직에서 신경의 연락을 따라서 그 말단 즉 피부 혹은 점막에 양성 전위가 고양된다. 이 양성 전위의 고양된 곳에 인공적으로 치료 자각을 가하면 거기에 제2차적으로 흥분이 일어나서 음성 전위가 중화되어서 소실한다. 그렇게 되면 질병 자극에 의하여 일어났던 제1차적 흥분도 반사적으로 음양 전위의 중화에 의하여 소실되며 규질병(呌疾病) 현상도 없어지고 만다. 그리고 이 질병 흥분으로 생산된 독물은 배설된다.

화학적 방면으로 말하면 내부 조직에 질병이 생기면 거기에 반드시 혈액 순환이 잘 되지 못해서 울혈이 되고 여러 가지 독소가 발생한다. 그래서 그 영향으로 질환부와 가장 관계가 깊은 피부 혹은 점막의 모세혈관에 제2차적 울혈이 일어난다. 그 2차적 울혈 장소에 치료 자극을 가하면 그 울혈이 소산되는 동시에 질환 부위의 제1차적 울혈도 유도 소산되므로 질병 현상도 소멸된다. 이 울혈이라는 것은 한의들이 말하는 악혈이 유체되었다는 것인데 침을 맞을 때 검은 피가 흔히 나오는 것은 이 울혈 상태를 소극적으로 없애는 것이다.

그리고 먼저 말한 양성 전위의 고양된 곳과 제2차적 울혈이 생긴 곳은 일치한다. 그 이유는 혈관에 분포하여 있는 원심성, 식물성 신경과 피부에 분포하여 있는 지각 신경과의 척국(脊國)의 연락지(連絡枝)가 상응되어 있기 때문이다.

이와 같이 글로 쓰면 막연할는지 모르나 예를 들면 조선에서 재래로 길 걷다가 발 부푼(足滿) 데 목침(木枕)을 달궈서 뜸질을 하면 신효(神效)하고, 어린애들이 배가 아플 때 손으로 배를 쓰다듬고 어루만지면(조모(祖母) 같은 이가 흔히 "내손은 약손이요 네 배는 똥배다"하면서 만지지 않는가) 낫는 것이 곧 일종의 유치한 이 요법이다.

조헌영, 「민중 보건과 이(理) 요법(완)」, 『조선일보』, 1932년 3월 5일.

치료 부위의 결정

다음에 문제되는 것은 이 요법을 실지 치료에 이용할 때 피부의 어느 부분을 자극해야 하느냐 하는 것이다. 그것은 다음의 세 가지 방법이 있다.

1 병자 자신의 감각에 의하여

견비통, 늑간 신경통, 요통, 복통, 치통, 골절통(류머티즘), 일반 종기(헌 데) 등 아픈 곳, 남의 살 같은 곳(마비), 결리는 곳, 운동의 부자유한 곳을 병자 자신이 잘 아니 그 부근에 자극을 가하면 된다.

2 헷드씨대 또는 경락법에 의하여

여러 가지 증세를 종합하여 이 사람은 위의 병이 있다든가, 신장에 병이 있다든가 하는 것을 추정한 뒤 위경로 혹은 신장경로에 속한 피부면을 검진하여 자극할 부위를 결정한다. 예를 들면 위가 탈이 나면 형제 둘째 손가락 옆 움푹 들어가는 데와 발목 앞으로 가장 깊은 곳, 무릎, 유부(乳部)를 통과하는 수직 선상에 통각을 느끼는 수가 있으며, 눈썹 옆에 두통고(頭痛膏) 붙이는 곳이 아프다. 신경쇠약이니 소화불량이니 하는 사람들의 상습적 두통은 모두 그 자리가 아프며, 식후 2시간쯤 지나면 몹시 아프다가 소화가 다 되면 덜 아픈 것이다.

이 두통은 두통고를 붙이거나 엄지손가락으로 양편을 지그시 누르면 아프면서도 시원하다. 그리고 또 이 소화불량증이 있을 때는 턱 끝에서 귀밑으로 간 곡선상 뼈끝이나 윗입술 말단을 중심점으로 하고 웃 수염 끝난 데를 반경으로 하여 원형을 그은 선상에 굵은 여드름 같은 것이 흔히 난다. 또 식곤증이 심하면 자꾸 기지개가 쓰이며 팔다리 펴는 근육이 찌긋찌긋한 법이다. 위가 탈이 나면 직접 관계가 깊은 대장 경락을 수양명경(手陽明經)이라고 하는데 감기에 양명증이라고 하는 것은 이 위경(胃經)을 범한 상한병(傷寒病)이다. 그러기 때문에 다른 감기약을 암만 먹어도 안 낫던 것이 인삼양위탕(음증)이나 조위승기탕(裏症)을 한 첩만 먹으면 곧 낫는 수가 있다. 위병 상한병에 대해서 쓰려면 한이 없으니 그만두고 다만 이 경락법에 의하여 치료 부위를 정확히 알 수 있다는 것만 말한다.

3 발적(發赤) 현상에 의하여

탈지면이나 손수건 같은 것에 알코올(주정)을 적셔서 그것으로 피부면을 고루고루 마찰하여 빨갛게 한 뒤에 조금 있으면 다른 곳은 붉은 빛이 소실되고 질병 현상이 나타난 피부면에 많은 붉은빛이 여전히 남아있다. 이 발적 현상이 나타난 피부면에만은 붉은 빛이 여전히 남아 있다. 이 발적 현상이 나타난 곳이 제2차적 울혈이 된 곳이며 양성 전위의 고양된 곳이다. 상술한 바와 같이 대개는 병자의 감각과 경락법적 진단과 발적현상이 일치한 것이다. 이것으로써 이 요법의 윤곽은 그렸다고 생각하나, 기술의 재주가 천둔(天鈍)인 필자의 설명이 불충분한 것을 유감으로 생각하며 끝까지 읽어 주신 독자 여러분께 감사한다.

성대 암정내과 김동익씨 강연, 「보건강좌-폐결핵의 예방법과 치료법」, 『조선일보』, 1932년 3월 15일.

폐결핵은 온 세계에 널리 퍼져있는 만성 전염병의 한 종류로서 무서울만치 사람의 생명을 빼앗는 병입니다. 즉 온 인류 사망자 전체의 7분의 1이라고 하는 많은 사람이 이 병으로 말미암아 사망하는 것입니다. 더욱이 우리 조선에서는 해마다 폐결핵 환자의 수효가 늘어가는 현상에 있으니 어찌 한심하지 않겠습니까? 그러함으로 이 병에 대한 상식을 일반 가정에 보급시켜서 철저한 예방과 완전한 치료를 하여 하루바삐 이 무서운 병을 물리치자는 것이 오늘 강연을 하는 중요한 목적입니다. 폐결핵은 조선 속명으로는 부족증(不足症)이라고 합니다.

폐결핵의 참 원인이 되는 병균은 결핵균이라고 하는 맹렬한 독성을 가진 물건이지만 이 병이 발생하는 데는 일정한 보조 원인이 필요하니 그중에도 체질, 연령, 일광, 공기의 영향이 크게 관계가 있고, 그밖에 자기의 몸에 저항력을 약하게 하는 일이 있을 때는 이 병이 속히 발생하게 되는 것입니다. 그러므로 특별히 과음, 과색(過色)을 한다든지 요새 흔히 유행하는 마작으로 밤을 샌다든지 하는 것은 대단히 위태한 일입니다.

　무슨 병이나 다 그러하지마는 폐결핵은 더욱이 초기에 고치면 고칠 수 있는 반면에 만일 이 시기를 지나쳐서 소위 말기가 되면 비록 화타, 편작이 다시 살아난다하더라도 어쩔 수 없게 되는 수가 많습니다. 이 초기 증세 가운데 중요한 것으로는 오한과 가벼운 신열, 두통 등이며, 또 기침과 객담이 나오고 밤에 잘 적에 식은땀이 나는 일도 있고 또는 아무 까닭 없이 몸이 말라 들어가는 일도 있습니다. 다음에는 예방법을 말씀하겠습니다. 폐결핵이 가장 많이 전염되기는 호흡하는 공기에 결핵균이 섞여 들어가는 것입니다. 즉 환자가 기침을 할 때에 튀어나오는 객담의 작은 방울이 직접 건강한 사람의 폐에 들어가게 되면 대단히 위험합니다. 따라서 폐결핵 예방에는 객담을 주의하여야 됩니다. 근래에도 전차 속이나, 길가에나, 정원 등지에다가 객담을 뱉는 사람을 봅니다. 이것은 폐결핵 예방상 단연히 폐지하여야 될 일입니다. 설사 객담 가운데 병균이 나오지 않는 사람일지라도 이것만은 삼가기를 바라는 바올시다. 객담에 병균이 나오는 때에는 따로 떨어져 있어서 치료를 받을 것이나 만일 이것이 여러 가지 사정으로 불가능 할때는 적어도 다른 사람과 담화할 때에 마스크로 입을 가리고 또 식기와 침실을 따로 할 것입니다. 객담은 소독약을 넣은 타구(唾具)에 뱉을 것입니다. 어린아이 얼굴에다가 대고 기침을 한다든지, 또는 귀엽다고 입을 맞추는 일은 대단히 위험합니다. 위에 말씀하신 예방법은 밖으로부터 병균이 침입하지 않도록 주의하는 점입니다. 그러나 이것보다도 중요한 예방법은 신체의 저항력을 양성하여 설혹 병균이 몸 안에 들어오더라도 능히 이것을 이기도록 평상시에 주의할 점입니다. 즉 일상생활을 규칙적으로 하며, 적당한 운동으로 신체를 건강하게 하고, 밤을 새워가며 주색에 침혹하는 일은 단연히 금할 것입니다.

　근래의 연구에 의지하여 폐결핵에 대하여는 병균의 침입을 예방하는 것보다 오히려 신체의 저항력을 양성하여 병의 발생을 예방하는 것이 의미가 크다는 것을 은실히 알게 되었습니다.

　폐결핵 치료법으로는 여러 가지 대증(對症) 치료법이 있습니다. 즉 마음과 몸을 함께 편안히 하며, 신선한 공기를 호흡하게 하고, 거처하는 방에는 일광을 충분히 받도록 할 것이며, 음식물은 소화 잘되는 영양가 많은 것을 가려서 먹을 것입니다. 이 병에 쓰는 약으로는 한약, 상약, 매약, 양약 등 수백 수천 가지가 있으나 이것을 말씀하는 것은 오늘 강연의 근본 뜻이 아니므로 그만둡니다. 다만 주의할 것은 가정에서 자작 이 약도 쓰다가 저 약도 쓰고 하지 마시고 가장 신용할 만한 의사에 전부 부탁할 것입니다. 끝으로 한마디 말할 것은 현재 조선에서 폐결핵이 점점 만연되고 있는 현상은 누구나 뜻있는 사람으로서 탄식하기를 금치 못하리로다. 그러나 이러한 환자를 수용하여 치료할 사회적 시설이 하나도 없으니 어찌하리오. 돌아보건대 어느 나라를 물론하고 문명한 곳에서는 국가나 혹은 사회사업으로 결핵 요양소를 설립하여 실비 혹은 무료로 이 병을 치료하게 되었도다. 폐결핵은 치료가 동시에 예방이 되는 까닭에 이러한 시설은 가장 필요한 것입니다.

또한 폐결핵은 우리 조선에서 전 민족 보건상 가장 주의할 병이다. 따라서 어찌 강연자와 같은 일개 백면 서생의 입으로만 의론될 바이리오. 적어도 전 조선적으로 사회 각 계급을 망라하여 크게 토의하고 깊이 연구할 중대한 문제인 줄 생각하는 바입니다.

「오존 치료의 원리와 작용(상) 혈압을 내리고 백혈구를 증가 치료계의 신소식」, 『동아일보』, 1932년 10월 25일.

1

오존은 산소가 변형한 것으로서 그 성질은 산소와 전혀 달라서 산소로 산화시키지 못하는 것을 오존은 능히 산화시키는 강한 산화력이 있습니다. 금이나 백금 이외의 원소는 모두 산화시킬 수 있는 것입니다. 예를 들면 수은과 같은 것은 보통 온도에서는 순전한 산소에서 변화되지 않으나, 이 오존에서는 조금만 접촉되면 곧 산화되어 그 빛을 잃으며 고무나 코르크 같은 것도 용이하게 산화시키고 또 옥도가리(沃度加里)[4]로부터 순식간에 옥도를 분리시킬 수 있는 것입니다

2

근래 의학계의 경향은 독으로써 독을 없애는 약물치료보다 차라리 자연의 힘으로 질병을 방지하며 또는 치료하는 이학적 요법에 기울어지는 것은 다툴 수 없는 사실입니다.

모든 질병은 신체 조직에 한 부분의 세포가 그 기능 작용을 감소하였거나 혹은 상실함에 따라서 발생하는 것이니 세포 작용에 아무 변조가 없다면 이것은 건강한 신체입니다.

그런데 그 세포의 변조가 경미한 때나 혹은 초기에는 그 회복하기에 시일이 오래지 않을 지나 만성의 모든 병에 대하여는 오랜 시일을 허비할 것은 당연한 일입니다. 오존 치료도 역시 그러하지만, 그 효과에 대하여는 도저히 약물 치료로 미치지 못할 것이라는 것은 단언하여도 결코 과언이 되지 아니합니다.

3

산소가 신진대사의 정화제 또는 보혈제로 작용하는 것은 누구든지 아는 사실입니다.

그런데 오존의 화학적 구조는 O3으로 되어 O2는 굳게 결합되고, O 하나는 약하게 결합되어 O는 기회만 있으면 다른 물질과 결합하려는 성질이 있는 고로 오존 가스도 신체에 주사

---

4) 무색 입방체의 결정.

할 때는 O2와 O에 분리되어 O는 곧 다른 물질과 화합합니다. 말하자면 H2O와 화합하여 H2O2 즉 과산화수소화하며 또는 용이하게 연소되어 소독 살균력이 강한 아초산으로 변화합니다.

아초산 아미루나 아초산나트륨은 전부터 협심증 발작에 현저한 혈관 확장의 효과가 있으며 동시에 혈압을 현저하게 내리게 하는 것은 사실인바, 오존을 주사하면 10-35MM의 혈압을 내리게 하는 것은 조금도 이상한 것이 아니요, 혈관 경화증과 중풍에 특효가 있는 것도 그 이유이며 또한 혈압 항진에 원인한 신경 쇠약에는 특이한 진정제적 효과를 냅니다. 1, 2회의 주사로써 석회의 침독을 용해하여 동맥의 경화를 줄이며 혈압을 30MM으로 내리게 함도 현저한 실증입니다.

4

오존을 피하에 주사하면 피하에 기종(氣腫)이 생기는 동시에 피하 조직에 널리 파급되어 점점 널리 침윤되는 동시에 한 부분은 임파관(淋巴管)과 모세관에 의지하여 용이하게 혈액과 함께 각 장기(臟器)와 환부에 수송되는 것입니다.

그런데 주입된 오존은 전에 말한 것과 같이 한 부분은 신체 조직액에 접촉되어 O2와 O가 갈라지는 때에 발생기(發生機) 산소를 발생하여 그 부위에 특이한 의치적(醫治的) 효과를 주며, 오존 그대로 피 가운데 또는 림파관에 흡수된 것도 역시 O2와 O가 분리되는 때에 그와 같은 작용을 할 뿐 아니라 O2는 적혈구와 백혈구를 왕성케 하고 O는 피 가운데 있는 균이나 또는 부정물(不淨物)을 산화 살균 또는 신진대사의 작용을 합니다. 혈액의 변화를 말할진대 주사한 뒤에 임파구(淋巴球)를 자극하여 백혈구를 증가케 하는 것입니다.

의학박사 화택의랑(花澤義郎) 씨는 오존은 피 가운데 있는 균이 인체에 해롭지 않은 것은 산화 살균의 작용을 하지 않은 특이한 현상이 있다고 말한 것도 있습니다. 만일 장기 가운데 병적 균이 침입하는 경우에, 또는 혈액 중에 울체(鬱滯)함이 있는 때는 즉시 O는 살균 작용을 행하며, 증식된 백혈구는 병균을 박멸하여 신진대사의 작용을 황성하게 하며, 오줌의 분량을 증가하여 해독작용 또는 향균작용을 행함은 허다한 실험 또는 임상에서 확인할 수 있는 것입니다.

이인규,5) 「연구실을 찾아서-의사와 와각(蛙脚) 박사」, 『조선일보』, 1932년 11월 29일.

　무수한 약품과 정묘한 기계를 진열해놓고 작은 동물원과도 같이 개, 고양이, 토끼, 쥐, 양, 비둘기, 닭, 거북이, 뱀, 모르모트,6) 개구리 등은 물론 도룡뇽까지도 구해다가 한자리를 주고서 주사도 하여보고 오줌똥도 달아보고 분석해보며 8백 배나 1천 배 이상 확대하여야 능히 볼 수 있는 세균들을 붉은 물감, 푸른 물감을 들여도 보며 콜레라, 장티푸스 등 무서운 전염병균도 배양해보며 천하의 온갖 병신은 다 모아 가지고 두들겨 보고 찔러보며 그도 부족하여 시체를 김장 때 무 베듯이 썩썩 잘라보는 것이 의학자들의 연구하는 태도이고, 그곳이 연구실이다. 전후좌우로 책을 쌓아놓고 네모 난 테이블을 중앙에 냉큼 놓고서 문학 철학 등을 연구하는 곳을 주부의 방에다 비한다면, 우리 의학 연구실은 생선 냄새, 고기 냄새, 파 냄새, 간장 냄새나는 주방에 다 나 비할 수 있을 것이다. 이러한 곳에서 수년간 묻혀있으면 의학박사라는 학위를 얻게 된다.

　과연 의학박사라는 학위는 우리들 의학도들이 무척 동경하는 것이다. 따라서 연구실 생활이란 퍽도 부러워하는 사람이 많다. 나도 역시 그중의 한 사람임에 틀림없다. 의학박사라는 학위는 신성한 것이고 진리를 탐색한 노력의 대가임에는 틀림없으나 한번 학위를 얻은 후의 그들의 동정을 볼 때는 그만 연구실 생활에 염증이 생기고 오증(惡憎)의 감이 느껴지는 것이다.

　그들은 진리를 탐구하기 위하여서의 노력한 것이 아니라 전혀 사회에 나가서 명사인 양하기 위하여 또는 간판으로 하기 위하여서의 노력임이 확연히 알게 될 때 연구실 생활을 하고 있는 우리는 참으로 비애를 느끼게 된다.

　개인의 생명과 민중의 보건을 위하여 생명의 연장, 건강의 증진을 최대 사명으로 한 의술을 배웠고 수양과 연구를 쌓아가지고 학위까지 얻게 된 재사들이 어떤 특수 계급에게 충성을 다하기 급급하고 대중의 보건 문제, 종족의 장래 문제(물론 의학 방면의 문제이다.) 등은 조금도 염두에 두지 아니하였다는 것을 그들의 연구를 위하여 희생된 토끼나 개구리의 영혼이 있어서 안다면 발분 망식을 하고 대성통곡을 할 것이다. 그들을 위하여서도 아무리 완비된 연구실이 있다 하더라도 1푼의 가치가 없을 뿐 아니라 오히려 해독의 근원지가 될 것이고 그들이 탐구하여 놓은 진리에 조금의 존경도 표할 수 없다. 구태여 존의(尊意)를 표하고자 할진대 개구리 다리를 잘라 본 덕분에, 토끼 내장을 꺼내 본 덕분에 박사가 되었으니 와각 박사, 토장 박사라고나 할는지— 적어도 현재 연구실에서 연구하고 있는 의학도나 장차 연구실 생활을 하려는 의학도들에서는 이러한 종류의 것을 청산하지 않으면 아니 될 것이다.

---

5) 이 기사 말미에 다음의 약력이 소개되어 있음. 황해도 해주 태생. 경성제일고보를 거쳐서 경성제대 의학부 졸업. 동 위생학예방의학연구실원.
6) '기니피그'를 일상적으로 이르는 말.

우리들은 아직까지 질병과 건강체와의 상호관계만을 연구하여 왔다. 더 좁게 말하면 질병 그 자체만을 연구하여 왔다. 따라서 한 민족을 단위로 하고 한 계급을 단위로 한 때, 그 민족이나 계급과 질병과의 상호관계에 대하여는 전혀 몰교섭(沒交涉)하다 시피 하였다. 의사가 개인의 질병에 대하여 진단과 치료를 할 수 있는 것과 같이 한 민족, 한 계급의 질병에 대하여서도 진단과 치료할 능력이 있어야만 할 것이다. 융성한 역사를 가진 시대에는 건강한 백성이 있었던 시대이다. 건강한 백성이 있는 나라는 반드시 융성하여진다. 아세아를 차치하고, 유럽까지 손을 뻗쳤던 몽골족을 보라. 지금에는 광막한 몽고벌에 거친 바람만이 불고 있지 않는가? 그나마 겨우 생명을 유지하고 있는 소수 몽골인의 대부분은 혈액 중에 스피로헤타[7]가 춤추고 있다고 하지 않는가? 일본을 보라. 명치 20년(1887년) 이후로 불과 40년간에 소학 아동의 신장과 체중이 얼마나 증가하였는가를 경제력과 건강과의 밀접한 관계가 있는 것은 움직일 수 없는 사실이다. 개인에게 그러한 것은 물론이나 민족 전체에서도 또한 그런 관계가 있다. 경제력이 빈약할 때는 영양과 주거와 의복을 통하여 먼저 생물학 방면으로서의 영향을 받게 된다. 조선 내의 일본과 조선 학동의 체격을 비교해보아도 경제력이 빈약하여가는 우리의 학동이 생물학 내지 의학 방면으로 열등화하여 가는 것을 알 수가 있다. 과연 이것이 민족적으로 당면한 큰 문제이고 우리 연구실에 있는 의학도들에게 이 방면의 연구와 조사할 의무가 있지 아니한다?

노자 양 계급의 대립은 격렬화하여 간다. 자본계급의 건강 상태와 무산 대중의 건강 상태를 비교할 때 우리는 놀라지 않을 수 없다. 부족한 영양으로 무한한 노동력을 내어야만 하는 그들이 자손에게 주는 생물학 방면의 악영향은 참으로 크다. 의학 방면의 영향은 더욱 크다. 그러면 연구실에서 이 방면의 연구를 하는 것이 와각 박사, 토 장 박사들의 연구보다도 더욱 아름답고 더 필요한 연구일 것이다. 우리의 경제학자가 경제 방면의 몰락상은 조사하여 내듯이 우리들 의학자는 우리 민족 혹은 계급의 생물학 내지 의학 방면의 몰락상을 연구 조사하여 이 방면에 대하여 우리의 나갈 방향을 지적하여야만 할 것이다. 사회 위생학, 노동 위생학, 민족 위생학, 노동 의학, 운동 의학 등이 신흥 의학인 만큼 아직 연구할 ■관이 적으나 그러나 이 방면을 연구하는 의학이 우리에게 보다 더 긴급한 연구이고 가치 있는 연구실 생활일 것이다. 그리고 경제적, 사회적 제 문제와 의학과의 연결을 한층 더 굳게 하고 새로운 맛이 있는 의학이 곧 이런 종류의 것이다.

---

7) 1. 나사 모양이고 활발한 회전 운동을 하는 한 무리의 미생물을 통틀어 이르는 말. 2. '매독균'을 일상적으로 이르는 말.

「신여성의 체질은 어떻게 변하나? 교육법과 생활방식이 달라지면 따라서 체질에도 변화가 생긴다 참고 될 죽내여사의 연구」, 『동아일보』, 1933년 8월 10일.

시대에 따라 여자의 체질은 어떻게 변해지나? 교육법이 다르고 생활상태가 달라지는 요즘 신여성의 체질은 어떻게 변해지나? 여기에는 주목할 만한 점이 많습니다.

이번에 일본 여자로 열 사람 째 의학박사의 학위를 받은 죽내무대(竹內茂代) 여사는 일본 부인의 체질에 관한 연구를 하였다는데, 그 발표한 가운데는 우리로서도 참고할 점이 없지 않습니다. 주의할 몇 점만 뽑아 소개하겠습니다.

여자의 선키, 앉은키, 다리 길이, 어깨 폭, 허리통, 가슴둘레 등에 대해서 죽내 여사는 더욱 주목한 것입니다.

그중에도 가슴둘레가 병적으로 작은 체질에 대해서 주력을 넣어놓았습니다.

여사는 만 12세 이상 만 86세까지의 여성을 열여섯 종류의 직업 방면으로부터 1만 6천 인을 모아서 한 사람씩 나체로 하여 재어 보았습니다. 큰 분수, 힘, 영양상태 이 세 부문 중에 여사는 큰 분수에 대해서만 밝혔습니다.

키로 말하면 오늘날의 젊은 여성은 비상히 커졌다고 합니다. 통계에는 12세부터 17세까지는 급속도로 자라고, 17세부터 20세까지에는 자라는 것이 정지됩니다. 그리고 20세 이후 50세까지에 3.3센티미터(약 한 치)쯤 줄어졌다 다시 86세까지에는 8센티미터나 더 줄어집니다.

이 통계에 대하여 여사의 설명은 이렇습니다. 즉 20세부터 50세 사이에 3.3센티미터나 줄어지는 것은 실상으로 그 키가 줄어지는 것을 보인 것이 아니라 오늘날의 20세의 여성이 20년, 30년 전 여성에 비하여 키가 커진 증거라고 합니다.

그리고 키가 커지는 원인은 도시 생활의 양식이 변한 데 있어서 무릎 꿇고 앉는 습관이 적어지기 때문에 허리를 구부리지 않게 되어 자연히 등골 즉 추간연골(椎間軟骨, 척주골을 잇고 있는 연골)[8]이 길게 자란 것이라고 해석을 합니다.

그러므로 큰 것은 다리가 길어졌다고만 볼 수 없다합니다.

통계로 보아 허리 편에 3, 다리 편에 2라는 분수로 키가 커진 것으로 사실에서 다리 편보다 허리 편이 더 커진 것으로 앉기 때문에 자세가 나빠지면 키가 못 자라고 만다는 것을 증명한 셈입니다.

그리고 또 한 가지 일본 사람은 아무리 전체 키가 크더라도 민족적으로 허리 길이가 길고 다리 길이가 짧다는 것을 밝혔습니다.

이 점은 앵글로 색손 족과는 전연 반대이지만 키는 적어도 사람의 생활력을 저장하는 통체(胴體)의 길이는 그들과 조금도 틀림이 없다는 것입니다.

---

8) 척추의 마디마디 사이에 들어 있는 둥근 판상의 물렁뼈.

팔은 짧아진다 어깨폭 넓은 것이 건강체

더욱이 팔을 수평으로 벌렸을 때의 길이 한 발 넓이에 대해서도 여사는 흥미있는 발견을 하였습니다.

예로부터 한 발 길이는 키와 같다고 말합니다마는 여사가 조사한 바를 보면 같은 부류의 사람은 50세 이상 여성들 뿐이라고 합니다.

50세 이하 12세까지는 연령이 적을수록 팔 너비 편이 짧고 키가 좀 더 발육이 좋다고 합니다. 이것은 요즘 여성은 일을 많이 하지 않기 때문이라고 해석되고 있습니다. 우물의 두레박질을 안 하게 되고, 물통과 보퉁이를 들고 다니지 않게 되고, 어린아이를 덜 안아주게 되고, 남포불이나 등불을 안 켜게 된 것 등, 문화가 점점 여성의 팔의 수고를 덜어 주었기 때문에 따라서 어깨 폭과 팔 길이의 발달이 적어졌다고 합니다.

이 증명은 가정적으로 노동을 하는 가정부와 간호부들의 팔이 가장 길다는 사실에서 찾을 수 있습니다. 어깨 폭, 가슴통, 허리통 등 몸이 굵은 발육상태로 보면 12세부터 17세까지는 순조로 발육된 흔적이 나타나 보이나 20세까지는 대체로 변화가 없는데, 여기 비하여 20세 이후 50세까지 사이에는 나이 많아질수록 평균율이 많아져 40세 내지 50세의 사람이 가장 굵게 되는 폭이라 합니다.

몸통은 건강의 도를 적확히 나타내 보이는 것으로 즉 그 결과로 보아 어깨 폭 좁은 사람은 단명한다고 합니다. 몸집이 상당하고 또 건강한 사람만이 4, 50세까지 유지하는 것을 증명하였습니다.

끝으로 여사의 참고문에는 가슴통 부족자 200여 명에 대하여 조사한 것이 있습니다. 평균 흉위보다 5센티미터 이상이나 좁은 사람을 각 직업 편으로부터 모아본즉 사무원, 점원, 교환수, 교원들이라 합니다.

사람의 몸은 쓰면 쓸수록 발달하는 것으로, 몸통은 건강을 상징하는 것이라는 이 두 조건을 기초로 하고 여사는 여자에게 적당한 직업을 지적하였을 뿐 아니라 직업 부인 그들에게 신선한 공기에 접하고 청신한 일광에 쏘일 체육의 시간을 주어야만 한다는 것을 특히 사회에 요구하였습니다.

인테리여성은 키가 크다 직업별로 본 차이

다음으로 키의 차이를 직업적으로 본 결과, 일반으로 지능적 계급 사람은 키가 크고, 노동 계급 사람은 키가 작다는 사실을 보이고 있습니다.

문필업자, 여학생, 교원의 세 부류의 평균은 151센티미터, 산파, 간호부, 교환수, 미용사, 점원, 가정부 부류의 평균은 149센티미터, 그리고 농부, 전매국 여공, 제사 여공, 방적 여공, 육군 여공, 창기 부류의 평균은 147센티미터, 더욱이 이제 분류에 대하여 그 신장의 비교를 살피면 소위 아래 계급에 속하는 사람들은 95%는 평균 이하이며, 아래층 이상 계급에 속하는 사람들은 95%까지가 평균 이상의 키를 가져 서로 5%쯤 큰 사람과 작은 사람이 섞여 있습니다.

이 사실에 대한 여사의 견해는 키라는 것은 태반 선천적으로 후천적 영향은 극히 적다고 하여 현재 노동 계급에서 발견하게 되는 키 큰 사람은 어느 시대에 몰락된 것이고, 지식 계급 층에서 발견하게 키 작은 사람은 아래 계급에게 높이 된 것이라고 합니다.

「사설-불량매약의 죄악, 단연 엄금하라」, 『동아일보』, 1933년 12월 24일.

1

조선에 의료기관 중 의사는 천 7백여 인이 있으나 인구 1만인 중의 의사는 0.88, 즉 1인 미만이며 합격 병원수는 백 2십여 개소가 있으나 병원 1개소당 면적은 1,794방 킬로미터[9]요, 동 인구수는 17만 1천 인에 달하게 되었으니 타지와 비교를 떠나 생각한다 할지라도 이 얼마나 의료기관이 부족한 셈인가. 만일 일본의 의료기관과 견주어본다면 의사수는 4만 9천 6백여 인으로 인구 1만인 중에는 7.7인의 의사가 있고, 병원수는 2,128개소로서 병원 1개소당 면적은 179킬로미터이며 동 인구수는 3만여 인에 지나지 못하여 조선은 의사수로 약 10배가 적은 셈이 되며, 병원수로는 5배 이상이 적은 것을 볼 수 있는바 이는 다시금 걱정되지 않을 수 없는 일이다.

2

이같이 부족한 의료기관도 또 그것을 이용하는 생활층은 극히 한정되어 있는고로 조선의 빈궁 대중은 거의 그 혜택을 입지 못하는 형편에 있는 것이 사실이며 병이 나면 그대로 신고 (呻苦)타가 여 명을 줄이고 말든지 그렇지 않으면 미신적 요법으로 요행을 바라게 될 뿐이요, 혹 돈이 있다면 값싸게 파는 촌의(村醫)의 첩약이나 매약 등으로 구명의 도를 세울 뿐이니 이 얼마나 참담한 일이랴.

특히 근래의 매약은 그 사용에 편의한 점과 구매에 용이한 점도 없지 않으나 영업 목적을 위한 대규모의 광고책은 그 실효에 넘치는 기대를 일반에게 주어 매약의 소비량은 해마다 증가되고 있는 것이 사실인바 이것의 효력 여하와 가격 여하를 따져보는 것은 의료기관이 일반적으로 결핍하고 또 있는 의료기관이랄지라도 고가로 말미암아 잘 이용치 못하여 부득이 매약을 대량적으로 사 쓰게 되는 조선인 소비자 대중을 위하여는 절실한 필요가 있다 할 것이다.

---

9) 오기로 보임.

3

최근 당국의 조사에 의하면 현재 조선내 매약은 그 판매권의 확대에 따른 소비량의 증대로 약종도 괄목할 만큼 늘어 이제는 2,411종의 다수에 달하게 되었는바 이 가운데 1,218종만이 겨우 허가되고, 그 나머지 1,190종의 다수가 불허가의 통봉(痛棒)을 받게 되었다는 바이니 참으로 놀라지 않을 수 없는 일이다. 이 불허가된 약종 중에는 부당 정가 즉 폭리 매약이 44.2%로 최다 부분을 점하고, 효능 부당 매약이 19.9%로 그 다음이며, 불허가된 약품을 사용한 매약이 15.4%를 점하게 되었다는 바인즉 매약을 껍데기만 보고 사는 것이 여간 위험한 일이 아니었음을 새삼스레 깨닫게 한다.

4

그런 매약은 다른 약품과 달라 포장만을 보고서 사들이는 것이라 안조품(贋造品)¹⁰⁾에도 가장 속기 쉬운 것이며 안조품이 아니라 할지라도 어수룩한 지방 행매약에 약질 저하쯤에는 대체로 속기 쉬운 것인바 가두에 나온 매약이 모두 검사 당국의 허가를 표시하였다 할지라도 그것만으로 꼭 믿어지지 않는 까닭도 여기에 있다. 물론 매약 중에는 적당한 효력 보증과 상당한 가격 제공으로 때로는 의료기관 이상의 효과를 끼치는 것도 있을 것이지만, 허다한 폭리 매약, 악질 매약 등으로 말미암아 옥석을 분간치 못하게 되는 것은 영업자와 수요자가 같이 곤혹할 문제다.

보고서 양부(良否)를 알 수 없는 매약이란 상품의 단속, 이는 그 생산과정을 일일이 임검하여도 신통치 못한 일이라. 엄밀한 허가 규정과 단속 규정으로 안조품 생산자와 열악품 생산자를 중벌하는 것이 차라리 그 제일책이 아닌가. 무지를 노리고 폭리를 캐는 자, 더욱이 인명을 걸어서 사기를 꾀하는 자 이 얼마나 가증한 무리냐. 하루라도 속히 부정 매약을 절종시키기를 바란다.

「장의 장은 30척 총면적은 8000평방리, 위장의 강약은 사람의 건강을 지배하고, 위장병은 만병의 인입니다」, 『동아일보』, 1934년 1월 21일.

의사가 폐병 환자의 진단을 하면 제일 먼저, 위장은 튼튼한가, 식욕은 있나, 하고 묻습니다. 이것은 위장이 강하면, 폐병이라도 대개는 나을 수가 있는 때문이니, 정말이지 위장의 강장한 같이 우리 건강상에 중요한 것이 없습니다.

우선 장은, 쉽게 말하자면 꾸부러져서 하복부에 있는 한 줄기의 관으로 그 길이는 신장의

---

10) 진짜처럼 거짓으로 꾸민 물품.

약6배, 대인에서는 30척이나 되고, 총면적은 8천 평방센티미터나 됩니다. 그리고 그 상부에 연결되어 물을 담으면 한 되나 들어갈 용적을 가진 것이 위인데, 이 위와 장은 인체 중에 가장 장대한 기관입니다.

그리고 이 위장은, 말할 것도 없이 전신의 혈과 육과 골의 양분이 되고, 또는 활동력과 신진대사 작용의 원천이 되는 일체 영양을 식물(食物)로부터 소화 흡수하고, 그 찌꺼기를 대변을 만들어 배설하는 것이 직무입니다.

그러므로 위장의 장애는 다른 병과 같이 단지 신체의 일부만이 병든 것이 아니고, 전신의 쇠약이 이 때문에 심해지고, 이미 병든 사람이면 생명의 위험을 초치하는 일이 가끔 있습니다.

폐병 환자의 위장의 강약을 의사가 제일 겁내는 것이 이 때문이며, 또 유명한 미국의 마츠파덴 박사가 "소수의 예외를 제하고 만병은 위장에서 시작된다, 위장의 불소화, 위장의 이상이야말로 거의 모든 병의 선구자라"고 하는 것도 지당한 말입니다.

그런데 위장이 나빠지면 일반인은 흔히 소화제를 사용하지만, 그때에는 소화도 쇠하였는 고로 소화제로 그것을 보족하는 것은 좋기는 좋지만, 세인은 그 약효에 너무 기대하여서는 안 됩니다.

대체 식물이 소화되는 것은 위장에서 분비하는 소화 요소의 작용입니다. 소화제는 결국 이 소화효소를, 여러 가지 동식물에서 추출하여 만든 것인데, 소량으로는 위장 자체에서 분비되는 인체의 소화 요소에 비하면 하잘것 없는 미력(微力)입니다.

더구나 기능이 쇠한 위장을 곧 강장케 하는 적극적 작용은 없는 고로, 약을 먹는 동안밖에 효과가 없다고 한탄하는 사람이 많은 것은 이 때문입니다.

그런데 최근에 이르러 1일 3~4그램씩 복용하면 소화력이 증진하는 것은, 보통 소화제보다도 위장의 작용이 자연히 활발해져서, 영양소의 흡수율이 현저히 앙진된다하는, 재미있는 약물이 발견되었습니다.

그것은 헤페라 하는 미생물인데, 그 체내에는 위장 내의 소화효소와 공동하여 식욕, 소화, 흡수를 앙진하고 혹은 직접, 위장의 조직 세포를 강하게 하는 특별효소까지가 망라되어 있습니다.

즉 헤페의 특징은 소화제와 같이 위장의 소화 작용을 도울 뿐 아니라, 위장의 조직 그것을 튼튼하게 하는 작용이 있는 고로, 위산 과다증에는 과다한 위산을 정조(正調)로 하고, 위약에는 위근의 이완을 정상으로 돌리고, 변비도 설사와 함께 정편으로 회복시키는 등 위장병에 널리 유효하고, 물론 위장 카타르, 위 확장, 위궤양 등에도 효과를 인정하게 되었습니다.

따라서 헤페를 일본 정부에서도 최근 개정 제5판 약국방에 수록하였지만, 그보다 먼저 이것을 훌륭한 약으로 만들어 낸 것은, 택촌(澤村) 제대 명예교수로 유명한 「알약 와카모토(錠劑わかもと)」가 그것입니다.

안승회, 「불행아의 낙원, 녹음의 터널 지나 임간에 백관 은현, 해주요양원을 찾아서(1)」, 『동아일보』, 1934년 8월 18일.

전문가의 근본적 치료법의 발견과 일반의 자각적 예방법이 강구되지 않은 경위에는 우리가 그에게 정복될 염려가 없지 않다는 인류의 강적은 피부 결핵, 후두결핵, 장결핵 등 결핵병이라 한다. 많은 그중에도 막기 어렵고, 고치기 어렵고, 걸리기 쉬운 것은 폐결핵이라 한다.

전 조선의 폐결핵 환자는 1933년도 경무국의 조사에만 의할지라도 발생이 9,114인, 사망이 5,747인이다. 그러나 여기에 빠진 의사의 진단이나마 받아보지도 못한 이를 합한다면 실로 그 3배를 넘으리라고 전문가들은 말을 한다.

이 폐결핵에 대한 시설이 경성, 평양, 원산 등지에 있다고 하나 그는 보통병원의 곁방살이다. 병상이 불과 1, 2대씩이다. 독립기관으로는 오직 해주구세요양원이 하나 있을 뿐이다. 이 요양원을 찾아보는 대로, 들리는 대로 또는 느껴지는 대로 무딘 연필을 날려 적어 보자.

8월 7일. 해주역에서 왼편으로 돌고 꺾여 아담하기로 이름난 해주읍을 뒤로 두고 우뚝 솟은 구세 병원과 구세 보아회(保兒會)의 사이를 지났다. 하늘을 가린 수목 아카시아, 백양목, 오리나무의 푸른 물이 뚝뚝 듣는 그늘 속으로 아니 녹음의 터널 속으로 남산의 허리를 S자형으로 휘돌아 남산 마루를 넘었다.

굵고 높게 해주읍을 둘러싼 수양산의 한 가닥인 남산이 예서부터는 더욱 곱고 밝다. 한 폭의 그림이다. 오른쪽으로 남산 봉수대는 소매를 걷은 거인의 주먹처럼 내밀었다. 그리고 왼쪽으로 발아래 깔린 늦은 경사지 울창한 송림을 실은 채로 10만 정보는 되리라. 무산선녀의 예상(霓裳)이 동정호 위에 끌리듯, 호호양양한 황해수 위에 비스듬히 담고 있다. 양지 바르고 바람 잠기는 그 경사지의 중복, 그 송림의 시이로 동, 서양식의 아홉 채 건물이 신기루처럼 예저기 나타나 있다. 무시로 내뿜는 데레벤징의 향기, 천연적으로 풍부한 오존을 맡고 마시기에 얼마나 알맞은 지대랴! 이 곧 해주구세요양원이다. 해주역에서 예까지 자동차로 7분.

안승회, 「불행아의 낙원, 병사, 농목장까지, 총 2만 5천여 평, 해주요양원을 찾아서(2)」, 『동아일보』, 1934년 8월 19일.

(전략)

이상적 요양실은 1인용의 실내 면적이 넓이, 길이가 각 12척, 높이 10척, 출입문 외에 3개의 창문이 있어야 할 것은 물론 햇볕을 매일 6시간 이상 받아들이고, 공기 유통은 4시로 실내에서도 실외 경치를 임의로 돌아볼 수 있어야 한다고 하지마는, 그는 이 요양원의 다각형으로 된 특별관을 두고 이른 말인가 보다.

부속 건물로는 각 요양사에 딸린 기숙사, 주먹 만큼한 돌로 쌓아 올린 예배당, 백화점, 농, 목장, 사무실 등이 있다. 이리하여 요양원의 총건평이 825평이라고. 그리고 이 농, 목장에서 나는 신선한 채소, 계란, 양유는 요양객에세 자양을 주며, 양유에는 결핵질이 없다고 설명자는 주석을 달았다.

요양원의 전 구역이 사토(砂土)를 섞은 석비레라 지질한 장마의 뒤끝이언마는 숲 사이 길거리도 깨끗하기 이를 데 없다. 요양사의 정원-요양실의 창 앞에는 풀꽃이 떨기를 지었다. 나팔꽃, 백일홍, 코스모스는 열어 제친 창 너머로 고적한 손들을 위로한다. 고적한 손들의 하얀 병상, 아니 침대는 보는 이의 눈이 부실 지경이다. 정원의 다른 한편에는 잔디가 선을 둘렀고, 히노데카시아가 열을 지었으며 새막 같은 정좌대(靜坐臺)가 예저기 있고 긴 안락의자가 한둘씩 놓였다. 안락의자에는 파리한 젊은 요양객들이 신문이나 잡지를 펴 들은 채로 혹은 앉고 혹은 누웠다. 동아일보 독자가 20여 명이라든가.

한 정원을 지나면 숲길이요, 한 숲길을 따라 돌면 또 한 정원이다. 2만 3천의 인구를 안은 해주읍이 불과 지척이언만 관산(關山)이 만리다. 풀이라 꽃이라 나무라 집이라 균제미, 배합미를 한껏 자랑하고 있다.

본관 사무실에는 각 요양실의 식모들이 의연금을 가지고 한둘씩 모여들었다. -약소하나마 남조선 이재민에게 전해달라고 병자들의 의사를 전하면서.

3. 잡지

궁하좌우보(宮下左右輔), 「만성안질의 치료법」, 『조선(조선문)』 174호, 1932년 4월.

트라코마의 치료법

보통 트라마에는 급성, 만성의 두 종류가 있음을 알아야 한다. 하여튼 대단히 난치의 병이나 더욱 급성 트라코마는 병세가 일반으로 심히 맹렬하다. 세상에 흔히 트라코마는 불치의 병이라 생각하는 사람이 있지마는, 결코 불치가 아니다. 다만 난치의 안병인 것만은 사실이다.

난치라 하지마는 이는 병인에게 책임이 있는 것이다. 병이란 무슨 병을 막론하고 초기 진단과 초기 치료가 필요하다. 그런데 이 초기 진단이 지연이 되는 고로 따라서 초기 요법을 시료치 못한다. 병세가 이미 항진하여서 비로소 의료를 받는 고로 난치가 되는 것이다.

급성 트라코마는 전일까지 전연 건전하던 눈이 갑자기 충혈하여 안검이 부풀어 오르며 눈이 똘똘하여서 눈물이 나오는 고로 누구나 그냥 두지 않으며 3~4일 내에는 의사를 방문하는 고로 치료가 늦어질 염려가 없으나 병세 자체는 퍽 맹렬하며 악증이다.

이에 반하여 보통 소위 트라코마는 언제 시작하였는지 모를 때가 많다. 그것은 초기 증세가 극히 경미하며 아프든지 부풀어 오르는 일이 없는 까닭이다. 다만 때때로 눈이 똘똘하든지 가렵다든지 눈곱이 조금 나오는 정도인 고로 주의를 하지 않는 일이 많다. 간혹 체격 검사, 징병의 예비 검진, 접객업자에 대한 경찰의 일반 검안 등으로 발견되는 일이 흔히 많다.

일반적으로 보면 트라코마는 소아병이라 할 것으로 연령 7~8세의 소아에 제일 많이 발견된다. 다시 이 소아는 어디서 트라코마에 전염을 받았을까를 말하면 그 대부분은 유아(乳兒) 또는 유아(幼兒) 시대에 그 모유(母乳) 모형제로부터 받으며 학교에서 전염된다 〈111〉 든가 또는 그 후에 전염되는 일은 드물다. 이 소아시대의 만성병을 성년기, 노년기까지 가지는 것이다. 트라코마는 여하히 치료할 것인가? 여러 가지 방법이 있겠지마는 특수요법은 현재 아직 발견되지 않았다. 그래서 대략 약치료법, 이학적 요법, 수술적 요법의 3종이다. 이 법은 트라코마에 특효약 없는 금일 그다지 유력하지 않지마는 줄곧 계속하면 일정한 효과를 얻을 수 있다. 그중 초산은, 유산은, 구기산동 등이 널리 사용된다. 이와 수술적 요법을 종합하여 하면 더욱 효과적이다.

안과병의 근치료법

수술적 요법에는 여러 가지의 마찰요법, 과립(顆粒)의 압출술, 조파술(抓破術) 등이 있으나 치료기간을 될 수 있는 대로 단축케 하려면 아무래도 1~2회의 수술이 필요하다. 단 수술을 행하여도 그것만으로 트라코마가 근치하는 것은 아니다. 반드시 수술 후에도 줄곧 약치료법을 계속할 필요가 있다.

다음에 이학적 요법이나 이것은 X광선 요법, 자외선 요법, 라듐 요법, 설상탄소[11] 요법 등으로 일부의 인사로부터는 유효시되어 있으나 일반으로 인지되지 않았다. 그러나 이것은 장래 제일 발달될 여망이 있다. 그러므로 현재는 수술과 약을 주로 하고 병자의 인내를 제일 중요한 인자로 인정한다. 무릇 만성병의 치료에는 인내가 제일로 1년 내지 수년에 걸친 요병을 처음부터 각오하지 않으면 안 된다. 1개월 내지 수개월의 치료에 염증이 나서 갑 의사에서 을 의사에게로 전전하는 것은 졸책이라 아니할 수 없다.

이외에 소아에게 많은 만성병으로는 안검 녹장은 첩모근의 만성염으로 피부의 만성 습진과 같은 것이다. 고로 반드시 압법[12]을 피하지 않으면 안 된다. 안질이라면 곧 붕산의 압법을 사용하려 한다. 이것은 비전문가 요법의 결점으로 붕산 압법을 계속하는 동안 안검 녹장은 낫지 않는다. 이 병에는 백강홍[13], 바셀린, 기타 유사의 크림 또는 자색, 황색 피오크타닝이 좋다.

후리크텡[14]에는 신선한 공기, 태양광선, 충분한 약양(藥養), 더욱 간유(肝油)가 유효하다. 성년기 이후에는 녹내장이 제일 주의를 요한다. 흔히 부지불식간에 안저 시신경이 위축하여 시야 협소하여 져서 실명한다. 이는 조기에 주의하여 축종약(縮腫藥) 피로칼핑을 점안하거나 또는 수술에 의하여 실명을 방지할 수 있는 고로, 의심날 때는 전문의의 진료를 요한다.

백내장은 동자가 희게 되는 병으로 이것은 수술적 요법이 제일 유효하며 수술에 의하여 실명을 돌이킬 수 있는 고로, 염려할 필요가 없다. 단 흔히 백내장에는 다른 병이 아울러 발생하면 공연히 수술의 시기를 늦추는 고로, 1년 2회는 반드시 전문의의 확진을 받지 않으면 안 된다. 〈112〉

의학사 허규(許逵), 「제 급성병과 그의 치료법」, 『조선(조선문)』 176호, 1932년 6월.

1. 머리말
우리 조선사회의 의료시설이 불충분한만큼 일반의 의학 상식도 〈112〉 결핍함이 많다. 질

---

11) 설상탄소: 雪狀二酸化炭素(carbon dioxide snow).
12) 압법(罨法): 상처 부위를 덥게 찜질하거나 또는 차게 하여 열을 식히는 방법.
13) 백강홍(白降汞): 승홍수에 암모니아수를 넣어서 생기는 침전물을 걸러 건조시킨 흰 가루.
14) フリクテン(phlycten, 플릭텐): 각막윤부(角膜輪部)에서 생기는 작은 수포(水疱), 궤양화하여 반점형 반흔을 각막이나 결막에 남긴다.

병에 대한 지식을 계통적으로 기록함은 좁은 지면으로는 도저히 불가능한 일이므로 이로부터 흔히 조우하는 제 급성병의 개념과 그 치료법을 통속적으로 두어 마디 적고자 한다.

2. 급성 임질성 요도염(임질)

대개는 불결한 교접에서 생긴다. 이 망국지병을 일으키는 주인공은 반원형의 임균인데 늘 둘 씩 둘 씩 짝을 지어서 요도 점막으로부터 침입한다. 감염할만한 기회가 있은 후 대개 2~3일 후에 비로소 병세가 나타난다. 시초에는 그다지 심하지 않으므로 자각치 못하고 지내는 수도 있으나 심하게 되면 배농과 배뇨 시의 역통이 심하여 홍등 청루의 단꿈도 환멸의 비애로 돌아가고 만다.

치료법. 먼저 걸리기 전의 예방이 무엇보다 필요하다. 삭크가 제일 안전하다 할 수 있다. 국부에 사용하는 약품에 청산산화고 세모리 등이 있다. 이 병은 난치일 뿐 아니라 만성으로 변하기 쉬운 고로 극히 주의할 필요가 있다. 그러나 환자와 의사가 꾸준히 장시일 합리적 치료를 하면 반드시 안치(安治)되는 병이다. 환자는 가급적 속히 의사를 방문하는 것이 좋고 환자 자신의 주의할 사항은 (이것이 극히 필요하다)

- 절대로 안정을 ■ ■하고 과격한 운동을 피할 일

후추 같은 일체 자극물을 취하지 말 일

육식도(특히 지방분) 피하고 성교는 절대로 근신할 일

손을 청결히 소독(리솔 같은 것으로)하고 눈에 대지 말 일 등이다.

일반적 치료법은 세척, 내복약, 주사 등이다.

세척-숙련한 기술과 전문적 지식이 필요하다. 환자 자신이 불충분하면 오히려 백해 있고 일리도 없다. 프로탈골 티오달간 초산은 등이 있으나 이것은 전문의와 의논하는 것이 좋겠다.

주사 트리파프라빈 판셉틴 등이 있다.

내복약으로 트로핀제제이다, 처방은

우와우루시엽전 8(100수)

우로트로된 1.5

인데 위장을 상하기 쉬운 고로 고미정기[15] 2.0 그램 가량 더하여 복용함이 좋다.

3. 급성 편도선염

이 병은 소년 및 청년기에 많은 병이며 환절기, 입안 불결, 비내(鼻內) 수술 등으로 인하여 발생한다. 오한으로 시작하여 돌연히 39 ~ 40도의 고열을 발하고 그 외 전신이 노곤하고 두

---

15) 고미정기(苦味丁幾): 등피, 용담, 분디 따위의 생약을 알코올이나 물과 알코올의 혼합액에 담가 유효성분을 뽑아내어 만든 약. 황갈색을 띠고 쓴맛이 나며, 건위제로 쓰인다.

통이 있다. 연하통[16]이 있고 음성은 구개성(口蓋性)으로 변하고 편도선은 ⟨113⟩ 일반으로 ■ ■ ■ 하며 분비 증가 혹은 팽창한 편도선 표면에 황백색 반점이 산재하는 수가 많다. 나무젓가락 같은 것으로 혀뿌리 부분을 누리고 '아-'의 발음을 시키면 쉽게 보인다.

디프테리아도 이것과 근사한 위험한 병의 하나인데 이것과 구별하지 않으면 안 된다. 만일 음성 시사(嘶嘎) (목소리가 쉰다) 호흡곤란 피리 소리 같은 호흡소리가 있거든 디프테리아를 의심하고 의사의 치료를 받아야 한다.

치료. 안정 와석(臥席), 경부기법(頸部器法), 냉음료를 먹게 함이 필요하다. 아스피린 0.5 그램 또는 키니네 0.5를 ■ 복하여 발한요법을 행하며 2~3%의 붕산수 또는 과산화수소수, 야트렌수로 자주 양치질하면 합병증이 없는 급성 편도선염이면 대개는 의사의 진료를 받지 않고 치료된다.

4. 급성 장가답아(카타-드)

특히 여름철에 흔한 병이다. 우음마식[17]을 하든지 다량의 얼음, 맥주, 미숙한 과일 등을 취할 때에 걸리기 쉽다. 이 가답아는 개인적 소질에 의하여도 많은 차이도 있는 것이니 또 3인이 동식하고도 그중에 어떤 한 사람만 걸리는 수도 있다. 기타에 세균, 화학적 자극물(알코올, 산, 비소 등) 기계적 원인이 있고 계절이 바뀔 때 몸을 식히는 것도 원인이 될 때가 있다.

증후-설사가 심하여 1일에 수십 차 변소에 가게 되는 일도 있다. 신체가 아프고 변은 점액이 섞이는 수가 많다.

치료-설사면 먼저 막는 것이 제일로 알아서는 안 된다. 병을 일으킨 원인에 대하여 적당한 수단을 강구할지니 만일 중독 같은 것이 원인일 때는 카로멜 10, 50, 7 또는 피마주유 (20.0~30.0)로 장 내용을 씻어 버려 독소의 체내 흡수를 방비할 것이다. 또 이미 설사가 심하여 장내가 청정하게 되었을 때에는 하제는 사용치 않는 것이 좋다.

와상 안정을 취하고 더운 수건 ■ 로 같은 것으로 복부를 찜질하면 좋다. 음식물은 첫날은 취하지 말고 소량의 차같은 것을 취하는 것은 무관하다. 탄산수 같은 장운동을 촉진시키는 음식물은 일절 금할 것이다. 절식을 한 다음 날은 미음 스프 달걀 노른자 등을 취하고 우유는 피함이 좋다. 당분은 무해하다. 이리하여 설사가 막히거든 즉 빵 같은 것을 먹도록 하고 과일 등류는 최후까지 먹지 않는 것이 좋다.

---

16) 연하통(嚥下痛): 음식물을 삼킬 때 느끼는 통증.
17) '소처럼 마시고 말처럼 먹는다'는 의미로 과음 과식을 가리키는 것으로 보임.

5. 임신 시의 출혈

임신 시의 출혈을 임신 전반기와 후반기로 분별하여 말하면 전반기에는 보통 유산 자궁외임신 포도상 귀태(鬼胎) 등 때에 출혈이 심 〈114〉 하고 후반기에는 태반 정상위치 조기 박리와 이상 위치 조기 박리(전치태반) 등 때에 출혈이 심함이다. 임신 시의 출혈을 방치하면 결코 자연 정지는 없어서 반드시 모체의 생명이 위험하게 되는 고로 처음 발견하는 대로 즉시 전문 의사에게 진찰 치료를 받아야 합니다. 특별히 후반기에 조기 박리는 조금이라도 시간이 늦게 되면 아무리 유명한 전문 의사라도 생명을 구할 수 없습니다. 유산이라는 것은 임신 제16주 이전에 중절되는 것을 말하면 그 원인은 모체의 병, 외상, 약품 등으로 인하여 되고 주요한 징후는 제1개월 유산은 동통(疼痛)과 출혈이 심한 월경과 같고 난은 혈괴(血塊) 안에 포함되어 혹은 완전히 혹은 단편적으로 배출되고 제2개월 내지 3개월 유산은 출혈이 많고 진통이 있습니다. 요법은 임신 보속의 희망이 있는 때에는 산부의 절대적 안정한 앙와위가 필요하고 임신의 보속이 불가능한 때에는 가속적 자궁 내 내용을 배출하여야 합니다. 자궁 임신은 임란이 자궁 외부 즉 나팔관 난소 등에 점거하고 외음부와 유방 같은 보통 임신과 동일한 상태를 보입니다. 자궁 외 임신의 주 징후는 2~3개월간마다 월경하여 보통 임신과 동일한 징후가 있다가는 돌연히 산통(疝痛)[18]과 같은 참을 수 없는 복통이 심하고 그 후에는 출혈이 있습니다. 출혈은 외출혈 외에 내출혈이 심한 급격한 빈혈증세를 보입니다. 그러므로 부인과 의사의 진료를 받아 개복 수술을 하여야 합니다. 포도상 귀태는 맥락막 융모(絨毛) 변화를 받아서 발생하고 무수한 소낭포의 집속이 언뜻 포도방과 방불(髣髴)합니다. 징후는 보통 임신보다 자궁이 급작히 증대하고 출혈이 있습니다. 출혈이 반복하여 한 달 남짓이 되도록 정지하지 않고 환자는 심한 빈혈이 되어 생명이 위험하게 됩니다. 요법은 태아의 자연적 배출을 기다리는 것이 정상인데 만일 배출이 지연되고 출혈이 심한 때에는 속히 수술하여야 합니다. 태반 조기 박리는 원인을 말하면 복부에 타박 충돌 혹은 구토 등의 강렬한 복부 압박 신체의 진탕 등입니다. 조기 박리는 태아가 만출(娩出)하기 전에 태반이 박리되는 고로 내출혈이 심하고 또한 외출혈도 심합니다. 그러므로 속히 진찰하여 회전술 만출술(娩出術) 등을 시행하여 속히 태아 태반을 배출해야 합니다.

전치 태반은 태반이 자궁막의 최상부에 발육하여 즉 태아의 전부(前部)에 있으므로 진통으로 인하여 자궁벽과 태반이 서로 추이하여 자궁 및 태반태 사이 연속한 혈관이 단열(斷裂)하여 출혈이 됩니다. 이때에 모체 및 태아의 생명을 구하려면 제왕절개술을 해야 합니다. 요컨대 이상 임신 시 출혈은 대단 위험한 것이므로 경시치 말고 속히 처치하도록 주의해야 합니다. 〈115〉

---

18) '급경련통'의 이전 말.

의학사 이종식, 「위생-두통과 그 요법」, 『조선(조선문)』 177호, 1932년 7월.

    소위 두통이라는 일종의 증후는 이 세상에 생존하는 사람으로서는 누구를 물론하고 모두가 다 반드시 1차 혹은 수차씩은 경험하였습니다. 그러면 이같이 흔한 증세가 무엇이 원인이 되어서 생기는 것인가? 간단하게 말하면 두통은 모든 병에 반드시 생긴다 할 수 있으며 병 종류와 경중에 따라서 그 성질이 일정치 않다. 두통은 모든 병에 수반하여 생기는 관계상 그 요법도 천차만별이며 동시에 근본적 요법도 있으며 고식적 요법도 있을 것은 두 번 말할 필요도 없다. 두통은 원래 어떠한 병의 수반 증세인 고로 그 근본적 요법도 또한 그 근원이 될만한 병을 없애 버리면 두통은 자연히 없어질 것이다. 뇌의 질환 즉 뇌종양 · 뇌막염 · 뇌수종 등으로 두개(頭蓋) 내압이 높아서 그로 인하여 두통이 있을 때는 그 원병(源病)의 치료가 필요하며 기타 중독으로 인하여 두통이 있으면 그 중독에 대한 근치를 하면 두통은 완쾌하고 만다. 뇌의 질환으로 생기는 두통은 그 원병에 대하여 가료한다 하나 뇌병인 만큼 근본적 치료가 곤란하다. 이러한 때는 한편 뇌압이 심한 고로 그 결과 실명 기타 여러 가지 위험이 있으니 그때는 척추 천자(穿刺)[19] · 뇌실 천자 · 천 ■ 술을 행하여 두개 내압을 적게 할 필요가 있다. 귓병 · 콧병 · 기타 두뇌 가까이 있는 곳에 병이 있으면 이 또한 두통이 있으니 이것도 그 근원이 되는 병을 치료할 것이며 필요가 있을 〈91〉 때는 척추 천자 · 뇌실 천자 등을 행하여야 된다. 기타 전염병이 두통의 원인이 된다. 전염병으로부터 오는 두통은 그 병만 치료하면 없어진다. 편두통 같은 것은 체질성으로 생기는 것인데 이 증후는 대개가 두부(頭部) 반쪽이 발작적으로 아프며 어떠한 때는 구토까지 있을 때도 있다. 보통 2, 3시간 아프다가 증세가 없어진다. 편두통에 대한 치료법은 일반으로 보건 위생이 필요한데 온천지 같은 곳에 전지 수양하는 것이 좋다. 음식물은 될 수 있는 대로는 식물성 식물이 좋으며 약으로는 (중략) 여자로서 월경 시에 두통이 있는 사람도 있으나 이것은 생식기 기타에 특별한 병이 없으면 생리적이니 염려할 필요가 없다. 빈혈증으로 인하여 오는 두통은 영양분을 많이 취하면 자연히 없어진다. 안질로 인하여 두통이 오는 때가 많으나 이것은 안질을 치료하는 동시에 기타 증후적 치료를 가하면 괜찮다. (중략) 신경 쇠약으로 오는 두통은 원래 신경 쇠약이라는 병 그 자신이 일종의 정신적 번민으로 오는 관계상 어떻게 하더라도 번민을 없애게 하는 것이 무엇보다 긴요한 요소인데 만일 그 민번[20]을 없애지 못한다 하면 치료가 매우 곤란하다. 그러나 공기 신선하고 한적한 곳에 전지 수양하는 것이 좋으며 일반으로 사용하는 요법으로써는 이상에 말한 것 외에 운동을 힘쓰며 수면을 충분히 하며 영양분을 많이 취해야 한다. 주사 요법으로는 (중략) 〈92〉 (중략)

---

19) 진찰을 하기 위하여 속이 빈 가는 침을 몸속에 찔러 넣어 몸속의 액체를 뽑아내는 일.

20) '번민'의 오기로 보임.

어떠한 종류의 두통을 물론하고 그 치료의 원리는 근원이 되는 병을 무엇보다도 먼저 치료할 것이며 동시에 증세적 치료를 하여야 한다. 일반으로 두통이 있는 사람은 평소에 자극성이 심한 음식물은 될 수 있는 대로 취하지 않을 것이며 과식하지 않게 주의하는 한편 음주·끽연 등을 금하는 것이 필요하다. 실내는 공기의 유통이 잘되게 하며 신체적·정신적 운동을 적당히 해야 한다. 기타 일종의 고식적 요법으로 두통이 심하면 경부(頸部) 혈관을 손으로 압박하면 일시적 효과를 보는 수도 있다. 두통이 몹시 격렬하여 도저히 참을 수가 없을 때는 부득이 모르핀을 사용하는 수도 있으나 이것은 언제든지 사용치 않음이 마땅하다. 그러한 때에는 떼나세린 0.5 코페인 0.06 코데인 0.02 그라아나 0.2를 1일 1, 2회 사용하여 의외의 효과를 보는 수가 많다. 〈93〉

의학사 이종식, 「위생-위장병의 치료법」, 『조선(조선문)』 178호, 1932년 8월.

식물(食物)의 팽만감 즉, 위 압중감은 위의 질환에 원인하는 것이다. 더욱이 이것은 만성 위 가답아[21]와 신경성 소화불량으로 분류할 수 있다.

그런데 자기가 앓고 있는 것이 이 두 가지 중의 어느 것인가는 전문 의사에게 감별 진찰을 할 것이며 결코 자기가 추측하면 안 된다. 따라서 감별법에 대하여는 이것을 생략하려 한다.

만성 위 가답아의 치료법

대인에게는 전염성 만성 위 가답아는 드물며 급성 위 가답아의 반복 즉 폭음 폭식, 식사 시간의 부정, 식물 저작의 불충분 등의 화학적·기계적 자극에 인하여 일어나는 것이다. 기타 우치(齲齒)가 본병을 유발하는 수도 적지 않다. 또 본병의 발병에 대하여는 개인의 소질도 간과할 수 없다. 즉 가족적으로 위 약질을 가진 자가 걸리기 쉬운 관계도 있다.

기타 만성 위 가답아는 다른 질환 예컨대 간장(肝臟) 경화증·간장 매독·심장·폐·신장병 환자 등에게 사발(俟發)하는 것으로 ■■·빈혈·근 운동 부전·자가 중독 등의 결과이다. 기타 일상의 생활상태·직업 등도 본병의 유인이 되는 수가 있다. 〈88〉

병의 원인을 아는 것은 즉 병의 치료법의 일부를 안 것이다. 이 위병이 위 이외의 장기의 질환으로부터 발열한 때는 그 기초 질환의 치료를 받을 것은 물론이지마는 기타 원인이 될 만한 장애 예컨대 우치·생활상태·직업 등을 융화할 필요가 있다.

만성 위 가답아에 대하여는 무엇보다도 식물의 섭생이 제일이다. 철저히 치료를 하려면 일일이 의사에게 문의해야 되나 대개 다음과 같은 것을 취함이 좋다.

---

21) 가답아(加答兒): 점막 세포에 염증이 생겨 다량의 점액이 분비되는 상태.

전분류 : 빵·비스킷·우동·쌀

단백질 : 국·우유·어육·두부·계란

지방 : 버터

채소 : 감자·무

중증 만성 위 가답아로 점액 분비가 많을 때 또는 불소화물이 오래 위 속에 정체하여 분해 작용을 일으킬 때에는 규칙적으로 1일 1회 아침마다 공복 시에 위 세척을 하는 것도 좋다. 세척액은 염산·식염수·중조(重曹)[22]·석회수·붕산 등으로 그 취사 선택은 의사의 지도에 따라야 한다.

본 병에 대한 약물 복용은 더욱 자신은 위험한 것으로 같은 만성 위 가답아라도 그 시기와 경중 상태에 의하야 전연 반대 성질의 약물을 사용치 않으면 안 되는 수가 일상 일어나는 것이다.

"매약의 위산을 먹어서 점점 나쁘게 되었다" "곰의 위를 먹는 동안에 더욱 고통을 받게 되었다"라는 환자가 많다. 만약 매약을 쓰는 한이 있더라도 한 번 의사에게 문의함이 좋다. 따라서 본병의 각 시기에 대한 처방을 씀은 유해 무익하므로 생략한다.

신경성 소화불량의 근치법

신경성 소화불량에도 위압감·팽만감이 있을 때가 많다. 근래 본병은 전문가의 주의를 끌게 되어서 문화인에게 주의할 증환(症患)의 하나로 주목케 되었다.

본증은 남자에게 많고 특히 30세~40세에 제일 많으며 그 원인은 히스테리 또는 신경 쇠약이 주요한 것으로 생식기·간·장·신장 등의 질환으로부터 반사성으로 본병을 일으키는 수도 있고, 정신과로·술·담배 등의 중독도 주의할 것이다.

그 증상은 대체 만성 위 가답아와 같으나 환자가 일반으로 신경질 또는 신경 쇠약의 각종의 증상을 구비하고 있는 점 특히 그 위 증상이 식물의 성질 또는 그 양에 관계치 않고 또 그 강도도 변화가 심하며 정신 상태에 의하여 좌우되는 것이 많으므로 경험 있는 의사는 환자의 호소를 듣고 진단을 결정할 수가 있다. 〈89〉

그 ■■은 제일에 환자를 안심케 할 것으로 따라서 식이요법 등을 너무 엄중히 하지 않고 자양 많은 식물을 취할 것이다. 일반의 체질 및 신경계통을 건전히 함에는 전원생활을 하며 산해(山海)에 전지(轉地)하는 것은 제일 좋으며 냉수욕·일광욕·공기욕 등도 유효하다. 전기요법도 암시적으로 작용하여 좋은 결과를 얻는 수가 있다.

원인요법으로서는 정신적·육체적 과로를 피하고 항분(亢奮)[23]을 진정하여 번민·망상을

---

22) 탄산수소나트륨.

23) 흥분.

없애며 특히 위암을 공포하는 자에게는 철저적으로 충분한 검사를 행하여 안심을 얻게 하는 것이 필요하다. 〈90〉

의사 오영원, 「변비증에 대하야」, 『조선(조선문)』 178호, 1932년 8월.

변비를 일으키는 원인에는 여러 가지가 있다. 장협착·위궤양·복막염암종과 같은 위장의 기질적(器質的)인 병으로 일어나는 수도 있고, 또 뇌출혈 척수염 등과 같은 중추 신경 방면의 병으로부터 극렬한 변비를 일으키는 수도 있다.

이와 같은 기질적인 병으로부터 오는 것은 그 원인이 되는 병을 치료하지 않으면 안 되지만 또 그 반면에 그에 상반하는 변비를 대병적(對病的)으로 제거하는 것이 본병의 치료를 빨리하는 수도 왕왕 있다.

변비에는 대개 2종류가 있다. 1은 무력성 변비라는 것으로 장의 근육이 둔해져서 장내의 식물을 통상시간 내에 송출치 못하는 것이요, 1은 경련성 변비라는 것으로 장의 운동이 이상하게 극심하여 도리어 장의 수송력이 둔한 상태이다.

이 요법으로서는 각 그 상형(狀型)에 응하여 적당한 식이요법·약제요법·운동요법·물치료법 등을 채용해야 한다. 그중 제일 중요성을 띤 것은 식이요법이며 약제요법보다도 한층 유효한 방법이며 또 다른 치료법을 행한다 하더라도 반드시 병용 〈90〉 해야만 되는 방법이다.

변비의 치료법

제일 값싸게 치료할 수 있는 것은 매일 이른 아침 공복 시에 냉수를 마시는 방법이다. 이것은 물 그것만의 작용뿐 아니라 차가운 자극이 위장에 더하여 반사적 연동(蠕動)을 항진하는 까닭이므로 반드시 냉수라야만 한다. 분량은 그 정도에 응해야 할지며 소량의 식염을 더한 것은 한층 유효하다.

단 위산과다증에 동반하는 변비에 대하여는 식염수의 복용은 금물이며 변비를 한층 심하게 할 염려가 있다.

반면에 무력성의 변비에 왕왕 합병하여 일어나는 위 이완증 또는 하이증(下弛症)이 있는 때에는 이 물 요법이 유효한 것을 잊어서는 안 된다.

과물 요법은 유효하다. 그 종류는 사과·배·감·포도·바나나 등 어느 것이든지 신선한 것을 취하면 좋다. 그중에 포도가 결과가 좋다고 한다. 그리고 식전에 먹는 것이 한층 유효하게 작용한다. 채소식도 기계적인 자극을 장에 주어서 최변적(催便的)으로 작용한다. 배추·무·연근·■ 등의 비교적 잔사(殘渣)24)의 많은 것은 유효한 것이다.

최근에 한천(우무)이 많이 사용된다. 그 맛도 좋고 소량의 완화한 하제(下劑)를 가하여 사용하면 더욱 좋다. 운동이 부족하기 쉬운 두뇌 직업자·영양(令孃)·영부인들은 현대의 운동 전성시대에 순응하여 운동하는 것이 좋은 요법이다.

운동할 시간에 없는 사람은 매일 아침 침상에서 수족의 굴신운동을 십수 회 내지 수십 회 하면 효과가 많을 것이다.

노부인으로 그러한 운동도 할 수 없는 사람은 숙련한 사람에게 배를 누르게 시키든지 취침 후 양손으로 복부를 마찰하는 것도 좋다.

하제는 될 수 있는 대로 쓰지 않는 것이 좋다. 흔히 사용하는 카스카라정을 난용(亂用)하여 더욱 변비증을 악화시키는 사람이 있다. 부득이한 때 외에는 극히 완화한 가성(苛性) 마구네시아, 훼놀 후다레잉 제제(製劑)와 같은 것을 사용하고, 또 때때로 그 종류를 교체하여 복용하는 것이 제일 중요한 것이다. 순수한 경련성 변비일 때는 경련에 대한 약제를 복용함과 동시에 소화하기 쉬운 잔사성(殘渣性)이 적은 것을 먹고 안정히 하여 효과를 얻도록 주의할 것을 잊어서는 안 된다.

그리고 물엿과 꿀은 자고로 민간요법으로서 변비에 좋다고 하는데 학리상으로도 합리적 요법이라 할 수 있다. 이것은 그 안에 포함된 당분이 장내에서 분해하여 유기의 산이 되는 까닭이다. 〈91〉

의학사 이종식, 「위생-가을에 만흔 천식의 치료법」, 『조선(조선문)』 180호, 1932년 10월.

1. 젊은 사람에게도 많다.

천식은 여름에 일어나기 시작하는 것과 첫겨울에 일어나는 두 가지가 있다. 기침이 나는 사람과 담 가진 사람이 흔히 나는 천식으로 고통한다고 하지마는 그런 것은 대개 만성 기관지염으로, 가운데는 폐가 나쁜 것을 듣기 좋게 천식이라고 하는 사람도 있다. 실제에는 천식이란 것은 숨을 들이 쉴 때에는 용이하나 내쉴 때는 대단히 괴로운 것으로, 심하면 죽지나 않을까 하는 의심조차 들게 한다.

이외에 심장이 나쁘거나 신장이 나빠도 천식이 일어나지마는, 그런 때에는 심장이나 신장을 근본적으로 고치지 않으면 안 된다. 보통 천식이란 것은 노인만이 있는 것이라 생각하지마는, 반드시 그렇지도 않다. 젊은 사람에게 있음은 물론이요, 어린아이에게도 있다. 천식이 일어나는 가정을 조사하면 부모·조부모 등 혈족 중에 천식을 많이 발견하므로 유전적 관계가 있음을 알 수 있다.

---

24) 잔재(殘滓).

천식이 있는 사람은 감기가 들지 않게 해야 한다. 감기가 들면 그로부터 천식을 일으키기 쉬운 까닭이다. 담배 연기, 기타의 연기는 천식을 일으킨다. 따라서 예방법은 명료하다. 〈95〉

2. 야행은 금물

또 천식을 일으키기 전에는 흔히 설사를 하거나 연분(軟糞)을 한다. 천식이 일어나거든 방문을 닫고 있으면 도리어 고통이 심하므로 밤중이라도 방문을 열어두는 것이 좋다.

식물은 될 수 있는 대로 조금 먹고 야식은 더욱이 배부르게 먹지 말 것이다. 그리고 식물의 종류는 될 수 있는 대로 동물질의 것을 피하고 식물질의 것을 섭취할 것이다. 신체의 위치는 누구나 누워있지는 못하는 병이므로 그저 앉아있기보다 작은 궤상 같은 것을 앞에 놓고 조금 기대는 것이 편하다. 피로하여 잠이 들더라도 그냥 그 위치대로 자는 것이 좋다.

천식은 매년 같은 절후에 일어나는 것으로 초여름에 시작한 사람은 익년 초여름에 재발하며 초겨울에 일어난 사람은 익년 그때에 재발한다. 몇 해를 계속하여 일어나는 사람이 갑자기 일어나지 않는 수가 있다. 열병이나 중증 후 또는 전임(轉任)하거나 직업을 갈면 중지되는 수도 있다. 부인이 해산을 하거나 월경이 그쳤을 때도 일어나지 않는다.

일반으로 겨울철에는 해안, 여름철에는 기후 좋은 곳에 가는 것이 좋으나 삼복이나 갑자기 닥치는 추위에는 대발작은 없다. 그러므로 밤에 산책을 하거나 극장에 가는 것은 가장 좋지 못하다.

3. 천식의 최신 치료법

치료법으로서는 전에는 아편을 먹으며 주사를 하고 하였다. 그리하면 천식은 나으나 그로 인하여 아편중독을 일으키는 수가 많다. 그러므로 근래에는 아편은 사용치 않는다. 민간에서는 예전부터 하늘수박25) 잎사귀를 태워서 그 냄새를 맡으면 낫는다 한다. 냄새 약으로는 히롬드씨의 취약이 효과가 좋다고 하는데 그것은 여러 가지 약의 혼합 가루로 담뱃불 위에 놓고 맡으면 천식이 그친다. 또 천식 연초라는 것이 있어서 보통의 궐련같이 생겼는데, 이것을 담배 모양으로 피우면 낫는다. 초석(硝石)26)을 온수에 진하게 녹여 그것을 종이에 묻혀 태워서 그 연기를 맡으면 낫기도 한다.

의사는 안드레나링을 주사하면 천식이 단박에 그치므로 많이 사용하였다. 그러나 자가 치료를 못하므로 의사의 주사를 기다리지 않으면 안 되었었다.

그런데 안드레나링과 기타의 강한 약을 혼합한 쓰토이프리씨의 처방이라는 것에 따라서

25) '하늘타리(박과에 속한 여러해살이 덩굴풀)'의 방언
26) 질산칼륨

그것을 안개 상태로 흡입케 하는 기회가 생겼다. 이것은 약만 의사에게 얻어서 준비해주면 밤중이라도 집안사람이 흡입케 하여 천식의 고통에서 벗어날 수가 있〈96〉다.

■■로 하여 흡입하는데 또 아쓰트모리징이라는 약이 있어서 이것도 특별한 기계로 극십량을 흡입하게 되어서 밤중이라도 집안사람이 쓰게 되었다.

또 예전부터 천식에는 마황이라는 것이 있는데, 그것을 볶아서 마시면 천식에 효과가 있다고 많이 사용되었는데, 희에드링이라는 것이 되어서 이것은 주사를 하여도 효능이 있으나 먹어도 같은 효과가 있으므로 편리한 것이 되어 있다.

대개의 천식은 이것을 가지고 있으면 밤중에 일어나도 먹는 고로, 자기가 천식을 그치게 할 수 있다. 의사를 청할 필요가 있으므로 소위 의사 을이기[27]라는 별명을 듣지 않고라도 될 수 있게 되었다.

이외에 칼슘의 정맥 주사를 하면 천식이 일어나지 않는 사람이 있다. 사람에 의하여는 이 칼슘 주사를 하면 대단히 효과가 있어서 그것을 끈기 있게 하면 그다지 일어나지 않는 사람도 있다.

또 이외에 ■■■을 걸어도 천식이 없어지는 사람이 있다. X광선을 가슴이나 비장에 비치면 여간 오래된 천식으로 곤란을 겪은 사람도 완해하여 가거나 그것을 나아가는 사람도 있다.

열병 후에 천식이 일어나지 않는 수가 있으므로 이전부터 투열 전기 지아델미를 걸면 좋다고 하였으나 요새 그것을 장시간 걸어서 몸속으로부터 열하여지면 대단히 효과가 있다는 보고도 있다.

아무리 하여도 완고한 것은 교감신경을 목 근처에 수술을 해서 끊어버려야 근치가 된다. 〈97〉

의학사 이종식, 「동상의 예방과 요법」, 『조선(조선문)』 182호, 1932년 12월.

일기가 한랭하여 짐에 따라 동상에 걸리는 사람이 많습니다. 동상의 원인은 신체가 한랭에 조우하여 조절 기능이 무효가 되어서 체온의 강하를 보게 됨에 조직의 생활력이 저해되어서 일어나는 것이다.

1. 예방법
1) 한랭 될 수 있는 대로 직접 한기에 닿지 않게 할 것이다. 즉 충분한 보온 장치를 하며 신체 표면의 온기를 적게 할 것이다.

---

27) 정확한 의미를 알 수 없음

2) 의복 견직물은 부적당하며 목면 또는 모직물이 좋다. 그리고 습기를 띠었을 때는 될수록 빨리 건조한 것과 교환할 것이다.

3) 식물 지방이 많은 것을 먹어야 한다.

4) 운동 한랭한 집이면 항상 사지 또는 전신 운동을 하여서 혈액의 순환을 양호케 할 것이다.

2. 치료법

수포를 형성하였을 정도에는 수포를 파괴치 말고 태양등을 쏘임이 유효하다. 진액의 분비가 성할 때는 아연■ 올리브유를 발라 온습■를 행할 것이다.

동창(凍瘡)은 주로 결핵성 또는 임파선 체질로서 빈혈성의 인사에게 많은 것으로 지방성 체질의 부인에게 일어나기 쉬우므로 평소의 주의가 필요하다. 즉 영양상태를 잘하거나 피부를 튼튼케 할 것이다.

이외 국소에는 칸후트정기 또는 옥도정기를 바르며 혹은 다음과 같은 처방의 동창정기를 사용하면 좋다. (중략)

또 궤양이 생겼을 때는 리졸 온욕 후 ■산아연화 연고를 붙일 것이다. 그리고 매년 본병에 걸리는 사람은 겨울에 미리 옥도 또는 간유의 내복을 행하면 예방상 유효하다. 〈65〉

의학사 이종식, 「감기의 격퇴법」, 『조선(조선문)』 183호, 1933년 1월.

감기는 만병의 근원이란 것은 누구나 아는 바이나 이 병은 너무나 보편적인 탓으로 심상히 아는 사람이 많다. 그리하여 감기에 걸린 줄 알면서도 무리를 하다가 결국은 기관지염이나 폐렴을 일으키는 수가 많다.

대체로 추울 때 감기가 드는 것은 추위가 강할 뿐 아니라 수면이 부족하거나 피로하여서 심신의 저항이 둔함으로써이다. 그러므로 분망할수록 수면을 충분히 하여 피로를 회복하도록 할 것이다.

그리고 공복이 심하여도 감기가 들기 쉽다. 그러므로 추울 때는 될 수 있는 대로 따뜻한 음식을 취하도록 주의할 것이다. 또 내의에 땀이 배든지 혹은 때가 묻든지 하면 체온을 잃기 쉬우므로 내의는 건조하게, 청결하게 할 것이다.

1. 감기 격퇴의 비결

항상 주의해도 불행히 감기에 걸렸을 때는 무리를 하지 말고 속히 격퇴하도록 할 것이다.

몸에 오한을 느끼며 목구멍과 코가 이상할 때는 감기의 전조이니 따뜻한 음식을 먹고 방도 따뜻하게 하여서 취침할 것이다. 그것을 아직 일하던 것이 끝이 나지 않았으니 끝날 때까지 하다가 더욱 심하게 걸리는 수가 있다.

예부터 감기가 들었을 때는 땀을 빼는 법이 있으나 그것은 따뜻한 음식을 먹고 이불을 뒤집어쓰고 수족을 이불 밖에 내놓지 말고 충분히 땀을 빼는 것인데, 사실 이 방법으로 잘 낫는 것이다. 액체 많은 음식을 먹으면 발한율이 높으므로 더욱 유효하다. 〈104〉

2. 아스피린을 먹는 법

감기가 들었을 때 먹는 약으로 보통 사용되는 것은 아스피린이다. 이것은 정제일 때는 깨뜨려서 먹는 것이 좋다. 아스피린을 먹어서 가슴이 타는 듯한 사람은 회나세징을 먹으면 좋다. 1회에 먹는 분량은 대인은 0.5그램이다.

감기든 때 목욕하면 낫는다는 사람이 있다. 사실 목욕탕에 들어가서 몸을 충분히 덥게 하여 땀을 빼고 그 후 몸이 적당하도록 식은 후에 출욕을 하면 따뜻한 음식을 먹으며 약을 먹고 땀을 빼는 것과 같이 유효하지만, 이것은 위험한 방법으로 잘못하면 한층 심하게 하는 수가 많으므로 일반적이 아니다. 종래 그러한 방법으로 고치던 사람도 한 번 실패하면 큰 욕을 보는 것이니 삼갈 것이다. 더욱이 노년이 되어서 그런 방법을 쓰면 젊을 때와 같이 몸에 반발력이 없으므로 조금 잘못하면 마치 성의 일곽이 함락하여 전부가 와해되는 것과 같을 것이니 노인은 한층 무리를 삼가야 한다.

3. 감기에는 무리가 금물

흔히 있는 일이나 몸이 약한 사람이 몸을 조심하는 고로 아무 일도 없고, 그와 반대로 튼튼하던 사람이 병에 걸리더니 즉시 죽는 예가 적지 않다. 자기의 몸이 건강하므로 다소의 무리가 있으므로 그런 것이 아닐까.

노인은 위에도 말한 것과 같이 병에 대하여 반발력이 약하며 심장이 즉시 쇠약한다. 젊은 사람은 자기의 힘을 믿고 무리를 하여서 실패하는 것이다. 평일 건강할 때는 젊은 사람은 분투 노력하여 근면히 하는 것은 좋으나, 병에 대하여 공포를 갖는 것도 좋지 못하지만, 무리를 하면 목숨을 잃는 수가 많으니 특히 주의할 것이다. 감기가 들기 쉬울 때는 그밖에 도회지에서는 건물에 의하여 난방 장치가 있으므로 종일 봄날과 같은 따뜻한 곳에서 일하다가 석양의 온도 저하 때에 집에 돌아가므로 갑자기 한랭한 바람을 맞아 감기가 드는 수가 많다. 그리고 요사이의 교통기관, 기차, 전차, 승합자동차에도 온난한 설비가 있는 것이 많으므로 이들 차에서 하차할 때도 역시 감기들 기회가 많다. 그러므로 외출할 때 하차 때는 방한구를 충분히 할 필요가 있다.

기타 따뜻한 데서 한랭한 데 나갈 때는 의복 위로 몸을 마찰하여 이완된 피부에 자극을 주도록 하는 것도 유효하다. 그리고 외출하여 바람을 쐬지 않으면 안 될 때는 될 수 있는 대로 바람 없는 데서 몸을 차게 하지 말 필요가 있다. 〈105〉

II. 위생과 청결

1. 교과서

조선총독부, 『보통학교 국어독본 권3』, 조선서적인쇄주식회사, 1931년 번각발행.

13. 파리

여름이 시작되면 파리가 많이 나옵니다.

파리는 성가신 벌레입니다. 얼굴이든 손이든 어디든 앉습니다. 쫓아도 쫓아도 또다시 와서 앉습니다.

파리는 더러운 벌레입니다. 더러운 곳 어디에든 있습니다. 쓰레기통 안에도 변소 안에도 아무렇지 않게 다니고 있습니다.

파리는 무서운 벌레입니다. 더러운 곳을 다닌 채로 음식물 위에 앉습니다. 우리는 그 음식을 모르고 먹고는 병에 걸리는 경우가 있습니다. 〈40~42쪽〉

조선총독부, 『보통학교 국어독본 권5』, 조선서적인쇄주식회사, 1932년 번각발행.

5. 대청소

어제 우리 면은 대청소였습니다. 우리 집은 평소보다 일찍 일어나 식사를 마쳤습니다. 우선 집 안의 물건을 남기지 않고 전부 밖으로 꺼내기로 했습니다. 정원에 멍석을 깔고 거기로 책상, 책장, 찬장 등 여러 가지 물건을 옮겼습니다. 이불과 모기장 등은 담 위나 장대 등에 걸어놓고 말렸습니다.

어느샌가 여동생이 울면서 찾던 책과 나의 빨간 운동회 모자가 옷장 끝에서 나왔습니다. 부엌에서 장아찌 통을 옮기자 커다란 쥐 한 마리가 뛰쳐나왔습니다. 누나가 깜짝 놀라며 "꺅"하고 비명을 지르는 소리에 모두들 웃음바다가 되었습니다.

아버지는 삽으로 집 앞 도랑을 깨끗하게 쳐내서 물이 잘 흐를 수 있도록 했습니다. 형은 장대 끝에 빗자루를 붙여서 지붕 밑과 처마 아래의 거미줄과 그을음을 제거했습니다. 엄마와 누나는 방을 쓸기도 하고 가재도구를 닦기도 하였습니다. 나도 물건을 옮기기도 하고 물을 기르기도 하고 여러 가지 심부름을 했습니다. 여동생은 고양이를 안고는 이리저리 돌아다녀서 어머니께서 "영옥도 자기 장난감만은 제대로 정리하세요"라고 하셨습니다.

집 안팎도 거의 청소가 끝날 즈음 순사가 순찰을 돌고 계셨습니다. 아버지께서 인사를 하시니 "대단히 깨끗해졌습니다."라고 말씀하시고 검사완료증을 주셨습니다. 〈17~21쪽〉

조선총독부, 『보통학교 국어독본 권6』, 조선서적인쇄주식회사, 1932년 번각발행.

16. 손발톱과 치아

손발톱이 길면 손발톱 안쪽에 때가 끼어서 더러워질 뿐만 아니라 때 속에 섞여 있는 세균이 입이나 피부 속으로 들어가 병을 일으키는 경우가 있습니다. 또한 생각지도 못한 상처가 생기기도 하고 다른 사람에게 상처를 주는 경우도 있습니다.

치아를 닦지 않으면 더러워집니다. 충치가 생기는 것은 대부분이 치아를 깨끗이 하지 않기 때문입니다. 치아가 튼튼하지 않으면 음식물을 제대로 씹지 못하게 되므로 소화가 나빠지고 게다가 음식물을 맛있게 먹을 수도 없습니다.

그렇기 때문에 손발톱은 짧게 자르고 치아는 아침에 일어났을 때와 밤에 자기 전에 잘 닦고 식사 후에는 입을 잘 헹구는 것이 좋습니다. 〈65~67쪽〉

조선총독부, 『실업보습학교 국어독본 권2』, 조선서적인쇄주식회사, 1931년 번각발행.

11. 전염병

전염병 중 가장 악성으로써 재난 중 가장 심한 것은 콜레라, 이질(역리를 포함), 티프스, 파라티프스, 두창, 발진티프스, 선홍열, 디프테리아 유행성 뇌척수막염 및 페스트 10종류이다. 만약에 이러한 병에 걸리면 법률이 규정한 바에 따라 전염병원 또는 격리병사에서 요양을 하고 집 및 환자가 사용했던 모든 것은 당국 관리인의 지휘 아래 소독하지 않으면 안된다.

콜레라 병의 원인은 콘마상세균이며 원래 인도 지방에서 발생해서 자주 세계에 대유행을 일으켰다. 우리나라에는 1822년에 대유행을 시작했고 인도, 중국 지방으로 수입되는 것이 보통이었다.

이 병은 위장을 공격하는 한편 환자의 토사물, 특히 대변에 병원균이 있어서 모르는 사이에 하수, 우물물, 강물 등에 섞여 음식물에 부착해서 전염된다. 그렇기 때문에 완전한 수도시설이 갖추어진 도시에서는 수돗물을 사용하는 것은 말할 것도 없고 우물물, 강물 등을 사용하는 곳은 음료수를 비롯해 식기를 씻는 물에 이르기까지 반드시 그것을 끓여서 사용해야한다. 또한 폭식, 폭음 그 외, 아직 익지 않은 과일 등으로 인해 위장이 손상되는 것은 가장위험한 것이다.

이질은 전국에 걸쳐 유행하고 매년 2, 3만 명의 환자가 발생하고 사망자는 환자의 약 5분의 1에 이른다. 이 또한 콜레라와 마찬가지로 물 또는 음식물로부터 오는 것이라고 한다면물, 음식물, 식기 등에 주의해야 한다는 것은 콜레라와 다르지 않다. 그러나 병상 콜레라처럼 심하지 않다고 해서 종종 치료를 등한시한다. 게다가 설사로 인해 의류를 더럽히기도 해서 여러 번 세탁을 하므로 가족 및 이웃에게 전염될 우려가 많다. 우리나라에서는 지방의풍습에 따라 강물에서 옷, 변기를 씻고 불결한 물질을 흘려 보내는 경우도 있다.

이것은 대단히 나쁜 풍습으로 만약에 병독이 섞여 있으면 그로 인해 몇 만 명의 인명을위험하게 할 수 있다.

장티푸스는 옛날에는 이른바 상한(傷寒)으로 6, 7월부터 9, 10월에 가장 많이 발생한다. 전국에 환자 수는 매해 2만 명을 기록하고 그 중 약 5분의 1은 죽는다. 이 병도 또한 콜레라, 이질과 마찬가지로 장에 침투하는 것으로 병균은 환자의 대소변 속에 존재하고 물 및 음식물에 들어가서 전염이 되기 때문에 그 주의 또한 이질과 다르지 않다. 병의 초기는 거의 감기와 다를 바가 없지만 전염되는 경우가 가장 많다. 그러므로 열이 높은 환자는 미리 주의하고 신속하게 치료를 받는 것이 좋을 것이다. 환자인 경우에는 격리하고 양생해야 하고 그환자에게서 나온 오물, 의류, 침구 등 모든 것은 규제의 소독법에 따라 행해져야 한다.

파라티푸스는 그 증상이 장티푸스와 비슷한 것으로 그것에 대한 주의 또한 장티푸스와같다고 할 수 있다.

두창은 서기 1796년 영국의 대의 젠나 씨가 종두법을 발명함으로써 예방하기 쉬워졌다. 이후 문명국에서는 대부분 강제로 종두를 실시하였다. 우리나라에서도 그것에 아무리 힘쓴다고하여도 여전히 그것을 소홀히 하는 사람이 많다. 그렇기 때문에 매해 다소의 환자가 나오는것은 문명의 국민으로서 부끄러워할 만한 일이다. 현행의 법률에 따르면 일본 내지에서는 신생아는 출생일로부터 다음 해 6월이 되기 전에 종두를 접종하고 만약, 종두의 결과가 음성이나오면 또 그 다음 해 6월이 되기 전에 한 번 더 접종을 해야 한다. 그것이 제1차 종두이다.

다음은 조선 나이 10살이 되는 해에 재차 그것을 접종한다. 만약 종두의 결과가 음성이나오면 다음 해 12월까지는 한 번 더 접종을 한다. 그것이 제2차 종두이다.

조선에서는 제1차 종두는 일본과 같으나 조선 나이 6세 때 제2차 종두를 접종하고, 12세

때 제3차 접종을 한다. 그러나 종두의 효력이 확실히 나오는 것은 대략 여러 해가 지나야 하며 두창 유행이 나타날 때는 임시로 종두를 접종한다. 두창에 걸렸었다고 해서 결코 방심해서는 안 된다. 이미 두창에 걸렸었던 80세 노인에게서 종두에 감염되는 사례조차 있다.

발진티프스는 일본 내지에서는 드물지만, 조선에서는 자주 유행하는 경우도 있다. 이 증상은 장티푸스와 유사하며 주로 이에 의해 전염된다고 하니 두발 및 의류를 청결히 해야 한다.

선홍열은 피부에 빨갛게 발진하는 열병으로서 환자로부터 직접적으로 전염될 뿐 아니라 공기 중에도 전염되는 경우도 있다. 환자의 방 또는 의류를 소독하는 것도 중요하다.

디프테리아는 어른에게는 드물지만 4, 5세 소아에게서 많이 나타난다.

최근 혈청요법이 발견되어 치료의 효과가 몹시 두드러졌다. 대부분 소아의 집에 환자가 발생했을 때는 건강한 아이에게 주의하고 감염이 의심되면 신속히 혈청주사를 맞는다. 환자의 가래, 침, 의류 및 침구 등 소독에 주의하고 소아 혹은 소아와 접촉하는 사람은 될 수 있는 한 환자 근처에 가까이 가지 않는다.

유행성 뇌척수막염은 코 및 입으로 전염된다. 그 증상은 갑자기 열이 나고 경부의 경직이 일어나 의식불명이 된다. 환자의 방 또는 의류를 소독하지 않으면 안 된다.

페스트 예방상 심히 주의해야 할 것은 집쥐의 페스트라고 할 수 있다. 쥐는 페스트균에 대한 감수성이 가장 강하며, 병균에 접하는 기회가 있다면 즉시 그것에 감염되어 결국에는 전염하는 위험이 있다. 그러므로 페스트 예방의 제1원칙은 쥐를 완전히 내쫓고 그 위험을 막는 것에 있다. 벼룩은 이 병의 매개가 되는 경우가 많기 때문에 벼룩이 발생하지 않도록 청결하게 하는 것도 또한 예방상 필요하다. 또한 환기를 자주 시키도록 해야 한다.

이상 10종류의 급성 전염병 외, 결핵, 한센병, 트라코마, 말라리아 등도 역시 전염하는 병이다. 결핵이 폐에 생기는 것은 세간에서 말하는 폐병으로서 환자의 객담 속에 있는 병균의 비말을 통해 전염된다. 어떤 사람의 계산에 의하면 환자가 하루에 배설하는 가래 중에는 72억 개의 균이 있다고 한다. 어찌 무섭지 않다고 할 수 있는가. 한센병은 옛날에는 유전병으로 생각되었지만 지금은 전염병이라는 것이 명확해졌다. 병원균은 콧물, 진물 등 속에 있다. 눈병의 병원은 환자의 눈에서 나오는 눈곱에 있다. 따라서 다른 사람의 손수건을 빌리거나 해서 전염되는 경우도 많기 때문에 주의해야 한다. 말라리아는 세간에서 말하는 '학질'이다. 이 병은 모기를 매개로 하기 때문에 그것을 피하기 위해서는 모기에게 물리지 않도록 해야 한다. 〈61~70쪽〉

조선총독부, 『4년제 보통학교 국어독본 권7』, 조선서적인쇄주식회사, 1934년 번각발행.

18. 공기

공기는 형태도 색도 없으므로 눈에는 보이지 않습니다만 어디에든 있습니다. 집 안에도 밖에도 책상 서랍에도 주먹 쥔 손안에도 아주 작은 틈새에도 공기가 없는 곳은 없습니다.

지금 시험 삼아 컵 바닥에 종이를 붙이고 그것을 거꾸로 해서 똑바로 물속에 넣어보세요. 그 종이는 결코 젖지 않습니다. 이것은 컵 속에 공기가 있어 물이 들어오지 못하기 때문입니다. 하지만 들어오는 도중에 컵을 옆으로 기울이면 바로 커다란 기포가 나와 종이는 젖어버립니다. 이 기포는 공기가 물에 눌렸다가 빠져나온 것입니다.

불이 타는 것은 공기가 있기 때문입니다. 램프의 꼭지쇠의 작은 구멍을 막으면 불이 꺼지고 온돌의 장작 입구를 부채로 부치면 화력이 세지는 것을 봐도 알 수 있겠지요.

사람은 끊임없이 공기를 호흡하면서 살고 있습니다만 오염된 공기는 몸을 위해서는 좋지 않습니다. 사람들이 많이 모여 있거나 오랜 시간 붐비는 실내는 공기가 오염되어 있기 때문에 환기에 신경을 써야 합니다. 〈59~61쪽〉

조선총독부, 『간이학교 국어독본 권2』, 조선서적인쇄주식회사, 1935년 번각발행.

17. 공기

공기는 형태도 색도 없기 때문에 눈에는 보이지 않으나 어디든 있는 존재입니다.

컵 바닥에 종이를 붙이고 이것을 거꾸로 해서 똑바로 물속에 가라앉혀 보세요. 그 종이는 결코 젖지 않습니다. 이것은 컵 속에 공기가 있어 물이 들어오지 못하게 하기 때문입니다.

연소하는 것은 공기가 있기 때문입니다. 램프는 꼭지쇠의 작은 구멍으로부터 적당히 공기가 들어가게 만들어져 있습니다. 그 작은 구멍을 막으면 불이 꺼집니다. 온돌의 장작 입구에 부채질을 하면 불이 잘 타오르는 것은 공기가 왕성히 발생하고 있기 때문입니다.

사람은 공기를 호흡하면서 살고 있습니다. 오염된 공기는 몸에 좋지 않습니다. 사람이 많이 몰리는 마을의 공기는 오염되어 있습니다. 시골의 깨끗한 공기를 호흡하고 있는 사람은 행복합니다. 〈16~18쪽〉

조선총독부, 『4년제 보통학교 수신서 권4』, 조선서적인쇄주식회사, 1934년 번각발행.

7. 위생

치아를 닦지 않으면 충치가 됩니다. 몸이나 옷이 더러워지면 감기에 걸리기 쉽습니다. 과식하거나 과음하면 몸을 헤칩니다. 술이나 담배는 아주 해롭습니다. 그러므로 몸은 물론 옷이나 주거 등을 청결하게 하고 음식이나 공기에 신경을 써서 우선적으로 몸을 단련시키지 않으면 안 됩니다.

만약 병에 걸린다면 곧바로 의사에게 진료받는 것이 가장 안전합니다. 때로는 전염병 등은 많은 사람에게 옮겨 전파될 우려가 있기 때문에 반드시 의사의 처지를 받지 않으면 안 됩니다.

조선에서는 이질, 티프스, 선홍열, 눈병 등의 전염병이 자주 유행합니다.

이것은 사람들이 위생에 대한 생각이 적극적이지 않기 때문입니다. 그렇기 때문에 봄가을에 대청소를 정성껏 하고 종두, 그 외의 전염병 예방 등을 적극적으로 하지 않으면 안 됩니다. 〈16~18쪽〉

조선총독부, 『중등교육 공민과교과서』, 조선서적인쇄주식회사, 1934년 번각발행.

제3절 공중위생

개인과 국가의 발전은 개인의 건강에 기대하는 점이 크기 때문에 우리는 늘 건강 유지 및 증진에 유의하고 국가사회의 발전에 기여하지 않으면 안 된다. 우리나라에서 사망률은 유감스럽지만, 서양의 주요 제국의 사망률에 비해서 상당히 높다. 이는 개인의 행복과 국가의 발전을 저해하는 요인 중 크다고 볼 수 있다. 그것은 우리 국민의 위생에 관한 사상이 부족함에서 기인하기 때문이다. 그러므로 적극적으로 신체의 단련에 힘씀과 동시에 질병 그 외, 건강에 해가 되는 원인을 배제하지 않으면 안 된다. 또한 우리는 단순히 개인위생에 주의할 뿐 아니라 넓게는 공중위생에도 유의해서 적당한 시설을 강구하고, 위생 규칙을 이행할 필요가 있다.

공중위생상 가장 주의를 필요로 하는 것은 전염병이다. 우리나라에서는 전염병 중 특히 시급히 예방이 가능한 것, 콜레라, 이질, 장티푸스, 파라티푸스, 두창, 발진티푸스, 선홍열, 디프테리아, 유행성 뇌척수막염, 페스트를 법정 전염병으로 하고, 이것 등을 예방하기 위해서는 법령을 시행해서 그것을 강제하고 있다. 그 외, 결핵, 한센병, 화류병 등의 비 법정 전염병에 대해서도 각각의 법률 규정은 있지만 그 운용은 아직 사회 위생상 완전할 정도로 되어 있지 않다. 또한 음료수 및 하수는 공중위생상에 상당한 영향을 미치고 오물, 쓰레기

처분도 또한 중요한 문제로서 취급되고 있다.

이상, 보건위생에 관한 행정의 지도 관리에 해당되는 것은 중앙은 내무성, 지방은 부현의 경찰부, 조선은 총독부 및 도경찰부이다. 또한 국가의 보건위생 설비로는 전염병 연구소, 위생시험소, 영양연구소 등이 있다. 지방공공단체에서는 수시로 청결법을 지키고, 전염병 발생기에는 소독법을 시행하며 또한 전염병 격리병사 등을 상설한다. 〈123~125쪽〉

2. 신문

「간단히 되는 채소 소독법」, 『동아일보』, 1931년 11월 6일.

채소는 이론상 절대 안전할 정도로 소독을 하려면 역시 섭씨 7, 80도 이상 뜨거운 물 속에 잠시 잠갔다가 꺼내는 것이 좋습니다만, 이렇게 해서는 항상 생것의 특색을 잃어버리고 마는 것은 물론입니다.

그러면 생것의 특색을 잃지 않고도 가정에서 용이하게 할 수 있는 소독법 중 가장 안전하다고 할 만한 것은 없으나 최근 위생시험소에서 시험한 소독 방법을 전염병 유행할 때는 반드시 이행해야 하겠습니다.

표백분 용액법

5/1,000의 표백분을 맑은 물속에 타가지고 그 속에 한 10분 동안 채소를 담가두었다가 그 물속에서 채소를 서너 번 흔들어 씻습니다. 이렇게 하면 채소에 싸였던 기생충의 90%는 표백분 푼 물에 담가두었을 사이에 소독되고 사멸됩니다. 그리고 기생충의 알은 어지간한 약제로는 도저히 죽지 않으나 채소를 위와 같이 물속에서 흔들어내면 의외로 잘 떨어지고 소독이 됩니다.

이 외에 또 한 가지 간단한 방법이 시험 중에 있답니다.

일본 엽차를 진하게 달인 찻물 속에 채소를 한 10분 동안 담가두면 표백분 용액법 이상 안전성을 가진 소독을 할 수 있다는 것입니다. 이 시험이 완료될 것 같으면 숫자적으로 세밀한 방법이 발표될 것입니다.

그런데 이 방법은 가정에서 비교적 하기 편한 방법이지만, 그러나 연한 채소로 향기를 취하여 먹는 채소 종류는 그 델리케이트한 맛을 좀 아니게 할까 하는 염려가 없지 않아 있다고 합니다.

「사설-보건운동사의 창립, 민중보건 문제 재론」, 『조선일보』, 1931년 12월 17일.

1

민중 보건의 상태는 전 민중의 현실의 위치를 가장 잘 측정하는 척도가 되는 것이니, 필경 경제의 토대의 위에 세워 있는 정치적 정세에 의하여 결정되는 것임은 문제의 근본에까지

가는 것이지만, 다만 일개의 보건 문제로서 이에 관심 대응하는 것은 사회의 부문적 사업 혹은 그 운동으로서도 매우 중요한 것이다. 사회적 빈궁에 관한 민중적 영양의 불량과 그로 인한 위황(萎黃) 쇠약의 경향은 일개의 기술적 보건 운동으로 쉽게 광구(匡救)할 수 없는 바이지만, 현하의 조선인이 일부의 신교육을 받는 비교적 유복한 청년 남녀들을 제한 외에는 대체로 심상치 아니한 쇠약 병약 허약의 상태에 빠져있다 이 문제에 관하여 무엇보다도 전선적(全線的) 전개에 의한 정치적 경제적의 시대 개조의 운동 같은 것이 전 역량이라도 집중하여서의 진행으로 되어야 하려니와, 그것은 여기에서는 전연 별 문제로 하고 이 부문 운동 그것으로서의 민중 보건의 사업이 매우 긴절한 것이다. 경성 내의 의사, 의학의 도(徒) 또는 체육 전문가들이 연합하여 보건 운동사를 창립하려 함에 하여 이미 개평(槪評)을 해본 바 있거니와, 이제 그 성립이 완료됨에 미쳐서 다시 일필로써 이 사업이 운동의 적극 추장(推獎)을 표하려는 것이다.

2

민중의 영양 문제와 또는 주거 의복 등 근본생활상의 제 문제를 호대(浩大)하여 쉽사리 건드리기 어렵다 하면, 이 방면에는 당연히 그의 조사연구 고취 선전으로 대중적 각성도 재촉하고 혹은 관계 책임자 방면의 특별한 유의를 충동일 수도 있는 바이다. 이것은 하필 부문적인 기관에 한할 바 아니요, 일반 사회기관 언론기관에서도 일상적으로 고취 주장 선양 고조함을 아끼지 않을 바이거니와, 초기에는 저절로 보건 운동사의 선전주장으로서의 전주곡이 되어야 할 것이요, 기타 체육 의료의 양 과목에 관하여서도 실천 이행의 순서가 하루바삐 행진되어야 하겠다. 우리가 노래 삼아 주장하는 체코슬로바키아인의 쏘콜 운동이나 덴마크인의 국민체조 같은 것을 내일부터라도 적수 포룡적(赤手捕龍的)인 단행을 할 수는 없다 치더라도 기성 기관의 주뇌자와 협력함에 의하여 그의 준비적 선구적 제 기획은 우선 단행할 수 있는 것이요, 순회진료의 수시 실행 함과 같은 의료의 사업도 또한 입지 성불적(立地成佛的)인 조계(조計)를 기할 수 없으나 그러나 의약과 체육에 종사하는 인사로서는 이것을 실행하는 단계에 걸어 나아감이 그다지 중난한 일이 아닐 것이다. 민중보건사의 사우(社友) 제씨가 지레 근심말고 또 권태를 가져옴이 없이 철두철미 이 때문에 건진(健進)키를 절촉(切促)하지 않을 수 없다

3

지난번 중앙체육연구소가 동서 체육가의 실천의 정수를 뽑아 체력증진의 과학적인 기술로써 크게 청년 제군의 체육에 비익(裨益)함이 있을 때 우리는 솔선하여 그의 적극 추장의 거(擧)를 아끼지 않았다. 이제 체력증진의 방법은 무슨 괴력 엽기적인 행사로서가 결코 아니

요, 인간적 정당한 강건 단련의 일상 실천적인 과목으로서 경성의 학생, 직인, 기타 각층의 사람들로 비롯하여 지방 각지에까지도 차차 보급 확대를 보게 된 것이니, 이번 보건운동사의 창립에서도 이 방면과 중앙청년회와 기타 체육협회 방면의 인사들도 모두 이에 협력키를 구하고, 또 그 찬동을 보게 된 것은 자못 아의(我意)를 얻은 자이요, 하물며 그 사업의 추기(樞機)에 당한 이들이 모두 예의(銳意) 솔직하게 사회에 봉사하려는 청년 학도와 또는 진지한 스포츠인임 점에서 그 ■폭■문을 꾸밈이 없는 대신 반드시 보보 전진(步步前進) 입입공(粒粒功)의 타일(他日)이 있을 것을 기하는 바이다. 오늘날 경제적 밑 사회적 제 조건이 자못 불리한 이 시대에서 홀로 보건을 말하는 것은 사람 혹은 그 중난함을 생각할 자이나 그러나 이 우려되는 보건 상황의 최중(最中)에서 그 위대한 미성품의 첫걸음을 내디딤이 매우 큰 의의가 있는 것을 믿는다.

「사설-전염병 만연과 대책, 천연두와 나병환자 문제」, 『조선일보』, 1932년 5월 25일.

1

금춘 이래 경성부 내 전염병 발생 환자수는 조선인 262명, 일본인 290명으로 합 552명이다. 이렇게 적지 않은 전염병 발생수 중 천연두가 170명이란 숫자를 보여 제1위를 점하고 있나니, 이는 전 전염병 환자의 3할을 점하고 있는 것으로 부민 위생상 중대 문제이다. 그리고 또 전 조선을 통하여 천연두 발생수를 보면 1595명으로 그 사망자가 276인이라 한다. 이제 이것을 다시 전년 동기 발생수 1132명에 비하면 발생수로 463인이 증가되고, 사망수 237인에 비하면 사망수로 39인의 증가이다.

2

이 법정 전염병 천연두가 전 조선을 통하여 1월 이래 1천 6백이란 수나 발생되었나니, 이는 의료기관이 발달된 현대에 종두만 하면 예방할 수 있는 병마에 위협당하는 것은 조선인으로서 커다란 치욕이요, 적지 않은 비문명적 모욕이라고 하지 않을 수 없다. 이는 오로지 위생 당국의 책임만으로 전가할 수도 없는 문제로 조선인 자체의 위생 사상이 보급되지 못한 것도 일부 책임을 지지 않을 수 없는 것이다. 그러면 이 법정 전염병 천연두의 만연으로 적지 않은 인명을 빼앗기는 것도 민족 보건상 중대 문제이거니와 이 천연두에 걸려 다행히 명을 구하였다고 하나 이 병환 후에는 기어이 그 흔적을 남기고야 마는 두흔(痘痕)을 어찌할 것인가? 면상의 두흔이 남아 문명을 등진 인간이란 낙인을 찍어 놓게 되는 것은 민족의 미추(美醜) 문제에 커다란 관계가 있는 것으로, 이는 위생 당국이 필사적으로 예방에 노력하여야 할 것이고 따라 일반의 위생 사상이 보편화되어야 할 것이다.

3

법정 전염병 천연두는 이와 같이 예방하여 피할 수 있음에 불구하고 일반 위생 사상이 보편화되지 못한 관계로 날마다 그의 창궐이 심하여 적지 않은 인명을 빼앗기고 또 현재 병환 중에 신음하는 자 적지 않거니와, 예방할 수도 없고 치료할 수도 없는 나병환자가 인파 넘치는 서울 거리에 방황하고 있으니 이의 처치는 참말 중대 문제라고 하지 않을 수 없다. 나병은 불치의 병이요, 전염되는 병이다. 이 불치의 병이요, 전염병인 나병을 격리함으로써 전염을 예방하고 소극적인 치료나마 할 수 있는데, 경성 시내에는 30명 내외의 나병 환자가 가두로 방황하고, 인가로 걸식하고 있으니 이 불치의 전염병자를 치지도외(置之度外)하는 것은 당국의 성의를 의심하지 않을 수 없는 동시, 나병을 또 여하한 이론적 근거하에 법정 전염병으로 인정하지 않아 위생 당국의 전염병비의 혜택조차 입지 못하게 하는가?

4

현재 전 조선에 나병환자는 1만 6천 여인데 수용 환자는 2천 6백 인에 불과하니 이 불치 전염의 나병자 격리는 창해일속의 감이 없지 않다. 그러면 위생 당국은 이 문제를 여하히 보는가? 현재 경성에만 있는 30명 내외 나병환자는 조선나병근절연구회에서 일반에게 기부를 얻어 격리하려 하나 예정한 3천 원이 모이지 않아 아직 이의 실현을 보지 못하고 있는 터이니 이에 대하여 당국은 전염병비 예산중의 일부를 나눠서라도 이 사업의 급속 실현을 기하게 해줄 것이요, 또 일보 나아가 명년도 예산에는 이 1만 6천여 나병환자 수용에 대한 예산을 세워서 근본적 나병 근절을 꾀하여야 할 것이다. 현재 조선의 주민을 위협하는, 문명을 등진 야만적 전염병 천연두의 근본적 절멸과 신인 공구(神人共懼)할 불치의 전염병 나병의 근절은 현재 조선 민족 보건상 중차대한 시급을 요하는 문제로 일반의 특별한 주의와 아울러 당국은 근본적 대책을 세워야 할 것을 일언하는 바다.

경성제대 암정내과 김동익 박사, 「기생충을 박멸하자 기생충의 생기는 이유와 그 박멸책(1) ◇소홀히 알다가는 큰일이 난다◇」, 『동아일보』, 1932년 12월 18일.

1. 머리말
일반으로 어떠한 생물이 다른 어떠한 생물의 몸 안에 살고 있다는 현상은 자주 볼 수 있는 현상으로서 그 가운데는 공생이라고 하는 것과 기생이라고 하는 두 가지 종류를 구별할 수 있습니다. 그 중의 공생이라는 것은 두 생물이 서로 편리를 도모하여 주고 서로 도와주어서 소위 상호부조의 좋은 현상을 나타내는 것이오. 이와 반대로 기생이라는 것은 몸 안에서 붙어사는 생물이 그 주인 되는 생물에게서 영양분을 뺏어 먹어가며 살되 주인에게는 조금도 이익을 주지 않을 뿐 아니라 도리어 자기 몸에서 독한 물건을 배설해서 주인 생물에게 큰 해독을 끼치는 가장 나쁜 현상을 일으키는 것입니다.

만일 우리 인류에게 이러한 기생하는 동물이 있다고 하면 그 사람은 자기가 먹은 자양물의 일부분을 이 기생충 때문에 빼앗기고 겸하여 1초 1분 간마다 자기의 신체의 한 점 한 점씩을 깎아 저며 들어간다는 것을 상상하기에 어렵지 않을 것입니다.

그런데 불행히도 우리 조선사람에게는 이러한 종류의 기생충이 가장 많아서 세계 문명한 어느 나라 사람보다도 제일 수위를 점령한다는 것을 알게 된 때에 어찌 뜻있는 자로서 한번 길게 한숨 쉬기를 금하며 한마디 말씀을 아끼겠습니까. 이러한 의미로 박학천식임도 돌아보지 않고 아래에 두어 마디 기생충의 생기는 이유와 그 해독과 겸하여 이것을 예방하며 치료하는 데 필요한 가정 상식을 적어볼까 하는 것이 이 글을 쓰는 근본 뜻이올시다.

다행히 이 점에 대하여 일반 사회와 각 가정, 각 학교에서 서로 힘써 이 기생충 박멸에 공헌하여 주신다면 빈약한 조선사람을 위하여 이에서 더 큰 행복이 없으리라고 믿는 바입니다.

2. 기생충의 종류

대체 그러면 우리 사람의 몸 안에 붙어 있는 기생충의 종류는 몇 가지나 되는가 하면 회충, 십이지장충 요충, 편충, 조충 혹은 촌백충, 폐디스토마(肺二口蟲), 간디스토마(肝二口蟲)와 그 밖에 말라리아(학질), 필라리아(상피병의 원인)등이 중요한 것들이올시다.

다음부터 우선 조선에 가장 많아서 백 사람 가운데 아흔 사람 혹은 아흔아홉 사람까지가 이 기생충을 갖고 있는 회충에 대하여 자세히 설명하고자 합니다. 얼마나 무서운 벌레며 얼마나 등한시 못할 것인지 미리 여러분의 주의를 환기하여 둡니다. (계속)

경성제대 암정내과 김동익 박사, 「기생충을 박멸하자 기생충의 생기는 이유와 그 박멸책(2) ◇소홀히 알다가는 큰일이 난다◇」, 『동아일보』, 1932년 12월 23일.

회충편
◇회충의 형상과 있는 곳
회충은 지렁이와 같이 생긴 벌레로서 수컷과 암컷이 있으니 수놈은 길이가 15~25센티미터요, 암컷은 보다 조금 커서 20~40센티미터의 기장이 있습니다.

사람의 뱃속에 제일 많이 있는 곳은 소장입니다. 그러나 그 외에 다른 부분에도 마음대로 돌아다니는 성질을 가지고 있고 더욱이 작은 구멍을 찾아서 들어가기 때문에 이로 인하여 예측하기 어려운 여러 가지 못된 증세를 나타내는 수가 많습니다.

◇회충의 전염하는 길

회충이 사람에게 감염되는 경로는 입으로부터 되는 것이니 입은 백 가지 화근의 근본이라는 격언이 이 기생충에도 적합한 말이 됩니다.

회충이 사람의 소장에 있어서 알을 낳아서 대변과 같이 배설되면 이 일은 사람의 육안에는 보이지 않으나 주위의 사정이 자기의 생활에 적당할 때는 약 2주일 뒤에는 벌써 완전한 발육을 하여서 알 속에 유충이 생기나니 이 유충이 생기면 벌써 사람에게 감염할 가능성을 가지게 되는 것입니다.

이 발육된 회알이 우리의 입속으로 들어가는 기회를 따져본다면 음식물 중에도 채소 또는 불결한 물들이 있을 것입니다.

그러므로 사람의 대변으로 채소의 거름을 삼는 우리 조선 같은 곳에서는 더욱이 이 벌레에게 침입을 받는 기회가 늘어간다는 것을 추측하기에 어렵지 않습니다.

이러한 회알이 붙어 있는 채소라도 끓인다든지 삶아서 먹을 때는 물론 회알이 죽기 때문에 감염되지 않고 사람은 건강을 보전할 수 있지만, 만일 이것을 날로 쌈을 싸서 먹는다든지 또는 김치 장아찌 등을 하여서 먹을 때에는 감염되는 가능성이 가장 많은 것입니다.

여러 가지로 연구한 결과에 의지하면 조선 김치 더욱이 여름에 먹는 초김치 속에는 살아 있는 회알을 상당히 많이 볼 수 있습니다.

그밖에 회충이 침입하는 기회로는 어린아이들이 손으로 흙장난을 하다가 잘 씻지도 않고 그대로 과자나 주먹밥을 먹을 때가 크게 위험한 것이니 땅에 있는 흙 가운데는 회충알이 상당히 많이 붙어 있습니다. 더욱이 길가에다가 대변을 보는 악풍을 서울과 같은 큰 도회지에서도 흔히 볼 수 있음에야 더 길게 말씀할 필요가 어디 있겠습니까.

그러므로 어린아이에게 회충의 감염률이 가장 높고 또 이와 같은 의미로 정신병자에게도 많은 것입니다.

이와 같이 우리의 눈에는 보이지 않는 유충을 가진 회알이 입으로부터 들어가서 위를 지나 창자에까지 도착하면 곧 알껍질을 벗어나서 유충이 창자 속에 튀어나옵니다. 이것이 다시 창자를 뚫고 나와서 위로 올라가서 폐장에까지 가서는 다시 후두를 지나 식도로 내려와서 위를 지나 두 번째 창자에 가서 아주 편안히 살고 있게 되는 것입니다.

이러한 복잡한 길을 밟아서 필경에는 소장에 들어 있어서 알을 낳게 되는 것입니다. 입으로 회알을 먹은 날부터 50일이 채 되지 못하여 벌써 알을 낳게까지 되는 것이니 즉 아까 말씀한 지렁이와 같이 큰 벌레로 되어있는 것입니다.

「마스크는 어떤 것이 좋은가?」, 『동아일보』, 1933년 2월 3일.

마스크에는 여러 가지가 있습니다. 우단, 까가, 검은 공단, 털실로 짠 것 같은 것이 있습니다.

이중에 제일 좋은 것은 우단입니다. 우단은 공기가 잘 통하지 않으므로 바깥 찬 공기가 충분히 누그러진 후에 들어가게 됩니다. 따라서 또 먼지를 마시게 되는 분수도 비교적 적습니다.

털실로 짠 것이 아이들에게는 좋을 듯이 보이나 공기의 유통이 너무 호흡하기 좋으므로 효과가 시원치 않습니다. 가제 네 겹쯤 겹친 마스크는 검은 공단 것보다 효과도 있고 자주 세탁해 쓰게 되므로 위생적입니다.

마스크 속에 공기가 잘 통하게 생긴 셀룰로이드제 조각이 들어있는 편이 좋습니다. 보통 검은 공단으로만 만든 것으로 입 닿는 부분이 거무스름하게 더러워진 것을 그대로 하고 다니는 것인 매우 위생에 해롭습니다.

「결혼 준비 시대의 처녀들의 위생(1) 결핵예방이 첫 일 튼튼한 몸으로 시집 가도록 어머님이 주의할 것」, 『동아일보』, 1933년 4월 5일.

네 절기 중 화려한 양춘가절은 돌아왔습니다. 이때에 인생의 봄을 맞이한 처녀로서 갓 학교를 나온 사람들은 일생 중에 가장 아름다운 결혼 준비 시대를 맞이하였습니다. 그들에게는 끝없이 유쾌한 시대입니다. 이 중요한 시대를 맞은 나이 찬 처녀의 몸은 생식 성숙 시대의 준비로서 여러 가지 복잡한 변조를 일으켜 정신적으로나 육체적으로나 특히 주의할 시대입니다.

따라서 이 시기의 따님을 들이신 가정에서는 특히 어머님이 그 체질에 주의하여 결혼할 때까지의 생활을 바로 잡아주도록 해야 합니다. 이즈음에 행복과 불행의 씨가 생긴다고 해도 과언이 아닙니다.

첫째 결혼한 후 고개를 들기 쉬운 병에 대해서 주의할 것입니다.

침재, 성교육과 같이 결핵병에 대해서 괘념을 해야 됩니다.

결혼 후 발하기 쉬운 몸을 먼저 짐작할 수가 있어야 합니다.

결핵을 흔히 유전병과 같이 여겼으나 "결핵은 유전이 아니고 전염병이라"고 단정된 것입니다. 친척에 폐병으로 죽은 사람이 있으면 혼인하기를 꺼리는 사람이 있습니다. 이것은 실상 폐결핵에 걸리기 쉬운 체질이 유전되기 때문입니다.

이 폐결핵질의 몸은 키가 크고 날씬하며 섬약 창백하고, 가슴판이 좁아서 어릴 때부터 결핵균을 받아들이기 쉬운 몸입니다.

이런 체질을 가진 사람은 평시부터 경계를 해야 됩니다.

어릴 때부터 있던 소인(素因)이 결혼 같은 것 한 기회에 폭발하는 예가 무수합니다. 이 사실은 사체를 해부해 보면 80% 이상은 반드시 한 차례씩이라도 결핵에 걸렸던 것으로 인정할 수 있습니다.

그래서 최근 유아 결핵을 큰 문제를 삼게 된 것입니다. 백 사람에 구십 인까지는 결핵에 걸려 있으면서 모르고 지내는 사이에 저절로 나아 버리는 것입니다. 몸에 고장이 생겨서 쇠약하면 결핵균이 대활약을 하게 됩니다.

그러므로 이런 체질을 가진 처녀는 결혼 전부터 결핵에 대하여 될수록 예방책을 써 놓아야 합니다.

「결혼 준비 시대의 처녀들의 위생(1)[28] 결혼 후에 나는 병, 빌미는 흔히 처녀 시대에 있다, 미리부터 주의할 일」, 『동아일보』, 1933년 4월 6일.

다음으로 처녀에게 흔히 있기 쉬운 부인병 한두 가지에 대해서 주의할 것입니다.

부녀가 부녀로서의 가치는 생식 시대에 있습니다. 부녀의 한 생애를 5기로 나누어 (1)유년기 (2)춘기발동기 (3)생식 성숙기 (4)갱년기 (5)노년기라고 할 수 있습니다.

그중 제3의 시대가 여자로서 가장 중요하다고 볼 수 있겠습니다.

따라서 질병도 이 시기에 제일 많은 것도 당연한 이치입니다. 그러면 이 시기를 전제로 하고 춘기 발동기, 소위 처녀 시대가 매우 중요하게 됩니다.

처녀 시대에는 부인과적 병이라도 대개 정신병 즉 내과적 질병의 일부분같이 보이는 때가 많습니다.

예를 들면 선병질의 사람, 폐결핵, 신장, 만성 위장병 같은 것이 있는 사람은 한기라든가 과로라든가 신열 같은 가벼운 자극에도 영향을 받습니다. 질 자궁 점막이나 외부에까지라도 가달증을 일으킵니다. 폐첨 가달 같은 것이 나팔관 결핵을 속발하게 하여 결핵성의 복막염과 충양(蟲樣) 돌기염으로 퍼져 그 근접부 주위에 있는 골반 복막과 결체식(結締識)에 염증을 일으키거나 혹은 나팔관과 난소염도 생기게 합니다. 또 상습변비증이 있으면 골반 속의 혈행을 손상케 하며 또 그 압박 작용으로 자궁의 위치 이사 등의 병의 원인을 빚어내게 됩니다. 난소종양 같은 병도 처녀에게 적지 않습니다. 더욱이 그 진행이 빨라서 의외의 결과에 이르는 예가 많습니다.

그리고 처녀에게 가장 많은 것은 월경의 이상입니다. 이것은 자궁 위치 이상 때문에 제일

28) 원문에 (1)로 되어있으나, 연재번호는 (2)가 맞음.

많이 나타나는 증세인데 결혼 전에 반드시 고쳐 놓아야 합니다. 일반 성교육과 같이 명심할 것입니다.

「사설-깨끗한 생활, 깨끗한 몸과 정신」, 『동아일보』, 1934년 1월 19일.

1

"깨끗한 정신은 깨끗한 몸 안에 거접한다."하는 말은 "건전한 정신은 건전한 육체 안에 존재한다."는 문구와 함께 불멸의 진리이다. 이 진리는 심리학상뿐 아니라 생리학상으로까지 이미 확증된 바이니 여기서 다시 번론할 필요조차 없는 것이다.

육체적으로 불결한 것은 그 당자 개인에게도 몹시 불쾌한 일일뿐더러 만병의 요람이 되는 것이다. 뿐만 아니라 한 걸음 더 나아가서 사회적으로도 이중의 악영향을 미치게 되는 것이니 타인의 불쾌감을 사는 것은 물론이고, 그 불결의 축적은 마침내 두려운 전염병의 온상을 형성하는 것이다. 따라서 사회가 문명해 가면 문명할수록 개인적으로나 집단적으로나 불결을 더 한 층 혐오하게 되어 그 퇴치책에 부심하게 되는 것이다. 그러므로 육체적 불결은 건강상으로 보나, 기분상으로 보나, 개인적으로 보나, 집단적으로 보나 어디까지든지 타매할 일이요, 부끄러워할 일이다.

2

개인이 불결하면 그 사회에서 그 개인이 혐오를 받고 모욕을 당하는 것과 마찬가지로 불결한 개인들의 집단인 불결한 민족은 또한 그 국제상 지위에서 남에게 침 뱉음을 받고 멸시를 받는다. 요새 흔히 민족적으로 불결한 민족을 말할 때에는 중국민족과 인도족을 그 대표인 것 같이 말들을 한다. 그것이 얼마나 큰 민족적 치욕이랴! 그러나 우리가 우리 민족 자체를 돌아다 볼 때 또한 얼굴 붉히지 않을 수 없다. 따져보면 우리 민족도 결코 그 깨끗함에서 높은 수준에 처해 있다고 보기 힘든 것이다.

백의를 입기 때문에 남보다 속히 불결하게 뵈어진다고도 말하겠으나 단순히 그런 것만도 아니다. 조선 민족 2300만을 통틀어 놓고 볼 때 1주간에 목욕 한번 평균을 힘써 행하는 사람 수효가 결코 고율은 아니다. 지방은 말도 말고 경성 같은 대도회지를 두고 볼 때에도 가정의 불결, 북촌 도로의 불결, 목욕탕의 불결 등은 실로 몸서리를 칠 지경이다. 몸에서는 땟국이 흐르고, 부엌에는 파리 왕국, 거리에서는 시궁창 냄새, 이 불결의 교향악은 서울의 수치요, 또 조선 민족의 치욕임을 깨달아야 할 것이다.

3

더욱이 가장 깨끗을 위주하여야 할 변소가 조선 가정에서는 가장 더러운 곳으로 되어있기 때문에 외국인의 조롱을 받은 일이 있거니와, 최근 경성부 위생과가 조사한 결과를 보면 경성부내에만도 애초에 변소를 안 가진 집이 2천 6백 호나 된다 하며, 또 불완전한 변소를 가진 집이 5천 호나 된다고 하니 실로 놀라지 않을 수 없는 일이요, 도시위생을 위하여 우려하지 않을 수 없는 일이다. 그 7천 호의 부주의는 경성 주민 40만의 안전을 위협하고 있으니 이 실로 사회적 문제 거리이다.

4

도시를 깨끗하게 하는 것은 주민의 책임인 동시에 부 당국의 의무려니와 개인의 몸을 깨끗하게 하는 것은 외적 세력으로는 어떻게 할 수 없는바 개인 각자의 의무요, 또 권리다.

한 몸과 한 인근을 깨끗하게 유지한다는 것은 결코 몹시 힘든 일도 아니다. 오직 습관 여하에 달린 것이다. 결국은 게으른 습관이 불결을 낳는 것이다.

위정 당국에서는 이번을 기회하여 의무를 이행하지 않는 7천여 호에게 단호한 처분을 내려 앞으로는 40만 부민의 건강을 보장하기 바라는 바이며, 부민 각자들도 외부로부터의 주의나 강제가 있기까지를 기다릴 것 없이 자진해서 깨끗한 삶을 위하여 부단 노력하는 습관을 기르기를 바라는 바이다.

깨끗한 생활은 나 자신의 행복이요, 또는 인근의 행복임을 깊이 깨달아야 할 것이다.

「마스크의 위생, 겨울에 흔히 쓰는 『마스크』의 이해, 될 수 있는 대로 쓰지 말 것, 그것이 도리어 몸에 이해◇될 수 있으면 쓰지 않도록◇」, 『동아일보』, 1935년 1월 16일.

요사이 일기가 온화하여 조금도 겨울 같지는 않으나 길에 나서 보면 마스크로 입을 가리고 다니는 사람이 꽤 많은 것을 봅니다. 그러나 요새 같은 일기에 마스크를 걸고 다니는 것은 퍽 문제입니다. 몹시 추운 날에도 마스크는 될 수 있으면 걸지 않는 것이 좋은데 봄 일기 같이 따뜻한 요새는 더욱 그 필요가 없다고 생각합니다. 마스크를 쓰면 그 안에 탄산가스가 남아 있게 되고 또 호흡하기도 퍽 곤란합니다. 그뿐 아니라 마스크 안의 따뜻한 공기만 호흡을 하게 되면 도리어 찬 공기를 마시게 될 때에 감기에 걸리게 되는 것입니다. 그래서 호흡기를 상하기 쉽습니다. 그러니 마스크를 쓰려고 할 때는 여간 주의를 하고 쓰지 않으면 그 효과가 퍽 적은 것입니다.

우선 사용하는 목적에 따라서 마스크의 구조에 주의하는 것이 필요합니다. 즉 코가 마스크 밖으로 나오게 하는 일도 있지만 코와 입을 한데 가리는 것이 더 필요한 경우가 많습니다. 그때에 큰 가제로 얼굴이 반이나 가리도록 하는 것이 이상적입니다. 호흡기병으로 기침이 나는 환자를 간호하는 때에는 이 마스크는 퍽 필요하나 그때는 마스크를 때때로 잘 빨아서 충분히 소독을 한다든가 또 새로운 것으로 바꾸든지 하는 것이 퍽 필요할 줄 압니다. 또 마스크 안에 다른 가제를 넣어서 쓸 때에는 늘 새것과 같이 내지 않으면 안 됩니다.

그러면 이 마스크는 과연 얼마나 한 효과를 내는 것인가가 문제입니다. 그런데 마스클 쓸 때는 대개 다음과 같은 네 가지 경우를 생각할 수 있습니다.

◇제1 전염병의 예방

이것은 대개 호흡기를 침범하는 전염병에 대하여 하는 말인데 가령 폐결핵, 후두결핵, 디프테리아, 백일해, 또 감기와 같이 기침을 할 때 환자의 입으로부터 나오는 것을 마스크로써 예방할 수가 있습니다. 이것은 그 병을 예방하기 위하여 쓰는 것도 좋지만 또 그 반대로 병자에게 마스크를 쓰게 하여 그 병이 전염되지 않도록 하게 하는 것도 필요합니다.

◇제2 티끌의 예방

이것은 모래라든가 티끌, 솜털, 먼지 같은 것이 호흡기로 들어올 때 그것을 예방하기 위하여 마스크를 씁니다. 단순한 값싼 마스크로서는 가는 먼지 같은 것을 막기는 어려우나 그래도 청결할 때나 소제할 때에 쓰면 상당히 효과가 있습니다.

◇제3 찬 공기의 예방

따뜻한 방에만 있다가 갑자기 찬 공기를 마시게 되면 호흡기를 상하기 쉬우니 평상시에 호흡기가 약한 사람은 마스크를 써도 좋습니다.

◇제4 건조한 공기 예방

마스크로 입과 코를 막으면 그 안에 다소간 축축한 공기가 생기게 되므로 티끌이나 먼지가 많은 공기를 마시게 될 때는 그것이 축축한 가제에 가서 붙게 되는 일이 많습니다. 그러나 특히 축축한 습기가 많은 공기를 호흡할 필요가 있는 이는 마스크 속에 있는 가제를 좀 물에 축여서 하면 좋습니다. 그러나 날이 몹시 찰 때는 물에 축이는 것을 주의하지 않으면 안 됩니다. 감기가 들기 쉬운 까닭입니다.

어떻든 마스크를 쓰는 것은 경우에 따라 필요는 하지만 될 수 있는 대로 쓰지 않는 것이 좋습니다. 그저 조금만 감기가 들어도 마스크를 쓰는 것은 아주 좋지 못합니다.

3. 잡지

유일준(兪日濬),[29] 「조선의 풍토병에 대하여」, 『조선(조선문)』 161호, 1931년 3월.

　조선의 풍토병에 관한 사항에 대하여는 아직 연구를 다하지 못한 점이 많다. 즉 병독의 분포상태 및 이환율(罹患率)의 계통적 조사와 예방에 관한 근본적 방책 등이 이것이다. 이외에 이들 질병에 대한 위생사상이 일반 민중에 보급되지 않은 일 또한 심한 것과 같다. 다행히 일반의 위생적 시설에, 또는 그 운용에 선처한 당국자의 노력에 의하여 이들 질병의 예방에 다대한 효과를 가져오는 것은 우리로서 장래를 촉망시키는 일이 더욱 크다. 이번 잡지 『조선』 3월호에 특히 나에게 조선 풍토병의 일반을 간단히 집필하라고 좌등(佐藤) 교장으로부터 의촉을 받았다. 나의 천학 졸필-원래부터 그 임(任)에 있는 것이 아니지만- 불민을 불고하고 이 종에 관한 문헌을 섭렵하여 독자 제현의 참고에 제공코자 한다.

　원래 풍토병은 지리적 관계로 말미암아 그 종류 및 유행상태를 달리하는 것이지만, 삼한사온인 온대지방에 속한 조선에서는 폐디스토마·간디스토마·아메바 적리(이질)·말라리아와 함격북도 특히 무산지방을 중심으로 발생하는 일종 불명의 골(骨) 질환 등이 지방적에 특유한 병으로 유행하고 있는 상태이다. 이제 이들 질환의 분포상태, 감염경로와 예방방법 등에 대하여 차례를 따라서 그 개략을 기술한다.

　1. 폐디스토마

　폐디스토마의 자연적 감염을 받을 것은 인류·개·고양이·돼지 및 호랑이 등으로 이의 디스토마가 체내에 침입하는 때는 항상 낭포(囊胞)[30] 〈28〉 를 형성하고 폐장 내에 충만하여 생활함. 그리고 디스토마가 체외에서 폐에 기생하게 될 때까지에는 일정한 진입 경과를 찾아온다. 즉 우리가 제2 중간 숙주인 사리가니 또는 모구스가니를 먹은 때는 가니의 체내에 존재 피포낭 유충이 소화관 내에 들어가 소화액의 작용에 의하여 포낭에서 유출하며 소장에서 융모를 압개하고 깊이 점막 내에 들어가 점막근을 돌파하며 장벽을 탈출하여 복강에 나옴. 그보다 횡격막을 천관하여 흉강에 달하며 폐 실질 내에 진입한다.

　이에 요하는 시간은 십수일 간이다. 이와 같이하여 소위 디스토마 병을 일으키는 것이다.

　감염. 디스토마는 다른 전염성 질환의 병원 세균체와 달라서 그 발육 중 숙주를 바꾸는

---

29) 유일준(1895~1932). 일제강점기 경성의학전문학교 교수를 역임한 학자(한국민족문화대백과사전).
30) 장기(臟器) 조직 안에 생긴, 내벽이 있고 그 속에 액체가 들어 있는 주머니.

동시에 복잡한 번식 변태를 한다. 따라서 그 감염방법도 일종 특이하다. 즉 1개의 알이 모충으로 되기까지에 보통 3회 숙주의 교환을 한다. 모충이 사는 것을 종결 숙주라 하고 이로부터 나온 알은 수중에서 일정한 발육을 영위하여 배(胚)를 낳으며 그 배가 구하여 들어가는 숙주를 제1 중간숙주라 한다. 배는 이 중에서 번식하여 소위 쓰에루가리아로 되어 다시 다른 숙주에 들어간다. 이를 제2 중간숙주라 한다. 이 중에서 번식하여 피포낭 유충으로 된다, 이 피포낭 유충이 숙주와 같이 적당한 종결 숙주인 인류에 먹게 된 때는 유충은 포낭벽을 깨고 숙주의 기관 속에 들어가 성장하며 모충이 되어 병적 작용을 일으킨다. 이때 알을 만들어 각담(喀痰)과 같이 재차 체외에 배출된다. 고로 디스토마 감염은 알의 직접 침입에 의하는 것이 아니라 알로부터 제1 및 제2 중간 숙주를 거친 피포낭 유충에 의하는 것이다. 제1 중간 숙주는 하천물 또는 계곡물 속에 사는 민물 조개요, 제2 중간 숙주는 민물 속의 게류이다. (중략)

폐디스토마의 감염은 주로 게류를 먹음으로 인한 것이나 (중략) 〈29〉

분포상태. 폐디스토마가 조선에 심하게 많음은 우리가 숙지하는 바로 각지마다 다소의 환자가 없는 지방은 없다. 환자의 전수는 수십만에 달할 것이라 한다. 특히 농후한 유행지는 각도에 수개 소씩 있어서 유행지가 큰 것은 여러 군에 걸쳐 있고, 작아도 몇 마을에 걸친다. 소림청치랑 박사의 조사에 의하면 경기도 강화군·장단군, 황해도 곡산군·해주 부근, 평안남도 중화군, 충청남도 임천, 전라북도 무안군[31], 전남도 해남군·고흥군, 경상북도 영주군, 함경남도 영흥군 등이 즉 이것이다.

예방. 예방 방법으로는 제2 중간 숙주인 샤리가니 및 모구스가니의 식용을 금하고 유행 지방에서는 음료수를 끓여서 음용시킬 것이다. 그리고 하천물 또는 계곡물 속에서 제1 중간 숙주인 가와가니를 주어서 없앰은 이 유행병을 절감시키는 데 유효함과 같다. 기 감염자에게는 에메징 주사를 장려하여 질병의 치유를 도모할뿐더러 병독의 전파를 막을지라.

2. 간디스토마

간디스토마는 폐디스토마와 같이 인류 이외에 개, 고양이 등을 범한다. 제2 중간숙주와 같이 소화관 내에 침입한 피포낭 유충은 소화액에 의하여 낭포에서 유출하고 주로 담관에 기생한다. 기타 간관(肝管)·담낭 및 수담관(輸膽管)·췌장 및 췌관(膵管) 속에도 기생하는 수도 있다. 이에 요하는 시간은 장내 침입보다 15~24시간 후이다. 이와 같이하여 디스토마는 담관에 발육 집적하여 간장 디스토마병을 일으키는 것이다.

감염. 간디스토마는 그 발육상태가 폐디스토마와 대략 근사한 고로 감염 방법도 또한 대

---

31) 무안군은 전라남도에 속함.

동소이하다. 단 제1 중간숙주와 제2 중간숙주는 전연 별종의 동물이다. (중략) 〈30〉

분포. 간디스토마가 지방병으로 있는 곳은 큰 하천, 호수 부근이요, 제1 중간숙주인 마메다니시와 제2 중간숙주인 잉어과에 속하는 어류 예컨대 이시모로고 등이 다수히 나오는 지방이다. (중략)

예방. (중략) 제2 중간숙주인 잉어과 어족의 생식을 금함은 예방의 제일이다. (중략) 유행 지방에서는 중간 숙주가 서식하는 도랑, 하천의 생수 음용을 엄금하고 음용수 및 정용수(淨用水)의 〈31〉 개량 방법을 ■할 것이다.

다음에 예방상 주목할 것은 간디스토마에 걸린 사람의 분변의 처치이다. (중략) 고로 인분 특히 벌레알을 가진 분변은 충분히 부패시킨 후에 비료로 사용하며 이 이전에 물속에 버리는 일이 없도록 함은 단순히 간디스토마뿐 아니라 일반 장관(腸管) 기생충병의 예방에도 필요하다. (중략)

3. 아메바 적리(이질)

아메바 적리는 아메바 히스도리자가 하는 일종의 미생체가 장관 내 침입 기생으로 인하여 일어나는 질병이다. 주로 열대지방 및 온대지방에 유행한다, 우리 조선에서는 예로부터 각 지방에 침음하여 일반 사람들은 설사에 혈액 혹은 점액이 혼재한 때는 곧 이질(아메바 적리)이라 단정하면서 사소한 심려도 하지 않을 만큼 평범시하고 있다. (중략) 〈32〉

분포. (중략)

감염 및 유행. 아메바의 유행은 지리적 관계 및 계절 여하에 의해 다르나 조선에는 주로 하계에 유행한다. 감염은 일정한 경로를 밟는 것으로 환자의 장관 내에서 형성된 아메바 내구 포자가 분변과 같이 체외에 배출되며 음료수 및 식품 속에 들어가 기회를 보아 음식물과 같이 재차 장내에 침입 감염하여 발병하거나 혹은 포자 휴대의 상태가 되는 것이다. (중략) 〈33〉

예방. 아메바 적리의 예방 방법도 다른 전염성 질병의 예방법칙에 어긋나지 않은 것으로 우선 병독을 직접 죽여 감염 경로를 끊고 병독의 침입을 매개하는 음료수 및 식품의 포자 함유물에 의한 오염을 피할 방법을 강구하면 좋다. 즉 환자 및 포자 휴대자에게서 배출된 분변 또는 이에 의하여 오염된 그릇을 3~5%의 석탄산수[32] 또는 3~5%의 크레졸 비누액으로 써 완전히 소독하거나 또는 충분히 끓여 포자의 살감(殺滅)을 꾀할 것이다. 상하수도 및 우물의 설비를 완전히 하고 병독의 체내 침입을 피하는 동시에 변소의 구조를 완전히 하여 포자의 전파를 방지할 것이다. (중략)

---

32) 0.1~0.2퍼센트의 페놀(phenol)이 들어 있는 무색투명한 액체. 방부제나 소독제로 쓰인다.

4. 말라리아

말라리아 원충은 그 종류의 차이로 인하여 3종에 구별이 된다. 즉 3일열·4일열·열대열의 원충이 이것이다. 조선에 유행하는 말라리아는 주로 3일열 원충의 감염에 의하는 것이지만은 4일열의 존재는 최근 천엽 및 적정 양씨의 보고에 의하여 명백 〈34〉 히 되었다. 3일열이라 함은 말라리아 원충의 발육환의 완성기간 즉 원충의 포자 유충이 사람의 적혈구 내에서 성장하여 포자로 되기까지의 기간이 48시간이고, 그 포자 형성과 같이 발열하는 것을 말한다. 그리고 그 열의 발작은 3일마다 복귀한다. (중략)

감염 및 유행. 말라리아 원충은 환자로부터 직접 건강자에 직접 감염하는 법은 없고 동원충에 감염된 일종의 모기가 쏨에 의해 전염된다. 이 종에 속하는 모기는 아노후에레스·마구우벤니스와 아노후에레스·시넨시스이나 조선에는 본병의 전염은 후자에 한한다. (중략) 고로 이제 그 모기로서 인체를 쏘는가 모기의 침 속에 포자는 인체 혈액 내에 이식되어 곧 사람의 적혈구 내에 들어가고 말라리아 감염을 일으키게 되는 것이다. 〈35〉 (중략)

예방. 말라리아 예방법은 그 병원의 기생을 허용치 않는 데 있다. 즉 그 기생충의 생육을 그치며 또는 이를 전파하는 아노후에레스 모기를 박멸하는 등 이는 근본적 예방법이다. 유행지에서 인체 내에 침입한 원충의 살감을 하고자 하면 키니네를 5일 내지 10일간 복용함에 있다. 말라리아 원충 보유자는 1주간만큼 연속 복용한 후 3~4일[33]간 그쳤다가 재차 복용을 반복할 것이다.

아노후에레스 모기를 구제하는 방법으로는 사용하지 않는 물웅덩이를 건조케 하고 나머지 웅덩이에는 때때로 석유와 같은 구충제를 떨어뜨려 이에 발생하는 유충을 죽이며 다시 유충을 즐겨서 먹는 어류를 유충의 발생지에 사육하는 등이다. (중략)

이에 반하여 아노후에레스 모기가 쏘는 것을 방지할 방법으로는 곧 실행하여 상응 효과가 있겠다고 상상되는 것은 모기장과 모기 죽이는 약의 사용이다. 그러나 조선의 시골에서는 일반이 아직 모기장을 사용하지 못하는 상태이다. 모기장을 사용하는 가정에서도 대개는 취침 시에만 한하였으므로 이환율의 감소는 현저하지 못하다, 고로 모기장을 사용하며 한편 문취분(蚊取粉) 또는 문취선향(蚊取線香)[34]을 사용함이 좋다. 일찍이 나는 소림 박사에게 말라리아 예방 비방을 물었거늘 답하여 말하기를 "모기장에만 의뢰치 말고 모기에 대하여 신경질이 되어라." 진실로 적절한 교훈이다.

일종 불명의 골 질환에 대하여는 조사 연구에 속할 것이 많아 이의 기술은 다른 날로 미루어 둔다.

---

33) 원문에는 '일'이 누락되었으나, 문맥으로 보아 3~4일간이 맞을 것으로 보임.
34) 모기향.

황철주(黃喆周), 「위생사상 함양의 요체」, 『조선(조선문)』 167호, 1931년 9월.

우리 인간의 일생에 가장 큰 행복이 무엇인가 하면 즉 체력의 건전이다. 인생의 생존 기간에는 위생이 절대로 필요하니 위생 있는 곳에 건강한 체력에 있고 행복이 있다. 그러나 위생 없는 곳에서는 억천만 금도 소용이 없고 탁월한 학문도, 위대한 사상도, 기발한 포부도 소용이 없다. 저 부귀 공명도, 강상 청풍도, 산간 명월도 모름지기 건강한 자의 소유물이요, 불건강 불위생자의 소유물이 아니다. 이에 신체는 만사지본이니 불가불 강건하여야 할 것이다. 신외 무물이라 하니 식물과 거처와 신체와 의복을 항상 청결히 하여 여하한 경우에라도 체육 위생에 유의할지어다. 체육 증진에 노력 분발로써 심신과 함께 건강체의 조성에 나아가지 않으면 안 될 것이다. 일상의 운동으로부터 근기를 확립하여 목전에 닥쳐오는 일만 가지의 일을 담당할 우미 탁절한 체격을 소지하여야 할 것이다.

국민 심신의 건부 여하는 실로 국가 원기를 좌우하나니 일국의 간성인 병력도, 국가의 적극인 생산에도 지중지대한 관계를 갖고 있느니라. 우리 각자는 제 각 그 위생을 중히 여겨 상호 협력하여 건강의 유지와 증진에 노력할지며 보건의 사상 및 함양에 유한한 주의를 함은 한 사람 한 사람의 행복뿐 아니라 작아도 부모 장상에게 효도할지며 크게는 진충 애국에 심연한 적성을 발휘하는 〈95〉 소이라 할지니 눈과 마음으로 각성하여 위생의 사상을 환기할 바로다.

그 함양 방법으로 논하면 각종이 있을지나 먼저 위생의 강화회도 필요하고 위생의 전람회도 필요하다. 특히 위생에 대한 활동사진을 실지로 실물을 눈앞에 전시함도 좋은 것이다. 이전에 논하면 같은 시설에는 상당한 금액을 수요한 바이나 만근에 이르러는 비교적 금액의 싼 가치로써 될 수 있다. 이같이 무형적보다도 유형적으로 논급 공개함이 위생의 사상을 보급함에 절대로 필요할지로다. 그러나 우리는 보일보로 진보하고 취진하여 무형적 방면으로부터 논급하여 우리의 윤리와 도덕으로 방향을 확립하고 충분한 고찰을 하여야 하겠노라. 금일의 우리 청년은 작게는 자가, 크게는 국가 이같이 활동과 진취를 전제로 중책과 중임을 양어깨에 진 우리로다. 고로 다대한 주의와 심심한 각오 하에 신체의 건강을 유지하여 부담되는 억천만사를 전지전능케 달할쏜가.

하물며 무서운 병중에도 폐결핵-가시눈-화류병 같은 것이 축년 증가하는 경향을 보면 어찌 한심을 금할쏘냐. 저 서양 문화 각국에서는 점차 이 같은 병균이 줄어가는 이때 우리 조선에서는 이제야 증가의 현상에 있으니 실로 한심을 불금이로다. 이제 나의 전술한바 폐결핵-가시눈-화류병 중 더욱 가시눈 예방을 위하여 건강자-환자가족-환자의 3항으로 분별하여 이하에 항목을 나열하여 주의 요점을 적노라.

하나는 건강자의 주의 요점이니

(1) 건강자는 될수록 눈 병자의 신체나 의복이나 소지품 등에 손을 대지 말 것

(2) 눈 병자 거주 가옥에 출입할 때는 그 집 물품에 일절 손을 대지 말 것. 만약 부득이 댔으면 즉시 씻을 것

(3) 다수인의 집합 처소에서 작업하는 자는 항상 눈 옆에 손을 대지 말지며 그곳을 떠날 때는 반드시 손을 씻을 것

(4) 집회하는 곳에는 공기 유통을 잘할지며 실내에는 신선한 공기를 가끔 바꾸어 들일 것. 그중에도 손수건을 공용함은 엄금해야 할 것

(5) 집합 처소에서 눈 병자를 발견한 때는 곧 치료하라고 설시(說示)하고 속히 격리를 행할 것

(6) 아동의 집합 유희는 병독을 전파할 염려가 많으니 집합치 않도록 할 것

(7) 날씨가 불순한 날이나 먼지가 날리는 날은 보호적 안경을 낄 것. 그리고 눈에 이상이 있음을 발견하면 곧 의료를 받을지며 엄격한 풍속으로 눈병이 있는 때라도 아동의 안경을 금함은 좋지 못한 일이니 깊이 주의할 것

둘은 환자 가족의 주의 요점이니

(1) 환자 가족은 손을 청결히 하고 분명히 씻은 후가 아니면 눈 옆에 손을 대지 말 것 〈96〉

(2) 환자 가족 중 눈병의 기분이 있으면 곧 의사의 진찰을 받을 것

(3) 환자의 사용품과 타인의 사용품은 아무쪼록 구별하되 세숫대야 등은 물론이요, 수건이나 침구는 더욱이 각별한 주의로써 구분 사용할지로다. 만약 부득이하면 일광 소독도 좋고 열탕 증기도 좋으니 반드시 이같은 방법으로 소독 후에 사용하되 공용할 때는 환자 사용 후에 석탄산수로 20~50배 하여 소독 사용함은 더욱 좋은 일이다.

(4) 환자 가족속 등은 항상 신체나 의복을 청결히 할 것

(5) 가옥 내외를 청결 정돈할지며 햇볕 쏘임이나 공기 유통을 적당히 할 것

셋은 환자의 주의 요점이니

(1) 환자는 손을 씻은 후에 다른 물건에 손을 댈 것

(2) 환자는 될수록 다수인의 집합 처소에 가지 말 것

(3) 눈병 환자의 취침은 타인보다 비교적 일찍 자되 한 눈만 걸렸을 때는 붕대 등으로 싸매고 아픈 눈을 아래쪽으로 두고 눕되, 아침에는 조금 일찍 기침할지며 집무는 공기 유통이 잘되는 곳에서 하고 업무는 청결한 곳에서 할지어다.

(4) 등한히 안질을 둘 때는 위험한 경우에 이르기 용이하나니 폐목(廢目)이 될 때도 있다.

안질에 걸리면 처음부터 잘 치료할 것

(5) 안질 환자는 목욕장에 들어갈 때 반드시 물로 안면이나 눈 쪽을 청결히 씻고 들어갈 것
〈97〉

세전 교수 이용설, 「(건강난) 보건운동의 필요」, 『동광』 제27호, 1931년 11월.

보건 운동이라는 것은 일반 민중의 건강을 증진케 하는 민중운동을 의미함이다. 우리의 고대미술적 유물이라든지 역사와 전설을 통하여 선조들의 체격은 지금보다 퍽 장대하였으며 수명도 길었던 모양이다. 이로 보아 우리의 문화만 퇴보된 것이 아니라 육체까지 퇴화된 것이 명확하다.

무너진 성터를 다시 쌓으며 잃었던 문물을 부흥시키는 이때, 보건 운동은 무엇보다도 급히 일으켜야 할 것이다. 건강은 인생 생활의 제1 행복이요, 사업성취의 제1 조건임은 누구나 다 잘 아는 사실이다. 더구나 여러 가지 난관을 가로놓은 민중에게는 무엇보다 굳은 맘, 높은 정신, 튼튼한 몸이 필요하다. 고상한 정신은 건강한 몸에서 발견할 수 있다는 것이 경험자의 사실담이라면 건강은 우리에게 무엇보다도 귀한 것이라 아니할 수 없다.

우리 청년들중에 쓸만한 수양을 받고 장차 사회에 나가 오랫동안 생각하던 포부를 실제화해 보려고 하다가 병마에 정복되어 불귀객이 되는 일은 너무 흔한 사실이다. 인물이 많지 못하고 경제가 극도로 곤란한 우리 사회에서 겨우 길러놓은 인물들이 이렇게 무의미하게 없어지는 수효가 많다면 이는 중대한 일이다.

이런 여러 가지 점으로 보아 보건운동은 속히 전국적으로 일어나야 하겠다. 덴마크의 경제부흥을 말할 때 자연히 협동조합운동을 연상케 되며, 일본의 명치유신을 논할 때 유럽 문명 수입 열중의 결과인 것을 시인할 수밖에 없으나, 덴마크의 국민체조학교와 일본에서 유도 및 공설 욕탕 장려, 덴마크의 협동조합과 일본의 유신사업을 달성케 한 필요조건 중에 하나가 아닌가 한다.

우리 청년들에게 가장 위험해 보이는 것은 자포자기의 약한 행동이다. 그 원인이 여러 가지일 것이나, 그중 한 가지는 위험을 무서워하고 안일을 찾으려는 육체와 정신이 약한 것이라 하겠다. 모험은 청년 시대에 일종 스릴(Thril)이다.

모험은 신체가 약한 자는 생각도 못먹는 것이다. 사업을 성취함에 모험적 행동을 요구하는 일이 많다. 물론 과학적 견지와 경험적 기초 위에 확실한 계획이 사업성취에 필요조건이다. 모험적 매진도 차에 한쪽 바퀴만치나 중요하다. 우리 청년들이 튼튼한 신체를 가지고 고결한 의지를 소유케 된다면 우리 앞에 여간 난병은 손쉽게 막아낼 줄 안다.

어떻게 이 필요한 보건 운동을 촉진시킬까.

1. 개인 위생 상식의 보급

아무리 전 민족적으로 급한 일이라도 개인들에서부터 시작할 수밖에 없다. 각 개인이 위생에 대한 필요와 방법을 알아야겠다. 〈92〉 특히 학창에 있는 청년들에게 그렇다. 중등 이상 학교에서 체육에 대하여 많은 힘을 쓰는 것이 사실이다. 그러나 위생 사상 보급에 대하여 퍽 등한히 하는 것 같다. 학생들이 얼마나 규칙적 생활을 하며 신체를 청결히 가지며 일광과 신선한 공기의 혜택을 입기 위하여 옥외생활을 하나 조사 장려하는지 의문이다. 이에 대한 필요를 얼마나 학생들에게 알게 하고 또 실현하도록 힘쓰는지 알 수 없다.

학교에서 체육의 장려를 아무리 하더라도 각 학생들의 개인위생이 불충분하다고 하면 그 체육은 공의 결과를 얻게 되겠다.

개인위생에 필요한 조건은 위에 대강 말한 것과 같이

(가) 청결. 이 청결은 전 위생의 기초이다. 이 청결은 그 민중의 문명 정도를 저울질하는 도량기라는 말도 있다. 우리 신체를 깨끗이, 의복을 깨끗이, 거처하는 방을 깨끗이, 먹는 음식을 깨끗이 함을 의미함이다. 이는 사치를 가르침은 결코 아니다. 일주일에 한 번 목욕하고 내의를 갈아입고 방을 자주 소제함은 아무리 어려운 경제 곤란을 당하는 청년이라도 실행해야겠다. 나는 의사인 관계상 많은 사람의 몸을 보게 되며 내실을 방문케 된다. 하이칼라 한 양복 속에서 놀랄만한 더러운 몸을 발견하는 일이 종종 있고, 비단옷 입은 부인들 중에 옷 벗기 부끄러워하는 이를 많이 본다. 상당한 교육 받고, 중한 책임을 가진 이의 가정에 가보고 어떤 때 한심한 생각을 금치 못한 적이 한두 번이 아니다. 교육을 받은 이가 침구, 그밖에 매일 사용하는 기구의 불결을 볼 때 그를 존경하던 맘이 다 없어진다. 그이가 경제가 어려워 그런 것이 아니라 위생에 대한 필요를 모른다든지 그렇지 않으면 게으른 소치다.

(나) 규칙적 생활. 우리의 처지가 규칙적 생활을 허락지 않는 사람도 많이 있다. 그러나 할 수만 있으면 시간 생활을 하도록 했으면 신체에 크게 유익하겠다. 잘 때가 있고 깰 때가 있으며, 일할 때가 있고 먹을 때가 있는 것이다. 학생들 중에 불규칙한 생활을 하는 사람이 매우 많아 보인다. 늦도록 구경을 한다든지, 친구와 담화를 하다가 곤함을 못 이기어 늦도록 자다가 조반도 잘 못 먹고 학교로 달아나 공부하다가 취미 있는 운동이나 하게 되면 신체에서 견디기 어려울 만큼 피곤하도록 과도한 활동을 하는 학생들이 얼마든지 있게 된다. 학교에서 아무리 체육을 장려한대도 이런 학생에게는 좋은 결과를 주기 어렵다. 운동이 우리 신체에 필요한 조건이나 불규칙한 운동은 해를 주기 더욱 쉽다.

(다) 일광과 신선한 공기. 일광과 신선한 공기는 좋은 음식만치나 우리 신체 생활에 필요한 것이다. 일광에는 여러 가지 위대한 세력을 가지고 있다. 아직 태양에 대하여 모르는 것

도 많지만, 아는 것만 하여도 세균을 죽이는 소독력, 덥게 하는 열, 그 밖에 우리 신체조직을 투사하여 활력을 증진케 하는 자외선과 빛 같은 것들이다. 열과 빛은 특별한 주의를 요하게 되는 일이 적으나, 소독력과 자외선의 응용은 특별한 주의를 더하지 않으면 적당하게 응용키 어렵다. 어떤 세균이든지 일광에 노출시켜 사멸되지 않는 것이 없다. 이 광선이 아니면 공기는 세균으로 충일할 것이다. 침구, 의복, 가구 등을 소독하는 데 가장 간편하고도 이상적이다. 자외선은 그 세력이 더 놀랄만하다. 이는 접촉되는 표면에만 작용하는 것이 아니라 심층 부위에까지 투사되어 혈액으로 흡수된다. 그리하여 전신을 건장케 한다. 스위스에 있는 결핵 요양소에서는 이 광선을 응용하여 골결핵 약 85%를 치료한다고 한다. 이는 결핵뿐만 아니라 어떤 허약한 사람이든지 일광과 신선한 공기를 잘 이용하면 좋은 약을 쓰는 것보다 속히 건강하여 〈93〉 진다. 이 일광과 신선한 공기는 물론 옥외생활을 함으로야 잘 이용할 수 있다. 하루에 적어도 2시간 이상은 옥외생활을 해야 한다. 야간 취침 시에 할 수만 있으면 창호를 개방하는 것이 퍽 유익하다. 즉 신선한 공기를 호흡하는 데도 그러하거니와 더욱이 신체 내에서 이미 사용한 탄산을 발제하는 데 더욱 필요하다.

(라) 식료품에 대한 주의. 음식은 우리 신체의 영양을 공급하는 것으로서 크게 중요시하는 것인데, 고래로 좋은 음식이라면 육류를 연상하게 된다. 근자에 연구한 학자의 보고를 보면 우리는 육류를 먹지 않고도 살 수 있다. 그뿐만 아니라 육류를 많이 먹으면 도리어 신체를 해롭게 하는 것을 발견하였다. 그 대신에 신선한 채소는 우리 신체에서 요구하는 영양뿐 아니라 활력소(비타민)까지 많이 공급함을 의심치 않게 되었다. 그리하여 근자에는 육류보다도 신선한 채소, 예를 들면 배추, 토마토[1년 감(柑)], 부루 같은 것을 많이 사용하기를 장려한다. 이 채소는 화식하는 것보다 생식하는 것이 더 좋다.

음식은 영양을 공급하는 동시에 주의치 않으면 병균을 먹어 발병케 하는 일이 얼마든지 있으므로 크게 주의할 바이다. 특히 재배 시에 인분을 사용한다든지 채소를 불결한 하천에 씻는 것은 크게 위험하다.

개인위생으로 위에 말한 몇 가지를 주의하는 동시에 우리의 신체를 해롭게 할 음식, 예를 들면 주류 같은 것은 금할 필요가 있다.

2. 가정위생의 보급

가정위생이라면 다시 의식주에 다 관련이 될 것이나, 특히 거처에 대하여 몇 가지를 들면

(가) 가구. 실내를 청결하게 하고 일광이 잘 들고 환기가 잘 되게 하는 것은 주택에 가장 요긴한 것이나, 집안에 가구가 너무 많으면 깨끗하기에 크게 불편하다. 우리는 대체로 보아 가난한 살림이나, 가구 많기로는 세계에 유명할 것 같다. 주택을 위생적으로 하자면 무엇보다도 먼저 불필요한 것은 가정에 두지 않도록 하여 쉽게 실내를 정리할 수 있어야겠다.

(나) 변소와 주방. 이에 대하여는 속히 개량이 있어야 할 것 같다. 대체로 말하면 너무 불결하다고 아니 할 수 없다. 변소와 주방을 그냥 두고는 가정위생이라는 것은 말뿐인 줄 안다. 이것은 건축업 하는 이들의 자각을 요구하고 또 가정을 새로 이루는 청년들은 재래의 주방과 변소를 근본적으로 개량하기에 착념하기를 바란다. 이 두 가지는 우리 가옥 제도의 2대 결함인 동시에 외인을 대할 때 수치스러운 생각을 금할 수 없다.

3. 체육의 장려

얼마 전에 덴마크인이 체조하는 것을 본 사람은 누구나 같은 감상을 가졌을 줄 안다. 저들의 문화는 어떤지 알 수 없으나 그 민족은 체육만으로도 세계적으로 큰 공헌이 있음을 인증할 수밖에 없다. 따라서 그 민족 전체가 받은 영향이 어떠할까를 누구나 짐작할 수 있다. 그들의 통계상으로 보아도 1세기 이내에 10년의 수명을 연장시켰다 한다. 조선인의 수명 평균이 30세 좀 넘는다는 것과 덴마크인의 50세 이상에 비하면 차가 얼마나 한 것을 알 수 있다.

체육을 장려함에는 여러 가지 특종 운동, 예를 들면 야구, 정구, 축구 등도 좋으나 그것보다도 덴마크에서 사용하는 체조식이 보편화하기에 좋으며, 신체에도 더 불익[35])한 것은 덴마크인이 벌써 증명하고 있는 사실이다. 이를 행하자면 체조학교도 필요하거니와 이를 장려하는 기관이 있어야겠다. 그리하여 소년, 청년들이 가입하여 체조할 취미를 일으키며 체조할 만한 장소와 교사가 있어야겠다. 그렇게 되면 이 운동은 속히 보급될 줄 안다.

우리의 체력을 증진케 할 필요와 그 하는 방식의 중요한 몇 가지를 들어 체육을 치중하는 청년 여러분의 적은 참고라도 되기를 바란다. 〈94〉

보건운동사 주간 양봉근, 「조선 민중 보건 운동의 방략」, 『삼천리』 제4권 제3호, 1932년 3월.

이제 조선 민중 보건 운동의 방략을 운운함이 내 스스로 어리석은 일인가 한다. 민중 생활의 전체성을 떠난 보건 운동의 독자성이 있을 수 없을 것이며 커다란 방략을 제쳐놓고 작은 방략의 강력화를 바랄 수 없는 까닭이다. 조선 민중에게 정치적 자유가 허여되어 있지 않고 경제적 질식이 날로 높아가는 오늘날 이 현실을 응시할 줄 아는 현명을 가진 자 누가 감히 여기에 조선 민중아! 우리의 보건 운동 방략은 이렇다 하고, 내세울 수가 있을 것인가. 그러나 우리가 여기에 허약, 병약, 빈혈, 악체질 기타 제종 만성 악질에 휩싸여 있는 민중을 앞에다 놓고 다만 강물의 맑음을 기다리는 격으로[36]) 하등 관심과 대책이 없을 수 없는 것이 이른

---

35) 유익이라고 해야 문맥상 맞으나, 원문에 不益으로 되어 있음.
36) 백년하청의 고사를 가리키는 표현으로 보임.

바 우리의 당면대책에 대한 방략일 것이다.

먼저 보건위생 사상을 선전보급 시키자

몸뚱이와 영(靈)은 정신을 따로 떼어 생각하여 영이 육체를 지배하고 육체의 허약 여부를 불고하고 건실한 영이나 정신이 존재할 수 있는 것 같이 생각하던 미몽은 완전히 깨뜨려야 될 것이다. 아니 그렇지 않아도 근대 자연과학의 발달과 함께 유물사상의 기흥(起興)은 이 방면에 현저한 공효를 나타내고 있다. 조선 민중은 남보다도 육신을 천대하여 온 것 같다. 몸에 대한 지식을 도무지 가지지 못하였다. 체육의 필요라든지 위생적 관념이 너무도 등한시되고 유치하였다. 과거를 이제 다시 추급치 않더라도 소위 현대의 문화 민중으로 수치스러울 만큼 이 방면에 결여하여 있다고 볼 수 있다.

작년 1931년으로 비롯하여 금년 신춘에 들면서 조선 민중 보건에 관한 여론이 욱일승천의 격으로 높아가는 동시에 이에 대한 수삼 기관까지 발생함을 보게 된 것은 매우 경하할 현상이라 할 수 있다. 중앙체육연구회 등의 당로 유지가 선두에 나서 보건체조라든지 민중 체조단의 조직 등 체육의 민중화에 힘쓰는 한편 우리 보건운동사로서의 잡지간행 강좌개최 등과 합작되어 1932년은 확실히 조선 민중 보건 운동의 선전기에 들었다고 볼 수 있다.

신문지를 펼쳐도 보건 문제의 기사가 흔전하게 눈에 띄고 잡지를 펼쳐도 또한 그러하다. 등한시되었던 1만 6천의 나병자가 문제 되어 조선나환자근절연구회가 조직되었고, 이제 여론의 전초는 앞으로 사회적 빈궁과 같이 병진하는 폐결핵 예방문제, 소학 아동 영양문제, 공장 위생문제, 농민 보건문제 등 소위 사회위생에 관한 문제를 하나씩 둘씩 끄집어내지 않고는 마지아니할 것이다.

그래서 문제는 반드시 다른 근본 문제를 제기하게 된다. 민중이 밥을 못 먹고 영양부족에 주린 창자를 움켜쥐고 있고, 병든 자 신음하는 자 수 없이 늘어져 누었으되 치료할 길과 体箸할 곳이 없는 현재의 조선 민중생활에서 덴마크 체조가 배를 부르게 하며, 보건운동이 동상을 소유시킬 수 있느냐? 우리에게는 빵이다. 내일 죽어도 오늘은 빵이다. 빵이다! 이러한 반향이 우리 보건운동의 선전 행렬을 구경하는 도열한 대중 가운데서 들린다. 이에 보건운동은 필연적으로 생활운동의 일익적 임무를 짊어지고 나가지 아니할 수 없는 동시에 그 선전 방법도 〈20〉 "튼튼한 몸을 짓자", "병을 미연에 방지하자"라는 슬로건과 함께 튼튼한 몸을 짓기 위하여는, 병을 미연에 방지하기 위하여는 이러한 요건을 구비한 사회를 짓자 하는 열성을 보이지 않고 보건운동의 민중적 철저를 기도할 수도 없는 동시에 민중의 경청하는 바도 되지 못할 것이다. 이러한 의미에서 선전의 제1선에 설 자는 언론계를 비롯하여 체육계, 의약계, 교육계, 사회사업가 중의 진보 분자일 것이다. 그래서 이 선전의 길은 체육적 방면에서와 의학적 방면의 두 길로 나눠 각각 기관의 조직을 견고히 하고 혹은 단독적으로 혹은 합작적으로 전 민중에 향하여 신문, 잡지, 강좌, 전람회, 영화회 등으로 선전할 것은 물론이려니와 특히 필요한 것은 교육 당로자들 가운데서 이 방면에 대한 유지가 속출하여 이미 집단되어 있는 학교에서부터 시작하여 주는 것이 말하자면 체육이나 예방의학에 대한 교육적 효과가 더욱 기대되는 것이다. 보성고보와 고창고보 등 수삼 학교에서 그 학교 선생의 지도하에서 보건체조의 습득을 힘쓰는 동시에 휴가를 이용하여 향촌에 가서 선전을 하게 되는 등 일은 체육에 대하여 무관심하고 있는 민중에게 막대한 자극을 줄 것이라고 생각한다.

이와 같은 의미에서 보통학교의 이과 선생이나 중등학교의 생리 선생님들이 조금만 더 힘써 인체의 생리 위생에 대한 지식 이외에 예방의학에 대한 소양을 가지고 학생들에게 임한다면 의학자가 따로 강연회나 잡지신문을 통하여 힘쓰는 것보다 그 효과가 몇 배나 나을 것을 나는 확신하여 의심하지 않는다. 그래서 일반 민중으로 하여금 인체에 대한 생리적 상식과 병리학적 개념이 생기어 자기 몸을 튼튼하게 가지는 길을 알게 되고, 병을 예방하는 곳에 발명이 생겨지는 데서 민중은 스스로 적의한 영양을 욕구하는 힘이 굳세어질 것이며 체육의 민중화라든지 의약의 사회화를 이루게 될 것이다. 이에 보건운동은 생활운동으로 될 것이요, 결코 일부의 비난하는 배부론 자들의 장난으로 되지 않을 것이다. 조선민중의 보건 상태가 여하히 처참한 경지에 있는가는 이제 다시 중언하지 않으려 한다.

이 현상을 타개하는 방략은 과연 무엇이 될까. 민중의 선구자, 지도자는 다만 사회개혁에 의한 생활환경의 정상적 복귀만 기대할 것인가? 어째 한 걸음 생활 운동으로서의 보건운동에로 노력하지 아니할 것인가.

일어나라! 민중운동의 기치는 높이 달렸다. 이제 반도의 산하는 민중 보건 운동의 함성 속에 움직이려 한다. 〈21〉

의학사 이종식, 「위생강좌 – 맹장병(盲腸病)에 한 몇 가지 주의」, 『조선(조선문)』 175호, 1932년 5월.

맹장염은 맹장 말단 가까이 붙어 있는 한 내장인데, 길이 약 5~8 센티미터이며 지름이 약 4~5밀리미터 가량 되는 작은 돌기입니다. 그 형상이 대개 벌레 모양과 같으므로 충양돌기라는 명칭이 있습니다. 이 충양돌기의 존재에 대하여 현대 의학상으로서는 여러 가지 설이 분분하나 일정한 확설이 없으며, 따라서 무용한 한 장물(臟物)이라고 일반이 인정하고 있습니다. 그뿐만 아니라 이 충양돌기만은 점점 퇴화하는 중이며 인류의 진화와 동시에 장래에는 퇴화 소멸해질 것인 줄로 생각합니다. 이 퇴화 경로에 있는 충양돌기에 어떤 기회로 말미암아 염증이 일어나면 이것을 즉 충양돌기염 혹은 일명으로 맹장염이라고 칭합니다. 인체의 중요한 장기에 병변(病變)이 있어서 생명을 잃는 것은 누구라도 당연하며 불가면의 불행이라고 생각할 수 있으나 퇴화 도중에 있으며 더욱 생명에 필요도 없는 충양돌기의 염증으로 인하여 불의의 불행을 당한다는 것은 너무나 애석한 줄 생각합니다. 그럼으로 인하여 현재 서양에서는 먼 나라 혹은 병원의 거리가 멀어 교통이 불편한 지방을 여행할 때에는 미리 조기 수술 즉 발병 전에 건전한 충양돌기를 적출해 버리고 불의의 후환을 면하게 하는 사람이 많다 합니다. 이것은 그 자들이 이 병에 대한 예 〈101〉 방심이 얼마나 발달돼 있나 하는 것을 말하는 것이며 주의가 철저하다는 것을 표시하는 것인 줄 생각하는 바입니다. 충양돌기염 뿐만 아니라 그 어떠한 병을 막론하고 발병하기 전에 예방하는 것이 무엇보다도 필요하다 함은 필자가 고창하기 전에 여러분이 더 자세히 알 것입니다. 충양돌기염에 대한 특별한 예방법은 없으나 충양돌기염 환자의 전부라고는 할 수 없으나 그 대부분은 발병의 원인이 될만한 동기를 들어볼 때는 폭음 · 폭식이 원인이 될 때가 많습니다. 기타 편도선염 · 회충 등이 원인이 될 때도 적지 않으며 발병 연령을 볼 때도 그 통계의 결과 기력 왕성시기 즉 봄철 발동기부터 청년 시기까지 제일 발병률이 많습니다. 이것은 대개 기력이 왕성한 까닭으로 너무나 불섭생하게 폭음 · 폭식하는 관계인 듯합니다. 너무나 과다하게 폭음 · 폭식은 충양돌기염 뿐만 아니라 일반 위생상으로도 해로우니 될 수 있는 대로 금할 것이며 편도선염 · 회충 등이 있으면 속히 치료하여 없애버리는 것이 한 예방법이라고 말할 수 있습니다.

그러면 맹장염 즉 충양돌기염이라 함은 어떠한 증세인가? 그것에 대하여 일반 상식상으로 보통 알아둘 2, 3 증세를 간단히 말하겠습니다. 충양돌기염은 크게 나누면 급성 · 만성 양종으로 나눌 수 있으나 조금 더 상세히 나누면 급성과 만성 중간에 아(亞) 급성을 더할 수 있습니다. 이 아급성 충양돌기염은 글자 뜻과 같이 그 성질이 급성도 아니며 만성도 아니어서 간단하게 말하자면 양자 간의 이행형이라고도 볼 수 있는데 그 증세는 다음에 말하는 급성 충양돌기염의 증후와 대동소이합니다.

급성 충양돌기염이라 함은 이 병에 독특한 증세가 나타나기 전에 혹 변비 · 설사 · 경도의 복통 등의 전구증세가 있는 때도 있으나 대다수는 돌연히 극렬한 복통과 구토가 있습니다. 복통은 처음에는 상복부와 배꼽 부근에 심하나 시간이 경과함에 따라 오른쪽 하복부 즉 회맹장 부근에 국한해지며 동시에 오른쪽 하복부에는 고통이 심합니다. 복통으로 인하여 반사적으로 복벽(뱃가죽)이 긴장하여 복부 특히 오른쪽 복부에 손을 대면 일종의 긴장감을 느끼게 됩니다. 열은 혹 그다지 심하지 않을 때도 있으나 대개는 고열이 있으며 동시에 오한 혹은 오한 전율이 있습니다. 기타 충양돌기염에 독특한 증후가 많사오나 이것은 전문가가 아니면 해부학 관계상 이해하기 어려운 점이 많겠는 고로, 더 설명할 필요도 없을 줄 믿습니다. 이상은 급성 충양돌기염에 대한 일반적 증세이오나 내장병으로 이상과 같은 증후로 발생하는 병이 종종 있습니다. 어떻든 이같은 증세로 시작한다면 대개는 경과가 양호치 못하고 생명에 관계됨이 많사오나 그때에는 반드시 전문 의사 ⟨102⟩ 에게 1차 문의하여 보는 것이 좋을 것입니다. 일반적 증후로 시작하여 경과가 양호하여 쾌하게 된다 하면, 그것이야 참으로 불행 중 다행이겠지만, 그같은 경과는 도저히 희망할 수 없으며 급성 충양돌기염의 대다수는 다른 합병증이 발생되어 난치가 될 뿐만 아니라 생명을 잃는 일이 적지 않습니다. 급성 충양돌기염 중이라도 괴사성 충양돌기염이라 하는 일종이 있는데, 이것은 가장 위험하며 발병 후 몇 시간 혹은 12시간 이내에 수술하지 않으면 죽음을 면치 못합니다. 단독 괴사성 충양돌기염 뿐만 아니라 다른 종류의 충양돌기염이라도 조기 수술 즉 12~24시간 이내에 수술을 하지 않으면 복막염·맹장 주위·신장 주위·횡막하·골반 등에 농양이 생겨 나중에는 어떠한 수단을 써볼 수 없게 됩니다.

만성 충양돌기염은 급성이 변하여 될 때도 있으나 처음부터 만성으로 오는 수도 있습니다. 이 병의 증세는 일반으로 소화불량·식욕부진·설사 혹은 변비 등이 있으며 오른쪽 하복부에 급성 때와 마찬가지로 급성 때보다도 조금 가벼운 복통과 압통이 있습니다. 열과 구토는 없을 때도 있으며 있는 때도 있으나 보통 없는 때가 많습니다. 혹 어떠한 때는 만성으로부터 급성으로 변하는 때도 있으니 매우 주의할 필요가 있습니다. 만성 충양돌기염은 급성과 같이 그다지 위험한 것은 아니나 1차 약으로 치료되었다 할지라도 종종 재발이 되며, 이 재발을 거듭하는 중에 부지불각중 주위 장기에 병변이 파급하여 급성 때와 같은 합병증을 발생하게 됩니다. 생명을 아끼는 마음은 누구를 막론하고 다 가지겠지만 조금 많은 충양돌기의 병으로 신고(呻苦)하며 혹은 생명을 잃는다는 것은 너무나 애석한 줄 믿습니다. 그러나 일찍이 전문가에게 상의하여 조기 치료를 더하면 확실히 의외의 불행지변을 면할 수가 있습니다.

충양돌기염에 대한 치료법은 약용 치료법과 수술의 두 가지가 있으며 약용 치료법으로는 복부에 수은 혹은 압법을 행하며 복통이 더욱 심할 때는 소량의 아편 팅크[37] 혹은 판토폰[38]을 사용하여 고식을 시킵니다. 증후가 점점 쾌하여지면 온압법을 행하며 완장[39] 등을 행합니다. 식물에 대하여는 특별히 주의할 것이며 발병후 처음 하루 동안은 아무 것도 먹지 말고 그 다음부터는 무자극성의 유동식을 취하되 처음 얼마동안은 우유·계란 등은 금하는 것이 좋습니다. 이상은 고식적 요법에 불과한 관계상 이 요법만을 가지고는 도저히 안전을 도모할 수가 없으니 수술로써 근치를 도모하는 것이 만전지책이라고 생각하는 바입니다. ⟨103⟩

---

37) 팅크(tincture): 동식물에서 얻은 약물이나 화학 물질을, 에탄올 또는 에탄올과 정제수의 혼합액으로 흘러나오게 하여 만든 액제(液劑). 요오드팅크, 캠퍼팅크 따위가 있다. 아편(阿片) 팅크, tincture of opium, laudanum.

38) 판토폰(パントポンPantopon) 아편을 정제하여 그 알칼로이드를 염산염으로 한 담갈색 내지 담홍색 분말. 진통·진정·진경제(鎮痙劑), 내복용 또는 주사용으로 이용함.

39) 완장(浣腸): 창자를 깨끗이 씻는 일.

의학사 견목십차랑(樫木十次郎), 「위장병의 자진과 섭생법」, 『조선(조선문)』 175호, 1932년 5월.

위 확장과 위 이완

"병은 입으로부터"라고 옛부터 이르는 바이지마는 특히 위장병은 거의 입이 화본(禍本)이라 하여도 과언이 아니다. 오늘은 약이 좋아서 과식을 하였다던가 연식(宴食)에 가서 식사가 늦어서 공복이 심하던 차 과식을 하였다던가 하여서 위를 자격(刺激)케 하는 수가 많다.

식욕이 없을 때는 먹지 않는 것이 제일인데 식욕이 충분하고 자기는 건강하다고 생각하는 사람도 배가 급작히 공복을 느낄 때는 당뇨병 환자에 흔히 있는 징세이니 오줌을 검사하여 ■ 필요가 있다. 열이 있을 때는 잠이 잘 오지 않으며 숨이 가쁘며 식욕이 감퇴하는 일이 있으니 이것은 황달일 때가 많다. 전신이 황색이 되며 눈이 황색을 띠우며 소변이 갈색으로 되었을 때는 황달이라 자진(自診)하여도 틀림없다.

우리에게 많은 위병은 위 확장과 위 이완이니 이것은 미식(米食)을 하는 까닭이다. 하지만 체격이 ■장한 사람, 근육 발달이 좋지 못한 사람에 많다. 이 병은 위장만을 치료하여서는 되지 않는다. 전신을 건강케 하여서 전체적으로 치료를 하여야 한다. 그런데 이 병이 있는 사람은 몸을 비대하게 하려도 잘 되지 않는 법이니 위를 잘 조심하여 쌍방으로 끈기있게 치료를 하여야 한다. 그런 사람은 될 수 있는 대로 적게 먹고 효과를 내려고 하여야만 되나 그리하기에는 식물을 선택할 필요가 있다. 그러나 그것보다도 잘 씹는 것이 필요하다. 잘 씹으면 자연히 소량으로써 가히 효과를 상당히 낼 수가 있다. 기타 위의 마찰 또한 〈104〉 전기요법도 유효하다.

설사와 진사제(鎭寫劑)

공복이 되면 위가 아픈 사람이 있으니 이것은 대개 위산과다증이라는 병으로 무엇을 먹든지 중조(重曹)[40]를 먹으면 낫는다. 그러할 때 언제든지 중조를 먹으면 습관이 되지 않느냐고 묻는 사람이 있지마는 중조도 상용하면 점차 다량을 요함은 사실이니 소량으로써 하는 것이 좋다. 또 신맛의 액체가 위로부터 역상(逆上)하는 사람도 이 위산과다증의 사람이 많다. 항상 위가 아프며 식사를 하면 더욱 통증이 심한 사람은 위에 고장이 있는 사람으로 위■■의 염려가 있으니 속히 충분한 치료를 하여야 한다. 이런 사람은 혈분(血糞)을 하는 고로 육류와 청채(靑菜)를 멎기 말고 대변을 검사하면 용이히 소량의 혈액이라도 혼합■■ 검출할 수가 있다.

위장이 나쁜 사람은 항상 대변을 주의할 필요가 있다. 변통이 좋지 못한 사람은 규칙적으로 하려면 과실을 먹든지 공복 시에 소금물을 먹으면 좋다. 기타 요사이는 여러 가지 하제

---

40) 탄산수소나트륨.

(下劑)[41]가 있으니 자기에게 적당한 것으로 할 것이다. 또 한 가지 하제를 일상 끄면 나중에는 효과가 없어지는 법이니 그럴 때는 다른 하제를 쓰면 된다.

대변이 항상 연하나 별로 몸에 이상이 없는 사람은 염려할 필요가 없으나 변이 특별히 악취가 심할 때는 과식을 주의하며 육식을 감소하면 악취를 없게 할 수 있다.

설사나 이상 발효를 정지시키는 데는 요즘 숯이 많이 쓰인다. 목탄의 분말, 소골분(燒骨粉), 피를 ■은 것, 기타 숯가루에 은을 뿌린 것 등이 있으나 흙도 쓰인다. 백도토(白陶土) 등이 제일 많이 쓰이며 흙과 숯은 장내의 독물을 흡수하며 동시에 장내의 점액을 제거하는 작용을 가진 까닭이다.

복통이 있어 열이 날 때, 오한이 들며 열이 날 때는 하제를 쓸 것이다. 이것은 장의 나쁜 내용물을 속히 체외에 구축하여 버리는고 〈105〉로 근래는 일반 가정에서 많이 시용되나 파는 약을 쓰는 것도 좋다.

위경련과 담석

의사는 위의 건강 여부를 진찰할 때 혀를 본다. 혀가 희고 설태가 두터우면 위장도 그러하다고 상상할 수가 있다. 열이 높을 때는 설태도 있고, 수분이 없어져서 혀가 건조하여 식욕이 없어지는 것이 보통이나 설태도 없고 그저 혀가 붉을 때는 위산과다일 때가 많다.

위경련은 과식 견식(堅食) 때에 있는 것이나 담석으로 앓을 때에 위경련과 혼동하는 일이 있다. 이런 고질을 가진 사람이 이것을 진정시키려고 주사를 하면 그 결과 담석이 장내에 전락하여 대변을 검사하면 작은 돌을 발견하는 수가 있다. 왕왕 위경련으로 앓는 사람은 담석으로 앓는가 생각해볼 필요가 있다.

회충으로 위장을 상하지 않나 하여 세맨을 먹는 것이 좋다. 한번 회충이 나와버린 후에도 아직 유충이 다른 기관에 있을 때가 많은 고로 당분간 1개월에 1회씩 복약하여서 근치를 하는 것이 좋을 것이다.

암이라는 병이 있는데 이것은 체내의 어느 곳에든지 일어나는 것으로 그중에도 위암, 식도암 등은 제일 많은 병이다. 위암은 될 수 있는 대로 속히 진단을 하여서 절제하여야 한다. 이전에는 위암은 흔히 노인에게만 있는 병이라 생각해 왔으나 현재에는 식물 관계인지 혹은 속히 발견할 수 있는 관계인지 30대의 청년에게도 많다. 〈106〉

---

41) 설사가 나게 하는 약.

의학사 이종식, 「위생-위암에 대하야」, 『조선(조선문)』 176호, 1932년 6월.

청년기에는 폐결핵이 가장 무서운 병이라고 일반이 해석하고 있는 바이나 그 한편으로 장년기로부터 노년기에 한 번 발병만 하면 마치 사형선고나 받은 듯한 무서운 일종의 병이 있으니 이 못된 병을 암이라 칭한다. 암은 신체의 어떠한 부위를 선택치 않고 발생하는 것이 니 그 발생 부위가 위이면 이것을 즉 위암이라 한다.

폐결핵 같은 병은 일종의 병원균 즉 결핵균이라는 세균이 폐장에 침입하여 폐 조직을 파괴하지만, 이 암이라 칭하는 병은 결코 세균이 있어서 되는 것이 아니고 인체 조직 내에 돌발하여 끝없이 자라나는 악성의 신생물 즉 악성종양을 말함이다.

위암 또한 악성종양이라 함은 말할 필요도 없거니와 이 물건은 처음에 어떠한 내부적 소인(素因)과 외부적 원인으로 인하여 위 일한(一限) 국부에 돌발하여 그 자신이 점점 커지는 동시에 상거(相距)한 중요한 장기에까지 미쳐서 그 장기의 생리적 조직을 파괴하여 그 결과 직접으로는 위 조직을 파괴하여 위 작용을 장애하며 간접으로는 전신 영양 장애로 자체가 쇠약해져서 나중에는 생명까지 빼앗아 가는 가장 두려운 병마의 일종이다. 〈110〉

암이 얼마나 무서운 것인가는 그 사망률을 보면 대개 알 것이다. 1924년도 일본 전국에 암으로 인하여 사망한 수는 4만 1천 3백 인인데 이것을 다시 남녀로 구별하여 보면 그중에 남자가 2만 8백 50여 인, 여자가 2만 4백 60여 인이 암으로 생명을 잃었다. 이 통계 숫자와 같이 남자가 여자보다 이병률이 다소 큼을 알 수 있다. 그중이라도 이 위암만은 남자가 여자보다 이병률이 훨씬 크다. 암으로 인한 사망률을 비교하여 보면 동년도의 사망자 통계에 의하여 설사 장염에 약 15만인, 기관지 폐렴에 약 12만인, 뇌출혈, 뇌연화에 약 11만인, 폐결핵에 약 8만인, 암에 약 4만인, 장티푸스에 약 2만인, 이질에 약 만인이 사망하였다. 이상의 통계를 보아도 폐결핵 다음에 사망률이 제일 크다는 것을 알 수 있다.

먼저 암은 장년으로부터 노년기에 이병률이 제일 크다 하였으나 더욱 40~50세간에 이병률이 최대하여 30세 이전과 70세 이후는 희유하다고 할 수 있다.

위암만 아니라 일반으로 암에 대한 발생 원인은 폐결핵에 대한 결핵균과 같이 확실한 일정한 원인은 모르나 일반으로 개인의 선천적 소인과 외부적으로는 자극을 거듭하는 것이 중대한 원인이 된다 할 수 있다. 만성 위가답아, 위궤양(위 내부가 허는 병), 음주가 등이 이병률이 큰 것을 보아도 자극이 위암 발생에 얼마나 중대한 역을 한다는 것을 알 수 있다.

어떠한 병이라도 초기에 병명을 알아서 치료함이 가장 중요한 조건이나 위암은 더구나 일찍이 알아서 치료를 더할 필요가 있다. 위암의 초기에 나타나는 암시적 증후는 지금까지 특별한 위병이 없었고 다시 말하자면 위가 건전하다고 할 수 있던 사람이 부지불각 중에 위부 압박감, 식욕부진이 생기는 동시에 다음에 말하는 증후가 있으면 대개 위암이라 생각할 수 있다.

1. 육식 혐기감. 육류에 대한 선택적 식욕부진이 있는데, 그중이라도 쇠고기에 대한 혐기증이 특징이라 할 수 있다.

2. 파리하고 수척함. 전에는 상당히 비대하였던 것이 차차 전신에 살이 빠져서 나중에는 관자뼈까지 나타나게 된다.

3. 빈혈과 피부 창백. 대개 피부가 먹색을 띠기가 ■는데, 이 증세는 조기에 틀림없이 나타난다.

4. 구토감과 구토. 만일 구토가 있으면 그 토한 토물이 갈색을 띤다.

5. 설태. 혓바닥에 백태 혹은 대갈 황색태가 생긴다.

한편 발병 초기가 어떠한 때였던가를 모를 때도 있다. 그것 〈111〉 은 ■■ ■■■■■■ ■■■■이 있어서 그것이 계속하여 발생하는 관계로 의외의 예가 생기는 것이다.

이 위암만은 보통 위병에 적합한 약을 사용하여도 결코 낫지 않는다.

이상을 간단히 말하면 40~60세 간에 이전은 특별히 위병이 없었는데 우연한 기회로 이상에 말한 증세가 나타나면 대부는 암을 용의(容疑)할 수 있다. 그러나 그 반면에는 상당히 큰 위암을 가지고 있으면서도 특별한 자각적 증후가 없는 예외가 있는 것을 알아두어야 한다. 전부가 다 그렇다 하는 것은 아니나 어떠한 환자는 상복부에 일종의 적(積)을 만질 수 있다. 기타 위암에 대하여 진단법이 많으나 이것은 전문이 아니면 도저히 알 수 없다. 그러므로 다시 더 말할 필요가 없다.

본병에 대한 예방법은 본병의 원인이 확정치 못한 관계상 그 예방법도 확정치 못하여 다만 위암 발생의 유인과 그 발육 조장의 원인인 될만한 기계적 화학적 및 식이적 자극을 금함이 필요하다. 다시 말하면 위암의 소질이 있는 사람은 특별히 음식물을 주의하는데 그중이라도 자극성 음식물과 주류 등을 과식 과음치 않게 주의하여야 한다.

본병의 요법도 원인이 부정한 관계상 일정한 요법은 없으나 대별하여 2종으로 말할 수 있다. 하나는 외과적 요법이며 다른 것은 이화학적 치료이다. 위암은 난치라 함은 사실이다. 그러므로 고래로부터 이에 대한 치료법은 무수히 많다. 그러나 보통 행하는 요업 중에 내복약으로써는 곤듀랑고, 아비산,[42] 옥도[43] 화합제 은화합제 등이 있으나 확실하다 할 수 없다. 물리적 요법으로는 뢴트겐 치료(엑스광선요법), 라듐요법이 있으니 그것으로 인하여 의외의 효과를 보는 수 있으나 될 수 있는 대로 조기에 외과적 치료를 더함이 필요하다. 〈111〉

---

42) 아비산(亞砒酸): 황비산광을 공기 중에서 태워 만든 흰 가루. 삼산화비소의 수용액.

43) 옥도(沃度, 요오드): 할로겐족 원소의 하나. 광택이 있는 어두운 갈색 결정으로 승화하기 쉬우며, 기체는 자주색을 띠며 독성이 있다. 바닷말에 많이 들어 있으며 의약품이나 화학 공업에 널리 쓴다.

의학사 나독봉, 「실혈에 대하야」, 『조선(조선문)』 177호, 1932년 7월.

　혈액은 누구나 다 아는 바와 같이 신체에 양액(養液)이오. (1) 가용성 양소(養素)를 소화기에서 (2) 연소 기전의 유지에 필요한 산소를 폐에서 세포에 수치(輸致)하며, (3) 세포에서 탄산 및 나머지의 연소 산물을 받아가지고 이것을 배설기에 교부하고 또한 (4) 각개 기관간의 물질 교환을 유지하는 중대한 임무를 가지고 있다.

　그러므로 태고부터 저 금일의 '의학의 아버지'라 부르는 히포크라테스는 체내에는 혈액·황색 담즙·흑색 담즙·점액 등이 있어서 자체의 제 성분 중 직접 생활 현상에 참여하는 것은 이들 체액 성분이라고 믿고 인생의 건, 불건은 전혀 이들 체액 혼화(混和) 상태 여하에 있다고 주장하게 되었음도 무리없는 일이다. 그후 갈레니우스(Galenius)에 이르러서는 전술한 바 4종 체액 중 특히 혈액을 중요시하고 그 혼합 이상에 대하여 특필하였음도 수승할 수 있다. 근대에 이르러서도 병리학계의 뛰어난 인재 로키탄스키(Rokitansky) 씨도 질병의 주태(主態)를 혈액 성분의 변조로 설명하려 하였음으로 〈93〉 보더라도 혈액이 어떻게 중대한 의미가 있음을 살필 수 있다. 근년에 이르러서는 완학(頑學)[44] 피르호(Virchow)[45]의 세포 병리학의 대세에 눌려 일시 종식의 형세에 있었으나 최근에 이르러 혈청학설·생물화학의 발달에 따라 또다시 혈청 및 체액 중에는 우리 생활 기능에 대하여 중대한 임무를 담당할 제 물질을 함유하는 고로 유기체의 생활 현상 혹은 질병에 대하여 액체도 세포와 같이 중요한 지위에 있음이 명백하게 되었다.

　이상을 요약건대 혈액은 우리 생활체의 생명 보지에 대하여 중대한 임무를 가지고 있음을 말하고자 한 것이다. 이같이 중요한 혈액이 많이 출혈로 인하여 체외(외출혈) 혹은 기존 체강(體腔) 내에 출혈(소위 내출혈)하면 소위 급성 빈혈을 일으켜 혈압은 감소되고 심장 충영(充盈) 불충분함으로 맥박은 미약하여 간신히 ■지(■知)하게 되며 빈속(頻速)하고 피부는 창백하고 안모(顔貌)가 쇠비(衰憊)하며 구토·극도의 불안·공포감·실신을 일으킨다. 한층 더하여 호흡곤란·인사불성·마비 등을 일으키고 대소변 등의 불수의적(不隨意的) 배설 등이 이에 더해지면 극도의 위험을 지시한다. 드디어 죽음에 ■전(■轉)을 취하는 일도 있다. 실혈에 의한 위험은 소아에게 가장 심하여 초생아는 수 cm^3, 1세의 소아는 $250cm^3$에 불과한 실혈로 인하여 극히 위험한 상태에 빠짐에 불구하고 성인은 전 혈액량의 반을 잃어 위험이 생긴다. 실혈의 위험은 실혈량 이외에 실혈의 속도에 관계됨이 심대하나 대개 전 실량이 2분의 1리터 이상이 되면 인사불성에 빠지고 1리터 반 이상 2리터에 달하면 사망한다. 대출혈 후의 실신은 뇌의 일과성 빈혈로 인함으로 머리부위를 낮은 곳으로 하고 정와(靜臥)하면 실

44) 석학(碩學)의 오기로 보임.
45) Rudolf, 피르호(1821-1902): 독일의 병리학자·인류학자·정치 지도자.

신에서 회복된다.

이에 반하여 출혈로 인하여 허탈이 일어나면 강심제(强心劑) 응용이 필요하다.

실혈의 치료법은 즉 지혈법을 행하는 동시에 심장력 및 혈압을 넓히고 또한 혈량을 증가하는 데 있다. 지혈법에는 여러 가지 방법이 있으나 여기서는 논급함을 피하고, 다만 의가(醫家) 이외 사람에 대한 주의 2,3건을 논하고 말고자 한다. 지혈 처치 시에 만약 창상46)을 전염시키면 해만 있고 이로움 없음을 알 것이다. 그러므로 생명의 위험을 ■하는 대혈관으로서의 출혈 이외에는 소독 않은 손 혹은 수건 등으로 창상을 누름은 극히 위험하다. 또한 지혈제, 즉 냉수·빙수·초(醋)·명반(明礬)·식염수·염화 아연·단닝 등의 세척도 발염균을 창상 내에 이송할 위험이 심대하므로 사용치 않음이 좋다. 그리고 오물 응혈괴 등도 씻지 말고 또한 더러운 천 조각 혹은 의복으로 창상을 덮는 것보다 오히려 완전히 노출 시킴이 좋다. 강렬한 동맥성 출혈일 때에는 즉시 창상보다 중심성에서 피해 동맥을 압박하고 또한 위에 서술한 주의를 지키〈94〉고 의사의 처치를 기다릴 것이다.

혈량 보충에는 여러 가지 방법이 있다. 즉 액체를 줌에 환자의 상태와 상해의 종류에 의하여 입으로 직장으로 항문에서 혹은 피하 또는 정맥 내 주입으로 적당량을 공급한다. 주입은 삼투압인 액체여야 함은 물론이다. 즉 생리적 식염수액, 0.9% 식염수·링겔 액 등이 제일 많이 사용되는 액이다. 이상은 실혈로 인한 사인이 골츠(Gollz)가 말함과 같이 심장 및 순환 계통에 기계적 장해에 즉 소위 심장에 공허 배혈(Das Leerpuinpen des Herzens)에 있으므로 극히 합리한 처치법이다. 그러나 이들 염류 용액이 허공된 혈관 내를 충영하여 기계적 실혈 사에서 구조함은 비교적 단소한 시간에 지나지 못함은 사실이다. 그뿐만 아니라 강도의 출혈에는 이들 염류 용액은 효과가 없다. 이는 단지 혈량 감소에 의한 순환계통의 기계적 장해 외에 적혈구라는 생활체를 잃음으로 인하여 생기는 호흡 중추·혈관 중추·기타 조직의 질식, 즉 소위 기능 장해가 더해짐으로이다. 그러므로 이때에는 수혈로 적혈구를 보충하며 혈장을 수입하여 혈량의 회복을 기도치 않으면 구조할 길이 없다. 수혈이라 함은 (1) 혈관 이외에 유출된 자기 혈액을 자기 혈관 내에 (2) 동종 타 생활체 혹은 (3) 타종 생활 혈액을 어떠한 다른 생활체의 순환계통 내에 수입함을 말하는 것이며 이에 따라 (1) 자가 (2) 동종 (3) 타종 수혈이라고 칭하고 이들을 다시 세별할 수 있다. 또 다시 수혈을 직접·간접 수혈로 2분할 수 있다.

수혈은 서양에서는 이집트 역사에 많이 볼 수 있다. 젊고 건강한 자의 혈액에는 건강 생기 젊은 기라 칭할 것이 포함되어 있다고 생각하였다. 그래서 노인이 이것을 받으면 기사회생의 묘약이 된다 함은 어느 나라를 물론하고 고래의 사상이었다. (중략) 현재에 수혈은 단지

---

46) 창상(創傷): 칼, 창, 총검 따위에 다친 상처

실혈 시에 다시 없는 이상적 치료법으로 응용되는 이외에 각종 병 치료에 응용의 길을 넓히고 있다. 위 및 십이지장 궤양·장티푸스 시의 출혈 때, 각종 혈액병, 각종 중독 때, 패혈증 때, 수술적 혹은 외상적 쇼크 때, 쇠약한 환자 등 응용의 길이 넓다. 금후에는 수혈이 현재의 주사와 같이 널리 그리고 일반적으로 응용될 때가 있음을 믿는다. 벌써 애지의과대학 재등 외과에서는 1926년 3월부터 직업적 급혈자를 채용하고 있는 현상이다. 〈95〉

의학사 이종석, 「위생-초추에 일어나기 쉬운 병의 예방법」, 『조선(조선문)』 179호, 1932년 9월.

9월 말부터 10월까지는 1년 중 제일 좋은 시절이다. 이때 일어나는 제일 현저한 현상은 식욕의 회복이다. 자연도 이에 박수[47]를 맞추어 단 식물을 부여한다. 지상의 열매뿐만 아니라 조수 어육까지도 이때 맛을 더한다.

그러나 "병은 입으로부터"라는 격언이 제일 적합함은 또한 이때이다. 그리고 이때 병의 대부분은 따라서 위장병이다.

제일 첫째로 간단한 과식으로부터 이에 계속하여 일어나는 급성 또는 만성의 위장 가답아, 유행병으로서는 적리, 역리(疫痢)[48], 장티푸스 등을 헤아릴 수 있다. 대체로 가을은 무엇을 먹든지 식물 자신의 맛이 좋은 데에 식욕이 더하므로 과식하기 쉬우며 과식은 건장한 위장을 가진 사람이라도 견딜 수 있는데, 이에 조그마한 약점이라도 있으면 대번 가답아가 되는 것이다. 또 유행병의 통계를 보면, 장티푸스는 7월부터 증가하여 9월에 최고가 되며 만추에는 적어진다. 적리, 역리는 8월에 제일 많으나 9월, 10월에도 이에 지지 않을 만큼 많다. 기타의 유행병은 이러한 관계는 조금도 없다. 즉 이것으로 보더라도 가을의 병은 위장 계통을 주로 범하는 것이며 호흡기 계통의 병으로서는 밤에 급히 기온이 하강함으로 감기가 〈73〉 들기 쉬우나 폐렴 등의 중독(重篤)한 병은 드물다. 각기(脚氣) 등도 현격한 감소를 보인다.

상쾌한 가을! 등화가친의 가을에 병 없이 유쾌하게 지내려면 입을 조심하면 된다. 일반으로 의사가 말하는 것은 소극적이며 안전 제일주의나 이것도 부득이한 것이겠지만, 모처럼의 가을 열매를 아무것도 먹지 말라는 것은 무의미하다. 적극적으로 먹어도 좋다. 다만 소극적인 주의를 가미할지라. 토란과 밤의 단맛은 얼마든지 좋으나 가슴이 아플 때까지 먹지 말 것이며, 감도 좋으나 다소 불소화인 점이 있으니 잘 씹어 과식치 말지라. 포도도 좋으나 씨까지 먹지 말 것이며 혀가 아플 때까지 포식치 말 일이다. 송이와 기타 버섯들에도 대체 동일한 주의가 필요하다. 옥수수도 많이 먹으면 해롭다.

---

47) 문맥으로 보아 '박자'가 맞을 것 같음.
48) 대개 어린아이들이 걸리는 전염성 설사증.

이같이 가을 것은 성숙한 것이면 영양소가 풍부하다. 다만 과식치 않도록 할지라. 전염병에 대한 주의는 특히 말할 것도 없이 주지의 일이나 가을 파리가 군집하여 해를 끼치는 일도 있을 것이며 과일 등으로 전염하는 수도 있을 것이다. 전염의 기회가 될 만한 것만 피하면 수박을 먹었다고 이질이 될 염려는 없다. 바나나를 먹고 역리에 걸렸다는 것도 요컨대 주의가 부족한 탓이다.

최근 홍란 씨가 연구한 데 의하면 채소류를 씻어서 그 물을 검사해보니 채류(菜類)에는 세균·기생충 알이 상당히 기착(寄着)하고 있으나 무·오이류에는 비교적 적다 한다. 그리고 곤충알은 비교적 씻기 쉬우나 세균류는 좀처럼 떨어지지 않았으며 세균으로서는 대장균이 제일 많았다고 한다.

유행성 병균은 주로 대장균과 공동생활을 하므로 이같이 날것을 먹는 것은, 구매한 것은 그냥 먹지 말고 수돗물로 몇 번이나 씻든지 크로르 칼크를 물 1말에 대하여 2그램쯤 혼합한 데에 넣었다가 수돗물로 씻어서 먹든지 하면 대개는 안심하여도 좋다. 〈74〉

의사 오영원, 「전염병 예방법」, 『조선(조선문)』 179호, 1932년 9월.

여름철부터 초가을에 전염병 중 제일 많은 것은 적리와 역리이다. 최근 양자가 매년 증가하는 경향을 볼 수 있다. 〈74〉

이 두 가지 전염병의 발생률을 월별로 보면 제일 많은 것은 8월, 다음이 7월, 9월, 6월의 순서이다. 이 4개월 간에서 1년 중의 6할 5푼을 점하고 있다. 그리고 이병자의 연령별로 보면 이 전염병의 반수는 역리로서 그 전부가 10세 이하의 아동이다. 역리와 적리는 수에서 서로 반반이다. 그중 적리의 약 반수는 또한 10세 이하의 아동이다. 요컨대 대부분은 아동이라 하겠다.

잔서(殘暑)로부터 가을철에 향하여 서늘한 바람이 불게 되면 식욕이 증진하고 따라서 과식하는 일이 있다. 또는 더위 중 피서지 등의 불규칙한 생활이 타성이 되는 까닭에 식물들에 규율이 없고 이것이 서늘한 바람의 기후가 변하는 데 합치하여 병을 일으키는 것이다. 또는 침구와 의류들의 얇음으로 병을 일으키는 수도 있다.

적리와 역리는 학술적으로 말하면 여러 가지 의론이 있으나 보통인의 상식으로서는 양자가 동 성질의 병이나, 역리는 아동에게 많고 적리보다도 격렬하다고 생각하면 된다. 이 양자는 거의 같은 것으로 아동이 역리를 가족에게 전염케 하여 어른이 적리에 걸리는 수가 있고, 역리로서 신음하던 아동이 적리로 변하여 고통하는 수도 있다.

역리는 10시간 이내에 죽는 것이 많다. 4할은 12시간 이내에 죽는다. 그리고 5인의 이병자

중 3인은 죽는다.

여하튼 아동에게 많은 병이므로 주부가 좀처럼 주의를 하지 않으면 안 된다. 항상 아동의 원기를 주의할 것과 대변에 주의함이 필요하다. 변이 무르든지 변색을 하든지 열이 나든지 설사하는 때는 주의치 않으면 안 된다. 이와 같은 때는 즉시 피마자유를 먹여서 머리와 심장을 냉각케 하여 의사를 부름이 가하다. 피마자유는 3세의 아이에게는 세 숟가락, 4세 5세는 점차 1잔씩 증가한다. 이 정도의 양보다 많은 것은 무방하며 관장을 하면 좋다.

이들 전염병은 거의 변으로 전염하므로 환자가 날 때는 먼저 변을 주의치 않으면 안 된다. 이점의 요령을 부득하므로 일 가족 중에 전염케 하는 수가 있다. 일반인에게 이같은 이해가 편답(遍踏)치 않았다. 상류 계급과 지식 계급들은 공중적인 지도 등에 따르지 않는 경향이 있는 것도 원인이겠지만, 여하튼 일반적으로 위에 말한 점에 유의하기를 바란다. 〈74〉

의학사 이종식, 「위생-무병 건강법 10개조」, 『조선(조선문)』 181호, 1932년 11월.

사람이란 누구나 무병장생을 희망한다. 원기 좋고 건강히 활동이 되면 인생의 본래의 의의가 있으나 병으로든지 혹은 기타로 충분히 노동이나 활동을 감당할 수 없으면 아무리 양생을 하여도 되지 않는다. 다음에 평소의 주의로서 충분히 건강을 획득할 수 있는 방법을 개조적으로 기재하여 보려 한다.

1. 좋은 씨를 뿌려라

조상으로부터 받은 체질로서 운명의 일부는 결정이 되나 생후 점차 자라나는 사이에도 신체의 건불건이 일어난다. 젊었을 때부터 건강에 충분 주의를 하지 않으면 안 된다. 양생을 잘못하여 병에 걸려 건강을 해한 후에 비로소 고치려 하여도 시기가 넘어서 고치지 못하거나 혹은 고치는 데 퍽 곤란을 당하는 것이다.

2. 좀 더 먹었으면 할 때 술을 놓으라

요사이는 불경기이므로 연회 같은 것도 적어서 과식보다도 식사 시간이 일정할 수 있으니 퍽 좋은 현상이라 할 수 있다. 음식은 폭식을 하면 안 된다. 통계상으로 〈83〉 보면 위장 ■ 환자는 대개가 과식으로부터 일어나는 것이다. 극단으로 영양부족이 되기까지 적게 먹는 것은 건강상 대단 필요한 것이다. 또 식물의 종류도 육식을 하지 않으면 자양이 없는 것 같이 생각하지마는 실제에는 그다지 육식은 필요치 않다. 다만 젊은 사람에게는 비교적 육식을 많이 허할 수 있으나 중년 이후의 사람에는 육식을 적게 하는 것이 건강상 좋은 것이다.

3. 최초의 한 숟가락을 잘 씹으라

음식을 먹어서 그것이 자신에 충분한 효과를 나타내는 데는 먼저 제일 관문인 입속에서 잘 저작하지 않으면 안 된다. 충분히 잘 저작하여 위로 가면 위에서의 소화도 잘 될 뿐 아니라 장의 흡수작용도 잘 되는 것이다. 고로 잘 저작하려면 이가 좋아야 한다. 그리함에는 또 젊은 때부터 주의하여 입속을 청결히 하고 이가 만약 나쁘게 되거든 속히 치료를 하여 충분히 이의 보존에 주의를 하여야 한다.

이를 닦는 것은 현재는 누구나 다 아는 것이나 매일 아침 이 마찰을 할 필요가 있다. 또 잘 씹는 데는 식사를 천천히 할 필요가 있다. 다사한 사람은 아무래도 속히 먹기가 쉬운 것이다. 처음의 한 숟가락을 천천히 하기로 하지 않으면 안 된다. 그리하면 끝까지 천천히 먹을 수가 있는 것이다.

4. 1일 1회 배변하라

사람이 노쇠하여짐은 장 속이 나쁜 발효를 흡수하는 것이 혈관을 상하게 하여 소위 동맥경화를 일으키기도 하고 또는 신장과 간장에도 악영향을 미쳐서 나중에는 신체 전체를 상하게 하는 것이라고까지 말한다. 그리함에는 전술한 위장의 건전이 필요하나 배변이 무체히 잘 되도록 주의함이 긴요하다.

5. 일찍 일어나고 일찍 자라

예부터 숙흥야매가 건강에 제일이라고 하나 조선과 같은 온대지방 사람은 사실 그러하다. 아침 일찍 일어나서 해가 지면 곧 자는 것이 제일 좋은 것이다. 그런데 요사이는 전등과 같은 편리한 것이 생겨나서 밤도 낮과 같은 관계로 또는 직업하 밤늦게까지 있는 사람이 있지만은 건강상 대단 해로움은 말할 것도 없는 바이다.

6. 조명 좋은 집에 병인 없다

일광에 직면하여 할 수 있으면 더운 때는 나체로 일광에 쏘이는 것이 좋다. 그리고 실내에서라도 일광을 잘 통하게 하여 두 ⟨84⟩ 면 건강에 퍽 좋은 것이다. "밝은 집에는 병인이 적고, 일광을 보지 못하는 집에는 의사 출입이 잦다"는 말도 있으나 일면의 진리를 말한 것이라 하지 않을 수 없다.

7. 항상 운동을 잊지 마라

운동은 인간의 건강상 필요한 것은 말할 것도 없지마는, 체내의 혈액과 체액을 소통케 하고 식욕을 증진케 하며 두뇌를 상쾌하게 하며 변통을 잘하는 효과는 실로 지대한 것이다.

그러나 운동은 일종의 소비이므로 피로를 동반한다. 근래 운동열을 느껴 청년들은 연습에 맹진하나 이것은 청년의 원기 고취와 성욕 전환에 효과가 많으나 너무 맹렬히 경기를 하거나 연습을 하는 것은 진실한 건강증진이라 할 수 없다. 건강을 위하여는 과도가 되지 않도록 충분 주의함이 필요하다.

8. 의복 주거는 청결히 하라

의복과 주거 기타 자기의 주위 것을 항상 청결케 하는 것은 위생적일 뿐 아니라 정신을 상쾌하게 하여 심신의 긴장을 초래하는 효과 지대하다.

9. 성의 남비, ■, 연초를 삼가라

성의 남비에 대하여는 상세한 설명은 생략하나 청년들의 자독(수음)은 경계할 것이다. 그리고 일면에 자독의 해를 과도히 고창하기 때문에 공포심을 가진 사람이 있어서 이 공포심이 수음의 해 이상인 때도 있다. 생식기와 원기는 미묘한 관계가 있으므로 적당히 조절할 필요가 있다.

10. 생활을 자연에 인려(引戾)하라

문화가 발달함을 따라 갖은 편리한 것이 생겨서 우리의 생활은 점차 자연적으로부터 인공적으로 전환이 된다. 그리하여 문화의 초기로 말미암아 점차 자연과 멀어짐에 따라서 정신적으로도 많은 피로[49]를 느끼게 된다. 그러므로 생활은 자연에 돌아가야 된다는 것이다. 〈85〉

이종식, 「건강의 도」, 『조선(조선문)』 187호, 1933년 5월.

현세는 병의 창고이다. 인간에는 병마가 온통 점령해서 인간은 병의 도매상이다. 사람은 육해공을 정복하여 주인공이 되고 있으나 자신의 신체는 어찌 할 수도 없으며 병마의 자유에 맡길 수밖에 없으며 도리어 인간은 이의 노예가 되고 있다.

하늘, 땅, 바다 3대 세계의 왕도 5척 남짓의 신체를 임의대로 못하고 고민하고 있다. 그러면 인류는 도저히 완전한 건강을 보지할 수가 없으며 병마의 광포에서 벗어날 수는 영영 불가능한 일일까. 그렇지 않으면 어떠한 사람이라도 철저한 그 도만 얻으면 완전한 건강을 보존하며 언제라도 원기가 성하고 병마와는 절연하게 되도록 인체는 조직될 것이다.

---

49) 원문에 '역로(疫勞)'로 되어 있으나 문맥상 피로의 오기로 보임.

실제에서 인류는 벌써 깊이 고민하고 있다. 전부의 문명 민족에는 병마가 깊이 침입하고 있다. 이가 인간 세계의 최대의 한스런 일이 아니고 무엇일까. 그러기에 나서는 곧 죽으며 혹은 어려 〈83〉서 세상을 버리고 장성해서는 어떠한 병마에든지 걸려서 있다. 그러므로 불유쾌한 일생을 지내며 또는 속히 세상을 버린다.

　　문명 세계에는 놀랄만한 각종의 발명이 점차 발표되고 있다. 이 점에서는 인류는 바로 신과 같다. 그러나 인간 신체 속에 침입해 있는 병마는 일소할 수는 없는 것이다. 세계의 진보됨을 따라 병마는 점점 그 폭위를 성하게 하고 사람은 이로 인하여 고통을 받고 있다.

　　그러면 이 무서운 인류 생명의 파괴자인 병마는 언제 어찌하여 인간계에 침입하는가.

　　간단히 이를 말하면 인간이 대자연에 반항하던 그때부터 병은 시작되었다. 산야를 발섭하고 있는 금수 등에는 특별히 병이라고 칭하는 것이 없다. 인간은 자연에 역행함에 의하여 병의 제조자가 되고 말았다. 그러면 대자연에 역행한다는 것은 무엇인가. 인간 생명을 보존하기 위하여 공기를 호흡하여야 한다. 즉 공기로부터 산소를 흡수하고 체내의 탄산가스를 배출한다. 그러므로 그 호흡한 공기가 부패물을 많이 함유하고 있으면 부패한 먹을 것을 먹는 것과 같이 이것이 인체에 얼마나 해독을 주는지 모른다. 이것이 병을 발생시키는 원인이 된다는 것은 분명한 일이다. 그렇지만 인간은 가옥을 작성하여 문을 닫아 그 속에서 생식한다. 그리하면 인체부터 혹은 불꽃 기운 등을 발해서 독가스는 방안에 충만된다. 이로서 인간이 병에 안걸리는 이유는 없을 것이다. 시종 신선한 공기를 흡수하고 있는 것과 부패한 공기를 흡수하고 있는 것과는 도저히 같다는 이유는 없을 것이다.

　　그러므로 신선한 공기를 흡수하는 것은 건강상 필요함이 분명한 이유다. 다음에 인간은 우주의 영활(靈活)[50]의 대기를 함유하고 있어 태양이 요리하여 주는 자연 먹을 것은 불의 발견에 의하여 이를 죽여 먹는 것을 앎으로부터 또한 병이 시작되었다. 요리식은 병의 발아가 되고 말았다. 다시 말하면 문 닫은 엄중한 가옥 안에 거주하여 부패한 공기를 흡수하는 것보다도 먼저 인간계에 병을 〈84〉 끌어들인 것은 요리한 먹을거리라 하겠다.

　　다음에 인간은 고대에 산야를 발섭하던 시대와는 다르므로 자기 위하여, 안기 위하여, 걷기 위하여 각종의 기구가 발명됨을 따라 자연 신체의 운동이 부족되었다. 따라서 근육과 신경과 혈액의 활동이 나쁘게 되었으며 충분히 심호흡하지 않게 되었다. 그래서 병의 소지를 작성하고 말았다.

　　최후에는 우리 인류는 지구상 전 생물의 주인되는 햇빛을 한각하기에 달하여 또 병을 초래한 것이다. 햇빛은 대개 5~6촌의 깊이로 신체에 침투할 강력이 있다. 햇빛은 체내에 이익되는 것을 보호하고 해되는 것은 죽이는 작용을 가지고 있는 것이다. 가옥을 작성하고 의복

---

50) 죽어 가는 것을 신통하게 살림

을 착용하였고 햇빛을 배척한 결과 여기에도 또한 병을 초래한 것이다. 이상의 대자연 역행의 인류 생활은 대개 본래의 인간으로서 생물 중 신체적에는 가장 타락한 것을 작성하였는지도 모른다. 인간의 체력 능력은 시력, 후력(嗅力), 청력 등은 개와 고양이에도 미치지 못한다. 거대한 신체를 가지고 있지만 고양이와 같이 주행도 못한다. 조금 산 속으로 들어가며 귀로를 잊는 등 감각이 예민치 않다. 이같은 이유로 인간은 두뇌만은 크게 발달되고 신체는 퇴보되고 말았다. 따라서 병의 집까지 되고 말았다.

갱생 건강의 4대 방법

그러나 이상 인간의 신체적 퇴보는 이를 용이히 구제할 수가 없다. 2, 3의 특별한 사람은 신체의 수련에 의하여 어느 정도까지 구제할지도 모르나 일반으로는 불가능하다. 그 대신 인간은 두뇌가 발달되어서 발명하는 기구의 힘으로 무엇이라도 된다고 자만을 할지 모르지만, 그러나 병에는 어찌할 수도 없는 사정이다.

문명이 진보됨을 따라 병이 많게 된 것은 부정할 수 없다. 의술이 발달되었는지도 모르지만, 의술로써는 병을 정복할 수가 없으며 도리어 현재 의술이 발달한 결과 인류의 신체는 점점 약해가며 약력을 〈85〉 가지고 신체의 건강을 보존하고 있는 것이다. 그것은 인류 신체 본래의 자력 요법이 아니고 약물에 의한 타력 요법으로 의술은 점점 발달되었으나 인류는 점점 쇠약하여 가는 것이다. 이와 같이 고찰한 즉 의약의 발명은 좋은 점과 동시에 나쁜 점도 있는 것이다.

즉 인류의 대적인 병을 구축하려면 대자연에 역행하지 말고 이에 순응해야 한다. 고로 현대 문명 생활을 즐겨하며 가능성의 한도에서 대자연의 은택을 향수하고 그 영활의 정기를 자신에 받는 것으로 생각하지 않으면 안 된다. 그러면 내가 제창하는 갱생 건강의 도 즉 다음의 4방법에 의하여 병마를 일소하고 완전한 건강을 획득하며 장수를 보존할 것이다.

(1) 활식. 과학을 날줄로 하고 실험을 씨줄로 하는 가장 단순 평이하며 철저한 자연식 및 간이 유효한 단식에 의한 건강법
(2) 전신 호흡. 종래의 심호흡법과 기타의 호흡법과는 다음 전신 호흡, 예를 들어 말하면 머리 부위의 병에는 두부 호흡, 복부에는 복부 호흡 혹은 안면 호흡, 신장 호흡과 같은 전신 신호흡법
(3) 요동. 이를 길게 말하면 치료 운동 또는 치료 체조가 된다. 가장 간단한 유효의 치료보건운동법
(4) 일광욕. 태양은 인생의 생명소이다. 인체 내외의 독소와 부패물을 제거하는 것은 햇빛이다. 이 소청한 활살 자재의 태양욕에 의한 간단한 건강법

이상의 4대 방법에 의하여 전부를 실행한다면 가장 이상적의 갱생은 더 말할 것 없으며

그 하나만 실행하더라도 다소의 효과가 있을 것은 물론이다.

생존 경쟁이 심한 현대에 어려운 치료법과 건강법은 금물이나 위 4대 방법에 의하여 결심만 하고 실행만 하면 간이한 방법으로 절대적 효과가 있을 것이다.

매일 업무에 종사하면서도 실행할 수가 있는 것이다. 다만 최후의 일광욕은 물론 우천일에는 불가능하며 또는 나체로는 하지 못할 환경에 있는 사람도 있을 것이나 적의하게 한다면 효과 다대함이 있을 것이다. 〈86〉

지전청(池田淸),[51] 「보건의 민중화」, 『조선(조선문)』 191호, 1933년 9월.

조선의 보건위생시설은 점차 개선되어 면목을 갱신하고 있는 중이다. 또 이를 일본에 비교하면 현저히 불완전하여 사정이 허하는 한 될 수 있는 대로 속히 개선 시설치 않으면 안될 많은 사업이 남아 있다. 특히 나병의 예방, 정신병자의 치료 감호, 결핵예방, 지방병, 기생충병의 예방 박멸 등과 같음은 그 주요한 것이다. 그중 나병의 구호 예방에 관한 시설은 가장 긴급을 요하는 것임에 불구하고 현재까지는 겨우 그 일부를 수용 치료함에 불과한 상태이다. 그러므로 지금 총감 각하로부터 말한 바와 같이 조선나예방협회를 설립하여 관민 협력 일치하여 나예방구호, 나아가서는 이의 근절에 관한 대사업을 계획하였는바 각위를 비롯하여 관민의 절대한 진력 동정에 의하여 모두 예기 이상 순조로 진척되어 기부액 같음도 예상의 배수에 달하고, 황공하옵게도 황태후 폐하께서 다액의 내탕금 하사의 은명에 접하고, 또 이왕 전하께로부터도 다액의 하사금을 배수하였음은 실로 공구감격에 불감하는 바이다. (중략) 〈1〉

요양소 부지에 대하여는 각 방면을 물색하였던바 소록도가 가장 적당하므로 이를 매수키로 결정하고 본년 3월 하순부터 매수에 착수하였다. 그리고 이의 매수에는 다대한 곤란을 예상하였으나 전라남도 당국의 노력과 도민의 이해에 의하여 매수사무가 극히 원만히 진척되어 5월 말일까지에 도민의 거의 전부가 이전을 완료하였다. (중략)

다음에 전염병에 대하여는 (중략) 〈2〉 특히 작년래 두창이 비상한 창궐을 극하여 본년 7월까지에 그 발생이 4903인의 다수에 달하고 있다. 두창과 같음은 종창의 보급에 의하여 충분 이를 예방할 수 있는 고로 특히 그 철저를 기하고자 한다. 또 기타 전염병에 대하여도 그 발생 상태 및 만연의 원인을 조사 연구하여 가장 적절한 예방방법을 강구하면 그 유행을 방지할 수 있을 것이다. (중략)

다음에 약초 재배의 보급 장려인데, 각위의 지도가 적절함을 수반한 결과 일반 민중이 약

---

51) 1933년 시점에 조선총독부 경무국장(조선총독부관보, 1933.7.12.; 1933.11.7.).

초에 대하여 다대한 흥미를 환기하여 진면목으로 그 재배를 꾀하고 있는 자가 속속 현출함은 실로 기쁜 바이다. 그런데 이로써 본업 또는 부업으로 하는 자 즉 그 생산품을 상품으로 판매코자 하는 자에 대하여는 상당히 고려를 요하는 바이다. 무릇 상품에는 그 수요에 한도가 있으므로 무한히 생산할 때는 공급의 과잉을 가져와 그 가격이 저하되어 채산이 서지 않게 된다. 의하여 본부에서는 지미(地味)의 적부, 품질의 적부 및 수요 추세 등을 고려하여 각 그 도에서 장려할 품종과 수량을 협의하기로 하였으므로 그 범위 내에서 장려해주기를 바란다.

전술한 바와 같이 위생시설로서는 아직 행할 일이 비상히 많다. 그러나 그 대부분은 다액의 경비를 요하기 때 〈3〉 문에 현재와 같은 재정 상태로는 조급히 이들 시설을 실현하기가 곤란함을 유감으로 생각한다. 그러나 민중의 실생활 상태를 자세히 관찰하면 반드시 다액의 경비를 요하지 않고 상당한 효과를 올릴 수 있는 사무가 적지 않으므로 이 점에 대하여도 고려를 하고자 한다. 또 이와 동시에 현재의 예산에서도 그 경리 방법에 대하여 연구를 하면 다시 사무의 능률을 올릴 여지가 있다고 믿는다. 요는 최소의 경비로써 최대의 효과를 거두도록 연구를 원한다. 다시 이 기회에 한마디 하고자 함은 조선의 현상으로는 민중과 위생 사상의 향상을 꾀하여 그 자각을 촉구할 필요가 있다는 것이다.

법령의 정비와 단속의 여행도 물론 필요하나 민중의 이해를 동반치 않는 사무는 결코 충분한 성적을 올리기 어려울 것이다. 근래 각 도에서 이 목적을 위하여 위생전람회 기타의 방법으로 민중의 위생 사상의 향상에 힘을 다하고 있음은 실로 시의에 맞는 것이라 생각한다. 이같이 하여 보호 위생의 사업을 다시 민중화하여 관민이 일치 협력하여 일에 당하도록 지도함이 가장 필요하다고 믿는다.

이상 말한 여러 점에 관하여 아무쪼록 이 기회에 숨김없이 의견을 개진하여 격의 없는 협의를 마쳐 실시상 만유루가 없기를 기하고 싶다고 생각한다.

- 8월 24일 위생과장회의 석상에서 적시한 요지 -

〈4〉

III. 건강, 체육 담론

1. 교과서

조선총독부, 『보통학교 국어독본 권2』, 조선서적인쇄주식회사, 1930년 번각발행,

1. 운동회

오늘은 운동회입니다. 여러 나라의 국기가 바람에 휘날립니다.

이번에는 1학년 달리기입니다.

준비, 출발. 자, 달리기 시작했다.

빠르다. 빠르다.

"홍팀이 이기는 듯" "백팀이 이기는 듯"

보고 있는 사람도 열심히 응원합니다. 〈2~4쪽〉

조선총독부, 『보통학교 국어독본 권10』, 조선서적인쇄주식회사, 1934년 번각발행 1937년 개정 번각발행.

제14. 제생의 고심

강하게 불어오는 북풍에 날은 완전히 저물고 인적이 드문 뒷거리를 지친 다리를 끌면서 걷고 있는 한 청년이 있다. 한 노인이 지팡이를 멈추고 힐끗힐끗 쳐다보다가 결국에는 가까이 가서는 "무슨 일 있나요?" 라고 상냥한 말투로 물었다.

잠시 후 청년은 힘없이 속삭이듯 말했다.

"저는 경성에서 온 사람입니다. 들어보니 일본에서는 최근에 종두가 실시되어 천연두에 걸리는 사람은 거의 없다고 하던데 조선에서는 아직 종두 기술이 실시되지 않아 해마다 몇만 명이라는 많은 사람들이 이 병으로 고통받고 있습니다. 저는 어떻게 해서든 그 종두 기술을 배워서 천연두로 괴로워하는 사람들을 구하고 싶다는 신념으로 이전부터 서적에 대해 여러 가지 조사하고 있는데 경성에서는 실지 연구를 할 수 없습니다. 다행히 여기에는 일본인 선생이 계신다고 듣고 멀리서 찾아왔습니다. 조금 전 겨우 도착은 했지만 의지하는 지인도 없기에 고민하고 있습니다."

노인은 귀 기울이고 쭉 듣고 있다가 마침내 젊은이를 자신의 집으로 데리고 갔다.

이것은 1879년 겨울, 부산에서 있었던 일로 이 젊은이야말로 현재 "조선의 제너"라 불리는 지석영이라는 사람이며, 정 많은 노인은 당시 부산에 살고 있었던 우라세 유타카(浦瀬裕)라는 사람이다.

얼마 후 그는 노인의 보살핌으로 부산 제생원에 다니며 마쓰마에(松前)원장의 가르침을 받게 되었다. 원장은 젊은이의 강한 제생의 의지와 열정을 느끼고 아주 자상하게 지도했다.

그는 자고 먹는 것도 잊고 연구에 몰두했다. 그 노력의 결과 겨우 2개월 만에 종두의 기술을 습득하게 되었다. 거기서 그는 원장으로부터 받은 두묘와 종두침을 봇짐 깊숙한 곳에 넣고 이별을 아쉬워하며 귀향을 하게 되었다.

찬란한 희망으로 험준한 조령도 어려움 없이 잘 넘어, 드디어 충주 근처에 있는 처의 친가에 겨우 도착하였다. 야윈 그의 모습에 놀란 가족들은 처남에게 종두를 시험 삼아 해보고 싶다고 하는 그의 바람을 듣고 나서 놀람은 분노로 바뀌어 결국은 그의 바른 마음조차 의심받게 되었다.

그러나 그의 열정은 드디어 가족들의 마음을 움직였다. 마침내 그는 처남의 가는 팔에 조선 최초의 종두침을 꽂게 되었다.

생각했던 결과는 7일 후에는 확인할 수 있었다. 그 예상외의 좋은 성적에 그는 날듯이 기뻤다.

계속해서 그는 식구들의 고생으로 한 번에 수 십 명의 사람에게 종두를 실시해서 훌륭한 성적을 거두었다. 거듭된 성공에 자신감을 얻은 그는 가벼운 발걸음으로 경성을 향했다.

경성에 도착하자 얼마 후 마쓰마에 원장이 보내준 새로운 의학서와 두묘가 도착했다. 부모님만큼의 친절함에 그는 기쁨의 눈물이 나왔다. 그리고 처음 마음을 관철하고 그 은혜에 보답하겠다고 굳게 결심하고, 주야로 연구에 힘썼다.

아쉽게도 그는 아직 두묘 제작법을 몰랐다. 그렇기 때문에 모처럼의 시술도 자칫하면 중단되었다. 그래서 그는 어떻게든 두묘 제작법을 배우고 싶다고 생각했다.

뜨거운 희망이 하늘에 통했는지 이듬해 그는 일본으로 건너가서 전문 대가의 지도를 받게 되었다.

일언, 일구 모두 한문 필담으로 하지 않으면 안 되는 고심은 쉬운 것은 아니었다. 그러나 그는 곧 곤란을 극복하여 결국에는 바라는 것을 이루고 귀국했다.

당시 그를 괴롭혔던 것은 낡은 습관에 얽매인 조선 사람들의 박해였다. 그는 사람들을 현혹시키는 마법사라고 욕을 먹으며 어떤 때는 그의 집을 태워버려서 할 수 없이 일시적으로 몸을 숨기기까지 했다.“

고행의 수십 년은 꿈처럼 지났다. 그의 노력은 점차 결실을 맺어 종두의 새로운 의술은 사방으로 퍼져나가 그 진가는 널리 세상 사람들에게 인정받게 되었다.

불취일문 전행포시

이렇게 해서 그는 경성에 우두보영당(牛痘保嬰堂)을 설치해 "돈을 취하지 않고 오로지 포시를 행한다"라는 간판을 걸고 많은 아이들에게 종두를 실시하였다. 그래서 어느새 그는 세상 사람들에게 우두 선생이라고 불리게 되었다.

그가 처남에게 조선 최초의 종두를 실시한 것은 지금으로부터 50여 년 전의 일로서, 그 멈출 줄 모르는 제세(濟世)의 일념은 드디어 달성되어 지금은 종두의 기술은 널리 보급되어 천연두로 고생하는 사람은 서서히 흔적을 감추고 있다. 이것은 모두 지석영의 고심의 정신이며 그야말로 우리의 은인이다. 〈73~81쪽〉

조선총독부, 『실업보습학교 국어독본 권1』, 조선서적인쇄주식회사, 1931년 번각발행.

11. 체육

수목의 가지를 바로잡으려고 한다면 아직 충분히 발육하지 않은 어린나무일 때 하지 않으면 안 된다. 우리가 신체를 강건하게 하는 것 또한 이와 같다. 어렸을 때 잘 하지 않으면 후일에 이르러서 아무리 후회한다고 해도 이룰 수 없다. 소년부터 청년으로 바뀌는 시기는 특히 체육에서 가장 주의해야 할 과도기라고 한다면 우리는 대단히 체육을 중요하게 생각하고 일생에 활동의 기초를 만들어 두지 않으면 안 된다. 거울처럼 조용한 큰 바다에도 때로는 성난 파도와 큰 폭풍우가 있는 것처럼 우리의 일생의 행로에도 또한 예기치 못한 다수의 간난신고가 계속해서 찾아오게 된다. 이 같은 경우에 온갖 어려움을 배제하고 분연하게 돌진하는 힘, 이것이야말로 우리가 길러야 할 단련에 의해 얻어지는 것으로서 체육의 목적도 실로 여기에 있다고 할 수 있다.

체육을 넓게 생각하면 집안 심부름, 통학의 보행, 학교 작업 등을 비롯해서 평소 우리가 신체를 움직이는 것은 전부 체육의 범위에 들어가는 것이지만 특히 직접적으로 심신을 단련하는 것을 목적으로 하는 것으로서 학교의 체조 · 교련, 여러 가지의 경기 · 유희 · 소풍 · 수영 · 냉수욕 · 냉수마찰 및 무술 등을 들 수 있다. 체육의 종류는 동서고금의 사정에 따라 여러 가지가 있기 때문에 모조리 그것을 행하는 것은 도저히 불가능한 일로 또한 실제로 해본다고 해서 그 효과를 올리지 못하고 오히려 나쁜 영향을 미칠지도 모른다. 가능한 꼼꼼히 자신의 몸을 성찰하고 가장 자신에게 맞는 것을 선택해서 그것을 실행하는 것이 필요하다.

체육에서 주의해야 할 것은 우선 첫째로 적당하게 하지 않으면 안 된다는 것이다. 자칫하면 우리는 운동의 재미에 심취되어 시간을 보내다가 또다시 정도를 넘어서기 일쑤이다. 과도한 운동은 시간을 허비하고 피로를 쌓이게 하여 건강을 해치게 되기 때문에 아무리 재미가 있더라도 일정한 정도가 되면 단연코 끊지 않으면 안 된다. 다음으로는 순서를 지키는 것이다. 모든 일에도 반드시 순서가 있으며 체육도 마찬가지로 어떠한 준비 없이 갑자기 급격한 운동을 하기 시작하거나 또는 갑자기 중지하는 것과 같은 것을 해서는 아주 좋지 않다. 또한 사람의 체질에 적합한 것을 선택해서 적당한 단계를 밟으며 점차적으로 강한 정도의 것으로 진행하도록 명심해야 한다. 마지막으로 중요한 것은 지속적이라는 것이다. 일시적인 감격에 의해 처음에는 체육을 열심히 했지만, 시간이 갈수록 기력이 떨어져서 1개월도 지나지 않은 사이에 완전히 잊혀지는 것은 좋지 않다. 하루아침에 체육의 효과가 나타나지 않기 때문에 지속할 수 있도록 노력하지 않으면 안 된다.

운동에 의해 신체를 강건하게 함과 동시에 그 방법을 좋게 얻으면 용기, 규율, 조절, 협동, 예의 등의 선량한 덕을 수양하고 크게 품성을 향상시키는 것이기 때문에 각 개인 모두를 위해 해야 하며 단지 선수만을 위한 운동이 되어서는 안 된다. 또한 경기, 특히 대교시합 등에 있어서는 쓸데없이 승리에만 조급해서 그 수단을 고려하지 않는 것은 아주 좋지 않다. 쌍방이 동일한 조건 아래에 정정당당하게 신사적인 태도로서 그 실력을 경쟁하고 더욱이 예의에 벗어나지 않는 이른바 "정정당당한 시합"을 중요하게 생각하지 않으면 안 된다.

우리나라에서도 고대 무사는 예의와 체면을 중요시하고 "훌륭한 시합"이라고 하는 것에 무게를 두고 우리도 대국민이라고 하는 말에 부끄럼 없는 훌륭한 정신을 운동하는 동안에 키워내야 한다. 〈47~52쪽〉

2. 신문

이경석, 「유도의 근황 그 유래와 본질(1)」, 『동아일보』, 1931년 5월 9일.

　옛날 일본에 유술, 체술, 야하라 등의 명칭으로 유행한 일종의 무술이 있었다. 그것은 맨손으로 연습하는 경우가 많았다. 혹 때로는 장검, 단도, 봉 등을 사용하였으므로 맨손 술을 주로 하여 검술, 봉술, 단도의 사용법도 더한 혼성 무술이라 하면 적응하다 하겠다. 극히 드물게 유도라고도 일컬었으나 일반에게는 그렇게 칭하지 않았다. 그것이 다수의 유파로 나눠 있었으므로 강도관 사범은 청년기에 그중의 천신진양류와 기도류의 2류를 수학하고 거기에 자기의 연구를 더하여 1882년에 비로소 강도관 유도를 창조한 것이다. 강도관 유도를 약칭 단유도라고 불렀으며 그 후로 종래의 유술가도 또한 자기가 가르치는 바 기술을 유도라고 부르게 되었다. 그리고 따라서 보통인에게는 유술과 유도의 구별을 명백히 알 수가 없었다.

　종래의 유술과 강도관 유도와의 상이한 점을 말하면 유술은 공격 방어를 목적으로 하는 종류의 무술이었다. 그러나 강도관 유도는 단지 공격 방어의 연습에 그침이 아니라 인사 제반의 일에 이것을 응용하며 또한 도의 본류의 극히 심원한 연구와 광범하고 복잡한 이의 연습을 목적으로 하는 것이다. 그러므로 유도의 연구는 여러 방향으로 나아갈 수가 있다.

이경석, 「유도의 근황 그 유래와 본질(2)」, 『동아일보』, 1931년 5월 13일.

　강도관 사범이 원래 유도라고 하는 대도를 체득함에 이른 경로는 무술의 연구로부터이므로 강도관 유도 수행의 순서도 도장에 의한 체육과 무술을 겸한 연마로부터 비로소 유도라는 대도를 깨달아 알게 하는 데에 보통 이 방법으로 한 것이다. 따라서 도장에 의한 연습은 옛날의 유술 연습과 흡사하므로 세인으로 하여 때때로 강도관 유도의 진상을 오해하고 이것을 옛날의 유술에 다소의 개량을 더함에 불과하다는 생각을 갖게 한 것이다. 그러므로 강도관 유도의 본질이 어떠하다 함을 설명해 둘 필요가 있다고 생각한다.

　최초 사범이 전심 무술을 연구하고 있을 때 공격 방어는 어떠한 경우에든지 일관한 원리가 있음을 자각하였다. 즉 사람을 던질 때, 떼밀 때, 때릴 때, 빌(절) 때 또는 이들에 대항할 때, 가장 뜻과 같이 그 목적을 수행하고자 할 때 신심의 힘을 가장 유효하게 사용할 수 있는 원리를 그 경우에 응용하여 행동하는 것밖에 도리는 없다. 잘 생각해 보면 무술은 그 원리를 공격 방어에 응용한 것이지만, 이 원리는 무술 이외의 어떠한 일에든지 응용할 수 있다. 예컨대 인간의 신체를 건강하게 하는 데 응용할 때는 그것이 체육이다. 또는 지덕(智德)을 기름에 응용하면 지덕의 수양법이 된다. 혹은 그것을 의식주, 사교, 집무, 경영 등 인간사회의 제반사에 응용하면 그것이 사회생활의 방법이 된다.

근래 사람들이 생활개선을 운운하나 그와 같은 것도 이 부류에 속한다고 볼 수 있다. 그러므로 유도는 무슨 일에든지 응용할 수 있는 보편적 도 또는 토대 원리라는 의미인데, 그 도 혹은 원리가 응용되는 사물의 종류에 의하여 무술 혹은 체육도 성립하며 지덕의 수양과 합리적 생활법이 성립하는 것이다. 유도의 수행은 이같이 광범한 범위에 이를 것이나 그러나 각자의 생각하는 정도에 따라 그 범위를 무술에 그침도 좋고, 지덕의 수양, 사회생활의 방법 등 각자 좋아하는 데 따라 연구 연습하는 것도 좋다. 그러나 먼저 유도라는 보편적 도를 체득하여 인생 제반사에 응용할 수 있을 만큼의 이해를 얻은 연후에 자기가 전공하려는 방면에 특히 노력할 것을 원칙으로 할 것이다.

이와 같은 의미에서 무술은 무술적 견지, 체육은 체육적 견지에서 독립하여 연구함도 좋을 것이다. 실제에서도 무술과 체육을 결합하여 연습하는 것이 유도의 원리에 적응한다고 생각하는 바이다.

이경석, 「유도의 근황 그 유래와 본질(3)」, 『동아일보』, 1931년 5월 14일.

무술을 다만 무술로써의 연습 방법을 취할 때는 왕왕 위생 등을 등한히 하기 쉽고, 자체 발달의 근본 원칙의 고려에 결하는 일이 적지 않으므로 도리어 무술의 대성을 방해하는 일이 생기게 된다. 또 체력에서도 다만 체육적 방면만으로 연습할 때는 무술을 겸한 지경과 같은 취미가 없고, 따라서 실익을 얻음이 적음으로 계속적으로 행하기 어려울 것이다.

이러한 관계상 근년에 강도관에서는 소위 정력 선용, 국민체육이라는 흥미와 실익이 동반한 국민체육을 고안하여 세상에 발표하였다.

이것이 곧 일본 각 학교에서 체조로 시행될 듯하다. 이미 문부성 당국의 찬성을 얻어 문부성이 연구 중이라고 한다. 강도관은 유도의 근본 원리의 연구를 힘쓰는 동시에 무술과 체육적 방면뿐 아니라 제반사에 그것의 응용을 시험하고 있다는 것을 필자가 다년간 강도관 수행 중에 발견하였다. 필자 역시 이와 같은 정신으로써 미력이나마 조선 내의 유도를 선전할까 한다.

유도가 일본 안에서는 어떻게 보급되어있다는 것은 사람들이 잘 아는 바이지만 그 실황을 숫자로써 표시하면 다음과 같다. (중략)

또 해외 유도 보급은 2, 30년 이래의 일인 바 미국에서부터 말하자면 서쪽으로는 시애틀, 샌프란시스코, 로스엔젤레스 등에서, 동쪽으로는 뉴욕, 그중 시카고에서는 상당히 수행자가 많다고 한다. 뉴욕의 군대에서는 1차대전 때부터 유도를 가르치고 있다고 하는데, 그 지도자는 일찍이 동경 강도관에서 유도를 수행한 스코틀랜드인 아란·스미드 씨이며, 미국 정부에서는 그를 사관으로 임용하였다 한다. 뉴욕 기타에도 다수의 도장이었으나 그중에도 전구 (田口) 6단이 지도하고 있는 도장은 아이싱 씨를 중심으로 하여 맹렬한 연습을 하고 있다 한다. 그리고 시카고에 상도(桑島)씨가 경영하고 있는 도장은 날로 융성하여 간다고 한다.

이경석, 「유도의 근황 그 유래와 본질(4)」, 『동아일보』, 1931년 5월 15일.

유럽 여러 나라에서도 성행하나 그중에 영, 독, 이와 루마니아 및 헝가리 등 더하다고 한다. 이태리에는 20년 전에 일본에서 수행한 오렛치 씨가 지도역에 있어 그 제자가 7천 인이나 된다고 하며, 현재 로마에 전이태리유술연맹 본부까지 있는데 대단히 성행되는 모양이라 한다. 루마니아에서는 전 섭정관을 총재로 하고 경무총감이 회장, 일본 공사가 명예 회장이라 하며, 그 지도는 석흑(石黑) 6단인데 재작년에 그 정부의 훈장까지 받았다.

독일도 매우 성행하는데 그중 베를린에만 있는 유술 클럽이 10여 곳이며, 그 수행자가 1만 수천 여라 한다. 그 밖에도 쾰른, 프랑크푸르트, 안, 마인, 뮌헨, 드레스덴, 라이프치히 등이 가장 성행하는 지역들이라 한다. 수년 전에 프랑크푸르트에 영국 런던에서 한 단체가 유도 원정 간 일이 있었는데, 그 결과 프랑크푸르트가 패하였다. 그러나 승패는 염두에 두지 않고, 머지 않아 독일이 영국으로 원정을 행할 결심이라고 들린다. 1차대전에 큰 원한을 품은 독일 민족은 군기(軍器) 이용의 전쟁에서 방향을 전환하지 못하게 되어 이로부터 국민의 사기를 높이고 보건을 뜻 두어 다른 무엇으로든지 지지 않으려는 중에 더욱 현저한 것이 과학과 체육의 방면이라 한다.

런던에는 옥스퍼드, 캠브리지 양 대학은 물론, 기타 학교와 경찰 방면에서도 상당히 많이 수행한다고 한다. 유럽의 정황은 상술한 바와 같거니와 이집트에서는 작년부터 대단한 열심으로 유도를 선전하고 있는 중이라 한다.

인도에서도 타고르 옹이 동경을 찾아갔을 때 강도관장 가납(嘉納) 씨에게 교원 추천의 의뢰를 하여 고원(高垣) 씨를 파견하여 인도의 많은 청년 남녀에게 가르치고 있다 한다.

필자가 강도관에서 수행 중에 인도인 데스판데 군과 교분이 두터웠는데 그는 인도에 유도를 널리 퍼트리기 위하여 파견된 사람이다.

오늘 조선 안에 있는 유도가 제씨도 위에 서술한 주위에 처하여 내외에 대하여 중대한 책임이 있다는 것을 물론 깨달을 줄 아나, 금후 많은 노력과 연구기관을 설치하고 광범한 범위로 연구를 하여 유위한 청년을 많이 양성하여, 우리 사회에 지도의 대임을 성취하기를 바라며 아울러 일반 사회 유지들의 이에 대한 다대한 원조와 협력이 있기를 바란다.

끝으로 졸필을 마침에 그동안 많은 노력을 아끼지 않고 지도에 분투하시는 무도관과 강무관 및 두 사범 강낙원, 한진희 양 선배께 감사를 드린다. (끝)

1931년 5월 1일 씀

조선체육연구회 주사 김보영, 「덴마크 체조 시조 북 씨를 맞으며(상)」, 『동아일보』, 1931년 9월 4일.

유럽의 북쪽에 위치한 덴마크는 영토로든지 인구로든지 퍽이나 작은 나라입니다. 더욱 여러 열강의 사이에 개재하고 국력조차 피폐하여 그 존재조차 인정하기 어렵던 작은 나라로서 오늘에 와서는 일약, 세계의 이목을 끄는 신흥국가가 되었습니다. 덴마크의 부력(富力)은 1인당 3천 수백 원, 체력으로는 평균 사망 연령이 54세입니다. 이같이 덴마크의 부와 국민의 체력이 강대해진 데는 결코 우연이 아니고, 인과의 법칙으로 이와 같이 되었습니다. 그러면 그 원인은? 다시 말할 것도 없이 체육계에 세계적 위인 닐스북[52] 선생의 위대한 공적에 있다고 단안을 내릴 수 있습니다.

북 선생은 우국지사입니다. 당시 황폐해 가는 모국을 위하여 침불 안식하고 식불감미로 지냈습니다. 타오르는 애국심에서 분연히 일어나 우선 청년에게 열렬한 모국애와 덴마크 혼을 배양시킬 뜻으로 그 나라의 오레로프라는 곳에 국민고등학교를 세우고 체조를 중심으로 많은 영재를 교육하였습니다.

그리하여 매년 나오는 졸업생은 각각 향리에 돌아가 클럽을 조직하고 단체적 훈련과 사회적 봉사에 헌신적 노력을 다하였습니다. 그러는 동안에 보일보씩 애국심이 결정(結晶)되고 체력이 증진되고 체격이 개선되었습니다. 과거 25년간 노력의 결과 덴마크 국민의 평균 수명이 5년 연장되었다고 합니다. 지금은 덴마크 전국의 학교 체육의 기본 교재가 되어있으며 사회 각 단체, 은행, 회사, 공장에서 실행 연마하고 있습니다.

뿐만 아니라 세계 각국에서 이 국민고등학교에 국비로 파견하여 열심 체득하며 연구하고 있습니다. 즉 세계를 풍미하는 기본체조가 되어있습니다. 그러면 덴마크 체조란 어떠한 것인가. 다음의 몇 가지를 참고로 들어 소개하려 합니다.

자세는 인격을 표현한다.

---

52) 닐스북(Niels Bukh).

이것은 북 선생의 유일한 표어입니다. 선생은 전국 농촌의 청년 남녀의 체격 개선, 체력 증진을 목표로 하고 선생 자신이 덴마크 기본체조를 안출한 것입니다. 물론 우리 인간 생활에 의한 신체 및 신경적 결함을 개선 보충하고 국민 일반의 실력 함양과 애국혼 양성에 주력한 것도 사실입니다. 이제 덴마크 체조의 특장(特長)을 열거하면 다음과 같습니다.

1. 종합 민첩 : 생활에 불가결할 근육과 신경과의 조화를 도모하는 종합운동을 심신의 통일 민첩, 운율에 대한 개념, 동작의 우미(優美), 자유 등을 체득함
2. 가동성 증가 : 신체 각부를 능동케 하여 지금까지 부자유하던 신체의 각부 관절의 가동범위가 확대되고, 따라서 신체가 자유롭고 동작이 민첩하여 작업능률이 증대함
3. 자세 교정 : 체내 장기의 각 기능을 완전히 동작하게 하여 잘못되는 자세를 교정하고 각 장기의 위치를 바르게 유지함
4. 기구 불요(不要) : 기구의 설비가 없이 실내외에서 행할 수 있으며 이상적 기구로서는 2인 1조가 되어 상호의 근육을 이용하여 반항 운동을 행함
5. 율동적이고 또 동작하는 데 거북하지 않은 것
6. 협조성을 기르고 단시간에 다량의 운동을 행함
7. 자발적으로 행하게 되고 언제든지 신 재료를 가할 수 있음
8. 피로 회복 : 업무, 과공(課工)에 피곤한 신체가 이 종류의 신축 운동에 의하여 속히 회복되어 기청(氣淸) 심쾌(心快)함 (후략)

조선체육연구회 주사 김보영, 「덴마크 체조 시조 북 씨를 맞으며(하)」, 『동아일보』, 1931년 9월 5일.

이 체조에 대한 실제의 방법 및 설명은 후일의 기회로 미루고 이번은 우선 개념만 말하여 드립니다.

이 체조가 체질이라든지 습성이라든지 우리와 다른 북유럽 덴마크에서 발달된 것이므로 과연 우리에게 적합한 것이냐? 하는 문제는 충분히 연구할 여지가 있다고 생각합니다. 다만 이 덴마크 체조는 재래의 독일식, 스웨덴식에 비하여 진보된 점이 많고 상기한 바와 같은 특징이 있는 것도 사실입니다. 또 농업국으로 유명한 덴마크에서 발달된 것이므로 현재 8할 이상을 점한 우리 농업국에도 다소 적의성을 띠고 있지 않을까 하는 점이외다.

우리 회원 중에는 직접 강습회에 출석하여 체득한 분도 많으려니와 앞으로 회원 일동이 전력을 다하여 연구하려 합니다. 이번 닐스북 체조연구회와 문부성 및 전일본체조연맹의 초빙으로 북 선생 일행 26명이 8월 6일 덴마크를 출발하여 오는 4일 경성에 도착하게 되었습니

다. 이 기회에 경성에서도 닐스북체조 경성연구회를 조직하고 조선교육회 외 7개 단체의 후원으로 오는 5일 오후 1시부터 경성 운동장에서 체조대회를 개최하기로 되었습니다. 이 대회는 북 선생 일행의 실연이 있고 다음에 선생의 강연이 있게 되었습니다. 일반에게 보급시키기 위하여 무료 공개하기로 되었습니다.

일부 소수에 국한되고 기록 본위와 승패주의 하에서 선수양성의 폐를 말하고 있는 현재 우리 체육계에 사회적 보급될 만한 민중적 체조가 없음을 누구나 통탄하는 바입니다. 차제에 체육계의 세계적 위인 북 선생의 조선 방문은 천재일우의 좋은 기회라고 아니 할 수 없습니다. 우리는 이 기회를 잃지 말고 선생을 환영하는 뜻으로나 우리의 체육을 진흥시키려는 의미에서 경성의 남녀노소만이라도 총동원하여 관람하시기를 절실히 바라는 바입니다. (끝)

이여성, 「민중 보건 운동의 실제적 방략 토구」, 『조선일보』, 1932년 1월 1일.

조선에 민중적 보건 운동이 제창된 지는 오래나 1932년은 바로 그것이 실시될 기운을 가지고 온 줄 압니다. 이 1932년을 맞이함에 이르러 신년의 체육 지도자는 물론 이에 대한 구체적 방략을 가지고 있으리라 믿는 바이지만, 이왕 나에게까지도 물어 주시니 다음과 같이 몇 가지로 우견(愚見)을 말씀드리겠습니다.

조선의 민중적 보건 운동은

1. 민중이 할 수도 있고 개인으로 할 수도 있는 운동
2. 방법이 용이하여 단시일 내로 보편화할 수 있는 운동
3. 취미와 실익이 겸비하여 오래 계속할 수 있는 운동
4. 성별 연령을 불문하고 어떤 사람이든지 할 수 있는 운동
5. 그 운동은 외국 것을 직역한 것이 아니요, 조선 것으로 소화된 것일 것

대개 이 같은 대전제 하에서 고안된 운동 방법(체조 부문에 속하는 운동)이라야 적당할 것 같으며 다음으로 일보 나아가 보건 및 체력 증진을 꾀하기 위하여는 현재 중앙체육연구소에서 실행하고 있는 '현대 체력 증진법'을 민중적으로 보편화시키는 것이 가장 이상적이 아닐까 합니다. 이것을 신년으로부터 참으로 민중화시키려면

1. 조선 체육 권위자 회합에서는 잠정적 운동 방법을 결정 발표할 것(확정적 방법은 다년 연구와 경험을 쌓지 않으면 얻기 어려운 것이니까)
2. 이상의 방법을 실연하는 체육 단체를 즉각 발기 조직하여 동 방법 운동의 실질상 모범 단체화 시킨 뒤 지방인이 견학할 기회를 주고 또 지방으로 순회 선전하게 할 것
3. 만일 동상 체육 단체가 주로 보건 체조를 실연하는 단체라면 적극적 체력 증진법을 실

행하는 중앙체육연구소와는 자매 관계를 맺게 하여 소기한 목적을 완전히 도달되도록 할 것

4. 중앙에서 이 같은 민중 보건 체육 단체를 감독하는 체육 권위자 회합은(혹은 기관은) 전 조선적으로 이같은 체육 단체의 발기 조직을 환기하고 이 운동을 조직적으로 보편화시킬 것

5. 이 운동 방법의 대규모적 선전과 운동 단체의 대규모적 환기를 꾀하기 위하여 각 언론 기관의 최대한도의 후원을 요청할 것

6. 이 운동의 선전을 한층 힘있게 하기 위하여 연 1회의 체육 '데이'를 정하고 그날에는 전 조선적으로 동 방법 실행 체육 단체가 총동원되어 체육 행렬, 연합 체조, 현대 체력 증진법 실연, 체육 강연 등등을 민중의 눈앞에 공개하게 할 것

7. 작년 12월에 발기, 조직된 보건운동사의 기관지 『민중보건』지를 이 운동 선전과 이 운동 단체 간의 연락 통신 기관지로 할 것

이상은 모두 나의 우직한 의견이다. 중앙체육연구소의 운동 방법인 '현대 체력 증진법'을 조선 민중 보건 운동에 그 적극적 보건 운동 과목으로 집어넣자는 것과 단체를 체조 단체와 자매 관계를 맺게 하자는 것과 『민중보건』지를 그대로 이 사업에 기관지로 쓰자는 것이 모두 당돌한 말이다. 그러나 이 운동 실행 방법으로 보나 실행 편의로 보아 나는 어디 걸리고 안 걸리는 것을 제쳐놓고 그런 제의를 하고 싶습니다. 참 1932년은 민중이 건강과 강력의 새 선물을 가져야 될 것이외다.

조선체육연구회 주사 김보영, 「사회체육의 신기원 덴마크 체조법 연구(1) 과학에 의한 불로장생술 대표적인 민중보건체조」, 『동아일보』, 1932년 1월 9일.

1. 머리말

1931년 9월 5일! 이날은 세계의 체조왕 북유럽 덴마크 닐스북 선생과 그의 일행이 우리 조선의 중앙지 경성운동장에서 덴마크 체조 실연을 행한 날임을 잘 기억하고 있습니다. 우리 민중은 그들의 실연을 보고 새로운 생명의 길을 찾게 되었습니다. 문약하고 침체하고 위축되어가는 우리에게 새로운 의기와 희망을 주었습니다. 우리의 체육사상에 큰 기억을 남겨주었으며, 민중문화 보급에 일대 경종이 되었습니다.

그리하여 각계의 인사로부터 이 체육 운동이 하루바삐 우리에게 실행되게 하여달라는 열망의 의탁을 직접 간접으로 받고 있습니다. 이 운동에 관한 개념은 지난 9월 4, 5 양일간 본지를 통하여 간단히 소개하였거니와, 필자 자신이 이 체육 운동에 많은 취미를 가지고 있

는 동시에 힘있고 성의 있는 데까지는 실습도 하고 연구도 하고 있습니다. 아직은 연구한 시일이 짧아서 구체적 안을 발표하기는 어려우나 이 체육 운동이 우리 민중에게 적합성이 풍부한 것만은 절실히 느꼈습니다. 이번 동아일보사 주최의 사원 덴마크 체조 강습회를 기하여 우선 지상으로소개의 임에 당하나이다.

2. 민중 보건 체육 보편화의 급무

현재 우리 조선에 각종 운동경기가 장족의 세로 진보되어 가는 현상은 우리의 장래를 위하여 경하하는 바입니다. 그러나 이 운동경기를 실행하려면 시간도 상당히 소비되고 금전도 적잖이 소용되므로 결국은 극소수의 운동이 되고 마는 형■■니다. 또는 전 조선의 각 학교에서 체육을 많이 지도 장려하는 바이나, 제1로 학교에 통학하는 수가 전 인구에 비하여 극소수인 동시에, 제2로는 학교 체육도 역시 보편화되지 못하고 일부의 선수양성에 불과한 현상인 것이 사실입니다. 이러한 현실을 민중 본위의 체육 장려의 의미로 볼 때는 누구나 한심통탄치 않을 수 없는 일입니다. 현재 우리의 급무로는 소수의 세계적 선수를 내는 것보다도 전 민중에게 체육을 보편화시키는 데 있는 것을 잘 알아야 합니다. 주일 덴마크 공사 미라 씨는 "올림픽 경기대회에 다액의 금전을 소비하면서 선수를 보내는 것도 의미 있는 일이지만, 국민 일반의 체육으로 볼 때는 그다지 중요한 일이 아니다. 차라리 국민의 일상생활에 필요한 체육을 보급 체득하게 함에 큰 의의가 있다."고 말하였습니다. 세계적으로 유명한 신흥 체코의 쏘콜단은 "소수의 우수한 정예보다도 전국민적 일치의 단련에 있다. 만민이 다 같이 알지 못하면 안다고 하지 못하며, 만민이 다 같이 하지 못하면 했다고 하지 못하며, 만민이 함께 협력하여야만 참다운 사업이 성공된다."는 것을 유일의 신념으로 그들은 믿고 있습니다. 더욱이 현실의 조선에서

(1) 청년의 사기를 진작시키고
(2) 민중에게 용장, 강의의 기풍을 기르고
(3) 협동 단결의 훈련

을 지키려면 무엇보다도 민중 체육 보편화의 봉화를 들지 않을 수 없습니다. 또한 매년 통계에 나타나는 사망률을 보면 우리의 보건 문제가 중대시되는바, 이것이 역시 민중 보건 체육 보편화를 요하는 큰 문제의 하나입니다.

◇조선인의 사망률(인구 1000명에 대하여)

조선인 24.11인

일본인 17.03인(1929년도)

3. 덴마크 체조와 신흥 덴마크

덴마크 체조에는 학교 체조와 사회체조와의 분계가 확립되어 있습니다. 학교 체조에는 구누드센 씨가 대표자이며, 사회체조에는 닐스북 씨가 대표자입니다. 여기에 덴마크 체조란 말은 사회체조 즉 닐스북 씨 기본 체조를 말함이외다.

이 체조는 북 선생이 1909년에 코펜하겐 국립체조연구소를 졸업하고 사범학교에 봉직 근무하면서 과거 체조의 결점을 발견하는 동시에 새로이 연구에 착수하였습니다. 때마침 북유럽 열강 제국 간에 개재한 덴마크는 날로 황폐하여 그 존재까지 인정하기 어렵게 되었습니다.

조선체육연구회 주사 김보영, 「사회체육의 신기원 덴마크 체조법 연구(2) 과학에 의한 불로장생술 대표적인 민중보건체조」, 『동아일보』, 1932년 1월 10일.

3. 덴마크 체조와 신흥 덴마크(속)

우국지사인 북 선생은 불같이 타오르는 애국심에 분연히 일어나 우선 청년에게 열렬한 모국애와 덴마크 혼을 배양시키는 동시에 국민의 체격 개선과 단체적 훈련을 시킬 목적으로 관직을 사직하고 1914년에 그 나라의 핀 섬 오레로프라는 마을에 국민고등학교를 창설하였습니다.

물론 체조를 중심 교재로 하고 지리, 역사, 수학, 어학, 종교, 음악 등 과정으로 많은 영재를 교육하였습니다. 창립 당시에는 지망자가 12명에 불과하더니 지금은 매년 남녀 졸업생이 200여 명씩 나오게 되어 금년까지 졸업생 총수가 2천 명 이상에 달합니다. 매년 나오는 졸업생은 각각 향리에 돌아가서 클럽을 조직하고 자신이 지도자가 되어 체조 중심으로 단체적 훈련과 사회적 봉사에 헌신적 노력을 하고 있습니다. 그리하여 지금에는 덴마크 전국의 각 사회단체, 은행, 회사, 공장에서 이 체조를 실행 연마함은 물론이려니와 20호 이상 되는 동리면 반드시 체조장이 설치되어 있습니다. 가장 놀랄만한 것은 동리마다 설치하여 있는 체조장에는 60세조, 50세조라는 노인단이 20세 전후의 청년의 지도 밑에서 전신에 땀을 흘려가면서 단련하는 광경입니다.

이리하는 동안에 보일보로 애국심이 결정(結晶)되고 체격이 개선되어 과거 20년간에 덴마크 국민의 평균 수명이 5년이나 연장되었습니다. 현재 덴마크 국민의 평균 수명이 54세로서 세계의 수위를 점하고 있으며 이것을 일본의 평균 수명 42세에 비하면 12세라는 놀랄만한 큰 차이가 나옵니다. 이제 세계 주요 각국의 평균 수명의 통계를 들면 다음과 같습니다.

(중략)

이같이 발달됨에 따라서 이 체조를 덴마크 전국 각 학교에서까지 채용하게 된 동시에 전 세계적 체조가 되었습니다. 따라서 국민의 작■ 능률이 향상되어 개인의 생활이 안정되고 국가의 산업이 파죽의 세로 발달되었습니다.

그리하여 부력(富力)으로도 1인당 3천 원에 달하게 되었으며 이것을 일본의 부력 1인당 1900원에 비하면 1100원이라는 큰 차이가 생깁니다. 국민의 생활 안정에 수반하여 국내에 도난 사건이 매년 감소되며 범죄행위가 격감되어 지금엔 형무소가 빈집으로 남아 이를 사회 사업기관에 충용하는 형편입니다. 이리하여 약 20년 전에 존재까지 인정하기 어렵던 덴마크 는 체육으로 세계적이요, 산업으로 세계적이 되어 일약 세계적 이목을 끄는 신흥국가가 되었습니다.

4. 덴마크 체조와 세계의 동요

덴마크 체조가 국내에서 전국적으로 크게 발달됨에 따라서 세계의 이목을 끌게 되었습니다. 그리하여 세계 각국에서는 앞을 다투어 국비로 혹은 교비 및 사비로 오레로프국민고등학교에 파견하여 전심 연구하게 하였습니다. 벌써 영국, 아일랜드, 독일, 네덜란드, 핀란드, 벨기에, 터키, 오스트리아, 헝가리, 체코슬로바키아, 미국 및 일본에서는 파견되었던 그들의 힘으로 열렬히 자국 내에 선전하고 있습니다. 또한 독일에서는 매년 겨울과 여름에 70명 이상의 교원을 오레로프국민고등학교에 파견하여 특별강습을 받게 하며, 영국에서도 매년 4월 중 2주간 전국 교원단 중에서 70명의 남녀 교원을 보내어 닐스북 선생의 직접 지도를 받게 합니다. 가까운 일본에서도 작년 9월에 닐스북 일행을 초빙하여 먼저 동경에서 데몬스트레이션을 행하고 전국 16개소에 강습회를 개최하여 순회 지도하게 하였습니다. 더욱이 닐스북 기본 체조법은 벌써 11개 국어로 번역되었으며 그중 놀랄만한 것은 독일어 번역 책은 일시에 7만 부가 매진되었다고 합니다. 뿐만 아니라 북 선생은 각국의 초청을 받아 세계적으로 선전의 임에 당하고 있습니다. 최근까지 순회한 곳은 다음과 같습니다.

◎1923년에 미국의 초빙을 받아 데몬스트레이션을 행하여 상찬을 얻고

◎1924년에 파리에서 개최된 세계 올림픽 대회에 출장하여 우등상을 받고

◎1925년에 독일, 체코슬로바키아의 초청을 받아 각지에 순회 지도를 행하고

◎1926년에 미국 유학생 하기 강습회를 개최하여 미국으로부터 다수의 유학생이 파견 수강하게 하고

◎1931년에 러시아, 일본, 캐나다의 초청으로 각지를 순회 지도하였습니다.

이리하여 이 닐스북 기본체조는 세계적 체조가 되었습니다.

「부인평론-운동과 조선부인」, 『조선일보』, 1932년 12월 3일.

　　예로부터 '만위 근본 건강(萬爲根本健康)'이라는 말이 있습니다. 그리고 같은 뜻으로 최근에는 '위선 건강'이라는 말이 있습니다. 이 귀에 젖고 입에 발린 말은 우리는 이미 말할 필요가 없으며 또 들을 필요도 없을 것이 아니오니까? 그럼에도 불구하고 필자가 다시 말씀드려야 되겠다고 생각됨은 어떤 이유겠습니까? 오직 필자가 할 말이 없어서 이따위 제목을 들고 나선 것이겠습니까? 또는 필자의 어리석은 생각으로서 이겠습니까? 기실에는 이것이 전연 필자의 어리석고 변변치 못한 소치이기를 필자는 바라는 바입니다. 그러나 현하 일반 가정부인에게 대하여 이러한 제목하에 하루의 평론 거리가 될 만한 여지가 너무도 많은 현하의 형편을 어떻다 생각하십니까?

　　필자는 결코 연로하시고 운동에 대한 이해가 전혀 없는 부인에게 호소하는 것도 아니요, 또 지금 학교에 재학 중인 젊은 여성에게 권고함도 아닙니다. 필자가 오늘 말씀드리려는 대상은 교육을 받으신 후 살림에 들어가 있는 청년 내지 중년 부인들입니다. 이러한 부인들은 신체 건강술에 대하여 누구보다도 가장 많은 이해를 갖고 있으며, 특히 운동이 신체 건강술에 가장 중요한 것인 것도 잘 알고 있을 것임으로서 입니다. 여러분은 건강을 위하여 위생에 주의하며 효험있다는 보건약 등에 대하여 많은 관심을 가지고 또는 경제적 여유가 있는 분은 이에 열중까지 하는 분도 많은 것을 잘 알고 있을 것이외다. 이와 동시에 가장 중요한 운동에 대하여 너무나 등한한 것도 스스로 깨닫고 있을 것이외다. 이같이 필요한 것을 알면서까지 그리고 할 수 있음에 불구하고 아니라는 이유는 어딨습니까?

　　이에 대하여 부인들은 이구동성으로 그 이유에 대하여 이렇게 변명하는 수가 많음을 봅니다. "이제 또 무슨 운동이에요", "그렇지만 흉해서" 등등이외다. 이것이 이유가 될만한 이유일 것입니까? 반박할 만한 여지가 있는 이유 변명입니까? 이것은 회피도 아니며 자중도 아니외다. 이것은 오로지 자기(自棄)이며 타락을 자백하는 이외의 아무것도 아니외다. 운동은 누구를 위한 운동입니까? 그리고 운동이 천한 것입니까? 어린이의 유희입니까? 운동은 육체를 가지고 있는 사람에게는 누구를 물론하고 절대로 필요한 것이외다. 운동 자체는 결코 계급성을 가지지 않습니다.

　　외국 여자들의 운동 상태가 어떠하다는 것은 이에 설명할 여지가 없지 않습니까? 아메리카 여성을 그림으로라도 보았고, 소비에트 여성을 이야기로라도 들었을 것인 이상 항차 덴마크 여성에 대해서 이랴가 아닙니까?

　　온 세계가 다 마찬가지임에 불구하고 오로지 우리 조선 부인에게서만 그렇지 아니한 것은 이것은 실로 민족적으로 적지 아니한 수치일뿐더러 민족의 장래로 보아 한심한 현상이라고 아니 할 수 없습니다. 그리고 자신의 불행은 말할 필요도 없는 일입니다. 이 문제는 일개인의 문제가 아니라 일 가정 전반, 사회 전반, 민족 전반에 다대한 영향을 미치는 문제인즉 운동이 어떠한 것임을 아는 부인은 깊이 반성한 후 모름지기 스스로 실행하는 동시에 운동에 이해가 없는 여러분에게까지 이것이 미치도록 할 의무를 가졌다는 것을 이 기회에 다시 한번 필자는 단언하는 동시에, 아울러 필자가 말하는 운동은 결코 테니스나 바스켓볼 등등만의 협의(狹義)의 운동이 아닌 것을 부인하여 두는 바입니다.

「사설-운동경기의 공죄」, 『동아일보』, 1933년 1월 23일.

1

눈과 얼음의 행락은 청년의 겨울의 특권이다. 스키와 스케이트는 생각만 해도 상쾌함을 느낀다. 어린아이들도 눈싸움, 눈사람, 썰매 타기, 얼음지치기로 겨울의 무서운 추위를 정복하지 않는가. 밖으로 나오라, 눈과 얼음으로 나오라, 하는 것이 선진 민족의 청년 간의 부르짖음이다. 스키와 스케이트, 아이들의 썰매와 눈 장난, 이것은 다만 삼동의 행락이 될 뿐이 아니라, 신체의 건강과 단련에 큰 효력이 있을 뿐 아니라 정신적으로도 용장, 쾌활한 기상을 기르고, 아울러 단체적, 규칙적인 경기에서는 질서, 합심, 헌신, 정복욕, 의지력 등 강자의 일생에 필요한 여러 가지 덕을 체득하게 되는 썩 좋은 기회가 된다. 여름의 수영과 등산, 겨울의 스키와 스케이트, 이것은 모든 청년이, 남녀를 물론하고, 사정만 허락하면 하도록 장려할 것이다. 체육이, 오직 체육만이 민족의 체질을 개조하는 것이다.

2

그러나 모든 운동경기에는 다 거기 따라오는 폐해가 없지 않다. 첫째는 운동경기의 본정신을 잊고 학업과 직업을 방해하면서까지 이에 빠지는 것이니, 이것은 본업에 불충한 도덕적 죄가 될뿐더러 또한 무절제라는 중대한 악습관이 되는 것이다. 그러므로 운동경기에는 학교 당국이나 부형이나, 또는 당자 자신이 일정한 시간과 규율을 정할 필요가 있다.

둘째로 폐해가 되는 것은 경비를 많이 들이는 것이니 고가의 기구와 복장을 장만하여 혹은 여행비를 들이는 일이다. 조선인은 마땅히 그 경제 상태가 어떠한 것을, 어떻게 곤궁한 처지에 있는 것을 염두에 두어서 될 수 있는 대로 안 쓰는 정신, 절약하는 정신을 자녀에게 철저하게 하여 그것으로 한 습관을 이루게 할 필요가 있다. 낭비는 죄악이다. 운동경기는 청년 학생의 최대 관심사이며, 여기서 낭비의 죄악을 깊이 깨닫고 검약의 정신을 고취하고 체험시킴이 필요할 것이니 이것은 학교 당국, 학부형과 체육 지도자의 주의할 데라고 믿는다.

3

셋째로 운동경기에 따르는 폐해로 뽑을 것은 무법이다. 운동경기란 쾌활, 용장의 정신을 숭상하기 때문에 잠깐 절제와 반성의 고삐를 늦추면 무법에 흐르기 쉬운 것이니, 혈기의 용, 방탕, 난잡, 난폭 이러한 말로 형용되는 모든 행동이 안 나오도록 조심할 것이다. 바른대로 말하면 스포츠맨일수록 질서를 지키고, 예절답고, 겸손하고, 친절하지 않으면 안 될 것이니 대개 참된 용사란 결코 무법하지 않은 것이다. 우리는 운동경기의 선수들이 질서, 예절, 겸손, 절제, 친절 등의 덕에 부족함이 있다는 평을 때로 들을 때에는 심히 유감되게 생각하는 바다.

원컨대 춘, 하, 추, 동을 가릴 것 없이 남, 여, 노, 소, 경, 향을 가릴 것 없이 운동 경기가 보급이 되고, 아울러 그것에 따르는 도덕적 수양이 보급이 되어 민족 체질과 기질의 적극적 개조가 하루라도 속히 실현되소서 한다.

「사설-운동 도덕을 엄수하자」, 『동아일보』, 1934년 11월 7일.

1

운동은 사람의 영양이다. 사람은 운동을 통하여 신체의 완전한 발육을 기대할 수 있고, 건강의 합리한 증진을 도모할 수 있는 것이다. 그러므로 사람들은 이 운동의 형식, 방법 창안에 허다한 심력을 들여 자연이 허락하는바 최대의 복리를 향수하고자 하는 것이지만, 그 같은 복리를 향수함에는 이 또한 그 사회성을 고려하여 운동 도덕의 수립이 필요하였나니, 이는 사람이 무슨 짓을 하든지 사회적 동물인 한계를 벗어나지 못하는 까닭이다. 따라서 오늘날의 운동경기는 가장 보건적이요, 가장 발육적인 동시에 가장 공정한 방법과 가장 정연한 질서가 요구되었으므로 치열한 경쟁심을 가지면서도 애타적 관념을 가지고, 용감한 자부심을 가지면서도 희생적 정신이 필요하였다.

2

만일 오늘의 운동경기를 다만 근골 강장법으로만 해석한다든지 또는 승부 오락법으로만 인식한다 하면 그 얼마나 엄청난 착각일 것인가.

어느 나라 어느 민족에서든지 운동경기는 그 나라 그 민족의 가장 확고한 사상을 길러주는 것으로서 그 민족사회의 운동경기에 대한 기대는 국민적 체육 향상에 있다는 것보다 차라리 그 정신적 수련에 있다 할 것이니 각국이 다투어 그 국민의 운동경기를 장려하는 까닭도 여기 있다 할 것이다.

3

그러면 우리는 운동경기를 통하여 얼마나 이익을 향수하게 되었는가, 노인의 굽은 체격과 취약한 신체를 보면 요즘 청년들의 좋은 체구는 놀랄 만큼 달라진 것을 알 수 있으며, 또 모든 운동경기의 향상된 성적을 볼지라도 기뻐하지 않을 수 없는 일이나, 그로 말미암아 정신적으로 얼마나 소득이 있었는가를 생각해 본다면 누구나 큰 소득이 있었다는 것을 단언하기는 곤란할 것이다. 정신적으로는 도리어 퇴보되어 가는 것도 우리는 많이 보는 바이니 이는 물론 전체를 가리킨 말은 아니지만, 허다한 기회에서 우리는 소식을 전하기에도 창피할 만한 운동자의 추태와 난행이 꼬리를 물고 일어나는 것을 보아 온 때문이다. 어떤 때에는 선수가 탈락한 한마(悍馬)와 같이 상대방 선수에게 경기 중에서 폭행을 가하며, 어떤 때에는 심판 선언에 반항하여 심판자를 구타하기까지 되는 터이매 여기서 무슨 아름다운 정신적 소득을 말할 수 있을 것인가. 이는 차라리 운동경기에 의한 정신적 파산이라 할 수밖에 없다.

4

갑 학교가 을 학교를 이기고, 을 단체가 갑 단체를 이겼다는 것이 무슨 사회적 영광일 것이냐. 다만 그러한 운동경기를 통하여 청소년의 의기가 배양되는 동시에 인내, 복종, 희생, 용감, 공정, 질박, 정직 등 미덕을 함양할 수 있는 것이 그 최대의 기대이거늘, 이 같은 정신이 빠져 달아난 오늘날 조선의 운동경기는 그리 반가운 것이 아니다. 해마다 기술이 진보된다는 것보다 해마다 아름다운 운동 도덕이 자라나기를 바라지 않을 수 없다. 이에 대하여 각 학교 당국은 너무나 기술 본위로 선수들을 뽑지 말고, 너무나 승부 중심으로 경기를 시키지 말도록 해야 되겠고, 사회 각원도 청소년의 운동경기 보는 것을 도박자의 경마 보는 것처럼 너무 승패에만 침혹되어 때로 부화뇌동적 망동을 연출하지 않도록 좀 더 지각할 필요가 있는 줄 안다. 우리는 구차히 실사 실례를 들지 않겠거니와 가까운 장래에 이 문제에 대한 관계자 전반의 회합이 있기를 바라며, 그 회합으로 인하여서 운동 도덕 수립에 대한 권위 있고 또 열성 있는 노력이 있어지기를 충심으로 바라는 바이다.

「작금의 화제-쏘콜 운동」, 『동아일보』, 1935년 10월 27일.

쏘콜 운동(SoKol Movement)이라는 것은 체코슬로바키아 국민의 애국적 체육 운동이다. 쏘콜이라는 말은 체코어로 매(鷹)라는 뜻인데, 매는 자유와 용기를 상징하는 것이라고 하여 쏘쿨 운동의 단원들은 매의 깃(羽)을 단 흑색 제모를 쓰고 다닌다.

원래 쏘콜 운동은 1862년 3월, 철학박사 미로스라프・타일스 씨(1832-48년)가 진화론을 기초로 하여 적자생존(즉 우승열패)의 원리 하에서 개인과 민족의 활약을 기도하려고 제창한 것인데, 일종의 정신주의적 체조의 보급을 계획한 것이다. 표면은 국민의 체육 향상 운동이나 내면으로는 제15세기 체코인의 애국적, 반교회적 운동가인 얀·후스(Johann Hus, 1369-1415년)의 정신을 몸에 익혀 강력한 국가 의식의 함양, 민족 독립의 열의를 품은 애국 운동이었다. 그러므로 단원은 매년 증가, 현 대통령 마사릭[53] 박사 같은 이도 독립운동의 가장 중요한 분자로 활약하여 세계대전 후 마침내 초지를 관철하였다. 최초에는 이 쏘콜 운동 단체가 개별적으로 각지에 발달하였으나, 뒤에는 육상경기를 장려하는 동시에 전국적으로 체육조합이 조직되고, 노동자 ■■도 확대된 결과, 오늘에는 6세 이상의 남녀가 각각 전국에 산재한 53개의 조합 본부에 소속하게 되었다. 그 나라가 오스트리아의 지배 하에 있을 때는 쏘콜 운동 단체는 정부와 갈등 중이었으나, 1919년 9월 체코슬로바키아가 독립한 이래 정부는 극력으로 이 쏘콜 운동을 장려하여 국민의 체육과 도덕적 훈련에 이용하고 있다. 조합원은 계급, 연령의 구별도 없이 동지로 일을 같이하여 힘과 자유와 친화의 길을 도모하고 있다.

현재 체코에서는 경향을 물론하고 각 계급의 청소년 남녀는 매일 쏘콜 운동장에 모여서 자유 훈련, 기계훈련을 받고, 일요일에는 합동 체조를 한다. 또 매년 1차씩 수도 프라하의 스트라호프 구릉에 전쏘콜제(Pan-Sokol Festival)를 개최하는데 그 장관이야말로 전 국민의 피를 끓게 한다. 그런데 올해(1935년)는 제12회전 쏘콜제였다. 이 전쏘콜제를 위하여 각 단체에서는 매년 6월 초순부터 준비하기 시작하여, 7월 2일부터 6일까지 처음에는 소년 소녀, 다음에는 청년 남녀의 단체 운동을 행한다. 이 기간 중에 전 시가는 아주 감격 흥분된 상태로 지낸다.

이 쏘콜 운동은 맹목적 애국 운동이 아닌 점에서, 단순한 체육 만능주의가 아닌 점에서, 또 그 체육이 신시대의 기초로 될 만한 실질을 구비한 점에서 국제적으로 이상히 주목되고 있다.

---

53) 체코슬로바키아 초대 대통령 토마슈 마사릭(Masaryk, 1850~1937년)

3. 잡지

조선체육연구회주사 김보영, 「민족보건문제, 민중보건과 체육보편화의 급무」, 『삼천리』 제4권 제3호, 1932년 3월.

　옛날 사람은 불로불사약을 산중에서 구하였고 현대 사람은 불로장생 건강술을 과학에서 탐구하고 있다. 이것을 보아 생을 좋아하고 죽음을 미워함은 고금이 일반이며, 인생의 본능적 욕망임을 알 수 있다. 그러나 우리는 장생을 욕구하는 동시에 건강증진을 바라지 않을 수 없다. "신체 건강은 만사의 근본"이라는 고인의 철언(哲言)이 있다. 참으로 그러하다. 사람으로서 건강을 잃은 생존은 그 활동욕을 구현치 못하는 동시에 생존의 의의를 결하는 가련한 존재이다. 사람은 심신의 건강을 지키고 자기의 전적 활력을 완전히 발휘함으로써 인생의 의의를 가지는 것이다. 그러므로 건강을 떠나서는 행복도, 금전도, 영예도, 사업도 없는 것이다. 뿐만 아니라 건강은 단지 개인의 운명을 지배하고 행, 불행을 결정하는 데 그치지 않고 일가 일족의 성쇠를 지배하며 나아가서는 사회, 민족의 흥망 소장을 지배하는 원동력을 가지고 있는 것이다. 그러면 이 건강이란 여하한 방법으로 유지하며 또는 증진할 수 있는 것인가? 무엇보다도 현대과학에 의하여 창안된 보건체육 운동법이 가장 적절하다. 그러나 현재 우리 조선의 체육계의 현상은 어떠한가? 현재 우리 반도에 각종 운동경기라 장족의 세로 진보되어 가는 현상은 우리의 장래를 위하여 경하할 바이다. 그러나 이 운동경기를 실행하려면 시간도 상당히 소비되고 금전도 적잖이 소용되는 동시에 상당한 설비를 요하므로 결국은 극소수의 운동이 되고 마는 형편이다. 또는 전 조선의 각 학교에서 체육운동을 많이 지도 장려하는 바이나 제1로 학교에 통학하는 수가 전 인구에 비하여 극소수인 동시에, 제2로는 학교체육도 역시 보편화가 되지 못하고 일부의 선수 양성에 불과하는 현상인 것이 사실이다. 이러한 현실을 ■■본위로 체육 장려하는 의미로 볼 때는 누구나 한심 통탄치 않을 수 없는 일이다. 현재 우리의 급무로는 소수의 세계적 선수를 내는 것도 좋으나, 그보다도 전 민중에게 체육을 보편화시키는 데 있는 것을 잘 알아야 한다. 주일 덴마크 공사 미라 씨는 "올림픽 경기대회에 다액의 금전을 소비하면서 선수를 보내는 것도 의미있는 일이지마는, 국민 일반의 체육으로 볼 때에는 그다지 중요한 일이 아니다. 차라리 국민의 일상생활에 필요한 체육을 보급 체득케 함에 큰 의의가 있다."고 말하였다. 세계적으로 유명한 신흥 체코의 소콜단은 "소수의 우수한 정예보다도 전 국민적 일치의 단련에 있다. 만민이 다 같이 알지 못하면 안다고 하지 못하며, 만민이 함께 협력하여야만 참다운 사업이 성공된다."는 것을 유일한 표어로 믿고 있다. 현재 사망률이 매년 증가되어 가는 우리에게 민중 보건 체육이 얼마나 급무인가? 더욱이 문약하고 침체하고〈18〉위축되어 가는 현실의 조선에서

(1) 청년의 사기를 진작시키고

(2) 민중에게 용장, 강의한 기풍을 기르고

(3) 협동 단결의 훈련을

시키려면 무엇보다도 민중 체육 보편화의 봉화를 들지 않을 수 없다.

이 문제를 하루 바삐 해결하기 위하여 우리 조선체육연구회는 다음 제항을 표준하고, 조선민중보건체육법 고안을 1931년 9월부터 착수하여 현재 구체적 안을 심의하는 중에 있다. 불원한 장래에 우리에게 가장 적합하고 이상적인 체육법이 발표될 터인바 솔선 실행하기를 간절히 바란다.

표준사항

1. 근육이든지 내장이든지 원만 균제적 발달을 시키고 위험성이 없는 운동

2. 운동은 일일이 의미를 갖고 숙련할수록 우리의 실생활에 요용될 것

3. 일정한 시간에든지, 여극의 시간에든지 행할 수 있는 각자 편리하고 자유롭게 행할 운동

4. 협소(실내외 불문)한 장소에서나 광활한 장소에서나 행할 수 있고, 간단한 복장(평소의 복이라도 무방)으로 행할 수 있는 운동

5. 남녀노소를 불문하고 개인으로, 보건단체로 협동적 훈련이 될 운동

6. 자발적이고 흥미를 가질 운동

7. 단시간에 운동량이 많고 피로 회복이 빠를 운동

8. 기구, 기계를 불요하는 운동

이상

1932. 2. 10〈19〉

숭전 코치 최능진, 「쏘콜난(12), 재미잇는 아츰 운동 팔칙」, 『동광』 제31호, 1932년 3월.

혈액은 생의 소(素)

인체의 가장 귀한 것이 수족이나 이목이나 뇌수가 아니요, 시시각각으로 흘러 돌아가는 혈액이다. 혈액이 부족하거나 불결할 때는 신체에 병이 생기며 혈관이 상하였을 때는 절명되는 것이다. 만약 인체 내에 혈액만 하등의 변화가 없이 순환만 되고 있다면 우리 인생은 억만년이라도 생존할 수 있을 것이다. 그리하여서 이 보건을 목적하는 자들은 혈액을 청결케 하며, 건전케 하고, 순환을 잘 시킬 운동을 해야 할 것이다. 운동을 할 때는 혈액의 순환

횟수가 평상시보다 2, 3배나 빨라진다. 그런 까닭에 사지에 퍼져 있던 불청한 피가 심장으로 빨리 돌아와서 폐로 올라가서 산소의 청결을 받아 가지고 위장에서 빨아낸 영양질을 가지고 다시 사지로 퍼져서 건설과 청결 사업을 2, 3배나 빨리하게 되는 것이다. 그런 까닭에 체증이나 요통이나 두통이나 신경통에 걸린 사람들은 혈액을 잘 순환시키는 운동을 하는 것이 약을 쓰는 것보다 나을 것이다.

자세를 단정하게

건강한 사람에게는 펄펄 뛰는 깨끗한 피가 자세가 곧은 자체 속에 흘러 돌아가고 있다. 고로 진정한 건강을 원하거든 그대들의 자세를 곧게 하는 운동을 하며, 청결한 피 순환에 힘써야 할 것이다. 보라! 복부 비대자로서 변비나 두통으로 고통을 받지 않는 이가 드물고, 척골 측굴자로서 폐가 튼튼한 사람이 적다.

유익하고 재미있는 아침 운동 8칙

체육 전문이라는 간판 때문에 친우들의 보건체조 몇 가지를 가르쳐 달라는 부탁을 많이 받게 되는데, 그럴 때마다 나는 한 번도 시원한 답안을 주어 본 적이 없었다. 그 이유는 보건 운동에서는 그 개인의 생리적 결함과 병상도 모르고 어떤 체조나 운동을 하라고 하는 것이 마치 금계랍을 가지고 아무 병이나 고친다는 것 같아서 먼저 개인의 혈색과 자세를 보는 동시에 일상생활과 건강 형편을 알아본 후에야 대답하노라고 시원하게 말을 못한다. 그러나 이번에는 운동 몇 가지를 적어놓을 터인데 〈89〉 특히 아래 운동은 누구나 할 수 있는 것, 하여도 해는 없고 이만 있는 것, 그러나 큰 효과는 없는 것 몇 가지를 적어서 여러분의 보건 운동의 참고가 되었으면 한다.

깨끗하고 영양분을 실은 혈액 한 방울이 심장을 떠나서 각 세포를 돌아 다시 심장으로 오는 날짜수가 16일이라고 W. D. Zeothout은 말하였다. 이 날짜수는 보통 사람을 표준하여 말한 것인데 특히 실내에 오랫동안 앉아서 일하는 사람이나 누워있기 좋아하는 사람들의 것은 아마 20일이나 될 듯하다. 더욱이 잘 때에는 혈액순환의 횟수가 15회로 20회까지 평상시보다 떠지기 때문에 피가 겨우 혈관을 채워서 돌아가기를 마치 물 바른 논 돌 채로 물 흘러가듯 하다가는 상한 세포에 걸릴 때도 있으며, 또한 잘 때에는 혈량의 3분의 2가량이나 복부에 모여 있기 때문에 뇌나 사지에는 피가 부족하게 돌아가고 있다. 그래서 자다가 갑자기 일어나려고 하면 머리가 어지러울 때도 있고 맥이 없을 때도 있는데, 그래서 잠자리에서 일어나기 전에 각 세포와 복부에 잠겨 있는 피를 잘 짜내어서 횟수를 빠르게 하면 자연히 피가 깨끗해지며 건전해진다. 다음 운동은 이상에 설명한 유익을 줄 뿐이다. 지면 관계로 설명은 생략하고 운동 명만 열거하겠다.

1. 기지개

이불속에서 눈을 뜨면서 주먹을 그러쥐고 왼팔은 뒷면 아래로 내리고 오른팔은 앞면 위로 들면서 전신을 왼편으로 비틀되 왼 다리는 오른편 다리 위로 두 다리를 교차하되 허리가 끊어지지 않으리만큼 비틀 것. 반대 방면을 똑같이 할 것. 하기 싫도록 하되 4차 이상할 것

2. 두 손으로 머리 뒷면에 대고 양 팔꿈치와 양 발뒤축을 땅에 대고 전체를 땅에서 떼는 것을 하되 힘이 나면 머리와 발뒤축만 땅에 대고 전체를 들썩거리는 운동을 할 것. 피곤하도록 할 것

3. 일어나 앉으면서 양손으로 목을 단단히 쥐면서 이마를 양 무릎에 대는 운동을 하되 닿지 않는다고 낙심하지 않을 것. 피곤하도록 할 것

4. 우리의 가옥 제도 때문에 옷을 입고 문외로 나갑시다.

맘을 푹 놓고 이리저리 다니면서 한 팔씩 혹 두 팔을 한꺼번에, 1차는 앞면으로 1차는 뒷면으로 두를 것. 만족을 느낄 때까지 할 것

5. 양다리를 벌려 짚고 양팔을 옆으로 들었다가

　　1. 왼손으로 오른발을 닿고

　　2. 제자리로 돌아왔다가

　　3. 오른손으로 왼발을 닿고

　　4. 제자리로 돌아올 것

　　5. 피곤할 때까지 할 것

(장작 패는 운동이 매우 좋은데 이상의 것보다 더 취미가 많습니다. 도끼와 장작이 없이 상상적으로 1차는 왼편으로 양손을 메었다가 1차는 오른편으로 메었다가 힘있게 내려치는 것이 퍽 좋습니다.)

6. 다리운동인데 목과 허리를 곧게 하고 두 팔을 옆으로나 앞으로 수평선으로 들면서 무릎을 굽힐 것. 처음에는 조금 굽히지마는 마지막에는 앉았다 일어섰다 할 것. 다리가 피곤하도록 할 것

7. 양팔은 앞면 수평선으로 들고 (1) 오른발로는 오른손바닥을 차고 (2) 왼발로는 왼손바닥을 차되 팔을 움직이지 말고 허리와 다리만 굽히고 움직일 것

8. 권투 하는 사람들처럼 발끝으로 서서는 맘대로 생각나는 대로 가장 유쾌미를 줄 무엇이든지 하되 다리가 곤할 때까지

(참고) 권투의 흉내 높이 뛰어오르는 것, 한발 끝으로 서는 것, 얼마나 빨리 뛸 수 있는가 달음질해 보는 것 등등.

이렇게 아침마다 운동을 하되 15분 이상을 해야 좋습니다. 그래야 효과가 있을 것입니다.

간단한 피로회복 운동

매일 실내에서 앉아서나 서서 일하는 사람들은 1시간마다, 전신에 힘을 주면서 속살 기지개 2, 3차씩 하여 피 순환을 새롭게 할 것이다. 만일 타인에게 방해가 안 될 경우면 오전 오후 중 1차씩 문을 다 열고 기지개와 호흡운동 및 몸을 푸는 운동을 하는 것이 좋을 것이다.

그리스 철학자 아리스토텔레스는 일찍이 자기 민중에게 이러한 교훈을 하여 두었다. 〈90〉

"건강한 사람에게는 희망이 있고, 희망이 있는 사람은 무엇이든지 다 할 수 있다."

"He who has health has hope, and he who has hope has everything"

우리들은 이 말이 진리인 것을 시인하며 건강한 육체라야 건강한 육적 뇌를 가질 수 있으며, 건강한 육적 뇌의 작용이라야 건전한 정신이 될 수 있는 것을 알아야 한다. 춘절이 되어 오니 우리는 먼저 건강을 목적한 조기회를 일으키자. 〈91〉

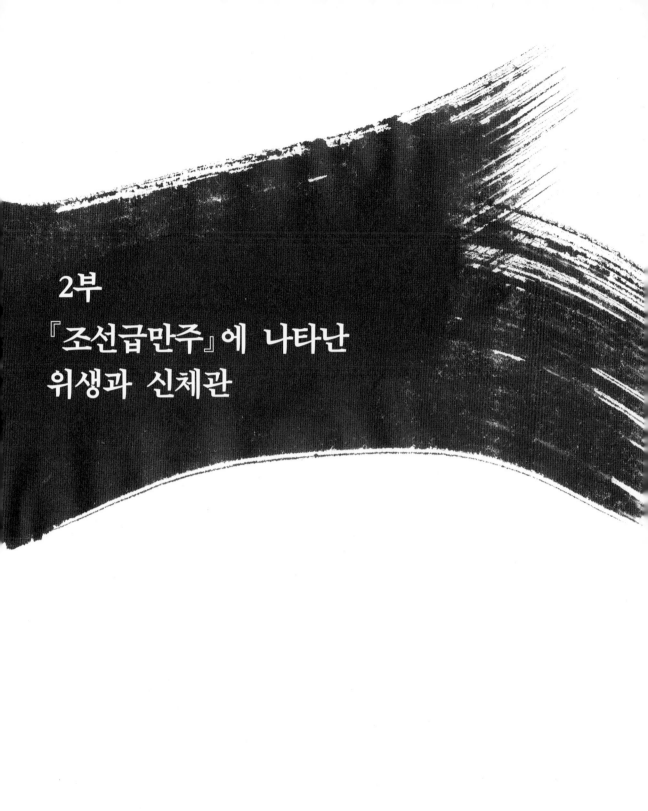

2부
『조선급만주』에 나타난
위생과 신체관

「경성 화류계 정화와 경찰-화류계 정화는 용두사미」, 『조선급만주』(제266호), 1930년 1월.

요정의 화류계는 용두사미

요정 영감의 작은 실책에 대해서 엄하게 경고하면서 책임을 덮는 것은 한심하다.

교풍회(矯風會)의 궐기는 어떻게 된 것인가?

이 지역 경찰서에서는 11월초부터 경성 화류계 정화를 한창 선전하면서 경성의 요정이나 기생 등에게 위협을 주었다. 다년간 치외법권으로 매춘, 도박, 모든 음탕과 죄악의 불순한 소굴이었던 요정도 확실하게 풍기단속의 손에 넣었기에 다소 정화는 되었을 것이다. 매춘 예능인의 왕래도 다소 꺼려지게 되었을 것으로 기대된다. 각 가정의 주부 모두가 제일 크게 환영하고 통쾌해 하고 있지만, 그 후로부터 각 요정에서는 한 번의 검사도 행하지 않고, 매춘 기생을 경찰에 구인도 하지 않고 각 요정에서는 의연하게 매춘, 도박을 공공연하게 행하고 있다. 당연히 치외법권 하에서 모든 악덕과 죄악이 행해지고 있다. 이 지역 서에서는 당국자에게 '화류계 정화는 중지되었나'라고 묻자 '아니, 그렇지 않다'고 대답하였다. '그렇다면 왜 하지 않는가'라고 묻자 '조금씩 하고 있다'라고 얼물거렸다. 결국 손을 대지 않고 있다고 볼 수 있다. 아무래도 요정이나 기생을 가장 좋아하는 부류는 총독부의 국부장에서 각 과장 각 기사급, 회사은행의 중역부터 과장급, 그리고 군사령부, 헌병대의 고급장교, 그중에서도 경찰계의 고급장교들이 가장 좋아하는 사람 부류로 많이 오고 있기 때문에 쉽게 손을 댈 수 없다. 본 서장이 자기 마음대로 했다면 본 서장은 자결을 각오할 수 밖에 없다. 이번 경기 도 경찰부장인 가노(鹿野)군은 매우 밝고 사교적이었다. 술도 여자도 싫어하지 않았기 때문에 지금까지 전통적으로 오랫동안 풍기경찰로부터 치외법권 하에서 있는 화류계(요정 기생)에 대해서 크게 칼을 뽑으라는 지시를 할 정도의 무뢰한 자는 아니었다. 그러므로 결국 경성의 화류계는 의연하게 풍기 경찰의 치외법권 하에 놓여서, 매춘, 도박 등 제멋대로 하게 되었을 것이다. 그래서 요즘에는 각 요정이나 기생들은 참견을 하며 지껄이기를 '우리들에게 경찰이 손가락 하나라도 대보세요. 본 경찰서장은 이렇게 될 테니까' 하고 목을 베는 흉내를 하였다. 과연 경성의 악덕, 악풍속의 정화에 열심인 고마쓰(小松)경찰도 어찌 감탄하지 않겠는가. 정말로 속사정을 헤아리는 것 밖에는 없다. 인간 만사 강한 놈에게는 이기지 못한다. 세상은 합리, 불합리의 문제는 아니기 때문이다.

그런데 기괴한 사건이 있다. 화류계 정화에 소리 높일 때에 각 요정은 검사도 받지 않고 기생도 한 명도 구인되지 않았다. 또한 요정의 영감이 끌려간 사건이 12월 중순에 있었다. 때가 때 인만큼 기생에게 매춘이라도 강요하다가 당했는가 물어보니, 전혀 그런 일은 없었다. 또한 연회에서 손님으로부터 기생에게 예의로 1원씩 주라고 부탁받은 것을 지배인이 눈치 빠르게 50전의 활동 전표를 주머니에 넣어서 기생에게 건냈다.

그런데 이것을 받은 기생 중에서 이런 표보다는 돈이 더 좋다고 손님에게 호소한 것이다. 손님은 기생의 비위를 맞추기 위해, 좀 수상한데 하고 말하였는데 요정의 영감을 불러 야단을 쳤다. 요정의 영감도 그것은 잘못되었다고 사과하고 현금으로 바꾸었다고 하였다. 그래서 만사해결한 손님이었는데 이를 경찰이 듣고 수상히 여기고 일종의 사기와 같은 방법이다. 그래서 기생이 요정에서 괴롭힘을 당한다고 기생을 동정하고, 그 요정의 영감을 구류 3일에 처한 것이다. 정말 바보 같은 이야기이다. 연회의 예의는 대개 전표로 요정의 지배인이 기생에게 전하는 것이 전래로 되어있다. 그 전표가 돈을 대신하는 것은 언제인지 모르지만 어쩌면 휴지가 되어 끝나버리는 것도 상당히 있었다. 휴지가 되기보다는 활동 전표라도 받는 것이 기생 에게는 좋은 것이다. 가령 그것이 나쁘다고 해도 '이후 삼가 해야 한다' 정도로 끝내야 하는 경미한 실책을 구류 3일이라는 것은 매우 비상식적인 방법이라는 평판이다. 본 경찰서의 경성화류계 정화는 기생의 매춘단속이나 요정의 풍기단속이 주지가 아니라 오히려 기생의 보호정책이 아닐까. 요정에서는 많은 패악이 행해지고 있다. 요정, 접대부(仲居), 포주집(置室) 등에서 기생이 상당히 착취당하고 있다. 그러나 대체적으로, 기생에게 밀매를 매개로 하는 이상은 여러 가지 패악은 어쩔 수 없다. 근본문제는 기생의 밀매음을 공공연한 비밀로 하여 사기를 치는가 아닌가라는 것이다.

최근 경성의 교풍회-고다마(児玉)정무총독의 부인이나 단자와(丹沢) 여사를 수령으로 둔 교풍회는 폐창과 기생의 매춘 단속이나 각 풍기의 교정 정화를 시작으로 일어났지만, 이 역시도 그 후 아무런 연락도 없다. 폐창이 즉시 행할 수 있는 일은 아니지만, 창기의 보호, 기생의 매춘단속은 가장 급선무한 일이다. 크게 분기하여 경성화류계의 풍기개선을 위해서는 경찰을 자극시키길 바란다. 〈116쪽〉

이시도야 쓰토무(경성제대의학부 강사, 石戶谷勉), 「약초의 탐험과 철학사상」, 『조선급만주』 (제269호), 1930년 4월.

6. 일본 약초의 역사와 문헌

일본에서 약초의 연구는 멀리 신대(神代)에서 시작되었으며, 오호아나무치노 미코토(大己貴命), 스쿠나히코노 미코토(小名彦命)를 약초의 조상이라고 한다. 이로부터 역대(歷代)의 천황은 항상 인민의 위생에 깊게 관계하여 약물 의학에 의욕에 북돋아 주셨으며, 29대 죠메이(舒明) 천황의 역대에는 백제로부터 두 명의 채약사가 일본으로 건너왔다. 또한 33대 스이코(推古) 천황 19년에는 천황이 군신과 함께 야마토(大和)의 우타노(菟田野)에 약을 캐러 오신 적이 있다. 36대 고토쿠(孝德) 천황 때에는 승녀 죠우에(定慧)가 당으로 유학를 가서 오대

산에서 약초를 가지고 돌아와 야마토 도노미네(多武峰)에 심었다. 38대 덴치(天智) 천황은 오에(大江)의 가모노(蒲生野)에 약을 캐러 가셨다. 42대 분부(文武) 천황 다이호(大宝) 원년에는 처음으로 약초원(藥草園)을 열었다. 106대 오기마치(正親町) 천황 대에는 오다 노부나가(織田信長)가 오미의 이부키산(伊吹山)에 5정보(町步) 약초원을 열었다. 그 당시 외국에서 약초 3천여 가지를 가져와 심었다. 또한 도쿠가와(德川)시대에는 기슈(紀州)의 도쿠가와 가문이 조선에서 약초 36종을 가지고 왔다. 간에이(寬永) 15년에는 에도의 난보쿠 아자부 오츠카(南北麻布大塚)에 약초원을 설치하였다. 그 뒤로 이를 하쿠산(白山) 어전(御殿)으로 다 모았다. 후에 막부는 약초학자를 일본 제국으로 보내어 약초 탐험을 하게 하여, 유용한 약초를 수집하기 위해서 노력하였다. 교호(享保) 3년에 이르러서 막부는 조선인삼에 착목하여 대마도의 소씨(宗氏)에게 명해서 조선으로부터 고려인삼의 묘목 6개를 가지고 왔다. 이를 닛코의 약초원에 심었다. 다무라 란스이(田村藍水)라고 하는 의사를 주임으로 하여 재배하도록 하였는데 그는 약초의 재배에 탁월한 재능을 가지고 있었다. 최초로 조선에서 가지고 온 6개의 조선인삼을 백만 개로 증식하였다. 호레키(寶曆) 13년에는 에도의 간다코야쵸(神田紺屋町) 3번지에 인삼좌, 즉 인삼판매소를 설치하여 일반인민에게 인삼을 불하하였다는 것이 기록으로 남아 있다.

이상은 약초재배의 역사이지만, 한편으로는 문헌으로도 목초학자가 상당히 연구를 계속해 왔다는 것을 알 수 있다. 이시진(李時珍)의 본초강목(本草綱目)이 일본으로 건너온 시기는 게이초(慶長) 12년이며, 하야시 미치하루(林道春)가 나가사키(長崎)에서 이것을 가지고 에도로 돌아와 연구한 결과, 게이초 17년에 다시키헨(多識扁)이라는 책을 썼다. 그 다음으로 엔포(延寶) 7년에 가이바라 에키켄(貝原益軒)은 또한 이 본초강목을 연구하여 본초강목 화명목록(和名目錄)이라는 책을 썼다. 쇼토쿠(正德) 3년에는 데라시마 료안(寺島良安)이 화한삼방도회(和漢三方圖會)를 썼다.

그 무렵부터 일본에서도 이러한 학문 연구가 한동안 진보되어 교와(享和)년 중에는 오노 란잔(小野蘭山)이 본초강목계몽(本草綱目啓蒙)을 저술하였다. 란잔 이전에는 단순히 중국의 책을 해독하는 데에 그쳤지만, 란잔의 시대에 이르러서는 이를 비판하는 데에까지 이르러 진보하였다. 다음으로 분세이(文政) 11년 이와자키 쓰네마사(岩崎常正)가 중국의 본초강목에 실린 모든 식물의 실물을 사생하여 본초도보(本草圖譜)를 당당히 93권의 저서로 출판하였다. 이 책에 대해서는 내가 작년 북경에 가서 중국의 이 방면 학자를 만났을 때에, 일본에는 놀랄 만한 학자가 있다고 하며 그를 상찬한 것을 들은 적이 있었다. 중국에서는 여러 가지 본초책은 있지만, 실물을 가지고 사생을 시도해 본적은 청나라 시대에 있지만, 이처럼 훌륭한 것은 없다고 하였다.

7. 약초와 유효성분

이러한 문헌을 보면, 대부분 우리 주위에 있는 모든 식물들을 약초로서 약효가 연구되었다. 우리가 보통 꽃으로 알고 있는 식물, 분재로 하는 식물, 정원수의 식물은, 대부분 모두 약초이다. 하나하나 그 약효의 연구한 점에서 보자면 옛 조상들은 자신의 주변이나 집의 주변에 심은 식물은 반드시 무엇인가 효용이 있는 것을 모아 놓았다는 것을 볼 수 있다. 이제 우리에게 가장 눈에 잘 띄는 23개의 약초에 대해서 효용을 기술해 보겠다.

난텐(南天) 이 나무는 생화로 이용되기 때문에 특히 부인들에게 친근하며 또한 정원수 등으로도 잘 심는다. 이것은 동양에서는 예부터 천식, 담해의 약으로 이용되었다. 현재는 이 식물에서 '베르베린(ベルベリン)'이라는 성분을 추출하여 연구하고 있다.

목단(牧丹)과 작약(芍藥) 이 두 종은 동양에서는 꽃의 왕이라고 부르며 관상을 한다. 원래는 이 식물은 약초였다. 목단은 부인의 월경약으로, 작약은 감기나 폐병에 이용되었다. 목단의 뿌리 가지에서는 '베올(ベオール)', 작약의 뿌리 가지에서는 벤조산(安息香酸)이라는 성분을 추출한다.

제비꽃과 민들레 제비꽃과 민들레는 봄에 들에 피는 잡초로 가인이나 하이쿠 시인이 노래한다. 이것은 원래 약초로 동양에서도 서양에서도 옛날부터 이용되었다. 제비꽃으로는 우이오린(ウイオリン)이라고 하는 에메틴(エメチン)과 같은 성분이 추출된다. 민들레에서는 이눌린(イヌリン), 고급 아루롤(アルロール)등이 성분으로 연구되고 있다.

버드나무와 벚나무 두 수목은 봄의 인기 배우 중에서 주인공이다. 동양에서는 예부터 약초에 이용되었으며, 버드나무는 일사병이나 발한에, 벚나무의 껍질은 담해의 약으로 제공되었다. 버드나무의 껍질에서는 살리신(サリチン)과 벚나무 껍질에서는 후루친(フルチン)이라는 성분이 추출된다. 버드나무는 경성이나 북경에서는 교외 가로수로 자주 이용되고 있다. 버드나무의 가지를 쳐내지 않아도 시원한 그늘이 분명히 일사병의 예방이 된다.

나팔꽃(朝顔) 이 풀꽃은 여름 아침 일찍이 아름다운 꽃을 피우기 때문에 아침 늦잠꾸러기들에게는 아침에 일찍 일어나게 하는 약이 된다. 그 종자는 견우자(牽牛子)라고 부르며, 설사에 복용되어진다. 콘월츠린(コンウオルツリン)이라는 성분이 추출되어 연구하고 있다.

꽈리(酸漿) 꽈리는, 빨간 열매를 여자 아이들이 입에 넣고 '뿌' 하고 불면 둥글게 된다는 것으로 잘 알려져 있다. 원래는 동양에서는 약초이며, 이 식물의 열매는 신경병이나 백일해의 약으로, 잎은 감기약으로, 뿌리는 낙태약으로 복용되었다. '히스토닌(ヒストニン)'이라는 성분을 뿌리에서 얻을 수 있으며, 이 약리가 연구되고 있다.

마늘(大蒜) 마늘은 조선이나 중국에서는 일상 식료로 쓰이고 있지만, 일본인은 냄새가 나서 그다지 복용하지 않는다. 이 냄새는 구근 안에 함유하고 있는 휘발성 기름의 취기이다. 이 냄새가 여러 가지 병에 살균력이 있다는 것이 학자의 연구에 의해 증명되었다. 즉 마늘을 먹으면 전염병에 걸리지 않는다는 속설이 학문적으로 입증된 것이다.

질경이(車前) 질경이는 밭이나 길 어디에서나 자란다. 조선인은 이 약을 식용하며 때로는 시장에도 나오기도 한다. 이 식물에서는 플라타기닌(プランタギン)이라는 배당체가 추출되어 연구되고 있다.

도라지(桔梗) 도라지는 가을의 일곱 개의 풀(七草) 중에 하나로 알려져 있다. 이 식물도역시 약초이며, 담해의 약이다. 최근에는 이 식물에서 유효성분이 사포닌(サポニン)이라는성분이 추출되어 연구되고 있다. 조선에서는 일상적으로 이 식물을 식용하고 있는 듯하다.

석류(石榴) 석류는 조선에서는 분재로, 또한 남방에서는 정원에 심어있지만, 이 식물의 뿌리는 약초로서 서방에서부터 온 것이다. 뿌리의 껍질에 있는 알칼로이드(アルカロイド)는학자에 의해 연구되고 있다.

8. 약초복용과 현대 의학의 사명

이외에도 복숭아 잎은 ○란에, 비파(枇杷) 잎은 담해와 이뇨약으로, 장미(薔薇) 열매는 과민성 변비에, 조롱나무(金縷梅) 잎은 설사에, ○○ 잎은 매독과 태독에, 방기(防己)의 줄기는류머티즘(ロイマチス)에, 머위(款冬) 꽃은 담해에, 흰 연꽃(曼陀羅華)의 씨는 천식에, 밀감은위를 튼튼하게 하고 발한에 복용된다. 오늘날에는 학자의 손에서 유효성분을 추출하여 그약리를 연구하고 있다.

이렇게 우리 주위에는 약초약목으로 넘쳐난다. 약초에 관한 지식은 우리의 선조가 우리에게 물려준 가장 귀중한 무형의 재산이다. 최근 들어서는 화학의 진보와 함께, 산과 들에 약초를 캐지 않아도 약국에서는 무슨 약이든 준비되어 있기 때문에, 조상으로부터 전해 온 약초가 소홀히 되어 생각하지 않게 되었다. 이것은 매우 유감이지만, 옛날 사람처럼 초근목피를 달여서 복용하는 일은 오늘날에는 여러 가지로 불편하다. 일진월보하는 오늘날 우리는50년의 세월을 아주 유리하게 사용해야 한다. 이를 위해 병에 걸리면 가장 적절한 약을 복용하여 한시라도 빨리 완쾌하도록 노력해야 한다. 그러기 위해서는 옛날 사람들처럼 약초를달이는 것은 여러 가지로 불편이 있다. 첫째로 약초는 생약이기 때문에 보존에 고심이 필요하다. 1, 2년만 지나도 유효성분이 변하기 때문에 그 적량을 결정하기에 곤란하다. 둘째는약초 안에는 필요 이외의 성분도 있다. 이 불용성분의 작용을 둔화시키기 위해 제2, 제3, 제4와 여러 가지 약물의 배합이 필요하다. 그래서 우리는 약초를 유효하게 이용하기 위해서는이것을 현대 과학에 의지하여, 지금부터 유효성분을 추출하고 약리를 연구하여 현대적 약물을 제조할 필요에 이르렀다. 또한 이 일을 장려하는 것은 선조의 노력에 대한 우리들의 책무라고 생각한다. 〈53~55쪽〉

구보다 기요지(경성제대의학부교수 의학박사, 久保田喜代二), 「계절과 정신병과의 관계」, 『조선 급만주』(제269호), 1930년 4월.

계절과 정신병 및 자살, 범죄, 특히 성적범죄가 매우 깊은 관계가 있다는 것은 옛날부터 전해져 왔다. 그 중 가장 많이 나타난 시기는 5, 6월경이다. 1, 2월은 비교적 무사하지만, 3월 부터는 비교적 현저하게 정신병자의 흥분, 자살자, 성적범죄의 수가 증가하여 5, 6월경에는 그 정점에 달하게 된다. 그러나 이는 세계 전체 통계로부터 본 결과이다. 올해는 조선에서는 예년보다 1, 2개월 빠른 인상을 받았다. 아마 이것은 올해 겨울이 매우 따뜻하여 양기가 빨리 왔던 것과 관계가 있을 거라고 생각한다.

정신병이 많이 나타난 경우는 지금 언급한 계절에도 영향이 많이 있지만, 일본, 혹은 조선에서는 연말부터 정월까지 여러 가지 정신적 고통을 겪는다거나 술을 마시는 것과 관계가 있다. 그 영향으로 1월 말에서 2월 초에 적어도 정신병자가 증가하는 것 같다. 연말이나 정월에는 병원이 한가하지만, 그 뒤부터 1개월 2개월 사이를 두고 나타난다. 이것은 계절과 관계없이 사회적 사정의 영향을 받고 일어나는 현상이며, 그 시기가 지나면 지금 언급한 봄부터 초여름에 걸친 시기에 접어든다. 보통은 두 계절 사이에 온화한 계절이 끼여 있는데, 올해는 양기가 빨리 오게 되니, 정월의 여파가 계속 이어져 봄부터 초여름에까지 옮겨와 버렸다.

왜냐하면 봄부터 초여름에 걸쳐서 정신병자나 자살자나 성적범죄자가 증가하는가를 간단하게는 곤란하지만, 그 원인이 인위적인 원인, 즉, 걱정, 음주 등으로 몸을 망가뜨린 영향은 아니라는 것은 분명하다. 특히 3월은 학생들의 수험, 졸업 시기이기 때문에 보통 정신병자 수가 학생들 사이에서 더 나와야 할 텐데, 신기하게도 3, 4월에 학생들이 정신적 이상에 이르는 경우는 그다지 보이지 않는다. 예상으로는 가장 많이 나와도 괜찮을 것 같은데 특히 학생들은 많이 나타나지 않는다. 이 3, 4, 5, 6월경에 정절에 달하는 정신병 원인은 인위적이 아니라 오직 계절, 즉 자연의 기상학적 영향에 의한 것이라 생각한다. 또한 실제로 봄부터 초여름까지 우리 보통 인간이라면 마음의 결정이 어려운 시기이며 대부분의 사람의 마음이 떠있다. 왜 떠 있을까를 말하자면, 우리의 생각에 따르면, 하나는 온기의 탓이며, 또 하나는 대기 중의 광선이 급하게 충만 되어, 이로 인해 일어날 때에 육체적인 변조가 정신적으로는 소위 떠 있는 기분이 되는 듯하다.

단지 종래의 정신병은 걱정이나 고통의 원인으로 일어난다고 경험이 없는 사람들 사이에서는 당연한 생각이었지만, 실제로는 그렇게 말한 사람은 크게 영향을 받는 적이 없는 사람이다. 정신이 들뜬 봄부터 여름에 걸쳐서 정신병자가 늘어나는 점에서 알 수 있듯이, 결코 고뇌의 결과로 된 것이라고 말할 수 없다. 한편 봄이 되어 생각에 잠긴 사람도 많겠지만,

이것도 거의 고뇌할 만한 원인이 있는 고뇌라기보다는 생각에 잠긴다는 기분이 먼저 있고, 그 기분에서 여러 가지 생각으로 나아가다 비애에 빠져서 정신병자가 된다거나 혹은 자살을 계획하기 때문에 특히 봄이 되어 슬퍼하거나 고뇌 없이 사건이 발생하는 것이 아니라, 어디까지나 정신의 변조가 제1차적 변화이여야 한다.

또한 성적 범죄는 풍속 괴란이 봄이 되어 눈에 띄게 증가하지만 이것은 대기의 영향을 받아서 우리의 성적본능이 생물학적으로 일어나서 흥분한 것이다. 마침 계절과 정신병 발생의 계절과 그 외의 범죄 발생의 계절이 우연하게 일치한 것이다.

범죄 방면에 대해서 생각하면 봄부터 초여름에 범죄 성질은 소위 금전재물을 얻는 소위 욕심에 의한 범죄가 특히 많지 않다. 이러한 범죄는 오히려 추운 겨울에 생활 곤란으로 많으며, 봄에는 이러한 물질적인 범죄가 적은 것은 계절이 따뜻하게 되어 점점 생활이 안이하게 가기 때문이다. 생각해 보더라도 분명 범죄 전체로 보면 매우 증가한다는 것은 이 또한 기상학적 영향을 받아 우리의 정신에 변조를 받아서 일으킨 것이다. 어느 정도까지는 불가항력이라고도 말해야 한다.

올해 특이한 점은 기상 관계에서 평년보다 1, 2개월 빨리 양기가 왔기 때문에 정신이상자나 자살자, 범죄자가 그 양기의 내복과 병행하여 1, 2개월 빨리 나타났다는 점이 흥미로웠다. 또는 진해(鎭海)의 슬픈 사변도 기후에 영향을 받아서 정신이 마비되었기 때문에, 부주의나 조루에 미처 깨닫지 못한 결과라고 누군가가 말할 수 있을 것이다.(기자필기) 〈88~89쪽〉

본지 기자, 「제생원과 양로원을 참관하고」, 『조선급만주』(제269호), 1930년 4월.

1. 제생원 양육부

화창한 봄볕을 쬐며 파릇파릇 싹이 튼 수양버들 가로수가 있는 듯 없는 듯 봄바람에 조금씩 흔들거린다. 뒤로는 인왕산 기슭의 소나무 숲도 빛을 더해 봄 화장을 하기 시작한다. 이 부근은 경성의 북교 신교동 1번지, 구 선희궁의 흑문이 수양버들 가로수의 앞에 우뚝 서 있다.

그 문밖에서 6, 7세부터 12, 3세까지의 검은 조선옷을 입은 아이들이 2, 30명 정도 즐겁게 놀고 있다. 3월 중순부터 봄날의 따뜻한 오후의 풍경이다. 태양이 올라 빛을 내리쬐며, 아이들은 달리고, 뛰어오르고, 날고, 구른다. 순수하게 웃는 정경을 나는 가끔 나를 잊고 바라보고 있다. 문득 눈을 들고 그 흑문의 기둥을 바라보면, 나의 미소는 점점 사라진다. 이 정경과는 아주 먼 어둡고 고통스럽고 슬픈 인간의 생활 뒷면이 필름처럼 상상되어 나의 뇌리를 스치기 시작한다. 흑문의 기둥에 걸려 있는 간판 글은 비바람에 녹슬어 있지만, 굵은 글씨로 -총독부제생원 양육부-라고 씌어 있다. 나는 한 번 더 아이들 모습으로 눈을 돌렸다. -고아-,

자신이 태어난 집도 모르고 자신을 태어나게 해 준 부모도 모르고, 자신들이 이 세상에 태어나서 어떤 고통이 고뇌가 있었는지도 모른다. 또한 자신이 왜 이곳으로 왔는지도 모르는 그들은 이곳이 자신들의 집이며, 이곳이 자신들의 세계라고 생각하며, 또한 정말 자유롭게 놀고 있다. 뛰고 달리고 구른다. - 나는 이러한 모습을 보는 중에 뭔가 뜨거운 것이 눈 속에 들어 온 것 같아 참을 수 없었다. 그리고 몰래 마음속으로 중얼거렸다. - 이것으로 된 거야. 이것으로 된 거야. 너희들은 어떤 것도 알아서는 안 되고 생각해서도 안 된다. 세상의 약속에도 연연해서도 안 된다. 어떤 의문을 가져도 안 된다. 의심은 인생의 고뇌의 시작이다. 너희들은 다만 현재 세계를 믿으면 된다. 너희들이야말로 자연의 아이다. 자연의 명을 받아 자유롭게 쑥쑥 밝게 자라면 되는 것이다 - 라고

그런 것을 생각하면서 멍하니 서 있는 나의 얼굴을 아이들은 올려다보며 다정하고 순수한 미소를 보인다. 정말 아름답고 쾌활한 미소이다. 나도 모르게 아이들에게 빠져서 환하게 웃는 얼굴을 보내며, 문을 잠그고 사무실로 발길을 옮겼다.

경내에는 벚나무가 한쪽으로 심어져 있으며 그 싹이 튼튼하고 크게 부풀어 있다. 머지않아 만발하는 꽃이 귀여운 아이들 위로 내려와 줄 것이다. 사무소에 들어가 뜻을 전하고 하기와라 군의 안내로 장내를 먼저 한 바퀴 돌았다.

부지는 총 10,476평에 새로 교실 한 동을 구축한 것으로, 건평은 합계 587평, 주위는 돌담으로 둘러싸여 있고 건물 안은 넓고 윤기가 흐른다. 남쪽이 땅이 높고 건조하기 때문에, 일사, 통풍 등 가장 이상적인 땅이다. 또한 아이들이 초보 실습장으로 사용할 수 있는 충분한 밭도 마련되어 있다. 건물은 정면으로 대신궁봉사전(大神宮奉祀殿)이 있고, 사무실, 강당, 교실, 위생실, 세탁장, 욕실, 창고, 직원 사택, 가족 사택 등의 설비가 완비되어 있다.

가족 사택은 7동이 있고, 한 사택에 9명에서 15명을 수용하며, 각각 보모가 있어 연령과 남녀별로 구분되어 수용할 수 있다. 아이들은 보모를 어머니, 어머니라고 부르며 모든 가정적인 훈련을 이 가족 사택에서 한다. 그리고 이곳에서 매일 아침 통학시키고 있다. 현재 6명의 직원과 9명의 보모가 65명의 아이를 정성들여 키우고 있다. 그 외에 경성 안팎으로 수양 아이로 나가고 있다. 남자 31명, 여자 92명이 이곳을 나갔고, 경성 밖의 공덕리의 부속농장에 수용되어 있는 아이가 16명, 피용자가 되어, 경성의 안팎으로 일하고 있는 34명, 그밖에 합계 243명이 있다. 사무소로 돌아와 원장 스도 신지(須藤信治) 씨의 감상 이야기를 배청하였다. 자애로운 아버지와 같은 온화한 얼굴로 미소가 가득 감개 깊은 이야기를 하셨다. -자, 이런 일을 시작한지도 꽤 오래 되었습니다. 20년 되었을까요. 버린 아이를 데려와서 아무리 부지런히 키워도, 결국 그 아이들이 뛰어나게 훌륭한 인간이 되어 주는 것도 아니고, 그중에는 나쁜 일을 해서 이상한 곳에서 신세지기도 합니다. 세상으로 나온 아이가 어디에서 어떤 일을 할지는 확실히 알 수 없습니다. 생각해 보면 별일 아닐 수도 있습니다만, 또한 내면적으

로는 여러 가지 위로받는 점도 있습니다. 수용하고 있는 아이들은 대체로는 버려진 아이이고, 처음에는 직접 받아서 수용하였습니다만, 그러면 끝이 없었습니다. 여러 가지 구실을 만들거나 거짓말을 하거나 강제로 온 사람이 있기 때문에, 지금은 부청이나 도청의 손을 거치지 않는 사람은 일체 받지 않고 있습니다. 처음 받은 아이는 대체로 유아뿐이었기 때문에 아주 걱정을 하였습니다. 유아는 6세가 될 때까지 1개월 당 9원의 수당을 받고 경성 내외의 수양 아이로 보냅니다만, 어쨌든 수용 이전부터 여러 가지 사정으로 매우 약한 아이가 있어서 사망하는 일도 있었습니다. 그러나 또한 수양 아이로 갔던 엄마에게 애착이 생겨서 그대로 받아들여지는 경우도 있습니다. 6세가 되면 이쪽에서 인수를 받아 6년간 학교 교육을 실시하고 있습니다. 그러나 세상은 넓기 때문에, 아이가 없는 사람이 아이를 받으러 오는 경우가 상당히 있습니다. 왜 이곳으로 부모도 아무것도 모르는 아이를 받으러 오는지 순간 이상하다는 생각이 들었지만, 아이를 받으러 오는 부모 입장에서 생각해 보면, 부모도 아무것도 모르기 때문에 정말 우리 아이처럼 애정이 생기기 때문입니다. 당당하게 부모가 키운다면 아이들에게도 양육하는 부모에게도 마음의 어딘가에도 또 한편의 부모라는 생각이 남아 있습니다. 자칫하면 열심히 클 때까지 키워서 크게 되면 진짜 부모가 있는 곳으로 돌아가 버리는 일도 발생하기 때문에, 요전에 재미있는 이야기가 있습니다. 철원에서 고아를 안고 밤중에 이곳을 방문하여 인수자가 없는 아기이기 때문에 어쨌든 맡아 달라고 하였습니다. 그러나 우리 쪽에서는 앞에서 말한 바와 같이 관청을 경유해서 오지 않은 아이는 일절 받지 않고 있다는 뜻을 잘 설명하고 빨리 귀향하여 그 수속을 하도록 권유하였습니다. 아무튼 그날 밤은 여기에서 밤을 보냈습니다. 그런데 다음날 때마침 언제나 아이를 갖고 싶다고 하는 경성을 출입하는 상인이 이 이야기를 듣고 그 아이를 본 후, 매우 마음에 들었다고 하여 아이를 받아 갔습니다. 그런데 자신은 아이를 데려갈 생각이었지만, 부인과 일단 상담을 해야 하므로, 이 아이를 종로의 종○당이 있는 곳까지 데리러 왔으면 좋겠다고 하였습니다. 나도 이것은 이상하다고 생각하였습니다. 왜냐하면 그 상인 집은 그 종○당 부근인데 왜 그곳에서 건네주려고 하는지 이상했습니다. 나중에 그 상인에게 들어 본 바로는 –아이를 본 이상, 자신의 아이로 해야 했기 때문에, 그 아이에게 있는 모든 과거의 인연을 끊어야 했다. 만약 이경우에 저 남자를 자신의 집으로 데리고 가면 자신의 집을 알게 되어 버리고, 나중에 그 아이의 부모나 형제라는 사람이 와서 데리고 온 아이라고 알려지면 재미없다고 하였습니다. 나도 과연, 인정은 그런 것이구나 하고 생각했습니다. 이러한 이유로 지금은 상당히 집에서 아이를 받는 경우가 많이 있습니다. 6년간 학업을 끝내면 남자는 이곳의 부속 농장에서 독립한 농민으로 자라고 있습니다. 이에 대해 최근에 나는 여러 가지 생각을 하고 있습니다.

농민 양성은 제일 돈이 많이 듭니다. 아무튼 한 사람의 농민이 되기 위해서 적어도 20세가 지날 때까지는 농장에서 돌봐주어야 하고 또한 독립을 해도 집을 짓거나 농기구를 주거나 하면 많은 돈이 필요합니다. 그런데 시내에서 상공을 견습하면, 20세가 지나면 아무리 초보자라도 밥이라도 먹고 살아가는 듯합니다. 그래서 지금부터는 이런 방면에 조금씩 힘을 써 보려고 생각합니다. 수용 아이는 남자보다 여자가 편합니다. 아이를 받으러 와도 남자 아이는 받지 않습니다. 이것은 남자 아이는 힘들게 키워서 커면 자기 마음대로 하고 싶은 것을 하기 때문이라고 합니다. 그래서 조선에서는 호적상 남자를 양자로 해도 집안을 이어갈 수는 없습니다. 벌써 20년 가까이 되어서, 이곳을 나간 사람도 많고, 세상 다양한 곳에서 다양한 운명으로 살아가고 있을 거라 생각되지만, 자세히는 모릅니다. 이 사람들이 어떻게 있는지를 조사하는 것은 좋지 않다고 생각합니다. 누구라도 이곳에 있었다고 하는 것을 알리고 싶지 않기 때문입니다. 그러나 뭔가 달라진 점이 있는 같아 호적 등본을 떼어 보면 바로 알 수 있습니다. 신교동 1번지이기 때문입니다. 신교동 1번지는 제생원이기 때문입니다. 경성에서도 이곳에 적이 있는 사람은 꽤 있을 것입니다. 이점에 대해서 부청의 호적을 어떻게 해 줄 수 없냐고 묻자, 요전에 부청에서 웃었답니다. 그리고 나서 되도록 이곳에서 하나로 수용해서 키우면 어떨까 하는 생각이 들어 이번 4월부터 시험적으로 수양 아이로 보내는 집에 수용할 만큼의 비용을 주고, 그곳에서 시내 학교에 통학시켜 보도록 생각하고 있습니다. 작년에도 상당히 있었습니다. 버린 아이 47명, 고아 6명, 미아 13명, 동반아(携帶兒) 1명, 합계 67명입니다. 아이를 버린 원인은 실제로 생활이 곤란해서라기보다는 불의나 제멋대로, 그 외의 원인이 많다고 추정됩니다. 세상은 이상합니다. 버린 사람이 있으면, 받으러 오는 사람이 있고, 마치 버린 아이의 소개소 같습니다. 버리지 않고서는 어쩔 수 없는 것일까요?

원장의 열정적인 이야기는 좀처럼 끝나지 않았다. 마침내 시계가 3시를 알리자 아이들에게 줄 간식을 보모들이 사무소로 받으러 왔다. 원장에게 호의를 표하고 밖으로 나가자 아이들은 간식으로 받은 땅콩을 먹으면서 기쁜 듯이 놀고 있었다. 봄 오후의 태양이 더 멀리 비추며 빛나고 있었다. 서둘러 돌아가면서 나의 머릿속에서는 이상한 운명으로 태어난 아이들 – 이 아이들을 둘러싼 아직 모르는 부모들이나 그 주위 세계 등이 여러 가지 환상이 되어 그려졌다. 아이를 버린 부모여, 봄이 되면 당신들도 어딘지 모르게 예전의 무정하게 버리고 간 아이를 생각하며 울고 있을지 모르겠다. 그러나 아이는 아무것도 모르고 태양 아래에서 행복하게 달리고 있다. 자라고 있다. 노래한다. 〈91~94쪽〉

고바야시 하루지로(경성제국대학 의학부 교수 이학박사, 小林晴治郞), 「지리학과 질병」, 『조선급만주』(제270호), 1930년 5월.

어떤 미생물에 의해서 생기는 인체의 질환 중, 특수한 매개동물이 존재하여 이 미생물을 한 사람 몸에서 다른 사람 몸으로 매개하는 것이다. 또한 이런 종의 미생물은 특별한 지세, 기온, 온도 아래에서만 생존할 수 있다. 즉 지방(地方)적인 생물이 있다. 앞의 매개동물이 이 지방에만 생존하는 종류일 때에는 이 질환은 오직 매개동물이 서식하는 지방에서만 유행하고, 다른 지방(즉 매개동물이 없는 지방)에서는 절대로 유행하지 않는 대신에 그 매개동물이 있는 지방에서는 항상 이 질병이 있다. 즉 지방병이 된다. 지금 이러한 질환에 대해서 예를 들어 설명해 보겠다.

일본 내지 야마나시(山梨) 평야, 히로시마현(広島県)과 오카야마현(岡山県) 경계의 남쪽 일부(가타야마(片山)와 니시다이(西代)를 중심으로 한다) 사가현　미야키군(佐賀県三養基郡). 도네가와(利根川) 하류인 치바(千葉), 이바라기현(茨城県), 도쿄부 기타도시마군(東京府北豊島郡)의 일부, 누마쓰(沼津)에서 우키시마누마(浮島沼)의 일부에서 이러한 지방병이 있다. 즉 일본주혈흡충병이라고 부르며, 디스토마의 일종이 인체의 복부의 정맥 혈관(문맥계)에 기생하여 일으키기 때문에, 이 지방의 다수의 사람이 피해를 입고 간이나 비장이 부풀어 오르게 된다. 따라서 복부가 커지며 배가 남산만 하게 되는 증상을 보인다. 혈액이 섞인 소변이 나오고, 빈혈, 젊은 사람은 발육의 장해가 생기고, 이로 인해 죽는 사람도 드물지 않다. 이 질환의 병원충, 즉 일본주혈흡충의 알은 소변과 함께 밖으로 나와 수중으로 들어간다. 수중에 있는 특수한 매개동물 안으로 들어가 발육, 서식하여 아주 많은 수의 유충을 만든다. 이러한 매개동물은 미야이리가이(宮入貝, 고둥의 일종)라고 하는 작은 권패(卷貝)이다. 조선에서는 주로 다슬기와 비슷하다. 시골의 도랑 안에서 서식하고 있다. 이 조개 안에서 생긴 다수의 유충은 조개 밖으로 나와 공기 중으로 돌아다니다 인간이 물속으로 들어올 때 그 피부를 뚫고 몸속으로 침입한다. 앞에서 말한 바와 같이 유충이 혈관 속으로 들어가 발육하면 그 사람은 일본주혈흡충병에 걸린다. 이 병원은 결코 인간에서 인간으로 직접 전염되는 것이 아니라, 오직 미야이리가이에 의해서만 매개된다. 미야이리가이는 매우 한정된 지역에서만 서식한다. 즉 지방적인 생물이다. 그러나 미야이리가이가 유일무이한 일본주혈흡충병의 매개물이므로 이 미아이리가이가 서식하는 지역만이 병의 유행지가 된다. 다른 지역에는 가령 환자가 이동해 가도 그 이상으로 전염되는 일은 없고 이 조개서식지에서는 매년 새로운 환자가 발생한다. 지방병으로 연중 내내 발생하는 일이다. 즉 일본주혈흡충병의 유행 원인은 이 지방성을 지닌 일종의 조개의 존재이다.

다른 일례를 들어보자.

아프리카의 일부분에 수면병이라고 하는 병이 있다. 이것은 중부 아프리카의 대부분에서 발생하는 병이다. 먼저 열이 나고 경부 그 외의 임파선이 붓고 이것이 잠시 지속되다가 증상이 기면 상태로 나타난다. 정체도 없이 계속 잔다. 그리고 죽음의 귀로를 맞이하는 위험한 병이 있다. 이 병은 혈액 중에 트리파노마 감비엔(トリパノーマ　ガンビエン)이라는 미생물

이 침입하여 서식함에 따라 발생되는 것이다. 이 병원체는 쓰에쓰에파리라고 하는 파리의 종류에 의해 매개된다. 즉 이 쓰에쓰에파리가 환자의 혈액을 빨고 일정 시일이 지난 후에 다른 건강한 사람을 빨면, 이에 병원을 매개하여 수면병이 걸린다. 이 병의 매개자도 역시 쓰에쓰에파리 뿐이기 때문에 이 파리의 서식지가 이 병의 유행지가 되고, 그러지 않는 지역에는 유행되지 않는다. 예전에 서인도에 이 병의 환자가 생겼던(이입되었던) 적이 있었는데, 매개자가 없기 때문에 바로 소실했다. 또한 아라비아 일부에는 쓰에쓰에파리가 있지만, 이 지역에서는 다행히도 병독이 아직 이입되지 않았기 때문에 유행하지 않았다. 만일 환자의 이입이 있다면 이 지역도 유행지로 될 것이라고 한다.

그 외 비슷한 관계에 있는 것은 황열(黃熱)과 류큐시마 모기(琉球縞蚊), 말라리아, 아노페레스카(アノフェレス蚊) 폐디스토마와 다슬기 또는 민물게(淡水蟹), 간디스토마병과 콩우렁이(マメタニシ)나 잉어과의 어류, 선페스트(腺バスト)와 인도벼룩(印度蚤) 등 상당히 많다. 매개 동물이 일정한 지방에만 서식하는 이유는 그 동물의 생활 필수조건이 어떤 제한된 범위 내에 있어 그 범위를 넘으면 생활할 수 없기 때문이다. 이 필수조건은 물론 동물의 종류마다 다르지만, 각각 특별한 기온, 지세, 물 서식지 동물이라면 수질, 그 중에 있는 생물, 물 흐름의 속도 등을 들 수 있다. 예를 들어 보면 앞에서 말한 미야이리가이는 물의 흐름이 급하지 않고 그다지 수온이 높지 않은 곳을 좋아하며 일정한 늪이나 논 사이 도랑에서 서식한다. 이와 비슷한 간디스토마의 매개동물인 콩우렁이(マメタニシ)는 미야이리가이에 비해서 약간 수온이 높고 물이 다소 탁한 호수와 늪에 서식하고 또한 폐디스토마의 매개동물인 다슬기는 흐르는 물, 작은 강 속의 다소 물때가 있는 작은 돌에서 서식한다. 그리고 이 세 종류는 모두 패류이며 서식하고 있는 수중에서는 일정량의 석회분을 용해하는 일이 필요하다(조개껍데기의 석회를 보충하여 조개의 성장을 하기 위해서). 같은 수중에 서식하는 패류이지만, 이 세 종류는 다소 다른 생활조건을 필요로 하기 때문에 일본주혈흡충병, 폐디스토마나 간디스토마는 각자 특별한 유행지를 가지고 있다. 가령 이러한 질병 유행지가 상당히 근접하거나 또한 겹친다고 생각되어도 상세하게 조사하면 병독의 감염지에는 차이가 있다는 것을 발견한다.

특수한 동물의 서식이 병독 유행의 원인이라면 그 질병의 박멸 예방을 위해서는 이 매개 동물의 생활 조건을 먼저 조사할 필요가 있다. 또한 만약 이 조건이 분명하다면 또는 병독 유행 발견의 열쇠가 된다. 지금으로부터 16년 전 치바와 이바라키현에서 미야이리가이가 서식할 것이라고 멀리서 추정하고 그 지역을 찾아가 미야이리가이를 발견하였다. 그 다음, 그 지역 사람들의 분변검사를 하여, 그 중 일본주혈흡충 알을 발견하여 이 지방의 일본주흡혈 흡충병이 유행한 사실을 밝힌 적이 있다. 또한 조선에서 평택(경기도)과 전주평야, 논산(충청북도), 진영(경상남도) 등을 기차 위에서 관찰하여, 간디스토마병, 동물 다슬기의 서식을 예상하여 이 지역에 실제 다슬기를 채취하였다. 또 이 부근의 어류를 검사하여 병독의 존재를 확인하였는데 그 후에 이러한 지역이 간디스토마가 농후한 유행지라는 사실을 알았다. 또한 미야이리가이는 논 속에서는 서식할 수 없다는 것을 발견하고 도네가와 연안에 앞에서 언급한 바와 같이 일본주혈흡충의 예방, 박멸법의 하나로 매개동물의 서식지인 제방 밖의 늪지를 경지로 만들어야 한다는 점을 제언하였다. 또한 토지의 인공적 가공이 어떤 지방병을 감소시키고 또한 증가한다는 예는 적지 않다. 이 또한 매개동물의 소멸과 성장에 의한 일이 많다.

동물의 생활 조건에 대해서는 앞에서 2, 3종에 대해서 설명하였지만, 실제로는 결코 단순하지 않다. 어렴풋이 이러한 지역에서 어느 동물이 서식할 것이라고 추정할 수 있어도 조건을 명료하게 하는 것은 매우 어렵고, 나도 종래 이를 수량적으로 설명할 수 있는 예를 가지고 있지 않다. 예를 들면 말라리아의 매개 모기(아노페레스)에 대해서 북미합중국에서 온 조사와 같이 모기의 유충이 서식하는 물의 수소이온농도를 측정하여 이러한 범위의 수중에서만 서식한다고 정해진 예가 있지만, 같은 범위 내 수중에서도 서식하지 않는 경우도 있으며, 또한 실험실에서는 이 범위 이외의 물속에서도 모기를 발생시킬 수 있어 이러한 결과와 반대의 결과를 얻을 수 있다. 나도 또한 미야이리가이의 서식수의 수소이온농도를 측정하였지만, 조금도 특수한 관계를 발견할 수 없었다. 즉 물이 산성이든 알카리성이든 물론 정도에 따라 동물의 서식에 하나의 필수조건이겠지만,(약알칼리성이 좋은 것 같다) 결코 한 가지로 말할 수는 없다. 이러한 관계는 아직 확실하지 않다.

단, 대체적으로 특별한 지형, 지세가 이 지방생물의 범위를 정하는 일은 확실하다. 이에 의해서 지리학, 특히 지형학이 지방병 연구에 관계가 있다는 것이다. 특수한 지형이 특수한 동물의 서식의 원인이 되며, 이 동물이 일정한 미생물의 매개가 되어 지방병유행의 원인이 된다.

지리와 질병의 관계는 이것만이 아니다. 다만 이러한 언급은 내가 내년의 연구 문제 중의 하나인 지방병과 지형과의 관계를 한두 개의 예를 들어서 지리학과 깊은 관계가 있다는 점과 그 연구가 장래에 기대될 것이라는 것을 이야기하는 데에 지나지 않는다. 〈43~45쪽〉

시가 기요시(경성제국대학 총장 의학박사, 志賀潔), 「세계 나병의 역사와 나균의 연구」, 『조선급만주』(제271호), 1930년 6월.

석가모니는 「생로병사는 인생의 4대 고통」이라고 하였다. 이것이 발심의 기연이었다. 중국에서는 진시황이 끝없는 수명을 가지고 싶다고 하여 봉래섬에 불로불사의 선약을 구하기 위해서 사신을 보냈지만, 결국은 얻지 못하고 이 세상을 떠나버렸다. 하물며 우리도 마찬가지로 애써 세상을 누리고 있기 때문에 언제까지나 젊어지고 싶고 죽고 싶지 않는 것이 인지상정이다. 지난해 일본에서도 젊어지는 법이 상당히 유행하였다. 그러나 완전히 젊어졌다는 말도 듣지 못했고, 장수한 사람도 죽는다는 것을 생각하지 않아도, 노병사자는 조금도 줄일 수 없다. 천수를 다한 노사자도 아무튼 병 때문에 죽고, 불의의 사고로 요절한 병사자는 어떻게 해서든 천수를 마치고 싶어 하며, 마치게 해 주고 싶다. 같은 병사자 중에서도 나병은 전염에 의한 경우가 많다. 그 중에는 완전히 자신의 나쁜 행실, 불품행에서 온 사람도 있다. 이러한 사람이 병 때문에 다소 고통을 받은 것은 또한 하늘의 제재라고 말하는 듯하다. 그러나 자기에게는 무슨 죄도 잘못도 없는데 태어나면서 불치의 병을 가지고 있는 사람도 있다. 지금 여기서 말하고자 하는 나병을 예로 들면 병세가 진행되면 피부가 썩어서 진물이 흐르고, 코가 떨어지고 근육이 떨어져 분분한 취기를 내뿜는다. 친부모나 형제로부터도 꺼려하면서 멀리한다. 친형제조차도 이러는데 하물며 다른 사람들은 어떻겠는가. 현대에는 일반 세상 사람들로부터 큰 혐오와 박해를 받고 있다. 그러나 자신에게는 아무런 죄도 잘못도 없다. 근대 의학이 진보하는 시대에서도 역시 불치의 병이기에 그들에게는 하등의 희망도 광명도 없고 병과 마음의 고통에 힘들어 하며 세상 박해에도 감내해야 한다. 나환자만큼 불쌍한 사람은 없을 것이다. 나병과 유사한 병은 매독의 3기 증상으로 그대로 방치해 두면 국부가 부폐되고 관절이 아프며, 코가 떨어진다.

이 매독은 비교적 새로운 병이며 도쿄의 도비(土肥) 박사의 연구에서 콜럼버스의 미대륙 발견 시, 감염되어 이 병균을 가지고 돌아온 선원들에 의해서 유럽으로 전염되었다. 불과 몇 년 만에 전 세계에 만연되었다. 그러나 나병의 역사는 아주 오래되었고 기원전부터 있었던 것 같다. 그리고 중국, 서양에서는 이탈리아에서 전염되었다고 한다. 나병에 관한 중국문헌에는 '황제내경소문(皇帝內經素問)'(서력 265-419 진갈홍저시후방(晉葛洪著時後方))에서 나오는 사람이 가장 오래되었고, 그 다음으로는 '병원후론(病原候論)'(수나라 소원방(隋巢元方)저 제7세기경) 또한 당나라 손진인(孫眞人) 천금방왕역(天金方王譯)의 ○비요방(○秘要方), 명나라 진실공(陳實功)의 외과정종(外科正宗) 등이 있다. 이러한 문서를 보아도 중국에서는 고대부터 나병이 있었다는 것을 알 수 있다.

일본에서 나병에 관한 기사는 제64대, 엔코(圓蝸)천황 천원(天元) 5년에 수심방(囚心方)이 처음으로 천여 년 전에 등장한다. 그러나 실제로는 더 오래전부터 있었다고 생각된다. 제45대 쇼무(聖武) 천황 때에 고묘(光明) 황후의 사적 속에 나와 있다. 황후는 특히 인자한 마음이 깊어서 덴표(天平)2년 4월, 황후 궁직에 시약원(施藥院, 즉 빈민요양소)를 세워서 궁민에게 시약, 치료를 하여 환자를 구제하셨으며, 또한 같은 해 동서비전원(東西悲田院, 지금의 양육원 및 빈민병원에 해당한다)을 세워서 고아, 환자를 요양하게 하는 등 자선사업에 힘을 다하셨다.

도다이지(東大寺) 11면 관음은 지상에서의 이상적 부인의 모습을 표현한 것이기 때문에 이것은 황후의 모습을 그려낸 것이다.

황후는 열렬히 불법을 믿고 계셔서 천명의 불쌍한 환자구제에 대한 대소원을 세우셨다. 이전에 995명을 구제하셨다. 이제 남은 한 명이라고 생각하고 있을 때에 온 천명 째의 환자는 실제로 비참한 모습의 나환자였다. 이 나환자는 황후를 향해서 '나의 병은 좀처럼 낫지 않는다. 어떻게든 구제해 주세요. 이 고름을 모두 빨아들이면 낫는다'고 하였다. 과연 황후도 잠시 주저하셨다. 그러나 천명 구제의 대소원이기 때문에 깨끗하게 빨아냈다. 그러자 그 나환자가 바로 나았으며, 황후의 모습에서 빛이 나왔다. 그 모습이 11개 얼굴의 관음이라고 전해지고 있다. 이것은 물론 민간의 속설로 올바른 역사는 아닐 것이지만, 이에 의해 황후의 깊은 자비와 당시부터 이미 우리 입에서도 나환자가 있다는 것을 알 수 있었다.

또한 나북산십팔개호(奈北山十八開戸, 600년 전 승려 인성이 재건)나 기병초자(奇病草子, 600년 전 도좌광장 저(土佐光長書)) 및 남만류뢰창기방(南蠻流癩瘡奇方, 가마쿠라 시대) 등은 일본에서도 나균이 상당히 오래전부터 있었다는 것을 증명하는 자료로 남아 있다.

게다가 잇펜쇼닌(一遍上人) 에마키에서도 56명의 나환자가 있으며, 이 그림의 왼편 아래 구석과 중앙에 보이는 사람은 피부가 벗겨지고 얼굴이 문드러져서 고름이 흐르고 손과 발이 없다. 이것은 확실히 나환자라고 생각된다.

상당한 우리 불교도가 이러한 시약, 치료, 구빈, 양육, 양로 등 모든 사회사업을 하시고 큰 공적을 남긴 것은 진심으로 존경할 수밖에 없다. 그러나 오늘날에는 불교도에게 자기 목숨을 던지고 이러한 불쌍한 환자를 스스로 구제한다고 하는 헌신 희생 활동을 볼 수 없게 된 것은 실로 개탄할 수밖에 없다.

다음으로 서양 역사에 의하면, 나병의 근원지는 이탈리아라고 하고 있다. 이탈리아에서 656년에 나원이 세워졌다. 그 후, 칼 대왕(789년)은 나환자에 대해서 크게 박해를 가해서 모든 나환자에게 결혼을 금지시켰다. 현재 우리가 생각하면 나병의 전염률은 매우 낮다고 생각되지만, 중세 십자군이 일어났을 때에는 매우 만연하였으며, 12,000의 나병원이 있었다고 하기 때문에, 당시의 환자는 아마도 수만 명에 달했을 것이다. 이러한 환자는 모두 일반 세상 사람들에게 매우 학대를 받았고, '나환자를 추방하자'라고까지 말했다. 당시 나병의 번식력이 실제로 대단하였을 것이다. 이 시대에 대해서 불쌍한 환자를 구제해야 한다는 박애자비의 대○을 흔들어 분연하게 일어났던 사람들이 야소교도였다. 그들은 매우 깊은 사랑과 열정을 가지고 이 구제에 임하여 실로 자각하여 활동을 하였다. 아마도 중세 일본불교도의 사회적 활동과 비슷하다.

현대 나병은 전 세계에 이르러 환자가 있지만, 그 중에서 가장 많은 곳이 동양이다. 중국에서는 나환자의 정확한 수를 알 수 없지만, 중국보다도 일본이 더 많은 듯하다. 결국 일본이 세계 제일 나병국이 되었다. 일본에서도 가장 높은 것은 조선이라고 생각된다. 조선에서는 인구 1,600만 명에 10,000명 이상에 달한다. 일본은 23,000명이라고 한다. 그래서 천명 이상 수용할 수 있는 국립 나병양소의 설립을 계획하고 있다.

하와이와 필리핀에서도 상당히 많은 나환자가 있는 듯하다. 하와이에서는 나병은 중국인이 이주하여 중국인으로부터 전염되었다고 생각된다. 현재 나병을 중국인병이라고 하고 있다. 그러나 이것이 역사적으로는 잘못되었다. 당시 하와이에는 중국인이 많았다고 생각된다. 나병은 하와이에서도 매우 강하게 전염되었다. 어느 선교사는 이 불쌍한 나환자를 구제하려고 결국 감염되어 죽었다. 그러나 이러한 경우는 드물고, 그 외의 예는 없는 것 같다. 그다지 긴 시간 동안 환자를 접하지 않으면 전염되지 않는다. 전염률은 매우 적은 병이다. 위의 선교사는 나환자와 동거, 기거를 하였으며 음식물도 목욕도 완전히 같이 하였다. 그리고 6년 후에 결국 감염되어 50여 살의 일기로 나환자로 죽었다.

현대에 환자는 일본. 조선, 중국을 통해서 막대한 숫자로 올라갈 것입니다. 이 환자에 대해서 국가도 국력요양에 힘을 기울이고 또한 전염방지의 방법을 강구함과 동시에 될 수 있으면 자손으로의 유전을 막기 위해서 나병의 근절에 기해야 한다. 나환자, 541명에 대한 조사에 따르면 양친 모두 환자인 아이가 123명이다. 또한 양친 모두 환자를 조사하던 중 93쌍의 부부에게 385명의 아이들이 태어나 그 중 217명이 사산되었으며 생존은 168명이다(하와이).

이제는 일본에서도 인구 문제가 심각해서 산아제한을 한창 주장한다. 이에 대한 찬반은 일반인은 따로 두고라도 앞에서 언급한 환자에게는 꼭 제한의 방법을 강구해야 한다. 오히려 그들에게는 거세술을 하여 아이가 생기지 않도록 해야 한다. 이는 부모가 태어난 아이들의 불행을 보는 것 보다는 좋을 것이며, 아이나 일반 사회도 오히려 행복할 거라 생각한다.

그러나 이러한 방법도 서둘러 행하기는 어려운 일이며, 게다가 현재 우리의 눈앞에는 일본과 조선에서 3만여 명의 나환자가 불쌍한 모습을 하고 사회로부터 큰 학대와 박해를 받고 있다. 게다가 그 중에는 완전히 치료가 된 사람도 있다. 다른 모든 병에 관한 연구는 매우 진보하고 근대 의학에 큰 은혜를 입고 있지만, 단 나병의 병원체인 나균에 관한 연구만이 의학계에 남아 있어, 아직 드러난 것이 없다는 점이 정말로 유감이 아닐 수 없다. 나병의 병원체인 나균은 1811년 노르웨이의 학자에 의해서 발견되었다. 환자의 고름 안에서 무수한 나균이 있다. 나균은 결핵균과 비슷하다. 완전히 같은 형태로 전염된다고 것을 알 수 있다. 결핵은 예방치료 등의 연구가 발전하고 있다. 그러나 나균은 연구가 한 치의 발전도 없다. 이것은 왜 그런가에 대한 원인을 말하자면, 다른 병균과 달라서 나균은 배양할 수 없기 때문이다. 인체 이외의 다른 곳에서 배양시켜야 하는데, 이 배양을 할 수 없다. 배양이라도 성공하면 치료법도 전염방지도 할 수 있게 된다. 그러나 다른 병균은 배양할 수 있는데 나병만큼은 배양할 수 없을까. 나균 발견 후 60년간 세계 세균학자는 모두 다 함께 이 배양에 신경을 썼지만, 또한 할 수 없었다. 모두 실패로 끝났다.

나는 20년 전부터 이 연구를 목표로 하고 나균의 배양시험을 하였다. 그동안 몇 번인 실패를 거듭하며 왔다. 그러나 1920년 조선으로 온 후 총독부에서 연구를 계속하였지만, 설비도 불충분하고 연구의 시간도 없었기 때문에 당연히 실패로 끝났다. 1922년 ○등자로부터 나병의 연구 잡지를 받았다. 이에 따르면 하와이에서 나병의 치료에 상당한 성적을 올려서 5, 6년에 5, 60명의 환자를 퇴원시킬 수 있었다고 기록되었다. 나병은 초기에 적당한 요양을 하면 치료할 수 있지만, 증상이 심해지면 치료할 수 없다고 하였다.

그 후, 조선에서도 대학을 설립하여 의학 연구의 설비도 충실하게 하여 연구의 시간을 얻을 수 있게 되었기 때문에 나는 재작년 여름부터 성공을 기하며 나병의 배양에 몰두하였다. 이 시험에 의하면 나균배양이 힘든 원인을 알 수 있었다. 이것은 이 균을 배양하면 다른 잡균이 혼합되어 나균을 덮어 나균의 번식을 방해하기 때문에 나균은 번식할 수 없다. 그래서 잡균을 죽이는 방법을 강구해야 했다. 약품으로 잡균을 죽이는 시험을 하였다. 그러나 잡균을 죽이기 위해 건강한 나균을 죽이거나 약하게 해서는 안 된다. 몇 번인가 시험을 반복하는 중에 겨우 황산으로 성공할 수 있었다. 나균은 황산에는 저항력이 강하다고 보이고, 다른 잡균은 사멸하지만, 나균만큼은 약해지지 않고 번식해 간다는 것을 알 수 있었다.

이렇게 해서 1929년 9월 30일 처음으로 감자 표면에 발육시켜서 나균을 보았다. 이때 춤추듯이 매우 기뻤으며 실은 대성공이라고 기뻐하였다. 그러나 정말 성공일까, 우연의 성공은 아닐까하고 다시 의구심이 일어났다. 그 후로 동일한 배양법으로 마침내 우연이 아니라는 것을 밝혔다. 오랜 기간 동안 학계에서 불가능하다고 한 나균의 배양이 가능하게 되었다. 감자, 토란, 육즙 등 123종에 배양하여 시험하였다. 몇 만 번의 배양을 거듭하며 1년 이상의 시간이 걸려서 차츰 나균배양에 대한 몇 가지의 자신을 얻을 수 있었다. 그러나 이 연구는 앞으로도 계속해야 한다. 이 배양으로 비타민 결핍이 없을 때에는 전염되지 않는다는 것을 알 수 있었다. 그래서 앞으로는 식물의 연구로 예방할 수 있게 하고자 한다.

조선에서 많은 해초에는 비타민이 특히 많기 때문에 이 연구의 진전과 함께 고가로 될지도 모른다. 작년 오사카 의학대회에서는 일본의 규슈대학이나 기타사토(北里) 연구소 등에서 2, 3개 나균 연구의 결과를 발표하게 하였다. 나의 연구는 과연 1년 반 기간이 필요한 것이다. 나의 연구가 동기와 자극이 되어 이 문제가 일본에서 해결할 수 있으면 또한 대학설립의 취지에도 적합하다고 할 수 있으며, 세계의 학계에도 공헌할 수 있다고 생각한다. 〈37~38쪽〉

구보다 기요지(경성제대의학부교수 의학박사, 久保田喜代二), 「신경쇠약에 대해서」, 『조선급만주』(제271호), 1930년 6월.

신경쇠약은 문명병이라고 한다. 문명의 발달과 함께 일종의 부산물이라고도 말할 수 있다. 근대에 도회인, 소위 지식계급의 사람들은 정도의 차는 있지만 어느 누구도 조금이라도 이에 걸리지 않는 사람은 없다고 생각할 정도로 보편적 질환 중의 하나이다.

신경쇠약은 정신병이며 결코 단순한 뇌신경에서만 일어난 것이 아니다. 뇌의 신경질환은 기질적 변화가 있는 기질성 질환과 기질적 변화가 없는 기능성 질환으로 나뉜다. 신경쇠약은 그 후자에 속하며, 주로 뇌와 관계가 있는 질환이고 해부학적으로는 신경계통에는 하등의 변화를 보이지 않는 질환이다. 신경계통의 자극이 항진되어 과격하게 됨과 동시에 이 피로성도 또한 올라가게 된다.

일반적으로 신경쇠약이라고 하는 질병에도 종류가 여러 가지 있어 질환의 원인도 여러 가지로 다르기 때문에 증상 및 경중도 다르다. 신경쇠약의 일반적 증상은 불면, 두통, 현기증, 이명, 기억력과 판단력 감퇴, 주의집중이 힘들며, 그릇된 추측으로 사실을 곡해하여 흥분, 비관한다. 어떤 일에도 흥미가 없고 일에 쉽게 질리고 무슨 일에도 결단력이 둔하게 되고 용기가 나오지 않는다. 또한 강박관념, 공포관념, 악몽으로 고통스러워하고 정신적인 불안에 빠져 있으며, 대체로 감각은 과민해져 있어 심장이 두근거리며 흥분한다. 신경성 소화불량과 성적장해 등 여러 가지 특징이 나타난다.

대체로 환자는 자기 질환을 너무 무겁게 생각하여, 자기병을 고통스러워하고 스스로 위축되어 비관하기 쉬운 경향이 있다. (광인은 이에 반해 자기 병상을 완전히 자각하지 못한 사람이다.)

신경쇠약의 요인은 첫째 유전이다. 이것은 정신적 소질과 신체적 소질로 나누어진다. 정신적 소질은 선천적으로 신경계의 자극성이 높고, 유전인 경우도 물론 있지만, 후천적으로 신경질적으로 양육을 받는 일이 원인되는 것도 있다. 신체적 소질은 양친이 대주가, 또는 허약자든지 너무나 노년이거나 젊은 경우, 또한 양친에게 매독이 있는 경우는 체질적인 신경질이 된다.

또한 국민성이나 문화의 정도 및 직업으로도 매우 중대한 관계를 가진다. 항상 두뇌를 혹사하는 사람, 과로에 빠지기 쉬운 사람, 오감을 과도하게 자극하는 사람, 강한 감동을 받는 사람 등은 신경쇠약에 걸리기 쉽다. 또한 연령이나 성별에서도 크게 관계된다.

그러나, 가령 동일한 환경에서 동일한 조건의 과로로 인해 모두가 신경쇠약에 걸려서 동일한 정도의 증상이 오는 것은 결코 아니다. 이것은 사람마다 저항력 즉 체력개성 및 정신수양의 여하에 따라 다르다. 신경쇠약에 빠져 있는 사람은 모두 신경질적인 사람이다. 신경질

(체질상으로 말한다)인 사람은 선천적으로 뇌가 약하고, 신경이 과민하여 세세한 일에도 너무 신경을 쓴다. 스스로 신경 과로를 초래하여 마침내 쇠약하게 해 버린다. 그러나 신경질적인 사람은 모두 신경쇠약에 걸리지는 않는다.

최근 사회생활이 복잡해지면서, 계속되어지는 경제부진과 함께 생활고, 생활난의 심각화가 됨에 따라서 생존경쟁은 더욱 격렬해졌다. 따라서 어느 정도의 사회적인 지위를 차지하고, 어느 정도의 생활을 위해서는 필연적으로 매우 바빠지면서, 고군분투의 노력이 필요하기에 심신과로를 초래하기 쉽다. 이러한 질병에 고통 받는 사람은 점차 증가할 뿐이다.

신경쇠약을 일으키는 원인은 정신적으로든 신체적으로든 과로에서 오는데, 이는 급성폐렴, 디프스, 만성 심장병, 신장병, 위장병, 중독병, 신경통, 류마티스, 관절염, 화류병, 그 외 모든 질환으로 오는 경우도 있다.

신경쇠약에 걸리는 사람이 질환을 치료한다면, 먼저 병의 원인이 어디에 있는가를 정확하게 진단해야 한다. 그러나 결코 신경쇠약인지 또는 다른 병인지는 쉽게 판단할 수는 없다. 이는 다른 질환에서도 신경쇠약과 유사한 증상을 나타내는 경우가 있기 때문이다.

만약 병의 원인이 단순하게 심신의 과로에서 왔다고 하면, 잠시 휴양을 하고 일의 부담을 경감시켜 자기의 능력과 정력에 감당되는 만큼의 일을 규율적으로 하는 것이 중요하다. 그 중에는 완전히 치료한 후에 활동해야지 하고 그때까지 오직 휴양만 하려고 하는 사람도 있는데, 이는 완전히 불가능한 일이다. 가령 근육적인 노동을 하지 않는다 해도 정신은 조금도 쉬지 않는다. 여러 가지 잡념으로 고통스러워하며 오히려 증상을 악화시키게 된다. 또한 그다지 병이 심하지 않는 경우는, 잠시 자기의 격무에서 빠져나와 정신적인 안정을 위해 휴양지에서 요양하는 것도 좋다. 대체로 신경쇠약자에게는 한적한 산지가 좋다. 그래서 먼저 산으로 들어가서 조금 회복한 후, 정력이 생겨날 때에 해변으로 나간다. 해안은 몸을 단련하기에 적당하여 체력을 증진하는 데에 적합하다.

또한 여행으로 기분을 전환시키며 환경을 이용하는 것도 나쁘지 않다. 또한 적절한 운동, 산보, 실내나 실외 체조를 해도 좋다. 그러나 사람마다 체질과 체력에 맞게 해야 하며, 정도가 지나치면 오히려 해가 된다. 아픈 뒤에 신경쇠약으로 된 사람은 자양 식이를 하고, 자극이 너무 강렬한 기호품은 피하도록 한다. 또한 자양보충제를 먹고 정력을 보완하는 것도 유효하다. 또 가정의 불화로 쇠약한 환자는 원인을 없애고, 다른 질환으로 쇠약한 환자는 먼저 그 질환을 치료해야 한다. 모두 그 원인을 제거하는 일을 해야 한다. 그 외에 적당한 약치료법도 유효하다. 앞에서 언급한 것 외의 여러 가지 요법에 대해서는 생략하겠다.

최근 자살자가 매우 많은 것 같다. 그 원인은 불경기로 경제상의 궁핍, 또는 가정제도의 관계에서 오는 가정의 불화도 있겠지만, 대부분 자살자는 신경쇠약이기 때문이다. 적어도 신경질적 기질이 있는 사람이다. 자살하는 사고방식은 일반적이지 않는 정신병적인 고려법에 이르는 사람이 많다고 한다. 물론 이것에는 계절과 관계가 매우 깊다는 점은 이미 앞서 기재한 대로이다. (본지 4월호 88쪽 참조)

신경쇠약과 교육과의 관계에 대해서 생각하면 현대 교육은 완전히 획일적이고, 개인 체력, 기질, 개성, 가정 사정, 환경의 힘 등에 대해서는 충분히 고려하지 않는다. 누구나 대신, 대장이 되고 세계적인 대학자가 될 수 있다고 생각하는 교육을 하고 있다. 이것은 큰 잘못이다.

사람은 각 체력 능력, 자력이 다르므로, 가령 갑에게는 쉽게 가능했지만, 을에게는 곤란하거나 완전히 불가능한 것도 있다. 개인의 능력에 따라서 각 개인의 이상적인 목적도 당연히 달라야 한다. 그러나 현대 교육은 개인의 능력의 차이를 인정하지 않고, 완전히 동일한 사람으로 취급하고 있다. 각 개인에 따라서 달라야 하는 교육법이 모두 일률적이며, 모든 사람에게 동일하게 요구하고 있다. 여기에서 큰 무리가 있다. 따라서 많은 현대인은 모두 자기를 반성하고 정확하게 자기 능력을 확인하는 힘이 충분하지 않다. 그 결과로 능력에 맞지 않는 것을 바라보며, 실현 불가능한 일을 가능한 것처럼 생각한다. 이 무모하고 무리한 목적 희망을 달성할 수 없기 때문에, 고군분투하면서 초조해한다. 그리고 기뻐하는 사람이나 무성한 세상을 저주하게 되어 마침내 심신의 과로를 초래하고 신경쇠약으로 빠져든 사람이 매우 많이 있는 것 같다. 이는 교육에서의 결함을 바로잡아, 올바른 자기인식의 힘을 가질 수 있게 해야 한다. 자기 스스로도 일반 사람들도 무리하게 요구하지 않으면 이 질환은 상당히 줄어 들 수 있을 것이다. 〈78~79쪽〉

에토 다케지로(경성부인과 병원장, 닥터 江藤武城), 「히스테리에 대해서」, 『조선급만주』(제271호), 1930년 6월.

히스테리는 그리스어로 히스테라라고 하는 자궁을 말한다. 그리고 자궁에 병이 있으면 정신적인 이상을 가져온다. 이것이 즉 히스테리이다. 히스테리는 이미 3천 년 전부터 알려져 있었다. 자궁의 병에서 오는 정신이상을 히스테리라고 하지만, 오늘날 히스테리를 분류학상으로부터 말하자면, 신경계통에서 나온 증상이라고 할 수 없는 상태이며 이 카테고리는 남자에게는 없는 여자만의 특유한 것이다.

신경병과 부인병 사이에서 논의가 끊임없지만, 우리가 30년의 경험에서 히스테리를 보면 여자의 생식기의 어딘가에 변형이 보인다. 생식기의 병을 치료하면, 지금까지 히스테리라는 막연한 이름으로 불린 반미치광이의 부인도 보통 사람과 같이 될 수 있었다.

그리고 보면 우리들은 기원전 먼 옛날에 소크라테스 시대가 이 병에 대해서 히스테리라고 병명을 붙였다는 뛰어난 식견에 개탄하지 않을 수 없다.

히스테리 중에 가장 특이한 것은 히스테리 화(癜癎)라는 것이 있다. 이것은 특히 만성 난소의 병이 있는 여자가 만약 난소의 변화가 정말 심해질 때에는 짜증과 판별이 매우 어렵다. 완전히 실신해 버려서 촉각도 통각도 잃어버려도 하복부의 난소가 있는 부분을 누르면, 반드시 알아차리는 특징이 있다. 그러기 때문에 초보자라도 당연히 짜증인지 또는 히스테리성 짜증인지 판별할 수 있다.

법원에 여자를 증인으로 불렀을 때에 사실의 심문에 대해서 진실을 말하지 않는 경우가 있다. 이것을 히스테리성 허언이라고 한다.

다음으로 히스테리 동통은 해부학적은 동통과는 다르며 통증부분이 항상 바뀌고, 또한 전혀 통증이 없는 날도 있다가 아픈 날이 있기도 한다. 또한 몇 년 동안이나 발을 움직이지 못했던 사람이 옆집에 화재가 날 때 서둘러 일어서서 나왔다는 등의 이야기는 자주 있는 이야기이다. 이런 병을 소위 비의료인의 영기요법이라든지 뭔가의 가지각색의 이상한 요법으로 치료할 수 있다고 하는데, 그들이 치료할 수 있는 것은 단지 이런 환자뿐이다. 그러나 이런 환자도 세상에 워낙 많이 있기 때문에 끝내 이런 비의료인이 즐거워하게 된다.

대체로 히스테리 부인을 보면, 어떤 일에 대해서도 지속성이 없고 끈기가 없다. 모든 것이 내키지 않고 진중미가 결여되었다. 머리는 항상 짓누르는 듯하고 두통, 편두통, 현기증이 있으며, 오랫동안 독서라도 하면 눈이 바로 피로해지면, 마침내 눈을 뜨는 것이 강박으로 된다. 그리고 희노애락의 변화가 정도를 넘어서 심해진다. 조그마한 일에 울기 쉽고 화내기 쉽고, 기억력이 감퇴되며, 독서를 해도 강연을 들어도 그 내용이 확실히 들어오지 않는다.

또한 생식기의 여성이라면 동침할 때에의 쾌감이 매우 줄어든다. 또한 이 질환 때문에 불임이 되거나, 대부분은 세상을 비관하는 경향이 있으며, 또한 그 중에는 돌연 쾌활하게 되는 경우도 있다.

위와 같은 상태에서는 부부 사이도 재미있게 지낼 수 없다. 그리고 남편은 남편대로 부모님에게 무의미한 저항을 한다. 논리적으로는 완전히 졌어도 굴복하지 않는다.

신문의 3면을 자주 떠들썩하게 하는 기사로, 히스테리가 심해서 자살하였다는 이야기가 자주 있다. 이것은 실제의 일이며 최근 프랑스 부인 과학자의 연구에 의하면 여자의 자살 99%는 부인과질환이 원인이라고 하였으며, 히스테리 증상이 원인이 되어 이 결과에 이르게 되었다는 것을 보고하였다. 아마 자신의 경험으로 보아도 진실일 것이라고 믿는다. 〈80쪽〉

히로가와 고사부로(경성의학부 의학박사, 広川幸三郎), 「운동과 산소」, 『조선급만주』(제272호), 1930년 7월.

여기에서 운동이란 단지 몸을 움직이는 것을 의미로 한다. 운동에는 산소가 필요하다. 그러나 산소는 얼마든지 있다. 너무 많이 있기 때문에 산소에 관한 연구를 강요당하지 않는다. 그러나 유럽 대전 후 스포츠가 성행하고, 산업합리화 등을 주장함에 따라서 산소에 관한 연구가 점차 진행되게 되었다.

산소흡수량은 인간에 따라 각각 다르다. 1분 동안 산소흡수량, 조선인은 3.1이며 일본인은 3.4, 중국인은 3.11이며, 노인은 3.31리터이다.

또한 산소 사용량은 하루에도 시간에 따라서 다르다. 이것도 인간에 따라서 종류의 형태가 있지만, 어느 인간이라도 오후 4시경이 가장 많다는 점은 동일하다. 또한 식후의 한 시간은 산소의 소비량이 많다. 또한 보통의 경우는 조용히 앉아 있을 때에 산소흡수량이 많다. 또한 작업의 종류, 보행의 속도 등 여러 가지 경우에 따라 각각 다르다. 산소의 소비량이 가장 많을 때가 가장 피로한 때이다.

의자나 탁자의 높낮이에 따라서도 산소의 소비량이 다르다. 높은 의자(발꿈치가 뜬 경우)은 시간마다 10.15, 중간 의자(발꿈치가 닿는 경우)는 8.56, 낮은 의자(발꿈치가 굽어진 경우)는 9.73리터이다. 지금 중간의자를 100으로 하면 낮은 의자는 113, 높은 의자는 118이기 때문에 높은 의자를 사용하는 경우가 가장 많은 소비를 하고 있다. 탁자를 고중저로 나눠서 높은 탁자는 탁자의 면이 팔꿈치에서 9정도, 중간 탁자는 6정도, 낮은 탁자는 3정도로 높은 탁자를 사용하는 경우에 산소 소비량을 비교하자면, 낮은 탁자를 100으로 하면 중간은 106, 높은 것은 109이며 탁자의 높으면 피로의 정도가 높다고 한다.

대갈못 작업에서 보면, 옆치기는 한 시간마다 51.27, 올려치기는 47.87, 아래치기는 41.01의 산소소비량을 보여준다. 옆치기를 100으로 하면 올려치기는 93.3, 아래치기는 80.9이다. 따라서 아래치기가 가장 편하고 옆치기가 가장 피로하다. 직공의 노동임금도 이 피로도에 따라서 차별을 두는 것이 합리적이라고 생각한다.

또한 서있는 시간은 의자에 앉아 있는 것보다 산소사용량이 많다. 현재 일에 종류에 따라 산소소비량을 비교해보면, 다음 표와 같다.

일의 종류	일하기 전	일하는 중		일이 끝난 직후	
종류	직립시	매초, 매분	증가율	매초, 매분	증가율
경운기	151.9	237.4	7	121.3	26
조각	140.0	159.6	14	122.0	(-)13
문*	160.0	158.6	(-)1	165.9	l
바구니짜기	146.5	206.8	41	147.0	0
재봉틀	148.6	151.8	3	135.2	(-)9
흰 맷돌	159.4	478.3	314	249.2	56
톱질	157.7	618.9	294	278.4	77
가와운반	162.0	683.3	326	327.1	10.1

짐을 지고 걸을 경우, 짐이 체중의 37%일 때, 산소 소비량을 100으로 하면 짐의 50%일 때는 112~116, 즉 11에서 16만큼 증가한다. 증가할수록 피로가 높아진다. 보행의 경우에 보면 다음과 같다.

종류	단위	매초
보통 걸음	(Ⅰ)60.3 (Ⅱ)75.9	0.8349 0.7222
빠른 걸음	79.2	1.0538
달리기	153.4	1.4507

1미터당 필요한 산소 소비량

	절대수(cc)	보정수(cc)
보통 걸음	(Ⅰ)13.48 (Ⅱ)9.51	15.36 10.44
빠른 걸음	13.30	15.57
달리기	9.45	13.80

달리기의 경우는 7.45이고, 산소의 사용량이 제일 적기 때문에 달리기가 가장 좋은 것 같지만, 운동을 마친 후에 소비하는 사용량(보정수)가 많다. 즉 운동 후 긴 회복 시간을 필요로 하기 때문에 그렇지는 않다.

스피드야드 /초	산소수요량	
	12야드 질주에 필요한 전체량	1분간의 양
5.58	1.83	5.08
6.45	2.71	8.75
7.15	2.94	10.50
7.24	3.08	11.13
7.70	3.85	14.82
8.40	4.33	18.17
9.10	6.14	28.46
9.23	7.36	33.96

1초간에 5.56야드를 달리면 1분간에 5.08의 산소를 소비한다. 점점 속력을 내면 산소 소비량이 많아져서 1초간에 9.23야드를 달리면 33.96의 사용량이 된다.

그러나 산소 흡수량에는 일정한 한도가 있다. 즉 1분간 흡수할 수 있는 산소는 보통 4리터로 매우 강한 사람은 5리터, 약한 사람은 3리터이다.

1분간 2리터의 산소흡수량인 사람이 1분간 4리터를 소비하는 운동을 하면 운동 중의 흡수량은 사용량보다 2리터 적다. 즉 2리터가 부족하다. 이 부족한 산소는 운동 후 흡수하여 보충시킨다. 또한 갑자기 질주를 시작하면 질주를 처음 막 시작한 시간은 운동에 소비하는 산소량은 흡수량보다 많기 때문에 산소가 부족하다. 이 부족은 질주 중지 후에 흡수 보충시키기 때문에 이 부족량이 많을수록 보충하는 데에 장시간이 필요하다. 따라서 피로 회복에 장시간이 필요하게 된다.

피로는 운동으로 필요한 산소를 충분히 호흡기 순환기가 공급할 수 없기 때문에 오게 된다. 그리고 이 산소흡수량은 정신적인 영향도 아마 있을 것이다. 아카오(赤尾) 씨에 의하면 사장님 앞에 가면 산소 소비량이 많다고 한다. 회사원들은 그럴 것이다.

학교에서 하는 교과목도 그 종류에 따라서 산소 소비량에 차이가 있다. 예를 들면 암산과 같은 과목은 산소 소비량이 매우 많다. 학교의 일과 배당에도 이러한 연구와 고려를 이용하여 각 과목을 어떻게 해야 하는가, 어떻게 시간을 짜서 산소의 소비량을 가장 적게 끝낼까. 또한 식후 1시간은 산소의 소비량이 절정에 달하기 때문에 비교적 편한 운동을 시킬 필요가 있다. 그러기 위해서는 어떤 운동을 시켜야하는 것이 가장 합리적인지 연구안을 내야 한다. 〈53~54쪽〉

오쿠보 박사 이야기(경성의학부 의학박사, 大久保), 「수면과 체질」, 『조선급만주』(제272호), 1930년 7월.

　인간이 일정한 활동 후에서는 반드시 피로가 온다. 피로를 회복하기 위해서는 수면보다 다른 좋은 방법은 없다. 그렇다면 수면은 어느 정도 시간이 필요한지를 말하자면, 대체로 15세 이전에는 10시간, 30세 전후는 7,8시간, 50세 이후는 6시간 정도이다. 이처럼 연령이 높을수록 다소 짧아도 좋다. 또한 취침 후 1시간에서 2시간 사이에 가장 잠이 깊게 드는 때이며, 이 이후는 점차 얕게 된다. 그러나 이와 반대로 초저녁에 얕게 새벽에 깊게 잠이 드는 경우는 드물다. 또한 잠들기 전후가 얕게 중간 정도에 가장 깊게 자는 사람도 있다. 그래서 어떤 수면 형태로 자는 사람이 체력이 강한지는 일률적으로는 말할 수 없다. 또한 수면의 소요시간은 잠의 깊이에 따라서도 다르다. 따라서 수면시간의 길이에 따라서 체력의 강약, 두뇌의 양부는 알 수 없다. 일이 많으면 장시간 수면이 필요한가에 대해서 말하자면, 그렇지 않다. 이것은 사람의 습관에 따르지만, 체질에 따라 다르기 때문에, 자기에게 가장 적당한 수면법과 시간을 스스로 고려하여 습관을 들여가는 것밖에 방법이 없다. 〈89쪽〉

하마노 히로시(성대정치공법연구실, 濱野洋), 「아편잡고」, 『조선급만주』(제273호), 1930년 8월.

　아편은 언제부터 인류 역사에 관계해 왔는가 하는 문제는 역사가나 특히 서양과 동양의 역사·전설과 문학에 통달한 박식자를 기다려야 비로소 완전한 연구를 이루어낼 수 있다. 그렇지만, 나의 좁은 식견을 말하자면, 아편의 역사는 인류의 발생 후 머지않아 발견되었다고 할 수 있다. 두, 세 명의 독일학자의 설도 스위스·남유럽의 선사 호상 생활 시대에 이미 아편을 채취하는 양귀비 식물을 존재하게 한 증명이 있다. 소위 원시인이 밖의 맹렬한 조수와 생존 경쟁에서 제일 염두에 둔 것은 식량을 얻는 것보다도 먼저 밖의 짐승(수류)과 맞서는 데에 도움이 되는 독약 또는 마약을 얻는 일이었다. 그들은 석기로 전투구 특히 창·활·화살 등의 사용할 때 무기의 끝에 독약을 도포하는 것이 일상이었다. 후세에, 도포한 마약독 중에, 바곳(=투구꽃)(화살독, 부자(附子)에 대해서는 매우 연구가 되어 있지만, 아편이 이러한 목적으로 사용하였는지는 명료하지 않다. 그러나 독약 사용이 그들의 생활상에서 없어서는 안 되었다. 특히 양귀비가 가진 특이한 외형, 주의를 끌기 쉬운 진홍색의 꽃 춤, 기묘한 독약적 후각 등은 그들의 인식 밖에 있었다고는 생각되지 않는다.
　지중해 연안에 발달한 이집트의 희랍 인류는 기원전 1200년에서 1100년 경에 이미 양귀비를 발견하였다고 헥커(Hecker)박사는 이야기했지만, 가리손의 의약사(Garisou:History of Medicine)에 의하면 희랍에서는 엉성하였지만, 아편의 사용이 있었다는 것은 기원전 17세기에 『파피루스』(papyrus:고대 이집트인의 문자와 그림을 기록하기에 사용한 종이나무)에 기묘한 7백 종의 의약이 나열되어 있다. 그러나 약재는 매우 엉성하였다. 희랍의 후대 의학자가 이용한 것처럼 아편(opium)이나 헬레보아(hellebore)를 완전하게 사용하지는 못했다.

아편이 약용으로 최초로 기록된 것은 서양 의약의 아버지라고 부르는 히포크라테스(Hippocrates, 대략 기원전 460-377년)의 저술에 있다. 그는 아편을 모두 의약으로 권장하였다. 오늘날에 사용되는 흥분제나 마약 효용을 세상에 알렸다.

이 시대에서는 히포크라테스 이외에 테오프라스토(Theophrasto) 및 플리니우스(Plinius)가 아편을 술과 섞어서 수면제로 사용하였다는 것이 처방안에 적혀 있다. 이는 아편이 의약용으로 이용된 효시였다. 내과용뿐만 아니라, 외과용으로 상처의 고통을 진정시키는 작용도 발견하였다. 그러나 술과 혼합하여 사용하는 방법은 테오프라스토와 플리니우스까지 가지 않아도 그 이전에 일반적으로 숙지하고 있었다. 문학사상 유명한 희랍 시인 호머(Homer, 기원전 800년-700년)의 『일리아드』의 시 오디세이의 한 소절에서도 눈에 띈다.

지금 그 영어번역본을 적어보면(중략) 비애를 잃어버리면 영험한 효험이 있다고 옛사람이 말을 전한 Nepenthes의 이야기는 이 시에서 아편을 지칭하고 있다. 또한 일리아드 시 중에서 재미있는 부분은 트로이 전쟁 중, 적군이 헥토르를 향해서 발사한 화살이 헥토르에 맞지 않고 빗나가 동생 가슴에 맞았다. 동생이 부상을 입자 무겁게 얼굴에서 탁하고 고개를 늘어뜨린 모습을 호머가 형용하기를, 아마 양귀비의 꽃의 머리가 무거워 또한 이슬을 띠며 늘어뜨리는 모습이라고 노래하였다. 동양사에서 우미인초(虞美人草, 양귀비)로 유명한 에피소드와 대조적으로 우아한 아편사 이야기이다. 이와 비슷한 아편 로망은 로마의 역사가 리비우스(Livius, 기원전 59-기원 17년)의 책에서 볼 수 있다.

이 이야기는 정치적이다. 서력 기원전 500년경 로마왕, 타르퀴니아가 에트루리아성을 공격하자 당당하게 속임수를 이용하여 자신의 아이를 구타하면서 적의 성으로 쫓아보냈다. 적은 부상당한 왕자를 보고 왕자가 아버지를 원망하여 영원히 아버지와 화해하지 않을 것이라 생각하였다. 이를 옹호하여 수령으로 또한 병권을 위임받아 부왕에게 항쟁하였다. 즉 적은 부자 사이의 속임수가 있는 것을 알지 못 했다. 반면 왕자는 적의 성의 수령이 되었지만, 그 주위에서 모시는 중신, 장군 등을 전위하는 계략을 강구하였다. 마침내 어느 날 몰래 부왕에게 사자를 보내어 이를 꾀하였다. 사자가 부왕에게 갔을 때, 부왕은 마침 정원에서 산보하고 있었는데, 사자의 말이 끝나자마자 검을 빼고 화원에서 피어있는 아름다운 양귀비 꽃을 줄기의 반으로 몇 송이를 뽑아서 사자에게 보여주었다. 사자는 돌아와 왕자에 전하였다. 왕자는 아버지의 암시에 따라서 그 의중을 깨닫고 성 안의 문무 대관 몇 명을 죽이고 성 안에 있는 사람들을 교묘하게 권유하여 부왕을 받들게 하여 이 성주가 되었다고 한다.

이 사실에서 알 수 있듯이 로마의 고전설 시대의 이탈리아에서는 기원전 4, 5백 년경 일찍이 양귀비를 재배하여 아편의 탁효를 숙지하고 있었다는 것을 알 수 있다. 양귀비 또는 아편이 사람에게 망각과 체면을 시키는 탁효가 있다는 점에 대해 기록된 것은 이 시대에 상당히 많이 있다. 예를 들면 뷔지루의 시집, 프리우스의 박물관 디오스고리데스의 의서 등에서는 희랍 신화에 일삼아 인간의 심신을 안정시키고 동통을 멈추는 특효가 있다고 설명하였다. 또는 곡물의 신(Ceres)과 양귀비의 꽃과의 관계를 말하고 있다. 바레라의 의서는 아편은 모든 약제 중 제일 중요한 것으로 다른 약으로 대용품이 있지만, 아편 특효에는 이를 대신할 수 없다고까지 격상하였다. 또한 히포크라테스 이후 희랍의 제일 의학자인 가렌은 그의 저서 중에 아편이나 hyosoyamus 등이 가장 과학적인 사용법을 보여준다.

이를 요약하면 서양 역사상에서 발견된 아편은 최초로 원시인에 의해 사용되다가 지중해 연안에서 핀 고대 희랍 및 이집트문화에서는 또한 정원 화초로서 또는 의약의 탁효제로서 애상되었다. 근대인이 이 아편에 대해서 가지고 있는 증오와 공포의 관념은 이 시대는 전혀 없었던 것 같다. 한차례 아편이 독인지 약인지에 대해서 싸운 의론이 유럽에서 논의되었지만, 이는 아편의 의학적 연혁을 망각하였다. 무용의 논쟁이라고 생각된다. 왜냐하면 오늘날 의학의 발달에 대해서 생각하면 의료의 발견은 처음에는 독약이었던 것이 의약으로 되었다는 사실은 변하기 어렵다. 오늘날 아편에 대한 증오의 관념은 언제부터 일어났을까. 물론 희랍, 이집트의 애상 시대에는 없었다. 아편이 동방으로 침투하여 페르시아, 아라비아에서 증식하였다. 특히 이 지방에서 마호메트교의 미신에 의해 아편을 음용하게 되었다. 게다가 이 미신에 의해서 금주를 단행한 후에는 점점 아편의 섭취가 증가하였던 것이다. 또한 아편은 오늘날과 같이 혐오하게 되지는 않았다. 아편의 오용은 물론 상습으로 의약 외로 사용한 것이다. 단순히 담배와 같이 흡연을 하는 것만으로 나쁘다고는 하지 않았던 페르시아, 아라비아에서는 행해졌다. 또한 현재 유럽인이 하듯이 음용, 또한 흡연도 포함하지만, 소위 동방의 모든 지방에서 음용하듯이 아편에 대해서 맹독하다고 느꼈던 정도는 아니었다. 아편이 이 집요한 해악성을 발휘하기 시작한 것은 아무래도 중국의 흡연부터라고 생각한다. 아편이라고 하면 동양, 특히 중국을 연상할 정도로 중국인의 흡연군은 일반적으로 알려져 있다. 중국인이 이렇게까지 아편을 흡연하게 된 원인은 첫째로 중국인의 성격에 흡연이 잘 맞았기 때문일 것이다. 아편을 처음 섭취한 동기는 처음에 의약용으로 할 목적이었다. 중국인이 생명을 고집하기 위해서 의약을 구하는 버릇은 현저한 사실이며, 진시황제가 불로불사의 약을 구하려 했다는 일은 유명한 사실이다. 중국요리가 오늘날에도 제일 정력증진의 기본이 되듯이 적어도 약이라면 버리지 않는 것이 중국인의 특징이다. 이러한 중국인의 특성으로부터 처음에는 의약용의 목적으로 인도에서 소량의 아편을 가지고 왔다. 처음에는 역시 오직 복용만 하였고 흡연은 하지 않았다고 생각한다. 그런데 언제부터 중국인의 아편 흡연이 시작되었는지. 명말 무렵에 중국으로 들어온 담배의 영향이었다. 일반에게 널리 퍼져나갔다. 담배는 누구나 알고 있는 대로 동양의 고유한 것이 아니라 처음 아메리카의 서인도 부근에서 생산되었다. 스페인을 거쳐 필리핀제도에 전해지고 이윽고 명나라 말에 이르면, 필리핀에서 중국 복건지방으로 전래되었다. 담배전래의 연혁을 연구하는 것도 재미있지만, 특히 한번 담배가 중국으로 들어오면 상하귀천·남녀노소를 불문하고 거국적으로 퍼져갔다. 이 때문에 천계(天啓)시대부터 숭ㅇ(崇ㅇ)시대에 걸쳐서 담배금연의 상소나 단속규칙이 무수히 나왔지만, 하등의 효과도 없이 명말 아덕천(我德川) 시대의 초기인 17세기의 초엽부터 끽연의 풍습은 일반 상습기호로 되어 버렸다. 독일의 여행가 울프는 16세기 말에 동양에서 널리 일반에게 아편 흡연이 행해지고 있는 것을 발견하였다 하였다. 따라서 담배흡연과 동시에 아편 흡연도 널리 퍼져 있었다는 점을 추론할 수 있다. 또한 16세기 말경 동양 특히 페르시아·일본 등을 여행한 켄페르Kaempfer의 여행기에 의하면, 페르시아인은 담배의 유해나 불쾌한 성질을 없애기 위해서 수관을 통해서 흡연하기 시작하였다. 페르시아인은 이를 힌두스탄의 아리비아인은 이것을 인도양 및 남양의 아세아제도의 사람들에게 전파하였다. 이렇게 해서 아편수 즉 물로 엷게 한 아편을 섞은 담배를 마시게 되었다는 기사가 있다. 이 사실에 의하면 아편을 수관을 통해서 흡연하는 습관은 아라비아지방에서 자바·대만을 거쳐 중국 본토로 전래한 사실을 볼 수 있다. 또한 이러한 고증에 대해서는 대만문화지, 대만사사록, 대만시지, 대만 및 복건·광동 두성의 지방 잡지류가 잘 기록되어 있다.

안타까운 점은 중국의 청조였다. 천하를 잡고 얼마 되지 않아. 아편정책의 곤란한 문제와 조우하였다. 여러 가지로 좋았던 시설도 악랄한 유럽 특히 영국 상인의 간교한 수단에 의해 ○○되었다. 깊고 넓게 국민들 사이에 서로 행해진 아편흡연의 악습은 아무리 율령반포를 해도 아무래도 어려웠다. 마침내 아주 중요한 상업의 항구이며 군항이었던 홍콩을 아편전쟁에서 빼앗기고 막대한 배상금을 지불하였다. 나아가 ○○○의 난으로 청조는 몰락이 되었다. 즉 청조는 아편의 화로 끝났다고 해도 좋다. 이러한 큰 희생을 치르고도 중국국민 사이의 아편은 소탕되지 못하고 지금 또한 이 악습의 각성에 만연하고 있는 사실은 어떠한지. 영교상의 수단으로 이 본국에서도 조차 상하양원에게 반대의견이 일어날 정도였지만, 이는 영국만의 문제가 아니라 유럽 모든 국가가 일반적으로 동양에 자원을 구하기 위해 밀수밀매를 수단으로 중국 국민을 좀먹게 하였다.

바야흐로 아편은 세계 문제로서 국제연맹 아편위원회의 연구 사항으로 되었다. 유럽 대전쟁에서도 이를 세계적 인도문제로 삼는 그리스도교도, 선교사, 전도사 등의 연맹은 맹렬하였다. 결국 1909년 상하이에서 만국 국제회의 때에 아편회의의 개최는 무산되었으며, 그 후 3번에 걸쳐 헤이그(海牙)에서 이러한 회의를 열었다.

그러나 이러한 순인도적인 입장에서 국제적 협정에 따른 아편 방지책을 수행하는 기획도 결국은 각 나라의 재정 경제상의 문제로 저해되었으며, 아직 그 진지하게 효과가 있는 결과

를 내고 있지 못한다. 예를 들면 중국 자신도 현재 계속되는 혁명전쟁에서 재정 강박으로 독이라는 것을 알아도 양귀비의 재배를 장려하며, 과세의 수입을 얻고 있는 주(州)가 한두 주가 아닌 상태이다. 그러므로 자국에서까지 해롭지 않다고 하며 타국에 강매함으로써 막대한 이익을 취할 수 있는 아편의 수출 이송은 외교정책에 야심만만한 아라비아국이 승승장구를 한다. 이를 위해서는 다른 국민에게 건강상의 악해나 여념 등은 문제가 되지 않는다. 따라서 앞으로 아편 흡연의 인도적 배척과 각국의 재정 정책의 조장과의 대항이 어디까지 나아갈 것인가는 흥미있는 부분이지만, 일방적으로 흥미라는 것은 있을 수 없는 악해가 날마다 만연하고 있는 것이다. 정치적으로 봐도 아편의 참화는 중국이 1등이지만, 19세기경부터는 중국 및 동아시아에 왕래하는 백색인에게도 악습이 전해져 현재에는 누구에게나 아편은 각각 단속을 해야 하는 상태가 되었다. 즉, 영국에서는 1830년 이후에, 북아메리카나 특히 덴베렌츠(テンベレンツ)주에서는 1870년 이후에 흡식하는 습관이 들어왔다. 기타 유럽 모든 국가의 중요도시에서 전염되지 않은 곳이 없었다. 특히 북아메리카 서부지방에서는 이미 흡연의 설비장이 생겼을 정도이다. 이런 상태가 되어 백인 사이에서도 단순히 동양인의 기호품으로 방기해 두지 않게 되었다. 결국 루즈벨트의 제안에 따른 만국회담을 열어서 수출생산판매에 대해서 국제적 협정을 할 필요성을 느꼈을 것이다. (아편에 관한 국제적 회의에 대해서는 다른 날의 연구에서 소개하기로 한다.)

이 아편졸고는 아편이 동양에서 특유한 것이 아니라, 본원은 서양 문화에 있다는 전제 하에서 서구의 아편의 기원 및 기록을 소개하였다. 마지막으로 아편이라는 명칭에 대해서 한마디 하면 동양의 아편이 외래된 것의 증거라고 생각한다.

아편은 중국글자로 쓰는 경우는 통상, 阿片, 鴉片, ○片, 阿芙蓉 등이 있다. 또한 이 외의 중국만이 사용하는 명칭은 阿偏笑溶, ○賓, 鳥香, 鳥煙, 藥煙, 亞荣, 合補蝕, 洋葯○, 洋葯土, 膏土, 公班煙, 公煙, 煙, 公膏, ○煙, 大土, 白皮, 小土, 洋藥(洋葯) 등의 별명을 가지고 있다. 본명의 발음은 아편이며 이것은 아라비아어로 Afyûn에서 그대로 음을 가져온 것이다. 또한 산스크리트는 아편이라고 해당되는 언어는 없다. 중국인은 뭐든지 자국의 창작이라고 선전하는데, 예를 들면 양귀비꽃은 마치 웃는 얼굴을 닮았다고 하는데, 그렇다면 아소용(阿笑溶)이라는 말은 중국인이 붙인 명칭이지만 이것은 적당하지 않다. 역시 아라비아어에서 음을 빌렸다는 것이 정당하다. 그러나 이 아라비아어는 어디에서 왔을까는 그 기원은 앞에서 언급한 히포크라테스의 용어에서 온 것이라고 일반적으로 인정하고 있다. 그는 이것을 ○○○라고 하였다. ○○○ 오보스는 희랍어로 진액을 의미를 가지고 있다. ○○○ 오비온에서 나왔으며 ○○○은 양귀비의 의미이다. 즉 그는 '양귀비의 진액'이라고 하는 것이 마침내 양귀비를 생략하여 오비온만이 남아 있는 것 같다. 라틴 사전에 Opium라고 되어 있으며, 현재 사용하는 영국, 독일, 프랑스, 3국어, 서, ○, 양국어의 Opium 이탈리아어의 Oppio도 모두

이 계통을 밟고 있다고 생각한다.

중세 시대의 아라비아이우 오직 희랍에서 현학을 전습하였고 아편의 효험도 배웠다. 아편의 οπιογ의 π를 F로 사용하다가 조금 바뀌어 Afyûn이라고 하였다. 이 π를 F로 바꾼 것은 셈어족의 상습으로 행해진 것이다. 그리고 아리비아인과 똑같이 바뀌어서 Abyûm 또는 Apyûm이라고 불렀다. 물론 아라비아에서도 양귀비에 해당하는 언어는 그 이전에 있었으며, 아라비아에서는 Khash-Khash라고 하며 Koknar이라고 불렀다. 그러므로 정원의 식물로는 양귀비꽃은 오래전부터 있었던 것 같다. 그러나 의약용으로 사용된 일은 희랍에서 전습된 것이다. 힌두스탄어인 Aphim, Afyûn 등은 아라비아어의 Afyûn에 기원한다. 이상의 발음에서 추정하는 시기는 중국어 아핀(アフィン)이 아라비아 특히 힌두스탄어에서 음을 택한 점에서와 같이 전래의 경로에서도 쉽게 확인할 수 있는 점이다. 이상 1930. 7.21. 〈43~47쪽〉

미우라 다이지로(의학사, 三浦替次郎), 「땀 이야기」, 『조선급만주』(제273호), 1930년 8월.

한 마디로 '땀'을 포함한 의미는 결코 천박한 것이 아닙니다. 만약 '땀'이 나오는 경우 - '땀'을 내는 원인을 파고들어 천착하고자 하는 사람이라면, 매우 흥미있는 이야기를 하기 시작할 것이다. 보기에 따라서는 '땀'의 가치는 '눈물'의 가치보다도 큰 경우가 적지 않습니다. 실제 '뜨거운 눈물을 삼키'는 경우보다 더 '식은땀을 흘리'는 경우가 깊은 의미를 가지는 경우가 적지 않습니다. '땀으로 살아가'는 사람들의, 귀중한 생활은 '눈물로 살아가'는 사람들의 어두운 생활과 비교할 수 있는 것은 아닙니다. 찜통과 같은 삼복 날에 솟아 나오는 샘과 같이 삐질삐질 나오는 땀! 부인에게는 그렇게 꺼림칙한 것은 드물지요. 꽃을 무색하게 하는 요염한 화장을 엉망으로 만들어버리는 땀의 못된 점. 여름날의 부인의 적은 실제 '땀'이라고 해도 좋겠지요. 그러나 이 땀이 보건을 위해서 주는 효과는 결코 무시할 것은 아닙니다. 등에 흠뻑 젖는 세말의 식은땀, 손바닥을 단단히 쥐었을 때 열한, 나와서 폐가 되는 얼굴의 땀, 나와주지 않으면 힘들어지는 병상의 땀, … 이들을 조금 학술적으로 생각해 보려고 한다.

◆ 땀이 나오는 곳

땀이 나오는 곳은 땀샘이며, 또한 일부분을 제외하고 거의 피부 전체에 있습니다. 단, 그 중에 땀샘이 많은 곳과 적은 곳으로 구별되는데, 많은 곳이라고 하면 손바닥과 발바닥이며, 1분 평방에 약 1,767이나 존재한다. 누구나 경험하는 일로서, 즉 무엇인가를 하기 위해 앉아 있기만 해도 손바닥이나 발바닥에서 바로 땀이 나오는 일이 종종 있습니다. 그리고 땀샘이 가장 작은 곳은 등입니다. 또한 땀샘에는 크고 작은 구별이 있는데, 큰 것은 겨드랑이 아래,

허벅다리, 유방 및 귀속에 있습니다.

◆ 땀의 작용

땀의 성분은 말할 것도 없이, 100에 99는 수분이며, 나머지는 일부가 고형분입니다. 그리고 이 고형분은 식염·요소·중성지방 및 지방산류 등입니다. 땀의 작용을 어렵게 말하자면, …「신체에서 다량의 물을 내보내고, 또한 증발할 때에는 피부나 혈액의 열을 빼앗는다」는 것입니다.

바꿔 말하면, 모든 신체에 필요이상의 체온이 올라가면 이를 평상온까지 내려야 합니다. 그리고 이것을 내리기 위해서는 주로 피부 모세관이 확장되어 온도를 발산시킵니다. 때로는 모세관의 작용만으로는 불충분한 경우가 있습니다. 그때야 말로 자연의 오묘한 작용으로 땀이 나와도 좋을 정도까지 체온을 내려줍니다. 즉, 땀은 체온의 조절을 하는 점에서 매우 효과가 있습니다.

◆ 다한병

노동을 한 경우나, 주위의 공기가 더울 경우는 신체의 열이 따라서 올라가기 때문에 발한의 양도 자연스럽게 평상시보다 많다는 것은 알고 있는 사실입니다. 또한 뚱뚱한 사람이 땀이 많은 것은, 영양의 창고임과 동시에 체온을 보호하는 요소인 지방이 기층이 매우 두꺼워져, 밖으로 열을 발산할 수 없으므로, 땀의 작용을 빌려서 체온조절을 하기 때문입니다. 땀은 또한 '공포'를 느낄 때에 나오며, '부끄러울' 때에는 심술궂게 삐질삐질 나옵니다. 또한 스모나 야구의 승부에 열중할 경우야 말로 '손에 땀을 쥐게' 합니다.

모두 이러한 원인으로 땀이 다량으로 나오는 것은 조금도 상관없습니다. 병적으로 발한이 다량으로 나오는 경우가 있습니다. 즉 급성폐렴·말라리아·장디스토마와 같이 급성열성병자의 열을 내리는 경우에 다량으로 발한하는 것은, 앞에서 언급하였기 때문에 생각해 보십시오. 마지막입니다만, 그 외 신경쇠약·히스테리·빈혈·월경불순 등의 경우에는 열은 없이 자주 다량의 발한이 있습니다. 이것은 앞에서 언급했던 경우에서 생각하면 매우 모순같지만, 이 경우는 발한은 체온조절을 위해서가 아니라, 발한 신경을 자극 시킨 결과로, 폐결핵 환자가 자주 땀을 흘리는 것도 체온조절을 위한 것이 아닙니다.

이상은 범발성의 발한입니다만, 다음으로 국부성 다한증이라 하여 어느 한 국부에만 발한하는 경우가 있습니다. 가죽신을 신는 사람의 발은 땀이 나고, 통풍이 나쁘기 때문에 고민하는 사람이 있습니다. 신경쇠약·빈혈병의 사람이 손에 땀을 흘리고, 또한 누구라도 겨드랑이나 허벅지 등이 스치는 경우에 땀이 난다. 때문에 그 부분이 무르는 것은 말할 것도 없는 사실입니다.

앞에서 말한 것과 반대로 발한을 해야 하는 경우에 발한량이 매우 소량인 사람이 있습니다. 뇌나 척수병·당뇨병 등 소위 전신 악성전염병의 한 증후로 오는 경우도 있습니다. 대부분은 피부병에 걸린 부분의 땀샘이 위축되어 발한 작용을 방해하는 경우도 원인이 되기도 합니다. 이러한 사람의 피부는 까칠까칠하게 되어 피부가 벗겨지고 참을 수 없는 가려움을 느끼게 됩니다.

◆ 암내를 담는 병

땀 때문에 실제로 냄새가 나지 않는데 취기를 띠고 있는 사람이 있습니다. 특히 여름에 보통 땀을 흘릴 정도이지만, 두꺼운 가죽의 바람이 조금도 통하지 않는 좁고 힘든 신발에서 오그라져 있는 발은 외부의 열과 내부의 열이 증발하여 다량의 땀을 낸다. 이것은 피부의 지방을 분해해서 취기를 보낸다. 게다가 양말의 더러운 냄새가 뒤죽박죽이 되면 그 땀은 실로 뭐라고 말할 수 없는 악취를 낸다. 발의 땀은 이러한 여러 가지 취기 때문에 악취를 띠게 된다. 땀은 그 자체가 특별한 취기를 가지고 있지는 않습니다. 그런데 예의 암내는 땀 자체가 악취를 내는 경우가 많습니다. 일본인 중에서는 암내를 가지고 있는 여성은 결혼을 하더라도 이혼하는 수가 있고, 또한 남자는 군대에서도 받기조차 안 합니다. 실제로 일본인이 심한 암내가 나면, 신을 신고 있는 사람의 발 냄새 이상의 불쾌한 취기를 냅니다. 모든 부추나 마늘을 좋아하는 사람의 땀은 그 취기가 나듯이 음식에 의해서 땀의 냄새가 다른 것도 사실입니다. 음식물만이 아니라 주위 관계로부터도 있겠지요. 일본인의 암내와 서양인의 암내는 냄새가 다릅니다. 흑인 암내는 썩은 버터와 같은 냄새가 나지요.

백인, 특히 백인 부인에게는 일종의 고유 암내가 있습니다. 이것은 서양 복이 일본 옷에 비해 여러모로 꽉 조이며, 또한 입욕의 횟수가 일본인 정도로 많지 않기 때문에 힘들 것이다. 어쩔 수 없기 때문에 그들은 결코 암내를 일본인처럼 신경 쓰지 않습니다. 신경 쓰기는 커녕 암내를 매우 진중한 습속으로 가지고 있습니다. 그들의 암내는 흑인은 물론 일본인의 암내와는 다릅니다. 모 의학 박사는 중국에 있는 유럽 백인의 암내를 연구하였는데 유명한 여배우 암내의 손수건을 병에 넣어서 마치 향수를 구별하듯이, 이 종류 저 종류의 각각 다른 냄새를 구해서 연구하였는데 큰 갈채를 받았다고 합니다. 일본에서는 이혼의 고통을 볼 정도로 혐오하는 암내가, 미인 자격의 하나이며 여배우의 인기 소재가 된다는 것은 도저히 일본인에게는 상상할 수 없습니다.

◆ 빨간 땀에 파란 땀

땀은 몇 가지 색이 있다고 하면, 조금 이상하게 들리겠지만, 이것은 사실이며, 노란색, 빨간색, 파란색, 녹색의 땀을 분비하는 경우가 있습니다. 이것은 물론 병적이며, 매우 드문 이야기가 틀림없습니다. 즉 월경을 충분히 해야 하는 사람인데, 매우 소량인 날에는 빨간색 땀이 좌우 손바닥에 납니다. 또한 페스트나 황열이 날 때에는 피땀을 내며, 콜레라나 요독증 환자는 소변땀(尿汗)을 냅니다.

◆ 젊은 처녀의 쓸데없는 마음고생

아름다운 화장을 망치는 것에 신경 쓰이는 젊은 부인들에게 땀은 틀림없이 힘들 것입니다. 그러나 땀이 나지 않도록 멈추는 방법은 있을 수 없습니다. 아트로빈과 같은 약으로 무리하게 멈추게 하면 할 수 있지만, 굳이 무리하게 되면 좋을 리 없습니다. 반드시 신체의 어딘가로 그만큼의 해가 미칩니다. 얼굴에 바른 백분을 신경 쓰거나, 조금은 불쾌감에 못 견딜 정도이면, 자연스럽게 나오는 땀을 무리하게 멈추게 할 필요는 없겠지요. 의료인으로서 말하자면, 여름에 땀이 나오지 않는 것이야말로 걱정해야 할 일입니다. 남들처럼 발한하는 것이야말로 기뻐해야 합니다. 그러므로 예방을 생각할 필요는 없습니다. 단 굳이 말하자면, 감정을 억누르는 것이 중요합니다. 장난으로 화내거나 흥분한다거나, 일부러 히스테리 원인을 만드는 일은 삼가는 것이 한 가지 방법입니다. 또한 땀이 나는 경우는 빨리 닦고 피부를 청결하게 해 주는 것이 중요합니다. 〈54~56쪽〉

혼다 다쓰요시(에이라쿠초(永樂町) 혼다병원장 의학박사, 本田建義), 「여름 유행병에 대해서」, 『조선급만주』(제273호), 1930년 8월.

여름에 각종 유행병이 발생하고 그 때문에 귀중한 인명을 잃어버리는 경우가 적지 않다. 우리들은 이 위험에서 피하기 위해서는 어떻게 해야 할까.

우리들의 소년 시절에는 이질이 발생하면, 그야말로 대소동으로 매우 무서워하였으며, 이질이 나온 집 앞을 지나갈 때에는 코와 입에 수건을 대고, 전력을 다해 달려서 통과하였다. 그러나, 이에 신경쓰지 않고, 굳이 그 앞을 지나갈 때면, 아주 안심한 모습으로, 이질이 발생한 집 앞에 흐르는 작은 냇가 하류에 들어가 목욕하는 데에 여념 없거나, 더욱이 그 물을 마시며 전혀 의아해하지 않고, 어떤 위험도 생각하지 않는 듯하다.

이것은 전혀 이질이 어떤 것인가를 모르기 때문이다. 위생 사상, 의학상식이 진보된 오늘날에 생각해 보면, 이는 모순되고 또한 빗나간 방법이라고 누구라도 이해할 수 있으며, 일종의 웃음거리에 불과하다.

그런데 오늘날에도 종종 이와 비슷하게 빗나간 예방을 하는 것을 봅니다. 그래서 나는 이제 전염병에 대한 일반적인 이야기를 매우 간단하게 통속적으로 말하고자 합니다.

장마철이 되면 의류에 곰팡이가 생기고 여름에 되면 음식물이 썩는다. 생선을 비롯해서 일반 동물 사체 등도 부패하기 쉽고, 이는 우리들이 항상 목격하는 현상이다. 이 현상은 무엇 때문에 일어나는가를 말하자면, 세균이 그 물질에 부착되어 그곳에서 발효 부패하는 작용을 일으키기 때문이다. 이 세균은 공기를 비롯한 모든 곳에 혼재되어 있다. 사람들은 세균이라는 단어를 들으면 바로 인체에 기생하는 무서운 병원체와 같이 생각하지만, 세균에는 병원성과 비병원성이 있다. 병원성 세균 즉 전염병이 원인이 되는 미생물은 세균의 종류 중에서 아주 일부분에 불과하다. 대부분은 비병원균이며, 오히려 인류 생활상 필요불가결한 관계를 가지고 있는 것이 많다. 예를 들면 발효작용으로 인하여 당분을 분해하여 '알코올'을 생성하는 것, '디아스타아제'를 발생시켜 전분이 변화되어 당류가 되는 것, 모든 종류의 폐기물을 변화시켜 무해하게 하고, 토양 속에서 좋은 비료를 제공하는 것 등, 인류 생활상 중요한 작용을 가지는 것이 바로 이것이다.

　　이러한 세균은 모두 매우 미세하여, 우리들의 육안으로는 볼 수 없다. 그 정도로 작은 생활체(살아 있는 것)이며, 가장 하등 및 하급의 동식물에 속하여 그 크기는 상상할 수 없다. 가장 작은 것으로는 한 마리가 천분의 일, 즉 1마이크로. 일 분의 일 만분의 일 정도이다. 어떻게 그 형체 성질을 알 수 있는가는 충안경에서 발달한 현미경을 이용하기 때문이다. 지금 세계에서 가장 크게 볼 수 있는 현미경은 약 2천배 정도까지 가능하지만, 그러나 5, 6백배 정도도 대부분 볼 수 있다. 아주 작은 생물이므로, 언제 어떻게 어떤 곳에서 갑자기 올지는 육안으로는 전혀 볼 수 없다. 그러므로 세균을 발견할 수 없었고 지식이 없던 옛날은, 많은 사람이 서로 같은 병이 생기는 것은, 많은 사람들끼리 서로 공통적인 무언가가 나빠져서 병을 일으킨다고 하였다. 가장 공통적인 것은 공기이므로 공기가 부패 변화해서 전염병을 일으킨다고 생각하였다. 이것은 매우 유치한 생각이며 지금 아이들도 이렇게 생각하지는 않는다. 그러나 인간의 지식이 점차 진보함에 따라서 어떤 일정한 병독으로 인해서 일으킨다고 하였다. 마침내 서력 1876년 지금부터 약 60년 정도 전에 유명한 독일 석학 로베르트 콧호 박사의 비탈저균의 발견을 시작으로, 그 후 세균학 연구가 매우 활발해졌다. 전염병의 병원체는 계속해서 판명될 수 있었고, 그 병원에 대한 학설이 일정하게 이르렀다. 이것은 어떤 세균이 환자의 신체에서 나와서 다른 사람의 체내로 들어가, 그 체내에서 증식하고 변화를 초래하여, 같은 병상을 일으킨다. 이러한 특정병독설이라는 것이 처음으로 승인받게 되었다. 그 후의 연구가 점점 활발해져서 지금의 세균학이라는 전문학과를 형성하여, 눈부시게 진보발달을 하였으며 사람들에게 복지증진에 응용할 수 있게 이르렀다.

　　그러나 병원체를 확실하게 알 수 있는 것은 오늘날에도 아직 많지 않기 때문에, 누구나 알고 있는 홍역, 성홍열, 천연두, 광견병 등이 전염병이라는 것은 알고 있음에도 불구하고 그 병원체가 무엇인가는 확실하게 알지 못한다. 게다가 연구가 나아감에 따라서 지금은 전염병이 아닌 병에도 장래는 전염병 속에 넣을 수도 있을 것이다.

세균 중 비병원균은 물속, 땅속 또는 공기 속 등에서, 발육번식을 하지만, 병원균은 인간의 체내 속이 아니면 발육 번식하기 어렵기 때문에, 인체 외의 물속이나 땅속에서는 거의 번식할 수 없다. 즉 적당한 온도와 영양물이 없으면 증식할 수 없기 때문에 인간의 체내와 같이 자양분과 적당한 온도가 없으면 발육할 수 없다. 그래서 적당한 온도와 영양물를 인공적으로 넣어서 인공적으로 배양할 수 있게 되었다. 인공 배양 방법에 따라서 우리들은 여러 가지 시험을 한다. 그러나 모든 세균이 배양을 할 수 있는 것은 아니며, 어떤 종류는 아직 배양에 성공하지 않은 것도 상당히 있다.

이상에서 말한 바와 같이 세균의 생활 요약을 하자면, 적당한 온도와 양분이 필요하기 때문에 하나라도 없으면 세균은 사멸한다. 그 중에서도 온도는 세균의 발육 상에 가장 중요하며, 병원균은 통상 체온의 온도, 즉 섭씨 37도 정도에서 가장 좋은 발육을 한다. 그래서 체온에 가까운 기온인 여름에 전염병 발생이 많은 이유가 밝혀진 것이다. 그러나 온상의 한계는 세균의 종류에 따라서 매우 가지각색이다. 예를 들면 '페스트'균과 같이, 영도 또는 그 이하에서도 발육하기 때문에 '페스트'는 겨울에 유행한다. 비탈저균은 42도의 고온도에서도 발육하지만, 그러나 통례적으로 많은 병원균은 58도 이상의 고온에서는 사멸하고 체온 이하의 저온에서는 발육이 매우 나쁘다고 한다. 그러나 이 생활력은 빙점에서도 또한 유지할 수 있다. 그래서 세균의 구조는 아마도 우리 신체를 형조하고 있는 세균의 원형질(프로토프라스마)과 같은 단백질이 주성분이며, 하나의 피막으로 싸여있는 미세한 과립으로 매우 미세하다. 이것이 어떻게 번식하는가를 말하면 이것은 매우 간단하다. 세포의 몸이 두 개로 분열하여 각 한 개가 완전한 세포가 되고, 그것이 또 각자 2개로 분열한다. 이와 같이 궁리 없이 분열증식하기 때문에 마침내 그 수도 놀라울 정도로 많은 수에 이르게 된다. 그래서 균의 제1회 분열이 끝나고 나서 제2회 분열이 시작할 때까지의 시간은, 균의 종류와 영양소의 여하, 온상의 고저 등에 따라서 다르지만, 대부분은 20분이나 30분을 요한다. 지금 20분간에 1개의 균체가 2개로 된다면, 24시간 후에는 47만 7천조의 균 수가 된다. 콘 씨의 계산에 따르면, 분열하는 데에 1시간 필요하는 균이라도 24시간 후에는 1676만 220개가 되고, 2일 후에는 2850억에 달하고, 3일 후에는 47만 7700조의 거대한 수를 산출하게 된다. 또한 이러한 균의 길이를 2마이클로라고 가정하고 이것을 일직선에 서로 연결시키면, 1주일 밤 후에는 약 33미터의 길이가 된다. 2주일 밤 후에는 56만 킬로미터를 산출한다. 지구 주위를 적도를 따라서 14회 돌 수 있을 정도의 길이가 된다. 그러나 균의 증식은 영양소의 결핍이나 다른 세균과의 생존 경쟁, 이화학적 영향 등으로 저지시키기 때문에, 계상과 같이 거대수로 모든 경우가 도달할 수 없는 것은 자연의 은혜의 하나라고 말할 수밖에 없다.

다음으로 병원균이 보통 어디에 있는가에 대해서 말하자면, 원래는 환자의 체내에 있다가 여러 배설물과 함께 체외로 배설된다. 즉 대변, 소변 또는 대개 가래와 같은 것에 들어가서 배설된다. 그리고 바깥에 산만하게 있다가, 의복이나 공기, 침구와 같은 데에 부착되어서 다음에서 다음으로 전파해 나간다. 그 중에 대변을 예를 들면, 환자가 갔던 변소의 분변을 비료로 논밭에 뿌리면 그곳에서 자란 채소에 병독이 부착되는 것은 당연한 이치이다. 그러나 지금 이상하게 생각되는 것은, 환자의 분변이 아니라 건강한 사람의 변에서 무서운 병독, 즉 세균을 배설하는 경우가 있다. 이것은 매우 기묘한 일이라, 근래 학자는 물론 세간에서 주의해야 할 일이다. 이것을 우리들은 균보존자 또는 균휴대자라고 부른다. 그리고 이것을 두 가지로 구분한다. 하나는 지금은 건강해도 1개월 전 또는 1년 전에 아무튼 한번 전염병을 걸린 사람이 지금은 나아서 건강하게 되었음에도 불구하고, 변함없이 세균을 배설하는 것이다. 이를 만성 배균자, 또는 영속 균배설자라고 이름을 붙인다. 또 하나는 예전에 전염병에 걸린 적은 없는 사람의 신체 내에 병원균을 가지고 있는 경우이다.

한번 전염병에 걸린 사람이 그 후에도 신체 안에서 병독을 가지고 있다는 것은 상상할 수 있지만, 예전에 한 번도 전염병을 걸린 적이 없는 사람에게 병원균이 있다는 것인 매우 이상하다고 느껴진다. 실제로 상당히 있다. 그러한 모든 사람을 균보유자라고 한다. 이제 앞에서 언급한 만성 배설자의 실례를 들자면, '디프테리'의 미균은 환자의 인두 안에 있다. 치유된 후에도 그대로 인두에 미균이 남아 있는 경우가 있어, 시에츠렐 씨의 조사에 의하면 환자의 4분의 3은 치료 후에도 3주간 이상 인두 안에 있다. 또한 2% 즉 백 명 중에 두 명은 90일 이상 인두 안에 '디프테리'균을 가지고 있다는 통계를 나타내고 있다. 장티프스균은 렌츠 씨가 조사한 바에 의하면, 치유된 디프스 환자의 분변을 검사하면, 약 4% 즉 백 명에 4명은 디프스균이 있다. 또한 분변뿐만 아니라 소변 안에서도 디프스균이 오랫동안 나오는 경우가 있다. 보통 디프스 환자가 미균을 어느 정도 동안 배설되는가 하면, 통상 열이 내리고 나서 평균 4주간 정도이다. 따라서 조금이라도 이 기간에는 격리할 필요가 있다. 또한 앞에서 언급한 4주 정도는 미균이 없어지지 않으며, 6,7주간 내지 10주간 이상 걸치면, 환자는 스스로 건강이 회복되어 언뜻 아무렇지도 않게 느껴지지만, 그래도 디프스균이 나오는 소위 만성배균자가 가끔씩 있다. 만성 배균자가 배설하는 기간에 대해서는 자세하게 알 수 없다. 레비이 및 카이젤 씨는 3년 전에 디프스에 걸린 사람이 이후에 다른 병으로 죽었다. 이를 해부하는 도중에 확실하게 디프스균을 밝혔다고 한다. 데운게룬 씨의 보고에 의하면 디프스를 경과한 뒤, 14년 반이 지난 후이지만, 담낭 내에서 디프스균을 진단하였다. 또한 렌츠 씨는 42년 후에 디프스균을 진단하였다. 아무튼 오랫동안에 걸쳐서 균을 배설하는 사람이 있다는 것을 알 수 있다.

다음으로 건강한 사람이 예전에 전염병을 경과한 적이 없는 데도, 균을 가지고 있는 경우를 말하겠습니다. 실제로 예를 들면, 폐렴균은 건강한 사람의 인두나 구강 내에서 종종 발견된다. 주르크 씨의 조사에 의하면 13명의 건강한 사람의 폐 중에 12명의 폐에서 폐렴균을 발견하였다고 한다.

이질균도 마찬가지로 건강한 사람 중 2.4% 즉 백명 중에 2명 반은 대변 중에서 이질균이 있다고 보고한 학자가 있다.

병원균이 동물체내로 침투하여 이곳에서 발육증식하여 일정한 병상을 야기하는 것을 전염이라고 하는데, 체내로 침입한 곳은 체내의 어디인가. 밖의 환경과 통하는 어디라도 공격받을 수 있다. 그러나 누구라도 '병은 입으로 들어간다'고 말하듯이 가장 많은 경우는 입이다. 병균의 전염은 먼저 첫째로 직접 접촉 전염이 가장 많은 것은 디프스이며, 콜레라나 이질도 직접 환자를 접촉하여 전염된다. 그래서 전염병 예방 상 환자의 격리가 중요한 것이다. 다음으로 공기전염, 물전염, 음식물전염, 곤충전염 등이 있는데, 그 중 물전염 특히 음료수 전염이 가장 위험하다. 병독이 물에 들어가 그 물을 마시면, 병에 걸린다. 부주의로 환자가 배설한 것을 강 상류에 흘려보내서, 또는 오염물을 우물 근처에 버리는 일로 인해서, 그 물을 마시고 동시에 많은 환자들이 발생하는 일이 왕왕 있다. 물전염의 경우는 때때로 대유행한다. 접촉전염에서는 환자를 직접 또는 간접적으로 접촉한 경우는 띄엄띄엄 한 사람 두 사람씩 점점 걸리지만, 물전염은 특히 수도로 인한 경우는 환자 발생이 갑자기 동시에 다수 생겨난다.

그래서 세균은 어떤 경우에 발육을 저지시킬 수 있는지, 세균의 사멸은 어떤 경우인지, 이는 소독 이상으로 그 근본이 되는 중요사항에 속하기 때문에 간단히 이야기하고자 합니다.

첫째, 고열은 강도의 살균력을 가지고 있기 때문에 세균은 강한 열을 만나면 주성분인 단백질이 응고하여 바로 사멸한다.

다음으로 한랭에 대해서 말하자면, 겨울의 한랭 정도에서는 세균은 좀처럼 죽지 않는다. 단순하게 생육이 휴지될 뿐이며, 온도가 올라가면 바로 활동을 시작한다. 일반적으로 세균은 한랭에 대한 저항력이 강대하다. 건조에 대해서 말하자면, 포자를 가지고 있지 않는 세균은 건조하면 사멸하기 쉽다. 즉 '콜레라'균이 그 예이다. 이에 반해서 디프테리아균, 티프스균과 같은 균은 건조에 비교적 저항력이 강하다. 그리고 일광은 살균에 유력한 효과를 가지고 있으므로 모든 종의 세균은 시간이 길든 짧든 일광에 직사하면 사멸한다. 세균도 하나의 생물이기 때문에 영양소가 없어지면 자멸한다.

일반적으로 알려져 있는 소독약은 말할 것도 없지만, 세균에 대적하기 위해서 우리는 이 무기를 이용해서 전염병과 싸워서 박멸할 수 있도록 노력해야 한다. 많은 소독약은 균체 내 단백질을 응고시키고 또한 화학적 작용을 촉진시켜 사멸하게 합니다. 〈89~92쪽〉

모리 데쓰로(경성치과의학전문학교 부속병원장, 닥터 森哲朗), 「영양과 치아」, 『조선급만주』(제273호), 1930년 8월.

문화가 진보됨에 따라서 음식 조리법도 여러 가지로 변화되어 왔다. 그다지 저작을 필요하지 않는 미식을 찾아다니는 경향도 있지만, 이는 결코 영양을 근본적인 의의에 합치하는 것이 아니다. 미식은 오히려 장수를 빼길 수 있다고 동서의 옛 철학자들이 일찍이 경고한 바가 있다. 영양의 의의는 신체 각 부분의 완전한 발달과 건강을 얻어야 하는 것이다. 일본에서도 신대부터 도쿠가와의 중반, 지금부터 약 150년에서 200년 이전 무렵까지 현미와 야채식이었다. 그러나 특별하지 않으면 육식을 하지 않게 하였다. 따라서 완전에 가까운 생활을 하고 있었지만, 그 이후, 현미를 버리고 외관상 좀 체재가 좋고 입맛을 좋게 하기 위해서 백미를 먹게 되었다. 특히 근래 서구문화가 이입됨에 따라서 채식을 버리고 육식에 매진하여 마침내 매우 불완전식을 하게 되었다. 이는 보건식량이 요구하는 '칼슘' 외에 무기질류, '비타민'등이 필요성분에서 결핍이 생기게 되었다. 그 결과는 영양 결핍에 의한 신체 저항력의 감소로, 다양한 전신적 질환이 생김과 동시에 예전의 채식현미 시대에는 매우 적었던 치아의 부식도 현저하게 증가율을 보이고 있다. 그러면 현미채식 시대에서 부식에 대한 저항력 발현이 된 이유를 설명 하면,

치아의 주성분은 뼈와 같은 '칼슘'이며, 식물성 식물에는 충분히 함유하고 있어 치아 형성을 완전히 자라게 할 수 있다.
'비타민'을 다량 함유, 특히 치아의 부식은 '비타민'D의 결핍으로 생기므로, 식물성 식물에서 충분하게 이를 섭취할 수 있다.
식물성 식물은 섬유 강인이므로, 충분히 저작을 필요로 한다. 저작은 당연히 턱뼈에 생리적 출혈을 일으켜서 턱이나 치아 발육을 촉진시킨다.
식물성 식물은 칫솔대용으로 치아 청소를 한다. 즉 강인한 섬유 때문에 치아를 자연스럽게 청결하게 유지시킨다. 그런 이유로 채식자의 치아는 대체로 음식 찌꺼기가 아주 적다.
등이 있다.

치아의 부식은 오늘날에는 문화인 사이에는 90%정도 존재한다. 일본에서는 결핵과 함께 2대국민병의 하나로 되어 있다. 예방에 대해서는 구강위생이라는 견지 아래에서 치아의 청소를 해야 한다고 가르치고 있다. 그 방법으로는 칫솔 사용을 적극적으로 권장하고 아침뿐만 아니라 취침 전에도 반드시 치아를 청소한다는 것이다.
그러나 원래 치아의 부식이 단순히 구강 치아의 불결함이 원인으로만 생각하는 것은 매우

피상적이다. 근본적으로는 치아 형성이 불완전하게 되어, 부식에 대한 면역성이 떨어졌다고 간주되어야 한다. 그리고 형성의 불완전이란 결국 영양 결핍 밖에 없다. 따라서 부식의 근본적인 예방은 영양 문제부터 해결해야 한다. 이렇게 하지 않으면, 공연히 백년하청을 기다려도 아무런 변화는 없다. 물론 구강청소도 매우 중요하지만, 이것은 두 번째이다. 영양의 문제와 함께해야 처음부터 완전을 기할 수 있다.

최근 경성사범학교 부속 소학교 아동 치아 진료부에서 초년급 학생 약 300명의 치아검사 성적에 따르면, 모든 치아 중 가장 중요한 역할을 하는 소위 6세 어금니 즉 영구 첫 어금니가 전혀 부식되지 않는 사람은 불과 몇 명에 지나지 않았다고 하였다. 만약 이것이 사실이라면 중대한 큰 문제이다. 이 연령에서는 6세 어금니는 아직 나온 지 얼마 되지 않았다. 빨리 나온 사람도 겨우 2, 3년 밖에 되지 않음에도 불구하고, 이미 부식되고 있다는 것은 상당히 치아 형성이 불완전하며, 불과 1,2년 사이에 이미 부식하여 저항할 수 없는 상태이다. 이 학교에 통학하는 사람은 오히려 중류계급 이상의 가정에서 자란 아이들이기 때문에 아이의 영양에 대해서 경제상으로 아무런 부자유가 없지만, 사실은 완전히 반대의 결과를 보여 주고 있다. 이것은 확실히 잘못된 영양의 결핍에 있다고 생각한다. 단순히 사범부속 소학교만이 아니라, 모든 오늘날에는 어떤 학교 아동에게도 다수의 충치를 발견한다. 이 현상은 국민보건 상에서 가볍게 부쳐야 할 성질은 아니다. 앞으로는 꼭 합리적인 영양식 방법으로 변해가야한다. 그것은 백미 및 육식을 버리고 옛날로 돌아가 현미영양식을 채용하는 것이다. 소년 시절부터 습관을 들인 백미를 아침저녁으로 현미로 대신하는 일은 매우 고통일지도 모른다. 그래서 우선 처음에는 배아 쌀 또는 7부 도정미로 시작하는 것을 추천한다. 만약 일상적으로 익숙해지면 백미는 맛이 없고 어딘가 부족한 느낌이 든다. 오늘날 현미를 백미로 하기 위해서 7백 만석의 가마를 만들어 버린다. 이것은 금액으로 보면 2억 원 이상이 되며, 국가 경제에도 큰 손실이다.

치아의 부식이 근본적으로 영양의 결핍이라는 것을 알았을 때, 우리들은 임신 중에 모체의 영양의 문제를 결코 놓쳐서는 안 된다. 모체는 자신만이 아니라 태아의 영양을 겸비해야 하므로 평소보다도 한층 충분한 음식을 섭취해야 한다. 임신 중에 특히 심한 치아부식을 발생하기 때문에 자신의 치아를 충분히 건강하게 유지하고 한편, 태아의 골계통이 완전한 발육, 형성을 하기 위해서 특히 '칼슘' 그 외 무기질류 '비타민' 특히 '비타민'D는 반드시 다량으로 취해야 한다. 해초류는 다량의 염류를 포함하고 있기 때문에 평소에도 때때로 밥상에 제공되어야 한다. 임신 중 모체 영양의 양부에 따라서 특히 치아 형성 상 필요한 영양의 섭취 여하에 따라서 태어난 유아의, 마침내 나오는 치아의 건강에 확실한 관계가 있다. 치아는 임신 중 이미 형성을 시작하기 때문에, 이에 필요한 재료는 모체에서 제공되어야 하기 때문이다. 즉 태아 및 신생아의 영양에 의해서 장래 치아의 건강이 대체로 결정된다고 봐도 좋다.

영양문제와 밀접한 관계를 가지는 것은 음식물의 완전한 저작이다. 가령 영양에 적합한 식이라고 하여도, 만약 이를 충분히 저작할 수 없다면 위장의 부담은 그만큼 커져서 충분한 자양분을 흡수하는 일은 불가능하다. 미국의 홀레스 어렌저는 영양의 모든 문제는 소화기에서 최초 3번 삼키면 해결된다고 하였다. 음식물을 완전하게 씹을 필요를 고창한 유명한 사람이다.

구강은 음식물 소화의 현관이며, 단순히 위로 보내는 역할만 한다고 하기에는 불충분하다. 섭취한 음식물은 완전히 저작하면 어느 순간 녹는 듯한 상태가 된다. 불과 5번이나 7번 씹고 차를 마시는 것은 본래의 목적에 매우 반한다. 잘 저작하여 나오는 맛은 실로 복잡한 맛을 낸다. 특히 현미의 맛은 도저히 정백미 따위는 미치지 못한다. 이와 같이 잘 저작하여 위로 보내면 최대 한도로 자양분을 흡수할 수 있다.

저작은 이와 같이 섭취한 음식물을 위로 보내기 전에 충분하게 준비하는 것으로 이것은 본래의 역할이다. 다음으로 저작의 효과는 앞에서 서술한 대로, 그 부근의 턱뼈 전체로 생리적 영양출혈을 야기시켜서 이로 인한 부근의 저작은 충분히 발육하게 한다. 만약 저작을 게을리 한 사람은 당연한 결과로서 충분한 발육을 할 수 없게 된다. 턱뼈 발육 불량은 치열부정을 생각하지 않을 수 없다. 원래 치열부정을 초래하는 원인은 여러 가지 존재하지만, 만약 치아가 정규 배열을 이루기에 충분한 여지가 있다면 대부분 부정은 없을 것이다. 사실 치열부정을 초래하는 구강을 보면 대부분 치아가 일정한 열에 들어갈 여지가 없기 때문에 여러 부위 방향으로 전위되는 것을 볼 수 있다. 누구나 바라는 얼굴의 미가 심한 훼손을 입는다.

여성에게는 미는 생명이라고 극단적으로 말해도 좋다고 생각한다. 누구도 자신이 아름다워지는 것을 바라지 않는 사람은 없다. 특히 여성에게는 여러 이유가 있으며, 용모라는 문제에 대해서는 무관심할 수 없다. 옛날은 이집트의 나일강 주변에서 자란 크레오파트라는 양귀비와 함께 동서의 절세미인으로 여성사를 색칠하였다. 분명 건강하고 아름다운 치아를 가지고 있었을 것이다. 명모호치(明眸皓齒)는 미인의 형용어이기 때문에 얼굴 하반부를 형성하는 구강치아는 미인이 되는 일대 요건이 된다. 요건을 충족하기 위해서라도 기세 좋은 구강의 위생 영양이 완전하여 충분히 발육을 되어야 한다. 실제로 합리적인 결론에 달할 수 있다.

마지막으로 한마디 하고 싶은 것은 치아의 청소이다. 원래 이것은 두 번째 의미에서 필연적으로 해야 하기 때문에 부식에 대한 저항력이 약한 치아에는 더욱더 필요한 일이다. 사실 현재 소위 문화식으로 자란 사람은 매우 저항력이 약하기 때문에 칫솔 사용에 따른 치아 청소는 하루라도 게을리 해서는 안 된다. 주의해야 할 것은 치약이다. 2, 3년 이래, 교묘한 신문광고에 선전된 스모카(スモカ)는 검사 결과가 방주(房州) 모래와 비슷하여 매우 위험한 것이다. 만약 이 종류의 모래를 가지고 치약(磨齒劑)으로 일상에 사용하면 아마 수개월을

나오지 않고 치아의 표면에서 가장 중요한 보호층인 법랑질(琺瑯質)은 없어졌을 것이다. 그리고 치아의 질환을 유발한다. 이 치약(마치제)은 별도로 제조회사를 명기하지 않고 치아 위생을 무시하는 재료를 이용하면서 신문 기타 광고에 잠행적으로 사용을 확대시킨 것은 치과의 위생상의 견지에서도 매우 유감이다. 일종의 모래에 착색하여 향료를 더한 것에 불과하다. 이것은 무지한 사람들에 의해서 일상에 사용되었다는 것을 이상하다. 또한 상인의 악랄한 상책을 미워할 수 밖에 없다. 흡연가의 치약(마치제)로 선전하고 있지만, 단순히 담배의 침전물이 제거되는 것만이 아니다. 치아자체가 조금씩 계속 없어져 간다. 이러한 유해한 치약(마치제)은 하루라도 빨리 사용을 중지해야 한다.

이와 같이 보건영양식에 의해서 신체의 완전한 발육을 하게 한다. 건전한 국민을 만드는 것은 국가의 진전 상 꼭 필요한 일이며, 신체의 하나의 장기인 구강 및 치아에 한정되는 건강만이 아니라, 일본 국민의 건강 및 국가의 건전한 발달이라는 결과에 도착하는 것이다. 〈93~95쪽〉

아카마 아사히코(도쿄체조학교 교관, 赤間雅彦),「유럽 각국의 국민체조」,『조선급만주』(제274호), 1930년 9월.

독일은 유럽전쟁에서 패전의 원인을 국민체육을 철저하게 하지 못했던 것에 두었기 때문에 전후에는 매우 체육 열을 불태우며 학교 교육에서는 물론, 일반 국민 체육 운동이 성행하고 있으며, 남녀귀천 구별 없이 25세 이상이 될 때까지 일반 시민이 공설 운동장에서 1주일에 2회 이상 체육운동을 하고 있다.

내가 보러 갔던 밤은 많은 노인들이 젊은이들과 함께 활발하게 공원을 뛰며, 아이들처럼 즐겁게 노래를 하였다. 나는 그 중에서 가장 노령의 두 명의 노파에게 감상을 들어 보았다. 나는 60세이고, 나의 여동생은 58세인데, 1주에 2번으로는 아직 충분하지 않기 때문에, 다른 운동장에 가서 운동을 하고 있다. 국민운동을 하게 된 후부터는 원기가 조금도 쇠약해지지 않고 무슨 일이든 즐겁게 할 수 있게 되었다고 이야기 하였다.

이 노인들의 체조를 많은 신사와 노인의 아이들이 구경하러 와 있었으며, 운동이 끝나자, 함께 귀가한다고 한다. 가정적으로 국민체조를 하게 된 후부터, 각 가정이 매우 원만하게 되었다고 한다.

백림과 같은 조그마한 빈터도 운동을 위해서 이용하게 하였으며, 또한 개인이 체육장을 만들어 3백 명이나 모여서 댄스를 하고 있었다. 때로는 알몸으로 하고 있는 경우도 있다. 이것은 하루 종일 격무에 종사한 사람이 위로 오락을 위해서 하기 때문에, 그다지 비난할 필요도 없을 것이다.

프랑스는 예술의 나라이므로, 국민체육도 예술적인 것이 모토가 되는 것 같지만 역시 체육은 어디까지나 체육적으로 해야 하므로, 실제 건강한 신체의 양성을 목표로 하여 일반 국민의 체육 열을 높은 것 같다.

영국도 마찬가지로 어디든지 시민의 국민체육 운동이 마련되어 있고, 또한 공원에서도 여러 가지 설비가 갖추어져 있다. 종래는 높은 울타리를 만들어서 경마를 하는 일부 사람들에게만 사용이 허락되었으며, 다른 사람이 한 발자국도 들어오는 것을 허락하지 않았다. 어떤 공원도 지금은 울타리가 완전히 철거되었고 모든 시민에게 해방시켜 누구라도 자유롭게 사용하도록 하였으며, 또한 아이들 나라라고 일컫게 되었다.

스웨덴, 덴마크, 비엔나 등에서도 비슷하며 여자 체육이 매우 성행하고 또한 진보하고 있다고 생각한다. 게다가 자연적이라 평온한 기분이 든다. 댄스도 일본처럼 어렵지 않고 매우 간단한 것이 유행하고 있다. 또한 종래의 남녀 일률적인 모습을 타파하고 남자는 남성적으로 여자는 여성미를 발취할 수 있도록 하는 것이 행해지고 있다. 이러한 국민 일반 체육운동에서는 일본보다도 유럽의 쪽이 훨씬 진보하고 있다고 생각된다.

학교 체육 특히 그 시설의 완비에서는 일본이 유럽 각국보다 상위에 있다. 일본정도의 설비가 갖추어진 곳은 한 나라도 없었다.

독일조차도 일본이 학교 체육 시설로 완비된 넓은 운동장을 가지고 있는 것을 부러워할 정도이다. 단 일본은 하는 방식이 형식에 얽매어서 너무 부자연스러운 것 같다. 그래서 앞으로는 자연스럽게 무리 없이, 편안하게 자유로운 기분으로 하도록 해야 한다고 생각한다.

마지막으로 유럽에서 가장 새로운 주의 방침으로 하는 체육운동의 예를 들어 보면, 이탈리아 의 무솔리니 체육운동일 것이다. 이탈리아에서는 릿치라는 체육 차관 아래에 전국으로 체육부장이 있다. 나는 부장의 안내로 로마를 보러 갔습니다. 이탈리아에서는 소년, 청년, 노장년의 각 남녀를 3개로 나눠서 체육운동을 하고 있습니다. 창투, 원반던지기와 같은 운동에서부터 권투를 많이 시키고 있다. 로마시의 공터라는 공터는 모조리 운동장으로 쓰고, 고대 로마 관전의 몇 개나 없애서 전부 체육관이 되었다. 또한 7만 명이나 수용할 수 있는 대풀장이 2개나 있으며, 600미터의 코스를 가지는 체육장이 있다. 이것을 시민에게 해방시켜 체육을 장려한다. 이탈리아는 인구의 증가와 함께 건강한 국민을 양성해야 하므로 체육운동으로 강대국 다지기에 기대하고 있다.

유럽 각국의 유명한 체육자는 모두 각 개인적인 연구와 연습을 축적하여 자기 독자적인 길을 걷기 시작하였다. 이것은 일반 시민도 똑같이 다른 사람이 이룬 업적에 존경을 표하고 있다. 그래서 자신들의 체력과 체질 및 직업을 생각하고, 자기에게 가장 맞는 운동을 연구하여 실제로 연습을 거듭하고 있다. 결코 일본인처럼 다른 사람이 하면 바로 모방한다던지 또는 악평냉담을 하지 않는다. 일본은 이런 나쁜 풍습이 있기 때문에, 국민 일반인의 운동열을 식혀 버리고 국민의 체육운동을 뒤떨어지게 하는 경향은 없는 것일까. 서로가 국체생활을 하고 있기 때문에 다른 사람의 성과에 완전히 무관심하고 있는 것도 재미있지 않다. 세상 비평에 전혀 귀를 기울이지 않는 철면피여도 곤란하다. 그렇다고 해서 남의 일이라면 선악의 분별도 없이 깎아 내리는 것은 비열한 마음이므로, 하루라도 빨리 버려야만 하는 악습은 아닐까? (유럽에서 귀국도중, 경성 남대문소학교에서 강연) 〈48~49쪽〉

니시가메 산케이(총독부위생과장, 西龜三圭), 「조선 도시의 장티푸스, 이질 예방에 대한 근본 시설」, 『조선급만주』(제274호), 1930년 9월.

조선에서는 연중 끊이지 않고 전염병 유행에 고민하고 있다. 특히 심한 것은 장티푸스, 이질에 대한 위험이다. 1년간 장티푸스, 이질의 발생 수는 해마다 다소 차이는 있지만, 환자 9천명, 사망자 1,700명이다. 이는 신고에 따른 표면적으로 나타난 수이다. 그러나 일본인은 대부분 모두 의사의 진료를 받기 때문에 비교적 정확하며, 신고도 적극 행한다. 반면 조선인의 과반수는 의생 진료를 받고 있으며, 진단도 부정확하여, 신고 누락도 적지 않다고 생각한다. 그러므로 실제로 환자나 사망자는 훨씬 많은 수를 웃돈다고 봐야 한다. 현재 비교적 정확한 숫자를 보이는 조선 내 일본인의 장티푸스, 이질로 인한 사망수를 일본이나 서양에 비교하면, 인구 10만당 1년 사망 수는 유럽과 미국은 2, 3명, 일본은 3, 40명, 조선 내 일본인은 120-130명이다. 즉 일본은 유럽이나 미국의 10배 이상, 조선 내 일본인은 일본의 4-5배, 유럽과 미국의 40-50배라는 놀랄만한 높은 비율을 보인다. 이 비율을 보면 조선의 위생 상태가 얼마나 불량한가를 상상하기 어렵지 않다.

전염병의 유행은 그 땅의 기후, 지세, 교통기관 및 일상생활의 양식과 밀접한 관계가 있다는 것은 논할 필요도 없다. 따라서 동일한 위생 시설을 가지더라도 이러한 조건이 다른 이상, 환자 발생 수에 차이가 생기는 것은 당연하다. 그렇다 하더라도 상황에 따라 각각 적절한 예방시설을 강구하면 전염병 유행을 방지할 수 있는 길이 있다. 이 또한 종래 몇 개의 실례가 증명하고도 남는다. 예를 들면 현재 건강도시라고 불리고 있는 유럽과 미국의 도시 중에서도 예전에는 아마 현재 경성이나 다른 도시와 같이, 전염병 유행으로 고민한 시기를 겪었던 역사가 적지 않다.

그런데 이러한 도시가 오늘날 건강한 땅이라고 불리며, 의학생들이 임상강의 때에 전염병 환자를 구하기에 곤란할 정도까지 된 것은 결코 우연은 아니다. 당국은 물론 일반 시민이 빨리 당시의 참담한 상태를 자각하고 서로 협력하여 위생 시설 개선에 노력한 덕분이다. 또한 유럽과 미국만이 아니라, 가까운 홍콩, 싱가포르도 예전에는 역병이 창궐하여 유럽인 사망하는 경우가 허다하였다. 특히 인도네시아의 수도 바타비아는 '백인의 묘지'라고까지 불렸던 시기가 있었다. 이로 인해 사업의 계획을 중지하고 유럽으로 올라가는 자가 속출하였다. 통치상에 지장이 생길 정도에 이르렀기 때문에 당국도 위생의 중요함을 감지하고 모든 근본적인 시설을 실행한 덕분에 점차적으로 구태한 모습을 바로 잡아 오늘날 상태에 까지 도달하였다.

조선에서도 종래 공중위생에 대해서는, 특히 모든 힘을 이용하여 위생 사상의 보급, 의료기관의 충실, 전염병 지방병의 예방 등으로 20년 전과 비교하면 완전히 격세지감이다. 그러나 현재에서는 이러한 과거의 사업계획이나 그 실시 방법을 자세하게 검토해보면, 장래 사업에 대해서 고려해야 할 점이 적지 않다. 특히 도시 전염병 예방은 가장 주요한 것 중에 하나이다. 현재 행하고 있는 방법은 아마 잡초번성을 막기 위해서 단순히 땅에 보이는 풀을 뜯는데에 머물러 있다. 땅 속에서 만연할 근본을 제거하는 일에는 내버려 두고 있는 듯 하다. 이렇게 똑같이 10년을 반복한다면 그 목적을 충분히 달성하는 것은 불가능하다. 게다가 현재 발생하고 있는 환자 수를 현저하게 감소시키기 위해서는 조금이라도 다음의 세 시설을 완성시켜야 한다.

첫째, 수도 설비

소화기 전염병 예방 상, 가장 중요한 것은 말할 필요도 없이 음료수 개선이다. 도시에서는 절대 상수도 없이는 장티푸스, 이질의 예방을 바라는 것은 불가능하다. 현재까지도 조선에 설비된 수도 수는 32군데이다. 그 외에 5천 내지 1만의 인구를 가지고 있는 도시가 약 40곳이 있다. 이 중에서는 조만간에 수도 설비가 필요한 곳도 적지 않다. 그러나 같은 수도라고 하여도 그 장치에는 여러 가지 양식이 있다. 게다가 종래 페루에서 본 바와 같이 전혀 사정이 다른 지역의 장치를 그대로 직접적으로 채용한다면, 거액의 비용이 필요할 뿐만 아니라 설비 후 위생상에서도 유지상에서도 큰 손실을 초래하는 경우가 있다. 외국에서는 부적절한 수도 장치가 원인이 되어 티푸스, 이질의 유행을 일으킨 실례가 적지 않다. 또한 조선에서도 1922년 평양에서 1928년 경성에서 1929년에 부산에서 장티푸스의 폭발적 유행을 야기시켰다. 이로 인해 약 2천 명의 환자와 수백 명이 사망했을 뿐만 아니라, 약 50만 원의 방역비가 필요하였다. 8년 동안 속출하면 3차례 대유행이 일어났으며, 그 원인은 모두 급수이거나, 적어도 그 의심이 가는 사실을 조선의 위생행정 상 간과해서 안 되는 현상이다. 만약 급수가 원인이라고 가정하면, 수도설계 당초에 생긴 것이라고 한다. 종래 수도라고 하면 어떤 경우라도 반드시 강이나 호수의 물을 끌어들여 침전하여 여과한다고 생각하는 경향이 있다. 여기에서 포착한 생각으로, 경성이나 평양과 같이 강가에서 쉽게 지하수를 얻을 수 있는 곳에까지도, 지하수를 얻을 수 없는 지역에 여과장치를 채택한 것이 잘못된 발상은 아닐 것이다. 내가 알고 있는 범위에서도 예를 들면 봉천과 같은 운하의 유역에서 불과 1개의 반정을 만들어 4만 이상의 인구에게 급수하고 있다. 또한 드레스덴 및 부다페스트는 아마 경성이나 평양과 같이 도시를 관통하여 흐르는 큰 강을 가지고 있지만, 직접 강물을 사용하지 않고 강변에 수십 개의 반정을 설치하여 지하수를 넉넉하게 670만 인구에게 급수한다. 수십 년 이래, 아직 급수로 인한 전염병은 발생한 적이 전혀 없다. 그러므로 만약 경성이나 평양에서도 수도설치 당초에 현재 계속 확장하듯이 강변 지하수를 이용하는 양식을 채용한다면, 현재와 같이 침전이나, 여과, 염소소독과 같은 조작이 필요 없고, 또한 앞에서 말한 바와 같이 폭발적인 유행도 야기시키지 않고, 이러한 조작에 필요한 거액의 경비도 방역에 필요한 막대한 경비도 절약할 수 있다고 생각한다. 이것은 죽은 아이의 나이를 세는 것과 같은 일이지만, 장래에는 특히 고려가 필요할 점이라고 생각한다. 그래서 앞으로 개설된 수도에 대해서 모색해야 할 방법은 평양에서 주도하여 조사를 행하고 그 성적을 바탕으로, 점차 장치 개선을 할 필요가 있다. 또한 새롭게 부설할 경우에는 지세나 수원 그 지역의 상황을 정밀하고 세세하게 조사하여, 가장 적당한 양식을 채용해야 한다. 그 지역의 실정을 연구하지 않고 사정이 다른 지역의 시설을 직접 이입하여 큰 손실을 입는 것은 단지 수도만이 아닐 것이다. 명심해야 할 것이다.

둘째, 도시의 분뇨처리

티푸스, 이질의 만연이 환자나 보균자의 분변이 원인이 된다는 것은 주지해야 할 사실이다. 단지 병원에서뿐만 아니라, 보통 가정에서도 이러한 병균을 배설하는 사람이 적지 않다. 특히 유행지역에서는 그 수가 많다. 그러므로 도시에서 분뇨의 처리가 불완전하다면 환자의 발생을 방지하는 것은 어렵다. 앞에서 언급 한 바와 같이 외국 도시에서 환자의 발생이 현저하게 감소한 주요한 원인은 수세식 변소와 정화 장치가 완성된 후부터이다. 그러나 일본의 건물에서는 수세식 변소를 설치하는 것은 불가능하며, 또한 분뇨는 비료로서 매우 귀중한 것이다. 어떤 사람이 계산하기로는 분뇨를 폐기하여 인공 비료를 이용한다면, 연간 1억 수천만 엔의 경비가 필요하다고 한다. 그러므로 현재로서는 분뇨를 위생적이며 무해하게 처치하여 비료를 제공하는 방법을 강구할 필요가 있다. 그러기 위해서는 두 가지 방법이 있다. 하나는 개인 변소의 개량이다. 작년 이래로 내무위생국에서 연구 고찰한 구조로 개조하면, 특히 소독약을 이용하지 않고 완전히 무해한 비료로 이용할 수 있기 때문에 일본의 도시나 농촌에서 이를 계속 장려하고 있다. 그러나 이 구조는 1호당 약 3, 40엔의 경비가 필요하기 때문에, 당장 이를 보급하는 것은 불가능하다. 그래서 두 번째로 일반 가정의 변소에서 퍼온 분뇨를 이와 같은 구조를 가진 큰 탱크에 저장하여 일정 기간 후에 비료로 사용하게 하는 방법이 있다. 경성부에서 재작년 약 27만 원의 경비를 들여 이 장치를 설비하여 경성의 분뇨를 계속 처리하고 있다. 이를 충분히 이용한다면 전염병 예방 상 상당한 효과가 있을 것이 확실하다. 그러나 경성부 내에서는 아직 변소를 가지고 있지 않는 사람도 상당히 많아서 그 오염물이 시내 강둑 그 외의 곳으로 방류되고 있기 때문에, 이로 인해 병독을 퍼지게 하는 일도 적지 않다. 그러므로 위생사상의 향상과 함께 점차적으로 변소 설비를 장려하여 경성 내의 모든 분뇨를 앞에서 말한 방법으로 완전히 처리될 필요가 있다. 〈50~53쪽〉

고바야시 하루지로(경성제국대학교 의학부 의학박사, 小林晴治郎), 「한 여름에 파리가 적은 이유」, 『조선급만주』(제274호), 1930년 9월.

　12개월 중 가장 더위가 강한 여름에 파리가 적은 것이 일반적이다. 즉, 보통, 파리는 늦봄, 초여름 환절기에 많고, 한여름에 일시적으로 감소하며(매우 현저하게 감소하는 경우와 감소가 현저하지 않은 경우가 있다), 가을(9, 10월경)에 다시 증가한다. 11월 이후는 많은 곳에서 파리가 확인되지 않는다(일부에서는 동절기에도 드물지 않게 보이는 곳도 있다). 이에 대해서 나중에 숫자적으로 이를 밝히겠지만, 그 이전에 대부분 파리의 성쇠는 가옥 내에서 가장 일반적인 집파리의 성쇠에 관한 것이며, 집파리가 집 밖의 자연에서도 대부분 위에서 언급한 대로이다. 그 원인을 관찰과 실험의 결과로부터 다음 두 가지를 들을 수 있다.

　1. 성충(즉 날개가 있는 파리 성장기)의 생명과 생산력은 공기의 건조가 일정 이상의 고온이 필요하다. 공기 중에 습기가 많으면 온도가 높아도 생명이 단축되고, 산란력도 약하다. 즉 한여름의 비가 많은 시기는 습도가 높기 때문에, 기온이 이보다 좀 낮은 봄가을에 비해서 성충 생명과 산란력이 단축되어 감소한다.

　2. 유충(구더기)을 발생하는 물질 즉 부패시키는 유기물은, 발효열로 인해서 봄가을에 유충기의 발육에 충분한 열의 좋은 조건이 된다. 한여름은 바깥 기온이 높아서, 발효열로 인한 유충에 적당한 온도(30도 내외)가 오히려 드물다. 훨씬 고온이기 때문에 유충 생활에 부적당한 경우가 많다. 또한 발효의 발육으로는 좋은 조건이 아닌 경우가 많다.

　이 두 원인 중, 가장 성충 생명의 성장 및 산란력이 좋은 온도는, 물론 실험 결과이지만, 섭씨 10도에서 30도이며, 습도는 낮은 곳에서 실험하였다. 단지 한여름에 실험을 못 하였다(섭씨 30도 평균기온은 한여름의 온도에 해당되지만, 실험은 난방장치에 의한 특수 상태 하에서의 실험이었다). 그리고 그 외의 사정으로부터 추정하여 이상과 같이 결론을 내렸다. 이상의 결과는 이를 국내외 학술잡지에 공공연할 뿐만 아니라 일반에게도 3번이나 기술한 적이 있어, 본지 독자 중에서도 기억하는 분이 있을 것이라고 생각한다.

아무튼, 여름에도 한 번은 실험할 필요가 있기 때문에 몇 년 이래로 이를 시도하였으나, 기회를 얻을 수 없었다.(5, 6월경까지 하다가 중지한 일이 많았다, 중지하게 된 사정은 뒤에서 설명하겠다) 올해는 이를 수행하려고 목표를 세웠으며, 작년 말부터 실험을 시작하여 오늘에 이르렀다. 즉 겨울, 봄을 지나 여름도 반을 보내고 오늘이 되었다. 그리고 지금까지의 실험결과에 따르면, 전의 파리의 생명과 산란력의 추정에는 다소 오류가 있었다는 점을 발견하였다. 즉

만약 전에 추정한 바와 같다면, 올해와 같이 6월에 맑은 날씨가 지속되는 시기는 파리의 생명이 길고, 산란력도 많아야 한다. 이는 사실 그대로 실험 성과로 나타난다. 그리고 7월에 들어간 후부터 우기에는 파리는 생명이 짧고 산란이 매우 적어진다는 것이 관찰되어야 한다. 그래서 실험 결과가 조금 줄었을까 하고 생각했던 적도 있었지만, 그러나 특히 눈에 띌 정도는 아니지만,, 상당히 길게 생존한다.(1, 2개월, 현재에도 6월에 태어난 파리가 꽤 많이 남아 있다) 그리고 산란도 아주 잘 한다. 즉 예상과 반대로 습도가 높아도 온도가 일정 이상으로 올라가면 파리는 생명을 비교적 계속 이어간다. 산란하는 힘도 있다는 점을 보여준다. 건조한 공기는 반드시 필요하지 않다는 결과가 된다.(단지 7월 하순부터 8월 초의 맑은 날씨에는 파리 생활이 한층 활발해진다는 것도 수기해 둔다)

그래서 한여름에 파리가 감소하는 이유를 들자면, 첫째, 즉 우기에 파리의 생활이 저하된다는 1항목은 조금 부정되었다. 집파리는 한여름에서도 우기 때에도 비교적 길게 살아가고 산란능력도 굉장히 있다. 다른 조건까지 좋으면 훨씬 많이 발생할 수 있다는 사실을 알았다. 단지 이것만으로 파리의 감소를 2항의 유충 조건으로 돌릴 수 없다. 나머지 사육 실험은 실험실 내의 실험관 내의 성적이다.

집 밖의 자연에 있는 파리를, 자유로운 활동과 밤에 휴면하는 장소와의 관계를 생각하면, 자연의 성충이 우기에 곤란한 경우가 있다는 점을 관찰할 수 있었다. 그러나 2, 3일 맑은 날이 계속되면, 자연 속의 파리도 산란할 수 있을 것이다. 따라서 성충만의 관계에서 말하자면, 한여름에도 번식은 가능하다. 아마 감소의 주원인은 유충이 발생하기에 불편한 조건이 있을 것이다.

종래에는 한여름에 사육을 왜 수행할 수 없었을까. 그리고 다른 계절의 특수한 사정 하에서 결과를 추론해야 했던 이유가 다소 있다.

파리의 사육은 매우 귀찮은 일이다. 즉 사육 중에 매일 이를 검사해고, 사료를 주고, 때로는 용기를 교체해야 한다. 사망산란을 관찰하여 기입하고 산란한 것은 이를 다른 곳으로 옮기고, 유충이 발육되어 번데기가 되면 또 이를 다른 용기로 옮긴다. 또한 번데기에서 날개가 생긴 파리는 새롭게 사육하고 사망하면 또 보충해야 한다. 새롭게 약 백에서 백 오십 개의 용기와 천 개에서 천오백 마리의 파리 사육을 위해서는 매일 약 6시간이 필요하다. 일요일

이나 축일이라 해도 물론 중지할 수 없다. 실험 중에는 경성 이외에 24시간 이상(여름은 12시간이상) 출타할 수 없다. 감기로 하루 쉬면 전체 실험은 중지이다. 그러므로 이를 수개월 이상 지속하기에는 특별한 결심과 노력이 필요하다. 그러나 노력은 결코 헛되지 않는다. 여름은 다른 연구 문제, 특히 말라리아 문제로 여행이 필요한 시기이며, 작년도 6월에서 실험을 중시하고 일본으로 나갔다. 올해는 앞에서 말한 바와 같이 작년 말부터 시작하여 앞으로 수개월 걸쳐서 1년간 사육을 완료하는 것을 목표로 하고 있다.

사육 실험은 단순히 파리의 번식 즉 계절의 성장에 대한 것만을 연구하는 것만이 아니라, 다른 여러 가지 문제가 해결된다. 즉, 특이형의 발견, 음식물과 번식력과의 관계, 유충기의 크기(살의 정도)와 성충기 번식력의 차이 등등, 여러 가지로 다른 수확이 있으므로, 오히려 유망하다고 생각되기 때문에 현재 이 탐구에 힘을 쓰고 있다.

정리해 보면, 한여름의 파리의 감소이유는 습도가 높은 것과 그다지 관계가 없다. 뚜렷하게 감소하는 것은 주로 유충 발육에 부적당한 사정(즉 발생장소 조건의 부적당)이 여름에 많이 있는 것 같다. 발생 장소가 적당하면 파리는 여름에 번식할 수 있는 힘이 있다는 점을 사육시험 결과가 나타내준다. 〈55~57쪽〉

도바시 미쓰타로(경성대 소아과교수 의학박사, 土橋光太郎), 「최근 구미의 의학위생 상태」, 『조선급만주』(제276호), 1930년 11월.

불과 1년 안팎 동안 구미의 각국을 주마간산으로 돌고 왔기 때문에, 아마 장님이 코끼리 다리를 만진 정도로 아무것도 이야기할 게 없습니다만, … 유럽에서는 최근 악질의 디프테리아 발생하고 있다. 사망률은 그다지 높지는 않지만, 고귀한 약을 써도 좀처럼 나아지질 않는다. 이는 디프테리아만이 아니라, 다른 균이 섞여 있기 때문이다. 생후 9개월까지 디프테리아에 걸리지 않는 사람은 드물다. 그래서 8%는 예방주사를 맞는다. 베를린에서는 아직 디프테리아의 예방주사를 강제적으로 하지 않지만, 하는 편이 좋다고 한다. 그러나 디프테리아의 예방주사가 유효한지 안한지에 대해서는 찬부의 양론이 있다.

서양에서는 최근 중탕이 이용되고 있다. 중탕이라고 하면 일본과는 조금 달라서 한번 익힌 것을 죽으로 만든 것이다. 아이들에게 노른자는 왜 나쁜지 이유는 알지 못하지만, 날 것은 나쁜 것 같다. 그러나 삶으면 지장이 없다. 최근 아이들에게 찜질을 하지 않는 경우가 많다. 나도 어린아이에게 그다지 뜨거운 찜질은 좋지 않을 거라고 생각한다. 단지 아침, 저녁에 한 번 정도씩 차갑고 깨끗한 물로 닦아 내고 있다. 겨자찜질은 하는 듯하다. 환기는 위쪽을 열어 놓는데, 공기가 차갑지 않으면 효과가 없기 때문이다.

서양에 가서 보고 돌아와도, 최근에는 크게 배워야 할 점은 없을 거라고 말한 듯합니다만, 실제로 일본의 의학은 급속한 진보로 건실한 행보를 하고 있으며 병원 설비도 손색없다. 그러나 베를린 체육에 비교하면 미치지 못하는 것이 꽤 많다. 일본 의학의 진보가 무엇인가를 예를 들어보라고 하면 순간 빨리 답하기 어렵다. 일본이 훌륭한 것은 주로 연구가 아닐까하는 생각이 든다. 나는 콜롬비아의 소아과 병원에 있을 때는 어디가 출구인지 순간 알지 못했다. 이 건물은 5층의 큰 병원으로, 수술실 그 외에는 실로 정성들인 설비였다. 나는 미국사람을 그다지 좋아하지는 않지만, 병원에서는 실로 친절하고 마음 깊은 사람이 많았다. 이 점에 대해서 말하자면, 독일 등지에서는 배우러 오는 사람이 있으면 제자를 소개해주지만, 미국에서는 조금도 그런 점을 볼 수 없었다.

나는 주로 베를린에 있었는데 베를린의 병원에는 아주 훌륭한 점이 많지만, 특히 일본에서 배워야 할 점은 전염병실의 설비이다. 조선에도 작년 티푸스가 만발 유행했을 때 매우 고생한 경험을 가지고 있다. 환자를 급조하여 바라크에 수용하는 것이 위험하다는 것은 낙천적인 사람도 생각할 수 있다. 미국에서도 전염병실이 매우 완전하게 갖추고 있다. 방이 두꺼운 유리 이중창이며 출입구가 의사, 간호부와 일반 참관자는 별도로 설비되어 있어, 전염병이 걸리지 않도록 할 수 있다. 작은 방이라도 이중가리개로 되어 있고, 또한 간호부에게 번호를 붙여서 부를 때는 성명 말고 번호를 부른다. 간호부 가운데에는 한 창 때의 나이가 지난 사람도 있어, 가끔씩 50세 정도라고 생각되는 사람도 있다.

독일에서는 가는 곳마다 유아원이 갖추어져 있으며, 베를린의 유아원은 설비가 매우 잘 되어 있다. 공립 유아원은 사람을 들이지 않고 간호부가 전부 한다. 단지 유아만큼은 위탁을 한다.

엄마도 모유를 줄 때만큼은 특별한 옷, 전혀 전염병이 걸리지 않도록 소독한 옷으로 갈아입히고 입을 다물고 들어가도록 한다. 만약 엄마가 감기에 걸렸을 때는 전염의 위험이 있기 때문에 절대로 들어갈 수 없다. 그러나 이것이 습관이 되어 있기 때문에 별로 이상하다고 생각하지 않는 것 같다. 엄마는 모유를 줄 때 이외는 자기 방에 있고, 남편들은 자기 일을 하는 상황이다.

환자가 죽으면 바로 해부실로 이동하여 대학에서 전문 해부의가 와서 해부한다. 해부가 매우 손쉽게 행해지며 해부도 아주 잘 한다. 조선처럼 해부 자료가 적은 일은 없는 것 같다.

또한 아동건강 상담소가 곳곳에 설치되어 있으며, 어디나 전문 소아과의사가 있다. 유아의 건강진단을 하고, 각자 체질에 따라서 여러 가지 적당한 지도를 해 준다. 그 결과 유아의 사망률이 줄었으며, 1928년 독일 유아사망률은 8%이며, 베를린은 대략 1%가 낮아졌다. 일본의 유아사망률은 14,5%이고 시골보다도 도시가 약 1%정도 높다. 독일은 이에 반해 도시가 1% 정도 낮다. 이것은 얼마나 유아원 설비가 세심하게 미치고 있는지와 이 상담소 활동에 따른 결과밖에 없다. 조선에서 유아사망률은 일본인은 일본내지와 동일하지만, 조선인은 훨씬 높다. 높다고 해도 조선 전체 통계가 아직 없기 때문에, 경성부 통계만으로 보자면, 20% 이상이다. 이것은 육아 위생사상이 결여되었기 때문이며, 이 점에 대해서는 한층 노력해야 한다. 가난한 아이들이 많기 때문이라고 하지만, 이 가난한 사람이 어느 정도인지를 확실히 알 수 없기에, 대체로 그런 것 같다. 일본은 서양과 비교하면 생산율이 매우 높고, 소위 다산 국가이다. 일반적으로 다산은 다사, 소산은 소사가 된다. 생활고 속에서 많은 아이가 있는 것은 어떻게 해도 세심하기 어렵다. 그 결과 사망률이 높아진다는 사실도 부정할 수 없을 것이다.

또한 서양에서 건강질병보험이라는 것이 있어, 매월 일정한 요금을 지불하면, 어떤 병에 걸렸을 때에 그 조합에서 의료비를 지출해 준다. 일단 병이 걸렸을 때, 돈이 없어서 진료를 못받는 일이 없도록 생겨났다. 이것은 정말로 좋은 방법이다. 유아의 건강을 바란다면, 모체로부터 유전받은 부모의 건강을 유지하고 증진하는 일도 노력해야 한다. 서양의 병원에서 기분이 좋은 일은 매우 아름다운 일이다. 동시에 입원료 같은 것도 비교적 싸면 좋을 것이다.

이것은 앞으로 의료기관과 위생시설의 완비 및 일반인의 위생사상 육아지식의 보급 함양과 함께 경제적인 여유를 줄 수 있다. 그리고 유전적으로 강한 아이를 낳고 동시에 후천적으로 튼튼한 아이를 만들 수 있도록 해야 한다고 생각한다. 〈45~46쪽〉

다나카마루 지헤이(다나카마루 병원장 의학사, 田中丸治平), 「조선의 전염병에 대해서」, 『조선급만주』(제276호), 1930년 11월.

나는 1913(다이쇼 2)년도에 조선으로 건너온 이래 약 18년간, 조선의 전염병과 악전고투를 하며, 증오하는 전염병독의 박멸 및 환자구제를 위해서 하루라도 등한시 생각하지 않았습니다. 조선에 토종 사람은 아직 그러지 않습니다만, 조선으로 건너와 하루도 되지 않아서 전염병으로 남편을 잃거나 또는 부인과 사별하고, 어린 사랑스런 아이의 죽음으로 우는 경우를 눈앞에서 보았습니다. 한시라도 이 문제는 나의 뇌리에서 벗어나지 못했습니다. 각위는 매일과 같이 신문 지상에서 기재되어 있는 전염병 발생 상황을 보시고 계시겠지만, 여름은 소화기의 전염인 장티푸스, 이질, 파라티푸스 등이 끊이지 않고 발생하며, 겨울에는 성홍열, 디프테리아, 등이 창궐한다. 그동안 5년에 1번 정도로 콜레라 등이 유행하는데, 머지않아. 우리는 위협을 받을 것입니다.

이것은 조선자체가 과도기이며, 의학 위생이 매우 진보한 곳과 지금 또한 원시시대의 비위생 상태를 그대로 지속하는 곳이 서로 혼동하고 있기 때문입니다. 예를 들면 경성시내를 한 바퀴 돌아 봐도 중앙부는 상수하수는 말할 것도 없고, 분뇨 등의 취급에 이르기까지 일본 도시에 결코 손색이 없습니다만, 한번 주위에 있는 마을을 둘러보면 상수는 없고, 하수는 불완전하여 분뇨 등이 유출되는 것을 목격할 수 있습니다. 따라서 티푸스, 이질과 같이 분변으로 체외에 배출하는 병독은 당연히 하수도로 유입되어서 물로 보내게 되면, 그 무서운 하수에서 야채나 그 외 식물을 세척하여 시내로 들어옵니다. 그리고 우리들의 식탁에 올라온 그 야채는 거의 분변의 물에 씻어 낸 것과 같아서, 하루 절인 겉절이 등을 먹는 사람은 바로 감염됩니다. 그 외 딸기, 또는 참외와 같은 것은 시장에 나올 무렵이 되면 반드시 이질, 티푸스 등의 유행을 합니다. 이것들은 땅 위에 있는 과일이므로 분뇨 등에 오염되기 쉬운 경향이 있습니다. 또한 일본과 달라서 일반적으로 파리 발생이 매우 많은데, 황도, 백도, 포도, 바나나, 토마토 등을 좋아하여 파리가 붙어있기 때문에, 이러한 과일을 그대로 먹은 후에는 종종 티푸스, 이질에 감염된 경우도 볼 수 있습니다. 따라서 음식물은 생으로 먹지 않는 것이 안전합니다. 이점에 대해서는 생활수준이 낮은 중국인에게 탄복할 만합니다. 한 번도 끓이지 않으면 결코 먹지 않습니다. 그 원인이 어디에 있는지를 연구해 보니, 첫째 옛날부터 인습도 있습니다만, 아마 여러 차례 걸쳐 전염병 유행으로 인하여 많은 희생자가 나왔기 때문에, 이로 인해 소화기 전염병은 날것을 먹으면 전염된다는 것을 깊게 뇌리에 새겨졌기 때문입니다. 또한 방방곡곡에 있는 교회에서 전염병에 관한 지식을 남녀노소에게 회화 등으로 계속 가르치고 있는 것도 큰 원인이라고 생각합니다. 그 외 몇 년 전에 평양에서 장티푸스가 대유행하고, 재작년에 경성에서 장티푸스가 대유행한 것과 같이 모두 폭발성이 있는 유행이었다. 의학상으로 이러한 예는 주로 음료수에서 병독이 침입하여 일시적으로 많은 환자가 발생하는 경우입니다.

이에 대한 이유를 말하자면, 시험 삼아 각위가 조선의 시골을 돌아다녀 보면 바로 이해할 수 있습니다. 도시에서는 조금도 상상할 수 없는 일입니다만, 시골의 변소는 도랑의 양측에 2개의 돌을 두고 분뇨가 끊임없이 도랑 안으로 배출되고 있습니다. 최근에 가장 진보했다는 것이 시멘트 통을 매립한 정도에 그치고 있습니다. 이것도 역시 분뇨는 주위로 나오기 때문에 비가 내리면 동시에 흘러나와서, 이 물을 우리들은 상수로 사용하게 됩니다. 그러므로 가령 여과에 대해서 말하자면 이 여과효율은 95% 정도이기 때문에 100에서 5만이 상수와 혼합되어 있다고 생각해야 합니다. 그러나 일본에서는 상수의 취수구인 상류는 금지구역으로 되어 있어, 조금이라도 완전하게 하수와 그 외의 관계가 설비되어 있어, 이 금지구역에 흐르는 사이에 자연 정화가 됩니다. 세균의 수도 감소하여 한번 여과를 하면 위험율도 매우 감소됩니다. 현재 조선의 경성부 안과 밖의 위생 상태는 하늘과 땅 차이가 나서, 오늘까지는 둑도의 수원지 부근도 대부분 비위생적인 경우는 물론 있으므로, 생물은 절대 마시지 않는 방침을 취하는 편이 안전합니다. 그러나 당국에서도 경성에는 이번 125만 원의 예산으로 반정식의 수도로 변경하게 되었기 때문에 자연여과로 안전하게 병독의 침입을 막는 일도 완성될 때까지 머지않을 것이라고 생각합니다. 평양과 그 외 수도도 앞으로 동일한 일이 반복될 수 있다는 것을 염두에 두지 않으면 안됩니다.

다음으로 우리들이 가장 위협을 느끼는 것은 성홍열입니다. 이 성홍열은 조선의 의생은 양독 또는 발반이라고 하였으며, 또는 시독 또는 천행반진 등으로 말하고 있습니다. 조선인은 일종의 '감기'정도로 생각합니다. 따라서 해열 후 그대로 동네에 나가서 노는 것을 종종 봅니다. 또는 낙층기(落層期)에 학교에 나와서 손 피부가 벗겨지는 것을 다른 아이에게 보여주고 재미있다고 말하며 벗겨서 주는 예도 있습니다. 이로 인해 학교에서는 같은 반에 7명의 환자가 나온 적도 있습니다. 이러한 예는 대부분 의생에게 치료를 받은 조선인 사이에서 종종 일어나는 사실입니다. 심하게 되면, 성홍열 환자의 병명이 식체(食滯), 또는 유체(乳滯)라고 사망진단서에 기재되어 있다. 전염병은 예방이 가장 의미가 있는데, 조기에 환자를 발견하여 격리하는 것에 대해서 전혀 뜻이 없으며, 이로 인해 병독을 퍼지게 하는 것은 큰일입니다. 특히 모든 외국과 교통이 빈번한 장소로 예를 들면, 부산, 인천, 원산, 청진, 신의주 등에서는 한번 콜레라, 페스트 등에 침입당하면 최초로 조선인 사이에서 유행한 경우에는 조기 발견은커녕 이미 많은 사망자가 나온다. 당국이 이에 주의를 하여 경찰관을 파견하여 검진의 결과를 발견하는 예가 여기저기에서 보입니다. 그러므로 오늘날과 같이 서양의학을 배운 자가 의과대학, 의전의학강습소 등에서 해마다 배출하고 있는 경우, 앞에서 말한 바와 같이 외국과의 교통 빈번한 장소 또는 의료기관이 발달한 도시에서는 의생의 배치는 물론 금지하는 하는 것이 적당하다고 알고 있습니다.

위생당국에서도 현재는 이러한 전염병 예방책으로 첫째는 병독박멸을 하기 위헤서 봄과 가을 2기의 대청소법은 말할 것도 없고, 임시 청결법 또는 임시 하수강 소독 또는 분뇨통의 소독을 행하고 음식물, 야채 등 소독될 때가지 여러 방법을 강구하여 또는 여기 저기 위생전람회를 개최하여 또는 영화의 공개를 하여 끊임없이 위생사상의 보급을 도모해야 한다. 유행지에는 예방주사법을 강제적으로 시행하며, 이렇게 전염병 박멸을 위해 하루도 부족한 상태임에도 불구하고 종식되지 않는 것이 힘든 이유는, 첫째로 환자를 은폐하여 귀성하기 때문입니다. 입버릇처럼 '피(避)병원에 가면 죽기 때문에 집에서 치료하게 허락해 주세요'라고 대부분 입을 모아 조선인이 우리들에게 호소합니다. 이것은 일본에서도 십 몇 년 전까지는 비슷하였습니다. 유럽 및 일본의 현재 상황을 보면, 피병원이라는 단어가 자연 소멸되어 격리 병사라는 명칭이 되었을 거라고 생각되며, 머지않아, 지금에는 전염병원이라고 하고 있습니다. 이것은 무의미한 것 같지만, 구미 각구의 도시에서는 전염이 비교적 종식이 곤란한 것은 피병원이 도시에서 너무 떨어져 있기 때문이다. 그래서 피병원에는 기와도 없고, 수도도 없고, 전기도 없고, 교통도 불편하여 죽음에 장소 같다고 생각된다. 어떤 사람도 좋아서 입원치료를 받는 사람도 없기 때문에 끊임없이 환자의 발생을 보는 것이다. 현재에는 시내의 가장 중앙에서 교통기관은 물론, 사통팔달하고, 지붕기와, 전기, 수도는 말할 것도 없고 약품 그 외의 의료기계 등을 쉽게 얻을 수 있는 장소를 선정해야 하는 일에 귀착하였습니다. 격리까지 하면 위험은 절대 없다고 합니다. 더 나아가 각지 대도시에서 빌딩 건설 이래 수질 불투성의 건축물이며, 그 설비 소독, 단속 등이 완전하면 빌딩의 일부를 전염병실로서 사용하는 것도 위험하지 않다고 밝혀졌고, 현재 유럽각국에서는 빌딜 3층을 2개로 나눠서 한쪽은 전염병실로 사용하고 한쪽은 호텔로 사용하고 있는 상태입니다. 다만 문제가 되고 있는 순화원 이전개축과 같이 적당하게 경용(京龍) 사이의 중앙에 건설된다면 가장 현재 예방의학의 시점에서 적당하다고 생각됩니다. 그러나 공설의 전염병원은 각자가 생명을 맡기는 장소이기 때문에, 안심하고 좋아하며 입원하기 쉬운 곳으로, 또한 가능한 전부 시료(무료치료)를 하지 않으면 완전한 예방의 목적에 부합되지 않습니다. 왜냐면 경비 때문에 하루라도 빨리 퇴원을 희망하는 사람이 있다면, 그 중에 불행하게 균보균자가 생기는 우려가 있기 때문입니다. 이때에 시, 군 계획 연구자는 조선과 같은 전염병 발생율이 가장 많은 지역에서는 적어도 도시 중앙에 부청 경찰서의 모든 관청과 같은 전염병원을 설치하지 않으면, 아무리 부제(관청의 제제)가 완전하고, 설비가 충분하여도 전염병의 위협으로 24시간 동안, 전전긍긍하며 모든 사업의 발달이 불가능하게 되는 일이 불을 보듯 뻔한 일이다.

순화원 병원 문제처럼, 사립 전염병원의 건축처럼, 세계 각국에서 시설하듯이, 사립병원 건축 단속규칙에 따라 병원의 설비, 소독, 단속 등이 안전하면 옆집의 승낙도 얻을 필요 없다. 뿐만 아니라, 이러한 예는 아직 구미 각국 및 일본 내지에서도 예로서는 볼 수 없다. 저의 우견을 말씀드리며 현명하신 여러분의 반성을 바라며 동시에, 저의 이러한 감상이 점차 수행되어서 조선의 전염병이 박멸될 수 있는 날이 하루라도 빨리 오기를, 그리고 여러분의 행복을 얻을 수 있기를 간절히 기도하는 바입니다. 〈46~49쪽〉

와다비키 아사미씨(경성대 의학부교수 의학박사, 綿引朝光), 「학교위생과 체육문제」, 『조선급만주』 (제276호), 1930년 11월.

학교위생과 체육문제는 비슷하기도 하지만, 완전히 다른 문제이기도 하다. 별종이면서 또 같은 것이다. 오늘날 학교위생이 체육과 혼동되어 생각하는 경우가 종종 있다. 즉 학교위생이란 진정한 교육의 기초이며 국민강약을 좌우하는 바이다. 설비의 적절성은 국가강약, 국력의 성장에 관련되어있는 바로, 매우 큰 의미가 있다는 것은 말할 것도 없으므로, 학교위생은 오늘날 학교위생 상의 일 분과이다. 학교위생과 학교 체육과는 될 수 있는 한 아주 밀접한 관계를 가지고 있다. 아마도 자동차의 두 바퀴와 같이 교육의 기초를 이룬다. 다시 말하자면, 학교위생은 특히 아동의 발육 시기에서 그 건강을 유지하고 체육을 증진하여 여러 가지 질병에 대한 저항력을 왕성하게 하여 국가 장래의 제2국민으로서 기초적으로 강건하게 되기위한 방법이다. 즉 학동의 일반적인 체육증진이라는 것은 유희, 경기, 체조, 스포츠를 중심점으로 하는 것에만 치우치지 말고, 이와 함께 학교위생에 대해 주의, 고려하고 체육은 의학자의 조언을 필요로 하는 것은 말할 것도 없다. 학교위생이란 즉 학교 내에서 하루 대부분의 많은 시간을 보내는 학동이나 교사의 건강을 증진하고 피로를 막는 것이다. 이를 위해서 학교위생 학자의 조언에 따라서 교육자인 교장 및 교사는 이러한 체육과 함께 교육을 위해 큰 고려를 해야 한다. 또한 시학관(視學官)은 이것을 감독할 임무를 다 해야 한다.

바꿔 말하면, 교육은 교육자의 지도를 필요로 하며 의학자의 조언을 기다린다. 학교위생은 주로 의학자의 지도에 따라서 교육자의 조언을 필요로 하며 진보해 가는 바이다. 오늘날에는 소위 학교위생의 연구 세목은 여러 가지가 있다. 예를 들면 학동의 신체조사, 학교건축, 또한 교수위생 등 여러 가지 있지만, 이러한 것은 일본이나 조선에서는 풍속습속 및 기후, 음식의 변화 등 의식주의 사회적 관계를 고찰하여 실생활에 맞추어서 연구해야 하는 점이다. 사람들은 때때로 학교 교사(校舍)를 설비하여 학생을 입학시킨 후, 예기치 않은 여러 가지 위해(危害), 질병, 학교위생 상의 결점을 보는 일을 만난다. 아무리 신체 건강한 학동이여사 잘못된 학교에 입학하면 갑자기 건강을 해치는 경우가 있다. 최근 종종 일어나는 소위 학교 재해가 각 지역에서 보이고 있다. 이것은 실로 학교위생에 대해서 실제적인 연구고찰이 부족하기 때문이다. 그 가운데에서도 조선의 학교건축은 조선의 기후에 적당한지 아닌지, 또한 학생의 의식주에 익숙하게 과연 적용에 주의하고 있는지 아닌지, 일본인과 풍속습속이 다른 조선인 학생에게 위생적 장해가 있는지 아닌지, 또한 각 학생에게 소질이나 연령에 맞게 체육이나 경기를 하는지를 면밀한 주의를 주고 있는지 아닌지. 또는 음식물의 문제로서 학생의 가정계급 또는 경제적 문제 상에서 주의를 하고 있는지 아닌지. 최근 구미나 일본내지에서 문제가 되고 있는 학교급식문제인 학생의 영양의 주의는. 학교위생 및 체육상에서 얼마나 주위를 하고 있는지 아닌지. 교사와 학생과의 사이에서 교원들이 어떤 연구고찰을 하는지 안하는지.

최근 체육문제는 점점 융성해져 실제로 체육의 진보는 두르러 진다. 국민보건 상 경축할 만한 시기가 되었다. 오늘날에 소위 학교체육은 학생에게 운동욕의 강성, 자연 발육 기능으로 출발하여 교육상에서 주의 하에 체육증진을 도모해야 한다. 즉 오늘날의 소위 체조는 주로 일광욕이 있는 곳인 옥외에서 행해져서, 신체 각 부분의 평등한 발육에 대해서 합리적인 운동이다. 유년기에서 유희는 항상 흥미를 동반한다는 점, 소위 신체적 및 정신적 위안 운동이다. 그래서 더불어 항상 신선한 공기 속에서 행해져야 한다. 기후가 험악할 때에는 바람을 피해서 건물 안에서 행해져야 하고, 더불어 공기가 충분히 통하는 깨끗한 곳에서 해야 한다.

체육은 얼마나 주의를 해야 할까, 예를 들면 신체에 고장이 있는 학생 – 심장병과 같은 경우는 이를 면제해야 한다. 널리 행하고 있는 스모, 야구, 축구, 테니스, 유도, 검술 등은 건강 및 발육에 대해서 과연 장해가 없는지, 그 체육방법이 얼마나 사람에게 적당하게 하는 지에 크게 주위를 해 왔다. 예를 들면 검술 및 유도는 무의 기풍을 함양하기에 적당하다. 실내에서 행할 때에 쓰레기를 버리는 폐해가 있다. 중학생처럼 종종 결막염 ○립을 발생하는 경우가 안과의가 주의를 주고 있다. 유년자의 체육방법은 매우 고려를 요하는 점이 있다.

씨름 및 축구, 야구는 항상 감독자가 필요하며 정도에 따라서는 매우 주의해야 한다. 테니스의 경우는 비교적 온화하여 여자들도 하지만, 러닝, 높이뛰기 등 일반 올림픽 게임은 특히 발달된 선수만이 해야 한다. 여러 가지 점에서 적당한지 아닌지를 고려해서 행해야 한다. 예를들면 몇 년 전에 내가 문부성의 학교위생 위원회에서 다음과 같은 일을 결의한 적이 있었다.

검도, 유도는 다음과 같은 점에서 유의하여 이것을 소학 아동에게 행하면 좋다. (1) 상당한 기술을 갖추고 교육상 잘 알고 있는 교사가 있을 것. (2) 위생상 설비를 잘 하고 또한 보호자로서 경제상의 어려움을 느끼게 하지 않을 것. (3) 보호자의 동의를 얻고 의사의 검사에 따라서 체격이 적당하며, 또한 점염성 질병이 없는 사람. (4) 검도, 유도 수업 중인 사람은 때때로 신체검사를 행할 것. 이러한 교수 방법은 먼저 근본적인 지도를 실시한 후에 서로 각자 일로 옮길 것. 일반적으로 잘못된 일은 아동의 체육이라고 하면, 바로 신체강건법이라고 제창하면서 주로 비위생적인 행동으로 빠지는 것이다. 이는 일시적인 장해에 있어서, 어른은 저항력 조절작용에 의해 장해에서 회복되지만, 아직 신체 발육이 불충분한 발육기에 있는 아동에게는 이해(利害)의 영향에 매우 예민하다. 유해한 작용을 받으면 굉장히 크게 된다. 때문에 체육법으로서 위생적이며 체육적으로 가장 적당한 방법을 선택해야 한다. 다시 말하면, 체육은 항상 체육의 자연 발육을 존중하고 그에 상응해야 하는 것이다.

학교위생 및 체육은 목적의 방향을 똑같이 하지만, 반드시 혼동해서는 안 된다. 하나는 위생에 따라, 또 하나는 교육에 따라, 그 진짜 목적인 강건한 제2국민을 양성하는 데에 서로 강구하지 않을 수 없는 교육방법이다. 그러므로 먼저 학교에서 학교위생사상의 양성이 되어야 한다. 가장 간단하고 명료하게 학생이 이해하여 학교아동 시대에서 주의를 해야 하는 일은 매우 청정한 관념을 양성하는 것. 감기에 걸리지 않도록 할 것. 음식물에 주의할 것, 전염병이 얼마나 무서운가에 대한 이유, 그 예방방법에 대해서 먼저 고려해야 한다. 실제로 소년 시대에 습관 또는 견문은 평생을 통해서 가장 사라져 버린다. 즉 습관이라는 것은 좀처럼 고쳐지지 않는다. 그러므로 이 학생 시대에 바른 위생사상을 가질 수 있는 일이 가장 유효하고 확실한 방법이다. 이렇게 일변에서 학교위생의 주위를 점점 나아가 건전한 국가의 유력

한 장래의 국민이 될 수 있다. 〈49~51쪽〉

「첨채병 구제법 발견」, 『조선급만주』(제277호), 1930년 12월.

과거 5년에 걸쳐서 고심하여 연구한 결과, 서조선은 농사에서 획득한 즉 첨채(甛菜:사탕수수 원료)의 조선 풍토병인 갈반병을 고치는 보르도액의 발견으로 성공하였다. 총독부는 서조선은 이탈리아와 북조선은 독일과 기후풍토가 비슷하기 때문에, 매년 9만3천5백 원의 보조를 주면서 첨채 재배를 장려하고 하고 있지만, 갈반병에 걸려서 1917년에 3천 정보(町步, 1정보는 3,000평) 재배를 계획하였으나, 겨우 6백 정보의 수확에 그쳤다. 갈반병을 퇴치할 수 있다면, 조선의 첨채는 세계적으로 우량하여 일약 사탕의 국산화가 될 가능성이 충분하다. 일찍부터 고심되어 왔기 때문에, 잠시 여기에서 첨채의 병이 해결에 이르게 되니 본부(府) 농무과는 이에 힘을 얻어 6년도 예산에 또한 6만 원 증액하여 첨채의 장려와 보급을 대대적으로 하였다. 이 대발견에 의해서 앞으로는 수확량이 2할, 3보 늘어나며 당량 함유는 1할7푼 증가 제당된다. 이는 실로 4할3분의 큰 증가로 앞으로 조선의 당 산출은 놀랄 만하게 될 것이라고 이야기한다. 〈34쪽〉

하라 신오(경성 사쿠라이초, 하라의원 원장, 原振緒), 「신경병과 신경쇠약」, 『조선급만주』(제278호), 1931년 1월.

신경쇠약은 종종 신경병과 혼동하여 생각하는 경우가 있기 때문에 노인은 주의해야 한다. 신경병이란 신경계통의 병이지만, 신경쇠약은 뇌의 병으로 신경병이 아니다. 신경은 혈관과 똑같이 신체 전반에 걸쳐서 분포되어 있기 때문에 이것을 꺼낼 수도 있다. 신경병이란 그 신경이 손상된 것이다. 그러나 신경쇠약은 변질병에 속하는 것으로 이 신경쇠약에 걸린 자는 주로 선천적으로 변질소유자가 많다. 오히려 변질소유자가 걸린 병으로 봐도 지장이 없다. 이 변질이란 휜 것을 말한다. 또한 신경쇠약은 잘못 진단되는 경우도 있다. 즉, 폐첨카타르 또는 각기 등의 초기에서 아직 진단이 충분히 명료하지 않을 때, 신경쇠약으로 해버린 경우가 있기 때문에 주의해 둘 필요가 있다.

그렇다면 순수한 신경쇠약이란 무엇인가. 예를 들면, 언덕을 보고 어디부터가 언덕인가를 묻는 것과 같이 신경쇠약의 진단은 매우 어렵다. 신경쇠약은 자각병이며 타각병은 아니다.

즉 환자의 자각증상에 의해서 우리들이 진단을 할 수 있다. 순수한 신경쇠약이 어떤 것인가는 아마 정확하게 말할 수 없을 것이다.

원래, 신경쇠약은 도시생활자가 많다. 그 이유는 도시에서는 매우 자극이 많기 때문이다. 예를 들면 우리들이 길을 걸어가면 부주의로 옆에서 자전거가 달려오기도 한다. 그러한 경우에 우리들은 강한 강박을 받는다. 앞에서 말한 바와 같이 신경쇠약은 변질병이지만, 변질 소유자가 이러한 강박을 만나면, 신경쇠약의 증상을 보이는 것이다. 즉 변질이란 신경쇠약의 근본의 원인이다. 변질은 주위의 자연현상의 변화에 따라 걸린다. 바꿔 말하면 주위의 자연현상의 변화에 참을 수 없는 두통이나, 식욕결핍이나, 불면증, 마음고생 등이 매우 보통 일반적인 증상이다. 다음에서 신경쇠약을 두 가지로 나누어서 보면, 첫째, 언뜻 보면 매우 옹기같이 보이는 사람에게 의외로 신경쇠약자가 많다. 비만이고 아무 걱정 없이 보이는 사람이 신경쇠약에 걸려 있는 사람이 있다. 그러나 신경쇠약에 걸려 있는 것을 고백한다거나, 또는 그렇다는 것이 자신의 약점이나 결점을 보이기 때문에 숨기는 경우도 있다고 말해주는 환자도 있었다. 이러한 신경쇠약자는 중국 낭인이나 정치상의 낭인에게 때때로 볼 수 있다. 즉 그들은 평소에 근심걱정으로 사람에게 민폐를 끼친다고는 그다지 생각하지 않고, 당연하게 허풍스럽게 말을 하지만, 의외로 번민을 가지고 있는 신경쇠약자인 경우이다. 두 번째, 보통의 경우에 평소 당연한 사안의 성질이며, 체격도 그다지 좋지 않다. 그 외 신경쇠약의 증상이나 예방법이나 여러 가지 것을 여기 저기에 말을 하거나 글로 쓰는 사람이다. 지금 자신이 나았다고 말할 정도는 아니라고 생각한다. 다만 신경쇠약자는 일반적으로 자신이 신경쇠약이라고 말하는 것이 매우 과대하다고 생각하는 경향이 강하다. 예를 들면 불면증에 걸리자, 강한 신경쇠약이므로 이것을 아주 과장하여 지금이라도 죽을 것 같이 말하지만, 신경쇠약으로 죽는 일은 결코 없다. 단 중요한 것은 포기하는 것이다. 포기는 신경쇠약자가 가장 필요한 것이다.

나의 지인 중에 중학교 선생님이 있다. 그 사람은 고등교육을 받은 훌륭한 신사이지만, 오랫동안 신경쇠약으로 고생하여 일본의 병원이나 조선 내의 병원에서 유명하고 이름 있는 의사에게는 거의 대부분 진료를 받고 또한 입원도 해서 아무리 치료를 받아도, 대부분 효력이 없었다고 하였다. 또한 그는 학교를 졸업하고 바로 중학교로 부임되었지만, 왜인지 동기 졸업의 동창과 비교하면 불우한 입장에 있다고 말하였다. 자기는 시골 중학교를 2, 3군데 돌았는데, 도저히 신경쇠약으로 재미가 없어서, 잠시 직장을 나와서 경성으로 올라와서 무직이다. 그래서 퇴직하여 신경쇠약 치료에 전념하는 것 같다. 원래 그가 신경쇠약 치료에 열심히 노력한 것은 매우 중요한 일이다. 이전에는 상당히 재산가였지만, 그 비용으로 거의 재산을 다 써 버릴 정도이다.

그 사람은 가장 먼저 경성의 모병원에 입원하여 치료를 받은 적이 있다. 병원에는 공교롭게 교수가 없었기 때문에 조교수가 치료를 맡게 되었다. 조교수는 그 사람을 먼저 병실에 넣고 외부와의 교섭을 끊어 버리고 음식물과 음료수는 문 앞에 두고 일절 말을 시키지 않도록 하였다. 그렇게 10일이 되고 20일이 되어 경과를 보니 그 사람을 자연스럽게 단순하게 되어졌다. 그때부터 매우 단순한 회화를 매일 조금씩 하기 시작하였다. 또한 간단한 작업을 주었다. 예를 들면 물을 준다거나, 장작을 패거나 하는 일이었다. 그리고 다음으로 복잡한 일을 하는데 병원의 뒷산에서 큰 소나무의 뿌리가 있다. 나무 기둥은 베어져 버리고 뿌리만이 남아 있다. 그 뿌리를 날마다 조금씩 파서 가져오도록 조교수가 지도를 하였다. 마지막에는 그 뿌리를 다 파내서 돌아와 버린 정도이다.

그동안 조교수는 그 사람에게 '이제 꽤 괜찮아졌지요?'하고 종종 물으면 답은 언제나 '아직 좋지 않다'고 말하였다. 그 후, 그 사람은 또 어느 중등학교에 근무하였는데 언제나 동료를 비롯하여 생도와 만날 때마다 재미있지 않다고 하였다.

나는 그 사람에게 시골로 가서 농민을 상대로 자연 생활을 하도록 권하였다. 그 사람은 시골에 가서도 고등교육을 받은 사람이 어떻게 농민을 상대로 살 수 있는지. 또한 주위에서도 오히려 별난 사람으로 볼일 수 있기 때문에 시골에서는 도저히 살 수 없다고 말하였다. 여기에서 나는 그 사람에게 다시 단순한 장사라도 해 보면 어떠냐고 하였다. 예를 들면 담배집이나 짚신집 같은 것이다. 담배집이라면 손님도 대부분 말을 하지 않아도 장사를 할 수 있기 때문이다. 그곳에서 그 사람은 경성에서 그런 장사를 하는 것은 아무래도 체면이 좋지 않기 때문에 적어도 인천 근처에서 한다고 하였다. 일부러 인천까지 가서 장소와 집을 찾았지만, 또한 도중에 마음이 바뀌서 결국 고향으로 돌아갔다.

그 사람은 이제 조금 그 사람의 특이한 성질로 묘하게 웃는다. 예를 들면 교장이 앞에서 일로 부르면, 먼저 교장의 얼굴을 보고 방긋방긋 웃는다. 교장 쪽에서도 아마 기분이 나쁘거나 이상하게 생각하지는 않는다. 그러나 그 사람은 물론 교장에게도 오해받을 우려가 있으므로, 웃는 것을 그만 두라고 생각한 적이 있지만. 그만둘 생각을 생각하면 할수록 더 웃게 된다고 한다. 또한 교실 등에서 생도가 떠들면 야단을 친다. 그러면 오히려 생도가 재미있다고 말한다. 아마 지금 또한 그 사람은 신경쇠약으로 고생하고 있을 것이다.

위의 예와 같이 신경쇠약이 심각할 정도까지는 가지 않더라도 온갖 강박관념으로 힘들어 하는 것은 신경쇠약의 통행성이다.

신경쇠약의 요법으로는 나는 포기가 가장 중요하다고 생각한다. 그리고 그다지 자기의 자각증상을 과장하여 생각하지 않는 것이다. 약으로 이용되는 것은 보통 진정제이지만, 일반에게 약국에서 파는 신경쇠약의 약은 해열제가 아닌가 생각된다. 많은 경우가 해열제를 진정제로 사용한다. 〈62~64쪽〉

고바야시 하루지로(경성제국대학 의학부이학박사, 小林晴治郎), 「알 수 없는 병 말라리아」, 『조선급만주』(제279호), 1931년 2월.

　말라리아는 인간의 혈액 속 적혈구에 일종의 기생충(말라리아원충)이 기생하여 생기는 병이다. 이 기생충은 일정한 시간에 번식과 발육을 하여 혈구를 파괴하고 나와 다른 적혈구를 새롭게 감염시킨다. 혈구파괴를 할 때 사람은 발열하게 된다. 번식발육을 할 때에는 일정한 시간을 필요로 하기 때문에 주기적으로 열이 난다. 조선에서 대부분 말라리아는 47시간이며, 발육을 완료한 후부터 격일로 열이 난다. 기생충은 모기의 일종인 아노페레스의 체내에서 특수한 번식(유성적)을 하고, 이 모기가 물게 되면 다른 사람에게 매개된다. 치료에는 키니네, 그 외에도 특효약이 있기 때문에 말라리아에 걸린 사람은 이를 복용하면 열이 내린다. 예방으로는 모기에 물리지 않도록 모기를 없애고 또한 말라리아 환자를 충분히 치료하여 병독을 없애는 데에 있다(이 예방법 중에 하나라도 완벽하게 하면 예방할 수 있지만, 병용하면 한층 좋을 것이다). 이상은 말라리아 병원체, 병 매개체, 치료, 예방에 대한 이야기이지만, 이 정도는 소학생의 대부분도 알고 있다. 중학교에서 한층 자세하게 가르치고 있다. 즉 의사가 없어도 이 병은 일반 사람에게 잘 알려져 있다. 그렇다면 병을 빨리 치료해서 세계적으로 병의 끈이 끊어지던지, 조금이라도 나쁜 해가 많이 없어져야 한다. 이에 반해 사실은 이 병이 많은 열대 각 지역에서 폭력과 위험에 흔들리고 있다. 또한 대부분 성적 좋게 정복한 곳이라서 순간 부주의하면 바로 옛날과 같이 유행할 수 있다는 예는 대전쟁 중이나 그 후의 말라리아의 유행으로 알 수 있다. 즉 정복한 것이 아니라, 잠시 참해를 끼치지 않을 정도의 압박 불과하다. 온대지방에서도 매우 넓게 유행하고 있다. 어떻게 말라리아를 예방 박멸할 수 있는지는 전혀 짐작가지 않는 것이 많다.(일본 및 조선이 그 예이다) 말라리아는 매우 잘 알고 있는 것 같지만, 실은 알지 못하는 점이 매우 많은 병이다. 불분명한 점 또는 이설이 있어 미해결된 문제 몇 개를 예를 들면 다음과 같다.

　말라리아에는 보통 3종이 있지만, 한 종이라고 말하는 사람도 있다.

　말라리아 원충은 적혈구 안에서 기생하고 있는지, 그 표면에 부착하고 있는지, 두 가지 설이 각각 생겨났다.

　말라리아 원충이 혈구를 파괴할 때 인체에 열이 나지만, 이것은 말라리아 원충이 일종의 독을 발생시키는 것인지, 또는 다른 원인으로 열이 나는 것인지 충분하게 밝혀지지 않았다.

　키니네제는 말라리아의 열을 내리지만, 과연 말라리아 원충에 직접적으로 작용하는 것인지, 또는 (적어도 일부분은) 인체의 기능을 자극하여 간접적으로 말라리아 원충을 죽인다고 설명하는 사람도 있다.

　말라리아는 치료가 된 것처럼 보여도 재발을 잘한다. 재발의 원인인 원충의 형태에도 의문이 있다.

같은 종류의 모기라도 어떤 곳의 모기는 말라리아를 잘 옮기고 다른 곳의 모기는 매개능력이 아주 약한 것이 있다.

인간에게는 자연적으로 말라리아에 면역되는 것이 있는 것 같다. 또한 한번 걸리면 다소 면역이 생기는 것 같지만, 어느 정도인지 명확하지 않다.

말라리아의 동물실험은 지금 대부분 성공하지 못했다. (그러므로 치료, 면역 등을 실험적으로 결정하기 어렵다. 단지 이점은 근래 말라리아의 정신병 치료법으로 조금 해결을 하였지만, 지금은 그 점에 대한 설명은 생략한다)

아무런 이렇다 할 원인도 없이 말라리아가 점차 감소하거나, 또한 갑자기 증가하는 경우가 있으며, 그 원인의 설명을 할 수 없는 경우가 많다.

예를 들자면 얼마든지 있다. 말라리아는 실로 알 수 없는 병이다.

그러므로 언뜻 보기에 평범하게 보이는 병을 확실하게 진단하여 근본 치료를 하고 또한 예방박멸을 하는 일은 실로 곤란하다. 특히 최후의 예방 박멸은 어렵다.

말라리아에 관한 연구는 매년 천에 가까운 수로 세계 각지에서 발표되고 있다. 각 말라리아에는 연구 제목도 많다. 바꿔서 말하자면, 알지 못하는 경우가 많다.

나는 4명의 사람들과 함께 조선의학회에서 내년도 과제 '말라리아'를 담당하고 있지만, 1년에 위의 어느 항목을 밝힐 수 있을지는 알 수 없지만, 조금이라도 조선의 말라리아를 규명하고자 하며 지금 여러 가지 준비와 조사를 서두르고 있다. 〈54~55쪽〉

사사무라 데쓰오(의학박사, 笹村鉄雄), 「뇌에 병이 걸리기 쉬운 봄과 그 예방법」, 『조선급만주』(제281호), 1931년 4월.

1. 봄은 뇌에 나쁘다

봄은 꽃이 피고, 작은 새가 노래하고, 나비가 춤을 추며, 나무의 싹, 풀의 싹은 희망의 색으로 빛나는 시기이면서, 웬일인지 인간의 몸에도 변화가 온다. 평상시에 우울한 사람이 이상하게 활발해진다거나, 평상시에 활발한 사람이 반대로 생각에 잠기거나 한다. 이것은 생리적으로 변화가 일어난 것으로 소위 기후로부터 신경쇠약에 걸렸기 때문이다.

세상 사람은 신경쇠약은 문화병이니까 라고 하며 그렇게 중요하게 생각하지 않는 사람도 있겠지만, 이는 실은 일종의 뇌병이다. 그러므로 세상에서 말하는 미치광이까지는 아니어도 친척뻘이라고 할 수 있다. 조금 걱정하는 일이 있으면, 수다를 틈타다 병이 생긴다. 평소에는 아무렇지 않은 사람도 이 계절에는 방황한다. 병에 걸린 후에는 특히 주의를 요한다.

2. 먼저 자각하자

가족이나 친구가 약간 말하는 것이 변했던지 행동이 변한 것을 알아 차렸을 때에는 그 사람이 상당히 병에 걸려 있을 시기이다. 이렇게 되고 나면 치료도 또한 곤란하다. 그러므로 제3자로부터 듣기 이전에 스스로가 자기의 병을 발견하는 것이 필요하다. 그렇다면 자신이 뇌에 손상이 되었는지 아닌지를 빨리 자각하는 일은 어떻게 아는가. 결국 치료에서도 요양에서도 대단히 중요하기 때문에 다음과 같은 점을 특히 주의해서 자각하는 일이 제일 중요하다.

1. 뇌가 무거워서 어떻게 할 수 없다.
2. 얇은 천에도 무언가를 쓰고 있는 듯하다.
3. 머릿속이 아프고 머리털만 닿아도 다소 고통을 느낀다.
4. 왠지 기분이 가라앉지 않는다.
5. 세상이 싫어진다.
6. 가끔 큰 소리로 노래라도 불러 보면 개운해진다고 생각한다.
7. 지루한 일이 걱정된다.
8. 남이 하는 일이 일일이 마음에 들어하지 않는다.
9. 밤에 충분히 자지 못한다.
10. 자도 무서운 꿈을 꾸거나, 그리고 쥐 소리에도 잠이 깨버려서 새벽이 되어서야 잠시 숙면을 할 수 있다.
11. 독서를 해도 머리에 들어오지 않고, 똑같은 곳을 4, 5번 계속 반복해야 한다.
12. 친구의 이름을 잊어버려 조금도 생각나지 않는다.
13. 글을 써도 오탈자가 많고 글씨를 잊는다.
14. 다른 사람과 상담을 하고 있어도 조금도 기분이 내키지 않는다.
15. 한 가지 일을 끝까지 할 수 없고 조금만 일을 하면 바로 피로를 느껴서 조금도 유쾌함을 느끼지 못한다.
16. 몇 번이나 잠이 든다.
17. 신경이 초조해져서 걸핏하면 화가 나 있다.
18. 현기증이 나서 견딜 수 없다.
19. 식욕이 매우 감퇴했다.
20. 심장이 두근거려 견딜 수 없다.

그 외도 많이 있지만, 보통 신경쇠약으로 나타나는 병상은 대체로 위의 20항 정도일 것이다. 이러한 증상을 스스로 알고 있었다면 신경쇠약인 것이다. 이러한 증상을 확실히 자각하지 않고서는 안 된다. 동시에 요양에 힘쓸 것을 명심해야 한다.

3. 어떻게 요양할 것인가

먼저 의사 진단을 받고, 그 차도에 따라서 요양을 하는 것이 가장 타당하다. 신경쇠약은 마음에서 온 것이기 때문에 마음을 크게 먹으면 좋다. 수수께끼 같다고 잘 모르는 사람은 방임하는 경우가 많이 있다. 병이 마음에서 온다고 한다. 마음에서 생긴 것이 확실하지만, 마음에서만 생겼다고는 할 수 없다. 특히 신경쇠약은 두뇌의 과격한 피로에 의해서 일어나는 경우도 있고, 영양장해로부터 일어난 경우도 있고, 부인은 자궁의 병에서 유발되는 경우도 있기 때문에 마음을 크게 먹으면 좋다고 하는 것도 일괄적으로 정해서 방임해 두는 일은 가장 위험하다.

일단은 의사의 진단에 따라서 그 원인을 규명하고, 그리고 원인요법을 해야 한다. 단지 경미한 경우에는 스스로 예방법을 강구하여 의사의 진료를 받지 않고 숨어 있는 경우도 있다. 그러므로 앞에서 서술한 바와 같이 자각증상이 일어나기 전부터 예방법을 강구할 필요가 있다.

4. 그 예방법

그러면 예방법은 어떠한가.

1. 적당한 운동을 할 것.
2. 식사양은 8부 정도, 식사 시간을 정확하게 할 것.
3. 매일 입욕을 할 것.
4. 냉수마찰을 할 것.
5. 밤에 수면을 충분히 취할 것.
6. 적당한 휴식을 할 것.
7. 불섭생(不攝生)을 하지 말 것.

등일 것이다. 나의 지인에는 저술을 업으로 하는 사람이 있다. 직업적으로 아무튼 신경쇠약에 걸리기 쉽다. 특히 그 지인은 한 시간에 4백자 원고지 8매에서 10매를 쓴다고 한다. 보기 드물게 빠른 사람이다. 그러므로 바쁠 때에는 방에서 총총하게 오전 중 내내 쓴다. 그래도 많이 쓰면 30매는 쓴다고 한다. 다 쓰고 나면 바로 따뜻한 물에 씻고 욕조에서 길게 호흡하고 멍하니 있으면, 심신이 완전히 되살아난 듯한 기분이 든다.

그리고 돌아와서 처음으로 점심을 먹는다. 오후는 일이 있으면 외출을 한다. 방문을 받는다. 그렇지 않으면 잠을 잔다. 한 시간 정도 수면을 취한다. 다음날 또한 전날과 같은 능률을 올릴 수 있다고 한다.

아무튼 입욕하는 것은 확실히 좋고, 수면을 취하는 것도 좋다. 이미 신경쇠약이 걸려 있다면 수면을 취할 수 없다.

5. 잠을 못 이룬 사람의 주의

잠을 못 자는 사람에 대해서 말하자면, 의사허락 하에 수면제를 받아서 복용하면 좋지만, 이것은 습관이 되어 최후에는 약이 없으면 잘 수 없게 되기 때문에, 되도록 피하는 것이 좋다. 그러면 어떻게 하면 좋을까.

-입욕할 것, 들어갈 때에 냉수를 뿌리고 마찰을 할 것.

-적당한 운동을 할 것.

-신선한 공기가 있는 곳에서 심호흡을 할 것.

-침실을 어둡게 하고 잘 것.

-커피, 홍차, 차 등 흥분제의 음료는 오전 이후는 되도록 마시지 않을 것.

-마루에서 심호흡을 할 것.

-마루에서 조용히 하나에서 열까지를 같은 속도로 셀 것.

-또한 자신의 호흡을 셀 것.

-발을 적당하게 굽혔다 펼 것.(가벼운 운동)

-상체를 마루에서 나와 가볍게 운동할 것.

등을 해 보는 것이 좋다. 그래도 잠자기 힘든 경우는 한번 마루로 나와서 마루를 다시 깔고 북쪽으로 베개를 둔다. 그리고 잠옷을 벗고 나체로 5, 6분간 운동을 해도 좋다. 또한 물을 마시는 것도 좋다. 여름이면 마루 밖으로 나와도 좋다.

이상의 방법을 잠이 오지 않을 때에는 처음에는 수면제를 먹어도 좋을 것이다. 그러나 되도록 약이나 술로 수면을 취하려는 것은 안 하는 것이 좋다.

그리고 나서 지금 한 가지 특히 주의해야 할 것은 신경쇠약 같다고 생각하면, 담배를 끊는다. 당연히 한 번에 그만두는 일은 힘들기 때문에 양을 조금씩 줄인다. 또한 변통을 잘 하는 것도 잊어서는 안 된다. 게다가 매일 아침 세면한 후, 뜨거운 물을 마시거나, 또는 무를 먹는다거나, 위장운동을 충분히 하게 하는 것도 신경쇠약을 예방하는 데에 필요한 일이다.

6. 마음을 크게 먹다는 것

'마음을 크게 먹는다'라고 누구나 말하지만, 이것은 오히려 어려운 문제로, 간단하게 마음을 크게 먹는다거나 작게 하면서 자유자재로 할 수 있다면 처음부터 뇌가 아프지도 않는다. 이것을 할 수 없기 때문에 비로소 일어나기 때문에, 이에 대해서 마음을 크게 먹으라는 요구는 조금 무리이다.

그렇다면 신경쇠약의 예방으로 이야기하자면, 과도한 공부를 한다거나, 생활상 노동도 가장 독이다. 공부도 하지 않으면 안 되며, 생활도 고려해야 하지만, 곰곰이 생각해 봤자 인간은 되는대로 밖에 되지 않기 때문에 되도록 넘쳐나는 인생이라고 생각하는 것이다. 그러나 이것은 이미 신경쇠약에 걸린 뒤에는 늦었기 때문에 평상시에 이러한 기분을 충분히 길러낼 필요가 있다. 또한 신앙에 의존하는 것이 가장 일반사람들에게는 이를 막을 수 있는 것 같다.

7. 전지(轉地)요양의 시비

다음으로 전지요양에 대해서 말해 둔다. 전지요양이란 환자의 부속물처럼 여러 사람의 입에서 나온다. 그러나 나는 전지요양이 반드시 모든 경우에 좋다고 보증할 수 없다. 왜냐면 우울한 사람이 고독하게 전지요양을 한다면 오히려 외로움 때문에 우울이 증가한다. 이러한 경우는 환자를 가장 동정해 주는 가족이나 친구가 동반하여 기분을 충분히 달래주는 전지요양이 되지 않으면 안 된다. 실제로 자주 있는 예로, 전지요양을 하다가 오히려 병이 깊어져 자살을 하는 경우를 신문에서 본다. 이것은 전지요양을 하는 진정한 의도를 잘 알지 못하고 그대로 받아들인 결과이다. 한 청년이 실연한 결과 신경쇠약에 걸렸다가 전지요양한 곳에서 자살한 예도 있다. 또한 전지요양 중에 새로운 연인을 얻어서 회복한 사람도 있다. 요컨대 전지요양은 그 원인과 사정을 충분히 고려할 필요가 있다.

다음으로 한 가지 말해 두고 싶은 것은 이미 과도한 신경쇠약에 걸린 사람이나, 심하게 만연된 사람에게 마음을 달래주는 수단으로서 시끌벅적한 곳으로 데러간 사람이 있는데, 그 때문에 병세가 더 나빠지는 경우가 있으므로, 이 점에 대해서도 충분한 주의가 필요하다.(도쿄지국) 〈60~63쪽〉

야마우치 시게오(이학박사, 山內繁雄),「계절과 성욕」,『조선급만주』(제281호), 1931년 4월.

동물에게는 일반적으로 교미시기가 있다. 이 시기에 들어가면 수컷은 거의 광적으로 암컷을 찾아다닌다. 때로는 자기의 생존 상 가장 필요한 식사조차 잊고 기아에 쫓겨 가면서 또한 암컷을 찾아 교미의 기회를 얻으려고 한다. 특히 인간과 가깝게 살고 있는 가축은 이러한 증상이 두드러진다. 즉 그들은 춘계, 때로는 만추에 이 교미의 열정을 보인다.

처마에 둥지를 튼 새는 봄이나 가을에 교미기가 있어서 알을 낳는다. 개, 고양이, 쥐 등도 이와 비슷하다. 물론 그 중에는 계절과 관계없이 또 다른 교미를 찾아다니기도 하다. 예를 들면, 익숙한 닭과 같이 1년을 통해서 매일, 그 피로를 회복하고는 교미를 찾아다닌다. 어류는 가을 끝에 교미기가 있다.

이러한 동물, 특히 고등동물 - 가축 등은 일정한 교미기가 있고 그 시기 이외는 보통 수컷이 주변에 가까이 오더라도 수컷은 일절 교미를 할 생각을 보이지 않는다.

그렇다면 인류는 어떠한가. 인류는 아직 역사기록이 없는 시대부터 부인에게 월경이 있는 것을 확인하고, 그것이 임신과 관계가 깊다는 것을 알았다. 그리고 어떤 민족도 월경을 아주 더러운 것으로 취급하고 월경이 있는 부인은 신 앞에 나오는 것을 금지시켰다. 또한 가족으로부터도 멀리 떨어져 있게 하여 완전히 고독한 장소에서 살게 하였다.

문명이 발달되어도 부인에게 월경이 있는 것은 일반적인 사실이며, 게다가 성욕은 월경과 함께 있을 것이라고 생각한다. 일찍이 전문가는 성학(性學)에서 성욕과 월경과의 관계를 자세하게 논하였다. 즉 모든 욕정은 월경과 함께 일어난다는 사실을 들고 있다. 예를 들면 다른 사람이 소유하고 있는 것을 자신의 소유로 하고 싶은 소유욕이 월경기에는 왕성해지며, 그 때문에 종종 범죄로 향하는 경우도 있다. 범죄의학에서는 부인의 월경과 범죄를 하는 동물의 심리적 사실이란 서로 작용한다는 것을 증명하였다. 즉 월경 전후에 성욕은 왕성해진다고 보인다. 그러므로 이점에서 말하자면, 부인의 신체 구성상 주기적으로 성욕이 있다는 것을 인정해도 좋다고 생각한다. 그러나 월경은 대체로 태음력의 1개월에 1번씩 받아들이고 있다. 1년에 약 12회가 있기 때문에, 춘하추동을 통해서 12회가 가장 성욕왕성한 시기가 있다고 봐도 지장이 없을 것이다.

계절의 변화는 인간의 신체에 영향을 미치는 점이 크다. 따라서 똑같은 월경시에도 특히 춘계의 월경시에는 그 일어나는 성욕 정도도 한층 고조에 달한다. 아마 지구에 예부터 있었던 조수의 간만이 달의 영결(盈缺)과 관계가 있다. 게다가 춘분의 조수 간만이 음력 3월 3일 경에 가장 커지는 것과 같이, 부인의 월경은 1년에 약 12번이 있어도 가장 성욕이 강하게 나타나는 때가 봄의 월경 시기이다. 이것은 부인의 신체 구성상, 이미 주기적으로 나타난 것을 봐도 좋을 것이다.

그렇다면 남자는 어떠한가. 생식은 남녀 양자 관계에 의해서 성립된다. 즉 여자가 성숙시키는 난자가 남자의 정자에 의해서 의의가 있는 것이 된다. 여자의 난자를 체외로 배출하여 수태 준비를 하는 것은 항상 월경과 관계가 있다고 한다. 그러므로 월경과 관계없는 기간에는 수태를 준비하는 배란작용이 우선 적다고 봐야 한다. 그래서 배란된 난자가 수태하기 위해서는 남자의 정자를 요구한다. 즉 남자는 그때에 성욕이 가장 왕성한 것은 당연하게 된다. 이미 다른 생물에서도 대체로 자성(雌性)의 생식세포 즉 난자의 수태 준비 시기는 의외로 짧다. 남성의 정자의 수태준비 시기는 상당히 길다. 즉 남성의 정자는 일찍부터 준비가 되어 있고, 여성의 난자의 수태준비는 되자마자 바로 수태하도록 되어 있다.

한 마디로 말하면, 남성의 정자 수태가능기는 상당히 긴 시간이 걸리고, 그동안에 중앙으로 좁아져서 단기간에 주기적으로 여성의 난자가 수태준비를 하는 실제를 보인다. 이점에서 보면 남성의 정자, 수태작용을 행할 수 있는 시기는 상당히 긴 시간이라도 이치상 여성의 난자의 수태가능기와 관계가 있기 때문에, 남성의 신체에서도 또한 여성의 신체와 똑같이 수태가능기가 있다고 봐도 좋다. 즉 수컷도 암컷과 똑같이 수태가능기에 가장 성욕이 왕성하게 나타나며, 역시 주기적으로 된다. 이것이 원칙인 것이다.

애초에 생식은 그 기원을 거슬러 올라가면 개체의 죽음을 의미한다. 하등한 생물에게는 하나의 개체는 특별히 준비된 생식작용을 가지고 있지 않다. 따라서 개체의 생존을 할 수 있는 동안은 생존을 즐기지만, 개체의 생존기간은 한정되어 있어, 특히 하등동물은 의외로 단명이다. 그래서 자기와 같은 종족을 위해서는 자손을 남길 필요가 생기고 비로소 자기 신체에 생식의 사실을 행한다. 생식은 결국 개체의 죽음이며, 하등동물은 자기의 종류를 남기기 위해서는 신체를 두 개로 나누어 스스로 죽는다. 이분화된 신체는 소위 젊은 신생명을 받은 신체는 또한 연명하여 지속하는 힘을 가진다. 즉 개체의 죽음은 생식이 새롭게 젊게 해 준다.

또한 생물이 점점 진화하여 고등으로 되면 자웅이 따로 생기게 된다. 이 생식작용의 구별은 처음은 단순하게 한 개체가 웅성 및 자성의 생식세포를 만드는 것이었다. 그러므로 개체가 생존할 수 있는 한 생존하여 생존할 수 없는 상태가 되어서 처음 웅성의 생식세포를 만든다.

그것이 자연융합으로 새로운 한 개체가 태어나는 당시는 성욕은 볼 수도 없다. 물론 성욕이 있을 필요도 없다. 그러나 자웅의 개체가 진화하여 따로따로 되면서, 난자는 암컷의 신체에 생기고 정자는 수컷의 신체에서 생기기 때문에 꼭 자웅의 생식작용이 만나야 할 때가 있다. 처음은 생식세포가 성숙하는 시기가 자연스럽게 생식을 하게 되었다. 그런데 생물이 점점 진화되어 또는 음식물을 찾는 관계상, 또는 기후가 좋은 곳을 선택한 관계상 장소를 다르게 살게 되었다. 신체는 생식세포를 만들 때만 자웅이 만나서 생식을 하게 되었다. 때문에 자연생식의 시기는 개체로서 생존하기 힘든 상태가 되었을 때에 생식세포를 만들게 되었다. 이렇게 만들어진 생식세포는 수태후 발육을 하는 데에 가장 좋은 기후(온난한 시기)를 선택하게 되었다. 즉 생식세포를 받을 시기의 대부분은 가을 끝이며, 그 수태시키는 난자가 평온하게 발육을 할 수 있는 시기는 다음 해가 된다.

이 관계가 기초가 되어 대부분의 생물은 가을 말 또는 이른 봄에 수태하게 되었다고 볼 수 있다. 생물이 점점 진화됨에 따라서 자연스럽게 음식물에 색에 소리에 종종 외부적인 충동을 감응함과 동시에 생식시기도 일정한 계절의 주기적인 변화에 이겨내어 점점 변해왔다.

특히 인간은 인공적으로 자연을 활용하려는 경향이 두드러진다. 인간도 신체 구조상으로 말하자면, 옛 선조의 상태와 같고 가을 끝에 생식세포를 만들어 수태의 필요한 준비를 한다. 춘계에 그 난자가 발육을 하도록 하는 순서였다. 그러나 부인을 보듯이 1년에 1번 수태기를 1년에 12번 월경시기로 세분하여 할 수 있도록 되었다. 그리고 인공적으로 자연을 변화시킨 결과, 이 12번의 성욕이 왕성한 시기 외에도 언제든지 성욕이 발로하는 것을 보게 되었다.

특히 남자는 자극성 있는 음식, 술, 미식 때문에 또는 온화한 기후, 인공적으로 만들어낸 따뜻한 피복 때문에, 또는 심리적인 - 유혹적인 목소리, 색, 냄새 등의 자극으로 언제라도 성욕을 낼 수 있도록 변화하였다. 열대에 국가를 이룬 민족의 성욕이 열대가 아닌 다른 지방 민족에 비해서 끊임없이 왕성한 것도 이 이유에서 설명할 수 있다고 생각한다.

요컨대, 성욕이 주기적으로 나타나는 것은 생물의 일반적 현상이다. 모든 리듬은 모든 생물의 상태이다. 주야, 춘하추동은 인간은 물론 모든 생물이 세상에 나오기 전부터 있었던 것으로 똑같이 이 영향을 받았다. 따라서 생물신체의 생장, 생물의 정신의 갈림길에서 주야, 춘하추동의 영향이 있는 것은 당연하다.

혈액순환의 상태, 미각의 고저, 심장고동의 상이, 또는 신체비만은 사계절과 관계가 있기 때문에 심적 상태의 비관적, 낙관적인 기분을 만들기까지, 그 근본은 성욕에 주기적인 관계가 있기 때문이다. 게다가 자연을 정복하여 멈추지 않는 인간의 욕망은 마침내 자극물의 기호, 술, 미식, 또는 피복의 종류, 색, 소리, 냄새 등에 따라서 쉽게 항상 성욕을 흥분시킬 수 있도록, 조금 자연과 다른 관계를 갖게 되었다. 한편으로 보면, 이것이 인간에게 자연의 주기적인 리듬이 있는 성욕을 만용한 결과, 정력자체에 감퇴쇠약 있는 원인이 되었을 것이다. 인공적으로 자연이 정해진 리듬을 변화하게 한 결과가 오히려 동물보다도 인류가 생식력을 약하게 하였다고 볼 수 있을 것이다. (도쿄지국) 〈63~65쪽〉

「일본 내지의 공창 사창」, 『조선급만주』(제282호), 1931년 5월.

전국의 유곽 지정지역 수는 1929년 말 현재는 541개소가 있고, 하나도 없는 지방은 폐창을 단행했던 군마(群馬)와 사이타마(埼玉)의 두 현, 비교적 수가 적은 지방은 가고시마(鹿児島), 오키나와(沖縄) 각 1개소, 돗토리(鳥取), 도쿠시마(德島), 야마나시(山梨), 각 2개소, 에히메(愛媛), 와카야마(和歌山), 나라(奈良) 각 3개소, 기후(岐阜), 아이치(愛知), 구마모토(熊本) 각 4개소, 가장 많은 지방은 홋카이도(北海道) 45개소, 야마구치(山口) 41개소, 미에(三重) 30개소

창기의 수는 1929년 말 조사에 따르면, 전국에서 49,470명 중 가장 많은 지역은 오사카로 8,677명, 도쿄는 6,424명, 교토는 4,495명이다. 작은 지방이지만, 이시가와현(石川県)에서는 지정한 곳이 6개소나 있고, 유곽업자 수가 524호나 있지만, 창기가 불과 21명이 있다. 이러한 지방의 특이성은 여관으로 점점 예기(藝妓)가 들어가기 때문이다.

실제로 작은 지방인 시마네현(島根県)에서는 6개소의 유곽이 있으며 19명의 창기, 그 다음으로 오키나와에 1개소에 600명이 있는데, 이는 일본에서 예가 없었던 제도로 유명한 쓰지의 유곽이다.

손님의 수는 전국 유곽의 1년 유흥인원(1929년 조사)은 2,270만 4,790명이었다. 이 유흥 총비용은 7,223만 5,404원 60전 3리, 그 중 유흥이 많은 지방은 오사카 1,385만 원, 도쿄 1,512만

원, 교토 925만 원이었다. 적은 지방은 에히메 68,000원, 이바라키(茨城) 70,000엔, 다음으로

집단사창 즉 도쿄의 다마노이(玉の井), 가메도(龜戸)와 같은 제도 사창가는 전국영업호수는 4,513호, 사창 수는 12,181명, 그 중에 도쿄 129호, 1,607명, 후쿠오카(福岡) 1,147호, 4,618명이 많은 지역이다(이상 모두 1929년도 조사 수)

최후에 이러한 공창의 영업 방법이 현재 문화사회에 수용되지 않고 자연스럽게 없어진 경향이 있으며, 이를 나타내는 수치가 있다.

공창 수   1925년, 53,800 ▲1926년, 50,800 ▲1927년, 50,056

▲1928년, 49,058 ▲1929년, 49,477

집단사창 수   1915년, 11,756 ▲1926년, 11,532 ▲1928년, 11,155

▲1929년, 11,081

전국 유곽유흥 금액(단위 천원)

1915년, 79,624 ▲1926년, 78,600 ▲1927년, 73,800

▲1928년, 75,280 ▲1929년, 72,235

〈59~64쪽〉

사토 고조(경성의전 교장 의학박사, 佐藤剛藏), 「음식물의 화학과 보건」, 『조선급만주』(제283호), 1931년 6월.

사람이 건강하다는 것은 우리들에게는 매우 바람직한 일이다. 언제까지나 젊고, 언제까지나 건강하다고 말할 수 있기를 우리들은 가장 희망한다. 또한 신체를 건강하게 하고, 젊은 사람은 더욱 신체가 크고 있다. 체격이 큰 인간이 될 수 있다고 하는 것도 또한 우리들이 바라는 바이다.

이렇게 말하는 것이 바로 보건입니다. 보건을 유지하고 또한 건강을 증진하는 데에는 여러 가지 조건이 있습니다. 햇빛과도 관계가 있겠지요. 또한 공기와의 관계도 있겠지요. 체육상 관계도 있겠지요. 또한 오늘 밤에 내가 말하는 음식물과의 관계..... 이것이 아주 영향이 큽니다. 또한 신체를 강하게 할 수 있습니다. 중국에서는 음식물을 약처럼 생각하고 있다. '이 음식을 먹으면 정력이 생긴다. 저 음식을 먹으면 정력이 생기지 않는다.'라고 말한다.

대체로 오늘날 미국의 동물시험에 의하면, 흰 쥐를 사용하였는데, 300그램밖에 체중이 나가지 않는 쥐를 음식물로 다음 세대로 갈수록 점점 늘려, 자식이 낳은 손자가 또 증손자를 낳도록 점차 대를 이어가게 한다.

1926년에 흰쥐가 560그램까지 증가하였다. 약 5년에 걸쳐서 연구 결과 300그램이 500그램

으로 늘어났다. 약 2배로 체중이 증가하였습니다. 이는 동물시험입니다만, 우리들 인간에게도 음식물의 배합이 만약 이상적으로 행해진다면, 이론적으로 좋은 상황에서 행해진다면 물론 다른 관계가 여러 가지 있겠지만, 우리들의 신체 개선은 대체로 그 목적을 달할 수 있을 것이라고 많은 학자들이 의견일치를 하고 있습니다.

그러나 그 음식물 … 우리들이 하루에 3번씩 먹는 음식물은 모두 그 원료는 몇 종류인지를 조사해 보면, 보통 우리들이 섭취하는 것은 약 4백 종, 그리고 옛날부터 구황식물은 기근에 빠져 있었을 때 먹는 음식물이었는데, 이것은 6백 종류이며, 우리들의 음식물의 원료(식품)는 천 가지 정도일 것이라고 도쿄의 영양연구소에서 보고하였습니다.

보통, 음식물의 원료 4백 종의 배합에 따라 우리들은 이 생명을 유지하는 것입니다. 오늘은 음식물의 화학적인 관계, 즉 음식물은 어떠한 화학적 성분에서 성립하는가에 대해서 말하고, 이에 덧붙여 음식물의 생리적 관계, 또한 효능, 그 효력 소위 보건상의 이야기를 덧붙이며 함께 말하고자 합니다.

대체로 음식 성분을 우리들은 영양소라고 하고 있습니다. 각 식품 안의 영양소는 몇 개가 있는가를 말하자면, 첫째 물, 둘째는 무기질 또는 무기물, 셋째는 단백질, 넷째는 지방, 다섯째는 탄수화물, 여섯째는 비타민 … 비타민은 오늘날에는 A,B,C,D,E 5가지가 있습니다. 이러한 영양소가 모두 갖추어진 음식물이 있으면 이것을 우리들은 완전식품, 완전식이라고 합니다. 맛있는 것, 미식이 반드시 완전식은 아니다. 검소한 음식이 반드시 불완전식이 아닙니다. 소위, 흔히 검소한 음식이라도 영양소 관점에서 조사해 보면, 아주 가치 있는 경우가 있다. 그 음식의 영양소 배합이 이론적으로 행해지고 있다. 즉 학문적으로 하듯이 습관적으로 그 배합을 맞추어서 가정에서 생활을 하고 있다면 매우 만족할 일입니다. 그러므로 이를 위해서는 아무튼 음식물의 지식이 필요합니다. 음식물의 지식에 대해서는 화학이 필요하며, 이 방면의 관심이 필요하게 됩니다. 화학에 관하여 이것저것 말하자면, 첫째는 물입니다. 음식물 안에 물이 있다는 것, 즉 음식물 원료인 식품 안에 수분이 있다고 하는 것은 말할 것도 없습니다. 두 번째로는 무기질 또는 무기물이다. 예를 들면 칼슘, 철, 요도 또는 나트륨 좀더 나아가면 망간 또는 구리 등이 지금까지 필요로 하고 있습니다. 이러한 것을 일괄하여 무기질이라고 부르고 있습니다.

다음으로 단백질, 지방, 탄수화물이라고 하는 것은 유기물입니다. 이 세 관계는 신체 안으로 들어오면 대개 3개가 모두 공통적으로 융통이 되지만, 단백질은 지방 및 탄수화물과는 다르게 결합해 갑니다. 원소로 말하면 탄소와 수소와 산소 3개로부터 이러한 유기물이 생겨나서 지방 즉 지방 기름이 되기도 하고, 탄수화물 즉 전분류가 되기도 합니다. 단백질은 탄소와 수소와 산소 외에 질소가 더 있다. 따라서 단백질의 역할이 지방과 탄수화물과 다른 점이 있다는 것을 생각해야 한다. 화학 기호로 하면, COH · COH(N) … 질소가 그 안에 포함되어 있습니다. 그래서 이 3개의 각각 대략적인 역할을 말하자면, 우리들에게 '에너지'를 줍니다. 우리들에게 '에너지'를 공급하는 것이다. 한편으로 우리들에게 '칼로리'를 공급하는 것이다. 또는 열을 공급한다고 해도 좋을 것입니다.

이러한 역할을 하지만, 단백질만큼은 인간의 신체를 만드는 역할, 즉 건설하는 역할을 하고 있습니다. 대체로 건설하는 성분 즉 신체를 만드는 성분과 신체의 열을 만든다. 즉 태운다. … 연소하는 성분과 두 가지로 나누어서 보면, 단백질의 역할은 인간의 신체를 건설하는 역할과 그 안에서 질소가 빠져나가서 결국 연소성분이 되어 즉 열을 만드는 성분이 된다. 그리고 지방이나 탄수화물을 물론 소각하듯이 연소성의 작용을 지니고 있다. 무기질과 같은 물질은 역시 우리들의 신체의 건설성분처럼 생각하면 좋습니다.

요컨대 이러한 유기물은 우리들에게 '칼로리'를 공급하는 중요하다고 할 수 있습니다. 그 외의 물질은 이것을 공급하지 않는다. 예를 들면 우리들이 운동한다. 이렇게 말한다. 신체를 움직이게 하는 데에 필요한 것에는 유기물이 체내에서 화학적 분해 즉 연소밖에는 없는 것입니다.

다음에는 '비타민'이 문제가 됩니다만, '비타민'은 최근 잡지나 신문에 여러 가지 기능이 나와서 언뜻 보면 비타민만 먹으면 살아갈 수 있을 것이라 생각하지만, 그렇지 않습니다. 음식물로는 물, 무기질, 단백질, 지방, 탄수화물 그리고 '비타민'의 각 영양소가 갖추어져 있어야 합니다. '비타민'만을 섭취하면 건강을 유지할 수 없기 때문입니다.

'비타민'의 화학은 아마 앞으로 계속해서 새로운 구조가 나오겠지요. 이 정도로 해마다 몇 개씩 새로운 구조가 나오는 것도 없다고 생각합니다. '비타민'의 화학적인 구조 '비타민'의 분자는 어떻게 화학적인 구조를 가지고 있는지 아직 충분히 알지 못한다. '비타민'A는 '비오스테린'을 만들어 이것을 '비타민'A 라고 한다. 그리고 비타민C는 아주 중요하지만, 그 분자적 구조는 완전히 알지 못합니다. 비타민E도 오늘까지 아직 전혀 예측할 수 없다. 이러한 물질이 필요하다는 것만 알고 있다. 나머지 비타민B와 D가 있습니다. 비타민B는 화학적으로 어떠한 구조를 가지고 있는지에 대해서 어떤 사람은 엽산의 화합물로 이러한 ○○○○ 분자식을 가지고 있다고 한다. 대체로 이러한 것이 아닐까 한다. 쌀에 있는 당 3백 미리그램에서 0.1그램밖에 취하지 않아도, 0.002그램 내지 0.003그램 정도의 결핍으로 생기는 각기(백미병)를 치료한다고 연구되어 있습니다. 아마 비타민B는 어느 시기가 되면 연구실이나 실험실, 또는 공장에서 만들 수 있으며, 별도로 비타민B를 당에서 뽑아낼 수 있다는 것은 거의 이 병이 없어지는 날이 오지 않을까하는 생각이 듭니다. 어제 경성을 나온 스즈키 박사는 확실하게 화학적 합성을 성공했다고 하였으며, 그것은 비타민D '에르고스테롤'이라는 것입니다. '에르고스테롤' 또는 '에르고스테린'이라고도 합니다. 햇빛을 쬐면 자외선의 작용으로 갑자기 비타민D가 생깁니다. 이를 '비간톨'이라 부르는데 시장에서 판매하고 있습니다.

이상 비타민의 여러 가지 화학적 관계를 매우 간단하게 설명하였다. 어떤 비타민은 아직도 전혀 화학적 구조를 모르지만, 어떤 비타민은 그 합성에 성공하였다. 또한 어떤 비타민은 그 본체를 밝혀내서 완전히 이를 복제하고 있습니다. 또한 ABCDE 외에도 F를 생각해 낸 사람도 있습니다. 〈44~50쪽〉

백인제(경성의전 교수 의학박사, 白麟濟), 「혈액 반응으로 보는 인체의 개인성」, 『조선급만주』(제284호), 1931년 7월.

혈액형은 이미 세상에 알려져 있을 정도로 보편적인 일이며, 이제 와서 새롭게 변명할 일도 아니지만, 혈액형 반응에 관한 연구는 날마다 진보하여 점점 흥미로운 것을 볼 수 있습니다. 원래 유럽의 원류로 생겨난 연구입니다만, 최근에 특히 일본에서 장족의 발전을 보이고 있어, 우리들의 흥미를 많이 끌고 있습니다. 나는 항상 새로운 업적의 발전을 주시하고 있습니다. 오늘 저녁은 혈액 반응의 연구업적 중 특히 흥미로우면서 일본 법의학자 사이에서 주목의 초점이 되고 있는 인간의 체조직의 개인성에 관한 이야기를 간단히 말씀드리겠습니다.

이야기 순서로 먼저 옛일이지만, 혈액형 즉 동종혈구 응집반응에 대해서 일반적인 사항을 말씀드려야 합니다.

혈액반응이란 무엇인가

혈액은 아시는 바와 같이 혈청과 혈구로 되어 있습니다. 인간의 혈청은 동물의 혈구에 작용하여 이것을 응집할 수 있습니다. 반대로 동물의 혈청은 인간의 혈구를 응집합니다. 이와 같이 이종동물간에 일어나는 혈구응집반응을 이종혈구응집반응이라고 하고, 이때에 혈청 안에서는 혈구응집소가 있고, 혈구에 응집원이 있다고 생각한다. 이 반응을 설명하겠습니다.

이것은 옛날부터 알려져 있는 사실입니다만, 1819년 샤톡(Sehutock), 1900년 란드슈다이너(Landsteiner)의 연구에 의해서 인간끼리에서도 어떤 무리의 사람들의 혈청은 어떤 무리의 사람들의 혈구를 응집하는 사실이 있다는 것을 발견하였습니다. 이것이 즉 동종혈구 응집반응입니다. 그 후 Moss von Dungrn 등의 연구에 의해서 인류혈액에 동종혈구 응집반응의 관계에 따라서 4가지 형태로 구별할 수 있다는 사실을 알 수 있었습니다.

제1형
그 혈청은 다른 각 혈액형의 혈구를 응집한다.
그 혈구는 모든 혈액형의 혈청에 의해서도 응집되지 않는다.

제2형

그 혈청은 제3혈액형 및 제4혈액형의 혈구를 응집한다.

그 혈구는 제3 및 제1혈액형의 혈청에 의해서 응집된다.

제3형

그 혈청은 제2 및 제4혈액형의 혈구를 응집한다.

그 혈구는 제2 및 제1혈액형의 혈청에 의해서 응집된다.

제4형

그 혈청은 모든 혈구를 응집하지 못한다.

그 혈구는 다른 혈액형의 혈청에 의해서 응집된다.

혈구/혈청	I (O)	II (A)	III (B)	IV (AB)
I (O)	−	−	−	−
II (A)	+	−	+	−
III (B)	+	+	−	−
IV (AB)	+	+	+	−

이 관계를 도시화하면 위와 같습니다. 실제로 우리들의 혈청은 혈액형의 어떤 것에도 해당되는 동종혈구응집반응을 한다는 사실은 지금도 확고한 진리로 되어 있습니다. 즉 혈액형 반응이라고 통칭합니다.

혈액반응은 어떻게 일어나는가

혈액반응을 혈청학 원리에 기초하여 설명하면 다음과 같습니다. 즉 사람 혈청에는 이종 혈구응집소 외에 다른 인간 혈액을 응집하는 작용을 가지고 있는 $\alpha\beta$의 두 종의 동종혈구응 집소가 있으며, 혈구에는 이 $\alpha\beta$에 의해서 응집되는 작용을 가지고 있는 A B 두 종류의 동종혈구응집원이 있다. 즉 A와 α, B와 β가 만나면 응집현상을 일으킨다. A에 있는 혈액 중에는 α는 존재하지 않고 B를 포함한 혈액 중에는 β존재하지 않는다. 4가지 혈액형은 즉 혈청에 $\alpha\beta$가 있으며 혈구에 AB가 없는 것(제1 형 또는 O형) 혈청에 β를 가지고 있는 혈구에 A를 가지고 있는 것(제2형 또는 A형) 반대로 혈청에 α가 있고 혈구에 B를 가지고 있는 것 (제3형 또는 B형) 혈청에 $\alpha\beta$없이 혈청에 AB를 가지고 있는 것(제4형 또는 AB형)과 다름없습니다.

혈액형 반응의 응용

이상과 같이 인류는 혈액에서 보이는 혈액형 반응에 따라서 O, A, B, AB의 4가지 혈액형으로 분류되어 있는 것을 알았습니다만, 이 혈액반응은 각 개인고유의 것입니다. 태어나서 바로 나타나 아마 죽을 때까지 변하지 않습니다. 굉장한 개인성을 보여주고 있습니다. 또한 이 검사방법은 매우 간단하여 일상에 용이하게 이를 행할 수 있고 또한 그 반응이 매우 명료합니다. 누구라도 판별을 잘 할 수 있습니다. 따라서 여러 방면에 응용되고 있습니다. 주제와는 조금 떨어진 이야기이기 때문에 간단하게 예를 들어 보면 첫째로 치료적 방면에는 가장 유의미있게 헌혈법 시행을 할 때에는 수수혈자 사이의 혈액형을 미리 검사하여 동형 간 또는 조금이라고 수혈자의 혈청에 의해서 응집되지 않는 혈액을 수혈함에 따라서 수혈 부작용을 없앨 수 있습니다. 두 번째로 인종학방면에서 혈액형별로 백분율은 각 민족 또는 종적에 의해서 고유한 것이기 때문에 소위 생물화학적 인류학계 수를 산출하여 각국민의 혈액형을 비교연구하고 있습니다. 세 번째로는 법의학적 방면에서 특히 중요시되어 먼저 최초로 혈액형이 일정한 정연된 법칙에 의해서 유전하는 사실로부터 본 반응을 응용하여 부모자식의 진위감정 또는 사생아 감별로 자료가 되며, 또는 혈흔 중에 있는 건조된 혈청을 식염수에 담가서 혈액형 반응을 검사함에 따라서 혈흔의 개인감별을 하고 실제로 괄목할 만한 새로운 발전을 기대할 수 있게 되었습니다.

인체조직 혈액형의 특이성

이상과 같이 인종혈액 혈액형의 특이성은 단지 혈액으로 그치는 것이 아니라 인체를 구성하는 대부분의 조직세포, 모든 체액(분비물, 배설액)에도 같은 혈액형 특이성을 판별한다는 것을 최근 연구에 의해서 밝혀졌습니다.

즉 가장 주목해야 할 것은 홋카이도 대학 법의학교실의 시라이(白井) 박사의 논문에 의해 발표입니다. 인체 모든 선의 분비액 및 모든 세포에는 소위 항동종 혈구응집성 물질을 함유하고 있고 게다가 이것을 혈액형 특이성이라고 일치하는 것은 사실입니다. 그 후 나가사키 의대의 법의학 교실의 아사다(浅田) 박사의 문하생인 요시다 간이치(吉田寬一)의 연구에 의해 인류의 타액, 정액, 콧물, 질액, 자궁분비액, 오줌, 눈물, 구만출액(垢漫出液) 및 대부분 모든 사람 장기세포의 침출액은 그 사람의 고유 혈액의 특이성과 일치하는 동종 혈구응집소 흡착작용을 가지고 있다는 사실을 밝혀졌습니다. 즉 시라이 박사의 소위 항응집성 물질도 요시다 박사의 소위 응집흡착성 물질도 완전히 동일한 사실이며, 혈액형 반응은 혈청과 혈구 사이에서 나타날 뿐만 아니라 혈청 이외에도 체조직 또는 체액에서도 같은 혈액형 특이성을 증명할 수 있는 새로운 사실을 밝혔습니다. 요시다 박사의 기술에 따른 일례를 들어본다면, 지금 A형 사람이 구만출액(垢漫出液: 때낀 옷, 소매 부착된 표피세포를 생리적 식염수에 담근 것) 일정량의 응집가, 이미 알고 있는 A형 및 B형 혈청을 일정량으로 혼합하여 일정 시간 창가에 둔 후, 원심침투시킨 후 혈청을 따로 꺼내어, 이것에 응집원이 기존의 AB형구액을 작용시켜 보면, A형 혈청의 상청은 당연히 응집반응을 보이는 것에 반해 B형 혈청의 상청은 빨리 응집반응을 보이지 않습니다. 이것은 A형 구만출액 중에 존재하는 항응집성 물질이 B형 혈청중의 α 응집소를 흡착한 채로 있기 때문입니다. 때를 가지고 있는 항응집성 물질은 혈액형 특이성이 있다는 사실을 알 수 있습니다. 일례를 표시하면 다음과 같습니다.

혈청 비O도	40X	80X	160X	320X	630X	1280X
A형혈청의 응집가 B형혈청의 응집가	30 30	30 30	30 30	20 20	10 10	- -
A형혈청 + 오타의 구액 B형혈청	30 -	30 -	30 -	20 -	10 -	- -
A형혈청의 응집가 + 오카자와의 구액 B형혈청의 응집가	- 30	- 30	- 30	- 20	- 10	- -

즉 표의 오타(太田)의 구만출액(垢漫出液)은 응집가를 평균으로 조정한 A형 및 B형 혈청에 작용하여 B형 혈청으로부터 그 응집소B를 흡착시켜서 빨리 그 상청액이 AB형 혈구를 응집하는 능력을 잃어버리게 합니다. 따라서 오타의 구만출액은 A형과 동일한 성질을 보인다. 따라서 오타는 A형 사람이라는 것을 판정할 수 있습니다. 반대로 오카자와(岡沢)의 구만출액 A형 혈청에서 응집소를 흡착하고 있으므로 B형이라는 사실을 알 수 있습니다. 즉 구만출액 검사로 그 사람의 혈액형 특이성을 검출할 수 있는 셈입니다. 실제로 법의문제로서 범인 감정상 매우 의미를 가질 수 있게 되었습니다.

다음으로 법의학 상 중대한 의의가 있으며 또한 매우 재미있는 사실은 정액의 혈액형 특이반응의 검사입니다. 정액은 물론 앞에서 언급한 구만출액보다도 강력한 혈액형 특이반응을 보입니다. 또한 정액 안에 있는 정자만 검사해도 또한 명확하게 혈액형특이성 항응집성 물질을 함유한다는 것을 알게 됩니다.

즉 정액을 식염수에 여러 차례 세척하면 정자만 있게 됩니다. 이 정자를 식염수액으로 垢漫出液의 검사와 동일한 방법으로 흡착시험을 하면, 매우 확실하게 혈액형 특이반응을 보입니다. 이 사실은 법의학 상 정액 특이성을 정하는 데에 재미있는 일입니다. 보통 우리들이 검사하는 정액재료는 그 중에 질액 이나 자궁분비액 또는 타액, 기타 등등을 함유하는 경우가 많다는 것을 인정해야 하므로, 정액만으로 혈액형 특이반응을 행할 때에는 반응의 오진을 발생하는 경우가 있을 수 있을 뿐만 아니라, 판정이 불가능한 경우도 있습니다.

이러한 때에는 정자액을 만들어 정자분 혈액형 반응을 함에 따라 이 결점을 보완할 수 있습니다. 이뿐만 아니라 정자만으로 한 반응과 정액 전체로 한 반응을 대조 관찰하여 정액 중에 함유하고 있는 질액 또는 타액 등의 혈액형 특이성도 상정할 수 있기 때문에, 실제 문제의 범인과 관계되는 여자가 무슨 형인가도 동시에 판명할 수 있습니다.

다음으로도 또한 법의학 상 필요한 것은 혈흔 침출액의 흡착반응입니다. 지금까지도 혈흔의 감정은 범죄과학상 매우 중대성을 가지고 있습니다. 그 이유는 범행이 특수한 살인범행의 경우에는 가장 남기기 쉽고 또한 없애기 어려운 증거 흔적이 혈흔입니다. 혈흔은 한 방울의 오랜 흔적으로도 명확하게 사람피인지 짐승피인지를 판명할 수 있기 때문입니다. 그러나 지금까지는 간단하게 혈흔인지 아닌지, 혈흔이면 사람혈인지 아닌지의 사항만 감정을 하는 데에 그쳐서 그 이상의 사실은 알 수 없었지만, 이 흡착시험에 의한 혈액형 특이반응을 검사함에 따라서 오늘날에는 또한 한발 나아가 사람피라면 무슨 형의 혈액인지를 알 수 있습니다. 게다가 혈흔만출액의 흡착반응은 강력하여 수십 년을 경과하여도 불변하므로 판정할 수 있습니다.

요컨대 사람피의 혈액형별 반응은 인간의 개인성을 보여주는 중요한 반응이며 이 반응은 혈액만이 아니라 인체의 모든 세포, 모든 체액이 모두 같은 특이성을 가지고 있다는 사실이 판명되어 실질적인 응용은 특히 법의학 상 괄목할만한 새로운 영역을 개척하였으며 또한 흥미 있는 진전을 계속해서 보이고 있다는 사실을 말씀드리고자 할 따름입니다. 〈46~49쪽〉

사토 오고로, 마키노 히사키(경성 사토내과병원장 의학박사, 연구생, 佐藤小伍朗, 牧野久喜), 「암의 이야기」, 『조선급만주』(제285호), 1931년 9월.

[Ⅰ]

암이라는 병이 얼마나 사회에 손해를 주며 얼마나 가정을 비참하고 불행하게 만드는지는 이미 세간에서 주지한 일입니다. 갑자기 한가정의 기둥으로 의지하고 있는 부모를 습격하고 또한 자애 깊은 조부모를 범하여 그 폭악한 행위를 하고 싶은 대로 합니다. 이렇게 말하는 것은 이 암에 걸린 연령이 중년 이상의 원숙한 재간과 기능을 가지고 있는 경우로 비교적 많기 때문입니다. 즉 중년 이후가 되면, 위, 장, 자궁 등에 관으로 된 표면 상피조직은 세포의 덩어리가 조직에 뭔가 생기면 비정상적인 발육을 하여 무서운 피부암, 위암, 장암, 자궁암 등을 만듭니다. 물론, 소아에게도 예가 있습니다만, 매우 드문 일입니다. 현재 통계를 나타내 보아도

20대 경우는 1만 명에 1명

30대 경우는 1만 명에 50명

40대 경우는 1만 명에 70명

50대 경우는 1만 명에 135명

60대 경우는 1만 명에 300명을 넘는 비율입니다. 즉 60세 이상의 사람이 되면, 30명에 1명이 해마다 암에 걸립니다. 마치 20세 전후의 사람이 결핵에 걸린 것과 같이, 35세 이상은 10명에 1명은 해마다 암에 걸립니다.

일본에서도 1년에 4만 명은 암으로 인해 사망하고, 이에 대한 대책으로 도쿄에서는 야먀기와(山極)박사가 만든 암연구소, 홋카이도에는 암협회까지 설립되었습니다.

[Ⅱ]

일반적으로 암이라고 말해도 생긴 곳에 따라서 여러 가지 명칭이 있습니다

가장 많은 것은, 위암, 자궁암, 유방암, 식도암, 장암으로, 80~90%이며 그 외에 피부암, 간암, 신장암, 폐암, 난소암, 상악암, 질암, 음경암 등이 있습니다. 성질상으로 나누면, 육안으로는 교양암(膠樣癌)또는 점액암, 수양암(髓樣癌), 경양암(硬樣癌) 등이며, 조직학상으로 나누면 (1)편평상피암(표피암·유암(類癌)), 이 중에서 각화성평편상피암·비각화성편평상피암·기저세포암이 있다. (2)원추상세포암 (3)단순성암 또는 충실성암 등이 있습니다.

그 하나하나를 다 설명하기에는 지면의 한계로 어려울 뿐만 아니라, 번거로운 설명을 피할 수 없기 때문에 이를 생략하겠습니다. 어쨌든 일단 의사로부터 암이 때를 놓쳤다고 선고받으면, 본인은 반년 또는 1년 정도의 생명이라 단념하며, 가족 모두는 초조해하면서, 결국은 함께 죽음을 기다리는 데에 불과한 지경에 빠지게 됩니다.

또한 문명이 발달함에 따라서 암의 요인이 되는 조건이 증가하는데, 예를 들면, '뢴트겐'암 또는 굴뚝청소부의 음양암(陰癢癌), 독일 작센의 쉬네베르겐의 코발트 광산의 광부의 폐암 등 소위 직업병암이 생겼습니다. 한편 의학의 진보는 초기진단으로나 그밖에 렌트겐선 라듐선의 발달로 암의 발육 저지를 하기도 합니다.

[Ⅲ]

너무도 힘든 상황 때문에 소위 국가의 암 또는 '사회의 암'이라고까지 하는데, 그렇다면 암은 도대체 언제부터 생긴 것인가, 아마 인류 시작과 동시에 발생했다고 해도 틀린 것은 아니라고 생각합니다.

인류의 암은 처음에는 몇 번 피가 나오는 듯한 고통이 계속되지요. 그 문헌을 찾아보면, 막연했던 고대 인도(기원전 약 2천년) 고대 이집트(기원전 약 1천 5백년)에서 그 예가 있습

니다. 물론 당시의 암은 오늘날의 언어의 용법, 개념과는 크게 다르다는 점은 당연합니다.

그리스의 히포크라테스(기원전 약 460~370)는 카르키노스(Karukinos), 카르키노마(Karkinoma)라고 암을 지칭했습니다만, 그의 병리학적 사고를 제기하는 것도 또한 과연 그가 사용한 언어가 현재의 암과 동일한 위치에 놓일 수 있는가도 매우 의심스럽지만, 일반적으로 치료하기 어려운 악성 궤양의 총칭이라고 생각됩니다. 오늘날 암 즉 카르시노마(Carcinoma)는 카르키노마에서 나온 말입니다.

그의 기술에 의하면,

1. 아브데라에 있는 여자가 가슴에 카르키노마를 가지고 있었다....

2. 숨겨진 카르키노마를 가진 사람은 치료를 할 방도가 없다고 하는 편이 좋다.

이러한 문장으로부터 당시 그러한 예가 적어도 있었다는 것은 긍정할 수 있습니다. 여기에서 귀찮더라도 그 언어의 의미를 깊게 찾아보면, 그리스어로 카르키노스는 '게'의 의미이며, 라틴어의 칸켈(Cancer), 독일어의 크레브스(Krebs)라는 언어가 이에 해당됩니다. 이것은 생물학적인 성상이나 또는 형태유사를 근본으로 하여, 이 단어 뒤에 오는 가레노스는 게의 다리가 양쪽에서 나오는 듯하게, 암에서 정맥이 뻗어나가면 완전히 게와 닮았다고 하는 점과 아르키게네스(50~117년)가 게가 집게를 끼우면 쉽게 떨어지지 않는다고 설명한 점에서 미루어 보아도 확실합니다. 또한 그의 히포테크라스는 또한 암에 스킬로스(Skirrhux)라는 용어를 사용하고 있습니다만, 이것은 '단단하다'라는 형용사이며, 오늘날의 경암(Skirrhus)에 해당하는지는 자세하게 서술해 둔 곳은 없습니다.

그 후 많은 학자에 의해서 암의 원인, 증상, 그 치료를 생각해 내어, 중세기에는 밸러스틸스, 라엔네츠크, 그 아래로는 유명한 요한네스 미유레르, 로키탄스키, 우일효에 의한 자극설까지 그 원인을 분명히 밝혀낸 것입니다. 이것과 관계없는 이야기입니다만, 우리들이 문예를 조금 흥미롭게 느끼는 것은 이를 장려한 로마에서 재정을 베풀었던 유명한 명제 아우구스투스가 그의 양자 아구리쿠바, 자신의 딸과 그의 딸 유리아가 그다지 좋지 않은 생활을 보냈기 때문이다. 그들을 '다른 암'(Onrcinountn sun)이라고 불렀습니다.

이것을 보아도 언제 암이 인류에 부여받은 존재물인지를 알아차릴 수 있습니다. 우리 일본에서는 일찍부터 암에 대해서 '岩', '巖', '嵒' 등의 글자가 있다는 것은 암이 딱딱하고 울퉁불퉁한 감에서 왔다고 생각됩니다. 또한 1804(문화2)년에 하나오카 세이슈(華岡青洲, 에도시대 외과의) 옹이 유방암의 수술을 했다는 기록이 있습니다.

[IV]

도대체 이 무서운 암이 어떻게 생길까요?

그 원인을 찾는 일은 곧 치료와 예방을 아는 데에 중요한 사다리라고 생각합니다. 간단하게 말하자면, 암이란 우리들의 몸체를 만들고 있는 세포가 증식한 덩어리이며, 이것이 계속해서 어디로든 뻗어가는 것을 넓은 의미로 말하는 것입니다.

젊은 사람은 주로 육종이며, 중년 이후의 사람은 암입니다. 옛날에는 그 원인을 일종의 세균이라고 생각하고, 또한 프랑스의 보레르 교수는 기생충 때문에 일어난다고 주장하였습니다만, 자신이 또한 이것을 부결하였기 때문에 이 설은 누구도 믿지 않습니다.

다음으로 암은 세포 안에 태어났을 때부터 있는데, 그것이 어떠한 계기로 암으로 나타난다는 설이 있습니다만, 이것도 그 이론적 근저를 잃어버린 설이지요.

또한 신체 중에 여러 가지 여분의 세포나 조직이 여기저기에 퍼져 있는 것이, 선천적인 여러 가지 병이 일어난 후에 생긴다는 것입니다. 이것이 암의 종자가 되어서 간접적인 원인으로 암이 된다는 소위 콘하임의 유전자 요인설이 있습니다만, 이것도 일종의 가설이 그치지 않습니다.

좀 더 암의 원인을 찾아가자면, 암은 상피조직을 만드는 세포가 암이 된 것입니다. 상피세포가 보통은 일정 이상은 증식하지 않습니다만, 이것이 암인 경우는 그 범위를 초월하고 무뢰한으로 주위로 진입합니다. 그리고 그 환자가 쇠약해질수록 암이 있는 곳은 점점 더 커져서 위장이라면 위뿐만 아니라, 주위의 조직 작용도 감퇴시킵니다. 또한 다른 여러 가지 관계로부터 오래된 곳에서 죽어 가는 암의 조직이 여러 가지 작용으로 분해하여 이곳에 세균이 붙으면 한층 분해를 증가시킵니다. 그것이 혈액 중에 흡수되면, 여러 가지 중독 현상을 일으키면서 나쁜 액질로 됩니다. 때문에 위암이라면 위뿐만 아니라 장이나 간 그리고 신장까지 여러 가지 장해를 끼치게 됩니다.

또한 암에 되는 세포가 혈액이나 임파액에 들어가면, 마치 회사가 본점 외에 지점이나 출장소를 만드는 것과 같이 각 장소의 장기나 임파선에 가서 원래 일으킨 것과 똑같은 변화를 일으킵니다. 이것을 의학용어로 전이라고 합니다. 이미 그렇게 되면 수술로 본래 암이 생긴 곳을 깨끗하게 제거할 수는 있지만, 어딘가 다른 곳에 전이하고 있는 암세포가 있으면 또한 그곳에서 암은 죽죽 증식합니다. 여기에서 가장 중요하면서 곤란한 초기진단의 의의가 있습니다, 처음의 경증일 때라면 뢴트겐선 또는 라듐선 또는 수술로 완전하게 치료합니다만, 이렇게 몰래 들어와 만연한 것이 일시에 터져 나와서 아수라와 같은 위력을 발휘한다면, 아무리 신과 같은 명의의 솜씨로도 허무하게 끝나게 됩니다.

나는 지금 세포가 증식한다고 말했습니다만, 그렇다면 증식하게 하는 물질은 무엇인가를 추궁하는 것이 다음으로 생각해야 하는 문제라고 생각합니다. 우일효는 이를 자극에 의한 것이라고 말하고 그의 자극설을 수립하였습니다.

복잡하거나 단순한 약품에도 또는 조직의 분해물에도 자극이 됩니다. 뢴트겐과 라듐이라도 그 힘이 약하면 오히려 세포를 증식시킨다는 점은 이것을 다루는 사람의 손에서 피부암이 생기는 것을 보고도 알 수 있습니다.

　일본에서도 야마가와 박사는 이를 믿고, 그 제자 이치카와(市川) 박사는 건강한 토끼의 귀에 콜타르를 몇 번 반복하여 칠하자, 마침내 토끼의 귀에 암의 초기 상태가 나타났습니다. 또한 그것이 귀의 근원인 임파선이나 폐, 간, 때로는 위장까지도 전이한다는 것을 실험적으로 증명하였습니다.

　마찬가지로 토끼의 유선에도 같은 실험을 하여 타르암을 만듭니다. 자극에 의해서 암이 생기는 것은 확실합니다. 그러나 이것도 처음부터 악성의 암이 되는 것이 아니라, 가벼운 것에서 점차적으로 악성으로 변하기 때문에 초기의 예방이야 말로 필요한 것입니다. 그러나 그 자극에도 개인의 저항상태나 감수성에 따라서 모두에게 다 암이 되는 것은 아닙니다.

　또한 그 후속 연구에 의하면, 암의 원인이 되는 자극은 국소적인 상피세포의 증식을 촉진함과 동시에 국소의 혈관을 지배하는 신경 기능이상을 오랫동안 일으키도록 하는 것으로 없어서는 안 된다고 합니다.

　이상은 직접적으로 자극이 작용하여 암의 원인이 되는 것입니다만, 이 외에 간접원인이 존재합니다. 이에 2가지가 있습니다. 하나는 예를 들면 유방암으로, 유선은 임신이나 수유할 때 소아의 치아로 상처를 받기 때문에 걸리기 쉬운 원인이 있습니다. 자궁암은 자궁이 분만할 때에 자궁의 질부의 손상을 받습니다. 이를 반복하면 표면을 덮는 상피세포가 증가하여 상처를 치유합니다만, 여기에서 세균이 증가하면 오히려 상처가 낫지 않으며, 반면 상피세포가 증가하기 때문에 거기에서 암이 생기는 요인이 충분하게 됩니다. 또한 위암입니다만, 위에 여러 가지 자극물이 들어갑니다. 이것도 요인이 됩니다. 또한 음식물도 많은 영향을 줍니다. 상류에 많다고 하는 연구도 있습니다만, 이것은 또한 의문의 여지가 있다고 생각합니다. 또한 짜고 매운 음식에도 주의해야 합니다. 또한 지방을 너무 많이 먹는다거나 또한 조금도 취하지 않는 것도 그 요인이 된다고 합니다. 이것도 또한 확정된 승인은 없습니다. 어떤 병에도 극단을 피하는 일은 필요하며, 단 암만이 아닙니다. 술을 마시는 사람이 식도암이 되는 것은 확정된 사실이겠지요. 술은 위와 장에서 흡수되어 간으로 가서 경변을 일으키기 쉽습니다. 그런 뒤에 암이 생깁니다.

　간접 원인의 다른 경우는 즉 전구적 병변입니다. 예를 들어보면

1. 콜타르, 코쿠스의 파라핀을 취급하는 회사의 직공에게 특수한 피부병이 있습니다. 이것은 암에 되기 쉬운 또는 되기 직전의 병변이라고 말합니다.
2. 어떤 곳이라도 만성의 카타르가 있는 사람은 또한 암이 되기 쉽습니다.
3. 간경변도 같습니다.
4. 위궤양은 위의 표면의 부분이 없어지면서 썩고 이것이 치료되지 않으면 결국 암이 됩니다.

이상으로 암이 생긴 원인의 개념, 신체에 어느 곳에 생기는지 또한 어떤 사람에게 생기는지 그리고 연령 등에 대해서 대략 아실 줄로 압니다. (미완) 〈37~40쪽〉

나이토 미치오(의학사, 內藤道夫), 「피로원리와 방지법」, 『조선급만주』(제285호), 1931년 8월.

누구라도 먼 길을 걷는다거나 노력을 필요로 하는 일을 한다거나 또는 독서, 사고, 걱정 등으로 뇌를 사용하면, 그 정도에 따라서 반드시 상응되는 피로를 느낀다. 그 이유는 결코 왜 그런지에 대해서 간단히 답할 수 있는 사람은 적다. 이것에 대해서 학자들 사이에서도 종래의 여러 가지 설이 행해지고 있으며, 예를 들면 근육노동을 하는 경우에는 이 때문에 피로를 느낀다고 하는 설도 있다.

그렇다면 뇌를 사용하는 경우는 어떻게 되는가, 구체적인 설명은 아직 분명하지 않다. 그러나 우리들은 생각함으로써 점점 이치가 밝혀진다. 우리들이 걷는 경우에는 족부에 혈액이 그렇지 않는 경우보다 비교적 많이 집중된다. 뇌를 사용하는 경우가 많으면 혈액은 뇌로 집중되어 또한 손이나 어깨를 사용하여 밭을 갈거나 도끼로 나무를 베거나 할 때에는 자연히 혈액이 손과 어깨로 많이 집중되어 그 국부의 피부까지 특히 빨갛게 되는 것을 본다. 그리고 전신 운동을 하는 경우에는 혈액이 그동안 내장 모든 기관에 있었던 것이 그곳을 비우고 전신체의 표면 또는 그 외 신체 모든 부분으로 활동을 시작한다. 아마도 잠에서 일어난 주마와 같이 또는 사자와 같이 갑자기 속력을 올리고 전신운행을 빙빙하기 시작한다. 이와 같이 혈액이 신체를 사용하는 장소를 향해서 운행하며 그 부분에 집중하는 이유는 그 부분에 필요한 물질을 보급하기 위해서이며, 따라서 활동이 왕성해지면 혈액이 더 많이 그곳으로 집중된다.

모든 신체의 기능 동작은 반드시 거기에 해당되는 곳의 물질 소모가 동반된다. 그 소모는 혈액에 의해서 보충되어 그 작용이 축적되어 간다는 점은 옛날부터 알려진 사실이다. 그 결과로 말하자면, 그곳에서 반드시 생활기능 활동의 정도에 따라서 이와 함께하는 여러 가지 노폐물질이 생성된다는 점을 간주할 수 있다.

즉, 발이면 발을 사용하여 보행하는 경우에는 앞에서 서술한 바와 같이 족부에 혈액이 집중되어 모아진 양분을 부여하고, 보행을 왕성하게 유지시켜 준다. 그 결과로 여러 가지 분해 생성물, 예를 들면 요소, 요산, 유산과 같은 여러 가지 노폐 물질이 생성된다.

그러나 발의 운동과 같이 주로 근육을 사용하는 경우에 생긴 노폐물질과 눈이나 뇌를 사용한 경우에 생성된 노폐물질과 동일한가에 대해서는 잘 알지 못하며, 또한 노폐 물질이 또한 혈액에 흡수되어 체내에 운반하여 결국 신장을 거쳐 소변으로 체외에 배설시키는 사이에 어떠한 성분의 화학적 변화가 있는지에 대해서 우리들은 그다지 자세하게 많이 알지 못 한다. 이에 신체의 모든 부분을 사용함에 따라서 그 결과로서 생성되는 노폐물질의 화합상태와 또는 그 변화해 가는 상태에 대해서는 아직 불분명한 점이 많다고 한다. 신체의 피로가 이러한 노폐물질 생성의 결과이며, 소변으로 체외로 배설되는 양과 조화를 취하지 않는 경우에 많은 피로를 느낀다는 점은 분명하다.

만약 신체의 모든 부분을 사용한 결과, 발생하는 노폐물질의 양과 소변으로 체외로 배설되는 양이 거의 동일하다. 그동안 완전하게 조화를 이루면 우리들은 특별하게 피로를 느끼지 않고 항상 건강하게 왕성할 수 있으나 과격한 노동이나 운동 또는 뇌나 눈을 과도로 사용한 경우에는 항상 노폐물질이 체외로 배출되는 양보다 체내에 축적되는 양이 많기 때문에 우리들이 어떻게 해도 피로를 느낄 수밖에 없다.

이와 같이 우리들은 피로라는 현상에 대해서 이해할 수 있다. 그리고 여름철에 온도가 심하게 올라가면 운동이나 노동을 하지 않아도 피로를 느끼는 것은 주로 온도가 높기 때문이다. 의식하지 못한 사이에 발한하는 것과 또는 발한하지 않아도 신체의 표면에서 수분이 증발하는 양이 많다. 따라서 체내의 수분부족을 때문에, 소변양이 적어져서 소변으로 체외에 배출되는 노폐성분의 양도 또한 적어진다. 따라서 소변의 양이 적어지면 노폐성분이 소변으로 배설되는 양이 이로 인해 적어지므로 체내에 축적되는 양이 많아졌기 때문이라고 볼 수 있다. 원래 땀 안에도 요소, 그 외 체내 노폐성분이 몇 포함되어 있지만, 소변으로 배설되는 양에 비하면 매우 적다. 역시 소변이 차올라 순부적으로 배설되는 경우와 같이 노폐물질이 체외로 배출되지 않는다.

◇

아픈 후, 여러 가지 이유의 신체 쇠약자, 노약자 등이 쉽게 피로를 느끼는 것도 역시 신체의 모든 기능이 활발하지 못한 결과로, 신체의 분해작용을 쇠퇴시켜서 소변 배설의 양을 적게한다. 따라서 체내 노폐물질이 배제되거나 또는 양이 적어진다고 간주할 수 있다. 요컨대, 피로는 신체 신진대사의 기능이 왕성하지 않으므로, 그 결과 체내 노폐물질의 축적의 결과이기 때문에, 만약 우리들이 여러 가지 방법으로 될 수 있는 한 그 노폐물질을 완전히 생기게 하면 체외로 배설이 교묘하게 행해진다면 피로는 일어나지 않는다. 매우 흥미롭게 일상생활상의 실제문제로 매우 중요한 사건을 만나게 되었다.

종래의 보편적인 피로를 연구하는 방법으로 여러 가지를 행하였다. 매우 비근한 예로서 담배를 피우는 것, 차를 마시는 것, 일시적으로 휴식, 입욕, 음주, 수면 등이 있다. 이러한 것을 학리상에서 생각해도 모두 상당한 피로를 푸는 노력이 있다는 점은 예부터 사람들이 본능적으로 어떻게 생리상 유효한가를 깨달음을 나타내는 일면이다. 왜 이들이 피로를 덜어주는 효과가 있는가에 대해서는 교묘하게 응용을 하면 그 이상의 효과적인 방법이 있다. 이를 기술하는 것이 필자의 주요한 목적이지만, 말하기 이전에 사람들이 충분히 알아야 하는 것은 이상 말한 바와 같이 결코 피로의 이유가 체내에서 노폐물질의 축적이라면 그것을 없애는 유일한 근본적인 방법은 어떤 경우라도 소변의 배설을 할 수 있는 만큼 충분하게 한다는 것이다. 이는 모든 경우에서도 이뇨가 활발하면 노폐물질의 배설이 충분히 행해지는 것이기 때문에 이뇨를 왕성하게 함으로써 피로를 막고 또는 푸는 것을 할 수 있게 된다.

◇

우리들의 신체는 또한 흘러가는 물과 같이 설령 형태는 변하지 않게 보이지만, 조성하는 물질의 분자는 시시각각 변해간다. 그 변화가 머물지 않고 계속 나아가, 새로운 물질이 오래된 것과 교대해 나가면 우리들은 항상 건강하며 피로를 느끼지 않고 유쾌하게 생명을 보존할 수 있다. 그러나 이러한 신진대사의 현상 속에서 가장 중요한 행위는 소변의 배출이다. 때문에 막히면 여러 가지 방법으로 이뇨작용을 왕성하게 할 것, 즉 피로를 풀고 또는 방지하는 것이다. 이러한 논거로부터 예를 들면 담배가 어떻게 피로를 푸는 효과가 있는가는 이를 적량으로 이용할 때 담배의 연기 일부분이 콧구멍, 구강의 점막에 흡수되어 신경을 자극하여 흡수되어 체내로 운반된다. 담배 성분 중에 니코틴 그 외 성분은 심장 고동을 높이고 또한 위장의 점막을 자극한다. 그 결과 역시 배뇨작용에 공헌하는 점이 많기 때문에 자연스럽게 피로가 풀리는 것과 관계가 있다.

또한 차를 마시면 수분과 차 안에 포함된 테인을 동시에 마시므로 이뇨에 효과가 있다는 것을 사람들이 체험할 수 있다. 그리고 일시적인 휴식은 사용한 신체 모든 부분의 노폐물질을 운반하는 여유를 주는 결과, 새로운 원기를 회복할 수 있다. 또한 일시적 휴식과 같은 수면 중에는 신체 모든 부분의 노폐물질을 제거하기 때문이라고 볼 수 있다. 그리고 입욕, 적량의 음주 등은 혈행을 촉진시키는 결과, 역시 노폐물을 동시에 운반하는 것과 관계가 있어 피로를 푸는 효과가 있다.

◇

노동자가 숙면 전에 음주를 하는 것은 다음날 아침 피로를 회복시키기 위한 본능적인 행위로 반드시 악습관이라고 말할 수 없다. 술을 적당량 이용하여 다음 날의 일의 능률을 올리는 것은 그들이 체험한 것이다. 이상 말한 바와 같이 필자는 피로 방지법의 좋은 방법은 과학적으로 체험적으로 여러 가지 이뇨제를 잘 응용하는 것이다. 이뇨제라고 해도 반드시 종래의 약제의 의미는 아니다. 예를 들면 수박은 매우 유효한 이뇨제 중 하나이다. 대체로 이뇨제라는 의미는 신장 기능이 활발하게 되면 이뇨도 또한 활발하여 피로를 방지하는 데에 가장 유력한 작용을 하기 때문이다.

초근목피로 칭하게 되는 한약 중에는 이뇨제가 매우 많다. 수박을 비롯하여 호박, 참외, 메론, 토마토 등 외 종류, 파, 대파, 무 등의 야채류는 일종의 이뇨제이다. 약용인삼, 계피,

하수오, 중장탕의 원료가 많은 것, 박하를 포함한 보단 등은 모두 이뇨제이다. 그 외 이뇨제로서는 여러 가지가 많지만, 그 중에 수박, 파 등은 누구나 쉽게 얻을 수 있으며 또한 이용할 수 있는 최고의 이뇨제이다. 특히 사계절 중에서도 여름에서 가을로 넘어갈 때 사람들이 신체가 피로하는 경우가 가장 많은 시기로 수박 이외의 외종류가 생산되는 것은 얼마나 자연이 인류에게 깊은 혜택을 주는지에 대한 일면을 볼 수 있다. 이러한 계절에 우리들은 적당한 분량과 방법으로 이것들을 이용한다는 것은 피로를 방지하는 데에 있어서 매우 유효한 방법이라고 할 수 있다.

◇

요컨대 우리들은 어떤 경우에도 자연 이치를 근거로 과학적인 입장에서 모든 것을 관찰 또는 달관하여 이를 토대로 여러 가지 자연물을 잘 응용함에 따라서만이 인류의 행복을 증진할 수 있다. 본장에서 말한 피로의 원리와 그 방지법 등도 역시 그 일면을 보여주는 데에 불과하지만, 그러나 이 방법을 응용하는 요령은 인간에게 있기 때문에 예를 들면 수박, 기타 음식물이 피로를 방지하는 데에 효과가 있다고 하는 점에서 체질, 연령, 직업, 기후 등의 상태와 적합하도록 용이한 분량, 방법, 시기 등이 틀리지 않게 하는 것이 중요하고, 그 적당한 정도에 따라서 점점 그 효험이 나타난다고 부연해 두고 싶다. (완) (도쿄지부) 〈44~46쪽〉

사토 오고로, 마키노 히사키(경성 사토내과병원장 의학박사, 연구생, 佐藤小伍朗, 牧野久喜), 「암의 이야기」, 『조선급만주』(제286호), 1931년 9월.

[V]

암은 유전되는 것 같다고 세간 사람들은 자주 말합니다. 그러면 결혼 할 때도 잘 검사해야 합니다. 보험회사도 좀 더 엄중하게 이 방면을 검사할 것입니다.

그렇다면 과연 암은 유전일까, 아닐까, 미국의 스라이라는 이 방면에 유명한 여의사는 암이 유전한다는 것을 고지하였습니다만, 최근이 이를 부정하였습니다. 오늘날 의학에서는 암 그 자체는 유전한다고는 도저히 생각할 수 없습니다. 그러나 유방암에 걸린 사람의 딸이 유방암에 걸린 경우가 있습니다. 또한 조모 - 모 - 이모 - 그 딸 3명 모두 6명이 자궁암에 걸린 예도 있습니다.

또한 유럽 전역을 석권한 영웅 나폴레옹의 아버지 - 나폴레옹 자신과 형제, 자매는 위암으로 죽었습니다.

그렇다면 과연 암은 유전일까요? 결코 그렇지 않습니다. 왜냐하면 앞에서 언급한 바와 같이 실제로 인류와 암은 그 시작이 같습니다. 또한 최근 연구에 의하면 물고기, 소, 말에서 마부에 이르기까지 남들도 다 암이 있습니다.

만약 유전이라면 아직도 오늘날까지 인류에게 많은 암으로 늘어났을 것입니다. 그러나 사실은 그 정도로 많지 않다면 유전설은 부정됩니다. 각 나라에서 암이 유전했다고 하는 예를 조사해도 암으로 사망한 사람이 약 10% 전후이며, 90% 전후는 완전히 유전과 관계가 없습니다.

그러나 이에 주의가 필요한 것은 몇 가지 걸리기 쉬운 체질의 유전은 생각해야 합니다. 또한, 같은 집안사람은 그 생활 상태에서 음식물이나 기호품(술의 쏘는 맛)이 같다거나, 또한 닮아 있기 때문에 그 자극에 의해 부모-자식 등이 암이 걸린 것은 부정할 수 없는 사실입니다.

앞에서 서술한 암 그 자체는 유전되지 않는다는 것은 실은 여기에서 기인하고 있습니다. 음주가의 아이들에게 음주가가 많은 것도 이 때문이라는 이유를 붙일 수 있습니다.

실제로 술과 식도암과의 관계는 80%까지는 음주가 중에서도 1일에 1홉 이상 마시는 사람은 특히 암에 걸린다고 야마가와 박사는 말하고 있습니다.

[Ⅵ]

그렇다면 이러한 암을 손쉽게 나을 수는 없는지는 세계 인류가 바라는 바이며, 이에 요구되는 것은 조기진단을 완전하게 하여 더 커져 무르익기 전에 제거하는 것이 최선의 방법입니다.

대부분은 암 그 자체의 성질 또는 환자의 부주의에서 의사의 문을 두드릴 때는 이미 어떻게 손을 쓸 수 없는 시기입니다. 그 조기 증상이나 진단은 의사도 마찬가지로 어려운 일입니다. 아우구스투스를 지나친 암이라고 말하기 시작하면서 현재에는 사회의 암이라고까지 사용하고 있는 암은 더욱 의학상의 암이라고 해도 과언이 아닙니다.

또한 이치가와 박사의 혈청진단도 있습니다만 이것은 특별한 설비를 필요로 하기 때문에 일반에게 공용하기에는 상당한 시간을 요한다고 생각합니다. 다음으로 주요한 암을 개개별로 설명하겠습니다.

암 중에서 단연 옥좌를 차지하고 있는 위암은 모든 환자의 약 1/3입니다. 또는 절반이라고도 할 정도입니다.

비만인 사람은 마른 사람보다 다소 걸리기 쉬운 경향이 있다고 합니다. 이 위암은 그 초기에 위가 건강한 사람에게도 오기 때문에 점차 식욕감퇴로 안색이 나쁘게 되는 것이 일반적입니다. 위 부분에 음식이 정체되어 팽창하고 있는 듯한 느낌이 듭니다.

다음으로 1~2개월 지나면, 마르고 빈혈이 생기며 고기가 싫어진다거나 술을 마셔도 술의 맛이 변해서 음식물의 취향이 바뀌게 됩니다. 그러나 일반인은 갑자기 위 부분이 아프면 암이 아닐까 걱정합니다만, 초기에는 그다지 아프지 않기 때문에, 이러한 관계로 당황할 필요도 없습니다.

후기 증상을 보면, 통증도 있지만 종종 구토가 있으며 커피와 잔여물이 있는 것 같으며 또한 타액이 탁합니다.

또한 분변은 잠재성 혈액을 증명하듯이 매우 나쁜 액질이 됩니다. 그러나 이러한 되면 중환자에 이르게 되어 뢴트겐선에서도 쉽게 진단할 수 있습니다.

또한 여러 가지 증상이 나타나지만, 조금이라도 이상할 때에는 빨리 의사의 진단을 두드리는 것이 의사에게도 환자에게도 좋은 결과가 나올 것입니다.

중년 이후의 사람이 소화불량으로 아무리 합리적인 요법을 해도 지속적으로 마르는 사람은 암을 충분히 의심해도 좋습니다. 위암은 가장 많은 유문부, 분문부, 소ㅇ부에 생기는 것입니다.

다음으로 부인 중에서 40대가 가장 많은 자궁암은 월경 이전에 누누이 출혈이 있거나 푸른빛의 피가 섞인 이끼 같은 것을 보거나 또한 악취가 있을 때는 이미 걸렸으며 통증은 반드시 있다고는 말할 수 없습니다.

그 외의 설암도 자극을 항상 받습니다. 혀에 생기는 경우에서 후두 종양의 10%이상은 후두암이라고까지 합니다.

유명한 독일의 선제 필립 3세 폐하는 인두암에 걸렸다고 하는 이야기가 있습니다.

보통 자극물을 먹기 쉬운 남자에게 식도암이 많은 것도 당연합니다. 이것은 보통 음식이 넘어 가지 않게 되면 비로소 알게 됩니다. 그 외 원인도 없는데 눈 밑의 골강이 아프거나 섞은 이가 없는데 이빨이 아프며 구취가 나며, 피가 나오는 증후가 있다면 상악골암이기 때문에 늦지 않게 전문의의 진단을 받아야 한다.

간암은 위암, 폐암보다 잘 전이되며, 간의 용량의 크기 때문에 뚜렷한 증상을 보이지 않으므로 이것도 어느 정도 알기에는 곤란합니다. 또한 이때에 종종 황달이 보이는 경우도 있습니다.

직장암도 환자가 비밀로 하고 있을 때보다 의외로 중환자가 되어서 발견되는 경우가 있습니다. 또한 유방암은 대부분 여자가 많고, 그 빈도는 위암, 자궁암 다음입니다. 40세-50세의 부인에게 가장 많고 그 이전과 이후는 아주 적습니다.

이것은 자각적으로 멍울에 의해 아는 경우가 있습니다. 수술은 재발의 우려가 있기 때문에 대흉근, 소흉근 그 외 작은 근육을 자르며, 또한 쇄골 아래의 지방 및 결합조직 또는 쇄골 하부의 지방 및 결합조직까지 없애고 매우 심할 때에는 흉벽까지 제거합니다. 그러나 이렇게 해도 나중에 큰 기능적 장해를 동반하지 않기 때문에 사망하는 것보다는 훨씬 낫습니다.

피부암은 비교적 양성으로 그 치료도 일반적으로 용이하다고 합니다. 대부분 두부 안면부에서 85%가 생깁니다.

완전한 진단을 기하여 진심으로 완치하기를 바라는 사람이라면 그 조직의 일부를 잘라내 현미경으로 병리조직학적 연구 또는 시험적 개복수술도 싫어해서는 안 됩니다.

[Ⅶ]

암에 걸리면 친척, 친구들로부터 '저 사람도야 불쌍하게도'라고 말하는 것은 치료의 어려움과 동시에 오늘날의 의학 진보에 따른 조기진단을 위해서 보다 일반적인 이해를 얻을 수 있습니다. 초기에 진찰할 수 있다면 그 치료도 전혀 어렵지 않습니다.

암의 치료는 두 가지로 크게 나누어서 즉 광성요법과 관혈요법입니다.

광선요법은 아시는 대로 라듐선 렌트겐선을 응용하여 그 방사선으로 암 조직을 파멸 또는 그 진행을 저지하는 데에 사용됩니다.

이것은 표재성의 피부의 표면 등에는 효과는 있습니다만, 심재성의 내장암에는 효과는 없습니다. 그러나 이러한 방사선의 연구는 나날이 새로워지며, 일시적으로 암의 진행을 저지함으로써 연명이 이어갑니다. 더욱 앞으로 나아가 암을 완전히 파괴하는 데에까지 이르는 날이 가까운 장래에 있을 것이라고 믿습니다.

관혈요법이란 즉 외과적 수술 방법에서 암 그 자체는 물론 주위 침윤 및 전이된 임파선의 정제적출을 필요로 합니다.

위암이라면 위와 장을 봉합하여 영양의 통과를 완전히 시킵니다. 직장암이라면 복부에 인공항문을 만드는 일도 충분히 가능합니다.

중요한 것은 소리를 크게 하여 나는 늦지 않겠다고 소리치는 것입니다. 이는 모든 병에 필요합니다만, 특히 암에는 한층 절실하게 느끼게 됩니다.

[Ⅷ]

이상으로 말하면 대체로 독자도 예방법을 이미 짐작했을 줄로 압니다.

음식물을 너무 다량으로 섭취하지 않을 것. 저작을 충분히 할 것, 너무 뜨거운 음식물 또는 차가운 음식물은 피할 것, 술을 폭음하지 말 것, 흡연 횟수를 과하게 하지 말 것은 특히 암의 요인이 있을 것 같다고 생각되는 사람에게는 중요한 방비책이라고 말해 둡니다.

또한 이외 카타르의 환자는 빨리 치료할 것. 직장암은 치질 등을 가볍게 보지 말고 치료하는 것이 중요하다고 생각합니다. 이것을 하지 않고 아무리 예방을 하여도 결국 구할 수 없는 파란 새와 같이 되겠지요.

[IX]

이러한 암은 사회, 국가에 영향을 미치는 것으로 중대합니다. 언젠가는 폐병질병과 함께 암의 박멸은 사회운동이 되는 모습으로 나타날 것이라고 믿습니다.

이미 영국, 프랑스, 독일, 미국 등 모든 나라에서도 연구소나 전문요양소를 설립하여 암의 치료가 나날이 서광을 더하게 되었다는 점은 기쁘기 그지없는 일입니다. 〈37~39쪽〉

「나병 근절운동」, 『조선급만주』(제286호), 1931년 9월.

민간에서 일어나자 당국 부탁으로는 안 된다.

레브라 환자의 점멸에 내무성에서는 30년 계획으로 5천8백만 엔의 자금을 투자해서, 차근 차근 이에 대한 시설을 더해가고 있는데, 조선은 레브라 환자요양비로 해마다 겨우 20만 엔을 지출하고 있을 뿐이며 게다가 현재 환자 수는 14,450명 중 약 2,500명은 전남 소록도 3군데의 요양소에 수용되어 있을 뿐이다. 약 2,000명은 기후 좋고, 물자 풍부한 남조선 지방, 전남, 경남 부근에 방랑하고 있는 것 같다.

이에 앞서 레프라 연구의 세계적으로 권위 있는 경성대학의 시가(志賀) 박사는 20년 박멸 계획 하에서 음악회를 열어 2,100여 원의 자금을 얻었다. 환자수용소를 설립할 있도록 본부 위생과에 제출하였지만, 수용소 2군데는 건축되어도 중요한 유지비 지출란에 빠질 것이다. 올해는 눈코가 있길 바라는 만큼, 이참에 레프라 박멸을 간단히 요직의 위정자에게만 맡기지 않고 외국처럼 민관에서 박멸운동을 일으켜야 하는 정론이 대두하고 있다. 다음과 같이 본부 서총 위생과장이 말하였다.

내무성의 '레브라 절멸 30년' 동안 해마다 190만 원의 지출에 불과하다. 이런 사회위생적 시설을 무엇이든 요직의 시정에 의지하면 안 된다. 외국과 같이 민간에서 하면 간단히 할 수 있는 문제이지 않은가. 인구 한 명당 정말로 사소한 금액은 일반인도 가지고 있다는 것을 자각하여 자위자방의 수단으로 내는 것이 합당하다고 생각할 수 있다. 〈71~75쪽〉

「모리저축은행장은 조선인의 생활양식의 개선을 호소한다」, 『조선급만주』(제287호), 1931년 10월.

조선 저축은행의 은행장 모리 고이치(森部一) 씨는 일찍부터 조선의 경제적 향상발전책을 생각하고 있다. 따라서 조선인 의식주의 개량에 대해서 여러 가지 연구를 쌓았으며 이미 구체적인 성과도 얻었다고 한다. 그 의견 중 한두 가지를 소개해 보겠다. 그러나 이것은 기자와 대담 때의 단편에 불과하기 때문에 잘 알아서 읽어 주기를 바란다.

조선인은 아침부터 따뜻한 밥을 배에 밀어 넣는 습관이 있다. 이것은 세계에서도 특이한 습관이다. 서양인은 아침은 빵과 커피, 우유 정도로 간단하다. 일본인 아침은 오차즈케로 정해져 있다. 중국인 아침은 빵 정도로 끝내고 있다. 그런데 조선인은 아침부터 따뜻한 밥을 가득 밀어 넣는다. - 아침부터 따뜻한 밥을 밀어 놓으면 배에 힘이 생겨서 종일 컨디션이 좋다고- 그런데 실제는 반대 현상을 보인다. 즉 조선인은 유명한 태만한 민족이 아닐까, 아침부터 따뜻한 밥을 잔뜩 밀어 넣으면 근육 노동자에게는 좋을지 모르지만, 그러지 않는 사람에게는 좋지 않는 결과를 초래한다. 즉 배가 팽창하면 머리의 활동이 둔해진다. 신체가 나른해지며, 졸리게 된다. 이것은 인간 모두에게 나타나는 배부른 후의 결과이다. 또한 조선인은 어두운 온돌에서 엉덩이부터 따끈따끈하며 따뜻하게 한다. 졸음이 한층 더 오게 한다. 조선인의 태만 습관 중에 한 원인은 여기에 있다고 생각한다. 또한 조선인은 고추를 음식에 많이 넣어 먹는다. 고추는 소량은 혀를 자극하여 오히려 다른 식료품의 맛을 북돋우지만, 조선인과 같이 다량으로 이용하는 것은 신경을 자극하게 된다. 조선인은 어떤 일에도 금방 화를 내는 것은 고춧가루의 영향이 대부분이 아닐까하고 생각한다. 이것은 경성대 전문가에게 연구를 부탁하고 싶다. 그 외에 조선인의 음식에는 아직도 대부분 개량되어야 할 여지가 있다고 생각한다. 첫째 조선인의 음식은 대부분 요리법이 하등하다. 영양상으로 말하면 어떠한지 모르지만, 맛이라는 분자를 완전히 제외하고 있기 때문에 우리들은 젓가락을 들 용기가 나지 않는다. 이것은 어쩔 수 없다. 조선인이 문명인이라고 덩달아 가기에는 먼저 음식상이 각 나라 사람이 - 서양인까지 가지 않더라도 일본인이나 중국인 정도에 취향이 맞을 때까지 도달하지 않으면, 이것 또한 일본인이나 중국인으로부터 멸시받는 원인이 될 것이라고 생각한다. 그러므로 간장, 된장, 장아찌 등도 개선 여지가 충분하다고 생각한다. 먼저 간장이나 된장도 매우 하등한 것은 아닐까.

그리고 주거 문제로, 조선인 가옥은 온돌 망국이라고 하는데, 온돌은 조선과 같은 한기가 혹한 지역에는 가장 간단한 보온적 건축물의 하나이다. 그러나 이것도 완전히 개선되지 않으면 오늘날 처럼 장작이 많이 들어서 경제적이지 못하다. 또한 중류 이상의 가정에서는 내방과 외방이라는 별동이 있어, 낮에는 부부 별거를 하는 형태이다. 이것은 가족적 친화상으로도 좋지 않은 일이다. 경제상으로 생각해도 비경제적이다. 또한 중류 이상이 되면, 작은 문을 몇 개를 만든다. 이것도 완전히 무용하다. 그러나 일반적으로 조선인 가옥은 매우 허술하고 외형부터 미개 시대의 토굴과 같이 지저분한 경우가 많다. 이는 조선인의 향상심에 있어서도 매우 나쁜 영향이 있다고 생각한다. 일반적인 조선인 가옥은 얇고 어둡고, 통풍과 채광을 전혀 무시하고 있다. 이것도 건강상으로 말하면 좋지 않고 정신적으로도 좋은 영향을 줄 수 없다고 생각한다. 조선인은 오늘날 또한 근면역행의 정신도 부족하다. 태만하고 음기적인 것도 이 가옥이 상당히 영향을 주고 있다고 생각한다. 이는 꼭 서둘러 개량해야 한다고 생각하면서 현재 연구하고 있다.

의류에서도 흰 옷은 여러 가지 의미에서 생각하면 좋지 않다. 첫째 흰 옷을 입어서는 충분히 빨래가 되지 않는다. 조선인의 태만도 이 흰 옷이 매우 영향을 주고 있다고 생각하기 때문에 흰 옷은 없어져야 한다. 또한 여름에 두루마기를 입을 필요가 없다고 생각한다. 조선인의 부인복은 좋다고 하지만, 이것도 흰 옷을 많이 이용하고 있기 때문에 여름은 좋지 않을지도 모른다. 또한 하층계급에서는 큰 가슴을 흔들거리며 노출하고 있다. 이것은 너무나 보기 좋지 않다고 생각한다.

대체로 조선인의 생활 정도는 매우 낮기 때문에 이를 향상시키는 것이 먼저이지만, 동시에 의식주의 양식을 개량해 갈 필요가 있다. 총독부가 이러한 점에는 완전히 무관심한 것은 왜 그런지 이해할 수 없다. 〈48쪽〉

핫토리 로쿠로(경성제대교수 의학박사, 服部六郎), 「매독의 말라리야요법」, 『조선급만주』(제288호), 1931년 11월.

문명이란 매독화(黴毒化, Civilization is syphilisation)라는 말이 있을 정도로 그 나라의 문명이 발전함에 따라서 매독이 만연한다. 매독에 걸리면, 나환자라 해도 바로 철저하게 치료를 받으면 좋아지지만, 한 치의 틈도 없이 돌보아야 한다. 조금이라도 등한시하면 병균은 내장으로 뿌리 깊게 들어가 그 근본적인 치료가 곤란해진다. 또한 스스로 감염된 것을 알지 못하고, 신체 어딘가가 상태가 좋지 않아서 의사에게 진찰을 받으면 와츠셀만 반응이 강양성인 경우가 종종 있다. 특히 매독이 뇌로 들어간 경우에는 감염 당시에 크게 국소 병상이 없었던 예를 많이 볼 수 있다.

마비성 치매라는 질환은 넓은 의미로 말하자면 뇌매독이지만, 전문적으로는 뇌매독은 뇌막이나 혈관에 주로 생기게 된다. 마비성 치매는 단순히 이러한 부분만이 아니라 뇌실질까지도 걸리기 때문에 이 병에 걸린 사람은 기억력이 나빠지며, 계산이 틀려지며, 혀의 말투가 나빠지면서 급속하게 치매가 된다. 그리고 이 병은 뇌매독인 경우에는 매독 감염된 후 몇 년 지나서 발생하는 것에 비해, 10년 이후나 30년 이후가 지나서 발병한다. 즉 청년기의 환락은 그 사람의 장년기 40대 전후에서 차츰 가정을 이루고 출산을 하고, 그의 일도 자리를 잡는 시기에 슬프게도 나타난다. 그 때문에 가정에서는 한집안의 기둥으로 믿고 있는 사람이 갑자기 병이 나서, 때때로 과대망상으로 금전을 낭비하여 재산을 탕진하고 결국엔 2, 3년 후에는 반드시 죽기 때문에 실은 비참한 병이다. 이 병의 원인인 병균은 매독균 '스피로헤타

바리다'이기 때문에 종래의 살바르산, 수은법인 ○매요법으로 치료했다고 생각하지만, 실은 종래의 어떤 ○매요법도 이 병에서는 거의 효력이 없었으므로 '말라리아'요법이 창안될 때까지는 이 병의 진단을 내리는 것은 죽음의 선고를 주는 것과 같았다. 종래에 걸린 난치 거의 불치라고 해야 하는 병에 대해서 학자들은 수수방관만을 한 것은 아니다. 여러 가지 용법을 강구하였다. 특히 정신병이 열병인 난 후에 매우 좋아지게 되어, 때로는 치료하는 데에 관찰이 이 경우에 주의 깊게 요구되었다. 일찍이 그리스 의사인 성 히포크라테스(기원전 460-377)가 이에 대해 관찰하여 기재하였다. 또한 로마의 명의 가렌(131-200)도 이에 대해 기록하였다고 한다. 근세기가 되어 560년 전부터 의학이 급속도로 진보함과 동시에 이러한 관찰보고를 많이 볼 수 있게 되었다. 빈 대학 정신과 와구네르, 폰야우레크(ワグネル　フオンヤウレク) 교수는 정신과 영역에서 지금까지 많은 공헌을 하신 분으로, 이러한 관찰 보고를 종합하여 발열이 정신병에 미치는 좋은 영향을 확신하였다. 여러 가지 인공적으로 발열시키는 약제를 각 종의 정신병자에게 주사하여 관찰한 가운데 정신병자 중에서도 특히 마비성 치매에 그 효과가 가장 현저한 것을 확인하였다. 그러나 약제로는 충분히 고도의 발열을 보는 경우는 적고, 그 효과도 충분하게 만족할 정도로 달하지 못했기 때문에, 1917년에 '말라리아' 3일열에 걸린 환자의 피를 9명의 마비성 치매자에게 주사하여 인공적으로 '말라리아'에 걸리게 하여 그 경과를 본 바로는 매우 양호한 성적이었다. 오래 전에 이 치료법을 수차례 시행하는 동안에 처음으로 획득한 양호한 성적은 우연한 것이 아니라, 항정성인 것이었다고 확신할 수 있다. 이전에 어떠한 질환에서도 최신요법은 해가 가면서 여러 가지 고장이 보고되어서 그 가치가 사라지게 되었지만, '말라리아'요법은 해가 가면서 그 진실이 확인되었다. 현재에는 각 나라에서 이 요법을 시행하지 않는 곳이 없을 정도로 보급되었다. 이 요법을 위해서 와구네르 교수는 1928년에 노벨상을 수상하였다.

'말라리아'요법이라면, 마비성 치매를 반드시 치료할 수 있는가를 간단히 말할 수 없다. 먼저 앞에서 말했듯이 스피로헤타 바리다가 뇌 안으로 들어가 이 병을 일으킨 것이기 때문에, 발병하여 1년 이상 지난 경우에는 이미 뇌의 조직이 스피로헤타로 망가져 있다. 그러므로 이 요법에서 '스피로헤타'를 죽일 수는 있어도 망가진 뇌조직은 재생할 수 없기 때문에 이 환자는 치매가 되어 사회의 폐인이 될 수밖에 없다. 또한 이 병은 간단하게 뇌만이 아니라 신체 전반이 병변하므로 특히 심장이나 혈관으로 들어오기 때문에, 이 요법을 해도 효과 없이 죽는 경우도 물론 있다. 평균적으로 말하자면, 마비성 치매의 30%에서 40%는 원래대로 직업을 가질 수 있을 만큼 정신능력을 회복할 수 있고, 20% 정도는 간단한 손동작이나 노동에 종사할 수 있지만, 나머지 40% 정도는 폐인이 되어 사망하게 된다. 그러나 발병하여 바로 치료를 받으면 100%에서 80%는 완전한 치유를 할 수 있지만, 반년이나 1년 정도 지난 후에는 그 희망은 매우 적어진다.

이 '말라이아'요법은 간단하게 마비성 치매만이 아니라, 척수병, 뇌매독에도 응용되어, 또한 양호한 성적을 거두었다. 최근에는 매독이 또한 뇌로 올라가지 않게 이 요법을 시행하고 있다. 종래의 ○미요법에서 오히려 와츠셀만 반응이나 그 외의 매독반응을 하지 않는 경우에도 이 요법으로 매우 양호한 성적을 얻을 수 있다는 보고가 많다.

'말라리아'요법과 같이 매독성 치매에 대해서는 매우 효과가 있지만, 최근 우리들의 교실에서 행하고 있는 또는 약제 요법에서도 '말라리아'요법에 떨어지지 않는 효과를 거두고 있다. 요컨대 뇌매독은 우리 의사들의 입장에서 보면 충분한 대책을 가지고 있지만, 일반인들은 주위를 주의하여 30대 이후에 소위 정신쇠약 같다고 생각한 경우에는 전문의에게 상담하는 것이 중요하다. 지금까지 소위 정신쇠약이 없었던 사람이 20대 이후에 갑자기 멍하게 된다거나 자꾸 잊어버리게 된 경우는 이 병의 의심이 매우 농후하기 때문이다. 〈65~66쪽〉

혼다 다쓰요시(경성혼다병원장 의학박사, 本田建義), 「혈압과 건강의 이야기」, 『조선급만주』 (제289호), 1931년 12월.

[1]

근래 혈압이 매우 자주 논의된다. 현재에서는 우리들과 같은 임상의사는 청진기, 체온계와 같은 일상 혈압계를 사용하여 혈압을 측정해야 한다. 이것은 한편 매우 좋은 일입니다만, 그러나 한편으로 혈압을 너무 중대 과시하는 경향이 있는 것처럼 생각됩니다. 즉, 혈압항진에 대해서 하나의 공포병으로 빠진 사람을 자주 볼 수 있습니다. 지금 나는 혈압이 인간의 건강과 어떠한 관계가 있는지를 간단하게 말하고자 합니다. 일반적으로 혈압은 동맥혈압을 말합니다. 그리고 동맥혈압에는 최대혈압 또는 최고혈압(맥시마렐 브루트도르유츠크マキシマーレル・ブルートドルユツク)와 최소혈압 또는 최저혈압(미니멀 브루트도르유츠크(ミニマ-レル・ブルートドルユツク)이라는 두 가지가 있습니다. 전자 즉 최대혈압은 심장의 수축기에서 혈압이며, 후자 즉 최소혈압은 심장의 확장기에서 혈압을 말합니다. 그리고 이를 측정하기 위해서는 보통 팔에서 - 즉 상박동맥에서 측정합니다. 혈압을 설명하기 위해서는 혈액순환에 대한 개요를 말해 둘 필요가 있습니다. 모든 혈액은 먼저 심장에서 동맥, 그리고 모세관, 모세관에서 정맥, 정맥에서 심장으로 완전히 폐쇄 순환을 쉬지 않고 흘러가며, 흐르는 동안에 조직에 영양을 주고 또한 조직의 신진대사의 노폐 생산을 소변, 땀 등 배설기에 운반하여 생체 생존을 위하여 작용합니다.

그리고 이 혈액순환의 대원동력은 대부분 심장에 의해서 하게 됩니다. 즉 혈액이 한번 심장의 펌프작용으로 추출되어 나오면 동맥에서 모세관 정맥으로 순차적으로 흘러나갑니다.

그러므로 이 심장의 펌프작용으로 혈액이 순환되는 것은 일반적으로 주지하는 일입니다만, 이 혈액의 순환에서는 결코 앞에서 말한 심장의 펌프작용만이 아니라 다른 수많은 중요한 요건이 있습니다. 즉 소동맥에서는 혈관벽의 수축에 따라서(즉 내공변화) 혈액의 환류를 도와줍니다. 모세관도 또한 혈관벽에 산재되어 있는 '루젯토(ルゼット)'씨 세포의 수축작용에 따라서 혈액이 정맥으로 흘러가는 것을 도와줍니다. 그리고 정맥 내로 들어온 혈액은 호흡에 의해서 일어나는 흉강 내의 음압 및 심장 확장 시에 흡인 작용을 도와줍니다. 이러한 이유로 동맥에서 모세관 정맥의 정관계는 심장과 똑같은 작용을 하는 곳이기 때문에 '말초심장' 또는 '보조심장'이라고 합니다. 이상과 같은 이유로 – 즉 생체의 혈액이 끊임없이 평균적으로 순환하기 위해서는 심장의 '펌프'작용과 정관계의 긴장(トーヌス)이 가장 큰 역할을 합니다.

그리고 심장 작업은 주로 심장 스스로의 자동기능과 자율신경에 의해서 지배받고 있습니다. 자율신경의 내에서는 제지신경과 고무신경 2종류가 있습니다. 그 외 심장은 앞에서 언급한 자율신경을 끼고 반사적으로 두개골 내의 혈행 변화, 흉공 내압의 변화, 혈액 성상의 이동, 정신 감동, 또는 운동 등에 따라서 작업이 영향을 받습니다. 또한 한편으로 혈관의 긴장은 혈관수축신경 및 혈관확장신경의 지배를 받아서 혈관공의 축소 확대를 하게 됩니다. 그리고 혈관운동신경의 중추는 연수가 있기 때문에, 중추의 지속적인 긴장을 유지하고 있습니다. 혈관은 그 외 전신의 내분비선과도 밀접한 관계가 있기 때문에 즉 혈관 긴장의 조절은 이상과 같은 신경성과 내분비의 화학성의 영향 하에 있습니다. 이러한 이유로 혈압은 심장의 작업과 혈관의 긴장 등의 요건 하에서 동요됩니다. 그러나 그 중 혈압에 가장 큰 영향을 주는 것은 혈관내공의 변화의 따른 저항동요입니다. 그 다음으로 혈량도 물론 혈압에 영향을 주는 이유입니다. 즉 심장 및 혈관으로 폐쇄된 그 안에 흐르는 혈액량의 증가는 혈압을 높게 하며, 혈액량의 감소는 혈압의 저하를 초래하게 됩니다. 그러나 이것은 생각한 만큼 큰 영향은 없습니다. 즉 수혈이나 생리적 식염수(링겔 씨 액과 같은 것)를 주입해도 그 과잉액은 바로 소변이나 땀으로 배설되며, 또한 일부는 조직으로 들어가서 혈압이 바로 평균으로 됩니다. 요컨대, 혈압의 조절에서 가장 주요한 역할을 하는 것은 혈압의 긴장변화입니다. 이와 같이 혈관의 저항에 따라서 가장 현저하게 혈압이 영향을 받습니다. 이러한 저항의 증대는 말초혈관의 구강 감소에 의해서 일어나기 때문에 즉, 혈관의 수축, 경화, 신축으로 인하여 확대, 수축의 탄력조절이 상황 에 맞게 할 수 없게 됩니다.

다음으로 혈압의 생리적 동요는 연령과 함께 상승합니다. 유년에서 점차 상승하여 사춘기 발동기에 이르러 갑자기 성인기와 가깝게 급진하게 됩니다. 그 후는 연령과 함께 오는 동맥경화성의 혈관수축혈관의 탄력감퇴 등 때문에 점차 항진합니다. 여자는 월경폐경기 연령에 이르러 비교적 급진하는 경우가 많습니다. 또한 여자는 월경 중은 평상시보다 혈압이 약간

저하됩니다. 그 외 혈압의 생리적 동요를 간단하게 말씀드리면, 1. 남자는 일반적으로 여자보다 조금 높습니다. 2. 서양인은 일본인보다 조금 높습니다. 또한 일반적으로 육식가가 채식가보다 높습니다. 3. 추울 때는 따뜻할 때보다 높습니다. 4. 신체가 큰 사람은 작은 사람보다 높습니다. 5. 혈압은 같은 사람이라도 시시각각에 따라서 동요가 있는데, 아침이 가장 낮고, 오후에 가장 높아집니다. 6.수면 중에는 혈압은 내려갑니다. 7. 목욕은 온냉에 따라서 크게 다르기 때문에 즉 온욕에서는 처음에는 피부의 온자극으로 혈관이 수축하여 혈압이 항진하지만, 점차 혈관이 확장하여 저하됩니다. 그리고 냉수는 혈관수축으로 혈압의 급진을 초래합니다. 그러나 이후로 혈관확장을 하다가 저하됩니다. 8. 정신감동은 혈압의 항진을 가져옵니다. 게다가 끊임없이 정신을 사용하는 사람은 비교적 혈압항진이 있습니다. 9. 육체적인 운동은 혈압을 상승시킵니다만, 특히 격한 운동은 매우 항진하게 합니다. 10. 피로는 가벼운 경우는 혈압을 떨어뜨립니다만, 과도할 때에는 항진시킵니다. 11. 폭식폭음은 혈압을 상승시키고 배가 고플 때에는 떨어뜨립니다. 12. 음주는 혈압을 항진시키지만, 양이 많으면 내장혈관을 확대시키며, 얼굴이 창백해지면 떨어지는 것입니다. 13. 향미, 담배 그 외 자극물은 열압을 항진시킵니다. 이것은 혈관운동신경을 자극하기 때문입니다. 14. 체위에서는 서 있을 때는 누워있을 때보다 높아집니다. 15. 체온이 오를 때는 혈압도 같이 올라갑니다만, 맥박이 적을 때는 떨어집니다.

[2]

다음으로 혈압의 적당한 수치는 어떤 것인가에 대해서 말하자면, 건강한 일본인 성인 20세에서 40세에서는 최대 혈압이 남자는 110-130미리미터(수은계) 최소혈압이 70-90미리미터, 그래서 보통 150미리 이상을 병적 항진으로 합니다. 다음으로 병적으로 혈압 항진을 초래하는 경우에 대해서 조금 언급하고자 합니다. 먼저 동맥경화 및 신장질환이 없고 혈압항진만이 관능적으로 현저한 본능성 혈압항진증부터 말하겠습니다.

이러한 사람은 앞에서 언급한 바와 같이 동맥경화의 병상 및 신장에도 병변이 현저하게 없는 경우로, 일명 단순성 혈압항진증 또는 원발성 혈압항진증 또는 고혈압병 등의 이름이 있습니다. 그러나 본병도 신장성 질환의 초기로 생각하며 또한 동맥경변의 경화병상이 아직 현저하지 않는 초기라고 생각하는 학자도 있습니다. 또한 이러한 본능성 혈압항진증에서는 처음은 관능성의 혈압항진만이 현저합니다만, 결국에는 혈관벽의 기질적 장해 즉 경화를 초래하기 때문에 이러한 것을 일원적으로 생각하며 특히 구별하지 않는 학자도 있습니다. 그리고 이 혈압항진병은 혈색이 좋은 비만한 소위 졸중본질인 사람이 많으며, 신장성의 혈압항진증 환자와 같이 얼굴이 창백한 사람에게도 적색 혈압항진증이라고 부르는 학자도 있습니다. 본 증상은 원인은 정신적, 내체적과로, 내분비장해, 매독, 음주, 흡연, 납중독, 비만병,

통풍, 천식, 심장질환, 다혈증, 급성전염병 등을 들 수 있습니다. 본 혈압항진증은 비교적 젊은 사람(즉 3, 40세)에게 많기 때문에, 최대혈압은 160-200미리정도 또는 그 이상의 경우도 있습니다. 그리고 본 증상은 또한 혈압의 동요가 매우 심할 때에 50미리 이상인 경우도 있기 때문에, 서서히 혈압측정을 할 필요가 있습니다. 특히 본 증상으로는 발작적으로 혈압이 항진하는 경우도 자주 있기 때문에, 따라서 뇌출혈 등의 위험이 아주 크다고 할 수 있습니다. 자각적 증상으로는 동맥경화와 신장질환에서 오는 혈압항진증과는 크게 차이가 있습니다. 다만 본 증상은 혈압항진이 갑자기 일어나는 경향이 있습니다. 즉 자각증상으로는 심계항진, 호흡촉박, 심장긴박감, 두통, 현기증, 태만, 불안, 우울, 불면, 성욕감퇴 또한 때때로 간질과 같은 경증발작을 가져온다거나, 또는 사람이 가장 두려워하는 뇌출혈을 초래하는 경우가 자주 있습니다. 다른 자각적 증상으로는 중병일 때에는 심장동작이 매우 항진하여 이로 인해 먼저 심장좌실이 작업비대를 일으키고 우방에 확대하여 병이 생기면 폐순환에 혈액을 보내기 위해서 우실도 비대해 짐으로써 심장은 우방도 확대됩니다. 〈40~43쪽〉

사토 고조(경성의전교장 의학박사, 佐藤剛藏), 「생명과 건강-음식물과 운동」, 『조선급만주』 (제290호), 1932년 1월.

　건강과 장수 - 이 문제에 대해서는 최근 여러 방면에서 활발하게 말하고 있다. 또한 이에 대한 문헌이나 논문이 매우 많이 발표되었다. 나도 이러한 방면을 상당히 조사하고 있으며, 또한 재료도 가능한 모으고 있지만 아직 확실치 않다. 머지않아 꼭 함께 확인되어 발표하고 싶다.

　사망의 통계표를 보면 일본인의 생명은 외국인에 비하면 짧다고 하지만, 이 통계를 어디까지 신용하는 것일까-가 문제이다. 나는 이 통계를 불충분한 것이라고 생각한다. 통계는 여러 가지 돌발적인 것이며 죽은 사람도 안에 넣어서 통계를 냈기 때문에, 그 중에서 건강하게 생명을 다한 사람-또는 병이 있어도 회복하여 그 후를 건강하게 보내서 천명을 다한 사람만을 세어서 본다면 인간은 의외로 장생을 한다는 것을 알 수 있지 않을까하고 생각한다.

　위대한 사람은 장수를 하는 것 같다. 현재 국가의 중신이나 대실업가라고 하는 사람들은 대부분 고령자이다. 60-70세인 사람들이 많기 때문이다. 이에 대해서는 여러 가지 이유도 물론 많을 것이지만, 자기 스스로 건강하다고 생각하고 또한 그렇게 할 수 있었던 것이 큰 원인일 것이다. 원래 장수는 유전적인 것이며, 장생을 하는 가족혈통의 사람이 전반적으로 장수를 유지하는 경우가 많은 것 같다. 그러나 나는 건강한 사람의 수명은 70-80세가 보통이라 생각한다. 충분히 인간은 오래 동안 살고 있다고 생각한다.

음식 관점에서 보면, 현재 일본인은 대부분 단백질의 섭취가 적다. 어렸을 때에 단백질을 많이 취하도록 하면 일본인의 체력이 현재보다 좋아질 것이라는 설이 있을 정도이다. 이것은 크게 참고가 되는 설이라고 생각한다. 이 설은 일본 생리학회에서도 이미 발표된 것이다. 일본인은 음식으로 단백질을 많이 취해야 한다는 것은 실제 문제이다. 이를 위해서는 일본은 섬나라이기 때문에 먼저 어류를 많이 먹도록 해야 하고 그것을 보충하도록 하는 것이 지름길이라고 학회에서 발표하고 있을 정도이다. 또한 야채류에서는 인삼, 시금치가 왕이기 때문에 이것을 섭취하도록 하면 좋다고 한다. 또한 최근 미국에서는 해조류를 음식으로 굉장히 장려하고 있다고 한다.-또한 실제로도 이용하고 있다고 한다. 이것은 일본에서는 예부터 행해졌던 것으로, 예를 들면 관서 지방의 다시마는 예부터 사용되었다. 미국에서는 최근에 이를 섭취하기 시작하였다.

그래도 일본인 생활 정도가 근래 일반적으로 높아진 것은 사실이다. 따라서 이와 함께 음식물도 좋아졌다고 말할 수 있을 것이다. 그러나 일본인의 평균연령은 실제로 점차 저하되어 가고 있는데, 이는 앞에서도 언급했듯이 병으로 돌발적으로 사망하는 경우를 넣은 통계이기 때문에, 사실은 역시 건강한 일본인의 생명이 길어졌다고 나는 생각한다.

다음으로 나는 외기(外氣)와 관계가 매우 인간 생명과 관계한다는 점을 말하고 싶다. 예를 들면, 개를 실험한 결과입니다만 소음으로 개를 잠잘 수 없게 하는 장치에 두면 매우 빨리 죽는다. 자는 것도 생명에 크게 필요하다. 수면시간은 매우 짧아도 괜찮다고 주장하는 사람도 있지만, 역시 그 사람에게 자연스러운 것이 가장 좋은 것이다. 나는 양생법이라고 하면서, 평소에 특별히 주의하고 있는 일은 없기 때문에 일찍 일어나거나 하지는 않는다. 피곤할 때에 잔다. 식사도 그렇다.

또한 외기에 대해서 말하자면 예를 들면, 기후, 온도, 날씨, 기상 등이 관하여, 지난 1931년도는 경성부 내에서 매우 티푸스가 유행하였지만, 전문가의 말에 따르면, 봄에서 겨울 동안에 시기에 따라서 티푸스에 여러 가지 경중한 정도의 차이가 있었다고 한다. 이것은 똑같은 티푸스균이 시기에 따라서 강해지거나 약해지기도 한다는 것이며, 역시 외부의 조건에 의해서 차이를 가져온다고 생각한다. 이 점에서 보면 인간의 건강도 역시 외기와 관계가 매우 밀접하다고 생각한다.

음식물은 인간을 건강하게 한다. 건강은 장수의 근원이다. 또한 건강은 외기의 조건과 관계가 있다. 그러나 건강의 근원이 되는 것은 역시 정신의 안정이라는 것을 제일로 두지 않으면 안된다. 적당한 노동을 하고 걱정이 적은 생활을 보내도록 명심이 필요한 것은 말할 것도 없다.

적당한 노동-또는 운동이 건강에 필요한 것은 물론이지만, 운동가들이 빨리 죽는 경우가 많은 것은 이것은 평소의 과격한 운동으로 세포의 실질이 파괴되었기 때문이라고 나는 생각한다. 과격한 운동으로 인해 세포의 실질이 한시적으로 파괴되어 또한 파괴되는 상황에 연속적으로 되어서 마침내 신체전체의 건강이 약해지는 것이 원인이라고 생각한다. 또한 여름에 우리들은 신체가 권태로워 지는 경우가 있는데 이때도 역시 세포의 실질이 한시적으로 파괴되었기 때문이라고 나는 생각한다. 이러한 문제는 앞으로 크게 연구의 여지가 있다. 또한 우리들은 평소에 그 점에 대해서 깊게 깨달아야 한다.

그럼, 따뜻한 곳과 추운 곳과 어느 쪽의 사람이 장생하는가에 대해서 말하자면, 반드시 일률적으로는 말할 수 없다. 따뜻한 나라의 사람은 여자는 12, 13세에 임신을 하며, 남녀 모두 조숙하다. 대신에 빨리 늙은 경향이 강하다.

또한 북쪽 나라의 추운 지방의 사람은 성숙이 늦기 때문에, 늙는 것도 늦을 거라고 말하지만 그렇지 않다. 바다에 살고 있는 사람과 산에 살고 있는 사람이 어느 쪽이 장생할 것인가 나는 이점에 대해서 조사해 보고 싶다. 종종 생각하고 있다. 이러한 방면의 조사는 지금까지 거의 행하지 않아서 알 수 없다.

나이가 들면 인간은 대부분 채식주의가 되는 경향은 동양인도 서양인도 공통적이다. 서양인도 매우 채식을 한다. - 물론 육식도 섭취하지만, 야채류도 섭취한다. 음식물에 야채를 취하는 것이 매우 중요한 것은 이제 와서 말할 필요도 없다. 나는 에스키모인이 생육을 식용한다는 것을 최근에 알았다. 에스키모인이 육식만을 하는 것은 알고 있지만, 육식만으로 살아간다는 것을 이상하게 생각하고 있으며, 생육이 아니면 육식만으로는 실제의 효과는 어지간한 분량을 많이 먹지 않으면 안 된다. 정신적으로 노쇠한 사람은 음식물도 운동으로도 회복은 도저히 할 수 없다. 생리적으로 보면 유산과 관계가 있다. - 즉 유산이 결핍한 경우는 노쇠의 큰 원인이다. 그러나 정신적인 타격이 가장 강하다. 음식물과 운동에 신경을 쓰며, 그리고 병에 걸리지 않도록 평소에 주의하는 것이 먼저 건강한 장수의 기본이 될 것이다. (문책 기자) 〈56~57쪽〉

우라베 히로미(경성 우라베의원장, 占部寬海), 「위장·호흡기·성의 문제」, 『조선급만주』(제290호), 1932년 1월.

현재 의사 입장에서 이야기하자면, 의사는 환자를 수술·투약·주사 등을 하는 것이 보통이다. 환자의 정신적인 방면에 대해서 생각하는 일은 거의 등한시하고 있는 것 같다. 의사는 단순히 약물이나 운동법·음식 등을 일반적으로 말하지만, 이것은 물질이 대상일 뿐이며, 나도 이러한 정신적 방면의 일을 매우 이차적으로 생각하고 있는데, 환자가 평화적이고 평온한 심경을 가질 수 있도록 노력하는 것이 의사로서 일차적이라고 생각한다. 병을 치료하는 가장 중요한 문제가 이러한 점에 있다.

또한 이것이 건강법이며, 따라서 장수를 유지하는 기초가 되는 것은 당연하다. 나는 의사가 이 방면으로 노력하는 여지가 다분히 있어야 되지 않을까 하고 생각한다. 평소 내 자신의 생각을 말하자면, 의사는 종교가이며, 교육가이며, 철학자라는 것이 이상적이라 생각한다. 그리스 히포크라테스는 '의사이며 철학자는 신에 가깝다'라고 말하였지만, 나는 이것이 진리라고 생각한다. 즉 환자가 어떻게 안심하고 양생할 수 있을까가 근본의 문제이다. 건강한 사람이 장수를 유지하며 사회를 위해서 활동하는 것이 우선은 당연해도, 만약 건강한 사람이라도 병에 걸려서 양생이 나빠진 경우는 천명을 다할 수 없게 되는 것이다. 이에 역시 양생의 문제가 일어남과 동시에 의사의 문제가 생긴다. 게다가 병에 걸려서 양생이 나쁘기 때문에 애써 장수를 유지하는 건강한 사람이더라도, 이를 다할 수 없는 경우가 매우 많다고 생각한다. 그 양생에 대해서는 안심하고 양생을 하는 것이 일차적이라는 점은 이미 말한 대로이다. 예를 들면 의사가 환자를 대할 때에 병상에 대해서는 일반인에게 어떻게 이해를 시킬 것인가 - 라고 말했던 시기는 이미 지났다. 이 점에 대해서 일반인에게는 일반인 나름대로의 안심할 수 있도록 설명하는 것이 중요하다. 그리고 나서 진단을 오진하지 않고 요령 있게 투약, 수술, 치료 등을 강구하는 것이다. 이것은 이차적이다. 또한 종래의 민간요법 중에서는 또한 특종인 것이 있어, 종래에는 무지한 사람에게 의뢰하였지만, 그 중에는 의사가 다루지 않으면 안 되는 것이 있다고 생각한다.

건강법에 대해서는 투자가, 교육가, 체육가 등의 사람들이 주장하는 것이 일반적이다. 종래 의사는 모두 환자만을 상대로 하였지만, 이러한 점에 결함이 있다고 생각한다. 의사는 사람들이 병에 걸리지 않도록 노력해야 한다. 건강법이나 장수법은 환자 흉내를 내도록 한다고 생각하는 사람이 많은 듯하다. 이것은 아주 잘못된 것이다. 환자의 양생법은 종종 병상에 따라서 소극적으로 되지만, 건강한 자의 장수는 적극적이다는 것이 중요하며, 이것은 일반사람이 오해하고 있는 것은 아닐까하고 생각한다.

결론으로 말하자면 자신의 건강법, 장수법은 자연을 근본으로 하고, 자연 바탕으로 하여, 이에 현대의 과학을 적당하게 적용하는 것이라고 말하고 싶다. 아무리 자연주의를 주장한 사람이라도 부산까지 가는 데 걸어가는 것은 시간이 맞지 않기 때문에 기차를 타는 것이 보통이듯이, 문명의 이기가 과중한 것이 좋지는 않지만, 이용이 필요하다는 것은 당연하다. 두 발이 있기 때문에 부산까지 걸어간다고 말하는 것은 극단적이며, 자연주의라고 하는 것은 옳지 않다는 점이다. 중용을 얻는 것이 가장 좋다.

또한 나의 의견으로 말하자면, 현재 건강 문제는 위장, 호흡기, 성의 문제에 가장 관계가 많다고 생각한다. 게다가 위장, 호흡기가 약한 사람은 선천적인 경우가 종종 있고, 우리들이 봐도 그 사람 자신이 나쁜 것이 아니라, 안쓰러운 것이다. 본인을 공격하는 것은 도저히 불가능한 경우가 매우 많다. 즉 넓은 의미에서의 유전이 사람의 건강에 아주 영향을 준다. 하지만, 성병은 완전히 본인 자신의 불행적에 의한 것이 전부라고 말해도 지장이 없다. 또한 현재 성병은 매우 수가 많기 때문에 인류전반의 건강을 놀라게 할 정도로 나빠지고 있다. 그러나 이것도 알지 못하고 세상 사람들은 호흡기의 환자 – 예를 들면 폐병이라고 하면 모두가 놀라서 그 사람을 배척한다. 성병환자에게는 완전히 관대한 태도를 하는 것을 나는 이상하다고 생각한다.

규슈대학의 오히라(大平) 교수는 간단한 통속적인 장수법에 대한 책을 썼다. 역시 음식문제와 성욕문제가 가장 크다고 기록되어 있다. 즉 위장, 호흡기, 성 문제이다. 이것이 건강의 바탕이 되는 문제이며 동시에 장수를 얻는 기초일 것이다.

〈건강과 각국 사람〉

구미열강과 일본과 비교를 해보면, 영국은 약 30년 전에는 백 명의 결핵환자 중 20명이 사망하였지만, 오늘날에는 9명으로 70%가 감소하였습니다. 미국은 20명에서 8명으로 10%가 감소하였습니다. 독일은 24명의 40%에서 9명의 80%입니다. 프랑스는 22명에서 16명이 되었습니다. 일본은 21, 2명 이었던 것이 최근 잠깐 19명, 30%가 감소되었을 뿐입니다. 이것으로 보면 일본 국민의 저항력은 가장 낮다고 말할 수 있습니다. 이것은 국가적으로 보면 실로 좋지 않은 일로 어떻게든 국민 전체가 자각하여 저항력의 증가를 도모하지 않으면 안 된다고 생각합니다. 게다가 운동과 영양과 질병 예방 지식을 잘 갖추어 가야 합니다. 이 중 운동에 대해서는 앞으로 점점 추워지는 시기이기 때문에 혈액이 언제든지 수축할 수 있다는 점이 가장 중요합니다. 혈액의 순환이 좋으면 신체의 상태는 좋으므로 따라서 저항력이 강해집니다. 〈58~59쪽〉

구도 다케키(경성부인병원장 닥터, 工藤武城), 「유전과 질병」, 『조선급만주』(제291호), 1932년 2월.

유전이란 무엇인가

'아이는 부모를 닮는다' '호박 덩굴에 오이가 나지 않는다'라는 말이 있듯이, 부모만큼의 체격이 되고, 용모가 되어 그 성질이 자식에게 전해진다는 것은 누구나 알고 있는 사실이다. 또한 때때로 '독수리가 매를 낳는다'와 같이 부모랑 닮지 않은 아이가 태어난다는 것도 알고 있다. 이렇듯 닮거나, 닮지 않는 아이가 과연 어떻게 태어났을까. 사실, 알아도 확실히 알지 못한다. 그러나 이탈리아 학자 멘델이 처음으로 유전의 법칙을 발견한 이래, 갑자기 이 연구가 활발하게 진행되면서 오늘날에는 훌륭한 독립된 전문 과학이라고까지 발달해 왔다.

멘델의 연구에 따르면, 모든 생물은 단위 물질에서부터 생겨났다. 이는 아마 화학의 원소와 같은 것으로, 여러 가지 원소의 조합에 의해, 다양하게 물질을 만든다. 예를 들면 수소와 산소는 각각 한 개의 와사체(瓦斯體) 원소이더라도 수소원자 2개와 산소원자 1개가 화합하면 산소도 수소도 조금도 비슷하지 않은 액체인 물을 만든다. 그렇다면 수소도 산소도 없어진 것인가? 그렇지 않다. 언제나 이 두 개의 원자로 분해할 수 있다. 유전의 단위 물질도 그대로 자웅, 암수, 남녀로, 양성생식을 하지 않는 단성생식을 하는 생물은 이 단위 물질은 매우 간단하며 모든 세균과 같이 자체가 2개로 나뉘어져 번식하기 때문에 몇 십대를 지나도 항상 동일 단위의 유전을 한다. 이러한 여러 가지 단위가 있는 가운데에 다른 종과 조합을 하면 그 중의 하나가 숨겨지거나 나타나지 않는다. 예를 들면, 토끼의 장모종과 단모종 사이에 장모종을 가려지고 단모종을 낳는다. 청완두와 백완두를 교배하면 청완두는 가려져서 한 알도 없고 백완두만 생긴다. 이렇게 제1대에서 나타나는 쪽을 우성, 숨겨진 쪽을 열성이라고 한다. 그러나 우성은 다만 유전학상의 용어이며, 상등, 하등이라는 우성의 의미는 아니다. 예를 들면 여섯 손가락이나, 수족의 합지증으로 부족하거나 단지성이라는 기형의 유전성을 가진 사람과 보통의 사람과 결혼하면 이 기형은 우성이 되어 보통사람이 열성이기 때문에, 그 사이에서 생긴 아이는 기형을 보이게 된다. 단지 숨겨져 있는 데에 불과하기 때문에 제3대가 되면 기형이 아닌 아이가 태어난다. 이렇게 나타나거나 숨겨지지만, 항상 변하지 않고 존재하는 것을 유전의 불변율이라고 한다. 이렇게 모든 생물계는 하나의 실로 꼬여진 유전의 법칙에 의해서 이루어진다는 사실을 알았다.

다음으로 병과 관련된 부분을 간단하게 말해 보겠다.

질병 유전

인간의 유전 중에서 생리적 유전과 병리적 유전인 2가지가 있다. 생리적인 유전은 다른 날에 설명하기로 하고, 여기에서는 병리적인 유전, 즉 질병의 유전만을 설명하고자 한다. 그러나 세간에서 유전이라고 칭하는 것 중에는 병 그 자체가 유전되는 것이 아니라, 병에 걸리기 쉬운 성질, 즉 소인이 유전된다는 것은 잘 모르고 있다. 매독도 태어나면서 가지고 있는 경우도 있지만, 이것은 유전이 아니고 이 병에 걸리기 쉬운 소인이 유전되는 것으로, 자궁내에서 이미 전염된 것에 불과하다. 그러므로 이것을 선천성 결핵 또는 선천성 매독 즉 태어나면서 가진 결핵, 또는 매독이라고 불러야 하며, 유전성 결핵 또는 유전성 매독이라고 하는 것은 그야말로 잘못된 것이다. 이러한 질환이 실제로 유전성이 있다면, 질병이 나타난 방법이 멘델 유전법칙에 의해서, 예를 들면 같은 집에서 거주하지 않더라도 주위의 외적 원인이 없이 정해진 병이 일어나지 않으면 안 된다. 이 조건에 해당하는 유전성의 질환은 정신병, 색맹, 혈우병, 백반 즉 색소결손증, 단지, 다지, 언청이, 난장이 등의 기형이 모두 여기에 속한다.

정신병

정신병은 매우 유전과 관계가 있으며 너무나 심한 정신병의 계통을 가진 사람은, 당사자를 위해서도 국가를 위해서도 차라리 독신 생활이 좋다고 생각한다.

혈우병

아주 작은 외상에서도 일반사람에게는 아무렇지도 않게 바로 출혈을 멈출 수 있지만, 이 혈통에 속한 사람은 바늘에 상처를 입거나, 치아를 갈 때, 도저히 출혈이 멈추지 않다가 죽기까지도 한다. 이 병은 혈액 중에 섬유소가 혈액응고에 필요한 성분이 결여된 성질이 유전되는 것이며, 이 병에 걸린 사람은 남자라도 병을 전하는 사람은 여자이다.

색맹

색맹은 7가지 색 중 어떤 색인가를 조금도 인식할 수 없는 것을 말한다. 예를 들면 빨강과 검정을 구별할 수 없고, 녹색과 검정을 구별할 수 없는 것과 같이 여러 가지 종류가 있다. 이 병은 남자가 주로 걸리며 여자에 의해서 전해진다. 의과대학, 육해군의 학교에 입학할 때에는 이 색맹의 검사를 엄중히 하지만, 세상에 상상한 것보다 훨씬 많은 사람이 존재한다.

정신능력

치우(癡愚), 도덕상의 판단 지둔, 선천성의 범죄성 등은 모두 유전이다. 미국의 모든 주에서는 이러한 남녀를 자손을 번식하지 않도록 법률로 여러 가지 방법을 실행하고 있다. 이에 반해서 지식의 발달을 얻을 수 있는 능력도 또한 유전이다. 근래 창시된 우생학은 이 유전법칙을 응용하여 인종을 개량하려는 방법을 연구하는 학문을 말한다.

모든 종의 선천성 기형, 앞에서 설명한 손가락, 발가락이 부족하거나, 반대로 너무 많다거나 또는 그 관절이 부족하거나, 언청이 또는 난장이 등은 모두 유전한다. 게다가 공교롭게도 이러한 기형은 모두 유전학상의 우성을 가지고 있기 때문에, 일반인과 결혼할 때는 제1대에서 유전이 나타나기 쉽다.

소인(素因)의 유전

여기에서 말하는 소인은 양친으로부터 어떤 종류의 병에 걸리기 쉬운 성질이 유전되는 것이다. 병 그 자체가 유전되는 것이 아니다. 태어나서부터 병이 있어 유전된 것처럼 보여도 이것은 어머니의 태 안에서 태반제대를 매개로 해서 전염된 것이다. 이점은 착각하지 않도록 주의해야 한다.

치병(癩病)

치병은 예부터 천형병이라고 하였으며, 모든 나라에서도 유전병이라고 믿어왔다. 일본에서도 치병혈통이라 하여, 매우 혐오되어 왔다. 최근 연구에 의하면 이 치병은 레브라(レブラ)균이라는 세균에 의해서 생긴 만성전염병이라는 것을 알았다. 태평양의 외딴섬인 하와이는 유명한 치병국이다. 치병 환자는 카리시라는 떨어진 섬에 수용하여 환자들끼리 결혼을 시킨다. 그리고 태어난 소아는 생후 바로 다른 섬으로 이동시켜 양육하면 치병에 걸리지 않는다는 실험을 했다. 치병 혈통의 집안에서 태어난 자손은 아주 치병균에 노출되기 쉬운 소인이 유전된다. 이러한 균이 많은 집에서 거주하면 언제인지도 모르게 이 병에 전염된다.

결핵

결핵도 마찬가지로 결핵을 유전하는 것이 아니라 결핵병에 걸리기 쉬운 성질을 부모로부터 유전된다.

암종

암종에 걸리기 쉬운 소인이 과연 유전하는지 안하는지는 아직 정확한 학설은 없다. 그러나 나의 30년간 경험에 의하면 같은 가족에서 설령 위암, 유방암, 자궁암 등으로 발생 부위는 달라도 암종이 많은 것은 사실이기 때문에 아마 소인이 유전되지 않을까 하고 생각한다.

매독

매독은 앞의 4가지병과는 조금 취향이 다르다. 부모가 아직 신선한 매독을 가지고 있으면 대부분 임신되지 않는다. 임신해도 2, 3개월, 늦으면 8, 9개월에 태내로 전염되어 거의 죽는다. 우연히 살아서 태어나면 코의 연골이 허물어져 있기 때문에 안장코라고 한다. 코가 납작코에 형태가 삐뚤어져 있다. 매우 다행인 경우에는 어떤 이상도 없이 태어난 경우이다. 그런 경우에는 면역질이 유전되어 결코 매독에 감염되지 않는 성질을 갖추고 있다. 〈48~50쪽〉

도미오카 마사오(의학사, 富岡正夫), 「혈압 이야기」, 『조선급만주』(제291호), 1932년 2월.

혈압이란 혈관 내의 압력을 말합니다. 심장의 수축 시에 혈관 내의 압력을 최대혈압, 또는 최고혈압이라고 하고, 심장 확장 시, 혈관 내의 압력을 최소혈압, 또는 최저혈압이라고 합니다. 그 최대혈압과 최소혈압의 차를 맥압 또는 맥폭이라고 합니다. 그럼, 우리들이 건강한 상태에 있을 때에, 다시 말하면 생리적 상태에서는 최대 혈압, 최소 혈압, 맥압의 차가 일정한 비율을 유지합니다. 보험회사에서는 20세까지는 혈압 110, 20세부터 30세까지는 115, 31세부터 40세까지는 120, 41세부터 50세까지는 125, 51세부터 60세까지가 130이라고 혈압의 표준을 세우고 있습니다만, 이 표준에서 혈압이 30정도 높으면 다소 위험하다고 재심을 필요로 하고 있습니다. 50이 높은 사람은 매우 위험이 있다고 인정하여 보험계약을 거절합니다. 보험회사에서도 혈압이 우리들의 건강에 중요한 의의를 가지고 있다고 생각합니다. 그러나 최근의 생활 상태를 고려하면, 일반적으로 이 표준보다는 높아지고 있습니다. 최소혈압은 소동맥, 모세혈관 등의 저항이 증가한 경우에 증진하는 것으로, 또한 일정한 시간 안에서 심장에서 혈관으로 보내져 가는 혈액의 분량이 증가할 때, 바꿔 말하면, 심장의 활동이 활발할 때에 최고 혈압이 높아집니다. 혈관의 저항은 혈압이 높아지거나 저하되는 원인으로 가장 큰 영향을 주지만, 동맥경화증의 경우에는 그것이 특히 현저하게 나타납니다. 그 외 생리적인 상태에서 일어나는 여러 가지 조건에 의해서 지배되는 경우가 적지 않습니다. 먼저 첫 번째로는 연령과의 관계입니다. 나이가 들어감에 따라서 혈압은 증가한다는 것은 어느 보험회사의 표에도 나타난 그대로입니다. 다음으로 남녀의 성에 따라서도 차이를 인정합니다. 일반적으로 남성이 혈압이 높고, 여성이 비교적 낮습니다. 신체가 있는 위치에 따라서도 차이가 있습니다. 자고 있는 경우는 최대혈압이 높아지며, 반대로 최소 혈압은 낮아집니다. 하루 중에도 아침은 혈압이 낮아지고, 오후 3시경부터 7시까지 가장 높아지다가 점점 낮아집니다. 정신적으로 흥분한 경우에도 혈압이 높아지며, 식사를 한 직후에는 일시적으로는 혈압이 높아지지만, 3시간 정도 지나면 점차 내려 갑니다. 온도에 따라서도 낮아집니다. 술을 마시면 30분 정도 혈압이 높아지고, 온욕을 하면 처음은 혈압이 높아지다가 혈압이 확장되면 또한 내려 갑니다. 이상은 생리적인 상태에 따라서 혈압이 고저가 생기는 대략적인 설명이었습니다만, 이는 신체나 정신의 상태에 따라서 각종의 복잡한 변화가 나타나는 것은 분명하다. 근육노동을 하면 혈압이 높아지기 때문에 오른손잡이는 오른손의 혈압이 비교적 높아지고, 왼손잡이는 왼쪽의 손의 혈압이 높은 것이 보통입니다. 이는 오른손잡이는 오른손을 운동하는 경우가 많기 때문입니다. 정신노동을 하는 사람도 혈압이 점차 높아지는 경향이 있습니다. 현대는 근육노동자나 정신노동자도 그 신체 또는 정신을 과격하게 사용합니다. 즉 격렬한 활동을 매일 계속하고 있기때문에 아무래도 현대에 살고 있는 사람들은 혈압이 높아지고 있다고 보고 있습니다. 옛날처럼 한가하게 생활했던 시대라면 몰라도, 현대와 같은 생존경쟁의 격렬한 시대에 살고 있는 사람들은 과로라고 할 정도의 노동을 하고 있기 때문에 혈압이 높아지겠지요.

혈압의 영향은 각종의 병상에서 나타나게 합니다. 그 증상이 보이면 신체적으로 큰 영향이 생기게 됩니다. 그러나 일반적으로 보면 현대 사람들은 모든 혈압이 높아지고 있는 경향을 보여 준다고 해도 그 영향을 받아서 신체적 증상을 나타내고 있는 경우는 적은 것 같습니다. 다음으로 혈압항진증의 병상과 이에 대한 주의를 말해 보겠습니다. 여기에서 미리 주의해 두고 싶은 것은 혈압공포입니다. 현대 사람은 너무나 혈압항진을 무서워하고 있습니다. 그러므로 혈압공포증이라고 합니다.

혈압항진이 조금 있다면 걱정할 필요가 없습니다. 혈압항진 경우의 병상은 어지럽다거나, 어깨가 뭉친다거나, 변비가 생긴다거나, 손과 발이 차갑다거나....... 등이 먼저 나타난다. 이상과 같은 증상이 있고, 혈압이 150이상으로 올라간 경우에는 주의해야 합니다. 또한 170이상이 된 사람들은 의사에게 가서 치료를 받을 필요가 있습니다. 이렇게 주의하며 치료하는 것은 요컨대 혈압이 높아진 원인을 조사하고 충분하게 확인하여 그 원인을 없애도록 하는 것입니다. 예를 들면 술을 좋아하는 사람이라면 술을 끊지 않으면 안 됩니다. 담배 피는 사람이라면 먼저 담배를 피우지 않아야 합니다. 경우에 따라서는 매독에 걸린 환자가 그 원인으로 혈압이 높아지는 경우도 있기 때문에 혈액조사를 할 필요가 있습니다. 평소 양생법을 유지한다는 것도 이 병에는 가장 필요할 것이다. 음식의 섭취도 배부를 때까지 가득 먹는 것은 금물입니다. 식사의 횟수를 늘려서 몇 번에 나누어서 하루의 분량을 먹도록 하는 편이 좋습니다. 그리고 자극성이 있는 것은 되도록 적게 섭취하며, 육류를 피하는 것도 실행해야 합니다. 비만을 일으키지 않도록 과식도 금할 필요가 있습니다. 혈관의 항진은 최근 일반인에게 주의하도록 하는 것은 정말로 천만다행입니다. 앞에서도 잠깐 말했던 대로 지나침은 더 이상 미치지 못할 것 같습니다. 자신의 혈압이 표준혈압보다도 조금 높기 때문이라고 생각하며, 매우 병으로 아파하고, 신경을 쓰는 분도 많은 것 같습니다. 이것이 원인이 되어 마침내 신경쇠약을 야기 시킵니다. 전에 말한 바와 같이 혈압공포병에 걸린 사람을 종종 확인한 적이 있습니다. 조금 혈압이 높다고 해도 그렇게까지 우려할 필요는 없습니다. 물론 그 원인을 명료하게 알고 있는 경우에는 그 원인을 없애도록 하여 주의해야 하는 것이 상책이지만, 이를 위해서 공포증을 일어나게 하는 것이 오히려 백해무익이며, 일리가 없다고 해야겠지요. 〈50~52쪽〉

야베 마사미치(의학사, 矢部勝道), 「정력과 체력을 증진시키는 음식」, 『조선급만주』(제291호), 1932년 2월.

심신의 건강을 유지하고 더욱 더 이를 증진해 가는 데에는 적응하는 생활 방법이 필요하다. 여기에서는 간단하게 음식에 대해서만 말해 보겠다.

심신을 건강하게 하는 음식이란 무엇인가? 한마디로 말하자면 완전한 음식! 이것이다.

여기에서 말하는 음식의 완전이란, 첫 번째 식이의 성질, 즉 우리들의 신체에서 요구하는 영양물의 모두를 갖추는 것이다. 영양분이란 단백질, 지방질, 탄수화물, 당분, 수분, 비타민, 기타 산소 및 불소화성분을 의미한다. 두 번째로는 양에서 과부족을 말한다. 이에 대해서는 오늘 나름대로 연구가 행해지고 있지만, 아직 절대적인 연구라고는 말할 수 없다. 불분명한 점은 오늘날에서도 또한 경험으로 판단하고 있다는 점이다.

옛날부터 몇 천 년의 오랜 기간 동안에 인류는 심신의 발달, 특히 심신이 매우 진보하였다. 이것은 생활방법이 건강유지에 적응하였다는 증거이다. 음식은 최근 특히 보건에 필요한 질적 및 양적인 조건을 두드러지게 연구하고 있다. 그러나 이것은 최근 학문의 진보의 결과이다. 실제로는 인간은 예부터 이러한 조건을 생각하면서 음식을 섭취하고 있지는 않았다. 또한 오늘날 생활에 관련된 어려운 이치를 알고 있는 사람이라도, 이러한 이치에 여념이 하면서 계산적으로 의식하여 음식을 먹고 있는 사람은 없다. 단지 본능에서 하라는 대로 다시 말하면, 식욕, 공복감, 포만감에 따라서 음식을 섭취하고 있다.

그래도 적어도 외견적으로는 완전하게 혹은 완전에 가까운 건강을 유지하고 정신력 체력을 증진시키고 있다고 생각한다.

◆

그래서 오늘날 우리들이 섭취하고 있는 일상의 음식은, 종래의 학자들이 연구한 보건 음식으로서 필수적인 모든 조건을 과연 구비하였는가. 다시 말하자면, 우리들의 일상적인 자유식이 과연 완전식 내지는 적응식인지 아닌지를 살펴보겠다.

식욕은 공복감과는 다른 것이다. 식욕이란 일정한 음식을 기대할 때에 일어나 기분 좋게 느끼는 것을 말한다. 공복이나 기아감은 기아를 느끼면서 그 요구가 채워지지 않는 경우에 일어나는 불쾌감이다. 자기가 바라지 않는 것이라도, 독만 아니라면 이것을 위장 안에 넣으면 공복감은 가라앉는다. 우리들은 일상에서 공복이라는 불쾌감을 느끼기 때문에 이를 피하기 위해서 식사를 하고 있다. 또한 적극적으로 식욕을 채우면서 쾌감을 맛보기 위해서 잘 먹는다. 그래서 포만감을 느끼면 그만 먹는다.

◆

이 포만감을 느끼는 것은 잠시 생각하면 아무것도 아닌 것 같다. 최근 학자의 연구에서 여러 가지 흥미로운 점이 있다. 그리고 상당히 중요한 사실이 발견되었다.

위장 안에 음식이 남겨져 있어 소화액이 분비하고 있는 동안은 우리들은 위장에 어떠한 느낌도 가지고 있지 않지만, 위장이 공허하게 되어 산성의 위액이 소실되면, 학자들이 말하는 소위 공허성 위 운동이 일어난다. 이 순간에 우리들은 공복감을 자각한다.

이에 반해서 음식이 위 안에서 오랫동안 정체할수록, 그리고 또한 위액이 강하게 분비될

수록 포만감이 강해진다. 우리들의 소화기를 움직이는 시간의 길이를 음식의 만복가(滿腹價)라고 한다.

만복력은 그 음식을 포함하는 영양분의 대소와 용적과 관계한다. 만복가는 각 음식에 고유한 것이며, 똑같은 영양소, 똑같은 용적이라도 만복가는 음식에 따라서 다르다. 포만감이 가장 많은 것은 수육(獸肉), 조육(鳥肉), 다음으로 어육, 계란, 우유의 순서이다. 식물성 식품은 일반적으로 만복가가 낮지만, 그 중에 감자가 좀 높고, 야채나 과일이 가장 낮다.

다음으로 지방은 많으면 많을수록 만복가는 높다. 예를 들면 어육 중에서도 잉어는 매우 만복가가 높아서 수육에 필적하고 있다. 서양인이 일반적으로 어육을 좋아하지 않는 것은 어육의 향미나 자양가가 수육에 비해 떨어지기 때문이 아니라 단순히 만복가가 낮기 때문이다.

◆

다음으로 만복가는 조리법에 따라서 다르다. 식품 중에 구우면, 향미가 나고 위액 분비가 높아지는데, 예를 들면 야키소바, 야키니쿠, 야키이모와 같이 삶은 것보다도 만복가가 높다. 계란은 완숙이 만복가가 가장 크며, 반숙이나 생계란은 작다. 즉 반숙이나 생계란은 위에서 머문 시간이 짧아서 다시 말하면 소화하기 쉽다.

또한 만복가는 식품의 조합에도 크게 관계한다. 예를 들면 수육만으로도 만복가는 크지만, 때때로 소바 또는 감자는 설탕을 혼식하면 만복가는 한층 높아진다. 다시 말하면 줄어들기 어렵다.

또한 만복가는 음식의 분배법에도 관계한다. 같은 음식을 몇 번 나누어 먹기보다도 횟수를 줄이면 위를 긴장시키는 일이 강해져서 위의 배설이 빨라지고, 따라서 만복가가 낮아지지 않는다. 물론 이것은 건강한 사람에게 해당 된다. 3식보다도 2식을 하는 편이 많이 먹게 되며, 따라서 비만이 되기 쉽다고 하는 사실이 종종 있다. 그 유력한 원인 중 하나를 여기에서 찾을 수 있다.

우리들의 일상식 즉 식욕과 공복감(기아감)은 지시하는 대로 섭취하고, 포만감도 지시하는 대로 음식을 멈춤으로써 음식의 질적 및 양적으로 잘 조절된다. 예를 들면 겨울철에는 식욕이 높아져 자연적으로 많이 먹게 되며 또한 자양분이 많은 지방성 식품을 좋아한다. 이에 반해 여름철에는 소식을 하며 담백한 음식을 취한다. 운동을 하면 바로 식사량이 증가되어 특히 설탕류를 열망하게 된다. 또한 채식을 많이 하면 자연히 육식을 하고 싶어 한다. 육식을 일상적으로 먹고 있는 도시의 상류 인사에게는 농민이 도미 머리에서 느끼는 맛을 도저히 상상할 수 없다. 또한 생선조림만 먹는 경우 예를 들면 범선 생활자에게는 신선하고 살아있는 음식에 대한 욕망이 생긴다.

이와 같이 우리의 일상식은 상당히 교묘하게 보건의 목적에 적응하는 것이다. 〈52~56쪽〉

도미오카 마사오(의학사, 富岡正夫), 「충치와 그 예방법」, 『조선급만주』(제292호), 1932년 3월.

치아를 진단하고 있으면 치아가 나쁜 사람의 불행을 불쌍하게 생각한다. 위장이 나쁜 사람, 신경쇠약인 사람에게 충치가 많거나, 입안이 불결한 경우가 많다. 특히 주의를 요하는 것은 아이들의 충치이다. 충치가 많아서 학교의 성적이 나쁘고 건강도 이겨내지 못한 경우가 굉장히 많다. 통계 조사를 보면, 국민 95%까지는 충치를 앓은 적이 있다. 이는 국민의 대부분이 충치에 걸렸다고 해도 좋다. 조선인은 비교적 적은 것 같다. 근래 이가 아픈 사람이 점차 증가하여 문화에 반비례하는 기이한 현상이 나타나고 있다. 이것은 건강에 눈을 뜬 사람이 치아 위생에 대한 이해를 높이게 하여, 이를 방지하는 것이 국민보건의 중요한 일면이라고 생각한다.

두 가지 원인

치병 중에서 가장 많은 것은 뭐니 뭐니 해도 충치이다. 이미 앞에서 말한 대로 백 명 중 95명까지는 충치에 걸렸을 정도이다. 이 원인을 조사해 보면 대체로 두 가지로 나누어진다. 그 하나는 태어날 때부터 치아가 약한 사람으로 즉 치아가 약하기 때문에 충치에도 걸리기 쉽다. 두 번째는 평소에 양치질을 게을리 하고 있기 때문에 충치에 걸린 사람이다. 이에 대해서는 좀 더 자세하게 누구라도 할 수 있는 예방법을 말하겠다.

이가 약한 사람

이상과 같은 원인 중 가장 주의해야 하는 것은 선천적으로 이가 약한 사람이다. 태어날 때부터 이가 약한 사람은 특히 충치에 걸리기 쉬운 경향을 가지고 있어서, 아주 심한 사람인 경우에는 손을 쓸 수 없을 정도로까지 약해져 있다. 우리가 치아를 검사해 보면, 대부분은 칼슘 즉 석회분으로 만들어져 있어, 약한 부분을 보호해야 한다. 신체 중에서는 가장 튼튼하며 단단한 법랑질에 의해 치아의 머리 부분에 모자를 씌운 듯이 약한 부분을 감싸고 있다. 비율로 보면 치아 전체의 95%가 칼슘으로 되어 있다. 쌍둥이가 모태에 있을 때 칼슘이 부족하면 이로 인해서 태아의 치아가 완전히 석회화가 되지 않고, 태어나면서 이 아이는 치아가 약하게 되는 불행한 경우도 적지 않다. 이렇게 태어나면서 치아가 나쁜 아이는 태어나자마자 치료를 해서 치아를 튼튼하게 할 수 없기 때문에, 평생 불행하다. 유아 때 이가 생기는 것은 대체로 생후 6, 7개월경이 보통이지만, 태아의 경우에는 치아의 싹이 생기는 것이 매우 빠르다. 태아가 생기고 얼마 되지 않아 6, 7주째에 일찍이 치아가 되는 부분이 발육하기 시작하여, 4개월이 되면, 이미 유아가 되어서 잇몸 밖으로 나온 이가 대부분은 생겨버린다. 매우 일찍 아이의 이가 생기기 때문에, 장래 튼튼한 이를 가지고 태어나서 건강한 조건을 충족

할지 안 할지는 태내에서 이미 정해진다. 따라서 임신한 엄마는 이 부분까지 세심한 주의를 기울여야 한다.

이빨 닦기

치아를 보호하기 위해서 치아의 머리를 싸고 있는 범랑질은 신체의 어떤 부분보다도 가장 단단하다. 그 대신에 산성에 대항력이 매우 약하며, 비교적 취약하다. 우리들은 하루에 세번 씩 식사를 한다. 아니 손님이 오는 경우가 있거나 방문한다. 그렇지 않으면 간식하는 경우가 적지 않다. 그때마다 입안에는 음식물 찌꺼기가 남아 있다. 그 남아 있는 찌꺼기가 그대로 있으면 아무렇지 않지만, 발효가 되어 세균의 작용으로 분해되어 유산이 생긴다. 이 유산이 치아의 표면을 씌우기 때문에 충치가 생긴다. 단 것을 좋아하는 사람이 치아가 나쁜 것은 보통 다 알고 있는 대로이다. 설탕이나 과자는 치아에 붙기 쉽다. 그래서 다른 음식을 섭취 할 때 보다 더 많이 유산을 나오게 하는 결과를 초래하기 쉽다. 설탕이나 과자를 먹고 난 후에, 입을 헹구거나 이를 닦지 않으면 충치에 걸리기에 적합하다. 그렇다면 충치 예방을 어떻게 하면 좋을까?

근본적인 예방법

충치를 근본적으로 예방하기 위해서는 무엇보다도 아이의 치아가 튼튼할 수 있도록 방법을 강구하는 것이 가장 중요하다. 즉 태아의 유치가 형성될 때 치아의 석회화를 충분히 할 수 있는 방법을 생각해야 한다. 임신의 전반기 즉 5개월 정도까지 모체에 충분한 칼슘을 주고 또한 치아의 석회화를 도와주는 비타민을 섭취하도록 하며, 음식을 고르는 것이 중요하다. 그 후에도 지속적으로 이러한 점에 주의를 하며 산전, 산후에도 칼슘이 결핍되지 않도록 해야 한다. 태아를 발육하기 위해서 임산부는 평소보다 많은 영양을 필요로 한다. 골격이나 치아를 형성, 발육시키기 위해서는 또한 많은 칼슘이 필요하다. 모체에 충분한 칼슘이 없다면 모체의 뼈나 치아에서 칼슘이 용해되어 태아를 배양하게 된다. 이로 인해 임산부나 산모가 치아가 나빠지는 경우가 있다. 또한 다른 한편으로는, 여자는 임신을 하면 음식에 대한 기호가 변하여 신 음식을 찾으며, 타액도 산성을 띠게 된다. 뿐만 아니라, 임산부 중에는 양치질을 하지 않는다거나, 음식을 부드러운 것을 섭취하기 때문에 치아에 끼기 쉽다는 점이 임산부가 충치에 걸리는 원인이 된다는 점을 부가해 둔다. 태아의 치아를 충분하게 발육하기 위해서 임산부가 섭취해야 하는 음식은 무엇이 좋은가. 체질과 기호를 생각해야 하는 것은 말할 것도 없지만, 일반적으로 이러한 경우는 장어, 육류, 해조류를 적당하게 섭취하고 우유, 달걀 등도 많이 먹으면 좋다. 뼈와 함께 먹을 수 있는 작은 생선이나 작은 조류도 또한 좋다. 다음으로 칼슘을 다량으로 포함한 야채를 예를 들어보면, 작두콩, 순무, 당근, 양배추,

양파, 파와 같은 종류이다. 토마토, 시금치, 무청 등은 비타민을 많이 포함하고 있기 때문에 임산부의 식품으로 적당하다. 이상으로 기술한 바에 의해서, 임산부에 따른 태아, 유아의 충치 예방법을 대체로 여기에서 끝내고자 한다.

유치가 날 무렵이 되면 아이가 자주 열이 나는 경우가 있다. 괴로워하며 무엇을 해도 열이 내리지 않는 경우가 많다. 이것은 특별하게 이상이 있는 것이 아니라, 치아가 나기 위해서 일어나는 생리적인 현상이다. 이러한 경우에는 손끝으로 가볍게 잇몸 부분을 마찰하거나 또는 물 한 컵에 찻숟가락 한 숟가락의 붕산미를 녹인 붕산수로 입안을 헹구면 좋다. 그리고 언제라도 입 안을 청결하게 하고, 유치가 나게 될 위치와 순서를 주의해 둔다. 이상의 주의를 충분히 기울이면 태어나면서 치아가 약한 아이의 불행으로부터 면할 수 있을 것이다. 그 후에도 양치질을 게을리 하지 않아야 하고, 치아를 잘 자라게 하는 칼슘과 비타민의 섭취를 잊지 말아야 한다. 아침 양치질도 필요하지만, 저녁을 먹고 난 후에도 양치질이 또한 필요하다. 간식을 할 때, 간식으로 설탕, 과자 등을 먹는 것은 충치가 되는 원인이므로, 특히 아이들을 재우기 위해서 과자 등을 주는 것은 충치의 씨를 주는 결과를 초래할 뿐만 아니라 감기의 원인과 위장이 나빠지는 경우가 굉장히 많다. 주의해야 할 점이다. 〈43~45쪽〉

이쓰카 도오루(이쓰카 치과의원장, 飯塚徹), 「25년 전의 경성의료계」, 『조선급만주』(제293호), 1932년 4월.

나는 1985(메이지 18)년 9월 한성병원에 초빙되어 치과를 담당하였습니다. 당시의 원장은 와다 미치호(和田三千穂) 씨, 부원장은 아마미야(雨宮) 씨였습니다. 와다 씨는 외과, 아마미야 씨는 내과를 담당하고 있었습니다. 그 외에는 이비인후과의 나카무라(中村) 씨, 안과의 스스무(進) 씨, 부인과의 구도(工藤) 씨, 화류병의 히라타(平田) 씨 등과 함께 하였습니다. 소아과의 이케다(池田) 씨도 들어왔습니다. 오다(小田) 씨, 이시가와(石川) 씨도 계셨습니다. 이젠 확실하게 기억하고 있지 않지만, 이 병원이 생길 때까지는 경성에도 경성 부근에도 일본인을 위한 상당한 의료기관이 없었습니다. 당시 경성에는 1만여 일본인이 거주하였고, 인천은 더욱 많은 1만 5천명이라고 하였습니다.

해군성에서는 의료기관이 없는 것을 안타깝게 생각하고, 4, 5만 원의 경비를 내고 경성 및 경성부근의 일본인을 위하여 한성 병원을 세웠습니다. 일본 공사・영사의 감독 하에 두었습니다만, 1906년경에는 한성병원은 경성일본관청(지금은 부청) 민단립으로 되었습니다. 1907년경에는 원장도 조선에서 처음으로 의학박사가 된 노세 시즈타(野瀨静太)가 역임하였습니다. 초창기 병원은 조선건물이었으며, 지저분했습니다. 하지만, 환자는 2, 3백 명이나 있었습니다. 조선인도 자주 치료를 받으러 왔습니다. 여름은 환자가 많아서 도저히 대합실에다 들어갈 수 없기 때문에 정원에 텐트를 치고 임시로 만든 대합실에서 참고 기다렸습니다. 한성병원은 피병(避病) 병동도 있었고, 신초(新町)의 검징(檢徵)까지 하고 있었습니다.

피병병동은 지금 선린상업학교가 있는 곳입니다. 스기하라(杉原) 씨가 검징 쪽으로 배정되어 신정에서 근무하였습니다.

1907년의 봄에 된 후부터 메이지초(明治町)에 연와로 만든 훌륭한 병원을 신축하여 이사하였습니다. 그곳이 현재 공설시장입니다. 밖으로는 연와로 만든 숙소가 있었으며, 그 곳에서 살았습니다. 식비는 높은 편으로 1개월에 6원, 기타 4원이었으며 지금 생각해 보면 상상도 할 수 없이 저렴했습니다. 그에 비해 약값은 비교적 높았던 것 같습니다. 치과는 현재와 비교하면 20% 정도 저렴한 정도였지요. 이 경우는 당시가 높았다고 할까? 아무튼 요즘보다 그렇게 저렴하지는 않았다고 생각합니다. 언제인가 금니를 만든 적이 있습니다만, 그 때의 가격이 15원이었고 3개월 생활비라고 웃었던 일을 기억합니다.

양품잡화는 비쌌습니다. 생활필수품은 저렴하여 계란 1개가 3리, 닭 한 마리 25전 정도였기 때문에 다른 것은 미루어 알 수 있으며, 식비가 저렴했던 것도 이러한 점에서 온 결과라고 보면 과연 그렇다고 긍정되겠지요. 그러기 때문에 일반인이 생활하기에 싸고, 사치하며 생활할 수 있었습니다. 조선에 왔던 때, 일본 마을이 있었기 때문인지 그다지 다른 점이 있다고 생각하지 않고 보냈습니다. 그 무렵에는 공사관과 영사관 외에 큰 관청도 없었기 때문에 지금과 같은 관사가 많은 것이 아니었지만, 통감정치가 행해지고 있는 후부터, 갑자기 관리수가 늘어났습니다.

당시 조선 측에서는 광제 병원이라는 빈약한 병원이 있습니다. 1907년에 이토 총감의 발의로 대한병원이라는 광대한 병원이 생겼으며, 일본 내지에도 없는 연와로 만든 병원이 생긴 것이다. 이곳은 합병 후 조선총독부 병원이라고 개칭하였고, 지금은 대학병원이라고 개칭되었습니다. 대체적으로 규모와 설비는 1907년에 만들어졌기 때문에 지금 생각하면, 이토 통감의 착상은 이러한 점을 보더라도 위대하였다고 생각됩니다. 〈70~71쪽〉

이치이 산진(市井散人), 「경성 화류계의 오늘날과 옛날」, 『조선급만주』(제293호), 1932년 4월.

현재 경성의 화류계나 기타 술과 여자의 세계는 상당히 흥청거리고 있다. 즉 요리점은 일본인이 40여 집, 조선인이 10여 집이 있고, 일본인의 게이샤가 본권·신권 약 4백여 명, 조선인 기생이 약 3백여 명, 음식점은 일본인이 약 5백 집, 조선인이 2천 5백 집, 그 음식점에 고용되어 있는 여자는 일본인 약 2백50명 내외, 조선인 약 백여 명이 있다. 카페는 일본인

70여 집, 조선인 10집, 여급이 약 4백 50여 명이며 그 중 조선인 여급이 30% 정도인 50여 명이다. 유곽은 일본인 50여 집, 조선인 80여 집이 있고, 창기는 일본인 2백50명 내외, 조선인 3백 명 내외이다(이상 용산은 들어가 있지 않다). 경성의 호구는 용산을 넣어서 현재 호수는 77,080호, 인구는 365,500명 내외이다. 그 중 일본인 호수 23,500호, 인구 10만여 명이다. 일본 인의 화류계에서는 조선인도 원래부터 즐겼지만, 일본인 화류계의 고객은 내지인이 대다수 를 차지하고 있다는 것은 말할 것도 없다. 10만 명의 일본인 중 60%인 6만 명은 부인과 아이 들 그리고 노인이다. 그렇다면 술과 여자를 가깝게 할 일본인은 약 4만 명 일 것이다. 그 중에서도 재력적으로나 이러한 방면에 발을 들이지 않는 성격을 가진 사람을 제외하고, 술 과 여자를 가깝게 하는 인간을 뽑아 보면 의외로 불과 얼마 되지 않을지도 모른다. 또한 조 선인이 26만 명이라고 해도, 이 또한 부인과 아이들 노인이 그 70%를 차지하고 있다고 하면 술과 색을 가까이 하는 인간은 10만 이내이다. 그러나 조선인의 전 인구 40%는 납세자격이 없는(납세자격은 연수입 400원 이상) 사람이기 때문에, 납세자격이 없는 인간이 주색을 가까 이 할 여유가 있다고는 생각하지 않으므로, 조선인 중에서 주색을 가까이 할 인간을 뽑아서 보면 이것 또한 불과 몇 안 될 것이다. 이렇게 고찰하면 인구의 비율과 재정적으로 빈약한 경성의 사회에서는 오늘날 경성의 화류계 또한 음식점, 카페는 어울리지 않게 발전하고 있 다고 말할 수 있다. 그 중에서도 카페는 매우 발전한 모습을 보이고 있다.

그렇다면 이 이상한 발전을 한 경성의 술과 여자의 세계도 25년 전을 회고하면 정말로 격세지감을 금치 못한다.

먼저 일본인 쪽의 술과 여자의 세계의 과정을 거쳐 보자. 경성 요정의 원조는 이스미(井 角)·가케쓰(花月) 일 것이다. 이것은 1887년경부터 개업하였다. 그 당시는 조선인의 온돌집 을 개조한 정도의 집이었으며, 작부 몇 명 정도를 두고 있었다. 현재 하쓰네초(初音町) 부근 에 있는 음식점 정도였던 것 같다. 게이샤의 이름을 붙인 사람을 인천에서 2, 3명 정도 고용 하였으며, 그래도 이름 있는 게이샤였던 것 같다. 1887년부터 1894년경까지 경성의 일본인이 라고 하면 남녀 합쳐서 5백 명에서 천 명 내외에 불과하였기 때문에 요정이 발달했을 리가 없다. 1894년 청일전쟁으로 경성에 일본인이 갑자기 급증했지만, 그래도 2천 명에 달하지 않았다. 단지 그 무렵부터 요정과 같은 것이 조금씩 생겨나면서 게이샤도 조금씩 들어오게 되었다. 당시 경성에서 재류 일본인은 독신자가 많았기 때문에 작부나 게이샤는 엄청난 쟁 탈전이 심했을 것이다. 여자를 두고 싸움까지 간 것 같다. 현재 경성에서도 상당한 지위를 차지하고 있는 사람이 당시 게이샤를 데리고 왔지만, 지금은 당당하게 무슨 무슨 부인이 되 어서 으스대는 사람도 있다. 경성의 요정이나 게이샤가 크게 발전한 것은 총감부 시대로 그 때는 가케쓰과 이스미는 당당하게 접대하였다. 가케쓰는 당시가 전성시대였을 것이다. 그때 부터 기쿠스이(掬水), 하쿠스이(白水), 마쓰바테이(松葉亭), 치요모토(千代本) 지토세(千歳),

교기쿠(京喜久)라고 하는 큰 요정이 생기면서 번성하였다. 지금은 흔적도 없지만, 에이라쿠초(永樂町)에 세이카테이(清華亭)라는 큰 요정도 그때 생겼다. 게이사도 많이 유입되었으며 따라서 오늘날보다 오히려 뛰어났다. 지금의 '후쿠스케(福助)', '오가요(おかよ)', '오타미(おたみ)', '오다카(おたか)'라고 부르는 할머니 게이샤도 당시의 유물이다. 현재 지토세의 오카미는 치요(千代)라고 불렸다. 지금은 미쓰코시(三越) 옆에 어묵집을 개업하였지만, '○○○ 오카미', '메노스케(女之助)'라고 불리며 당시 화류계의 꽃들로 불렸다. 치요모토의 오카미는 당시 가케쓰에 있었다. 그 외, 고로(五郎), 주로(十郎), 하나야쓰(花奴), 후사에(房江)라는 사람들이 당시 예명으로 경성의 화류계를 흔들면서 매우 전성기를 누렸다. 지금은 모두 할머니가 되었으며, 누군가의 처가 되어 영부인 얼굴을 하며 일상을 보내고 있는 것 같다. 또한 어딘가의 긴 병환에 있는 사람을 보살피는 마누라가 되어 있을 것이다. 당시 즉 1907년 전후에는 경성의 일본인은 2만 명도 되지 않았기 때문에 민간에서는 화류계가 번창하는 경기는 아니었다. 그러나 당시 풍류 재상으로 불렸던 이토 공의 통감 시대에 이토 공 자신이 가케쓰, 기쿠스이 등에 가서 술에 취해서 미인의 무릎을 베개로 하는 것도 부족하여, 통감 관저에 게이샤와 접대부를 데리고 와서 놀았기 때문에 총독부의 사람들은 요정을 경쟁적으로 다니는 풍조가 있었다. 은행, 회사의 사람들도 관료에게 지지 않으려고 호화롭게 놀았으며, 게이샤의 쟁탈전도 상당히 행해져 고관이나 중역급이 친한 게이샤를 가지고 있지 않은 것을 신기하게 여겼다. 모든 경성의 화류계는 한 때 봄날과 같았다. 따라서 당시 접대부가 수천수만의 돈을 가지고 있는 경우는 신기한 일이 아니었다. 당시 접대부는 지금은 요정 또는 포주집을 하고 있는 경우가 상당히 있다. 비율로 보면, 당시 전성기를 이루었던 게이샤가 오늘날 상당한 요정이나 포주집을 하고 있는 경우도 드물지 않다. 게이샤는 돈을 손님으로부터 받아도 자신 몸에는 쥘 수 없었다. 접대부는 게이샤를 통해서 손님 돈을 받는 것이 장사라는 것은 과거의 사실이 웅변해 주고 있다. 오늘날에는 불경기로 인해 게이샤도 심부름꾼도 돈이 곤란하며 동시에 접대부도 아주 경기가 좋은 것은 아닌 것 같다. 통감시대부터 조선병합 당시까지는 신조선의 창업시대였기에, 모두가 활기에 차 있었으며, 화류계도 모두 호경기를 누렸지만, 병합 직후, 이러한 시끌벅적한 가계를 데라우치 비리켄(寺内ビリケン) 총독은 관기진숙을 엄달하고 관리가 요정에 출입하는 것을 금하였다. 감시자에게 감시하게 하였으며 요정에 출입하는 관사는 파면한다는 엄격함이 있었기 때문에, 관공리의 요정 출입은 한 때 자취를 감췄고 화류계는 쓸쓸해졌다. 그러나 회사, 은행, 민간 측에서는 여전히 때때로 화류의 바람이 성행하였으므로, 화류계는 상당히 번영하였다. 데라우치 총독이 떠나고, 하세가와(長谷川) 총독을 거쳐서 사이토(齊藤)정치가 되자 관리의 풍기도 완화되면서 유럽전쟁의 영향을 받아 호경기 시대가 출현되었다. 1915, 6년부터 1918, 9년경까지는 경성의 화류계에 다시 봄이 찾아왔다. 매우 전성기를 맞이하였다. 지금의 일류 요정이 당당하게 들어섰으며,

이류 이하의 요정이 넘쳐난 것은 당시 호경기의 산물이다. 당시와 비교하면 지금의 화류계는 추풍낙엽이라 생각된다. 무엇보다도 요정의 수도 게이샤의 수도 그다지 줄지 않는 것은 이상할 정도이다. 경성도 아직 상당한 화류계의 사람이 많다고 볼 수 있다.

경성에서 일본인이 유곽업을 개업한 시기는 1905년으로 지금의 신초(新町)에 처음으로 열렸다. 당시는 쌍림관(雙林館), 개춘루(皆春樓), 제일루(第一樓), 기타 10곳 정도였지만, 점차 증가하여 오늘날에는 50곳이 되었다. 용산의 모모야마(桃山)에 사창가(女郞屋)가 생긴 것은 1907년경이다. 또한 1908년경에 요시노초(吉野町) 시내의 음식점이 모여서 유곽을 형성하였다. 그 중에는 신시가지라고 하며 한때 번영하였지만, 그 후 수년이 지나서 시내가 팽창함에 따라서 풍기 상 좋지 못하기 때문에 신초(新町)로 이전을 명령받았다.

조선 측에서는 옛날부터 공창은 허락하지 않았다. 그 대신에 갈보라고 하고 은군자라고 하는 사창굴이 경성 시내 도처에 산재해 있었다. 지금의 남대문 길의 뒤쪽에서 하세가와초(長谷川町) 주변은 그 소굴이었다. 지금은 이러한 사창을 모두 공창으로 하여 신초, 나미키초(並木町)에 모여 있는데 그 수는 3백 명 내외에 달한다. 조선인 예능인은 기생이라고 하고 옛날에는 우수한 사람이 당연하게 관공리(관료)의 측근에서 받들었다. 지금은 그런 일은 허락되지 않지만, 오늘날에도 3백 명 내외의 기생은 경성에 있다. 지금은 권번을 만들어서, 기생을 이 조선권번으로 단속하고 있다. 기생의 수도 특별히 감소하지는 않지만, 늘지도 않았다. 조선의 술과 여자 세계에 대해서는 훗날 다른 원고에 쓰기로 하겠다. 〈101~102쪽〉

야마자와 와사부로(山澤和三郞) 조선총독부 상공과장, 「담배 이야기」, 『조선급만주』(제295호), 1932년 6월.

외국 여행 중에는 내가 전매국에 있던 관계로 일본 담배는 왜 그렇게 맛이 없는가, 왜 비싼가, 그런 질문을 외국에 있는 일본인 분으로부터 받았다. 그 첫 번째 질문, 일본 담배는 왜 맛이 없느냐에 대해 외국 담배의 실제 상황과 비교하여 이야기해보겠다.

나도 외국에 갈 때 가장 먼저 알아보고 싶었던 것은 세계 각국 사람들의 담배 기호 상황이 어떤 쪽으로 바뀌어 가느냐는 점이었다. 그 이유로, 현재 일본에서는 '골든 배트'가 잘 팔리고 있지만, 그럼에도 불구하고 전매국에서는 그에 상응하는 정도밖에 만들어내지 않는다. 오사카, 도쿄, 기타 대도시에서는 골든 배트가 소매점에 나오면 바로 다음 날 일찍부터 품절된다는 이야기를 들었으며, 또 관련 실험도 했다. 그래서 대중으로부터 왜 잘 팔리는 골든 배트를 더 만들어내지 않느냐는 비난을 들었다.

나는 일본의 전매국 업무와 직접적인 관계가 없으므로 자세하고 정확히는 말할 수 없다.

그러나 골든 배트가 잘 팔린다고 해서 많이 만들어내면 맨 먼저 곤란한 것이 원료 문제이다. 골든 배트의 주요 원료는 미국 버지니아 담뱃잎이며, 일본의 담뱃잎은 극히 소량으로 메꾸기 정도일 뿐인 상태이다. 그러므로 골든 배트를 많이 만들어내고 시키시마(敷島)·아사히(朝日) 등의 구부권연을 만들지 않게 되면 외국으로부터 사들이는 원료가 늘어서 일본산의 원료는 남게 된다. 그렇다고 일본산의 시키시마·아사히, 각 권연에 사용하는 원료 생산을 중지하고 미국 담뱃잎을 많이 생산하도록 하면 될 것 같지만, 기후·지질 관계상 곧바로 쉽게 경작 가능한 것이 아니며, 이 문제는 나아가 일반 농가 경제에 영향을 끼치게 된다. 또 제조 측 입장에서 생각해도 골든 배트와 같은 양절권연을 만드는 기계와 시키시마·아사히와 같은 구부권연을 만드는 기계는 전혀 다르므로 곧바로 공장설비를 갖추자면 거액의 비용을 필요로 한다.

예산이 부족한 현재의 재정에서 거액의 공장설비비를 지출하는 것은 어려움이 따른다. 또 수입 방면에서 보아도 팔리는 담배의 종류에 따라 중대한 관계가 있으므로 골든 배트가 잘 팔린다고 해서 그 즉시 이를 대량으로 제조하여 판매할 수는 없을 것이다.

이처럼 잘 팔리는 담배의 종류가 어떤 것이고, 또 어떻게 변화해가는지는 전매사업 상 가장 중요한 문제이므로 일반 담배에 대한 기호가 어떤 경향을 더듬어 왔고 어떤 추이를 보이는가에 대한 점을 내 연구의 중대항목으로 삼았던 것이다.

그리하여 먼저 영국에 가서, 영국에서는 어떤 담배가 가장 잘 팔리는지를 살폈다. 여기에서는 권연 담배가 가장 잘 팔리고, 그중에서도 골드 플레이크나 네비컷트, 쓰리 캐슬과 같은 (이 땅에도 들어와 있다) 담배가 다수를 차지하고 있다. 시가는 영국에서 상류층 사람만이 피우며, 최근 판매량이 감소하고 있다. 또 각권연(마도로스 파이프로 피우는 것)은 노동자, 그 외 하류층에서 이용되고 있는 것인데, 최근 판매량이 적어 극히 일부가 이용하고 있을 뿐이다. 그러나 지권연도 앞서 언급한 것과 같은 쓰리 캐슬 식의 미국 버지니아 담뱃잎으로 만든 황색 담배가 잘 팔리고 있다.

독일에서는 지권연·시가 양쪽 다 꽤 많이 팔리고 있다. 시가는 그 소비량이 거의 변함이 없어 세계대전 전과 현재가 거의 같은 수량으로 팔리고 있고, 지권연 쪽은 최근 현저한 증가세를 보이며 세계대전 전의 2배 반이나 팔리고 있다. 독일의 시가가 지금도 많이 팔리고 있는 것은 한 개비 2전 정도의 것부터 한 개비 10전 전후 정도의 염가물이 상당량 팔리고 있기 때문이다. 독일의 지권연에 사용하는 담뱃잎은 이쪽의 지지씨(G.G.C.)와 같은 터키 담뱃잎을 주재료로 하는 것이어서 영국의 담뱃잎과는 다르다. 약하지만, 향이 강한 담배이다.

다음으로 미국으로 가보면, 현재 가장 잘 팔리고 있는 것은 럭키 스트라이크·카멜·체스터필드와 같이 일본에서 종종 팔고 있는 담배로, 최근 10년 사이에 판매량이 2배 이상 올랐다. 이 지권연은 미국의 버지니아 담뱃잎 및 터키 담뱃잎 소량을 넣고 여기에 다량의 발리 담뱃잎이라는 냄새나고 하급인 미국 담뱃잎을 섞어 향료로 향을 입힌 담배이다. 미국에서도 시가는 여전히 상당량이 잘 팔리고 있지만, 수량은 전혀 증가하지 않았다.

그리고 담배를 전매하는 프랑스에 가면, 가장 잘 팔리고 있는 담배는 지권연이다. 매우 냄새나고 저렴한, 싸구려 담뱃잎을 사용한 순 프랑스 담배가 9할이나 차지하고 있다. 이 담뱃잎은 미국의 하급 담뱃잎이나 프랑스령 알제리 등의 싸구려 담뱃잎으로 만든 것으로, 비슷한 우리 담배에라도 익숙하지 않으면 두세 개비 피우는 것조차 참을 수 없을 듯한 담배이다.

다음으로 동일한 전매제도를 채택하고 있는 이탈리아에 가면 대체로 프랑스와 비슷한 담배가 팔리고 있으며, 지권연이 우세하다. 최근 10년 동안에 10배나 증가했다.

그 외 스칸디나비아 제국, 벨기에·네덜란드·오스트리아·헝가리 등을 돌아보았는데, 현재 구미 각국에서 팔리고 있는 담배는 방금 이야기한 각국의 예처럼 지권연이 우세하다는 사실에 변함이 없다.

그 지권연 중에서는 각국이 각양각색으로, 각각 한 종류 쪽으로 변하는 듯한 경향은 찾아볼 수 없었다. 영국 사람에게 독일이나 스칸디나비아 등에서 가장 많이 소비되고 있는, 터키 담뱃잎을 주재료로 한 지권연을 권하면, 감칠맛이 없고 달지 않다고 한다. 독일인에게 영국식 버지니아 담뱃잎 담배를 권하면 종종 매우 독하고 달지 않다고 한다. 프랑스에서도 순 프랑스산 담배는 매우 맛이 없어서 필 수 없다고 생각하는데도, 9할까지나 팔리고 있는 현황이다. 또 미국인 중에는 프랑스에 와서까지도 미국 담배를 피는 자가 많아서 프랑스 전매국에서 미국 담배의 대항 물품으로 최근 발도라는 미국식 담배를 만들어냈다. 이러한 상황으로 각국 사람들의 기호는 각각 달라서 어느 한쪽으로의 변화가 급격히 진행되지는 않을 것으로 판단되어 왔다. 구태여 기호 경향이 어떻게 변화하는가에 대해 어떻게든 결론을 얻어 돌아가고 싶었던 내 조사도 이상과 같은 상황이어서 요령부득의 결과로 끝난 것이다.

요컨대 담배에 대한 기호 경향이라는 것은 그 나라에서 종래의 연혁과 제도에 따라 오랜 기간에 걸쳐 굳어 왔기 때문에 급격히 변화하는 일은 없다고 생각했지만, 굳이 결론을 내자면 끽미가 약한 것에서 센 것으로 옮겨간다는 점, 일본으로 말하자면 구부권연의 시키시마·아사히 등에서 양절권연 쪽으로 옮겨간다는 점을 말할 수 있을 것이다.

현재의 일본에 대해 생각해보면, 일본·조선 양쪽에서 팔리고 있는 시키시마·아사히와 같은 담배는 일본 특유의 담뱃잎으로 제조한 것이므로 이를 외국 담배와 비교하여 달다거나 변변찮다 등으로 판단하는 것은 잘못이라고 본다.

또 외국을 모방하여 만든 양절권연에 대해 보자면, 일본의 스타나 최근에 나온 호프, 조선의 가이더, 피죤 등은 상급인 미국 본고장의 버지니아 담뱃잎을 다량으로 사용하고 있다. 그러므로 원료로 말하자면 영국의 가장 잘 팔리는 담배와 거의 차이가 없으며, 그저 이것에 미국풍으로 상당한 향료를 더하고 있는 점만이 달라서 품질 자체는 전혀 뒤떨어지지 않는다. 또한 이를 변변찮다느니 뭐니 하는 것은 순 영국풍의 담배를 선호하거나, 혹은 순 미국풍의 담배를 선호하는 사람의 말이라서 그 둘과 다른 제조법을 취하고 있는 일본 담배와 직접 비교한다는 것 자체가 잘못되었다.

또 조선의 지지씨(G.G.C.)나 일본의 옛 알마 나일, 최근 나온 고하크 등은 독일풍 담배, 즉 소위 이집트 담배 종류이어서 이에 이르러서는 원료도 제조법도 거의 구미와 동일하기 때문에 다를 리가 없다. 다만 어느 정도 일본 담뱃잎을 가미하고 있다는 정도가 다른 점이지만, 이 일본 담뱃잎도 최근은 일본·조선에서 이집트나 구미 방면으로 상당량 수출되고 있으며, 소위 이집트 담배의 상급품으로 꽤 사용되고 있는 것 같다.

이상과 같이 일본 담배는 원료든 제조방법이든 외국 담배와 큰 차이가 없고, 일정 부분 다르다는 것은 전혀 다른 담뱃잎을 사용한다는 점이므로 일본 담배가 맛없다는 것은 정말로 담배를 피워보고 비교한다면 할 수 없는 말이 아닐까 싶다.

이상 담배의 기호에 대해 서술했는데, 덧붙여 참고를 위해 언급해두고 싶은 것은 구미 각국 어느 나라에서든 담배 소비세가 증가하여 영국 같은 곳은 10년 동안에 1인당 5할 정도가 늘었고, 독일에서도 2배 반이 되었으며, 프랑스는 전년보다 3할 증가, 미국에서도 2배 이상, 이탈리아는 10배라는 상태이다. 각국 모두 경제계가 불경기에 들어섰음에도 불구하고 1인당 소비량이 금액 면에서도 수량 면에서도 점차 증가하고 있다는 것은 실로 기묘한 현상이다. 이에 대해 최근 여성들이 담배를 피우게 되었기 때문이라는 사람도 있지만, 이 경향은 담배뿐 아니라, 그 외 같은 기호품인 술·차·커피·초콜릿 등의 소비량도 각국 모두 평년과 다르게 증가하고 있어서 각국 모두 1인당 수입이 줄고 있음에도 불구하고 사치품이라고도 할 수 있는 기호품이 갈수록 더 잘 팔린다는 것은 향락이 얼마나 횡행하는지를 나타내는 것으로 보인다.

어떤 사람은 최근 실업자가 증가함으로써 놀고 있는 자가 많아서 술이나 담배의 소비도 증가했다고 해석하고 있지만, 이는 지나친 억측이며, 찰나주의, 향락주의의 결과라고 보는 것이 맞다고 생각한다. 이 때문에 기호품 종류인 술·담배·과자·차 등의 회사는, 다른 사업체가 최악의 불황에서 모두 무배당, 결손이 많은 현황인데도 이 기호품 회사만은 상당한 성적을 올리고 있다. 영국에서 버클리 바킹이라는 맥주회사를 보러 간 적이 있다. 이 회사 등은 세계대전 당시 감자를 했지만, 전후 점차 성적이 좋아져 한때 100할 전후의 배당을 몇 기 동안이나 지속하고, 최근은 증자하여 1할 몇 부의 배당에 그치고 있다는 것과 같은 예도 있다. 〈66~69쪽〉

니시가메 산케이(조선총독부 위생과장, 西龜三圭), 「장티푸스 및 적리의 예방과 경구 면역」, 『조선급만주』(제296호), 1932년 7월.

조선에서 매년 발생하는 장티푸스 및 적리 환자 수는 약 1만 명으로 그 중 20퍼센트 즉 2000명은 사망한다. 이것을 인구 비율로 보자면 일본의 4배에 해당하는데 이것은 통계상 나타난 수이므로 실제로는 훨씬 더 많다고 생각해야 할 것이다. 일본의 발병률은 유럽과 미국의 10배 내지 수십 배에 달하는데 조선은 그런 일본의 수배에 달하므로 위생상태가 얼마나 불량한지 엿볼 수 있다. 실로 한심할 따름이다. 그런데 그 원인은 요컨대 일반민중이 위생에 대해 이해가 부족하고, 따라서 공중위생의 시설이 극히 불완전하기 때문이다. 원래부터 이따금 지식인들의 주의를 촉구하고는 있었으나 장티푸스나 적리 예방의 근본시설로서 대소변의 위생적 처치와 식음수의 개선을 도모해야만 한다. 그렇지 않으면 현재의 병이 발생하는 수치를 현저히 감소시키는 일은 도저히 불가능하다. 그러나 현재와 같은 위생사상의 결핍과 빈약한 재정을 생각하면 이를 급속히 실현시키기는 어렵다. 그러므로 적어도 발생하는 환자의 조기발견, 소독, 격리를 통해 병독의 만연을 방지해야 하는데 이 또한 충분히 시행할 수 없는 상태이다. 따라서 언제 어떠한 기회로 병독에 접촉할지 모르는 몹시 불안한 상태에 있다고 말할 수밖에 없다. 그래서 소극적이긴 하지만 가령 만약 병독의 침입을 받아도 감염되지 않는 방법, 즉 예방주사라도 맞아두지 않으면 안심할 수 없는 것이다. 그런데 예방주사 또한 그 효력을 인정받고 있지 못한데다가 충분히 보급되지 않았다. 그것은 예방주사에 다소의 두통이나 열 등 불쾌한 반응이 동반되는 것을 싫어하기 때문이다. 그렇기 때문에 만약 효과가 적확하고 게다가 전혀 부작용을 수반하지 않는 방법이 있다면 틀림없이 많은 사람들이 이것을 환영하고 널리 보급될 것이다.

여기에서 서술하고자 하는 경구면역은 이 이상을 실현시키고자 이미 수십 년 전 시가박사와 그 외의 학자에 의해 연구되어 최근에 이르러 실제로 응용되어 상당한 성적을 내고 있다. 그렇기 때문에 최근 수년간 의학계에서는 예방의학에서의 중요한 테마로서 연구 토의되고 있으며 또한 국제연맹에서도 각국과 연락, 협조하여 그 보고를 모집하여 정확한 판단을 내리기 위해 노력하고 있다. 그런데 이미 이를 실시한 유럽과 미국 각지의 보고나, 도쿄, 오사카 그 외 일본 각지의 보고를 통람하면 이 방법이 상당히 양호한 성적을 올릴 수 있는 것이 확실하다. 그래서 소화기전염병의 유행이 심한 조선에서는 특히 이 방법을 보급해야할 필요가 있으므로, 본부(本府)에서 올해부터 장티푸스, 적리, 역질의 경구면역제의 제조를 시작해 그 서적에 따라서는 장래 더욱더 널리 보급을 철저히 하고자 하는 희망을 가지고 있다. 따라서 이미 본 약제의 간단한 설명과 종래의 성적의 두, 세 가지를 소개해 두는 바이다.

우리가 한번 장티푸스에 걸리면 그 후 약 10년간은 다시 같은 병에 걸리지 않는다. 그것은 면역이 생기기 때문이라는 것은 누구라도 알고 있다. 이 면역에는 전신면역과 국소면역이 있다. 예를 들어 장티푸스는 균이 장내에 번식해 나아가 혈액 안에 들어가 발병하는 것인데 그 결과 로서 전신에 면역성을 만들지만 장관(腸管)에는 특히 강한 면역성을 만든다. 그리하여 나중에 장티푸스균이 장내에 침입해도 장관의 면역력에 의해 균의 발육을 방지하고 발병을 피할 수 있는 것이다. 그렇게 신체의 한 부위의 면역을 국소면역이라고 한다. 즉 종래처럼 주사에 의한 것은 전신면역으로 이번의 경구면역제에 의한 것은 장관의 국소면역이다.

이 방법을 실시한 종래의 보고는 훨씬 다수에 이르지만, 가까운 사례를 들어두는 정도로 그치도록 하겠다.

1. 오사카 모모야마병원 부첨 및 간호부에 시험한 것

장티푸스 경구면역제 복용을 시킨 자 329명 중 발병은 3명 즉 0.9%내, 사망 0.

복용하지 않은 자 783명 중 발명은 28명 즉 3.6% 이내, 사망자 21%

복용한 자의 발병률은 4분의 1로 줄고 사망률도 큰 차이가 있음.

2. 홋카이도에서 실험한 것

장티푸스 경구면역제 복용한 자 7,980명

발병율 1명. 0.01%

장티푸스 예방액주사를 맞은 자 24,235 명

발병자 6명   0.02%

복용 또는 주사를 맞지 않은 자 228,159명

발병자 377   0.16%

복용하거나 또는 주사를 맞은 자는 그렇지 않은 자에 비교했을 때 발병율이 약 8분의 1에서 10분의 1로 감소.

3. 도쿄부에서 실험한 것 (1930년)

적리 경구면역제 복용한 자   11,553명

발병자 41명   0.35%

적리 경구면역제 복용하지 않은자 2, 330명

발병자 23명   0.99%

4. 위와 같음(1931년)

적리 경구면역제 복용한 자   119, 904명

발병자 535명 0.45%

복용하지 않은 자   430,499명

발명자 4,553명   1.06%

이상의 사실로 보아도 경구면역제는 어느 정도 예방주사 정도의 효과는 있는 것이라고 인정될 뿐 아니라 대부분 어떠한 부작용을 수반하지도 않으며 또한 주사처럼 의사에게 의뢰할 필요도 없으므로 실제 사용에 극히 편리하므로 조선 내에서 그 효과의 확실한 것이 인정되면 장래 널리 보급되기에 이를 것이라고 생각되는 바이다. 〈44~45쪽〉

니시가메 산케이(조선총독부 위생과장, 西龜三圭), 「콜레라 발생상황과 방역조치」, 『조선급만주』 (제297호), 1932년 8월.

1919년에는 만주와 블라디보스토크에서, 1920년에는 규슈 와카마쓰에서, 콜레라 병독이 침입하여 조선 내 각지에 만연하여, 결국 4만 명의 환자가 나왔고 그 중 사망자가 3만 명 나왔다. 게다가 방역비 3백 수십만 원을 소비하여 경제상으로도 큰 타격을 미칠 정도로 대유행했다. 그 비참한 광경은 이를 떠올리는 것조차도 오싹할 정도라고, 당시 유행을 맞닥뜨렸던 사람들에 의해 종종 이야기 되고는 한다. 그 후에도 1925년에 중국근(中國筋, 筋은 에도시대 지세에 따라 구분되었던 행정구역을 말함)에서, 1926년에는 안동에서, 1928년에는 한신(阪神) 지방에서 병독의 습격을 받아 수십 명의 환자를 냈지만 모두 큰 만연을 보이지 않고 종식되었다. 종래의 이 병이 유행했던 역사에 비교해 살펴보면 5월 상순 상해에 유행을 일으킨 경우에 6월에는 한편 만주 각지에 만연하고, 다른 지방에는 일본 및 조선에 전파하여 8, 9월에 이르면 대유행을 일으키는 것이 보통이다. 그런데 올해는 이미 4월 말 상하이에 발생해, 6월 초에는 텐진(天津), 잉커우(營口), 다롄(大連) 등에 퍼지고, 또 일본에도 고베, 도쿄, 시마네 등에 번져 최근에는 창춘(長春), 펑톈(奉天) 및 그 외 지역에 계속해서 발생하고 있는 상황이다. 일본에 침입한 병독은 위생당국의 주도면밀한 방역에 의해, 즉시 박멸할 수 있었으나 만주 각지의 경우는 점차 주위에 만연하고 있으므로, 언제 조선내로 침입해 올지 예측하기 어려운 상황이다.

만일 병독이 침입하여 대 유행을 일으키기라도 한다면 현재 이미 피폐가 극에 달한 농어촌은 말할 것도 없고 일반경제계가 불황의 늪에 빠진 상황이기 때문에 민중생활에 큰 위협을 미치는 결과가 실로 뻔하므로 방역에 대해서는 한층 고려하고, 만약 침입해 온다면 빠르게 변하는 방역 대처에 노력하기 위해, 관계 당국을 독려하고 있는 바이다.

올해 상해에서의 '콜레라' 첫 발생은 4월26일로 예년에 비해 약2개월 빨라, 실로 10수년내 미증유의 현상으로써 종래의 역사에 비추어 보았을 때 또는 전란 후의 사정 등을 고려해서 고찰하였을 때, 상당히 대유행을 야기할 것이라고 예상하고 있었다. 과연 날이 갈수록 병독이 만연하여, 7월 9일까지 신고접수 상 상하이에서의 환자 발생누계는 1284명으로 추산되고,

최근 매일 평균 70명의 새로운 환자를 내 더욱 유행창궐을 심해지고 있다고 하는 내용의 정보를 접했다. 게다가 동지역에는 조사되지 않은 환자도 상당히 있는 모양새로 실제 환자수는 훨씬 더 많을 것으로 생각된다.

6월 4일 상해에서 고베에 입항한 상해환선(上海丸船)의 승객 중 발병 진증(검사에 의해 의심할 수가 없는 병증)이라고 결정된 것을 시작으로 하여 도쿄 및 시마네현, 텐진, 지중(芝衆), 블라디보스토크, 다롄 일대에 만연하였고 최근에는 신경(장춘), 동가구(董家溝), 만가령(萬家嶺), 가이핑(蓋平), 푸란디엔(普蘭店) 등에 산발하여, 7월 18일 펑톈성 내에 1명의 환자를 내기에 이르러 만주철도 연선은 더욱더 오염지역의 확대를 보여주고 있다. 또 최근에는 정가둔(鄭家屯)에도 발생하고 있는 모양이다. 또 대만에서도 7월 12일 취안저우(泉州)에서 타이중의 오서항(梧棲港)에 입항한 정크선(戎克船) 선원 1명이 발병한 이래 동 지역에서 계속해서 발생, 7월 18일까지 환자 14명 보균자2명을 냈으며 계속 발생할 조짐이 있는 모양새이다.

각지에서의 '콜레라' 발생 및 유행 상황은 앞에서 언급한 것과 같으며, 이들의 지방과 교통운수 및 거래 상 특수하고 밀접한 관계에 있는 조선에서는 지금은 해륙 양방면에서 습격의 위협을 받고 있다. 게다가 각지의 정세를 총합하면, 앞으로 엄청난 대유행을 불러올 것이며, 점차 병독이 접근하여 언제 침습을 받을지 예측하기도 어려우므로 본부에서는 대략적인 요지를 다음에 기술할 시설 및 준비를 가지고 사전예방에 노력 중이다.

1. 특별해항 검역의 실시

6월24일 상해(오송(吳淞)을 포함), 텐진(당고(塘沽), 태고(太沽)를 포함)을 '콜레라' 유행지로 지정하고 동지역을 출발, 혹은 경유해 내항한 선박에 대해 6월 25일부터 조선 최초의 기항지에서 정류검역을 시행하고, 승무원, 승객 전원에게 분변검사를 시행 중이다. 또한 블라디보스토크, 다롄의 발생상황을 감안해 7월 20일 블라디보스토크와 다롄을 유행지로 지정하여 동지역을 출발하거나 경유해 내항하는 선박에 대해 동일 이후 앞서 기록한 것과 마찬가지의 정류검역에 따라 분변검사를 행하기로 했다.

2. 예방주사의 시행

'콜레라' 발생과 관계있는 연해지방에서의 해상생활자, 어업종사자, 해산물취급업자, 해상운송 또는 운반업자 그 외 해상관계자, 접객업자 등 24만 명에게 제1차적으로 예방주사를 놓고, 면역망을 구성하기로 하고, 6월 22일부터 각 도(道)에서 실시 중으로 이미 대부분의 시행을 마쳤지만 최근 만주에서의 정세를 감안하여 국경방면을 강화할 필요를 생각하여 평안북도 위험지대에, 거기에 더해 3만1천 명, 평안남도 해안지방에 1만 명을 추가 시행하기로 하여, 예방액 및 소요경비를 배부하였다.

또한 이후 정세의 추이 여하에 따라서는 상당범위에 걸쳐 실시해야할 필요가 있음으로 일단 예방액 10만 명분을 제조, 보존하고 이것을 신속하게 실시하는 것에 지장이 없도록 하는 동시에 본부위생과 세균검사실에서 예방액의 대량급속생산을 이뤄낼 수 있도록 충분한 준비를 갖추고 있다.

3. 사체검안 건강진단

토갈(吐渴)설사 환자의 주의관찰, 종래 '콜레라'가 조선 내에 유행을 불러온 역사에 비추어 보면 최초 병독침입에 때에 발견이 늦어진 결과 병독이 만연하고 유행을 초래한 사례가 있기 때문에 '콜레라' 발생지와 교통운수거래와 관계있는 지방에서 사체검안, 또는 건강진단을 시행하거나 혹은 토갈설사 환자에게는 의사에게 진단하게 할 것 등, 깊은 주의 경계를 하도록, 7월 7일 각 도에 통첩했다.

4. 각지 정보의 주지 및 민중자위심의 환기

본부에서 각지에서 접수한 '콜레라'의 정보는 지체 없이 각 도와 그 외 관계된 곳에 통보하여 예방 경계를 하고 있지만 각 도에서는 일반에 앞서 말한 방법을 취함으로써 민중이 스스로 자신을 지키기 위한 마음을 가질 것을 환기, 촉구하고 있다.

5. 이후의 조치

북중국 및 만주 연안지방에서의 앞으로의 유행상황에 따라서는 해상교통 특히 정크선의 내왕빈도와 실정을 감안하여 점차 유행지 지정을 추가하고 정류검역의 필요가 있고, 또 만주에서의 병독이 안전선을 침범하는 일이 있을 때에는 육지와 접하는 교통의 관계상, 더욱 철저하게 방역을 요구하는 것은 물론이고 정세에 따라서는 국경에서의 기차 및 여행객의 검역, 병독 전파의 의혹이 있는 물건(과실, 어패, 야채 등)의 유입 금지 등의 필요에 따라 하는 것이 당연하며, 이들에 관해서는 많은 준비를 하고 있다.

올해의 '콜레라'는 조기에 각지에 발생하여 만연한 사태를 불러올 수 있는 상황을 생각하여, 조선에서 이렇듯 우려해야 할 정세가 되어 불행히도 조선 내에 침습이 퍼졌을 경우 취해야 할 방역 조치에 대해서는 충분한 준비를 하고 있다. 그러나 조선 내의 한 지방에 발생할 경우 전 조선 내에서 획일적인 예방시설은 경비의 팽창을 불러올 뿐만 아니라 노력을 소모하고 실익이 없기 때문에, 발생지를 목표로 하여 각지의 사정을 참조하여 예방방법을 강구할 필요가 있다. 따라서 구체적으로는 기술하기 어려우나 대체적인 요지는 다음과 같은 준비를 강구하여 임기응변의 취사선택을 하여 다른 도(道)들과 연계를 유지하여, 효과적이고 최선의 조치를 할 수 있도록 준비를 갖추고 있다.

1. 예방의 묘계(妙計)는 조기에 신속하고 과감한 조치에 의해 박멸을 기함으로, 교통차단, 격리, 소독을 철저하게 하고 환자 및 보균자의 검역을 시행하고, 그 외 최선의 수단을 취해 병독이 퍼지는 것을 방지하고 오염구역의 제한에 노력한다.

2. 발생지를 중심으로 방사선 상의 바깥 쪽 및 교통거래 및 그 외의 관계지방주민에게 예방주사 시행

3. 본부위생과 세균검사실에서는 예방액의 증제배급의 신속 원활함을 꾀한다.

4. 조선 내를 왕복하는 선박검역의 실시 및 이에 수반하여 임시 선박검역소의 설치

5. 어선, 범선 등의 해상교통의 주의경계를 엄격하게 할 필요에 응해 선박 감시소의 설치

6. 기차 검역의 실시 또는 차중 경계를 위해 경찰관을 타게 하여 일반적 건강시찰을 시행하게 한다.

7. 육상여행객 검역 실행 또는 필요에 따라 지켜보고 검문감시 등을 시행한다.

8. 제례, 공양, 여흥, 집회 등 때문에 다수의 사람들이 집합하는 것을 제한 또는 금지.

9. 낡은 옷, 누더기, 오래된 면 그 외의 병독을 전파할 가능성이 있는 물건의 폐기 그 외의 필요한 처분.

10. 병독전파의 매개가 될 만한 음식물의 판매 수수 금지 또는 그 음식물의 폐기 그 외의 필요한 처분.

11. 우물, 상수, 하수, 세탁장, 인공수로(溝渠) 등 물 사용 정지.

12. 병독 오염장소에서의 어로(漁撈), 해엄 또는 물 사용 제한 또는 정지.

13. 응원기술자 및 경찰관의 파견

이상으로 서술한대로 당국으로서는 만일의 경우에 대비해 주도면밀한 예방계획을 세우고 있으나 이것에 대해서는 특히 공중의 주의를 환기하여 두지 않으면 안 된다. 종래의 방역은 경찰관에게만 시키고, 어느 쪽인가 하면 일반의 대중은 돕지 않는 경향이 있었지만 이래서는 주도면밀하고 신속한 방역의 목적을 달성할 수 없다. 앞으로 불행히도 콜레라가 유행한다고 하는 경우에는 일반 공중이 자위적으로 방역을 해야 한다는 생각을 가져 줬으면 한다. 경찰관은 지휘하고 청년단, 자위단 그 외의 민중이 환자의 조기발견, 예방 그 외의 사무를 이해하고, 당국과 협력하여 크게 방역을 위해 노력해주었으면 한다.

다음으로는 위생관계자 간의 연락을 취하여 방역의 능률을 높이고 싶다. 작년 인천에 병이 침입했을 때처럼 말이다. 그때는 조선전람회를 앞두고 있었기 때문에 몹시 우려하고 있었지만 겨우 1주일 만에 종식시켰다. 그것은 기록할만한 좋은 성적이라고 할 수 있다. 그 주된 원인은 성대 및 의전의 직원과 학생이 돕고, 예방주사 및 그 외의 일에 대비하였고 그 덕분에 5만 명의 다중에게 3일간에 예방주사를 완료한다고 하는 눈부신 활약을 보였기 때문

이다. 이렇게 하면 발병지에서 경찰관은 집중해서 사무를 볼 수 있으므로 그 결과 유병지역에서 병독이 만연하게 하지 않고 끝낼 수 있는 것이다. 앞으로 만일 병독이 침입해 왔을 경우에도 이상 서술한 바와 같이 각 방면이 서로 연락을 취하고 방역의 성적을 높이는 것이 가장 중요하다. 〈53~55쪽〉

경성 흑표자(黑豹子), 「접객녀와 화류병」, 『조선급만주』(제297호), 1932년 8월.

접객녀와 화류병

1931년 중 전 조선 접객업자 건강진단결과에서 화류병(성병) 환자를 보면

진료를 받은 자가 예기 4,508명, 창기 3,092명, 작부 1,826명으로 다해서 9,437명으로 그중 가장 환자 적은 예기 100명, ○○○의 4인 40%, 이것에 一창기 ○ 90%로 임병(淋病)이 가장 많고 연성 설사, 매독 순서이며 진료를 받은 자가 매년 증가하는 ○○ 사상의 보급 및 발병자에게 ○○의 감소 경향 있다. 〈87~89쪽〉

우라베 히로미(경성우라베의원장, 占部寬海), 「류머티즘과 신경통」, 『조선급만주』(제298호), 1932년 9월.

환절기에는 류머티즘이나 신경통에 걸리는 사람이 많은데 가을 환절기에는 위장질환자가 많고 봄의 환절기에는 류머티즘이나 신경통자가 비율적으로 많기 마련이다. 이 류머티즘과 신경통은 전문적으로 말하면, 명료한 것과 불명료한 것이 있는데 비전문가에게는 이 두 병을 판별하기 곤란한 경우가 있으리라 생각한다. 예를 들자면 같은 신경통 중에서도 류머티즘성 신경통이라는 것이 있는데 이것 등은 전문적으로도 구별이 명확하지 않은 것이다. 대체적으로 이 류머티즘이라고 하는 어원을……알 수가 없다…… 확실하지가 않다. ……라는 의미로 정확히 말하자면 로이마티즘라고 하는 것이다. 이 말이 나타내는 대로 류머티즘의 병원균은 아직 명확히 밝혀지지 않았다. 류머티즘의 증상을 보고 추측해 보면 일종의 병원균에 의해 일어나는 병이라고 하는 것까지는 상상이 가지만, 그 병원균은 아직 발견되지 않았다. 발병할 경우에도 감기에 걸린다든지, 봄에 온도가 높아지기 시작할 때쯤 같은, 덥고 춥고의 변화가 많을 때 많이 걸리는 병으로, 이것들도 병원균의 번식하기 좋은 때이므로 병원균설과 일치한다.

이에 반해서 신경통은 병원균에 의해서 일어나는 병이라고 볼 수 없다. 그 원인은 과로, 노쇠, 신경에 상해를 입었을 때 등의 경우에 일어나는 병이다. 아시는 대로 신경에는 신경초

(神経鞘)와 신경이 있다. 신경초가 칼집 모양처럼 되어있어서 이것을 이용해 늘어나거나 줄어들거나 해서 움직이고 있는 것이다. 그런데 신경통에 걸리면 그 신경초와 신경이 달라붙어버려서 늘어나거나 줄어들거나 하는 것이 불가능해져버린다. 이러한 경우가 현저히 나타나는 예를 들어보자면, 좌골신경통에 걸린 환자를 진단하는 방법으로…… 환자를 위를 보고 똑바로 눕게 해두고 아픈 쪽으로 다리를 위로 올려보게 하면 허벅지 안쪽이 몹시 아파서 올릴 수 없다. 이것은 라세그(Lasegue) 씨가 발견한 것으로 라세그 징후라고 칭한다. 이 방법은 좌골신경통의 진단법으로서 사용되고 있지만 동시에 치료법으로도 시행되고 있는 방법이다. 신경이 늘어나고 줄어들지 않게 되어있으므로 외과적으로 타력적으로 신경을 잡아당기기 때문에, 아픈 쪽 다리를 위쪽으로 올리게 해서 점점 신경이 늘어날 수 있도록 하는 것이다. 이 방법을 사용해도 단지 신경이 늘어나지 않을 경우에는 외과적 시술을 해서 절개하여 신경 일부를 꺼내서 늘려주는 치료를 하는 것이다. 그러나 일시적으로는 늘어나지만 또 신경초와 신경이 달라붙어 같은 병에 걸리기 쉽다. 신경통에 가장 많은 것은 앞서 서술한 좌골신경통인데 다음으로 많은 것은 박신경통(膊神経痛)이다. 이 두 가지가 신경통 중 가장 많은 병이다. 또 그 다음으로 많은 것은 늑간신경통이나 일반적으로 말하는 안면신경통이 있다. 이 흔히들 안면신경통이라고 하는 것은 정확히 말하자면 삼차신경통(三叉神経痛)이라고 하는 것이다. 이 외에 입이 비뚤어져버린다든지 눈이 비뚤어진다던가 하는 것이 안면신경증이다. 이것은 보통 종종 혼동되어 오해하기 쉽다.

일반적으로 신경통에 걸리는 것은 감기, 외상, 부스럼 때문에 신경에 압박이 가해져 일어나는데, 특수한 예로서는 매독에서 유발되는 경우도 상당히 많다. 이것은 극히 일반적인 이야기인데 위장의 소화불량 때문에, 자가중독을 일으켜서 그 때문에 신경통을 일으키기도 한다.

신경통과 류머티즘과는 어떻게 다른가. 이것에 대해서 아마추어도 알 수 있도록 이야기해보도록 하겠다. 신경통은 외관상 아무런 변화도 없고 열을 내지 않으며 안정된 위치를 취하고 있으면 고통도 없다…… 물론 움직이면 아프지만…… 국소부위가 빨갛게 되지도 않는다. 그런데 류머티즘은 이와는 달리 붓거나 아프거나 한다. 류머티즘은 다발성관절염이라고 해서 반드시 관절로 오며 반드시 붓는다. 그리고 무릎 관절이 아픈가 싶다가 팔의 관절로 오는 등 많은 관절이 병에 시달린다. 근육 류머티즘이라고 해서 근육에 오기도 한다. 류머티즘은 국소가 부을 뿐만 아니라 발열을 수반하는데 류머티즘 환자 중 20~30퍼센트는 심장판막증을 발병한다. 의사가 심장판막증환자를 보면 류머티즘에 걸린 적은 없는지 물어볼 정도이다. 아마추어의 눈으로 신경통과 류머티즘을 구별하려면 이상과 같은 증상을 보면 된다. 이외에 하나 더 신경염이라고 하는 비슷한 병이 있지만 이는 몹시 희귀한 병으로 신경 그 자체에 염증을 일으키는 병인데 아마추어에게는 거의 문제가 되지 않는다.

다음으로 치료법에 대해 말해보고자 한다. 치료 면에서 말하자면 신경통도 류머티즘도 급성과 만성에 따라 다르다. 급성 환자는 신경통도 류머티즘도 모두 절대안정이 필요하다. 약도 신경통과 류머티즘은 거의 같은 약을 사용한다. 신경통은 아스피린제, 안티피린제, 현재로는 아토판소그의 독에서 추출한 헤파톡신 혹은 테토로도톡신, 염산 시노메닌, 의산(蟻酸) 등이 사용되며, 그 외 내용은 대체적으로 비슷하지만 이들의 치료에 사용되는 약은 한없이 많다고 말할 수 있다. 모두 신경통, 류머티즘, 어깨 결림의 특효약이라고 알려져 있다. 또 국소에는 찜질(습포)을 하는 것이 좋다. 온찜질, 에키호스(Exihos, 백도토를 110℃로 구워 냉각한 뒤에 붕산 가루에 글리세린, 티몰, 살리실산메틸, 박하유 따위를 섞어서 만든 약품. 소염, 진통, 흡열 따위의 치료에 습포제로 쓴다) 등의 걸쭉한 습포를 하는 것이다. 특히 신경통에는 신경간(神經幹) 주위에 알코올을 주사하는 경우가 있다. 또 일반적으로 말하는 안면신경통에서 이렇게 해도 안 될 때는 어쩔 수 없이 신경을 절단하거나 신경을 절제하는 방법을 취할 때가 있다.

급성의 류머티즘도 앞서 말한 것처럼 절대안정을 요하지만 내복약으로서 아스피린제, 안티피린제, 안판 등을 사용해 아토패닐(Atophanyl) 주사도 좋다. 오사와(大澤)박사가 추출한 에리콘이라고 하는 주사약도 있다. 나는 아토패닐, 에리콘 주사가 가장 효과가 있다고 생각한다. 국소 찜질 요법을 하는 것 말인데 특히 급성다발성 관절염은 발열도 있고 조금 움직이면 바로 국소가 붓기 때문에 극단적으로 안정이 필요하다. 특히 신장에 오는 경우가 있으므로 몹시 위험하며 주의해야 한다.

신경통 쪽은 심하더라도 생명에 지장이 갈 걱정은 없지만 류머티즘은 맹렬하게 오면 방심할 수 없다. 급성 신경통, 류머티즘의 치료법에 대해 평소 문제가 되는 것은 민간요법이다. 침, 뜸, 안마, 주무르기 치료, 마사지, 指0, 전기요법 그 외 온천이라든가 전기욕조(電氣風呂)에 들어가는 등, 꼭 민간요법을 하려고 든다. 뜸이나 침 정도는 크게 상해를 주지도 않겠으나 그 외에는 급성 신경통과 급성 류머티즘에는 금물이다. 이는 몹시 주의해야 하는 일이다. 특히 급성으로 류머티즘이 온 사람에게 자극을 주는 것은 위험하다.

그런데 만성 신경통, 만성 류머티즘의 경우에는 치료법도 달라져야 한다. 약물은 앞에서 말한 것과 같은 것을 사용하지만 순수한 만성에 대해서는 앞서 서술한 대로 소극적인 대처는 좋지 않다. 주무르기 치료도 하면 좋고, 전기요법도 해야 하며, 온천요법도 해야 하는 것이다. 국소가 아픔을 느끼기 때문에 놀라고 두려워 움직이지 않게 하고 있으면 결국은 폐동위축(廢動萎縮), 혹은 불능동 위축을 일으키고 국소부위를 사용하지 않았기 때문에 위축되어버려 완전히 사용할 수 없게 된다......애트러피(atrophy, 신체의 위축)하게 되는 것이다. 이것은 실로 무서운 일이므로 병이 일단 만성이 되면 폐동위축을 막기 위해 소극적 태도를 버리고 도가 지나치지 않는 범위의 운동을 하고, 타력적으로 주무르고, 전기 등의 요법을 하고, 운동이나 체조 등도 하는 등 적극적인 태도를 취할 필요가 있다.

이상은 대중요법에 대해서 서술했는데 일반적으로 봐서 신경통, 류머티즘을 미연에 방지하는 근본적인 방법부터 말하자면 육식과다, 운동부족 등 위장의 기능을 파괴하는 것 같은 모든 일을 피해야 한다. 문명에 수반되는 윤택함을 피하고 오히려 채식주의를 취하고 심신의 정화를 꾀하는 것이 가장 중요하다. 문명생활의 윤택함이 정말 좋지 않다. 또 신경통의 원인을 만드는 매독에 걸렸을 경우, 그대로 방임하지 말아야 한다. 당유병(糖乳) 등도 좋지 않다. 직업면에서 생각해 보면 물 안에 오래도록 잠겨 있거나, 추운 곳에서 과도하게 육체를 쓰며 과로를 하는 일은 좋지 않다. 젊을 때에 유도를 한다든지 격렬한 운동을 해서 심하게 팔다리를 접질리거나 한 사람에게도 미래에 일어나기 쉬우므로 이것들 또한 적극 삼가야 한다. 〈55~57쪽〉

스기하라 노리유키(경성제대교수 의학박사, 杉原德行), 「모르핀 환자」, 『조선급만주』(제298호), 1932년 9월.

조선 내에 등록되어 있는 모르핀 환자는 약 5000명으로 되어 있으나 실제는 훨씬 많아서 7000명에 이를 것이라고 생각한다. 이 모르핀 환자들은 실로 곤란한 자들로 1929년부터 전매제도를 발표하고 중독환자를 등록해서 이들에게는 중독량을 주사하게 되었다. 그리고 작년부터 마약류 중독자 치료소를 각지에 마련했는데 그중에서 경기도, 전라남도의 치료소는 크다.

조선에서는 1897년경부터 모르핀의 피하주사가 행해져, 1927년부터 모르핀의 정맥내주사를 시행하게 되었다. 정치가 어지러워지자 아편환자 비슷한 듯이 아편, 모르핀의 중독자는 실로 곤란할 정도이며 성가실 정도이다. 도대체 이러한 성가신 아편이라는 것은 언제부터 있었던 것일까. 그 역사를 조사해 보면 지금으로부터 약 4000년 전의 가민(佳民)이라고 칭해지는 스위스의 호상(湖上) 생활자의 유적지에서 양귀비의 찌꺼기가 발견되었다고 한다. 데콘돌 씨의 저서에 양귀비는 고대의 그리스 로마에서 약용으로 제공되었다는 것은 명백하지만 이집트(애굽) 시대에 재배되었는지 어떤지는 불명하다고 말하고 있다. 양귀비 열매로부터 얻은 아편이 마취약으로서 사용되었던 것은 그리스 이전, 이집트 시대부터 사용되었다는 것 같다. 그것은 호머가 오디세이에서 쓰고 있는 건망약(健忘藥)이 그 마취상태로 미루어 상상해보자면 아편이나 양귀비의 껍질이 사용되었다고 생각되기 때문이다. 기원전 5세기에는 디아고라스라고 하는 사람이 아편사용에 대한 기사를 남기고 있고, 마찬가지로 기원전 3세기에는 에리스토라스라고 하는 사람이 기재한 것도 있다. 아편은 이집트, 그리스에서 약용으로 제공되었지만 그것이 소아시아로 건너와 페르시아, 인도, 남양, 중국으로 퍼지고 한편으로는 서쪽의 유럽 지방에 전해진 것이다. 중국에 처음 들어간 것은 테리아카(theriaca, 수십 종의 약품에 벌꿀을 섞은 것으로서 항독제로 썼음)부터였는데 이 안에 아편이 들어있었다고 하는 사실을 처음에는 몰랐다. 우리 일본에 들어온 것도 역시 테리아카로 들어온 것이다.

이 아편이 중국에 들어간 것은 명나라 시대로, 주로 약용으로 제공되었다. 명나라 말기, 청나라 초기에 아편의 흡음이 일반 사회에서 행해지고 있었지만 그 습관이 네덜란드인에 의해 중국에 전해져, 몹시 성행하게 되었으며 그 유명한 아편전쟁까지 이르게 된 것은 세상 사람들이 잘 알고 있는 그대로이다.

이상은 아편사용의 역사를 간단히 서술한 것인데 아편 또는 모르핀 중독의 원인…동기는 무엇인가. 아편은 약의 측면에서 보면 중추신경을 마비시켜 아픔을 없애고 심한 기침을 할 때에 그것을 멈추게 한다. 아픔을 없애는 진통제 중에서 그 효과가 모르핀보다 뛰어난 것이 없다. 따라서 아편, 모르핀은 해가 있지만 이것을 대신할 약이 나오지 않는 한 약용하는 것 중에서 제외할 수가 없다. 아편, 모르핀은 중추신경을 마비시키지만 어떤 부분의 중추를 흥분시키고 따라서 정신적 쾌감을 느끼게 하고, 유포리아(과도한 행복함)라고 하는 일종의 정신상태가 되어, 마음이 상쾌해지고 고통, 걱정 등을 모두 잊고, 많은 욕망에서 이탈하여 소위 절대적 만족에 달하게 해, 우화등선을 방불케 한다. 이것은 모르핀보다도 아편 쪽이 효과가 크다. 약에서 깨면 반대로 무언가 부족한 기분이 들어 침울해지고 참을 수 없는 상태가 된다. 그래서 다시 아편을 흡입하게 되는 것이다.

아편, 모르핀 중독자는 성가셔서, 일단 중독이 되면 흡음을 그만두었을 때 금단증상이 일어난다. 심하면 맥박이 변하고 체온이 내려간다. 눈물이 나고 잠들 수가 없다. 정신적으로 엄청난 고통을 느껴 장딴지 등 그 외의 여러 곳이 아프고 호흡은 급박해져 금방이라도 죽을 것처럼 된다. 그런데 고통스러워하는 중독자에게 모르핀을 주사하면 즉시 나아지지만 점점 많은 분량을 원하게 된다. 인간 3, 4인을 죽일 만큼의 분량을 주지 않으면 버틸 수 없게 되고 주사를 맞고 싶어서 타인의 것이든 무엇이든 신경 쓰지 않고 훔쳐서는 우화등선한 기분이 되는 것이다. 이렇게 되면 사회에 엄청난 해악을 끼치게 된다. 이러한 습관을 만드는 것은 우선 병적인 고통 …… 예를 들어 신경통, 류마티즘 등의 고통을 없애기 위해, 또는 결핵환자가 심한 기침을 없애기 위해서 혹은 여자가 월경을 할 때 요통이 심한 사람이 그 통증을 진정시키기 위해 모르핀을 주사하는데 끊임없이 주사하기 때문에 중독이 되는 것이다. 이것은 의사의 주의가 부족한 것이다. 두 번째는 중국의 사회상 관습으로 우리가 손님에게 담배를 권유하듯이 아편을 피우게 한다. 일본에는 없는 관습이지만 이것도 하나의 원인이다. 세 번째는 흉내로 피운다. 다른 사람이 피우니까 무의미하게 흉내내다가 중독되어 버린다. 네 번째는 성욕작용을 위해서 하는 자가 있다. 이시진(李時珍)의 저서, 『본초강목』 중 '속인 방중술'에 아편을 사용한다고 되어있다. 모르핀의 작용을 생각해 보면 분명 성적 흥분을 이끌어낼 것이라 생각된다. 그렇다고 하는 것은 자연히 모르핀을 주사하면 거미반응(擧尾反應, 쥐의 꼬리가 긴장해서 일어나는 반응)이 일어난다. 그 이유에 대해서는 다양한 설이 있어서 명료하게 밝혀지지 않았으나 자극흥분시키는 것이라는 것은 분명하므로 이 점에서 보면 성적 흥분이 일어난다고 하는 것은 쉽게 알 수 있다.

그러나 모르핀 중독은 소위 과유불급이라고 하는 말 그대로이다. 그 점에 관해서는 스오(周防)씨의 상세한 실험의 결과가 발표되어 있다. 모르핀 중독에 빠진 자는 음축(陰縮, 외생식기가 줄어드는 병증)현상이 일어난다. 빠르면 중독에 빠지고 2개월도 되지 않아 일어나고 늦으면 10년이 지나서도 일어나지 않는다. 분량을 보아도 0.1그램의 중독에 빠져서 이미 음축현상이 일어나는 자가 있고, 0.48그램을 8년간에 걸쳐 해도 일어나지 않는 자도 있다. 따라서 일률적으로 말하는 것은 불가능하지만, 인간은 개체에 따라 생식작용의 모르핀에 대한 저항력이 다르다고 하는 것을 알 수 있다. 또 여자에 사례에 대해서도 말해 보자면 모르핀 중독에 빠져서 월경이 멈추는 경우가 있다. 빠르면 6개월, 늦으면 10년 정도가 지나도 여전히 멈추지 않는 자가 있으며 분량도 또한 제각각으로 0.2정도로 월경이 멈추는 현상이 일어나는 자가 있고, 0.45를 몇 년간이나 계속해서 해도 월경을 계속 하는 자가 있어서, 남자의 경우와 동일한 현상을 보이고 있다.

부가해서 말해보자면, 인삼의 어떤 성분은 모르핀과 마찬가지로 흰 쥐 실험에서 거미반응을 일으키는 것이다. 하지만 인삼의 거미반응은 꽤나 대량을 섭취해야 하며 모르핀처럼 소량으로 일어나는 일은 없다. 모르핀 및 인삼의 거미반응에 대해서는 나의 교실의 민(閔)박사가 자세히 조사하고 있다. 약물 중에서 흰 쥐에게 거미반응을 일으키는 약은 몹시 희귀하고 내가 아는 범위 내에서는 모르핀과 인삼 두 가지이다. 이 점에서 보면 인삼이 성적작용을 왕성하게 하는 것을 추정할 수 있다.

나는 성적작용과 그 사람의 정력증진은 어느 정도까지는 일치한다고 생각한다. 모 박사가 티푸스에 걸려서 생사를 헤매고 왔는데 그 뒤로 많이 회복해서 성적 흥분을 느꼈을 때 비로소 자신이 다 나았다고 느꼈다고 하는 이야기를 들었다. 실제로 생물의 세력이 쇠했을 때, 제일 먼저 어디에 나타나는가 하면 생식작용이다. 이점을 생각하면 인삼이 정력증진의 효과가 있다고 생각할 수 있다. 모르핀은 무서운 중독작용이 있지만 인삼에는 그러한 중독작용이 없는 것이 세상에서 귀하게 대접받는 이유일 것이다.

여담은 그만하고, 일단 모르핀 중독에 빠져 생식작용이 쇠한 자를 모르핀 중독에서 구하면 남자의 경우 몽정을 한다. 그것은 중독에서 빠져나와 빠르면 1일, 느려도 9일째에는 모두 나타난다. 여자도 중독에서 빠져나오면 32일째에 월경이 나타난 예가 있다. 이 점에서 생각하면 모르핀 중독에 빠지는 것은 어떠한 이유일까. 이것에 대해서도 여러 가지 설이 있다.

금단증상이 일어나는 현상에 대해 갑론을박하고 있는 상태로 아직 명확히 밝혀지지 않았다. 중독에 빠진 자를 치료하는 것에 대해서도 여러 가지 설이 있고, 근거가 있는 여러 가지 방법이 있다. 가능한 한 금단증상을 가볍게 해서 중독에서 구하려고 하기 때문에 다양한 약이 있는데 요컨대 모르핀중독자를 치료하려면 점차 주사량을 줄이는 점감요법을 행하면 반드시 낫는다. 그러나 중독환자는 갖은 방법을 사용해서 모르핀을 갈망하므로 감금을 하거나, 혹은 엄중하게 감독하지 않으면 성공하지 않는다. 중독자는 일단 낫더라도 많은 경우 다시 중독에 빠져버린다. 이 점에서 보면 모르핀중독자를 치료해 사회의 양민으로 만드는 것은 일시적인 치료에 그치지 않고 직업을 주고 교양을 쌓게 하고 한발 나아가 장래의 방침을 세워줘야만 한다.

유럽과 미국의 여러 나라에서는 모르핀 중독자가 극히 적고 사회의 패잔자가 이에 빠졌을 뿐이다. 따라서 그들은 아편 또는 모르핀을 동양에 내놓고 이익을 얻고 만족하고 있었다. 아편전쟁 같은 것도 그 때문이다. 그런데 유럽(歐州) 전쟁 후 세상의 비참함을 맛본 유럽인이나 금주법에 의해 술을 손에 넣기 어려워진 미국인 중에는 모르핀 중독에 빠지는 자가 해마다 증가하는 경향에 있다. 그들 유럽, 미국인은 예전에는 모르핀 중독자를 강 건너 불구경하듯 하고 있었지만 지금은 발등에 불이 떨어지기 시작해서 어떻게 해서 이를 구할지에 대해 진지하게 생각하기 시작했다. 우리가 조선 내에서도 등록 되어있는 중독자는 5000명 정도이지만 돈이 있는 사람들 중 멋대로 매입해서 사용하고 있는 자도 있으므로 실제 7000명 이상, 혹은 1만 명 이상도 있을지도 모른다. 사회인으로서 살아갈 수 없는 이러한 자들을 어떻게 해서 구원하는가 하는 것은 실로 커다란 사회문제이다. 이와 동시에 각자가 자각하여 모르핀중독에 빠지지 않도록 자성해야 한다고 생각한다.

고(故) 아오야마 박사가 말하기를 모르핀을 가장 적당한 때에만 사용하고 그 외에는 사용하지 않는 사람은 훌륭한 내과의사라고 했다. 〈57~60쪽〉

구도 다게키(경성부인병원장 닥터, 工藤武城), 「신생아에 대한 주의」, 『조선급만주』(제299호), 1932년 10월.

신생아는 태어난 지 2, 3일 동안은 영양물을 섭취하지 않는데다가, 배내똥 및 오줌을 싸고 또한 탯줄이 말라서 떨어지는 등의 이유 때문에 분만 후는 3, 4일 동안은 체중이 200그램에서 300그램 줄어든다. 그 후에는 체중이 더 증가되어 8일째부터 10일 정도가 되면 태어난 당시의 체중이 된다. 태어나서 곧바로 3000그램 정도 되는 소아라면 1개월 말에는 800그램의 체중이 증가하여 3800그램이 되며 2개월째 말에는 거기서 더 800그램의 체중이 늘어나서

4600그램이 되는 것이다.

신생아의 체온은 어른보다도 2, 3부 높고, 또 변화하기 쉽다. 즉 곤히 잘 자고 있을 때에는 체온이 낮고, 고열을 내고 오래 울고 난 후에는 체온이 높아진다. 맥박은 1분간 120~140이 되지만 1년째의 말미에는 대체로 130 정도로 줄어든다. 이 맥박도 체온과 마찬가지로 어른에 비하면 변화하기 쉽다. 호흡수는 1분간 신생아 40으로, 1년째의 말미에는 30으로 줄어들고, 5년째가 되면 절반으로 줄어 20이 된다. (참고를 위해 어른의 상태를 예로 들어두겠다. 즉 어른의 체온은 36도 5부에서 37도, 맥박은 1분간 72, 호흡은 마찬가지로 1분간에 18이다.)

소화기 중에서 구강은 그저 젖을 빨도록 되어있고 아직 타액을 내는 선은 충분히 기능하지 않는다. 신생아의 위는 어른과 달리 세로로 서 있다. 그래서 쉽게 토한다. 위액 안에는 단백질을 소화하는 펩신은 다량으로 있지만 탄수화물을 소화하기 위한 초산의 분비가 충분하지 않으므로 인공포유를 한다고 해도 전분질로 된 것이 부적당한 것이다. 장의 소화력 또한 아직 충분히 발육하지 않았지만 그 길이는 어른과 비교하면 조금 길다.

앞서 서술한 태분은 또한 태변이라고도 하며 속칭으로 배내똥(蟹屎)이라고 칭하고 있는데 태내에 있어서 흡입한 솜털, 상피, 그 외 점액, 지방, 담즙을 포함하고 있는 것으로 녹흑색을 띄고 무취의 끈적한 담뱃진 같은 것으로, 태어난 지 2, 3일 안에 배설해버린다.

포유아변은 태변이 나온 후에 나오는 신생아의 대변을 말하는데 모유로 길러지고 있는 소아의 변은 그 광택이 선명한 황색이고 부드럽고 1일 2회에서 4회 정도를 배설한다.

그런데 인공영양으로 자란 신생아의 경우에는 대변의 색이 담황색으로 조금 단단하고 1일 1회 정도밖에 배설하지 않는다.

오줌은 생후 얼마 지나지 않아 1회를 하지만, 1일째, 2일째에는 별로 많이 나오지 않고, 포유를 시작하고 나서 슬슬 증가하게 된다. 그것이 1일 10수회에 달하고, 그리고 인공영양으로 자란 신생아는 모유로 자란 신생아보다는 오줌의 분량도 많고, 회수도 증가한다.

신생아는 생후 2, 3일 지나면 점점 노랗게 되기 시작한다. 특히 코끝, 이마, 흉부의 근처가 심하다. 이것을 보고 아이를 처음 낳은 부인 같은 이들은 무언가 병이라도 나지 않았는지 긴장하지만 5, 6일째가 지나면 증세가 사라진다. 이것은 신생아 황달이라고 하는 것으로 신생아의 대부분, 80퍼센트가 걸린다. 황달이 오지 않는 것은 겨우 20퍼센트도 되지 않을 정도이므로 조금도 걱정할 필요 없다. 그러나 그중에는 선천성 미독아로 간장에 변화가 있기 때문에 황달이 오는 경우가 있다. 이것은 병적 황달이라고 하는 것으로 좀처럼 낫지 않는다.

신생아는 생후 2, 3일 지나면 표피가 벗겨진다. 이것도 일종의 생리적 현상으로 4, 5일 지나면 잠잠해지므로 걱정할 필요 없다.

신생아에 남아있는 탯줄 부분은 점차 검은색으로 변해 건조하며 미라 변성을 일으키며 5, 6일 지나면 떨어진다. 그 부분에는 육아(肉芽)조직이 생기지만 생후 2주간 지나면 흔적이 맺어져 소위 배꼽이 생긴다.

옛날 옛적부터 자는 아이는 자란다고 말하듯이 건강한 신생아는 젖을 먹을 때를 제외하고는 끊임없이 곤히 잠든다. 그저 배가 고플 때 기저귀가 젖었을 때, 너무 덥거나, 또는 추울 때에는 울기 시작한다.

훌쩍훌쩍 우는 것은 신생아에 있어서 중요한 언어이다. 자애로운 어머니는 그 높낮이, 박자에 따라 초생아의 언어를 이해하고, 희노애락의 표현을 이해하고, 이에 응해서 적당한 대처를 해야 한다.

남아라도 여아라도 태어나 얼마 지나지 않아 유방이 부어서 누르면 물 같은 액체를 흘린다. 이것은 마유라고 하는 것으로 내버려 두면 2, 3일 지나면 붓기도 가시고 액체도 나오지 않게 된다. 때로는 염증을 일으키는 일이 있으므로 너무 만지면 좋지 않다.

영아의 오관기(五官器) 중에서는 촉각이 가장 먼저 발달한다. 태어나면 곧바로 구강에 손가락을 대면 빠는 것 같은 운동을 한다. 이것은 이미 촉각이 있다는 증거이다. 그 다음으로 발달하는 것은 미각이다. 인공포유를 하고 있는 영아에게... 우유 안에 사탕을 섞어서 준다고 한다. 만약 그 영아에게 사탕을 섞는 것을 잊고 우유만을 주면 설령 배가 고파도 마시지 않는다. 마셔도 토해버린다. 하지만 그 안에 사탕을 섞어 주면 기뻐하며 마신다. 이를 보면 이미 미각이 발달되어있는 것을 알 수 있다. 안과학자의 말에 따르면 초생아는 분만 직후에 이미 명암을 인식하고 있다고 하지만 외부의 물체에 대해 반응을 보이는 것은 적어도 생후 3주가 걸린다. 그보다 전에는 좌우의 안구는 각각 별개로 운동을 하고 눈앞에 손끝을 갖다 대도 눈을 깜박거리지 않는 것이다.

임신 중 태아의 내이(內耳)에는 액체가 충만하고 분만 후 호흡을 시작하면 이 가득차 있던 액체가 배설되어, 공기가 액체를 대신하게 된다. 그 때 비로소 귀는 그 기능을 가지게 되는데, 실제로는 영아가 소리를 식별하는 것은 생후 3개월 후이다. 오기관 중에서 가장 늦게 발달하는 것은 후각이다.

아마 이 후각이 완전한 기능을 하는 것은 6개월 경과한 후일 것이다.

신생아의 체중이 증가하거나 줄거나 하는 것은 대체로 그 건강상태의 잣대가 되므로 최초 2주간은 매일, 그 후는 1주일에 한번 정도 체중을 잴 필요가 있다. 목욕 전에 의복을 입은 채로 재두고 목욕 중에 그 옷의 중량을 재어 이것을 빼면 체중을 알 수 있다. 그 결과를 반드시 수첩에 적어두고 의사에게 진료를 받을 때에 이것을 보여주면 많은 참고가 된다. 체온도 마찬가지이다. 단 주의해야할 것은 신생아가 많이 울면 체온이 올라가니까 잘 때 재는 것이 좋다고 하는 것이다. 또 겨울에 탕파 등을 넣어줄 때 검온기가 여기에 닿으면 몹시 높은 열을 내는 것처럼 보여서 종종 젊은 부부를 걱정시키는 일이 있으니 주의해야 한다. 호흡, 맥박도 세어두면 좋다. 아마추어에게는 처음 잠시 곤란하지만 익숙해지면 아무렇지도 않게 셀 수 있다. 용변의 횟수와 그 성질은 기저귀를 보면 알 수 있다. 흰 빛이 도는 기저귀 쪽이 색깔이 있는 것 보다 이 점에서 편리하다. 피부에는 황달의 상태를 보고, 동시에 탯줄 절단부의 상태를 주의한다. 만약 화농의 흔적이라도 있으면 즉시 의사에게 알려야 한다.

만약 너무 많이 울 때는 기저귀를 조사해 보고 더러워져 있으면 바꿔주고 또 너무 덥거나 추워도 울기 때문에 그 온도를 조절해 주면 우는 것을 멈추기 마련이다. 바로 젖부터 가져가는 것은 나쁜 습관이다. 유아의 의복 및 도구는 계절에 따라서 늘리거나 줄이는 것은 말할 필요도 없다. 일본의 관습으로 봄에서 가을에 걸쳐서 옷을 너무 많이 입히는 경향이 있다. 의류만 두껍게 입히고 방의 온도에 주의하지 않으면 호흡기를 약하게 한다. 유아가 있는 방은 섭씨 20도(화씨 75도)를 가장 적당한 온도로 친다.

새어 들어오는 바람을 막는 것은 필요하지만 날씨가 좋을 때를 보아서 때때로 환기를 하는 것도 잊어서는 안 된다.

여름에는 2주일이 지난 후, 겨울에는 3주일이 지나고 나서 슬슬 마깥 바람에 안고 나가서, 신선한 공기를 호흡하게 할 필요가 있다. 날씨를 잘 골라야 함은 말할 필요도 없을 것이다. 한랭한 기후에는 때때로 그 손발을 만져보고 탕파, 난로의 상태를 조절해주어야만 한다. 이들 보온기는 직접 유아의 신체에 닿지 않도록 적어도 1촌 정도 거리를 둘 필요가 있다. 〈81~83쪽〉

구도 다게키(경성부인병원장 의사, 工藤武城), 「태아의 이상」, 『조선급만주』(제301호), 1932년 12월.

태아의 이상에도 여러 가지가 있다. 기형태아, 태아의 대소(大小), 태위와 태세의 이상, 복태(複胎), 신생아(初生兒)의 가사상태, 분만 중 태아의 사망 등이 그것인데 여기에는 태위, 태세의 이상, 복태를 제외한 그 외에 대해서 간단히 서술하고자 한다.

기형태아
-머리(頭部)의 기형
1. 무뇌아, 반두아: 이것은 뇌가 없기 때문에 머리도 절반밖에 없는 것이다.
2. 무두아: 전혀 머리가 없는 경우가 있다.
3. 언청이(兎脣) 및 낭인(狼咽, 갈림증): 낭인은 그 정도가 더욱 강하고, 경구개까지 찢어져 있는 경우가 있다.

몸통(軀幹)의 기형

1. 척추파열: 척추가 부서져서 척수가 노출되어있는 경우가 있다.

2. 외음부 및 항문 기형

 가. 반음양: 남녀양성의 생식기를 가짐.

 나. 쇄음(鎖陰): 질구가 없는 것.

 다. 요도폐색: 요도가 없는 것.

 라. 쇄항: 항문이 없는 경우도 있음.

3. 탈장(헤르니아), 서혜(鼠蹊), 대퇴륜(股輪), 배꼽에서 장이 탈출한 것이다.

4. 팔다리 기형

팔, 다리가 없거나 혹은 너무 많은 경우가 있으며, 손가락이 부족하거나 반대로 너무 많은 경우가 있음.

전신의 기형

1. 무형아: 그저 탯줄과 배꼽이 있을 뿐으로 그 외는 인간의 형태를 갖추지 않았으며 고깃덩어리를 피부가 감싸고 있을 뿐인 경우.

2. 지상(紙狀)태아: 쌍둥이를 임신했을 경우에 한쪽만이 발육하여 다른 한쪽은 전혀 발육하지 않고 압박당해 종이처럼 납작하게 된 경우이다.

3. 중복기형: 쌍둥이이며, 머리와 머리, 흉부와 흉부, 비부와 비부가 서로 달라붙어있는 경우.

4. 태아의 기형은 세상 사람들이 생각하는 것보다 훨씬 많다. 가족은 물론 가문의 수치로서 침묵하며, 다루는 의사도 산파도 법령이 명하는 바에 따라 직무상 비밀로 하여 결코 입밖에 내지 않으므로 별로 알려지지 않을 뿐이다. 만약 기형을 발견했다면 즉시 산부에게 알리고 이를 놀라게 해서는 안 된다. 의사와 상담한 후에 온당한 수단을 취해야 한다.

신생아의 가사(假死)

신생아의 가사는 심장은 움직이고 있는데 호흡운동은 하지 않는, 다시 말해 태어난 후 조금도 울지 않는 것이다.

1. 원인

모체로부터의 원인: 경련성 진통, 자궁강직, 자0, 무거운 열병, 심장병, 대출혈, 각기병, 맹장염, 호흡기병.

태아로부터의 원인: 진통미약, 협소골반, 연부산도의 장애, 뇌수종, 과열태아, 위치 이상

등에 의해 분만에 애를 먹었을 때.

태아부속물로부터의 원인: 양수과소증, 제대진결절, 제락(臍絡), 골반위, 제대탈출 등에 의
해 제대가 압박했을 때, 또는 제대가 끊어졌을 때, 전치태반 또는 당
위태반의 조기박리를 일으켰을 때, 조기파수를 일으키거나, 반대로
피막아(난막에 쌓인 채 태어난 영아)일 때.

앞에서 말했던 많은 원인은 요컨대 모체와 태아와의 혈행이 방해를 받았기 때문이다.

왜냐하면 이 때문에 태아는 산소가 결핍되고 탄산에 충만한 상태가 되기 때문에 아직 자
궁 안에 있으면서 빨리 호흡을 하려고 한다. 그러나 거기에는 얄궂게도 공기는 없고 혈액과
양수, 배내똥이 있을 뿐이라 이것들을 흡입해서 질식한다.

2. 증후

첫 번째 가사(또는 남적색 가사): 이 가사는 가장 가벼운 정도의 것으로 대부분은 다시
생활상태로 돌아온다. 피부는 말처럼 남적색으로 근육은 긴장되어, 신체의 자세도 생활아와
마찬가지로 심장은 제대로 운동을 계속하고 탯줄은 강하게 맥박하고 있다.

두 번째 가사(또는 창백색 가사): 부활하는 것이 드물지만 이 가사는 꽤 불안하다. 피부는
창백하고 차가운 느낌이 든다. 근육은 느슨해져 있어서 힘이 빠진 자세를 한 상태이고, 항문
의 괄약근도 마찬가지로 힘이 풀려 있어서 태분을 누는 경우가 많다. 심장은 미약하게 움직
이고 있지만 탯줄에는 약동을 보이지 않는다.

3. 처치

태아가 흡입한 것을 제거하거나, 호흡운동을 일으키기 위해 다양한 방법이 있는데 아마추
어가 할 수 있는 일은 안타깝게도 하나도 없다. 의사나 산파에게 맡겨야 한다.

분만 중 태아의 사망

1. 원인

앞에 서술한 가사의 원인에서 한층 그 정도가 심해진 것이라고 생각하면 된다.

2. 증후

앞에서 말한 다양한 원인에 의해 태아가 그야말로 죽음이 코앞으로 다가왔을 때는 심장이
몹시 빨리 뛰어 160이상이 되거나 또는 반대로 쇠해져서 100 이하로 떨어진다. 태아는 고통
스러움을 잊기 위해 몸부림을 치기 때문에 태동은 오히려 강해진다. 급히 태변을 누기 때문
에 양수는 암록색으로 탁해지고 결국 심장은 전혀 뛰지 않게 되며, 태동도 없어지고 완전히
죽어버린다. 분만의 경과는 살아서 태어났을 때와 마찬가지이거나 아니면 오히려 쉬운 편이
지만 자궁내에 공기가 침입하면 부패를 일으키고 모체도 사망에 이르는 경우가 있다.

3. 처치

태아의 사망이 확실해지면 신속하게 전문가에게 의뢰하여 이를 제거해야만 한다. 아마추어는 이에 대해 적당한 처치를 할 수가 없다.

태아의 대소

1. 뇌수종: 뇌 안에 액체가 다량으로 고여서 머리가 보통보다도 2배나 3배 정도 커져 분만 때에 골반입구에서 빠지지 않게 되고, 조기 파수를 일으키며, 결국 협로성 진통미약, 자궁파열을 일으키며 모체와 아이 모두 사망하기에 이른다.
2. 복수 및 복부 팽대: 매독아(黴毒兒)의 경우 복부에 다량의 액체가 고이고, 혹은 간장, 신장, 폐장이 팽대하여 복부가 몹시 커지는 경우가 있다. 분만하기 다소 곤란하기는 하지만 복부는 두부와 달리 유연하기 때문에 모체가 이 때문에 사망하는 일은 드물다.
3. 과숙태아: 태아가 너무 커져서 그 중량 4000그램, 즉 1관 이상이 되면 이를 과숙아라고 하며 몸통도 두부도 이에 준해 커지므로 보통의 크기를 가진 골반을 통과할 수가 없기 때문에 뇌수종과 마찬가지로 다양한 분만 장애를 일으킨다. 〈66~67쪽〉

이케다(경무국장, 池田), 「조선의 나병 박멸책으로 조선나병예방협회 설립」, 『조선급만주』 (제301호), 1932년 12월.

재단법인 조선나병예방협회 설립에 대해 이케다 경무국장은 11월 22일 기자단을 초대하여 그 계획의 내용을 설명했다.

이 사업은 인도적 차원에서 방임할 수 없는 초미의 관심사이다, 현재 조선에는 1만여 명의 나병 환자가 비참한 처지에 방치되어 있다, 이 나병을 치료 예방하는 것은 단순히 해당 병자의 구제뿐 아니라, 국민보건 상 내지 인도주의 상 실로 급선무로 간주되는 문제이다. 오늘날 문화가 발달한 조선에서 그와 같은 비참한 일이 방임되는 것은 매우 커다란 치욕이다. 국가의 위신상으로도 이 병의 치료 예방은 급선무 중의 급선무로, 이 기획에는 총독 총감도 크게 찬성하고 각 국장도 협력하여 목적 달성에 노력하기로 했다. 나병 치료에 대해서는 황송스럽게도 황실에서 거액의 은사금을 하사하신 일만 보아도 하루라도 빨리 이 사업의 달성을 기해야 할 것이다. 이와 같은 계획은 총 경비가 62만 원이다. 국고보조 11만 원, 지방비 17만 원, 합계 28만 원의 보조금이 있으며, 잔액 34만 원은 일반의 기부를 바라고 있다. 이에 대해 총독부 관리로부터 이미 수만 원의 기부가 결정되어 있으며, 20수 만 원은 민간독지가의 지원금으로 기대하고 있다, 그리하여 이 사업이 완성된다면 동양 유일의 완비된 시설이 되는 것이므로 국가 위신상, 인류의 보건위생상 진심으로 일반사회의 이해와 동정에 호소하고 싶다.

「나병환자의 참상에 대해」, 니시가메 산케이(총독부 기사, 西龜三圭)

나병 환자가 모인 곳을 한 번 본 사람은 이 세상에 나병만큼 비참한 것이 없다는 사실을 알게 될 것이다. 인간의 모든 고통을 응축한 것이 나병이라고 할 수 있다. 증세의 진행에 따라 지각은 마비되고, 신체 운동은 자유를 잃고, 극심한 신경통이 생기고, 눈썹은 빠지고, 안면이 뒤틀리는 중에 두 눈은 실명하고, 피부는 썩고, 손가락이나 팔다리는 떨어지고, 뼈는 드러나 흘러내리는 등 그 병고는 도저히 다 표현할 수 없다. 하물며 정신상의 고뇌에 이르러서는 병고보다 몇 단계 더 심하다.

현재 조선에서 이러한 불행에 빠진 환자는 8천여 명 있지만, 그 외 숨어있는 환자를 더하면 아마도 1만 수천 명이 넘을 것으로 추산된다. 그런데 이 중 현재 요양소에 수용되어있는 자는 관립 소록도 자혜의원에 778명, 그 외 외국인 경영의 세 사립 요양소에 1,758명, 합계 2,500명이다. 그 외 다수의 환자는 집에 틀어박혀 있거나, 또는 각지를 방랑하며 대부분 치료도 받지 못하고 병세 진행에 맡긴 채, 실로 비참한 생활을 보내고 있다. 그뿐 아니라 이 때문에 병독을 이곳저곳에 전염시켜 새로운 희생자를 속출시키는 원인이 되고 있다.

연별	새 환자	총 환자
1926년	1,206	5,321
1927년	1,432	5,427
1928년	2,034	6,782
1929년	1,496	7,000
1930년	1,338	7,396
1931년	1,989	8,031

위는 매년 약 천 명 내지 2천 명의 새 환자가 생기는 것을 나타내고 있는데, 이 증가는 최근 나병 예방에 대한 목소리가 높아짐에 따라 그 조사도 점차 정확해지면서 종래 숨어있던 환자도 새롭게 조사표에 나타나게 된 것이 하나의 원인이다. 아울러 실제로 새로 감염된 자가 많은 것도 사실로 보인다. 그러므로 현재 상태로 방임해 둔다면 나병 만연은 영구히 그칠 일이 없다. 하루라도 빨리 이에 대한 예방방법을 강구할 필요가 있는 까닭이다.

아울러 이와 같은 사회적 사업은 일반인들의 이해에 의한 원조가 없으면 충분히 그 목적을 이루기가 어렵다. 이는 구미 각국에서 이런 종류의 사업에 대해 대중이 얼마나 큰 원조를 하는지를 보아도 알 수 있다. 이에 재단법인 조선나병예방협회를 세워 정부의 사업을 원조하여 요양소 확장, 그 외 시설의 완성을 촉진하게 된 것이다. 그리하여 이런 종류의 치료기관이 완성되면 조선 또한 머지않아 나병의 병독으로부터 벗어나는 시기가 올 것으로 믿는

다. 아무쪼록 이 취지를 살펴 응분의 원조를 희망하는 바이다. 〈95쪽〉

하라 히로키(일본적십자사 조선본부병원 소아과의장 의학박사, 原弘毅), 「겨울 소아병과 간호법」, 『조선급만주』(제302호), 1933년 1월.

> 이번 이야기는 적십자병원 소아과 주최로 열린 '어머니 강좌'의 강연필기이다. '어머니 강좌'는….
> 환자에게 바른 병의 지식을 주고 바른 치료를 하고 싶기 때문이며
> 희망자는 병원 이외의 분들도 청강해도 좋습니다
> ○때에 열리는데 제1회에 11월 26일, 제2회는 12월 10일에 열렸다. 제3회는 '폐문선결핵 이야기'로 1월27일, 28일쯤 열린다. (그즈음 경성과 ○○에 날짜와 장소를 알리겠다.) 당일 오실 때는 노트와 엽서 1장(다음 회의 안내를 위해)를 지참할 것. 참가비는 무료입니다.

　현대인은 약해졌다고들 말한다. 우리는 옛날 사람들이 입지 않았던 두꺼운 털옷으로 몸을 감싸고, 집도 서양화 되어 웃풍도 들어오지 않는 집에 살고 있고, 사무실에는 스팀난방기가 있다. 옛날 사람들은 불기운이 없는 곳에서 일했었다. 좋아진 처우가 우리를 약하게 했다. 다른 한편으로는 지식이 발달해서 점점 신경질적이 되고 있는데 그 또한 현대인이 약해진 원인 중 하나이다. 스팀난방기가 있는 방을 나와 따뜻한 가정 안으로 들어가기 전까지는 옛날에 비해 넓은 길을 지나야 하기 때문에 오히려 옛날보다 춥고 인도도 춥다. 그렇다면 옛날로 돌아가는 것이 좋은가 하면 그렇지 않다. 문화가 발달하고 과학이 발달했기 때문에 약해진 것이 아니다. 우리는 과학의 진보를 깎아내리고 싶어 한다. 이것은 1926년(쇼와 원년)에 미국에서 발표된 통계인데 서력 1600년(지금으로부터 333년 전)에 인류의 평균연령은 29세 였는데 1780년(183년 전)에는 38세가 되었고, 1925년에는 58세로 연장되었다고 한다. 점점 문화가 발달하고 과학이 발달해 약해졌다고 말해지고 있음에도 불구하고 이 미국의 통계수치는 반대를 말하고 있다. 이 자료로 미루어 보아 문화가 발전해서 인류가 약해진 것이 아니며, 옛 생활법에 집착하지 않아도 좋은 것이다. 사실 옛날에는 과학이 발전하지 않았기 때문에 과학적 생활을 하지 않고 수명이 짧았는데 다만 지금은 과학이 발전해서 과학적 생활을 영위하고 있기 때문에 그만큼 수명이 늘어난 것이다. 즉 옛날 사람들은 과학이 발달했다면 죽지 않아도 됐을 텐데 죽었던 것이다. 독일의 학자는 '무엇보다 과학이 발달하면 인간은 천년은 살아갈 것이다'라고 했다. 천년이나 살 수 있게 된다면 지루해 견딜 수가 없겠지만 어쨌든 과학의 진보는 좋은 일이다.

　아이가 병에 걸리면 의사나 간호사에게 맡겨 치료해야만 한다. 그러나 이와 함께 엄마의 협력에 기대지 않으면 안 된다. 최근 부인잡지 등에 소아과 이야기를 쓴 부록이 붙어있는

것을 보고는 하는데, 그 중 민간요법이 실려 있는 것이 있다. 현대인을 마치 헤이안시대에 돌려보낼 것처럼 가르치는 내용의 것도 있으며 가정에서 아이의 병에 대한 엄마의 협력이 과학적으로 시행되고 있지 않은 일이 많으니까 나는 그 근본에 대해 서술하여 참고로 삼게 하고자 한다.

×

가을에서 겨울로 넘어가는 환절기 무렵이 되면 아이는 여러 병을 일으킨다. 우선 감기에 걸리고 그 후에 기관지염이나 폐렴이 되거나 또는 감기가 원인이 되어 중이에 걸리거나 하는 경우가 있다. 그리고 그러한 병들이 결국 수막염을 일으키게 된다. 가을 겨울이 아닌 시기에 많은 것은 급성 전염병이다. 그것에는 백일해나 디프테리아나 성홍열 등 다양한 종류가 있는데 조선에서는 성홍열이 가장 많고 또한 격렬한 경과를 보인다. 이들 병에 대해서는 자세히 이야기할 짬이 없으므로 오늘은 호흡기병 방면을 이야기하고, 이들 질환의 주된 원인이 되는 감기부터 이야기해 가기로 한다. 그전에 급성전염병 중 가장 중요한 점을 한, 두 개만 잠시 이야기 하겠다.

백일해는 백일만 놔두면 나을 것이라고 생각하는 분이 있다 그러나 백일해는 결코 방심하면 안 되는 병으로 백일해 후에 소아결핵이 시작되는 일이 종종 있다. 즉 잠복성결핵이 활동성결핵이 되는 일이 있으며 또 부모에게도 결핵성 질환이 없는 소아가 백일해 후에 점점 폐가 약해져서 결국 결핵의 가능성을 만드는 일이 있어, 몹시 주의해야만 하는 일이다.

성홍열에 대해서는 잘 알고 있을 거라고 생각하는데 예를 들어 장남이 성홍열에 걸리면 차남에게도 옮는 경우가 많다. 다른 곳에서 전염될 뿐 아니라 가정 내에서 전염되는 경우가 많은 듯하다. 즉 부모가 보균자여서 약한 어린이에게 전염시키는 경우도 있는 것이다. (상세는 제2회 강좌)

×

호흡기의 병을 이해하려면, 그 해부와 생리의 근본적인 지식이 필요하므로 우선 간단히 이를 설명해 보자면, 구강은 그 안쪽의 일부분이 호흡기로 이어져있다. 호흡기는 비강, 인두, (이상 상기도라고 한다)인후, 기관, (이상 하기도라고 한다) 좌우의 기관지, 소기관지로 나누어지고 더욱더 세밀하게 나누어져서 폐포라고 하는 주머니로 되어있다. 폐를 감싸는 주머니는 늑막으로 그 위에 늑골이 있고 흉곽을 형성하고 있다.

병의 설명을 편리하게 하기 위해, 상기도의 병과 하기도의 병으로 나누어 두겠는데 전자는 감기, 어렵게 말하자면 급성비염이고, 그것이 진행되어서 급성후두염이 되면 하기도의 병이 된다. 다음으로는 기관지염, 거기에서 병이 더 깊이 진행되면 모세기관지염이 된다. 이것들이 폐장으로 진행하면 기관지 폐렴이 된다. 그 외에 원인이 다른 급성 폐렴(크룹성 폐렴)이 있다.

다음으로 호흡의 생리를 간단히 서술하겠다. 평상시 우리들은 의식하지 않고 호흡작용을 하고 있는데 숨 쉬는 것이 괴로울 때에는 병에 걸렸을 때이다. 인체에는 산소가 필요하므로 호흡작용에 의해 공기가 코에서, 상기도, 하기도를 통해 산소를 공급하는 것이다. 이것이 호흡의 제대로된 방법이다. 입을 열고 입으로 호흡하는 것은 상도가 아니고, 호흡기의 일부에 무언가 병이 있기 때문이다. 호흡의 방법에는 복식, 흉식 그리고 둘의 혼합형이 있다. 흉식 호흡은 약한 호흡으로 흉곽을 부풀려서 시행하며 부인들의 호흡이 주로 이렇다. 소아의 호흡은 약한 복식호흡으로 자랄수록 복식 흉식 혼합형이 되며, 만 10세경 무렵부터 남자는 복식, 여자는 흉식으로 구별되기 시작한다. 호흡수를 세려면 공기가 비강에서 들어가 거꾸로 또 이 길을 통해 나오는 것을 1회로 친다. 아이는 호흡의 횟수가 많고 성인이 됨에 따라서 점점 줄어들며 어른이 되면 15~16이 된다. 어른이라도 폐가 나쁘거나 혹은 그 일부가 나쁠 때에는 호흡면이 적기 때문에 호흡 회수가 늘어나기 마련이다. 또 아이는 만3세까지 동안은 호흡이 고르지 않게 되는 일이 종종 있지만(수면시) 이는 생리적 현상이므로 걱정할 필요 없다. 맥과 호흡은 1대 4의 비율로 되어있지만 만약 그 비율이 1대 3이라든지 1대 2라면 주의해야 한다. 아마추어는 맥의 수나 호흡수를 아는 것이 성가시기 때문에 다음에 말하는 것을 주의하면 좋다.

급하게 어린이의 손발이 차가워진다든지, 입술의 색이 나빠질 때는 심각한 문제가 있는 것이므로 이것이야말로 주의해야 하며, 맥박만 신경 쓸 필요는 없다. 입술 색이 보라색이 되고 비익호흡을 할 때는 다른 호흡기 문제가 없는지 생각해야만 한다. 그리고 가슴을 젖혀보고 목이나 명치가 공기를 들이마실 때 함몰하지 않는가를 보는 것도 필요하다. 그런 후 얼굴이 괴로운 상태를 보일 때는 이 또한 비상시이므로 아마추어가 처치를 하려 하지 말고 한시라도 빨리 전문 의사에게 보여야 한다.

×

다음으로 호흡기병의 바른 지식을 서술하고자 한다. 일반적으로 감기는 '코감기'라고 해서 별 거 아닌 취급을 하지만 결코 방심해서는 안 되는 병이다. 같은 병이라도 아이들의 체질에 따라서 나타나는 증상이 사람마다 몹시 다른 법으로 그 중에는 선천적으로 나쁜 것이 있는데 이런 아이는 정말로 가엽다. 특히 유아가 코 카타르(감기)에 걸리면 코가 막힌다. 제대로 된 방법을 통한 호흡이 불가능하기 때문에 입을 열어 호흡한다. 그래서 다양한 병을 일으킨다. 또 경련 불면이나 질식 상태 등등의 증상이 나타난다. 또 소아가 작으면 작을수록 중이염이 함께 발생되는 일이 많다. 그러나 유아의 중이염은 큰 아이처럼 귀의 통증을 호소하지는 않기 때문에 발견하기가 어렵다. 이런 때에 유아의 귀를 눌러보면 아파서 운다. 그러면 중이염에 걸려있다는 것을 대략적이나마 알아낼 수 있다. 그대로 놔두면 후에 수막염이 되는 일이 있다. 그 때문에 많이 진행되지 않았을 때에 빨리 바른 간호법에 따라 상기도에서 막을 수 있도록 해야 한다.

다음으로 하기도의 병에 대해서 이야기 하겠다. 이상의 병상이 점차 밑 쪽의 인후로 진행되면 그곳의 점막이 붓기 시작해서 호흡할 때 '개가 짖는 것 같은 소리가 나는'것처럼 된다. 이것은 종종 임파체질이나 신경질적인 소아에게 돌연 일어난다. (가성 크룹) 이 쉰 목소리는 또한 모두가 아시는 대로 디프테리아일 때 특유의 증상이다. 기관지가 나빠지면 이번에는 기관지염에 걸리는데 큰 아이나 어른이라면 그다지 심하지 않지만 유아는 특히 심각하다. 비상시에 노력해서 호흡을 하기 때문에 명치가 함몰하게 된다. 기관지염이 더욱더 진행되면 모세기관지염이 된다. 모세기관지라고 하는 것은 기관지에서 폐조직으로 이행하는 부분이므로 모세기관지염은 폐렴(기관지 폐렴)의 절반정도까지 진행한 것과 마찬가지이다. 따라서 의사에 따라서는 이 경우 모세기관지염이라고 말하거나 기관지 폐렴이라고 말하는 경우가 있다. 이렇게 병이 심부로 진행되기 시작하면 신체가 약해지고 기침을 할 힘이 없어진다. 따라서 아이가 우는 것이 약해지거나 기침이 약해졌을 때는 기관지염이 모세기관지염으로 이행한 것이라고 생각해도 좋다. 그 반대로 병이 낫기 시작할 때는 점점 우는 것도 기침도 강해진다. 이것은 잘 주의해야 하는 일이며 이 사실을 잘 알지 못하고 때를 놓치면 아무리 의사가 보아도 손쓸 방도가 없다. 기관지폐렴(일명 카타르성 폐렴) 이외에 급성폐렴이라고 하는 것이 있는데 이것은 6개월 이내의 유아에게는 거의 보이지 않는 병으로 그 증상은 급하게 열이 나고 호흡이 어려워지고 티아노제(입술 등이 보라색이 됨) 등이 온다. 그 원인은 후두 등에 잠복하고 있던 병균이 신체의 쇠약에 편승해서 총공격을 해서 갑자기 병에 습격을 받는 것이다. (최근에는 이것에 대해서 여러 재미있는 이론이 있지만 너무 전문적이기 때문에 여기에서는 말하지 않겠다.)

이 외에 호흡기병으로서 천식이 있는데 이것은 주로 체질이상자에게 일어나는 것이다. (끝) 〈85~88쪽〉

하라 히로키(일본적십자사 조선본부병원 소아과의장 의학박사, 原弘毅),「제2회 '어머니 강좌' 성홍열의 예방과 일광욕에 대해서」,『조선급만주』(제303호), 1933년 2월.

전회에는 주로 소아의 호흡기 관련 병에 대해서 말했지만 '조선의 겨울에 대비하는 엄마의 마음가짐'으로 '성홍열의 가정 예방법' 맑은 날씨 사온(삼한사온 중 사온)의 은혜를 받은 날을 이용해서 하는 일광욕'을 추천한다.

일광욕이 신체에 유효한 것은 햇빛 안에 포함되어 있는 '자외선'의 작용 때문이라고 말해진다. 또한 우리들은 소아의 결핵 등에도 자외선을 일부러 인공적으로 발생시켜 사용하고 있는데 이번에는 이 두 개에 대해서 이야기해 보고자 한다.

1. 성홍열의 가정 예방법

조선에서의 겨울 소아전염병으로 가장 주의해야 할 병은 성홍열과 디프테리아이다. 지금은 이 두 가지의 병의 병원균에 대해서 밝혀졌고 이들 둘 다 예방주사로 예방할 수 있게 되었다. 따라서 당국에서도 상당한 경비를 사용해 실시하여 상당한 성적을 올렸다.

대체적으로 인간이 전염병에 걸릴 때에는 병원균의 감염에 의한 것이 첫 번째이지만, 그 외에도 그 병이 되는 유인도 생각해야 한다. 감기에 걸려서 인후가 약해지거나 했을 때에 병원균이 침입하기 쉬운 상태가 된다고 하는 등의 상황이 바로 그것이다. 또한 연령적 차이에 따라서도 전염 난이도가 달라진다. 예를 들면 유치원에 갈 정도의 연령의 아이가 가장 전염병에 걸리기 쉽고 생후 3개월 정도까지의 유아는 오히려 걸리기 어렵다.(단 백일해는 예외적으로 태어난 다음날부터라도 걸리는 경우가 종종 있다)

성홍열의 전염경로는 어떠한가. 이것은 디프테리아도 마찬가지인데, 후두가 먼저 첫 번째로 병균의 침입을 받는다. 성홍열은 이 외에 외상에서 병원균이 침입하는 일도 있으므로 주의해야 한다.

다음으로 생각해 둬야 할 것은 잠복기인데, 전염병 중에는 잠복기가 10년, 20년이나 되는 긴 것도 있지만 성홍열이나 디프테리아처럼 몹시 짧은 것도 있다. 성홍열에 걸리는 것은 그 병원균이 어딘가에서 체내로 들어오지 않으면 안 되고, 또 연령적으로 병에 걸릴 수 있어야 한다. 즉 감수성이 없으면 안 된다. 이 두 개의 병은 누구라도 알고 있듯이 어른은 걸리기 어렵다. 어린이가 유치원이나 소학교에 갈 때가 되면 이러한 전염병에 걸리는 일이 많다. 학부형으로부터 이것을 어떻게 할 수 없는가 하고 종종 질문을 받는다.

정말로 유치원이나 학교에서 전염되는 일도 있겠지만 나는 그것에 대해 이러쿵저러쿵 말이 많은 사람들의 가정에서 전염하는 일도 몹시 많다고 생각한다. 즉 성홍열이나 디프테리아에 걸리기 어려운 아버지나 어머니가 보균자여서 이것이 사랑하는 자식들에게 감염시키는 원인이 되는 일이 있는 것이다.

지금 그 예를 하나 들어보겠다. 9세의 아이가 성홍열에 걸렸다. 겨울방학중이었기 때문에 학교에서 전염된 것은 아니다. 그래서 나는 가족을 모두 병원에 오게 해서 검사를 했다. … 4인 가족이었는데 환자는 입원했다. … 그 결과에 따르면

비인강내의(鼻咽)	딕 피부반응	
환자	+	+
아버지	−	+
어머니	+	+
여동생(5세)	−	+

결핵의 때에 투베르쿨린을 주사하여 결핵의 유무를 보듯이 성홍열에서도 피부에 주사(이 것을 피르케 반응이라고 한다)해 보면 피부반응을 보이는 것과 보이지 않는(이것을 딕 반응 이라고 한다) 것이 있다. 반응을 일으키는 것은 현재 성홍열에 걸리기 쉬운 상태에 있는 것 (감수성을 가지고 있다고 한다)이기 때문에 예방주사를 맞을 필요가 있다.

이것을 보면 아버지는 현재 성홍열에 걸리지 않았지만 걸리기 쉬운 상태인 것을 알 수 있다. 어머니는 균도 있고 또한 감수성도 있지만 현재 걸리지 않았다. 여동생도 아버지와 마찬가지이다.

나는 이 엄마에게 '감기에 걸렸는가, 혹은 인후가 아팠던 적이 있지는 않은가' 질문해 보았 다. "2주 정도 전에 2일 정도 인후가 아파서 곤란했던 적이 있습니다"라고 대답했다.

나아가 "성홍열 아니었습니까?"라는 질문에 "그저 목이 아팠을 뿐입니다"라고 대답했다. 이 때문에 이 환자는 엄마로부터 전염된 것이라고 생각했다. 불행히도 아기는 사망했고 얼 마 지나지 않아 여동생도 걸렸다. 이 또한 엄마로부터 전염된 것이라고 생각할 수밖에 없다. 즉 어른이 후두에 병이 걸렸을 때는 충분히 주의해야만 한다.

이러한 예는 얼마든지 있으리라. 또 가정부가 어른이라서 성홍열에 걸리지 않았는데 아까 그 엄마와 마찬가지로 어린이의 성홍열의 원인이 됐다고 하는 예도 있다. 가정 예방법이 얼 마나 필요한지는 앞서 서술한 내용을 보아도 명료해졌을 것이라고 생각한다. 그 때문에 가 정내에서도 어른이 인두가 아플 경우에는 빨리 치료해야 한다. 또 평소 인두는 외출에서 돌 아오면 닦아야 한다.

다음으로 예방주사에 대한 이야기를 해보고자 한다. 예방주사는 면역체를 발생시키기 위 해 시행하는 것인데 주사를 놓으면 직후에는 일시 항체의 양이 오히려 저하되고 그 후 며칠 이 지나야 비로소 점점 증가한다. 즉 예방주사를 맞은 직후에는 일시면역체가 저하하기 때 문에 그때 오히려 병에 걸리기 쉬워지는 것이다. 그 때문에 전염병이 유행할 때에는 예방주사 는 깊이 생각해보고 맞춰야 한다. 특히 동일 가족에 전염병이 있을 때에는 나는 결코 추천하지 않는 다. 또한 예방주사를 맞으면 바로 면역체가 증가한다고 생각하는 것은 틀린 것이다.

빌리백신(bilivaccin)등도 그렇다. 그 때문에 예방주사를 맞았다고 해서 바로 불규칙하고 불건강한 생활을 하는 것은 좋지 않다.

2. 자외선에 대해

조선의 겨울은 춥다. 특히 따뜻한 주고쿠지방이나 규슈지방에서 온 사람은 추위를 느끼겠지만 그것은 그저 온도를 보면 깜짝 놀라게 되는 것이다. 나는 도호쿠 사람이지만 도호쿠의 겨울보다 얼마나 좋은지 모른다. 도호쿠나 호쿠리쿠의 겨울에 이런 맑은 날은 없다. 조선은 축복받았다. 날씨가 좋은 날, 바람이 없는 사온의 날에는 아이에게 일광욕을 시키는 것이 극히 필요하다고 생각한다. 이집트인과 그리스인의 두개골을 비교해 보면 이집트인 쪽이 강하다고 한다. 그것은 이집트가 일광이 풍부하기 때문이고 그리스인은 문화가 발전해서 모자를 썼기 때문에 두개골이 강하지 않다고 말해지고 있다.

본 ○내 각지의 기상을 표시하면

장소	평균온도	온도	맑음(일)	흐림(일)
삿포로	6.4	79	17	181
센다이	10.5	77	27	160
니가타	12.4	74	29	218
가나자와	15.0	76	26	194
도쿄	14.0	75	48	179
오사카	15.2	74	57	120
후쿠오카	15.2	79	57	182
가고시마	17.2	79	50	160
부산	15.7	67	62	164
경성	11.0	71	54	138

(1933년 아사히 연감에 따름)

이것을 보면 경성보다도 삿포로 등이 춥다. 날씨가 좋은 날이 50일 이상인 곳도 드물다. 햇빛을 쐬지 않기 때문에 생기는 어린이 병은 구루병(곱추가 아님)인데 이 병이 많은 것은 날씨가 좋은 날이 적은 니가타, 가나자와이다. … 이 지방은 맑은 날수가 경성의 절반밖에 되지 않는다. … 경성에는 구루병이 적다고 말해지고 있는데 이 연구가 점점 진행됨에 따라 이를 부정하는 사실이 명백해지고 있다. 경성에도 아이를 햇빛을 쏘이게 해야 한다는 것은 그러한 연구에 따르면 분명하다.

햇빛은 프리즘을 통해 분석하면 7색이라는 것은 이미 다 알고 계시겠지만, 그것은 가시선이라고 하고 그 외에 눈에 보이지 않는 불가시선이 있다. 7색 중 빨간 것 바깥쪽에 적외선이 있고, 보라색 바깥쪽에 자외선, 뢴트겐선, 라듐선 등이 있다. … 적외선은 열선이고 자외선 이상은 화학선 … 자외선은 햇빛 부족 때문에 일어나는 병에 좋고, 뼈의 병에 가장 효과가 좋다. 뼈에 문제가 생겨 구루병에 걸렸을 때는 직접 신체에 자외선을 쏘이게 하는 대신에 음식에 자외선을 쏴서 그것을 먹게 하면 좋다. 우리가 사용하는 자외선은 태양등 혹은 인공태양등이라고도 한다. 이렇게 해서 파장에 비해 긴 쪽을 사용하므로 사용할 경우에는 거리에 주의해야만 한다. 보통은 60센티 즉 약 2척 정도 떨어뜨려서 사용한다. 태양은 평행선이므로 어디에도 평균적으로 오지만 우리가 사용하는 자외선은 자연에 있는 태양 광선이 아니다. 따라서 평행선이 아니므로 차이가 생긴다. 그래서 사용상 주의를 필요로 하는 경우가 많다.

빛은 공기 중을 통해 온다. 따라서 공중에 있는 연기나 기체 등 때문에 자외선은 흡수되어 버린다. 그러므로 일광욕은 날씨가 좋다고 하는 것뿐 아니라 먼지가 없는 날이 아니면 효과가 그만큼 줄어들게 된다. 하루 중에서도 시간에 따라서 차이가 있으므로 특히 겨울 일광욕은 직접 햇빛을 직접적으로 오는 때를 골라야 한다. 보통 유리는 자외선을 흡수하지만 최근은 자외선을 통과시키는 유리도 발명되었다. 하지만 도시에서는 이것도 크게 효과가 없다. 날씨가 좋은 날에 창을 열고 일광욕을 하는 편이 좋다.

자외선의 작용은 다양하다. 전신적인 작용으로는 식욕증진, 백혈구가 증가하여 결핵균을 죽이는 것 또는 혈압이 내려가고, 뼈의 성분인 칼슘이나 인(燐) 증가 등의 효과가 있다. 빛을 쬔 국부는 빨갛게 되고 그것이 너무 강하면 타기도 한다. 생활력이 없는 물질에, 자외선을 쏘이면 능동성 물질 즉 비타민D가 된다.… 항(抗) 구루병성 비타민이라고도 한다. … 이것을 구루병의 아이에게 먹이면 좋아지지만 계속해서 사용하면 반응을 일으키므로 꼭 의사에게 상담해서 그에 따라야 한다.

자외선의 응용으로서는 그 외 다양하다. 법의학적으로는 지문을 채취하거나 혈액, 독물, ○병뇨의 검사가 확실히 가능하고, 그 외 위조지폐나 상품의 진품가품을 감정하고 퇴색시험 등도 쉽게 할 수 있다. 살균력도 몹시 강하므로 이 방면의 응용도 널리 진행되고, 비밀통신에 이용하여 전쟁에 도움이 되는 것도 가능하다.(강연 요항-책임은 기자에게 있음)

제4회 '어머니 강좌'는, 2월10일(금)쯤 열립니다. 주제는 (1) 디프테리아에 대해서 (2)소아와 '아데노이드'입니다. 청강자는 따로 제한이 없습니다(무료). 단 출석할 때는 주소 성명을 명기한 엽서 1장을 지참할 것(차회 보고를 위해) 회장은 기독교 청년회입니다.(끝) 〈94~96쪽〉

우라베 히로미(우라베 의원장, 占部寬海), 「계절과 질병」, 『조선급만주』(제304호), 1933년 3월.

내과의로서의 다년간의 경험으로 봐도, 또 아마추어의 체험으로 봐도 혹한혹서 및 환절기 때에 인체가 질병에 걸리기 쉬운 것은 사실입니다.

그렇다면 연중 항상 봄 같은 북미 캘리포니아나 남미 콜롬비아 등의 땅에는 환자가 몹시 적어야 할 텐데 반드시 그렇지도 않습니다.

일반적으로 내과 질환은 봄 4월이나 가을 11월경에 적은 것이 사실이지만 이것은 한여름의 더위나 엄동설한에 단련된 인체가 봄볕, 가을의 서늘함의 호시절을 만나 비로소 얻어지는 건강이라고 확신합니다.

만약 사계절 변화도 없고 연중 온난한 무자극의 땅에 상주함으로써 인체의 건강이 얻어지는 것이라면 온실에서 자라는 초목은 야생의 초목과 비교했을 때 강인해야만 합니다. 동물원에 길러지면서 인간의 보호 하에서 살고 있는 금수류는 야생의 동물에 비해 훨씬 강건해야만 합니다. 하지만 사실은 이것과 전혀 다릅니다.

인류도 마찬가지입니다. 더위와 추위가 격한 나라보다도 온난하고 기후가 좋은 나라의 사람들이 훨씬 건강해야 할 것이지만 반드시 그렇지는 않습니다.

그리고 보면 사계의 변화라고 하는 것도 역시 건강상 저주할 만한 일은 아닙니다. 아니 오히려 신은 생물의 건강을 위해 사계의 변화를 창조한 것이라고 해도 좋을 것입니다.

그런데 불행히도 인간이라는 동물은 세상의 문명과 함께 점점 심신이 유약해져서, 여름에는 양산이나 모자나 선풍기나 얼음까지도 이용해서 더위를 피하고 겨울에는 외투, 목도리, 장갑, 버선부터 마스크나 난방장치를 사용하여 추위를 피하고 있습니다. 그래서 점점 더 저항에 약한 몸을 만들고 있습니다.

인류가 만들어진 이래로 몇 천만 년의 타락생활의 역사를 돌아보면, 하루아침에 자연생활로 돌아간다고 하는 것은 무모하며 불가능합니다만, 현대의 소위 문화(?)인이라고 하는 사람들은 이 점에 몹시 유의해야 할 필요가 있다고 생각합니다. 끊임없이 진보하는 의학기술을 이용하는 것은 인류의 특기로서 더할 나위 없는 복입니다만 너무나도 지나치게 보호하여 저항에 약한 자손을 남기는 것은 최대의 불행입니다. 급성병자가 아닌 한 마땅히 소극적 태도를 개선하여 단련에 나서야 합니다.

그러면 계절의 변화에 시달려서 병마에 사로잡히는 일은 점차 소멸할 것이라고 확신합니다.

각각의 사계절 및 그 환절기의 때에 일어나기 쉬운 질병에 대해 세세히 설명하는 것은 쉽지 않기 때문에 그것은 생략하기로 하고 현재 추울 때 매년 찾아오는 감기의 예방법에 대해 한 말씀 드리고자 합니다.

애초에 감기라고 하는 병명은 의사도 아마추어도 퍽 남용하는 병명입니다만 우리 전문가들이 고백하건데 실제 갑자기는 도저히 무엇인지 알 수 없는 질환에 실로 갖다 붙이기 좋은 병명입니다.

사실 감기라고 하는 병은 전혀 정체를 알 수 없는 병이라서 오늘날 발전된 의학으로서도 아직 그 정체를 파악할 수가 없습니다.

게다가 '감기는 만병의 근원'이라는, 사람들 입에 오르내리는 속설이 있듯이, 이 감기는 어떻게든 변화하여 온갖 질병의 근원이 되고 원인이 됩니다.

우리 내과의가 감기환자를 쫓아다니고 있는 동안에 기관지염, 폐렴, 늑막염, 폐결핵, 신장염, 맹장염, 신경통, 이비인후병 등 제한도 없이 다양한 병을 유발해가는 것입니다. 따라서 감기의 예방이라고 하는 것은 인류의 건강보전에 있어 몹시 중대한 일입니다.

그렇다면 감기에는 어떠한 경우에 걸리는가 하면, 추운 계절에 많다는 사실로 보아 역시 추위가 많은 원인이 된다고 생각되는 것은 지극히 당연합니다. 그러나 감기는 단순히 추위 때문에만 발병하는 것은 아닙니다. 봄에도 한여름에도, 가을의 계절에도 많이 걸리는 것이 감기입니다. 그래서 나는 어려운 병리학의 이론 말고 '인체가 외부의 변화에 기민하게 적응하지 못할 때에 틈을 노리고 찾아오는 질병'이라고 단정합니다.

만약 탄력적인 강건하고 더할 나위 없는 신체의 소유주라면 외부로부터의 온습 풍우 등의 급변화를 만나도 체내의 생리기능이 임기응변으로 적응하여 좀처럼 감기 등에 걸리지 않습니다. 요컨대 탄력이 없고 저항력이 약하기 때문에 걸리는 것입니다.

그렇다면 어떻게 해서 저항력이 강한 신체로 단련을 시킬 수 있을지, 이것은 여러분들이 이미 잘 알고 계시듯이 우선 체온 조절에 중대한 관련이 있는 몸 표면의 피부의 기능을 강건하게 하기 위해 청결과 저항력의 증진을 한 후, 찬물 목욕, 온욕, 냉수마찰, 건포 마찰 내지 〇〇〇, 수세미 마찰 등을 감행할 것. 가능한 한 얇게 입어서 너무 따뜻하게 싸매지 않을 것, 겨울 난방이 되는 방에 오래 칩거하는 것을 피하고 종종 차가운 바깥 공기를 마시며 단련할 것, 따라서 목도리나 장갑이나 마스크 등을 착용하지 않을 것입니다.

다음으로는 적당한 운동수면을 통해 내장의 건강을 꾀할 것, 특히 음식섭생을 감행하여 위장 건강 유지 등은 가장 필요한 일입니다.

폭음폭식, 밤새우기 등을 해서 위장의 소화를 저해하는 등의 일은 저항력을 가장 약하게 하는 일입니다. 술에 취했다가 깨서 추운 공기에 노출되는 일 등 또한 가장 위험한 일입니다.

경성처럼 먼지가 많은 토지에 산다면 아침저녁으로 양치를 해서 인후의 청결을 유지하는 것, 또한 소극적이긴 하지만 좋은 일입니다. 하지만 마스크를 쓰는 것은 너무 소극적인 저항 감약법입니다. 이미 질병에 걸렸을 경우에는 남과 나를 위해 어쩔 수 없이 착용할 필요도 있겠지만 건강한 사람이 겨울에 마스크를 상시 착용하는 것은 어리석은 일이며 만약 이것이 일반에 상용화된다면 인류는 대를 더해갈수록 비인후 점막의 저항력이 약해지게 될 것이고 겨울철 마스크 없이는 외출할 수 없는 시대가 도래할 것은 불 보듯 뻔한 일입니다. 이것은 인류장래의 건강상 중대한 문제입니다.

일반적으로 문화시설은 대부분 인체를 너무 보양하여 그 저항력을 유약하게 할 우려가 큽니다. 이 점은 특히 일반인들이 유의해야 할 점입니다.

요컨대 감기의 예방이라고 해도 결코 다른 묘한 수가 있는 것이 아닙니다. 소극적으로는 섭생을 지키고, 적극적으로는 무모하지 않을 정도의 단련으로 심신을 강하게 하여 전신의 건강을 꾀하는 것으로 귀결됩니다.

소극적 위생과 적극적 단련법을 오묘하게 이용하여 계절 변화에 임기응변으로 자유자재 적응하여 결코 병마에 습격당하지 않도록 가능한 한 강건한 신체를 만들어내는 것이 우리가 해야 할 유일한 질병예방법입니다.(끝) 〈61~63쪽〉

하라 히로키(일본적십자사 조선본부병원 소아과의장 의학박사, 原弘毅),「특히 폐문임파선결핵에 대해서-제3회 '어머니 강좌'」,『조선급만주』(제304호), 1933년 3월.

결핵다운 징후는 전혀 없었다고 생각했던 사람이 다른 병에 걸려서 죽은 후에 그 시체를 해부해 보니 의외로 결핵 병변이 있는 경우가 있다. 그 정도로 결핵성 병은 많고, 자기도 모르는 사이에 걸려 있는 일이 많다. 그러나 또 다른 면을 보면 '결핵은 낫는 병'이기도 하다.

이렇게 간단히 말해도 실제 걸린 사람 입장에서는 낫기 어려운 난병이다. 초기 때는 치료하면 낫는 병이기 때문에 결핵에 걸리고 나서, 무턱대고 '괜찮아 나을 거야' 라고 말할 수도 없고 동시에 '낫지 않아' 라고 부정할 수도 없다.

◇

소아결핵이라고 한마디로 묶어 말해도 병이 걸린 장소, 증상, 병 형태에 따라서 다양하게 구별되는데 그 중에서도 아이에게 가장 많은 것은 폐문부의 임파선결핵이며 어른과 같은 폐결핵은 적다. 오히려 어린이 결핵에는 속립결핵의 결핵성 뇌막염이 있고, 드물게 선병성 복수가 있다. 여기에 어린아이에게 가장 많은 폐문임파선결핵을 중심으로 소아의 결핵에 대해서 이야기해 보자.

◇

그런데 폐문임파선결핵이란 어떠한 병인가. 이것이 대해서 이야기하기에 앞서 먼저 그 장소'폐문임파선'을 알아야 한다.

폐문임파선은 폐의 입구(폐문) 즉 대기관에서 나눠진 기관지가 폐장으로 들어가는 부분에 있다. 이 임파선이 결핵균 때문에 팽창하는 것을 폐문임파선결핵이라고 한다. 따라서 이 폐문임파선은 일명 기관지 임파선이라고도 한다.

이 부분의 결핵은 외견상으로는 그다지 나쁘게 보이지 않지만 꼭 주머니에 탄환을 넣고 다니는 것과 같아서 어떤 기회 때문에 그것이 파열되어 무서운 속립결핵을 일으키거나, 혹은 결핵성 뇌막염을 일으키거나 하게 된다. 소아결핵은 이렇게 일어나는 것이다. 다음으로 그 원인에 대해서 간단히 이야기 하고자 한다.

◇

먼저 결핵균이 기관지를 통해 폐장으로 침입하여 그 장소에서 번식하여 여기에 작은 결핵 병변(소위 원발병균)을 만든다. 여기에서 그 주위에 있는 임파관에 의해 가까이 있는 기관지 임파선에 도달한다. 그러면 그 임파선은 침입해 온 균이나 독소를 억제하고 바깥으로 가지 못하게 하므로(소위 결핵의 잠복상태) 임파선이 팽창하며, 이것이 폐문임파성결핵이다. 이 경우에는 다소의 열이 나거나 몸이 나른하게 느껴지기는 하지만 많은 경우에는 병이 여기서 멈추고 이 이상은 진행되지 않는다. 이것이 초기 결핵이다. 그런데 무언가의 원인(마찰, 백일해, 그 외 영양이 나빠서 몸이 약해진 상태)이 있을 경우, 결핵균이 임파선에서 임파관으로 부근의 폐장을 침범하게 되고, 혹은 임파선 부근에 있는 혈관으로 들어가 전신 결핵을 일으키게 된다. 전자는 폐결핵이고 후자는 속립결핵(이 경우에 결핵성 뇌막염의 증상도 함께 발생한다)이다. 이것이 소아 결핵이 걸리는 경로이다.

결핵이라고만 하면 바로 폐렴이라고 생각되고 있지만 어른의 결핵도 소아 결핵의 순서를 밟아 일어난다. 즉 소아 시절에 폐문임파선 치료를 충분히 하지 않거나 혹은 그 증상이 몹시 가벼웠기 때문에 인지하지 못하거나 해서, 결핵의 잠복상태인 채로 지내던 중에 무언가의 원인으로 잠복성에서 활동성으로 바뀌어 결국 폐결핵을 일으키는 일이 많다.

◇

폐문임파선의 증상은 대체로 두 개로 나누어진다. 첫 번째는 결핵의 일반증상 즉 식욕부진, 권태, 식은 땀, 발열 등이며 두 번째는 임파선이 부어 직접 장기를 압박하기 때문에 나타나는 증상(심한 기침 등)이다. 이 폐문임파선결핵을 병원에서 발견할 경우는 다음과 같은 것을 환자가 호소해서 진찰하러 오는 경우가 많다.

첫 번째는 '최근 몹시 기력이 없다' 학교에서 돌아오면 몹시 피곤하다. 조금도 살이 찌지 않는다. 안색이 좋지 않다. 오후에 되면 열이 난다. 그리고 식은땀을 흘린다. 이런 것들이다. 어린이의 경우에 열이 내리면 몹시 기력이 있기 때문에 그 때문에 눈치를 채지 못하는 일이 많다. 그러나 폐문임파선이 몹시 부은 경우에는 급하게 열이 오르고 어떤 병인지 알지 못하고 말라리아에 걸렸나 해서 오는 사람도 있다. 음식을 가리기 시작해서 환자의 엄마로부터 '이 아이는 요즘 고기나 생선을 싫어하고 절임만 먹어요'라는 이야기를 들을 때가 있다. 열이 몹시 높으면 눈치 챌 수 있고 혹은 오후만 되면 열이 난다고 하는 결핵 특유의 증상이 있을 때는 알아챌 수 있지만, 경미한 열이 있거나 혹은 병의 잠복기가 계속될 경우에는 좀처럼 알수가 없어서 다른 병을 진찰 받으러 왔다가 비로소 발견되는 일이 많다.

폐문임파선의 근처에는 기관지가 있고, 혈관이 있고, 신경이 있고, 식도가 있다. 그 때문에 임파선이 부으면 이런 기관을 압박하는 증상이 나타나기 시작하는 것은 당연하다. 그래서 '밤이 되면 기침이 난다'라고 증상을 호소하기도 한다. 이것은 임파선이 어떤 신경을 압박하기 때문이며 또 혈관을 압박하기 때문에 흉부나 등 부분의 피부에 혈관의 팽창 등이 발생하기 때문이다. 또는 이런 경우는 극히 드물기는 하지만 식도를 압박해서 음식을 삼키기 어렵게 하는 증상이 일어나기도 한다.

그러나 극히 가벼운 경우에는 증상이 그다지 나타나지 않아서 전혀 눈치채지 못하는 경우가 있다. 그런데 방치해 두면 앞에서 말한 것처럼 심각해져서 되돌릴 수 없게 되는 경우가 많다. 다만 초기에 적당한 치료를 하면 낫는다. 즉 조기에 충분한 치료를 하면 좋다. 사정이 이러하니 앞서 서술한 증상이 있을 때는 한시라도 빨리 의사에게 가서 진찰을 받아야 한다.

폐문임파선은 동시에 복수(즉 삼출성 복막염)가 동시에 발병하는 경우가 있다. 그 증상은 배가 나오고 식사하는 것이 꺼려지고, 몸이 마르기 시작하고, 치료하지 않으면 유착성 복막염이 된다.

◇

어린이에게 앞서 말한 증상이 있으면 조금이라도 빨리 치료해야만 한다. 이는 결핵의 일반적 요법에 꼭 필요한 일인데 그 요법에는 다양한 방법이 있다. 예를 들어 영양에 신경을 쓰고 면역을 높이기 위해 버터, 간유를 섭취할 수 있도록 하는 등의 일이다. 세계전쟁 후 독일의 어린이들이 몹시 약해져서 독일의 학자는 버터가 들어간 우유를 마시도록 장려했는데 우리들도 이것을 추천해서 상태가 좋았던 사람이 있다.

두 번째는 안정인데, 아이에게 안정을 바라는 것은 어렵지만 이것도 의사가 학교를 쉬고 정양하는 것이 좋다고 추천하면 그 말에 따라 학교를 쉬어야만 한다. 이 경우에는 엄마의 감시가 필요하다. 병이 좋아지기 시작하면 마루 위에서 학교 책 등을 읽는 정도는 허용하고 있다.

공기가 좋은 곳에서 일광욕을 하는 것은 지극히 필요한 일이지만 또는 인공 태양등(자외선)도 사용된다. 그러나 이 태양등을 사용할 경우는 의사에게 상담하지 않으면 오히려 해가 될 수 있다. 또한 의사가 아닌 사람의 광선요법은 피해야 한다.

다음으로 약제에 대해 말해두고자 한다. 결핵의 약제는 매일 신문지에 광고되고, 셀 수 없을 정도로 많다. 이는 사실 결핵에 특효약이 없다는 말이나 마찬가지이다. 약을 사용하기보다도 영양에 좋은 것을 먹는 것이 오히려 필요하며, 간유를 주거나, 소화하기 쉬운 단백제(폴리타민 등)을 사용하면 좋다. 결핵이 되면 '칼슘을 주사해 달라고 요청하는 사람이 있는데 다양한 음식물을 섭취하면 칼슘은 충분하므로 우리는 그런 것을 특별히 따로 하지 않는다.

◇

결핵 예방, 결핵은 몹시 많다. 점점 의사의 지식도 발전하고 사회의 위생상태도 진보해왔지만 이에 반해 사회의 경제상태가 어려워지기 시작했다. 그 때문에 충분한 영양을 섭취하지 못하게 되어 결핵환자도 상당히 많다. 이러한 상태이므로 어린이의 영양도 불충분하고, 거실 등도 나쁜 것은 어쩔 수 없는 일이다. 따라서 결핵의 예방도 우리 개인의 힘으로는 어찌할 수가 없다. 사회가 좋아지면 예방도 가능하겠지만 그 때를 기다릴 수많은 없으므로 우리 개인으로서는 적합한 예방법을 강구할 필요가 있다. 그것에는 어떠한 방법이 있을까. 먼저 아이를 결핵에 걸린 사람이 있는 곳에 보내지 않도록 할 것, 즉 결핵환자에게 접하지 않도록 하는 것이다. 특히 개방결핵(가래에 균을 가지고 있는 사람)을 앓는 사람 옆에 보내지 않을 것, 혹시 수유를 하는 엄마가 그러한 병에 걸렸다면 젖을 먹이는 것도 피해야 한다. 혹 그 어린아이의 집에 결핵환자가 없을 경우라도 불결한 장소, 백화점, 영화관 등에 아이를 데리고 가지 않도록 해야 한다. 플러스가 어린이 결핵을 예방하기 때문에 BCG(결핵면역제)를 아이에게 먹게 하고 적합한 효과를 보인 예가 있지만 일본에는 아직 들어오지 않았다. 일본에는 아리마박사 등이 만든 AC라고 하는 주사약이 있어 예방뿐 아니라 치료에도 사용되어 일반적으로 알려지고 있다. 그러나 결핵의 일반 제제와 마찬가지로 이것을 사용한 사람이 주장하는 정도의 효과가 있다고는 할 수 없지만 주사 후 상당히 좋았다고 하는 예도 있다.

약간 큰 어린이는 유치원이나 소학교에 가서 마진이나 백일해에 점염되어 오는 경우가 있다. 이러한 병들은 결핵과 관계가 있는 병이므로 남을 위해서라도 자신을 위해서라도 주의해야 한다.

두 번째로 체력 증진이다. 이를 위해서는 물론 영양을 좋게 할 필요가 있고 또 신선한 공기, 태양도 이용해야 한다. 과도한 운동을 피하고 입학시험 등을 위해 무리한 공부를 시키지 않게 하는 것도 몹시 필요한 일인 것은 말할 필요도 없을 것이다.

또한 속립결핵, 결핵성 뇌막염 등에 대해서는 다른 기회를 보아 이야기하고자 한다. 〈63~66쪽〉

오기노 마사토시(경성부 기사 의학박사, 荻野正俊), 「종두 이야기」, 『조선급만주』(제304호), 1933년 3월.

18세기 말 영국의 제너(Edward Jenner)가 종두를 최초로 고안해냈다. 목장에서 키우는 젖소의 착유를 하는 여성은 가벼운 천연두 정도의 증상이 경미하게 생기지만, 한번 그 병을 치르면 사람에게 유행하는 천연두에 걸리지 않는다는 사실을 제너가 알게 된 것이 그 동기였다. 그래서 우두와 인두 사이에 무언가 관계가 있을 것이라 믿고 소가 걸린 우두의 농을 자신의 아이에게 주입하여(1796년 5월 15일) 그 아이를 천연두가 유행하고 있는 지역으로 보냈다. 그리하여 아이가 감염되는지 아닌지를 살폈는데, 그 아이는 마지막까지 천연두에 걸리지 않았다. 그 후 우두와 인두 사이의 관계 유무에 대해 연구한 결과, 우두를 사람에게 심어두면 인간의 천연두에는 걸리지 않는다는 것이 증명되었다. 그러나 여전히 우두의 병원체도 인간 천연두의 병원체도 밝혀지지는 않았다.

그러나 우두를 사람에게 심어두면 천연두에 걸리지 않는다는 점이 확실해졌으므로 각국 모두 종두법을 만들어서 종두를 강제적으로 실시하게 되었다.

이 종두에 사용하는 두묘(痘苗)를 만드는 방법으로는 먼저 송아지를 사용하는데, 송아지의 복부 털을 가위로 깨끗하게 깎고 그 뒤에 메스 같은 것을 가지고 뱃가죽에 상처를 낸다. 그리고 상처를 낸 송아지 배에 우두의 농을 칠해준다.

그렇게 한 송아지의 배에 농이 생긴다. 그것을 긁어모아 마노 절구로 깨끗하게 갈아서 거기에 글리세린을 넣고 유리 용기에 담는다. 이렇게 만들어진 두묘는 서늘하고 어두운 곳에 저장해 두는데, 그래도 제조일로부터 2개월을 경과하면 사용할 수 없다고 정해져 있다. 또 한 번 용기에서 꺼낸 두묘는 당일 중에 사용하지 않으면 건조해지거나 잡균이 들어가거나 해서 못쓰게 된다.

조선 종두법 규정에 따르면 제1기 종두를 생후 90일부터 약 1년, 2세까지의 사이에 반드시 받아야 한다. 그 후 제2기 종두는 6세가 되었을 때 해야 한다. 그리고 제3기 종두를 세는 나이로 12세 때 해야 한다. 이는 조선 종두법에 의해 정해져 있는 것으로, 강제적으로 실시한다.

이상 열거한 제1기부터 제3기까지의 종두를 정기종두라고 하며, 정기종두를 한 사람은 반드시 1주일 후 검두를 받아야 한다. 그러면 그 결과를 검사하여 종두필증이라는 증명서를 교부받게 되어 있다. 이 증명서는 제1기인 사람은 6세가 될 때까지, 제2기인 사람은 12세가 될 때까지, 제3기인 사람은 20세까지 보존해 두고, 종두원이 검사하러 가서 청구하면 이를 보여주도록 되어 있다.

경성부에서는 봄과 가을에 해당자들을 모아 정기종두를 실시하고 있다. 그런데 정기종두의 통지를 해도 실제로 받으러 오는 사람은 70% 정도밖에 되지 않는다. 검두를 하러 오는 사람은 또 그 반수가 되는 상황이다. 이러한 상태이지만, 부민들이 좀 더 자각해주면 이번과 같은 유행은 아마 없었을지도 모른다고 생각한다.

부 내의 천연두 유행 상황은 1932년에 내지인 53명, 조선인 228명으로, 그중 미종두자가 78명이며, 36명의 사망자가 나왔다. 이 사망자는 전부 미종두자였다. 작년의 천연두 유행 때는 발생 때마다 임시종두를 시행하여 그 수가 약 10만 명에 달했다. 그런데 올해 1월에는 7명의 천연두 환자가 나왔고, 이어서 현재까지 내지인 18명, 조선인 30명의 환자가 나왔으며, 그중 사망자가 7명 나왔다. 이 사망자 7명도 전부 미종두자였다. 또 환자 6명은 작년에 종두를 했지만, 불선감인 사람도 있었다. 또 환자 중의 미종두자 수는 18명이었으며, 나머지 중에서는 5, 6년 전에 했거나, 또는 15, 6년이나 종두를 하지 않은 사람이 많았다. 작년에 임시

종두를 실시한 10만 명 중에 불선감이었던 탓에 천연두에 걸린 사람은 6명이며, 그 외 환자는 작년의 임시종두를 받지 않은 사람들이라는 점으로 보아 종두의 효과는 있다고 할 수 있겠다.

매년 임시종두는 시행하고 있지만, 이 임시종두 때에 종두를 받는 자는 매년 같은 사람으로, 하지 않는 사람은 언제나 하지 않는다는 상태이다. 이리하여 종두를 하지 않는 사람이 천연두에 걸리는 것이므로 올해는 20일부터 28일까지 경성 부민 전체 35만 명에게 시행할 예정이다. 강제종두를 실시하기로 하여 실제로 실시 중인데, 위생시험실에서 3월 1일은 임시종두를 받지 못한 사람에 대해 특별히 종두를 하기로 했다. 그중에는 천연두에 걸린 적이 있기 때문에 종두를 할 필요가 없다는 사람이 있는데, 천연두에 걸린 사람이 재차 천연두에 걸린 예는 얼마든지 있으므로 설령 천연두에 걸린 적이 있는 사람이라도 역시 종두를 해야 한다.

앞서 언급한 대로 우두도 인두도 아직 병원체는 발견되지 않았다. 천연두의 농 속에 병원체가 있다는 점은 분명하지만, 현재로서는 그 이상 알려져 있지 않다. 종두를 하면 사람의 체내에 면역물질이 생긴다. 즉 혈액을 주로 하는 체액에 면역물질이 생겨난다. 상완 외피에 종두를 행하는데, 그것이 확산되며 피부 전체에도 면역성을 갖는 국부 세포가 형성되어서 천연두 병원체의 침입을 막게 된다. 어쨌든 인체를 우두로 면역하면 인간의 천연두에 걸리지 않는다는 것은 사실이다.

대체적으로 종두를 하면 5년간 정도는 면역이 되는 듯하다. 그러나 개인 개인에 대해 일률적으로 면역 기간을 결정할 수는 없다. 개인의 체질에 따라, 또 그해의 유행 상황에 따라 발병 상황이 달라진다. 따라서 천연두가 유행하는 경우, 전년에 접종하여 불선감이었던 사람은 반드시 매년이라도 종두를 받아야 한다. 어른이라도 어렸을 때 종두를 하고 그로부터 20년도 지나지 않은 사람이 종두를 받으면 완전히 아기 때와 마찬가지로 붙는 사람이 많다. 그래서 연로자 쪽도 반드시 이때 종두를 하여 두는 것이 본인을 위해서 뿐만 아니라, 일반 부민에게 피해를 주지 않는다는 점으로 생각해도 필요한 일이라고 생각한다. 이러한 일은 사회를 구성하고 있는 이상 각 개인이 지켜야 할 의무이다.

그리고 크게 생각해도 천연두뿐만 아니라, 그 외 전염병에 대해서도 각 개인 개인이 주의해두면 전염병은 줄어들 것으로 본다. 아무리 당국에서 시끄럽게 떠들어봤자 부민들이 지금 상태라면 현재의 상황을 지속해가야 한다. 이 점을 고려하여 경성 부민 전체가 경성 부에서 전염병을 없애고자 하는 일에 함께 나아가주기를 바란다.

종두를 전시(市)적으로 하는 경우, 길 가는 사람을 순사가 붙잡고 강제로 종두 장소에 보내는 것도 좋지만, 부(府) 관리가 각 가구별로 주의하면서 돌아다니고, 또 가구별로 호적부에 따라 종두자를 조사하러 다니는 정도로 하지 않으면 철저하지 않다, 또 종두를 해도 붕대를 하지 않으면 의복에 종두가 부착하여 효력이 없는 경우가 많다, 실제로 부에서 하는 종두도 일 인당 5전 정도의 붕대료를 거두어 붕대만은 하는 편이 좋을 것으로 본다.(끝) 〈102~103쪽〉

우라베 히로미(우라베 의원장, 占部寬海), 「봄철의 위생」, 『조선급만주』(제305호), 1933년 4월.

한기가 뼈에 스미는 엄동설한도 어느새 지나가고, 일양래복으로 만물이 소생하려는 따뜻한 봄이 되어 산과 들에서 푸르른 초목과 아름다운 꽃들을 볼 수 있게 되었습니다. 엄동설한 중에 자연스레 실내에 박혀있던 사람들 마음도 이 행락의 봄을 맞이해서는 저절로 들뜨게 됩니다.

인체 생리상으로 보아도 가을 겨울의 추울 때는 안에 잠재된 힘을 키우기에 적합하고, 봄 여름의 따뜻한 기운일 때는 밖으로 생성 발육하기에 호기입니다.

사람의 건강상 끊임없이 진보하는 현대의학이 공헌하는 바도 실로 위대한 것이기는 하지만, 화·수·토·풍의 대자연을 접하는 혜택이라는 것은 당연히 뗄 수 없는 지상 지대한 보물입니다.

혹한의 계절에는 아무리 자연계와 친해지고 싶어도 그것이 좀처럼 생각대로 되지 않지만, 이 따뜻한 봄의 좋은 시기에는 유쾌하게 해에도 물에도 흙에도 바람에도 접근할 수가 있습니다.

그러므로 이 좋은 계절을 다행히 여겨 병약한 자도 건강한 자도 열심히 교외로 나가 산으로 들로 산책 유희하여 기상을 높이 키워야 합니다.

전반적으로 구미인은 여유만 있으면 교외로 나가 산과 들을 돌아다니며 천공해활한 대자연계에서 웅비 활약하는 것을 무상의 쾌락으로 여기는 듯합니다. 그러나 우리 일본인에게는 아무래도 그 활기가 부족하여 고작 실내에 박혀서 게으르고 약한 유희에 빠지거나, 가무 연예에 제정신이 아니거나, 폭음 폭식 같은 것을 유일한 쾌락으로 삼고 있는 자가 많습니다. 이 풍습은 무엇보다 심신에 좋지 않은 일로, 고쳐야 할 매우 나쁜 습관입니다.

저 온상(溫床)에서 자라는 풀과 꽃, 그늘에서 생육하고 있는 초목 내지는 우리에서 키우는 조수 종류를 보아도 알 수 있듯이 소위 대 자연계의 화, 수, 토, 풍에 멀어져 있는 것일수록 활기가 부족합니다.

최근 인간계에서는 인공태양등이라는 것이 발명되어 내·외과, 그 외 여러 질병의 치료에 활발히 응용되고, 실제로 그 효과가 현저한 측면이 있는 것도 크게 인정되고 있습니다. 그러나 상식적으로 생각해도 알 수 있듯이 대 자연계의 태양과 그 수억 분, 만 분의 일도 되지 않는 인공태양등은 비교조차 할 수 없는, 멋모르는 일입니다.

음료수에 대해 보아도 아무리 교묘하게 여러 가지 양념을 조합해 본들 자연이 주는 맑은 물보다 나은 것은 단연코 없습니다. 카페나 요리집의 세련된 음식보다 계곡의 암청수로 운동 후 해갈할 때의 맛은 또 각별하여 비교할 수조차 없습니다.

아무리 인지가 진전되었다고는 해도 여전히 지상 1척을 벗어나 살아갈 수 없는 인류는 단순히 건강상으로 보아도 역시 대지에 서 있는 편이 가장 안전합니다. 소위 문화생활은 이 땅에서 떨어져 사는 일에 자긍심을 가지고 있는 것 같지만, 그만큼 인간의 신체가 약해져 가고 있는 것은 의심할 바 없는 사실입니다. 땅은 만물생육의 어머니입니다. 맨발로 걷는 미개인은 매우 건강합니다. 점점 낯짝만 두꺼워지고 발 피부가 얇아진 소위 문화인이 점점 허약해져 가는 점은 부정할 수 없는 사실입니다.

아무리 환절기에 유의해 봐도 실내 공기는 역시 불결하며 불완전합니다. 같은 실외에서도 도회지와 교외 내지는 산이나 해변의 공기는 비교가 안 됩니다. 맑은 공기가 인체의 건강상 유익하다는 것은 새삼 논할 필요까지도 없습니다.

이렇게 신체의 건강상, 지상의 은혜를 드리우고 있는 대자연의 가슴에서 즐겁게 유희하는 데에 최상인 이 봄의 좋은 계절에는 여유를 가지고 교외로 나가 산과 들을 돌아다니며 활발하게 땅의 기상을 키워야 합니다.

'춘면불각효(春眠不覺曉)'라는 인구에 회자되는 말이 있듯이 봄은 또 일 년 중에서도 가장 기분이 좋은 시기입니다. '더위도 추위도 피안까지'라고 하는데, 마침내 피안에 들어가 봄도 본격적으로 시작되면 지상의 생물은 일제히 동면에서 깨어나 활동기에 들어갑니다. 초목이 봄의 양기를 만나 싹을 틔우기 시작하는 것처럼 우리 신체 안의 생리작용도 활발하게 활동하기 시작합니다. 따라서 에너지를 많이 소비하기 때문에 그만큼 동계보다 더 많이 피로를 느끼므로 그 휴양을 위해서는 수면 요구량이 많아집니다.

민간에서는 곧잘 봄에 나무의 싹이 틀 때는 역상성이나 두통이 있는 사람은 머리가 아프고, 위장병을 가진 사람은 위의 상태가 나빠지기 쉽다는 듯이 말하는데, 그것은 전술한 활동과 정력과 휴면과 영양과의 관계에 주의가 부족하여 불균형을 가져왔기 때문입니다. 그러므로 봄에 낮이 길 때는 특히 수면을 충분히 취하고 음식 섭취량에 과부족이 없도록 주의하여 건전하고 유쾌한 활동력을 증진시켜야 합니다.

요컨대 봄은 삼라만상 전부가 활동하는 세계이므로 우리 인류도 깊이 명심하여 소극적으로는 전체적인 불섭생을 피하고, 적극적으로는 열심히 야외로 나가 화·수·토·풍의 인체에 친자하여 건강한 심신을 단련하는 일에 유의해야 합니다.(끝) 〈62~63쪽〉

도야마 마사하루(의학사, 遠山正治), 「눈 이야기-근시, 원시, 난시」, 『조선급만주』(제306호), 1933년 5월.

　최근 안경을 쓰는 일이 유행하여 남녀노소를 불문하고 … 라는 상태인데, 이 안경을 쓰는 사람의 수와 시력에 장애가 있는 사람의 수가 정비례하고 있다면 실로 중대한 문제이다. 그러나 이 양자가 완전히 비례하여 증가하는 것이 아니다. 혹자는 눈을 보호하기 위해 … 라고 하는데, 그럴 필요가 있는 사람도 결코 없다고는 할 수 없지만, 최근 경향은 아무래도 안경을 쓰지 않으면 체통이 서지 않는다고 생각하는 것처럼도 보인다. 우리 안과의의 입장에서 말하자면 시력이 약하다든가 해서 시력에 장애가 있는 사람은 안경을 사용할 필요가 있지만, 그 외의 사람에게는 오히려 폐해가 있다. 어떤 경우이든 지나침은 오히려 모자람보다 못하다는 것은 하나의 진리를 나타내고 있다고 해야 한다.

　우리의 눈이 물체를 볼 수 있는 것은 마치 사진기로 사진을 찍는 것과 동일한 작용을 하기 때문이다. 결막에서 각막을 통하고 수양액 안을 통하여 동공에서 들어오는 광선은 수정체라는 사진기 렌즈 같은 것의 가운데를 통과한다. 이 각막과 수정체가 사진기 렌즈와 동일한 작용을 하여 밖에서 들어오는 광선을 굴절시켜서 수정체 뒤쪽에 있는 유리체라는 흐물흐물한 것의 가운데를 통하여 영상을 망막 위에 맺는다. 그 작용은 마찬가지로 사진기가 뒤쪽 벽에 영상을 비추는 작용과 다르지 않다. 수정체는 이것과 연속하고 있는 모양근의 신축에 따라 가까운 곳을 볼 때는 두꺼워지고 먼 곳을 볼 때는 얇아져서 핀트를 맞춘다. 이는 사진기를 신축시켜서 초점을 맞추는 것과 동일한 효과가 있다. 동공은 홍채 가운데에 있으며, 지나치게 밝은 곳에서는 홍채의 작용으로 동공이 수축하지만, 어두운 곳에서는 동공이 확대되어 안구 안으로 들어오는 빛의 강도를 가감한다. 또 안구의 주위에 있는 맥락막은 검은색이지만, 이것은 안구 안을 어둡게 하여 망막에 비치는 영상을 명확하게 한다. 이상 설명한 것만으로도 안구의 구조가 사진기와 동일한 작용을 하고 있다는 점은 분명하다.

　안구의 구조와 작용은 매우 복잡한 것으로, 이를 상세하게 서술하면 시각작용을 이해하는 데에는 도움이 되겠지만, 여기에서는 주어진 문제의 설명에 형편이 좋은, 아니, 이 문제를 이해할 만큼만의 준비로써 먼저 대체적인 구조와 생리를 서술한 것에 지나지 않는다.

　다만 여기에 부언해 두고 싶은 것은 안근과 황반이다. 눈을 돌린다고 곧잘 말하는데, 안구를 돌리는 안근은 상하좌우 등으로 여섯 있다. 이 근육에 의해 안구를 상하좌우로 돌리고, 동공을 물체의 정면으로 향해 그것으로부터 오는 빛을 정면으로 받아 영상이 황반에 비치게 한다. 이 황반이라는 것은 가장 잘 빛을 느끼는 곳이며, 따라서 영상을 확실하게 비추는 곳이라고 할 수 있고, 우리가 물체를 명확하게 볼 수 있는 곳이다. 이상은 정시안, 즉 당연하게 보이는 사람의 눈이지만, 종종 있는 근시나 원시 등은 어떠한 것일까. 이것을 간단하게 말하자면 근시안은 먼 곳에서 오는 광선이 망막 앞쪽에서 결합한다……영상을 맺는다……이므로 보통 사람이 분명하게 보는 먼 곳에 있는 물체를 명확하게 볼 수 없는 것, 또 원시안은 근거리에서 오는 광선이 망막보다 뒤쪽에 결합하므로……영상이 맺힌다……보통 사람이 명확하게 볼 수 있는, 가까운 곳에 있는 물체를 명확하게 볼 수 없는 것이라고 할 수 있다.

근시안은 안구의 전후 길이인 안축을 재면 그 길이가 정시안인 사람, 즉 보통의 눈보다 비교적 길게 되어 있거나(안축이 길다고 함), 혹은 수정체가 두꺼워져서 볼록해진 경우도 있다.

따라서 그 원인에도 여러 가지가 있어서 혹은 선천적으로 그러한 일종의 불구인 경우도 있으며(전자), 혹은 눈병을 앓은 탓에 근시안이 된 경우도 있다. 그 외에 여러 가지 불섭생 때문에 생기는 경우도 있다. 또 과도하게 눈을 사용하거나 빛이 지나치게 강한 곳이나 어두운 곳, 빛이 반짝이는 곳 등에서 눈을 혹사한다든가 혹은 물체를 볼 때, 특히 독서 등 때에 자세를 바르게 하지 않은 상태에서 보고자 하는 물체와 눈과의 거리를 지나치게 가깝게 하는 습관 같은 것은 근시안의 일종의 원인이 되는 경우가 있으며, 적어도 근시의 정도를 높이는 원인이 된다.

이상에 서술한 바로도 분명하듯이 근시의 원인은 여러 가지로, 전문의라 하더라도 그 구별이 어렵기 때문에 그 각각의 경우에 대해 여기에서는 생략하기로 한다. 근시안에 걸린 사람은 오목렌즈의 소위 근시경을 써서 빛의 굴절을 조절하고 물체의 영상이 망막 위에 비치도록 해야 한다. 설령 어린이라도 근시안에 걸리면 안경을 사용해야 한다. 그러지 않으면 과도하게 눈을 쓰게 되므로 근시의 정도가 진행하여 점점 그 정도가 심해질 우려가 있다. 예방법으로서는 원인에 대해 서술한 바를 피하는 것이다.

이에 반해 원시안은 안구 앞뒤의 길이(안축)가 보통 사람보다 짧아진 경우(안축이 짧다고 함)와 수정체가 얇아져서 그 볼록 정도가 약해진 경우가 있다(노안이란 수정체에 탄성이 없어져서 모양근이 수축해도 볼록 정도를 올리지 못하는 경우를 말함). 그 원인도 근시안과 마찬가지로 여러 가지 있어서 대부분 선천적으로 눈의 구조가……안축이 짧아서……그렇게 되는 경우도 있다(전자). 혹은 안질 그 외 여러 가지 병이 원인이 되어 원시가 되는 경우도 있으며, 혹은 원시의 정도를 심하게 하는 경우도 있다.

그러나 그 대부분은 노년기가 가까워짐에 따라 일어나는 소위 노안이 많다. 노년기에 생겼다고 해서 반드시 노안이라는 말은 아니며, 혹은 체질상 일찍 원시가 되는 사람도 있고, 혹은 여러 가지 병이 원인이 되어 일찍 원시가 되는 사람도 있으며, 혹은 또 눈을 과도하게 사용한 탓에 비교적 일찍 원시가 되는 사람도 있을 것이다.

요컨대 근시이든 원시이든 이러한 것은 공통된 이유를 가지고 있는데, 그러나 그 결과가 상이하듯이 그 원인도 질적으로 보면 당연히 정반대여야 한다. 형식적으로 생각하면 공통된 이론이 성립한다고 할 정도이다……. 일반적으로 노안이라고 하는, 수정체의 탄성이 약해지는 것은 노쇠 혹은 노쇠와 마찬가지의 원인이 수정체에 미쳐서 수정체의 탄성이 약해지고, 그 조절을 꾀하는 모양근이 수축해도 그에 반응하여 수정체가 볼록 정도를 증가하지 않는다. 따라서 동공에서 들어온 빛을 충분히 굴절시키지 못하고 물체의 영상을 망막의 것으로 뒤쪽에 맺게 된다. 이 점도 근시안과는 완전히 반대이다. 즉 근시안 중 수정체의 볼록 정도가 과도해져 있는 사람은 동공에서 들어온 빛을 과도하게 굴절하고, 그 때문에 물체의 영상을 망막에 이르지 못한 앞쪽에 맺게 된다. 안축이 길기 때문에 생긴 원시안은 적당하게 굴절된 빛이라도 안축이 짧기 때문에 망막이 가까워져 있어서 영상은 역시 망막 뒤쪽에 맺히게 된다는 말이다 (근시안은 그 반대). 원시안이라도 적당한 안경을 사용할 필요가 있다는 점은 근시와 다름없다(볼록 안경). 평소 눈이 과로하지 않도록 해야 하는 것도 반복하여 말할 필요는 없을 것이라 생각한다.

여기에 한마디 첨언해 둘 것은 안경의 선택이다. 적당한 안경을 사용하는 일의 필요는 이미 언급한 바 있지만, 그 적당한 안경을 선택한다는 것이 일반적으로 어려워 보인다. 적당하지 않은 안경을 사용할 경우, 첫째, 그 도수가 약하면 시각의 결함을 보완하지 못하고 눈을 피곤하게 만들어 (다소의 효과는 있더라도) 큰 효과를 보지 못한다. 둘째, 사용하는 안경의 도수가 세면 시력 장해의 정도를 높일 뿐 아니라, 장시간 사용하면 눈을 피곤하게 만들어 두통을 느끼게 한다. 그러므로 안경을 선택하는 데에는 먼저 전문의에게 시력 검사를 받고 그 지도에 따라 결정해야 함을 잊지 말아야 한다.

다음으로 난시라는 것은 각막 표면에 요철이 생긴 까닭에 광선의 굴절이 부정확해져서
* 적당한 영상을 맺지 못하는 것을 말한다. 그 원인은 선천적인 경우도 있고, 또 각막의 병 등으로 생기는 경우도 있다. 젊었을 동안에는 약한 난시가 있더라도 눈 조절이 세기 때문에 모르는 경우가 있지만, 그러한 사람이 나이를 먹고 노안이 되어 눈 조절이 불충분해지면 알게 되는 경우가 많다. 이에 대한 치료법은 아직 발견되지 않았기 때문에 안경을 사용하여 조절할 수 밖에 없는데, 정도가 심각하게 진행되면 안경을 사용해도 조절할 수 없게 된다. 이 또한 적당한 안경을 사용하는 것이 매우 필요하며, 높은 도수의 안경을 사용하면 물체가 왜곡되어 보인다.(끝) 〈49~51쪽〉

우라베 히로미(경성우라베의원장, 占部寛海), 「초여름의 위생」, 『조선급만주』(제307호), 1933년 6월.

산과 들이 생기발랄한 신록의 계절이 되었습니다. 가을 겨울 동안에 안으로 충실했던 삼

라만상의 모든 것이 이 초여름을 향해 맹렬하게 밖으로 발양하고 있습니다.

우리 신체도 이 대 자연계의 종류에서 누락되지 않고 생생한 발육의 호기를 얻고 있는 것입니다. 즉 인체의 보건 상에 가장 중대한 의의가 있는 화(火)·수(水)·토(土)·풍(風)의 몸에 직접 가르침을 받아 건강한 자는 더욱 건강하게, 병약자는 치병하기에 가장 좋은 계절을 맞이하고 있는 것입니다. 따라서 우리는 이 초여름 시기를 건강상 가장 유의미하게 지내야 할 책무를 통감해야 합니다.

그런데 이 초여름 시기에 있어 건강상 우리가 가장 유의해야 할 점은 무엇인가 하면, 먼저 첫 번째가 위장 강건을 꾀하는 데에 있습니다.

일반적으로 체내의 모든 기관은 더위에 그 기능이 이완되어 갑니다만, 특히 위장에서 그 점이 현저하게 느껴집니다. 게다가 이 위장의 장애를 일으키기 쉬운 음식물이 도시와 시골을 통해 활발하게 공급되고, 또한 가공할 여러 종의 병균이 그 발육 번식에 가장 적합한 온도와 습도, 영양분을 얻어 맹위를 떨칩니다.

만약 이때 불량 음식물을 섭취하거나, 혹은 폭음, 과식하여 위장을 과로시키는 것과 같은 일이 있으면 곧바로 위장 질병이 생깁니다.

초여름 시기에 많이 생산되는 신선한 햇과일이나 채소류는 우리의 건강에 참으로 훌륭한 먹거리이지만, 만약 그 섭취법을 잘못하면 무서운 병을 일으키는 원인이 되는 일이 많습니다. 예를 들면 가공할 소아 천연두 발병의 대부분이 미성숙 혹은 썩어가는 과일 섭취에 그 원인이 있는 것처럼, 또 성인의 콜레라나 장티푸스 등과 같은 전염병의 원인이 소독을 제대로 하지 않은 음식물에 있는 점 등을 고려하면 실로 납득이 가는 것입니다.

아울러 한 마디 주의점을 말씀드려 두고 싶은 것은 여러 병원균이나 기생충을 지나치게 두려워하여 과일을 삶아 먹거나, 채소를 뭉개지도록 끓여서 먹는 것과 같은 일은 오히려 어리석은 일이라는 것입니다.

왜냐하면 이러한 방법에 의하면 참으로 완전한 것 같지만, 일면 모처럼 영양이 풍부하고 신선한 생과일이나 채소류를 완전히 쓸모없게 만들기 때문입니다. 즉 소위 비타민이나 효소류, 리보이드 등을 고의로 잃고 무가치하게 만들어버리기 때문입니다.

그렇다면 이것들을 가장 유효하고 안전하게 섭취하는 방법은 어떤 것인가 하면, 먼저 과일류는 반드시 알코올로 닦든가, 만약 그것이 불가능한 경우는 어쩔 수 없이 맑은 물로 잘 씻고, 익지 않은 것이나 조금이라도 썩은 것은 절대적으로 이를 피하여 생식하는 편이 가장 좋습니다. 또 채소류는 생식, 화식을 불문하고 먼저 일단 표백분으로 충분히 소독한 후 맑은 물로 잘 씻어서 사용하는 것이 가장 안전합니다. 끓이거나 데쳐 먹는 경우는 세균류나 기생충 알을 죽이는 데에 충분할 정도의 열만 가하면 됩니다. 거기에는 섭씨 100도의 열로 2분간 끓이면 충분합니다. 이 이상 끓이면 오히려 유해무익합니다. 맛으로 보아도 채소 종류에 따라서는 지나치게 끓이면 그 맛을 잃습니다. 일반 가정의 실제를 보건대, 이쪽으로 잘못 알고 있는 분이 매우 많은 듯합니다.

다음으로는 이 더위를 앞두고 특히 시중에 제공되고 있는 얼음과자 아이스크림, 빙냉 음료에 대해서입니다. 나는 이것들을 절대로 피해야 한다고까지는 말하지 않겠지만, 어쨌든 위장을 매우 상하게 하기 쉬운 위험한 음료라는 것을 여러분도 이미 아시리라 생각하므로 과식하지 말고, 때를 가늠하여 먹어야 한다는 점에는 충분히 주의하시기 바랍니다. 무릇 얼음 류가 영향을 끼치는 주요한 장애는 급격하게 위장을 차게 하는 점에 있으므로, 가능한 한 천천히 소량씩 입안에서 충분히 데운 후 먹는 것이 중요합니다.

그리고 더울 때 인체는 추울 때에 비하여 체온의 축적을 필요로 하지 않습니다. 따라서 영양분은 겨울에 비하여 훨씬 적어도 괜찮습니다. 수분 섭취만 충분하면 건강상 아무런 지장이 없습니다. 자연은 위대하여 여름이 되면 수분이 많은 과일이나 채소류가 풍부해지고, 자연히 사람들 또한 이를 좋아하게 되어 있습니다.

다음으로는 흔히 말하는 여름을 타는 것에 대해서입니다. 더위 때문에 여러분이 어느 정도 살이 빠지는 것을 자각하는 것은 결코 걱정할 일이 아니며, 사실 지극히 당연한 생리적 현상입니다. 이는 오히려 기뻐해야 할 현상입니다. 인체는 더위에 대해 여분의 지방을 느끼고 살이 빠짐으로써 체온 방산이 자유로워지며, 여름 생활이 매우 편해지는 것입니다. 이 이치를 모르고 그저 무턱대고 살 빠지는 것이 두려워 굳이 장어나 튀김, 육류 등 농후한 보양식을 무리하여 섭취하면서 서둘러 살을 찌우려는 것은 완전히 우매한 일입니다.

다음으로는 일반 가정에서 쉽게 볼 수 있는, 여성이 물품을 함부로 낭비하지 않는 마음에서인지, 대체로 음식 찌꺼기를 버리는 데에 자신의 위장을 쓰레기통 대신으로 삼는 경향이 많은 점입니다.

물건을 함부로 쓰는 일이 아무리 비경제적이라 하더라도 적은 가치의 것을 위해 중요한 자신의 건강까지 희생한다는 것은 그야말로 비경제적이며, 또 잔인한 일입니다. 소위 소탐대실이란 완전히 이러한 일을 말합니다. 여름에는 특히 위장 기능이 약해지기 쉬운데, 이에 더하여 음식 찌꺼기는 한층 썩기 쉽습니다. 따라서 유해 세균의 침해를 받을 위험이 매우 큽니다.

또 앞서 언급했듯이 여름에는 여러 병원균의 발육 번식이 활발하므로, 사람들은 신체·의복·주거 청결법에 특히 주의하여 병원균이나 그 매개자인 파리, 모기, 빈대, 이, 바퀴벌레 등의 발생 번식을 적극 방지해야 합니다.

이상은 초여름의 소극적 섭생양생법입니다. 우리는 또 한편으로 심신을 단련 도야하여 어떤 병원균에게도 침해받지 않을 건강한 신체를 연마하는 일에 크게 노력해야 합니다. 이 점으로도 이 초여름 시기는 가장 안성맞춤의 시기입니다.

왜냐하면 우리 인체의 건강상 그 근본이라고도 할 수 있는 화수풍토의 신체, 즉 대 자연계에 친자하기에 가장 좋은 기회이기 때문입니다.

우리는 이 호기를 놓치지 말고 열심히 하여 일(日), 수(水), 토(土), 풍(風)에 친숙해지는 일에 힘써 보다 굳건한 심신을 길러야 합니다.

결론적으로 이 시기에는 소극적으로는 특히 불섭생 생활을 삼가고 노력하여 병원균을 피하고, 적극적으로는 만약 어떤 병원균에 접촉하지 않을 수 없는 때를 만나더라도 결코 이에 침해받지 않을 만큼의 강건한 신체를 단련시키는 일에 정진해야 한다는 말입니다. 〈49~50쪽〉

우라베 히로미(경성우라베의원장, 占部寬海), 「일광과 건강」, 『조선급만주』(제308호), 1933년 7월.

지구상에서 살아가는 동식물은 모두 태양의 혜택으로 살아가고 있습니다. 무릇 그중에는 직사광선을 꺼리는 종류도 있기는 하지만, 이것들도 간접적으로는 역시 태양의 혜택을 받고 있습니다. 태양의 혜택을 받지 않고 생육하는 동식물은 하나도 없습니다. 우리 인간도 직접 간접으로 태양광선 없이는 살아갈 수 없는 동물입니다.

그리고 이 태양광선에서 멀어지는 것은 점차 약해집니다. 소위 문화가 인류를 병약하게 이끄는 최대 원인은 순전히 현대 문화생활이라는 것이 인류를 태양광선으로부터 갈수록 멀어지게 만드는 듯한 경향에 있는 결과라고 단언해도 과언이 아닙니다.

소위 의학의 진보에 의해 태양광선이 인체의 건강상 내지 치료 상 위대한 힘이 있다는 것을 갑절로 밝혀왔던 것입니다.

그런데 우리가 일상적으로 간단히 햇빛이라고 하는 광선은 그 말처럼 단일한 광선이 아니라, 여러 가지 파장을 달리하는 무수한 광선의 수렴이어서 이를 프리즘으로 분해해 보면 그 파장이 긴 것부터 짧은 것이 순서대로 배열해 있는 것을 알 수 있습니다.

그 무지개는 햇빛이 공중에서 부유하고 있는 물방울에 닿아서 자연스럽게 분해된 것으로, 붉은 부분은 파장이 긴 쪽이며, 보라색 부분은 파장이 짧은 쪽입니다.

그리고 이 붉은 부분의 외측에는 우리 눈에 보이지 않지만, 파장이 더 긴 광선이 있습니다. 햇빛을 받고 따뜻하게 느껴지는 것은 그 광선이 있기 때문으로, 이를 적외선 또는 열선이라 부릅니다. 즉 이것이 우리 지구상에 온열을 주고 있는 난유광선입니다.

그리고 또 자색광선 외측에도 우리 눈에 보이지 않는, 파장이 짧은 광선이 있습니다. 이 광선은 여러 가지 화학반응을 일으키는 성질이 있는 광선으로, 자외선 또는 화학선이라고 부르고 있습니다.

무릇 자외선이라고 해도 비교적 파장이 긴 것부터 짧은 것까지 무수하게 있으며, 이 광선들은 모두 화학적으로 생물학적으로 중요한 성질을 갖고 있습니다.

식물의 잎에서 엽록소가 햇빛의 작용으로 뿌리부터 빨아올린 물과 대기 중의 탄산가스로부터 탄수화물을 생성하는 일이나 여러 종류의 색소가 햇빛에 닿으면 즉시 변색하는 일 등은 주지의 사실이지만, 이러한 작용들은 모두 이 자외선의 작용에 의한 것입니다. 일반적으로 이 자외선은 산화 및 환원작용을 촉진하는 작용을 합니다. 또 산소 작용을 조장하거나, 반대로 이를 저해하는 등의 작용을 합니다.

우리의 건강상 특히 그 발육에 필요불가결한 소위 비타민 D라는 것은 여러 가지 채소나 과일 속에 있는 에르고스테린(Ergosterin)이라는 물질에 이 자외선이 작용하여 생성됩니다. 원래 우리의 체내에서도 이 자외선 작용으로 비타민 D가 소량이지만, 만들어지고 있습니다.

그리고 또 이 광선은 강력한 살균작용을 합니다. 그 가공할 결핵균 같은 것도 수십 분간의 직사로 사멸시켜버립니다. 그리고 그 능력은 자외선 중에서도 파장이 짧을수록 강력합니다. 이렇게 일반적으로 생물의 세포 원형질을 파괴 또는 사멸시키는 작용을 하는 것입니다.

이 작용을 능숙하게 이용하여 인체의 질병 치료에 응용하는 일이 점차로 확장되어왔습니다.

그 외에 이 광선은 일반적으로 생물의 성장을 촉진하고, 적혈구나 혈색소의 분명한 증가를 가져오고, 혈액 중의 칼슘을 증가시키고, 또 그 침착을 조장하는 작용을 합니다.

아시는 바와 같이 햇빛에 직사되면 그 부분의 피부는 처음에 빨갛게 되고 나중에는 검게 착색되는데, 이것도 자외선의 작용에 의해 멜라닌이라는 색소가 생겨나기 때문입니다. 이 색소의 신진대사에 변화가 이는 것은 자외선의 체내 흡수와 밀접한 관계가 있습니다.

이렇게 중요한 자외선이 햇빛 속에는 많이 포함되어 있지만, 이 광선은 한편으로 다른 물질에 의해 매우 흡수되기 쉬운 것이라서 햇빛이 보통의 유리를 통과할 때 자외선의 거의 전부가 흡수되어버립니다. 또 공기 그 자체에 의해서도 일정량 흡수되며, 특히 공기 중에 수증기나 먼지 등이 많을 때는 그 소실량이 더욱 많습니다. 따라서 도회지의 더러운 공기 중에서는 모처럼의 햇빛도 이 중요한 자외선의 대부분을 뺏기는 바람에 그야말로 알맹이 없는 햇빛이 되어버립니다. 이에 반해 공기가 맑은 건조한 고지에서는 이 자외선을 많이 함유하고 있어 햇빛이 살아있습니다.

근래 치병 상으로도 이 자외선이 매우 유효하다고 합니다. 여러 가지 인공적 자외선 장치를 발명하여 인공태양등이라고 명명하고, 여러 가지 병의 치료에 응용하고 있는데, 그 효험은 확실히 눈여겨볼 만합니다. 그 중 난증인 낭창이나 특종 피부병에 현저한 효과가 있는 듯합니다.

그리하여 이 인공태양등이라면 때와 장소에 구애받지 않고 자유롭게 환자의 치료도 가능하며, 또 동물의 사육이나 식물 재배에도 응용이 가능하므로 매우 중요합니다.

그렇다면 우리 현대인은 이 난유태양 등이 발명된 문명 세계에 태어난 덕분에 이미 대

자연계인 태양의 혜택을 받지 않아도 상당한 건강 생활에도, 또 질병 요양에도 아무런 지장이 없느냐 하면 별로 그렇지도 않습니다. 그 질에 있어서, 또 그 응용 범위에 있어서 아무리 정교한 장치인 인공태양등 광선도 자연 햇빛과는 비교할 수가 없습니다.

단순한 질병 치료 면만을 보아도 인공태양등에서 발하는 인공적 자외선으로는 그중에 극히 파장이 짧은, 인체에는 오히려 유해한 광선이 섞여 있어서 유감이지만, 폐결핵이나 카리에스(Karies), 그 외 체내 심부의 질환을 치료하기에는 부적당합니다. 역시 넓은 하늘에서 오는 자연의 햇빛보다 나은 것은 없습니다. 하물며 널리 지구상의 일체 만물의 생육에 있어서는 더욱 그러합니다.

저 스위스의 월계수는 2천 미터 이상이나 되는 높은 레잔(Leysin) 산 위에 고산요양소를 설립하여 카리에스처럼 골결핵이나 선병질, 삼출성 체질의 소아, 그 외 결핵성 병약자를 척척 완치시키고 있습니다.

우리나라에서도 최근에 잠깐 일광욕의 공덕을 알게 되어 일광욕이나 고산 생활을 활발하게 장려하게 되었지만, 기후 풍토나 날씨 관계상 불편한 점이 많아서 실로 개방적인 일광욕에는 많은 어려움을 느끼고 있습니다. 이에 여러 가지 궁리를 하며 가장 좋은 일광욕 방법을 연구하고 있습니다.

그런데 앞에서도 잠깐 말씀드렸듯이 보통의 유리 너머의 햇빛으로는 가장 중요한 자외선이 대부분 흡수되어버리기 때문에 오늘날에는 이 자외선을 흡수하지 않고, 이를 자유롭게 투과시키는 편리한 유리가 발명되어 사용되고 있습니다.

외국제로는 비타 유리, 글라스 클로스, 플렉스 글라스, 제로 글라스 등 여러 가지가 있지만, 모두 매우 고가라서 아직 실용적이지는 않습니다.

그런데 최근 우리나라에서 온치 고타로(恩知鋼太郎) 씨의 연구에 의해 선글라스라고 명명된 비교적 저렴한 일품이 발명되었는데, 이를 창유리로 사용하여 대단한 편리를 얻고 있습니다.

무릇 특별한 종류의 환자 치료에는 이것들을 이용하여 소위 자외선의 은혜를 입는 것이 더없이 좋은 일이지만, 일반인이 시도하는 임시방편적인 방법으로 건강 생활을 누린다는 것은 매우 어리석으며, 또 불가능한 일입니다.

역시 우리는 일상에서 노력하여 주택의 창이나 미닫이문을 개방하여 햇빛이 잘 들게 하거나, 또 여유가 있을 때마다 교외를 산책하거나 등산, 해수욕 등에 나서서 무한하고 귀중한 이 자연의 햇빛을 쐬는 것이 가장 유리하고 유효합니다.

이렇게 일광욕은 여름으로 한정된 일이 전혀 아니지만, 특별한 종류의 치병 생활자를 제외하면 일반적으로 여름의 더운 계절에는 옷도 얇고 나체로 있기도 쉬우며, 해수욕이나 수영 등 어쨌든 햇빛에 닿을 기회가 많습니다. 그리고 특별한 마음가짐 없이도 일광욕은 자유로이 할 수 있습니다. 인간세계뿐 아니라, 삼라만상 전부가 여름에는 햇빛을 받는 일이 많아서 밖을 향하여 생생하게 발육합니다.

우리 인류의 문화생활은 득이지만, 이 햇빛으로부터 인위적으로 벗어나고자 하는 것 같은 경향이 있습니다. 색이 검은 것은 참으로 건강하다는 징표입니다. 건강 없이 무슨 아름다움이 있겠습니까. 무슨 행복이 있겠습니까. 모름지기 우리는 이 고마운 여름을 이용하고 선용하며, 나아가 햇빛을 쐬어 건강을 크게 증진해야 할 것입니다. 〈45~47쪽〉

오기노 마사토시(경성부 기사 의학박사, 荻野正俊), 「장티푸스에 걸리지 않는 방법」, 『조선급만주』(제309호), 1933년 8월.

'장티푸스에 걸리지 않는 방법이 있습니까'라는 물음에 대해 이야기하고자 한다. 장티푸스에 걸린다는 것은 길이 1~3미크론, 폭 0.5~0.8미크론의 크기(1미크론은 1000분의 1밀리미터 길이)에 기둥 모양을 한 박테리아(장티푸스균)가 사람의 신체 내에 들어감으로써 병을 일으키는 것을 말한다. 즉 장티푸스에 걸리지 않는 방법은 우리가 작은 육안으로는 볼 수 없는 장티푸스균이 신체 안으로 들어가지 못하게만 하면 되지만, 실제로 이는 매우 어려운 일이다. 장티푸스균이 육안으로 보이거나 혹은 경계색이라도 가지고 있으면 이를 막는 것이 쉬운 일이지만, 장티푸스균은 육안으로는 볼 수 없다. 그렇지만 그 순환 생활 상태도 알려져 있으며, 또 장티푸스균을 죽이는 방법도 있기 때문에 이러한 사항들을 보통 일반인들도 잘 알고 실제로 활용해가면 환자를 크게 감소시킬 수 있다고 본다. 장티푸스균이 신체 안으로 들어가지 못하게 하는 일은 소극적 방법이며, 이에 반해 적극적 방법으로서는 이 세상에서 장티푸스균을 근절하는 일이다. 그러나 이 이상(理想)의 실현은 상당히 어렵다.

분뇨처리, 하수계획에 대한 계획이다. 연구는 즉 적극적 방법에 대해서이다. 그러나 현 상황에서는 소극적 방법이라도 각 개인 개인이 충분히 실제에 응용할 수 있다면 어느 정도까지는 장티푸스를 우리 국내로부터 몰아낼 수 있다고 생각한다.

즉 설비 위생의 충실에 비례하여 개인 공중위생도 향상시키지 않으면 뛰어난 성과를 거둘 수 없다.

장티푸스균의 순환상태를 관찰해보면 장티푸스균의 보금자리는 보균자의 담낭이다. 경성부의 장티푸스 유행 상태를 표시하면 다음의 표와 같다.

발생 수

연차	일본인	조선인	외국인	계
1928년	1,328	285	3	1,616
1929년	286	129	-	415
1930년	364	232	1	597
1931년	339	299	1	819
1932년	668	407	2	1,077

사망 수

연차	일본인	조선인	외국인	계
1928년	172	62	-	234
1929년	45	35	-	80
1930년	44	38	-	82
1931년	73	○3	-	124
1932년	96	71	-	139

이 표는 전염병으로 신고된 환자 수로, 부(府) 내에서 발생한 장티푸스 환자의 전수가 아니다. 은폐하고 신고하지 않은 환자와 처음부터 의사의 진찰을 받지 않은 환자도 상당수라고 본다. 그중 1932년 중에 발생한 환자를 월별로 보면 다음 표와 같다.

1월	23	7월	135
2월	14	8월	179
3월	27	9월	204
4월	9	10월	208
5월	25	11월	92
6월	110	12월	56

즉 1월·2월·3월·4월·5월까지는 환자 수가 별로 없지만, 6월이 되어 급격하게 환자 수가 늘고 있다. 그런데 7·8·9·10월로 최고점에 달하고 11월·12월에는 점차 감소하고 있다. 이 월별 발생상황을 약간 음미해보면 동절기 영하 10여 도라는 온도에서는 장티푸스균이 사멸하지 않는다고 말해지고 있지만, 실제 인체 밖으로 내쳐진 장티푸스균은 증식은커녕 장기 생존에 적응하지 못한다. 그럼에도 불구하고 동절기 장티푸스 환자가 산발하는 원인은 왜일까. 그 원인의 대부분은 보균자가 그 근원이 되고 있으며, 게다가 ○○○인 경우에만 발병한다.

그러나 이런 종류의 전염경로에 의한 감염은 봄이 되고 초여름이 됨에 따라 보균자와 건강한 자와의 교섭이 많아지고, 또 장티푸스균의 생존 기간도 길어짐으로써 간접 감염기회를 만들어내는 것이다. 한편으로 우리의 신체도 식욕이 항진하는 시기여서 위장을 상하게 하는 경우가 많아지는 까닭에 6월에 이르러 장티푸스 유행이라는 형태가 되어 나타나는 것이다.

이 보균자라는 것은 한 번 장티푸스에 걸려 치유된 후 오랜 기간 계속 분뇨 중에 장티푸스균을 배설한다. 이러한 운명을 가지게 된 사람을 병후균배설자(병후보균자)라고 한다. 그리고 이 외에 장티푸스에 걸린 증상이 없이 건강체로서 분뇨를 검사하면 장티푸스균이 검출되는 경우가 있다. 이를 건강보균자라고 한다.

건강보균자라는 말 속에는 부전형 장티푸스를 경과한 경우도 있다. 예를 들면 발열이 4, 5일 만에 가라앉고, 혹은 단순히 위장 상태가 안 좋은 정도로 지나가는 경우가 그것이다.

어느 쪽이든 보균자는 신체 건강하여 보통사람과 다름없지만, 분뇨 중에 장티푸스균을 배설하는 경우이다.

만약 한 집안의 주부가 보균자인 경우, 그것을 모르고 손 소독도 하지 않고 조리를 한 음식을 먹은 경우는 장티푸스의 세례를 받게 되는 것이다.

그리고 부(府) 위생시험실에서 장티푸스 환자가 나온 가족 및 퇴원한 환자의 검변을 늘 하고 있는데, 그 결과는 다음과 같다.

	검사 인원	보균자 수	천분비
발생환자가족	1,659	4	2.41
퇴원자	424	14	33.02

즉 발생환자가족 1,659명 중 장티푸스균을 검출한 자가 4명이며, 퇴원자 424명에서 14명의 장티푸스균 보유자를 검출했다.

이 중에서 1931년 9월 이래 현재까지 장티푸스균을 배설하고 있는데, 신체는 오히려 건강한 사례가 있다. 또 보균자 가족의 발병자 유무를 살펴보면 매년 1명씩 장티푸스 환자가 나오고 있는 경우도 있지만, 대부분은 동거자 중에서 1명 이상의 환자가 나오고 있다. 이 소위 보균자는 장티푸스균을 담낭 속에 축적하고 있어서 항상 소장 안으로 조금씩 배설하고 있는 까닭에 대변 중에 장티푸스균을 섞어서 이 세상에 흩뿌리고 있는 것이다.

1932년 중 장티푸스 환자는 1,077명이므로 만약 시험실에서 검사한 것과 동일한 비율로 보균자가 있다면 1932년 중에는 35.5, 즉 36명의 병후 보균자와 경성부 인구 380,000명에서의 건강보균자는 228명이 된다. 즉 경성부 내에 약 260명의 보균자가 있다고 추산할 수 있다. 그런 사람들의 담낭 안에서 장티푸스균은 해를 넘겨 다음 해의 1차 유행원을 이루는 것이다.

2차 유행원은 환자이다. 특히 병명이 결정되지 않아 오랫동안 격리도 되지 않고 부(府) 내에서 앓고 있는 경우에는 가족 및 간호인 혹은 병문안 온 사람들에게 감염시키거나, 혹은 환자의 오물을 세탁한 오염물, 또는 우물에 침투하여 그 우물물을 사용하는 이웃 사람들에게 옮기거나, 혹은 오물에 모여든 파리가 병균을 운반함으로써 유행하기도 한다.

이 2대 병원소로부터 퍼진 장티푸스균은 여름에서 가을에 걸쳐 맹위를 떨치는 것이어서 이리되면 손 쓸 방법이 없어진다. 따라서 우리는 항상 이에 대해 방역진을 펼쳐두어야 한다. 방역진지는 청결, 섭생, 개인 면역으로, 부(府)의 현 상황에서는 반드시 마음에 새겨두어야 한다. 청결의 근본의는 쓰레기를 쌓아두지 않는 것이고, 잘 건조하는 것이며, 모든 것을 수돗물로 잘 씻는 일이다.

쓰레기는 실로 잘 모아두어야 한다. 각자가 서로 쓰레기를 모아 일정한 쓰레기통에 버리는 일이 가능하면 이것만으로도 경성은 살기 좋은 낙원이 될 것이다. 하수구 안에 모은 쓰레기를 버리거나 자기 가게 앞 도로를 청소하지 않는 일이 있으면 사회인으로서의 교양이 아직 부족한 것이다. 모두 박테리아는 건조 상태에서 저항이 약하고 사멸한다. 취사장, 침구, 방바닥 등은 이 이치를 잘 이용해야 한다. 채소, 과일 등에서 기생충의 감염, 장티푸스가 전염되는 경우가 있으므로 수돗물로 꼼꼼히 씻는 일은 예방 상 매우 필요하다. 꼼꼼하게 씻는다면 반드시 표백분으로 소독해야 할 필요는 없다.

예로부터 '소식하면 의사가 필요 없다'라고 말해지는 것처럼 섭생은 질병 예방상 매우 필요하다. 이 일은 세상 사람들이 너무나 잘 알고 있다. 그럼에도 불구하고 불섭생에 빠지기 쉽다. 주의해야 할 일이다. 그래서 이 결점을 보완하기 위해 장티푸스 예방주사라든가, 예방 내복정을 이용하여 개인 개인의 신체에 혹여 병원균이 침입하더라도 이를 죽일 수 있도록 저항력을 키워서 만일에 대비할 필요가 생기는 것이다.

1차 병원소인 보균자의 치료는 현재로서 대단히 어려운 일이다. 그러므로 어쩔 수 없이 보균자가 사용하는 변소는 가능한 한 전용으로 하여 항상 소독약으로 소독을 하고, 사용 후는 반드시 소독약으로 내부를 소독할 필요가 있다. 또 시행 전택 등의 경우는 경찰서에 신고하도록 되어 있고, 음식물 취급업자인 경우는 공중위생을 위해 직접 업무에 종사하는 것은 하지 못하도록 되어 있다. 부(府)에서는 현재 검사를 통해 보균자로 결정 난 경우는 변소의 소독약 및 손 소독약을 배포하여 소독의 완비를 기하는 한편, 보균자 등이 지켜야 할 주의사항 등을 촉구하고 있다. 불행히도 장티푸스 환자가 나온 경우는 지체 없이 부 시험실로 가족 검변을 신청하기 바란다.

2차적 병원소인 환자에 있어서의 주의는 조기에 진단하여 신속히 격리하고 치료를 받는 일이다. 이러한 마음가짐만으로도 본인의 치료 결과가 양호해질 뿐 아니라, 가족 및 이웃의 감염자를 전혀 만들지 않게 된다. 전염병 예방 상 매우 필요한 일이다. 부 시험실에서 장티푸스 진단에 필요한 혈액 및 분뇨 검사를 무료로 행하고 있는 주지 또한 여기에 있다. 장티푸스의 진단은 쉬운 경우도 있지만, 이 진단 결정에 어려운 경우도 있다. 대체로 발병 1주간 이내에는 혈액검사에 의해 대부분 알 수 있다. 2주 이후는 분뇨에서 직접 장티푸스균을 검출하여 진단 결정한다.

이상 간략하지만, 장티푸스에 걸리지 않는 방법을 구체적으로 이야기한 셈이다. 요컨대 부민(府民) 한 사람 한 사람이 장티푸스 예방에 대해 보균자는 보균자로서의 주의, 일반 건강인은 건강인으로서의 주의를 잘 이해하고 실행한다면 경성부의 장티푸스를 감소시킬 수 있다고 본다. 〈40~43쪽〉

하시마 기요시(의학사, 羽島淸), 「질병의 세계지리」, 『조선급만주』(제309호), 1933년 8월.

질병의 세계지리, 이렇게 말하면 왠지 기이하게 들리겠지만, 병이라고 해도 여러 가지가 있다. 보통 모든 질병이라고 하는데, 이를 어떤 방면에서 볼 때는 개인적인 병, 그리고 많은 사람에게 영향을 끼치는 병이 있다. 후자는 그 병자가 힘들 뿐 아니라, 악화하면 많은 사람에게 전파하여 일개인의 활동을 약화시키는 것은 말할 필요도 없고 민폐를 일가족에서 한 마을, 한 사회에 끼칠 때가 있다. 예를 들면 어떤 무역항에서 콜레라가 유행했다고 치자. 그러면 이 항구는 무역상의 활동을 할 수 없게 되고, 무역의 발달을 저해하게 되며, 경제상 피폐한다는 예도 적지 않다. 건강이 사회경제활동을 발달시키기 위해서도 꼭 필요함은 말할 필요도 없을 것이다. 질병 연구를 완전한 부분까지 진행하여 위생 사상을 보급해야 한다는 것은 이러한 점으로도 주장할 수 있다. 또 질병을 지리적으로 보면 그곳에서 여러 가지 현상을 엿볼 수 있다. 그렇다면 세계 지리적으로 본 질병의 분포는 어떨까.

질병 분포가 인종의 감수성과 습관화에서 생긴다는 것은 칼 안드레(Carl Andre)가 지적한 바이다. 이 외에 기후 · 지형 · 온도 · 계절 · 위도 등의 지리적 사항에 의해서도 생긴다.

인종에 따라 각각 병에 대한 감수성의 정도를 달리 한다. 피부색이 검은 인종은 낭창균에 대한 감수력이 약하다. 상처 치료도 빨라서 고름이 차는 경우가 적다. 이와 같은 점에서 보면 병의 분포는 이러한 인종의 감수성에 의해서도 생기는 것이라고 할 수 있다.

다음으로 습관화라는 방면에서 생각해보자. 인류는 그 토지의 기후에 적응해가는데, 습관화하면 그 지방 특유의 병에 대해 저항력이 증가한다. 예를 들어 설명한다면 말라리아 유행 지역에 살고 있는 원주민 및 그 지역에 오랫동안 거주하고 있는 사람은 새로이 살게 된 사람보다 말라리아에 대한 저항력이 강하고, 황열병 같은 것도 한 번 걸리면 이에 저항력이 생긴다. 이 점으로 보아 더욱 병의 분포는 습관화라는 현상과도 관계가 있다고 할 수 있을 것이다.

지리적 사항에 대해서는 병의 종류에 따라 그 상황이 다르다. 바꿔 말하면 어떤 종류의 지리적 사항에 의해 영향을 받는 병과, 받지 않는 병이 있다. 즉 따뜻한 시기에 많이 발생하는 말라리아 같은 것이 있으면, 중앙아메리카, 남아메리카 및 서부 아프리카 등의 일정한 해안지방에서만 발생하는 황열병이 있는가 하면, 세계적으로 유행하며 지리적 영향을 적게 받는 콜레라 등이 있다.

질병의 분포에는 또 교통 상황이 크게 관계하고 있다. 페스트·콜레라처럼 무서운 전염병이 세계적인 교통로를 따라 전파되는 것은 주지의 사실일 것이다. 우리나라에도 페스트가 유행한 적이 있지만, 그것은 언제나 인도의 봄베이에서 오는 배에 의해 옮겨 오고, 콜레라는 상해를 기점으로 하여 만주, 조선에 퍼지며, 일본에서는 고베·오사카 등의 주요 무역항에 전해지는 것이 보통이다. 그러므로 설령 병이 나타나는 데에 적당한 조건을 제공하는 지방이라도 교통기관에 따라 병원인이 옮겨지지 않은 까닭에 그러한 병이 나오지 않는 곳도 있다. 태평양상의 열대지방에 있는 여러 도서에 말라리아나 기타의 열병이 보이지 않는 것은 이러한 이유에 기반한다.

그렇다면 그 병원균은 무엇에 의해 옮겨지는 것일까. 종래 우리나라에 전파된 페스트에 대해 봄베이에서 운반되는 면화가 매개한다는 설이 유행했다. 만약 페스트균이 폐렴균처럼 건조함에 대한 저항력이 강한 병원균이라면 그러한 주장도 통하겠지만, 페스트균은 건조함에 대한 저항력이 약하다. 그러므로 화물이 건조한 상태에 있다면 이것이 페스트균을 매개한다는 염려는 필요 없을 것이다. 그런데 우리나라에 수입되는 면화는 딱딱하게 압축된 가마니로 되어 있고 그것이 건조 상태이므로 이것이 페스트균을 매개한다는 설은 설득력이 낮아진다고 할 수 있지 않을까. 매개를 하는 것은 면화가 아니라 사람이다. 즉 보균자가 페스트균을 가지고 온 것이다. 병원균은 인간에게 달라붙으면 언제까지나 그 생명을 유지하는 힘을 잃지 않는다. 보균자에 의한 매개설이 보다 이상적이며 강력한 근거를 가지는 것도 이 때문이다.

이상에 언급한 것처럼 병은 인간의 교통에 의해 전파되는 것이므로, 교통이 빈번하게 이루어지면 이루어질수록 병이 전파되는 위험이 큰 것이다. 그 반대로 교통이 적으면 적을수록 전염병 전파의 위험에서 멀어질 수 있다는 사실 또한 분명할 것이다. 이러한 실례는 여러 곳에서 발견된다. 우리나라에서는 고베·오사카, 조선에서는 부산·인천·신의주·경성 등의 무역항, 대도시에서 전염병이 유행하기 쉬운 것은 우리가 숙지하는 바이다. 교통이 빈번한 곳은 문화가 발달한 곳이므로 문화 정도가 높은 곳일수록 전염병 전파의 위험을 느끼게 되고, 이에 반해 문화 정도가 낮은 곳에서는 이러한 병의 전파에 대한 위험을 느끼는 일이 적다고 할 수 있다. 이를 현실의 사실에서 구하면 유럽 지역에서는 발진·마진·성홍열 등이 유행하는 것은 극히 보통의 일이 되었지만, 남양군도처럼 교통이 불편한 곳은 아직 이런 병의 유행이 보이지 않는 낙토이다. 문명병이라고 말해지는 것처럼 결핵은 유럽 지역의 문명 제국에 매우 많고, 다수의 사람을 죽음의 심연으로 떨어뜨리고 있지만, 뉴기니아 지역에는 아직 이러한 병에 걸린 사람이 없다고 한다. 이러한 것은 듣기만 해도 기분이 상쾌한 이야기이다.

이에 따라 생각하면 교통이 활발하게 이루어지는 지역이 전염병에 휩싸일 위험이 가장 큰 곳이라고 할 수 있는데, 자연의 묘수라고나 할까 조화신의 장난은 어디까지나 세심한 주의를 기울이고 있다. 현재의 문명국에서는 위생 사상이 발달하고 국민 사이에 보급되어 있어서 설령 전염병이 유행하더라도 그 피해를 일정 정도 선에서 막을 수 있게 되었다. 그 때문에 전염병은 오히려 위생 사상이 발달하지 않은 지역에서 그 위세를 드러내며 극성을 떨게 된 것이다. 예를 들면 유럽 제국은 세계 각지 모든 곳과 교통을 하고 있지만, 그에 비해 전염병에 걸리는 자가 적다. 이는 국민 사이에 위생 사상이 발달해 있기 때문이라고 할 수 있다.

그런데 인도나 남부 중국, 아프리카 등의 지역에는 두창·페스트 등 심각한 피해를 주는 전염병이 유행하고 있다. 이는 그 반대로 국민의 위생 사상이 저급하여 이러한 전염병의 유행을 막는 방법을 강구하지 않기 때문이라고 할 수 있다. 중국의 각 도시 중에는 중국 거리와 외국인 거리가 구별되어있는 곳이 많다. 이러한 도시, 특히 상해와 같은 곳에서는 같은 도시라고 해도 동일하지 않은데, 유럽인들이 살고 있는 곳에는 전염병이 적지만, 중국 거리에는 전염병이 유행하는 일이 많고, 전염 위험도 훨씬 크다. 이로 보아도 위생 사상의 높낮이에 따라 전염병 유행의 정도가 증감한다는 것을 밝힐 수 있다고 생각한다. 이상 개략적으로 질병의 분포 원인과 그 상황을 서술하여 보았다. 요컨대 전염병은 세계적인 병이라고 할 수 있다. 이의 연구를 완성하고 위생 사상을 보급 발달시켜서 예방과 박멸을 꾀하는 것은 인류 모든 민족의 번영 대책이라고 할 수 있다. 이에 비해 그 외의 질병은 대부분 개인적인 것이라고 할 수 있다. 대수롭지 않게 여겨도 된다는 말은 아니지만, 커다란 점에서 생각하면 전염병이 인류에게 큰 불행을 초래하기 때문이다.(끝) 〈45~47쪽〉

마쓰이 겐페이(경성제국대학 교수 의학박사, 松井權平), 「질병치료 시의 미신에 의한 범죄」, 『조선급만주』(제311호), 1933년 10월.

후지가와(富士川) 박사의 「미신 연구」라는 소책자 중의 한 항목에 '미신에 의한 범죄'라는 내용이 있다. 이와 관련하여 앞에서 언급한 두개천두술에 대해 보충하고자 한다. 앞의 기재는 오로지 레셴의 저서에 의한 것으로, 이후에 나온 기랄의 상세한 서책을 보면 신석기 시대라고 되어 있으며, 연대가 상당히 늦어진다. 그렇다고 해도 5천 년은 내려가지 않는다. 아시아 대부분과 만주를 제외하면 각지에서 석기 시대의 옛날부터 현대에 이르기까지 이 수술을 행했다고 하는데, 이를 치료상의 수술이라고 해야 할지 혹은 미개인종 사이의 천두술 등은 인체 상해의 손재주라고 이름 붙여야 할지 학자에 따라 판단이 각각 다르다. 어쨌든 현대 혹은 근대 미개인에게 행해졌던 것도 일종의 의료 목적이 포함되어 있다는 사실은 부정할 수 없을 듯하다.

영국의 한 광산지방에서는 1700년대 후반부터 두개부 외상에 대해 천두술이 활발하게 행해지고, 더구나 아무런 위험도 느끼지 못했다고 한다. 지금으로부터 80년 전, 독일의 외과의 제헨바츠하가 이 수술의 남용을 경계할 정도로 두부 외상의 경우에 많이 행해져 당시는 적어도 십자 절개를 더하여 골절 유무를 찾아야 했다.

뿐만 아니라 그 무렵은 ○○정신병, 혹은 심각한 경우에 오늘날의 신경쇠약 환자의 두피를 하역(이발사)에게 절개하여 소위 외과의가 핀셋으로 떠내고 이것이 뇌수 속에 있었다며 일종의 암시를 주는 듯한 치료법도 있었다고 한다. 또 그 석학 빌효가 젊었을 무렵 토주석말(吐酒石末)을 정신병자의 머리에 칠하는 것을 보았다고 하며, 실제로 베를린 대학 해부 교실의 표본 중에 이러한 치료법 때문에 두개골이 부식되어 ○흔 치유를 한 것도 있다고 한다. 석기 시대의 두골에 T자형 홈이 있는 것도 이러한 방법으로 생긴 경우가 있을 것이라고 한다. 흥미로운 것은 T자 홈이 있는 뇌수는 여성의 것이며, 게다가 프랑스의 한 지방에 한정되어 있다.

두골에 구멍을 뚫는 동기에 대해서는 여러 가지 학설이 나오고 있다.

두개골에서 뼛조각을 채취할 목적으로 사체에 행해지던 것이 나중에는 생체에도 하게 되었다고 주장하는 사람이 있다. 파리의 기메(Guimet) 박물관에 남서○의 성자 106인의 두개골 뼛조각을 꿴 염주 목걸이가 있는데, 석기 시대인 옛날에도 아마도 고승이나 마술사 같은 자에게는 신기한 능력이 있으므로 그 몸에서 뼛조각을 취하여 부적처럼 지녔을 것이라는 주장이다. 지발외도(指髮外道)란 또 다른 방식이다. 뼈의 원판에서 별, 해 숭배의 목적이라고도 주장되고 있다. 생체에서 취한 것은 뺏긴 사람이 죽었을 때 그 사람의 뼛조각 또는 타인의 것을 한곳에 넣고 구멍을 뚫은 사례도 있다.

두 번째 해석은 뇌수 채취가 목적인 경우이다. 이는 물론 사후에 행하는 천두술에 한한다. 현대 살아있는 ○○○○는 있지만, 신석기 시대의 구주에서 식인 흔적은 보이지 않고 뇌수를 먹는 도깨비가 살았던 유적도 없다. 단지 근대 '아이누'족이 후두부에 구멍을 뚫어서 뇌수를 꺼낸 듯한데, 이것도 매독의 양약이라는 미신 때문이었다고 한다. 그러한 미신은 어디에서 나온 것인지 모르겠지만, 일전에 도쿄 근린에서 ○○이 대규모로 죽은 사람의 뇌수를 취했다는 신문기사도 있고, 이번 여름 경성에서도 ○○의 묘약이라는 미신으로 인해 여아의 뇌수를 취한 예가 있으며, 후지가와 박사의 저서에서도 다수의 예를 들고 있다. 또 나병 환자가 사람의 생간을 취하는 등 무서운 범죄가 미신 때문에 행해지는 것은 슬퍼해야 할 일이다.

미개인의 사고는 매우 단순하여 두골에 구멍을 뚫는 등은 일종의 마술이나 특정 방법으로써 완전히 미신에서 출발하고 있다. 예를 들면 아메리카의 원주민이 화살에 맞아 숲속에 쓰러졌다 치자. 같은 종족이 이를 발견하고서 그 화살은 자신들의 것과 다르지 않은데도 먼 악마의 나라에서 쏘아졌다고 해석한다는 것이다. 현대인의 사고로는 상상할 수 없는 엉뚱한 공상, 미신에서 나왔으므로 천두술 등도 어떤 의료적 의미를 포함하는 것이 아니라, 철두철미하게 하잘것없는 미신에 배태된 위험한 유혈적 직업에 지나지 않는다고 보는 사람도 있다. 가장 공감 가는, 혹은 과학적 비교연구에 따르면 현대 혹은 최근까지 미개인종에 행해지고 있는 것은 확실히 의료적 수술로, 구주에서 80년 전에 행해졌던 수술에 비할 만한 것이다. 벌킨슨이 비스마르크 군도 중에서 본 것에 따르면 한 늙은 원주민이 31회 천두술을 행했는데, 성공 사례가 23명이며, 그중에는 2회나 수술을 받은 60세 정도의 남자도 있었다고 한다. 석기 시대의 두골에서 구멍이 있고 ○○ 흔적이 있는 것과 수술 때문에 죽은 듯한 것과 비교하여 사망률을 대략 계산하면 현대 능숙한 외과의의 두개 뇌수 수술 성적을 능가한다는 결론이 된다. 얼핏 보면 매우 의아하다. 현대의 수술은 머리뼈에 구멍을 뚫는 것만으로 끝나지 않는다. 뇌나 ○막 등에 수술을 하는 것이 주안으로, 중병자에게 행하므로 석기 시대나 미개인처럼 대부분 건강한 자에게 행하는 것과는 같은 시대의 이야기가 아니다. 비교 자체가 이미 틀린 것이다. 물론 현대라고 해서 도쿄 근처에서 ○○이 시체의 뇌를 훔친 것처럼 미신에 기인해 행동하는 사람이 없는 것은 아니다. 여전히 과학의 해석이 닿지 않는 구석도 있고, 신비함이 없어지는 것을 기꺼워하지 않는 사람도 있으므로, 현대 문명인에게도 미신이 없는 것은 아니다. 태고 사람들에게 미신이 많았다고 하는 설은 부정할 수 없다. 또 문자가 없는 시대에 경험을 축적하여 인지를 진보시키는 수단은 불완전하더라도 처음 외상으로 두골이 쪼개지고 안이 패였을 때 여러 가지 고장이 일어난 경우, 사자에게 행했던 방식으로 뼈를 일으켜서 좋은 결과를 얻고 이것이 전해지면서 점차 머리 일반의 병, 특히 뇌수 외상 후의 두통 정신병에까지 이른 것으로 해석된다. 신석기 시대 구주는 단두 인종이어서 이 천두술을 행하는 미개인도 대양주의 일부를 제외하면 주로 단두 인종 사이에 행해졌다는 것이다.

어느 쪽이 정말로 천두술의 원인이 되었는지는 판단할 수 없지만, '페루'에서인가 투석기가 있는 지방, 바꿔 말하면 두골 함몰 사례가 많은 곳에 천두술이 행해진 점 등은 흥미로운 사항이다. 처음 시초는 설사 미신이었어도 미개인 사이에는 일종의 의료적 수술이 된 ○○에는 천두술이 뇌의 감압수술로써 현재도 존재하고 있다. "그러므로 과학적 근거가 없다고 해서 ○○ 그 외 미신으로 치부하는 것도 일괄적으로 배척해야 하는 것도 아니다."라는 결론은 오늘날 실험이 행해지는 세상에서 허용되지 않는다고 생각한다. 아무런 근거도 없는, 더구나 유해한 미신은 타파해야 하며 경험에서 얻은 사항에서 취해야 할 것은 취하고 음미하며 실험하여 그 진가를 정해야 할 것이다. 〈60~61쪽〉

가케이 마사시(경성 가케이의원장, 筧正視), 「협심증 이야기」, 『조선급만주』(제311호), 1933년 10월.

협심증은 1768년 헤버덴 씨에 의해 처음으로 기재된 용어로, 발작적으로 심장부의 고민 압박감 및 동통 등을 일으키는 증상을 말합니다.

협심증은 주로 관상동맥의 변화에 따라 일어나지만, 또 다른 질환, 즉 심ㅇ염·급성만성 심근염·늑막염·폐종양 등의 징후로 오는 경우도 있습니다. 그러나 이러한 징후적 협심증에 대해 관동맥의 질환에 기인하는 협심증을 관상동맥성 협심증이라고 하며, 일반적으로 협심증이라고 하면 주로 이를 가리킵니다. 협심증에는 앞서 말씀드린 것처럼 혈관 신경성 협심증·가성 협심증·대동맥통 등의 유사증이 있는데, 여기에서는 관상동맥성 협심증, 즉 진성 협심증에 대해 말씀드리고 나머지는 후일을 기약하겠습니다.

원인으로는 매독·통풍·비뇨병·척ㅇ로·음주·담배 등의 중독은 관상동맥의 경변을 발생시키기 쉬워서 이 병의 원인이 되기 쉽습니다. 그런데 이 발작을 유발하는 원인은 통상 정신흥분, 또 육체적 노동입니다. 예를 들면 매우 화를 내거나, 또는 슬퍼할 때 협심증 발작을 일으키는 일이 많은 것입니다.

증상으로는 이 협심증 발작은 야간에 갑자기 일어나는 경우가 많지만, 또 때로는 전조가 있습니다. 예를 들면 팔다리의 이상 감각이 오는 경우도 있고, 또 일종의 불안감에 대해 오는 경우도 있습니다. 발작 때에는 흉부, 특히 심장부에서 엄청난 동통을 호소하며, 그 성질은 ㅇ열자통, 절단, 작열 등 여러 가지로, 환자는 고통 때문에 죽을 것 같은 느낌을 받습니다. 이 동통은 여러 방향으로 전파하는 경우가 있는데, 가장 빈번하게 보이는 것은 왼팔 쪽으로 전파하여 팔꿈치 관절에 이르는 것입니다. 또 위쪽으로 전파하여 경부에 이르는 경우도 있고, 아래쪽으로 향하여 위부·복부 등에 이르는 경우도 있습니다. 또 이 동통은 심장부에서 시작하지 않고 앞에서 언급했던 각 부에서 시작하여 점차 심장부로 오는 경우도 있습니다. 이 발작의 지속시간은 일정하지 않고 수 초, 수 분에서 1시간이나 걸리기도 합니다. 또 발작이 짧은 간격을 거쳐 반복적으로 와서 하루 종일 연속하는 경우도 있습니다. 발작 때에 환자는 불안한 면모를 보이고 안구는 돌출하고 동공이 확대되고 혹은 안면이 창백해져 식은땀을 흘리는 등의 경우가 있습니다.

이에 반해 외관상 아무런 변화를 보이지 않는 경우도 있습니다. 이렇게 ㅇㅇ한 협심증에서는 호흡 곤란을 보이지 않습니다.

예후 협심증의 예후를 단정하는 것은 어렵습니다. 일견 가벼운 정도의 발작처럼 보였다가 돌연사하는 경우도 있으며, 또 이에 바해 격렬한 발작인데도 생명에는 별 지장이 없는 경우도 있습니다. 대체로 발작이 빈발할 때는 위험합니다.

과도한 흡연에 기인하는 협심증은 40세 내지 50세의 사람에게 많아 흡연을 금하면 소실하므로 예후는 양호하지만, 밤중이나 누워있는 중에 일어나는 발작은 심장성 천식을 동반하는 경우가 많기 때문에 예후는 불량이라고 말하게 됩니다.

치료법 협심증의 치료법은 이를 둘로 나눌 수 있습니다. 즉 발작 때에 대한 처치와 발작 때 외의 치료법입니다.

1. 발작 때의 처치

협심증 발작 때에 한편으로는 고통을 제거하고 다른 한편으로는 심장쇠약을 막아야 합니다. 이 발작 때에 주사, 또는 약제 요법은 의사가 해야 하는 일이라 여기에서 일일이 말씀드리기는 어렵지만, 옛날부터 일반적으로 알려져 있는 약제로 가장 중요한 것은 아사산 '아미르'입니다. 이것은 액체로 극히 증발하기 쉽기 때문에 작은 유리관에 이 액을 다섯 방울 넣어서 발매되고 있습니다. 이 유리관을 깨서 액을 수건에 적셔 환자의 콧구멍에 대고 흡입하는 것입니다. 이 약제를 흡입할 때는 관상동맥이 확장함과 동시에 안면 및 뇌의 혈관도 확장하여 불과 수 분 만에 허탈 증상과 함께 흉통이 사라지고 환자는 상쾌해집니다. 또 '니트로글리세린'이 유효한 것도 사람들이 알고 있는 바입니다. 이 외 일반적인 처치로써 사지를 온습포로 마찰하여 흉부 또는 폐부에 물에 갠 겨자를 첩포하거나, 혹은 흡각을 부착하고 그 외 여러 가지 피부 자극을 합니다. 또 동통에 대해 심장부에 빙○을 붙이거나, 혹은 미온습포를 행하는 경우가 있습니다. 그 외 발작 때에는 육체적 및 정신적 안정을 지키는 것이 특히 필요합니다.

발작 후의 주의점으로, 발작 당일 및 익일은 절대적으로 정신적 및 육체적 안정을 취하도록 하고, 대소변도 자리에서 보도록 하며, 방문객을 사절하고, 자리에서 업무를 지휘하는 일 같은 것은 절대로 금해야 합니다.

2. 발작 때 외의 치료법

가장 주의해야 할 점은 발작을 유발하는 것과 같은 일을 피하게 하는 것입니다. 즉 신체노동을 피하고, 상○ 때의 노책을 피하는데 노력하고, 음식에 주의하고, 또 약제를 사용하여 변비를 치료하거나 혹은 관장 등을 행하고, 격노는 물론 환희 같은 것도 도를 넘을 때는 좋지 않습니다. 특히 책임을 느끼는 것과 같이 중요 사무에 종사하는 일 같은 것은 이를 피해야 합니다. 음식은 육식을 섭취하되 자극성 음식을 금하고, 채식을 주로 해야 합니다. 우유,

과일 같은 것을 주되 일시에 대량을 섭취하는 것은 좋지 않으며, 수차례에 걸쳐 충분한 양을 취하도록 하고, 수분 섭취도 가능한 한 제한해야 합니다. 그 외 담배 및 음주를 금하고 수면은 충분히 취해야 하는 것은 말할 필요도 없습니다.

그 외 원인요법으로써 담배를 과하게 필 때는 이를 엄금해야 합니다. 관상동맥의 변화가 대동맥 및 매독과 관련 있는 경우에는 구매(驅梅) 치료법을 행할 필요가 있는데, 다만 구매 치료법은 의사의 충분한 주의 하에 행해져야 합니다.

또 사용하는 약제가 많이 있지만, 이것도 모두 의사의 지시에 따라야 합니다. 이렇게 일일이 말씀드리는 것이 불가능하다고 생각합니다.

요는 약제 요법은 의사에게 일임하고, 스스로 할 수 있는 것은 충분한 섭생을 지켜서 재발을 막는 것이 첫 번째라고 생각합니다.(끝) 〈62~63쪽〉

우라베 히로미(경성우라베의원장, 占部寬海), 「인간 의학」, 『조선급만주』(제312호), 1933년 11월.

현재 우리 일본 의학계를 지배하고 있는 소위 의학이라는 것은 지금으로부터 약 80년 전에 서구에서 생겨난 과학적, 국소적, 유물적 의학입니다. 그래서 일반인은 이로써 진실한 의학이 아닌, 다른 정신적, 신앙적 등 여러 가지 민간요법은 완전히 외도로서 돌아보지 않는 듯합니다.

가장 촘촘한 과학적 기초에 입각한 현재의 의학을 의심한다는 것은 건전한 이성을 가진 인간으로서는 도저히 있을 수 없는 일이라고 여겨지는 것 같습니다.

그러나 소위 현대의 과학적 의학의 힘을 빌리지 않고 스스로 병을 치료할 수 있는 자, 혹은 교육적 정신요법, 혹은 신앙적 이익 신심으로 불치라는 병에서 벗어난 자는 세상에 너무 많아서 일일이 셀 수가 없을 정도입니다.

위정자가 의사법 위반으로써 법률적 탄핵을 아무리 가해보아도 소위 미신이 크게 가미된 정신요법 내지 신앙요법 등이 끊이지 않는다는 것은 사실상 이로 인해 기사회생의 기쁨을 얻은 실제 경험자가 많기 때문입니다.

그렇다면 의학이라는 것을 오늘날의 소위 과학적 의학술로 한정하는 것이 애초 잘못의 발단이라고 해도 과언이 아닙니다. 참된 의학은 지금 좀 더 광범위한, 교육·종교 방면의 힘이 많이 가미된 물심병행의 인간 의학이어야 한다고 확신합니다.

애초에 인간을 과학적 입장에서만 본다는 것은 결국 인간을 물질로 보는 것입니다. 의학상 인간을 물질로 보는 것도 일면 어쩔 수 없는 일이기는 하지만, 이것만으로는 인간을 완전히 이해하고 처리할 수 없습니다. 따라서 소위 과학적 의학으로는 구할 수 없는 병자가 생기는 것입니다.

건강, 병, 생명 등의 개념은 결코 물질적인 개념이 아닙니다. 생명은 생명으로서만 이해할 수 있는 것이며, 물질적인 것에 따라 이것과 본질적으로 다른 생명을 이해하려는 것은 완전히 무모한 시도라고 보아야 합니다. 물질은 처음부터 죽어있습니다. 죽어있는 현상을 아무리 연구해도 살아있는 것이 나타나지는 않습니다.

생명론에서의 생기론과 기계론의 논쟁은 결국 입장 차이로써 해결되는 것입니다. 우리는 자연과학적 입장에 서서 생명현상의 물질적 측면을 연구하는 일도 중요하지만, 이와 동시에 생명을 생명으로 보는 내성적 직관적 입장을 잊어서는 안 됩니다.

근래의 소위 의학은 이 직관적 관찰을 잊고 그 '과학적'이라는 이상에 심취해 마침내 극단적인 물질적 방면, 즉 약물, 수술 만능이라는 한쪽 방면으로만 달려왔습니다.

인간의 생리작용, 병리작용이 그 심리작용과 밀접하여 뗄 수 없는 관계에 있고, 특히 병 치료라는 것이 그 근본에 있어서 자연의 뛰어난 능력, 즉 자연치유력에 근거하는 이상, 다정다감한 인간의 질병 치료에서 사람들의 정신상태를 평화, 안정으로 이끄는 일이 얼마나 중요한 일인가는 새삼 여기에서 말씀드릴 필요조차 없는 일입니다.

그런데 진정한 정신요법, 즉 올바른 환자의 정신유도법이라는 것은 단순한 언변 기교가 아니라, 의사인 자들의 인격이 환자의 인격을 이끈다는 인격 요법이어야 합니다. 이에 있어서 필자가 다년간 주장하고 있는 교육과 종교와 소위 의학이 삼자 일체가 되는 참된 인간 의학이 생겨나는 것입니다. 실제 치병의 길은 환자 입장에서 말하자면 일종의 수양이고, 신앙이며, 의사 입장에서 말하자면 일종의 병자에 대한 교육이며, 신앙으로의 인도입니다.

수의가 동물을 진찰하는 것이라면, 단지 그 증상에 따라 또 물리화학적 검사 결과에 따라 그 병을 판단하고 그에 대한 치료를 궁리하다 보면 어쩔 도리가 없지만, 인간의 병은 가령 그것이 국소적 질병이더라도, 또 어떤 세균이 원인이라고 하더라도 동물의 세계와 다른 인간의 세계에서는 환자의 환경이나 정신상태 등과 관련된 점이 매우 큰 경우가 있으므로 의사인 자는 그것들 모두를 검토하여 우선 첫 번째로 환자의 정신에 안정을 주어, 안심하고 치료할 수 있도록 이끌어야 합니다.

어쨌든 인간의 병인 경우에는 병에 대한 단순한 불안, 공포, 초조, 번뇌뿐 아니라, 이에 더하여 가정문제, 경제문제, 인정문제 등등 실제의 질병 그 자체에 대한 염려의 몇 배 몇십 배에 달하는 다대한 고민이 수반됩니다.

더구나 이 고민 때문에 질병 치료를 늦추거나, 혹은 또 완전히 불치에 빠뜨리는 것과 같은 실례는 일상에서 많이 보는 바입니다.

이렇게 보면 인간의 의사인 자는 단순한 화학이나 물리적 방법으로 하는 것만으로는 도저히 그 전부를 얻을 수 없다는 사실이 저절로 분명해집니다.

하물며 세상의 많은 병자 내지 그 주변 사람들은 일찍부터 세상의 쓴맛을 다 맛보아온, 천군만마를 왕래해온 옛 병사라는 점에서 더 말할 것도 없습니다.

향후 의사인 자는 마땅히 이점에 착안하여 스스로 나아가 교육적 방면, 종교적 방면의 연구에도 크게 노력하여 참된 인간 의학의 성취 달성을 향해 정진해야 합니다. 여기에서 비로소 진정으로 인간의 병을 치료할 수 있는 필자의 소위 인간 의학이 성립하는 이치입니다. (끝) 〈55~56쪽〉

가케이 마사시(경성 가케이의원장, 筧正視), 「열성 병자의 간호법」, 『조선급만주』(제311호), 1933년 11월.

발열, 즉 체온의 상승은 두통이나 기침 같은 어떤 질병의 한 징후이며, 또 발열은 대부분 모든 질환에서 보이는 증상이며, 또한 가장 중요한 것 중 하나입니다.

발열의 원인은 온열 중추의 이상 자극에 의해 생기는 것으로, 병원체가 산출한 독소 또는 이에 의한 세포 파괴 산물, 혹은 단백질 분해 산물, 기타 약물 등의 자극에 의해, 혹은 신경성으로 일어납니다. 그리하여 체온 상승의 결과로서 호흡수 및 심장 박동수를 증가시키고 체내 장기 단백질의 분해를 촉진 증가시켜 혈중 '알칼리'의 함량을 감소시켜서 심장쇠약을 초래하고, 또 여러 가지 장기의 변성을 촉진 시키는 등의 위험이 있습니다. 그리고 이러한 변화들은 신경계통, 혹은 저항력이 약한 소아에게 가장 선명하게 나타납니다.

이 경우에 체온을 낮출 때는 발열에 의한 직접적 위험을 없애는 한편, 두통이나 불면, 혹은 의식 혼탁, 그 외 식욕부진 등 이로 인해 생기는 장해를 다소나마 예방할 수 있을 것입니다.

이 발열에 대해 하열제는 가장 유력하게 작용하는 것이지만, 그러나 열이 있다고 해서 곧바로 하열제를 복용하는 것은 충분히 고려한 후여야 합니다. 앞에서 언급했듯이 열은 많은 경우 세균이 만드는 독소 때문에 생기는 것이므로, 하열제로 온열 중추를 일시적으로 가라앉히면 열은 일시적으로 내려가도 중요한 독소를 만드는 세균은 사멸하지 않아서 병이 여전히 진행하기 때문입니다.

그러나 고열이 있거나, 또 가벼운 열이라도 오랫동안 지속되면 신체의 소모가 심해지고, 특히 심장이 약해지므로 의사는 질병의 종류, 환자의 체질, 연령, 일반상태, 순환기 상태, 그 외 하열제에 대한 반응 상태 등을 고려한 후 하열제를 사용하여 열을 일정 정도까지 낮추고, 발열에 따른 위험, 기타 불쾌 증상을 없애고 체력을 유지하면서 본질인 병을 치료합니다. 그러므로 발열 환자에 대해서는 의사의 치료와 함께 간호자 또한 심대한 주의를 기울여 환자의 체력 유지에 힘쓰도록 간호해야 합니다.

발열을 초래한 원인 및 질병이 각양각색이듯이 이에 대한 치료법 및 처치도 여러 가지로 다르지만, 현재 일반 발열 환자에 대해 간호 상 가장 필요한 사항을 말씀드리고자 합니다.

먼저 안정부터 말씀드리자면, 고열이 있는 경우에 신체 및 정신의 안정을 요하는 일은 지론입니다. 다만 만성 전염병, 특히 폐결핵 등에서 가벼운 열이 있을 때 등 그다지 안정을 취할 수 없는 경우가 있지만, 설령 가벼운 열이라도 안정을 취해야 합니다.

음식은 그 질병에 따라 여러 가지로 달라야 하지만, 열이 있는 환자에게는 가능한 한 충분히 음식을 주어서 체력 소모를 막아야 합니다. 특히 열이 오랫동안 지속할 때는 특히 주의가 필요합니다. 그런데 열성 병자에게 주는 음식의 1회 분량은 그다지 많지 않은 편이 좋으므로 소량을 두 시간마다 주거나, 또는 하루 치 양을 4, 5회로 나누어 주는 편이 좋습니다. 음식은 분변을 만드는 것이 적고 소화가 잘 되는 것을 주어야 합니다. 또 고형물을 대량으로 주면 위장 점막을 자극하여 팽만감, 혹은 구토 등 불쾌한 증상을 일으키는 경우가 있습니다. 고형 단백질은 소화가 그다지 양호하지 않으므로 유동식 또는 반 유동식 형태를 골라야 합니다. 또 함수탄소를 많이 포함한 경우도 필요하지만, 그 성질을 고려해야 합니다. 그 외 '비타민'을 풍부하게 할 필요가 있습니다. 식염류는 많지 않은 편이 좋습니다.

중요한 것은 음식의 종류와 환자의 평소의 습관, 기호를 존중하여 가능한 한 환자의 기호를 고려하여 좋아하는 것을 주는 편이 좋습니다. 음식 분량도 환자가 섭취할 수 없는데도 무리하게 강요하거나, 또 환자가 좋아하지 않는 것을 보양식이라면서 무리하게 주는 일도 별로 좋지 않습니다.

급성 열성 병자에게 주는 식품으로서는 중탕·죽·우유·달걀·스프·과즙·신선 육즙·비스킷·크림 등입니다.

음료, 즉 수분은 열이 있는 환자에게는 가장 필요한 것이므로 충분히 주어야 합니다. 열이 있을 때는 소변이 감소하므로 수분을 다량으로 주어서 소변량을 증가시켜서 독소를 배설하게 만들 필요가 있습니다. 특히 폐렴에서는 수분을 다량으로 주어야 합니다. 음료로서 물·반차·과일주스·레모네이드·탄산수 등이 있습니다.

열성 병자의 수면 부족은 일반 상태에 불리할 뿐 아니라, 식욕을 해칩니다. 특히 순환기 계통을 해치므로 간호자는 충분히 주의하여 숙면을 취하게끔 해야 하지만, 여러 가지 방법으로도 숙면을 취할 수 없을 때는 수면제를 사용할 필요에 몰리는 경우도 있습니다.

그 외 이학적 방법으로 물베개·얼음주머니·냉온포 등은 사람들이 잘 알고 있는 바라 말씀드릴 필요조차 없지만, 그러나 이 냉각법이 지나치게 남용되어 소아 등이 '치아노제(Zyanose)'를 일으키는 경우를 본 적도 있는데, 이는 오히려 불리합니다. 또 심장이 쇠약할 때는 열이 높은데도 불구하고 사지가 차가워지므로 이때는 온수 팩 등으로 손과 발을 따뜻하게 해주어야 합니다.

또 환기법도 고열의 처치로써 필요합니다. 예를 들면 소아 폐렴 환자 같은 경우, 외부 공기에 접촉하는 것이 두려워 문이나 장지를 밀폐하고, 또 보온을 위해 숯불을 많이 넣거나, 혹은 스토브나 온돌 등을 활발하게 응용하는 경우도 있지만, 그것들의 증열 때문에 오히려 병자의 체온을 상승시켜서 환자에게 고통을 주는 경우도 있으므로 때때로 문, 장지를 열어서 환기를 하고 신선한 공기를 넣어줄 필요가 있습니다.

또 환자의 구강을 청결하게 유지하는 것은 긴요한 일입니다. 이를 게을리할 때는 이하선염 등을 일으키기 쉽고, 또 식욕을 잃기 쉬우므로 설태가 두꺼울 때는 설태 제거기로 부드럽게 제거하여 중조수·○산수·노레타 수 등으로 가끔 헹구게 해줘야 합니다.

그 외 변통의 정상을 꾀하고, 의복, 침구, 혹은 신체 청결에 주의하고, 특히 오랫동안 취침하는 자에 대해서는 때때로 체위를 변환시켜서 ○○을 막아야 합니다.

발열 환자는 정신적으로 ○○하기 쉬워진 것이므로 환자에 대해서는 충분한 안정을 주고, 친절함과 동정심을 가지고 간호에 종사해야 합니다. 그 결과, 급성병자는 일찍 치유되고, 오랜 열성 병자라도 그 경과 및 결과를 양호하게 만들 수 있습니다.(끝) 〈56~58쪽〉

이마무라 도요하치(경성이마무라병원장 의학박사, 今村豊八), 「혈액형 이야기」, 『조선급만주』 (제313호), 1933년 12월.

인류의 혈액형은 수혈 요법의 부산물로써 발견된 것입니다. 1901년 '란트슈타이너'는 동종 응집반응이 명확히 사람의 혈액 안에 보이는 현상이라고 하여 혈액형을 세 종류로 구별하는 것에 성공했습니다. 그 후 '쟌스키' 등의 추가 연구에 의해 혈액형을 네 종류로 분류하는 것이 정상이라고 판명되고, 이후 일반적으로 승인하게 되었습니다.

이 혈액형 발견에 이르기까지 수혈은 위험한 요법이었지만, 그 후는 안전해져 수혈과 혈액형은 불가분의 관계가 되었습니다. 혈액형이 '멘델'의 법칙에 따라 유전한다는 점이 확인된 이래 혈액형에 관한 연구는 법의학, 인류학 및 유전학 영역에서 중요한 연구 제목이 되었습니다. 혈액형 분류법 학설은 복잡하지만, 필자는 목하 가장 일반적으로 사용되고 있는 '준게른' 씨 법을 간략하게 기술해보고자 합니다. 혈액은 액상 성분과 유형 성분으로 구성되며, 그 유형 성분은 적혈구·백혈구·혈소판 등입니다. 혈액은 혈관 속을 매끄럽게 흐르고 있는데, 일단 혈관 밖으로 나오면 그 혈액은 바로 응고하며, 잠시 후에는 투명한 액체와 적색 응고물로 분리됩니다. 그 투명한 액을 혈청, 응고물을 혈장이라고 하며, 섬유소에 의해 응고되는 것으로 대부분은 혈구입니다. 혈액형 분류는 이 혈청 속에 포함되어 있는 응집소와 혈구에 포함되어 있는 응집원과의 결합 관계에 따라 나누어지는 것이며, 그 종류는 O·A·B·AB의 네 종류입니다. O는 독일어 '오네', '아구르치노겐', 즉 동종혈구응집반응에 참여하는 응집원을 갖지 않는다는 의미로 '제로'형이라고도 합니다. 혈구에 A라고 임시로 이름 붙인 응집원을 갖는 혈액을 A형, 이와 다른 B 응집원을 갖는 것을 B형, 또 양쪽의 응집원을 갖는 것을 AB형이라고 합니다. 또 혈액 중에 있는 응집소 쪽에서 말하자면 O형 혈액의 혈청 속에서는 α, β 양 응집소를 갖습니다. A형 혈청 속에서는 B 응집원과 묶이는 β 응집소를, B형 혈청 속에서는 A 응집원과 묶이는 α 응집소를 갖고, AB형 혈청 속에서는 응집소를 갖지 않습니다. 이러한 혈구 응집반응인 것은 혈구의 응집원이 그것과 대응하는 응집소와 묶여서 비로소 양성으로 나타나므로 O형 혈구는 어떤 형 혈청에 의해서도 응집반응이 일어나지 않습니다. 이에 반해 AB형 혈구는 AB형 이외의 것의 혈청 속에서 전부 응집반응을 일으킵니다. A형 혈구는 B 혈청, 또는 O 혈청에 의해, B혈구는 A혈청, 또는 O혈청에 의해 응집됩니다. 통상 이 혈액형을 판정하려면 표준혈청을 준비해두는데, 그 혈청은 A형과 B형, 두 종류입니다. 이 표준혈청에 목적하는 사람의 혈액을 각각 섞는데, A혈청에 섞인 쪽이 응집하고 B 혈청 속에서 응집하지 않을 때는 그 목적하는 사람의 혈액형은 B형이며, 또 B 혈청 속에서 응집하고 A혈청 속에서 응집하지 않으면 그 혈액은 A형입니다. A혈청 속에서도 B혈청 속에서도 응집하면 그 혈액은 AB형이며, A혈청 속에서도 B혈청 속에서도 응집하지 않으면 그 혈액은 O형 혈액입니다.

수혈은 피를 공급하는 사람의 혈액이 그것을 받는 사람의 혈청 속에서 절대로 응집되지 않는 것만을 공급하는 것이어서 이를 적합이라고 하며, 급혈자의 혈액이 수혈자의 혈청 속에서 응집하는 경우는 부적합으로써 사용하지 않습니다. 만약 잘못하여 이 적합하지 않은 혈액을 수혈하면 그 수혈자인 환자는 위중해지는 변화를 일으킵니다.

A형 혈액은 A형 사람과 AB형 사람에게 적합하고, B형 혈액은 B형 사람과 AB형 사람에게 적합하며, O형 혈액은 A형과 B형, AB형, O형 어떤 사람에게나 적합하고, AB형 혈액은 오직 AB형 사람에게만 사용할 수 있습니다. 그리고 바꿔 말하면 O형 사람은 타인에게 피를 공급하는 경우는 누구에게나 공급할 수 있지만, 다른 사람으로부터 받는 경우는 오직 같은 형, 즉 O형인 사람의 혈액만을 받을 수 있으며, AB형 사람은 자신의 피를 타인에게 공급하는 경우에 오직 AB형 사람에게 한하여 공급할 수 있고, 타인으로부터 받는 경우는 어떤 사람에게라도 받을 수 있습니다.

A형 사람은 A형 및 AB형 사람에게 공급할 수 있고, 받을 때는 A형, 혹은 O형으로부터 받을 수 있습니다. B형 사람은 B형이나 AB형 사람에게 공급할 수 있으며, 받을 때는 B형이나 혹은 O형 사람으로부터 받을 수 있습니다. 이렇게 수혈은 먼저 같은 형을 찾아서 이를 얻을 수 없을 때 다른 적합형을 받는 것을 본칙으로 하고 있습니다.

수혈은 오늘날 의료 상 빠뜨릴 수 없는 것이 되어 외상성 출혈, 자궁출혈, 전염병성 출혈, 토혈, 객혈 등에 의한 급성 빈혈에, 또 쇠약, 중독, 비특이성 자극치료에 사용됩니다. 상이군인에게도 활발하게 응용되고 있는 것은 물론입니다. 현재 우리 군대에서는 입영 때 혈액형을 조사하여 결과를 건강부에 기재하고 있는 상황입니다.

앞으로 가능하다면 국가가 국민 전부의 혈액형을 조사하여 호적부에 기재해두게 된다면 유사시에 많은 편의가 있을 것으로 생각합니다.

가와이시(河石) 박사의 연구에 의하면 신생아 시기에는 단지 응집원만이 완성되고 응집소가 완성되는 것은 평균 2년 6개월 후라고 간주하며, 완성된 혈액형이 평생 불변이라는 점은 이미 일반적으로 인정되고 있습니다. 또 1911년 '준게른' 및 '힐슈페르트' 두 사람이 연구 발표한 바로는 혈액형이 '멘델'의 법칙에 따라 유전된다고 하며, 그 후 많은 학자의 시도에 의해 확인된 부모 자식 간의 관계는 별표와 같습니다.

양친조합/학자	아이의 혈형	
	준게른 일파	베른슈타인 일파
A × A	A　　O	A　　O
A × O	A　　O	A　　O
B × B	B　　O	B　　O
B × O	B　　O	B　　O
O × O	O	O
A × B	A · B · AB · O	A · B · AB · O
AB × A	A · B · AB · O	A · B · AB
AB × B	A · B · AB · O	A · B · AB
AB × AB	A · B · AB · O	A · B · AB
AB × O	A · B · AB · O	A · B

대부분에서 학설이 일치하고 있지만, 일부에서는 아직 일치하지 않고 있습니다. 오늘날에는 이 혈액형의 유전 관계를 법률학상 친자 감별의 참고로 간주하고 있습니다. 이 예로 일찍이 다음과 같은 소송사건이 있었습니다. 어느 때인가 신문에 혈액형의 상이로 제 자식을 부인한다는 제목으로, "구마모토현 가모토군 구타미마치 히라노(平野) 모 씨는 자신의 처를 상대로 이혼소송을 제기했다. 원고 측 소송 이유는 1913년 이래 피고와 혼인 동거했는데, 1928년 무렵부터 1930년 3월 무렵까지 피고가 자연인 친구 모 씨와 간통하고, 그 결과 히데오를 분만하기에 이르렀으므로 이혼한다는 것이다. 원고 측에서는 이러한 관계자의 혈액형 감정을 나가사키 의대의 아사다(淺田) 박사에게 의뢰하여 그 감정서를 증거로 하고 있으며, 그 결과에 따르면

원고와 피고는 둘 다 A형이어서 자식 넷 중 장녀는 A형, 차녀는 O형, 3녀와 4녀는 A형이다. 부모가 A형인 경우는 이와 같은 결과가 합리적이다. 그러나 히데오는 B형이라서 A형인 부모에게서 태어날 수가 없다. 또 자연인 모 씨는 AB형이어서 A형 피고와의 사이에 B형인 히데오가 태어나는 것이 충분히 가능하다고 해서 혈액형 감정을 증거로 하여 법의학적 근거에 따라 분쟁 중이다."라는 기사가 실렸습니다. 이 사건은 아직 재판이 결정되지 않았다고 보지만, 그 후 이와 유사한 예가 신문 지상에 많이 보이는 바입니다. 계과학적으로 그 결과는 물론 정당함을 얻지 못했지만, 우리나라에서는 예로부터 합혈의 법이라는 일이 행해졌던 것인지 조루리(淨瑠璃)의 본조 24효 중에 다케다 신겐(武田信玄)이 합혈의 법에 따라 친자 감별을 했다는 문구가 있습니다. "12년의 세월을 내 자식이라고 생각하며 살았는데, ○○야말로 그러한 헤이베(兵部)가 진짜 내 아들 … 중략 …, 보라. 이 피의 밖으로도 흩어지지 않고 합체하는 것은 틀림없이 친아들의 혈통"이라고 되어 있는데, 결과는 응집반응을 일으킨 것으로 생각되며 같은 형은 아니었습니다.

근래 기질과 혈액형 관계가 논해지고 있습니다. 이는 어느 정도까지는 관계가 있는 듯하지만, 반드시 전부가 일치한다고는 할 수 없는 듯합니다. 즉 O형 사람은 겉보기에 점잖지만, 의지가 굳고 완고하다, A형 사람은 민감하고 내성적이다, B형 사람은 사교성이 좋다, AB형 사람은 A형과 B형의 성질을 같이 갖고 있다는 등의 학설도 있지만, 이것들은 결정적인 것이 아닌 것 같고 대체로 그런 경향이 있다는 정도인 듯합니다.

이 네 종류 혈액형의 백분율은 민족적 및 지리적으로 다른 것이기 때문에 그 백분율의 조합에 따라 생물학적 인종 계수를 구하고 이를 척도로 인류학상에도 응용되어 민족 이주의 경로를 찾는 자료로 간주하고 있습니다.

또 범인 수사상에도 혈액형은 지문의 보조가 되고 있습니다. 혈액형 판정에는 근래 혈액에 의한 것을 반드시 필요로 하지는 않고, 인체의 여러 분비액, 배설액, 장기 세포 '진액'으로도 감별할 수 있도록 연구가 진전했기 때문에 범인이 담배 물부리에 남긴 적은 타액으로도 그 혈액형을 판정할 수 있게 되었습니다. 앞으로 이 혈액형을 응용할 수 있는 영역은 더욱 확대될 것으로 보입니다.(끝) 〈50~52쪽〉

니시카메(西龜) 위생과장, 「나병의 예방과 요양소」, 『조선급만주』(제313호), 1933년 12월.

조선에서의 나병 환자 수는 조사통계에 따르면 1만 2천 명으로 되어 있지만, 실제로는 1만 5천 명 정도 될 것입니다. 그 중 관공사립의 요양소에 수용되어 있는 자는 불과 2천 명 정도에 지나지 않으므로 이래서는 안 된다고 생각하여 작년 12월 나병 예방협회를 설립하고 대

대적으로 나병 예방과 요양소 확장을 계획했습니다. 제1기 사업으로서 2천 명의 환자를 더 수용하는 데에 61만 원의 경비를 요하므로 국고에서 11만 원, 도비에서 17만 원, 조선 내 관리로부터 6만 원, 조선 내 일반민간으로부터 27만 원이라는 모집 계획을 세워서 모집에 착수한 바, 놀라지 마십시오. 올해 10월까지에 조선 내에서 122만 5천 4백여 원이라는 거액 기부금이 모였습니다. 이 기부금의 과반은 조선인의 기부입니다. 오늘까지 조선인 사이에서 모집한 기부금으로 이런 거액의 돈이 모인 것은 이것이 최초입니다. 조선인이 나병의 무서움을 얼마나 통감하고 있는지는 이것으로 예상 가능합니다. 이렇게 거액의 기부금을 모은 까닭에 처음의 2천 명 수용 계획을 3천 명으로 늘리고, 전남 소록도의 주민으로부터 땅을 매수하여 도민 전부(1천 명)를 다른 곳으로 이주시키고, 전도(총면적 150만 평)를 요양구역으로 하여 3천 명의 환자를 수용하는 요양원을 건설 중입니다. 올해 이미 5백 명을 수용했지만, 내년도에는 2천 명을 더 수용할 계획입니다(종래도 소록도에는 5백 명 정도의 나병 환자를 수용하고 있었음). 환자 중 증세가 가벼운 자에게는 약간의 임금을 주어 토목공사, 그 외의 노동에 종사시키기로 했습니다.

그리고 제2기, 제3기 계획을 추진하여 전 조선의 나병 환자를 전부 수용해서 일반사회로부터 나병 환자의 흔적을 없애고 싶습니다. 나병 치료법에 이르러서는 아직 충분한 신약도 발견되지 않고, 새로운 치료법도 발견되지 않았습니다. 현재 사용하고 있는 약도 경중 환자인 경우는 수년간에 쾌유하기도 하므로 꽤 효력이 있는 것이라고 생각하지만, 나병을 예방하려면 환자를 격리하는 것이 가장 안전한 방법입니다. 나병은 태내에서 부모의 피를 받아 태어나는 경우도 있지만, 대부분은 전염된 것이므로 환자를 격리하는 것이 가장 좋습니다. 운운. 〈93쪽〉

우라베 히로미(占部寬海), 「건강법」, 『조선급만주』(제314호), 1934년 1월.

부귀·명예·지위·권세 등등 인간의 행복이라고 할 수 있는 것은 많이 있습니다만 특히 저는 건강을 첫 번째로 생각하고 있습니다. 오래전부터 '사백사병(四百四病)의 괴로움보다 가난한 것만큼 괴로운 것이 없다'라는 인구에 회자되는 속담이 있습니다만 과연 이것이 진실일까요? 저의 우견으로는 이는 단순히 인생에서 경제난의 고통을 설파했던 일면의 진리에 지나지 않는 것이 아닐까? 적어도 한번 생사의 길을 방황할 만큼 큰 병에 직면했던 경험이 있는 사람에게는 필시 '아니다'라고 부정당할 것이라 생각합니다.

실로 몸이 쇠약하면 어떠한 인생의 행복이라도 무의미합니다. 아니 그 외에 응당 행복할 만한 조건조차도 병약하기 때문에 획득할 수 없는 일조차 있는 것입니다.

현재 세상에는 몸이 병약하기 때문에, 게다가 사백사병도 이긴다고 하는 가난병까지도 떠안아서 일신은 고사하고 일가가 길거리를 헤매는 비참한 사람들조차 많습니다.

따라서 우리들은 우선 무엇보다도 신체를 강건히 할 수 있도록 밤낮 노력하는 것이 중요합니다.

돌아보면 현재 의학의 진보는 실로 눈부신 것으로 현란함을 자랑하는 과학 중에서도 제일인 듯합니다. 특히 우리 일본의 의학은 특히 급속도로 진보 발전의 결실을 맺어 이미 세계어떤 나라에도 뒤떨어지지 않습니다. 의학 연구기관의 완비, 신진 의학자의 배출, 신약·신요법의 발명 및 발견은 참으로 눈이 돌 정도입니다.

그렇다면 일반 국민의 건강상태는 과연 유감없이 발달, 증진해 가고 있느냐 하면 사실은 의외로 완전히 이와 반대의 현상조차 발견되고 있는 것입니다.

어째서 이런 얄궂은 기괴하고 극심한 현상을 실현해 온 것인지 열심히 고려해보면 여기에는 다양한 원인이 잠재되어 있습니다. 하지만 저는 우선 첫 번째로 현대의 문화인이 지나치게 과학적 타력본원에 치우쳐서 자력이라는 것을 완전히 몰각해간 결과라고 단정합니다.

옛날부터 '첫째가 양생 둘째가 약'이라는 비속한 속담이 있는데 실제로 간결하게 요점을 파악하고 있는 것입니다.

현대인은 일반적으로 소위 과학문명에 취해 피고향락에 빠져 있습니다. 의사나 약, 기계의 힘에만 의지해 건강을 얻으려 하고 있습니다. 단어를 바꿔서 말씀드리면 호화로운 눈앞의 향락적 불양생을 감히 방치해도 돈의 힘으로 다시 그 건강을 사서 되돌릴 수 있는 것처럼 생각하고 있습니다. 극기단련이라고 할 만한 힘든 노력을 싫어하고, 약으로 쉽게 노력하지 않고 건강과 장수의 획득을 꾀하고 있습니다. 아방궁에서 불로불사의 묘약을 구했던 진의 시황제를 가엽게 여겨 웃으면서 자기 스스로가 시황제에지지 않는 어리석음을 실현하고 있는 것입니다.

만약 돈의 힘, 지혜의 힘으로 인간의 건강과 장수를 꾀할 수 있는 것이었다면 어떨까요? 그야말로 인류의 타락은 그 절정에 도달했을 것이라 상상됩니다.

다행히 신은 지극히 공평합니다. 아무리 소위 과학적 의학술이 진보 발달했다 해도 고통을 피하는 향락적 박약자들에게는 결코 참된 건강과 장수를 주지 않습니다.

역시 스스로 자력을 본의로 하여 심신의 수양단련에 뜻을 둔 영고산락주의(迎苦産樂主意)의 굳센 자들에게만 참된 건강과 장수라는 인생의 최고 최대의 행복을 내려주는 것입니다.

그렇다면 우리 문화인이라는 자들은 그저 타력본원의 과학의 힘에만 기대는 일을 멈추고 모름지기 자력을 발휘하여 밤낮 심신의 수양단련을 염려해야만 합니다. 이상적으로 말씀드리면 오늘날 의학의 가르침을 잘 이용해 상당히 효과적으로, 또한 유약한 피고향락심을 없애고 스스로 나아가 매일 건강생활에 노력 정진해야만 합니다.

그렇다면 어떠한 수단 방법이 가장 훌륭한 건강법인지 말씀드리자면 이는 좀처럼 한마디로 말할 수 없습니다. 고래 선인이 경험하고 설파해 온 것, 혹은 현대인이 과학적으로 연구, 비판해 온 방법 등 일일이 열거하기 어려운 정도입니다. 하지만 저는 우선 첫 번째, 인간의 생리작용에 근본적 중대관계가 있는 마음의 평화를 항상 지속할 수 있는 수양이나 신앙의 길을 따라서 팔풍(八風)이 불어도 동요하지 않는 마음속의 부동심을 기를 필요가 있다고 외치는 바입니다. 형식방법은 종종 잡다해서 여기에서 하나하나 열거해 비판하기는 불가능합니다. 그러나 어쨌든 사람들의 개성·교양·환경 여하에 따라 일종의 신앙생활에 정진하는 것이 가장 적당하다고 생각합니다.

두 번째, 식(食)양생입니다. 육체의 건강유지상 필요불가결한 음식물의 품질 및 섭취법 말입니다.

자세하게 말씀드리면 한도 없지만 우선 사람들의 유전·습관·풍토·기후·체질·질병·기호 등을 숙고하여 가능한 한 부자연스럽게 흘러가지 않도록, 또한 위장의 건전을 목표로 식양생에 뜻을 두었으면 하는 것입니다.

세 번째, 수면·운동·일상의 기거작동 전부를 가능한 한 규율 바르게, 과하거나 부족함 없이 때에 맞게 가멸해 가는 것입니다.

네 번째, 의(衣)와 주(住)를 명심하여 가능한 한 불위생에 빠져들지 않도록, 체재(體裁)에 사로잡히지 않도록, 또한 예의를 잃지 않을 정도로, 지나치게 시종일관 신체의 보양에 치우치지 않도록 주의해야 합니다.

다섯 번째, 상술한 실제 생활 속에 직접 심신의 수양단련법으로서 냉수마찰·냉온욕·정좌호흡법·체조·유희·무도(武道)·교련·낚시·사냥·산책·등산 기타 여러 건강법 중의 하나 또는 여러 가지를 적절하게 이용하고 잘 사용하는 것입니다.

이것들도 세밀하게 그 종류, 장단 및 개성, 질병과의 조화, 실행방법 등을 논하자면 한이 없으므로 여기에서는 생략하기로 합니다. 하지만 무엇보다 신뢰할 수 있는 의사 및 선배에게 그 비판을 청하여 자신의 심신에 가장 적당한 방법을 취사선택하는 것이 최상이라고 생각합니다.

단, 여기에서 특히 명심해 두고 싶은 것은 어떤 방법을 따르더라도 그 효과를 보기 위해서는 견인지구(堅引持久) 하는 것이 중요합니다. 나는 이 방법을 따라 반드시 건강장수를 획득하겠다는 확고한 신념을 가지고 실행하는 것입니다. 타인의 경솔한 비판에 동요해 조변모개(朝變暮改)하는 듯한 박지약행(薄志弱行)으로는 어떤 건강법도 대체로 실패합니다. 무릇 사물의 일장일단은 있는 법입니다. 자잘한 것에 구애되지 않고 넓고 큰 시야에 착안해 용왕매진(勇往邁進) 시종일관하는 것입니다.

마지막으로 한 말씀 더 드리고 싶은 것은 식욕·성욕·재물욕·명예욕·권세욕 등등 모든 인간의 욕망을 자제하고 조금 모자란 것에 만족하는 일입니다. 족할 줄 알아야 가난하지 않는 것입니다. 세상 대부분의 사람들은 눈앞의 작은 욕심에 눈이 멀어 한때의 향락에 빠져 밤낮 자신의 건강을 계속 토막내고 있는 것입니다. 저는 이것을 만성자살이라고 부르고 있습니다.

학자들의 설은 다양하지만 우선 인간의 수명을 백살로 보는 것이 크게 틀리지 않다고 생각합니다. 교묘하게 운전활용해 가면 충분히 7, 80년부터 100년 정도는 자유자재로 사용하여 정말 불가사의하다고 할 정도로 지극히 교묘한 이 귀중한 인체를 자신의 부정과 불○생 때문에 도중에 파괴하고 떠나는 것은 너무나 분별없는 인간의 소행이라고 생각합니다.

우리들은 일신일가를 위해서는 말할 것도 없고, 군국을 위해, 인류를 위해 크게 자중자제하여 우선 자신의 강건이라고 하는 근본문제를 향해 밤낮 극기하고 정진해야만 합니다.

연초를 맞이하여 인간 최대의 행복한 건강장수를 획득하기 위해서는 모름지기 피고향락적인 타력본원의 현대의학에 대한 맹목적 신뢰보다 자각하여 가장 먼저 자력을 통해 소극적으로는 위생의 도를 지키고, 적극적으로는 심신을 단련해 어떠한 외부 원인에도 침습되지 않을 만큼의 금강불괴신(金剛不壞身)을 단련해 가는 것이 가장 건전하고 올바른 건강법이라는 점을 강조하는 바입니다.(끝) 〈60~61쪽〉

야마다 후지오(야마다 가축병원장, 山田不二雄), 「광견병 이야기」, 『조선급만주』(제314호), 1934년 1월.

개띠 해를 맞이하여 광견병 이야기를 해보겠습니다.

광견병이라고 하면 개가 걸리는 병이라고만 생각하기 쉬운데 이 병은 소나 말 등 대부분의 가축류가 걸리는 병으로 소의 광견병, 말의 광견병이라고 부르며 인간이 걸리면 소위 공수병(恐水病)이라고 한다.

그 병원체는 아직 발견되지 않았지만 병균은 병견(病犬)의 ○, ○○에 가장 농후하게 존재하며 타선(唾腺), 누선(淚腺), 유선(乳腺) 등에도 있다. 전염에 가장 관계가 많은 것은 타선으로 여기에서 나오는 침으로부터 병견이 물거나 핥을 때 다른 개의 신체에 침입해 전염되는 것이다. 따라서 광견병의 전염은 동물이 서로 물어뜯는 것이 원인이 되는 경우가 가장 많다.

전염되고 나서 바로 발병하는 것은 아니며 보통 30일의 잠복기가 있는데 그중에는 삼일만에 발병한 경우도 있다. 잠복기의 병견에게 물렸을 때, 발병여부는 사람에 따라 이설이 있지만 우선 발병 삼일 정도 전부터는 위험하다고 알려져 있다.

광견병은 임상상, 조광성(躁狂性)과 ○○○ 두 가지로 구별되는데 이는 병균이 감염된 정도에 따라 다른 것으로, 병균이 농후하게 감염된 경우는 ○○○이 되고 약소한 경우는 조광성이 되는 것이다.

조광성의 광견병은 가장 먼저 성질의 변화를 보이게 되며 습관적 행동에도 이상이 나타나 실로 불안한 증상을 보인다. 발병하기 1, 2일 전에는 야간에 이상하게 울어대거나 정욕이 발동하는 경우도 있다. 발광기는 보통 3, 4일간 계속되는데 이 기간이 통상 말하는 광견병의 상태이다. 다음으로 오는 것이 마비기라고 부르는 것으로, 광란의 정도가 감소하고 안구는 함몰되며 안광은 사나워져서 사물의 판단은 전혀 불가능해진다. 이후 몸의 마비가 점점 증가해 비틀거리다 마침내는 설 수 없게 된다. 탈력쇠퇴해서 3일 내지는 5일에 폐사하는데 그 중에는 십 수 일이나 살아있는 경우도 없지는 않다.

○○○의 광견병은 처음부터 마비 증상이 나타나며 극히 짧은 흥분이 있을 뿐이어서 얌전한 광견병이다. 처음에는 감각의 다양한 상태에서 시작되는 것이 보통이며 열이 굉장히 높은 것처럼 느껴지고 눈이 충혈되고 식욕이 처음부터 없다. 의식은 마지막까지 별다른 장해가 없으며 주인의 명령도 처음에는 잘 듣는데 마비가 진행됨에 따라 신체가 자유롭지 못하게 되어 마침내 명령에 복종하지 못한다. 차츰 병이 진행되면 개의 얼굴이 포악해지고 급속한 ○○가 나타나며 주인을 향해 비애를 호소하는 듯한 표정을 짓고 비명을 지르는 것이다. 볼 부위의 근육이 처음부터 마비되어 있는데 병세가 진행되면 음식섭취가 불가능해지고 조광성의 경우와 마찬가지로 다리가 비틀거려 보행불능이 된다. 탈력하여 그로부터 3, 4일째에는 죽게 된다.

여기서 주의해야 할 점은 ○○○ 광견병에 걸린 개에 대한 취급이다. 얌전하게 있고 음식물을 먹지 못하고 있으므로 무리하게 음식을 입속에 집어넣거나 턱이 움직이지 않아서 입안을 검사해보려고 손을 입속에 집어넣는 경우이다. 이때 손발에 상처라도 있으면 실로 위험하기 때문에 주의해야만 한다. 조광성 광견병이라면 알기 쉬우므로 실수가 적겠지만 특히 강아지는 진단이 어렵고 게다가 어린아이들과 사이가 좋으므로 주의하지 않으면 뜻밖의 실수가 발생할 수 있다.

광견병이 인간에게 전염되면 공수병을 일으킨다. 공수병은 명칭 그대로 물을 무서워하는데 개의 경우는 무서워하지 않고 오히려 물을 원하게 된다. 이 병은 발병하면 치료법이 전혀 없어 발광해서 죽을 수 밖에 없다. 그러므로 광견에게 물린 경우에는 즉시 예방주사를 맞는 일 외에는 방법이 없는 것이다. 인간이라면 18대의 주사를 요하지만 소나 말 등은 주사 2대로 끝난다. 이는 약의 제조법 때문이다. 예방주사를 맞으면 대체로 발병을 면할수 있기 때문에 광견에게 물린 경우에는 곧바로 전문의에게 보이는 것이 가장 중요하다. 응급수단으로는 국부에 등자나무즙 바르기, 또는 물린 부분을 불로 지지기, 석탄재·리졸 등으로 소독하는 방법밖에 없다. 조선에서는 다른 전염병과 마찬가지로 신고하는 경우가 적고 또한 수의사나 의사에게 진찰 받는 일이 적기 때문에 광견병은 비교적 많다고 보는 것이 지당하다고 생각되므로 특히 주의가 필요하다.(끝) 〈62~63쪽〉

고비야마 나오토(전 만주철도 이사, 小日山直登), 「조선의 전염병」, 『조선급만주』(제315호), 1934년 2월.

　작년 조선에 맹위를 떨친 전염병류는 발생·사망 모두 전년도보다 격증을 보이고 있는데 그 위세는 도시농촌을 불문하고 주기적으로 창궐을 하고 있다. 그런데 홍역, 장티푸스가 마침 올해 무렵부터 이에 해당하는 것으로 보이며, 종래의 사례에서 보면 3, 4년간은 조선 전체적으로 경계를 요하므로 당국에서는 가까운 시일 내에 그 대책을 구체화해야 할 것이다. 그 중요한 포인트에 섰던 작년 통계에 의하면 발생 20,541명, 사망 3,369명으로 전년에 비해 발생은 3,745명, 사망 262명 증가했으며 내역은 다음과 같다. 〈14~16쪽〉

	홍역	장티푸스	파라티푸스	두창	발진티푸스	성홍열	디프테리아	유행성 뇌수막염
발생	2833	7725	565	4928	1439	1498	1425	128
사망	533	1078	39	966	164	116	406	59

마쓰이 곤페이(경성제국대학 부속병원장, 松井權平), 「파상풍」, 『조선급만주』(제315호), 1934년 2월.

　'테타누스'라고 하는 병은 파상풍이라는 이름으로 불리고 있다. 이 병은 오래된 못이나 대쪽에 찔린 상처 등에 흙이 들어갔을 때 걸리는 것으로 급성인 것은 전신에 경련이 일어나고 동통도 극심하며 발한, 임리(淋漓) 중에 고통받으며 대부분은 죽기 때문에 이승에서의 지옥의 가책이다. 옛날 사람들이 말하는 파상풍 중에는 진짜 '테타누스' 보다도 현재 말하는 봉소직염(蜂巢織炎)과 같은 것이 주였던 듯하다. 유명한 알렉산더왕이 지금으로부터 2270년 정도 전, 초여름 5월에 페르시아왕 다리우스를 향해 그라니코스 강을 건너 선두에 서서 도보했을 때는 아무 일도 일어나지 않았다. 그 여름 더위가 극심했기 때문에 키도누스강에서 목욕을 했을 때 '테타누스 프리고레'(감모성 파상풍이라고 변역해야 할까)에 걸려 강적을 앞두고 심히 애를 태웠다. 그때 아카루나의　필립스라고 하는 의사가 삼일에 걸쳐 양약을 만들어 권했다. 그런데 가신인 파르메라노가 필립스는 적국 왕 다리우스의 첩자이며 왕을 독살하려하는 것이라고 간언했다. 알렉산더왕은 의심해서 죽는 것보다 적의 계략에 걸려 죽는 쪽이 무장의 숙원이라고 했다. 좌우간 비약 때문인지 뭔지 병은 나았다. 이것이 진짜 '테타누스'였을까? 더운 곳에서 갑자기 차가운 물에 들어가는 것이 위험하다는 것 정도는 현재는 중학생이라도 알고 있기 때문에 알렉산더왕의 병도 '테타누스'였을지는 조금 의문이다. 18, 9세기가 돼서도 상처를 냉기 또는 열기에 대면 '테타누스'에 걸린다고 생각하고 있었다. 한방에 관해서 필자는 전혀 모르지만 소년 무렵, 누구나 한번은 읽는 팔견전(八犬傳)에서 시노(信乃)의 금창(金瘡)이 하룻밤 사이에 팽창하고 동통이 극심해 "어제 종일 강바람을 맞아 파상풍이 되었다"라고 하는데 이에 대한 요법은 나고 시치로(那古七郎) 상전(相傳)의 기방(奇方)으로서 어린 남녀의 선혈을 각각 반 리터씩 합하여 상처를 씻어내는 방법이 있다고 되어 있다. 이를 소설적 혈청요법이라고 할 수 있을까. 이것도 인체를 약으로 삼는 미신의 한 사례일 것이다.

난법(蘭法)외과로 민간에서 중요시 되었던 사쿠라 준텐도(佐倉順天堂)의 사토(佐藤) 씨 문하의 가에이(嘉永) 무렵의 임상실험 필록을 보면 '테타누스'와 파상풍은 구별하고 있는 듯하다. 그중에 사쿠라 번(藩), 이소타니(磯谷) 씨의 조카가 전정가위에 왼쪽 다리의 엄지발가락을 다쳤다. 상처는 표피가 살짝 벗겨진 정도의 가벼운 것으로 별다른 통증도 없었기 때문에 방치했다. 그런데 다음날 뭐라고 설명하기 어려운 동통이 다리에 퍼졌으므로 놀라서, 그 전년에도 그 남자의 친구가 비슷한 증상으로 사망했던 일을 떠올리며 곧바로 준텐도를 방문했다. 10정(町)이나 걷자 동통이 점점 심해져 왼쪽 견갑부까지 퍼져 간신히 도착해서 뒹굴며 괴로워했다. 그래서 국소를 절개했더니 아직 칼을 거두기도 전에 동통이 가라앉아 스스로 우물에 가서 물을 떠서 다리를 식힐 수 있는 정도가 됐다. 이것이 파상풍 치료 경험 사례이다. 사토 가문에서 마쓰모토 가문(松本家)을 계승한 관의(官醫) 마쓰모토 료준(松本良順) 선생의 '이상하게 발생하는 테타누스의 증상'으로 구축된 한 가지 병례가 있다. 가에이 5년 임자(壬子) 4월 12일 오후 나가타(永田), 바바(馬場), 오쿠보(大久保) 아무개의 하인 마스다(增田) 아무개의 청으로 왕진한 소견 병력은 다음과 같다.

환자는 40세 정도의 신경질적인 사람이었다. 지금까지 지극히 건강해서 이렇다 할 병에 걸린 적이 없다. 그달 8일 밤, 주인의 저택에 당직하고 있었는데 한밤중에 무심코 혀를 깨물어서 출혈이 심해 겨우 지혈하고 잠들었다. 그런데 다음날은 평상시와 다른 점이 없어서 기괴하다고 생각하며 다케노우치 겐도(竹内玄同) 선생에게 진찰받은 밤은 붓대를 놓고 잠들었다. 그런데 붓대를 씹다가 또 혀를 깨물었다. 그날 밤 5회에 걸친 통증에 그치지 않고 이후 계속해서 매일 밤 이어졌다. 게다가 한밤중에 오른쪽 다리에 경련이 일고 가슴과 겨드랑이에 땀이 났다. 겐도 국수(國手)는 ○○이며 얼굴이 조금 일그러지고 맥박이 강하며 혀의 상처에 염증이 있는 것만으로는 무슨 병인지 짐작이 가지 않았다. 혀의 통증이 너무 심하므로

료준 선생을 불러왔다. 12일의 소견은 혀와 입술이 모두 손상되어 염증이 있었다. 당시 서양
의학을 사용하는 것이 금지였기 때문에 단지 외과적 상처의 수단으로서 가루약을 붙이고
손수건을 물고 자라고 권했다. 하지만 모든 증상이 날로 악화되어 마침내 같은 달 15일 밤에
사망했다. 이를 테타누스(的太扭私)라고 진단했는데 실로 이상하여 상세히 조사해보니 환자
는 3월 24일 오른쪽 다리의 발톱을 다쳐 출혈, 동통이 있었는데 3일 정도 지나 괜찮아졌다는
사실을 뒤늦게 알게 됐다. 즉 이 상처에 병균이 침입하여 2주 뒤에 발병했던 것이다. 여기에
는 상세한 병의 상태가 기록되어 있지 않다. 하지만 앞의 사례와는 전혀 다른 것으로 이는
'테타누스'였을 것으로 판단할 수 있다. 나가즈카 다카시(長塚節) 씨의 소설 「흙」에는 오시나
(お品)가 가난 때문에 저지른 낙태의 결과, 파상풍에 걸려 "입이 벌어지지 않게되어 방법이
없어"라며 혈청요법까지 기술되어 있다. 원래 흙 속에 서식하는 간균이 상처에 들어가 발생
하는 병으로 유럽전쟁의 참호전투에서는 나병이 많았을 것으로 상상되는데, 혈청 예방주사
가 발효해서 적었다고 한다. 전후(戰後) 불결한 상처에 이 예방조치를 하지 않아서 만일 '테
타누스'가 발생하면 의사가 곤욕을 치르므로 독일에서는 약해져 있다. 이것도 나라마다 달
라서 우리 일본에서는 그런 규칙이 있으면 오히려 예방주사 남용으로 부상자가 비명을 지를
지도 모른다.

이 '테타누스'균은 산소를 싫어해서 순수하게 다른 균에서 분리 배양이 불가능했던 것을
기타자토 시바사부로(北里柴三郎) 선생이 성공하여 일본인을 위해 기염을 토한 역사적인 사
건이다. 산소 즉 공기의 중요성분이 상처에 들어가 '테타누스'인 파상풍을 일으킨다는 말은
조금 수긍하기 어려운 것으로, 이름과 실체가 상부하지 않는 것이다.(끝) 〈41~42쪽〉

하기노 마사토시(경성부 위생과장 의학박사, 萩野正俊), 「유행성 독감에 대해서」, 『조선급만주』
(제315호), 1934년 2월.

올해 들어 추위가 계속되었기 때문일까 악성 감기가 유행하고 있어서 전차 안에서 하는
대화마다 '결국 유행성 감기에 걸려서 이틀 동안 잤다', '애들이 차례차례 감기에 걸렸는데
가장 어린놈이 폐렴에 걸려 곤란했다' 등의 이야기를 종종 들을 수 있습니다.

또 도쿄(東京)나 오사카(大阪) 주변도 상당히 감기가 유행하고 있는 모양으로 신문 기사에
여기저기 보입니다.

경성에서의 이번 유행성 감기의 유행상태를 사망신고서를 통해 관찰해보면 1932년 12월
중의 사망자는 807명, 작년인 1933년 12월은 717명으로 1933년 쪽이 적습니다. 하지만 1933년
1월과 올해 1월을 비교해보면 1933년 1월 17일까지는 329명이지만 1934년은 1월 17일까지

488명 즉 17일간 사망자수가 159명이나 증가했습니다.

어째서 올해는 사망자가 많은지 생각해보니 올해는 특별히 성홍열이나 디프테리아 등의 겨울 전염병이 유난히 많다고 할 수 없고, 그 외에 병이 유행하고 있는 것도 아니어서 작년에 유행한 유행성 감기에 그 원인을 찾아야 한다고 생각합니다.

만약 그렇다고 한다면 사망자수의 상당 인수에 영향을 미칠 정도이므로 부내(府內)에는 상당히 널리 유행하고 있다고 생각해야만 합니다. 만약 작년 1월과 비교해서 증가한 159명의 사망자가 유행성 감기에 의한 것이라고 하면 이제부터 유행성 감기의 추정 환자수를 추정하는 것이 가능합니다. 즉 17일까지 적어도 13,000명 정도가 환자라고 생각됩니다.

올해의 악성 유행성 감기의 원인균은 오사카 의대의 보고에 따르면 환자의 80%에게 '파이펠' 씨 '인플루엔자'균이 검출되고 있습니다. 21일부터는 대한(大寒)에 들어가 향후 더 추워져서 현재 유행하고 있는 감기도 당분간은 유행할 것이기 때문에 유행성 감기에 대해 기술해보고자 합니다.

먼저 유행적으로 오는 감기의 원인에 대해 기술해보겠습니다.

기온의 격차는 감기 유행의 근원이 됩니다. 작년 봄은 굉장히 따뜻해서 괜찮았지만 설부터는 제법 추위가 계속되어 기온이 낮았으므로 감기에 걸릴 기회를 만들었다고 생각됩니다. 또한 설이라서 진수성찬, 밤샘으로 신체에 무리를 주고 있을 때, 감기의 신이 방문해서 차례차례 어른부터 아이까지 급속하게 환자수가 증가한 것이라고 생각됩니다.

이 감기의 신은 무엇인지, 이번과 같은 유행성 감기를 발생시키는 감기의 신의 실태에 대해 이야기해보겠습니다.

1892년 전 유럽에 유행했던 '유행성 감기' 환자로부터 '인플루엔자'균을 검출해서 이것이 유행성 감기의 원인균이라고 말하고 있습니다. 일본에서 유행성 감기의 대유행은 1919, 20년으로 그때는 실로 많은 숫자의 환자가 나왔고 따라서 사망자도 많이 발생했습니다.

그때에는 물론 일본의 학자는 좋은 기회라고 여겨 자신이 쓰러지는 것도 잊고 유행성 감기의 병원체를 밝혀내는 일에 노력했기 때문에 '파이펠' 씨 '인플루엔자'균이 당시 유행성 감기의 원인균이라고 알려지게 되었습니다(물론 그중에는 그렇지 않다고 하는 학자도 있습니다만). 그 후 1924년 무렵, 1929년 무렵, 부분적인 감기의 유행이 있었습니다. 저는 1924년에 경성에서 유행할 때 환자를 진료함에 있어서 그 병원균을 검사한 적이 있는데, 다이쇼 13년 경성의 유행은 '폐렴쌍구균'만 검출되고 인플루엔자균은 한 사례도 검출되지 않았기 때문에 유행적으로 오는 감기는 인플루엔자균 이외에 폐렴쌍구균에 의해 오는 유행성 감기라고 생각할 수 있다는 것을 알았습니다.

따라서 감기의 신인 '인플루엔자'균 및 이에 의한 감기, 폐렴쌍구균에 의한 감기 및 폐렴에 대해 이야기를 이어나가보도록 하겠습니다.

'인플루엔자' 병원균, 파이펠 씨 인플루엔자균입니다.

이 균은 세균 중 가장 작은 종류 중 하나로 환자의 객담 안에 많이 발견됩니다. 이 균은 저항력은 약해서 56도 30분에서는 사멸합니다. 건조한 상태로 방치하면 하룻밤 내지는 이틀 정도 생존할 뿐이며, 또 이 균은 뒤에 기술할 폐렴균과 공서(共棲)하면 발육이 서로 양호하게 됩니다.

인플루엔자균이 처음 침입하는 부위는 호흡기, 특히 그 상부 기도이며 먼저 그 국부에 염증을 일으키고 이어서 균체가 산생(産生)하는 부위의 독소에 의해 신경계통, 위장, 심장 등에 장해를 미칩니다.

전염은 사람에서 사람으로 이루어지며 특히 환자의 기침, ○○담화 등에 의해 객담이나 침의 포말이 비산하여 전염되는 것입니다. 이 양상은 학교 등에서 자리가 정해져 있는 경우 잘 알 수 있습니다. 한 환자가 발생해서 쉬게 되면 그 다음이 그 앞 책상에 앉은 사람, 다음이 그 앞의 책상에 앉은 사람으로 전방으로 전파되는 상황은 명백합니다.

이 병은 전파력이 매우 강하고 신속하기 때문에 한 지역에 유행하기 시작하면 짧은 시일에 그 지방, 또는 도시 전체에 만연해 환자수도 많이 나타나는 것이 일반적입니다. 이 병은 유아에게는 비교적 침투하는 경우가 적은 듯합니다. 5, 6세경부터 성인이 걸리기 쉽습니다.

이 병은 감염되면 2~4일의 잠복기를 거치다가 돌연 고열, 구토, 극심한 두통, 인후통 등이 나타나며 발병합니다. 그중에는 오한, 식욕부진, 코 카타르(catarrh) 등의 증상이 있고 열이 39도나 오릅니다.

이 병에는 세 가지 유형이 있는데 주로 위장장애 증상이 나타나는 경우, 즉 식욕부진, 구내악취, 구토, 복통, 설사, 입술 헤르페스 혹은 황달 등이 나타납니다.

또한 기관지 카타르 증상이 대부분인 경우, 신경통, 맹렬한 두통, 불면 또는 복막염 등과 같은 증상이 나타나는 경우도 있습니다. 열은 2, 3일간 다소 오르내리다가 열이 떨어지는 경우, 또는 3, 4일째에 갑자기 열이 내리는 경우 등이 있습니다.

보통의 경우는 대수롭지 않지만, 그럼에도 폐렴이나 모세기관폐렴을 일으키면 병증은 위중해져서 불행한 전환을 맞이하는 경우도 있습니다. 또한 중이염, 늑막염, 복막염, 농흉, 신장염 등이 발생하는 경우가 있습니다.

이어서 폐렴쌍구균, 이는 1884년 프랭켈이 이 균의 성상(性狀) 및 병원성을 상세히 연구했습니다.

이 균은 열에 비교적 약해서 60도 30분이면 사멸합니다. 하지만 한랭에 대해서는 저항력이 강합니다. 건조상태에서 차갑고 어두운 장소에서는 오랫동안 생활할 수 있습니다.

제가 1924년 경성에 돌발했던 감기환자를 진료할 당시 발명상태 및 경과 균검사을 한 일이 있습니다. 그 임상적 소견은 왕년 세계적으로 유행했던 인플루엔자균성 감기와 제법 닮아있는 부분이 많았습니다만, 분리에 성공한 균은 모두 폐렴쌍구균이어서 폐렴쌍구균에 의해서도 유행성 감기가 만연하는 경우가 있다는 사실을 알았습니다. 또한 인플루엔자균에 의한 감기와 증상이 유사했으므로 균을 검사하지 않으면 환자를 구별하는 일이 어려웠습니다.

요컨대 두통, 요통, 전신권태를 비롯해 오한으로 발열합니다. 그리고 인후통이 심한 것, 혹은 인플루엔자균에 의한 것과 동일하게 위장장애를 일으켜서 오심, 구토, 설사가 나타나며 발열하는 경우도 있습니다.

또 인두통, 기침 등의 증상만 있고 보통의 감기처럼 발열이 없기 때문에 침상에 두지 않는 경우도 있습니다.

발열상태도

첫째, 오한으로 갑자기 40도 내외로 발열해 10시간~24시간 이내에는 하열하는 경우

둘째, 2~7일간 38도 사이를 오르내리다가 차츰 열이 내려가는 경우

셋째, 37도 5분 정도로 극히 미세하게 발열해 차츰 열이 내리는 경우

넷째, 37도 5, 6분으로 1~2일 후에 갑자기 열이 내리는 경우

가 있는데 어느 경우나 열이 내릴 때에는 발한이 나타납니다.

폐렴을 일으키는 것은 일반증상은 위중하며 경과중 늑막염 혹은 농흉을 일으키는 경우가 있습니다.

유행적으로 걸리는 감기는 인플루엔자균에 의한 것과 폐렴쌍구균에 의해 걸리는 것 혹은 동시에 양자가 혼재해서 걸리는 경우가 있습니다.

이어서 개론적으로 예방에 대해 말씀드리겠습니다.

전술했듯이 양자 모두 한랭과 건조에 저항력이 있기 때문에 조선의 겨울에는 한 명이 걸리면 차례차례 감염되어 만연하게 됩니다.

유행 초기에 기침을 하는 감기에 걸리거나 목이 아픈 사람들은 마스크를 쓰고 건강한 사람에게 폐를 끼치지 않으려는 배려가 필요하다고 생각합니다. 따라서 이 배려가 널리 행해지지 않을 때는 사람이 모이는 장소에 건강한 사람은 될 수 있는 한 출입하지 않고, 만약 가야만 하는 경우는 그 장소에 들어갈 때만 마스크를 쓰는 것이 좋습니다.

다음으로 가정에 환자가 한 명 발생하면 환자는 햇볕이 잘 드는 방에 두고 다른 건강한 사람과 격리하면 감염을 줄일 수 있습니다.

외출 후 귀가한 경우는 양치를 합니다. 집에서 양치할 때는 보통 식염 2%, 중조수 10%, 옥시풀 일만 배의 카멜레온수, 일만 배의 루골액 등이 상당한 살균력이 있어 좋습니다.

전술했듯이 과식하지 않는 것, 신체를 과로하지 않는 것은 감기에 걸리지 않는 비법의 하나입니다.

다음으로 옷을 많이 껴입지 않는 것, 규칙적으로 뜨거운 물에 담그는 것, 하루에 한 번은

땀이 날 정도로 운동하는 것 또한 감기 예방의 비법입니다.

　일본 건축물의 보온에 있어서는, 밤중에 추워지기 시작하는 실내에 '스토브'나 화로에 불을 피워서 따뜻하게 하는데도 감기에 걸리는 것은 다타미(畳) 마루 아래에서 차가워진 바람이 들어오기 때문에 감기에 걸리는 것입니다. 마루 아래는 가을에 자주 청소를 하고 다타미 아래에는 신문지를 한 면에 두세 장 씩 겹쳐놓으면 몹시 따뜻합니다.

　과식은 내장의 과로여서 혈액이 내장에 모여 피부 혈행이 나빠지고 체온조절이 충분히 이루어지지 않으므로 감기에도 걸리기 쉬운 것입니다.

　옷을 많이 껴입지 않는 것, 외출할 때와 상당히 난방을 한 가정 내에 있을 때는 옷도 갈아입어야 하며 아이가 추울 것이라 생각해 옷을 몇 장이나 껴입히면 땀을 흘리게 되고 그것이 식어서 감기에 걸리는 원인이 됩니다.

　피부는 종종 추위를 마주하는 편이 좋기 때문에 아이들도 잠옷으로 갈아입을 때 등에는 일부러 따뜻하게 하지 않고 갈아입히고, 아침에 일어나서 옷을 갈아입을 때에도 역시 동일하게 하면 피부는 경미한 추위에는 저항할 수 있으므로 쉽게 감기에 걸리지 않게 됩니다. (끝)〈42~45쪽〉

혼다 다쓰요시(경성 혼다 병원장 의학박사, 本田建義),「신입학 아동의 위생」,『조선급만주』(제317호), 1934년 4월.

　일본의 학제에서 아동은 만6세가 되면 질병이나 장애가 있는 경우 외에는 반드시 싫어도 의무교육으로 소학교에 입학해야 합니다. 입학 전까지 가정에서 아무런 규칙에 속박되지 않고 완전히 제로상태의 작은 새처럼 자기 마음대로 놀면서 부모에게 어리광을 부리고 천하가 자기 것인 것처럼 그저 자기중심적으로 생각하며 살 던 아이가 갑자기 학교 학생이라고 하는 일률적으로 움직여야 하는 상황에 처해 하루에 수 시간은 반드시 자유를 빼앗기고 체조 유희부터 학과의 수업 등까지 받아야 하게 되기 때문에 아동의 육체 또는 정신은 몹시 변화와 자극을 받게 될 것입니다. 즉 산만하기 쉬운 아동의 주의력을 일정한 목적에 집중시키므로 힘이 약한 아동의 두뇌는 이미 그것부터 큰 부담입니다. 게다가 일단 딱딱한 나무로 된 의자에 한 시간이고 두 시간이고 정좌하는 것은 육체적으로 상당한 어려움일 뿐 아니라 생리적인 호흡 같은 것들도 얕은 흉식이 되기 쉽습니다. 또한 오랜 정좌는 자연히 혈행을 방해하고 나아가서는 신체의 성장발육에도 영향을 미쳐 심하게는 병을 초래할 가능성이 없다고 할 수 없습니다. 즉 헤르텔 씨의「코펜하겐」에서 천명의 아동에게 실험한 결과는 입학과 함께 병에 걸리는 수가 상당히 많다는 사실을 증명하고 있습니다. 또 슈미트씨는 무언가의 원인 때문에 미통학자와 통학생을 비교하자 체중의 증가는 통학생에게 현저히 나타나는 점을 실험하고 있습니다. 그래서 취학 개시기가 되면 신체와 정신의 발달에 주의하여 오로지 지식 교육 방면에만 중점을 두지 않고, 먼저 신체적으로 적당한 강장법(強壯法)을 연구하여 취학 때문에 아동의 신체를 약하게 하지 않는 일에 상당히 유의해야 할 것입니다.

오늘날 학교에서도 꽤나 아동 체육에 주의 하여 각종 운동유희가 고안, 실시되고 있습니다만, 그것만으로는 만족할 수 없으므로 가정에서도 부모님들은 일찍부터 아동의 위생에 주의를 기울이고 건전한 신체를 영구히 유지할 수 있도록 노력해야 합니다. 또 독일 등에서는 입학 반년 전에 취학 전 준비 신체검사를 시행해 발육불량의 아이는 반년 동안 시에서 운영하는 위생유치원에 들어가게 하여 의료적으로 전부 상태가 좋아진 후에 취학하게 하는데, 독일의 샤를로텐부르크에서 실시한 검사에 따르면 취학기 조금 전의 아동 중 1, 2% 정도는 신체가 성숙하지 않다는 사실을 알 수 있습니다. 일본에서는 어느 정도의 비율로 취학에 견딜 수 없는 아동이 있는지 아직 예비검사가 행해지고 있지 않으므로 불분명하지만 아마 상당히 많을 것이라 생각합니다. 그래서 학교로서는 새로 입학하는 아동은 다른 학년의 아동과는 따로 입학 하자마자 정밀한 신체검사를 시행해 키와 근친의 상태를 보아 자리순서를 정하고, 심장질환이나 그 외의 질환자에게 체조유희를 면제하는 등의 주의가 필요합니다. 또 전신병이나 피부샘병, 영양불량 등의 학생은 그 증상을 회복할 때까지는 취학을 유예하는 편이 본인을 위해서도 또 학교를 위해서도 좋습니다.

새로 입학하는 아동은 다양한 전염병을 학교에서 옮는 일이 많습니다. 그래서 홍역이나 수두, 백일해와 같은 타인에게 전염되는 병에 걸린 경우에는 완전히 나을 때까지 학교에 나오지 않도록 하는 것은 물론, 아동이 코감기, 카타르성 후두염 등에 걸린 경우에도 완전히 나을 때까지 휴학할 필요가 있습니다. 왜냐하면 이러한 병에 걸려 있으면 다양한 전염병에 대한 감수성이 수배로 높아져 몹시 위험하기 때문입니다. 그리고 아동이 학교에서 돌아오면 비누로 양 손을 씻고 식염수로 양치질을 하는 습관을 만들어 두는 것이 중요하며, 이것이 전염병의 예방에 몹시 도움이 됩니다. 또 학교의 화장실 문고리는 다수의 아동이 직접 손으로 만지는 곳으로 가장 불결해지기 쉬우며 또한 이것이 전염병의 매개가 되는 경우가 많으므로 항상 소독수로 깨끗하게 씻어둘 필요가 있습니다. 물론 이것은 학교의 화장실뿐만 아니라 가정의 경우에도 동일한 주의가 필요합니다. 앞서 말한 이유 때문에 아동에게는 아침을 먹은 후에 반드시 용변을 보는 습관을 만들어주고, 학교에 있는 동안은 화장실에 가고 싶어 하지 않도록 하는 것이 좋습니다. 이것도 매일 아침 부모님이 습관이 될 수 있도록 주의해서 노력하면 반드시 성공할 것으로 믿습니다.

오늘날에는 학교 위생의 손길이 구석구석 닿고 있어 교실내의 환기나 채광, 소독 등에 충분히 주의를 기울이고 있습니다만 가정에서도 아동의 보건위생에 대해서 세심한 주의를 게을리 하지 않아야 합니다. 또한 적당한 운동을 장려하는 것은 물론 날씨가 좋을 때는 가능한 한 밖에 나가 신선한 공기를 마시게 하고, 아동의 영양을 왕성하게 하는 일에 지극히 주의를 기울여 건전한 제2의 국민을 만들 수 있도록 노력해야 한다고 생각합니다.(끝) 〈61~62쪽〉

세토 키요시(경성 세토 병원장, 瀨戸潔), 「매독에 대해서-독이 있다·606호·그 외-」, 『조선급만주』(제319호), 1934년 6월.

일반에 '내 몸에는 독이 있으므로 종기가 난다'라든지 또는 '독이 많아서 상처가 낫기 어렵다'고 생각하거나 혹은 '이 병도 역시 독입니까?'라는 질문을 하는 사람이 지극히 많다.

대체 세간 사람들이 독이라고 하는 것은 무엇을 의미하는 것일까. 그것은 대부분 매독을 의미하고 있는 듯하다. 자신이 감염되어 온 경우도, 부모로부터 유전된 경우도 똑같이 독이라고 부르며, 모든 사람들이 매독 환자이기나 한 것처럼 생각하고 있는 것 같다. 그중에는 병이라는 것은 매독에서 오는 것이라고 생각하는 사람이 적지 않게 있다고 보인다.

그렇다면 어째서 세간 사람들이 이 정도로 매독만을 두려워하는 것일까. 현대 의학에서 말하면 매독 이외에 병은 무수히 존재한다. 화류병만 해도 매독 외에 세 종류 정도가 있다. 하물며 피부 그 외에 매독과 비슷한 병은 무수히 많다. 그것을 전부 두려워하지 않고 단지 매독만을 두려워하는 것은 왜일까.

대체 매독이란 것은 보통 제1기 즉 경성하감(硬性下疳), 그 다음은 제2기로 몸 표면에 발진이 돋는다. 요컨대 몸에 붉은 발진이 생기거나 검은 반점이 되거나 머리카락이 빠지거나 목소리가 쉬거나 그 외에 다양한 신경계통을 침범하는 시기가 있다. 제3기는 소위 뼈가 쑤시고 아픈 상태로 여기저기의 뼈를 침범해 코뼈가 빠져서 코가 낮아지거나, 얼굴에 구멍이 생기거나 가슴뼈가 부어오르거나 정강이 뼈가 부어올라 썩거나 피부가 여기저기 썩어가거나, 혈관이 나빠지거나 그 외에 내장 모든 기관이 예외 없이 침범당한다. 뱃속에서는 간장 그 외의 장기를 침범하고 뇌를 침범해서 뇌척수에 고무종이 생기거나 하는 시기이다. 그다음이 4기로 후매독(喉梅毒)·메타 매독·변형 매독 등이라고 부르는 시기이며, 이 시기에 뇌 및 척수의 실질을 침범해 저절로 작아지거나 일종의 정신이상이 되는 경우가 있다. 매독 때문에 바보가 됐다고 한다고 말해지는 것이 이 상태이다.

이와 같이 제1기부터 제4기까지의 증상이 있는데, 지금은 이처럼 명료하게 알고 있지만 아직 매독학이 진보하지 않았던 시대에서 이러한 각 시기마다의 증상을 하나하나 보면 그것은 완전히 무관계한 병처럼 다르기 때문에 같은 매독이라고 당연히 알아차리지 못했을 것이다. 여기서 어떻게 다른지 그 예로서 한, 두 가지 실제 사례를 이야기해보면, 이 방면의 대가

인 모 의학박사가 혀의 매독을 한 달 반이나 치료하면서도 매독이라고 눈치를 채지 못했다는 이야기가 있다. 또 제2기 증상에 있어서도 특수한 경우에는 일본의 일류대가 4명인가 5명인가가 틀렸다는 사례도 있다. 즉 매독이었던 것을 매독이 아니라고 진단하거나 혹은 매독이 아닌 것을 매독이라고 하는 사례가 적지 않게 있다. 피부병 중에서 극히 간단하게 짐작이 가는 병이지만 치료가 대단히 어려워 상당히 고심하는 일이 있고, 그 반대로 무슨 병인지 좀처럼 짐작이 가지 않지만 어림짐작하면 어렵지 않게 치료가 가능한 병이 있다. 이것이 곧 매독이다. 어떤 매독이라도 하루 진료해서 매독이라고 진단하는 의사가 있다면 그 사람은 세계적 대가라고 해도 좋다. 이처럼 매독의 진단은 어려운 것이다.

옛날에는 피부병이 전혀 발달해 있지 않았다. 병명이 열 종류도 되지 않았다. 그러한 시대에서는 물론 매독과의 구별이 이루어지지 않았다. 그런데도 매독 치료를 하면 어떤 종류의 피부병·난치병이 어렵지 않게 나았다. 때문에 매독 증후와 유사한 모든 병이 매독으로 취급되었음에 틀림없다. 요컨대 그 시대에는 피부병이나 그 외의 병을 치료함과 동시에 매독 치료를 해서 경과가 좋은 경우가 있었다. 그러자 걸리는 경우에는 그 환자에게 독이 있었다고 불렀음에 틀림없다. 선천적으로 걸리는 아이나 어른의 유전 매독 피부병도 다른 피부병과의 구별이 좀처럼 어렵다. 그것을 어떤 피부병이나 매독 치료로 나았다고 해서 모든 피부병을 매독으로 취급해버렸다는 형식이었다. 나쁘게 말하면 이런 식으로 피부병이나 상처를 치료함과 동시에 매독 치료를 하면 의사가 두 배 또는 세 배까지 이득을 취하는 사실이 있었으므로 환자를 위와 같이 믿게끔 하는 것은 영업상 가장 유익한 일이었음이 확실하다. 의사가 모를 뿐만 아니라 그 모르는 점을 이용해 영업정책으로 이용하는 경향이 없는 것도 아니라고 할 수 있겠다. 이상이 일반 사회의 사람들이 뭐든지 매독이라고 생각하게 된 원인이라고 나는 생각한다.

모 씨가 말하기를 매독 진단은 다수결이어야 한다. 환자가 의사를 방문해서 "독이 있습니까, 없습니까."라고 물어보면 대부분의 의사는 "있다."고 대답한다고 한다. 있다고 대답하는 편이 환자를 위해서라기보다도 의사를 위한 것이기 때문이라는 이야기이다.

마찬가지로 606호를 주사하는 편이 좋은지 아닌지라고 의사에게 물어보면 대부분의 의사는 '하는 편이 좋다'고 대답한다고 한다. 이는 반드시 환자만을 생각해서가 아니라 자신의 주머니 사정도 생각하고 있는 것이 아닐까 하는 것이다.

예전부터 나의 지인이 어떤 의사에게 가서 606호를 주사 맞고 20원을 지불했다. 그래서 매독은 나았을 것이라 생각하던 참에 한 달도 안 돼서 다시 병세가 나타났다. 이번에는 나를 찾아와서 말하기를, "부끄러워서 다른 의사를 방문해 치료받았는데 606호 주사를 한 대 맞으면 낫는다고 해서 큰 맘 먹고 20원을 지불했네. 그런데 또 병이 도졌으므로 이거 안 되겠다 싶어서 자네를 찾아온 것이네."라고 말했다. 그래서 내가 "606호는 극초기라면 5, 6회 내지는

8, 9회로 완전히 낫지만 2기, 3기, 경매독이라면 무엇을 해도 쉽게 치료되기 어렵다."라고 대답했다. 친구는 크게 분개해서 그 의사를 찾아가 따졌다. 하지만 그 의사는 "한 번에 낫는다고 하지 않으면 20엔이나 내는 사람이 누가 있겠습니까?"라며 술에 취한 채로 태연하게 말했다. 너무나 바보 같아서 싸우지도 않고 돌아왔다는 이야기이다.

어쨌든 606호는 가능하면 몇 회라도 계속해서 맞는 편이 좋다. 종종 1회나 2회 맞아서는 매독이 있는 사람은 매독이 치료되기 어려워질 뿐이며 결코 낫지 않는다. 또한 매독이 없는 사람은 그만큼 금전적으로 손해일 뿐만 아니라 독약이기 때문에 몸에도 약간 손상을 주게 됩니다.

한편 바서만 혈청반응은 이십 몇 년 전에 발견된 이래, 여러 가지 변법을 찾아내어 잡다한 종류의 방법이 있는데 어떤 것도 완전하게 매독 유무를 판단할 수 있는 방법이 없다. 어떤 방법은 매독환자가 아닌 사람의 피가 매독환자처럼 나타나고, 어떤 것은 매독환자여도 그것이 나타나지 않는 경우가 있다. 예를 들면 극초기 혹은 3기, 4기에는 반응이 나오지 않는 것이 얼마든지 있다. 비전문가들은 혈액 검사를 하면 무엇이든 알 수 있다고 생각해서 '피를 봐주라'고 부탁하는데 매독 진단은 피를 보는 것보다 다른 증상을 살펴보는 편이 확실하기 때문에 매독 유무를 판단하고자 한다면, 전문가에게 가서 자신의 병의 상태를 이야기해보는 것이 가장 좋은 방법이다.

606호를 남용해서 생명을 잃는 사람이 적지 않다고 나는 생각하고 있다. 이는 주사를 놓을 때 부주의하게 소변 검사를 태만하게 하거나, 심장 검사를 태만하게 하거나, 간장을 보는 일을 게을리해서 주사를 줬기 때문에 불행한 결과를 초래한 경우를 가끔 듣는다. 606호의 중독 작용에 의해 주사를 놓는 그 자리에서 생명을 잃는 일은 주사액을 준비하는 경우에 부주의했기 때문에 일어나는 것이지만, 대부분은 수일 후에 고장을 일으켜 죽는 것이므로 의사도 환자도 주사 때문에 불행을 초래한 사실을 모르는 경우가 있다. 따라서 606호의 남용은 대단히 삼가야 한다. 처방할 것이라면 매우 주의해서 상당한 방법으로 해야만 하는 것이다.(끝) 〈66~67쪽〉

경성 난도 마나토(南堂学人), 「경성의전론 (상)」, 『조선급만주』(제320호), 1934년 7월.

이 글은 지난 달 호에 게재한 역대성대총장론의 속편에 해당하는 것입니다. 먼저, 본문은 전선대학총장, 전문학교장론의 1편이었지만 편집 사정상 『역대성대총장론』(6월호)『경성의전론』(본월호) 및 『전선(全鮮)전문학교장론』(다음달 호) 3편으로 분할 게재한다는 취지를 독자 및 필자 여러분들께 양해를 구하고 싶습니다.(본지 기자)

1

경성대에 대한 좁은 식견을 서두른 필자는 여기서 펜을 돌려 경성의전 이야기로 옮겨가는 것이 순서인 듯하다.

교장인 사토 고조(佐藤剛蔵) 박사는 야마다 사부로(山田三良) 경성대 총장과 함께 현재 조선에서는 최고의 지위에 있는 교육가이지만 지금 이 두 박사를 펜을 이용해 도마 위에 올려서 대조적으로 바라보면, 조선의 관리 사회에서 종래 일반적으로 행해지고 있는 인사현상에는 재래종과 외래종 2종류의 형태가 있다. 그런데 이 같은 교육가 분야에 있는 그들을 통해 이 두 개의 형태가 가장 단적으로, 또 대표적으로 시사되는 것을 간과할 수 없다. 물론 여기에서 재래종, 외래종이라고 하는 것은 필자가 편의상 부르는 명칭으로 딱히 깊은 의미는 없다. 바꿔 말하자면 대학을 졸업하고 나서 즉시 조선으로 와서 조선에서 발달을 이룬 자와 총독에게 경질을 당하거나 혹은 다른 기회로 일본에서 이미 발달한 후에 조선으로 온자, 이 두 가지의 종류이다. 후자인 야마다 박사는 도쿄의 관학벌을 무대로 가지고 있는 화려한 '조선의 귀한 손님'이기는 하지만 그 다채로운 신변에 끊임없는 동요성을 엿볼 수 있는 것에 비하면 전자 사토박사는 그 30년 가까이에 걸친 사회생활이 조선, 특히 경성의전을 중심으로 해서 시작과 끝을 함께하고 있는 것을 보아도 쉽게 재래종이라는 것을 알 수 있다. 그의 평판은 수많은 일들을 겪고 오늘날 이미 조선에서 흔들리지 않는 것이 되어있다. 본부를 배경으로 가지면서 의전과 부속병원을 솜씨 좋게 경영, 건설해 가는 동시에 또한 소위 의전벌의 은사가 되어 많은 구성원들을 거느리고 있는 정열적인 수완가이다. 그러나 지금 사토교장의 풍모를 전달하는 필자가 그 전에 우선 세간 일반 사람들의 입에 오르내리는 이 의전의 한 화제를 가져와 펜으로 건드려 보고 싶다는 흥미에 사로잡힌 것은 아무런 이유가 없는 것일까!

경성의전이 총독부의 동측 도로를 사이에 둔 현재의 장소에 신규로 부속병원을 개업하고 나서 이미 8년 정도의 세월이 흘렀다. 현재는 의전병원이 경성 어느 각도에 있는 지 정도는 적어도 경성에 수년 살고 있는 자라면, 설령 병원의 문을 드나든 적이 없는 자라도, 대강 어디에 있는 지 정도는 알고 있는 것이 보통이다. 그러나 한편으로 의전의 교사(校舍)는 도대체 어디에 있을까? 이런 종류의 의문은 다소 경성의 지리에 밝은 자라도 때때로 품는 것으로, 이 경우 질문자의 아둔함을 웃게넘기고 말아버리는 것은 그야말로 경솔한 듯 하다. 또 질문자가 거기에 교사의 정문은 어디인가? 라고 명청한 질문을 더해 보았자, 이 질문자는 아둔하다는 죄를 조금도 지지 않아도 될 것이다. 사실 이 두 가지의 의문은 의전을 방문하는 자가 항상 노상에서 반복하고 있는 관용어이기 때문이다. 물론 경성의전의 존재를 무시한 반어적인 질문이 아니라 실제, 교사의 장소를 모르기 때문에 하는 필요상의 의문인 것이다. 여기서 필자는 의전의 장소를 여기에 조금이나마 전해두고자 한다. 또 그 위치에 대해서는 알아두어도 좋을 것이다.

경성에서 대학병원이라고 하면 대개의 사람들은 곧바로 방향을 가리킬 수 있을 정도로 이미 일반적인 랜드마크가 되어있다. 그래서 의전을 방문하는 자에게 가장 알기 쉬운 길을 말하자면 제일 먼저 대학병원을 표식으로 해야 한다. 우선 대학병원의 정문으로 들어가서 언덕을 똑바로 올라가면 도로가 곧 평탄해지고 병원의 앞뜰이 나온다. 좌측에는 옥상시계탑이 높이 서 있다. 이 시계탑의 시계바늘은 정확한 시간을 가리키고 있지 않은 경우가 때때로 있기 때문에 그다지 신용하지 않는 것이 안전하다. 여기에 발을 멈추지 말고 같은 길을 쭉 걸어 나가면 이번에는 도로의 막다른 곳에 큰 은행나무가 있고 여기에서 길이 좌우로 나뉘진다. 대학 의학부로 가는 평탄한 길과 의전 방향 쪽으로 가는 좁은 언덕길 두 가지이다. 의전으로 갈 경우에는 큰 은행나무의 뿌리에서 오른쪽 아래쪽을 향해 쏜살같이 도망치는 듯한 모양새의 좁은 언덕길을 골라 내려가면 된다. 이 언덕길에는 우선 최초, 좌측의 한단 낮은 경사면에 대학의 간호부기숙사가 서 있다. 기숙사의 앞을 지나 더 내려가면 몇 단 낮은 평지에 음침한 단층집 목조 건축물이 난잡하게 서 있는 것을 내려다 볼 수가 있다. 이 건물이 의전의 교사이다. 만약 교장실에 용무가 있다면 사무실을 찾아 창구에서 안내를 받으면 사무원이 조금 수상쩍다는 표정을 하고 안내해 줄 것이다. 이것은 어느 관청에서도 마찬가지일 것으로 보이는 살풍경한 모습이다. 교장실은 사무실 2층에 있다. 여기의 주인은 아마 관청의 누구와도 달리 드물 정도로 누구에게도 붙임성이 있다.

2

그런데 문제가 되는 것은 의전의 교사가 대학병원의 가장자리에서 좁은 언덕길을 쏜살같이 도망치듯 내려온 꽤 낮은 장소에 서 있다는 점이다. 이는 딱히 의전이 대학을 경원시하고 있는 것도 또한 대학에서 몰락했다는 의미도 아니다. 의전은 이미 대학이 생기기 전부터 같은 장소에 서 있었기 때문이다. 본래 현재 대학병원의 전신은 총독부의원이고 또 대학교수들의 대부분은 총독부의원의 의관과 의전교수의 양쪽을 겸하고 있었다. 따라서 총독부의원 시대의 의사선생님들은 그 무렵 이 좁은 언덕길을 매일 오르락내리락 하여 의전과 병원을 겸해서 담당하고 있었던 것이다. 그런데 성대가 생기자 총독부의원의 의관이 대학교수가 된 동시에 그들은 이전에 의전교수였던 것을 왜인지 깨끗하게 잊어버리고 있었던 것 같은 얼굴을 하고 있다. 또 의전의 기초의학 쪽의 교수들도 대부분이 대학에 공리적인 이주를 꾀했던 것이다. 말하자면 총독부의원과 의전교수는 대학으로 바뀌었지만 의전 그 자체는 승격하지 않고 남았던 것이다. 그래서 한때 대량적으로 교수들로부터 도망을 당한 의전이 마치 대학의 발밑에 남겨져 몰락한 것처럼 당시의 일반인들로부터는 생각되었던 것도 어쩔 수 없다. 실제로 상상 이상으로 다수의 교수를 잃었던 것은 분명히 의전에게 있어 치명상에 가까웠던

듯 하다. 그러나 총독부의원의 쪽을 대학에 뺏긴 것은 의전에 있어서 그렇게 큰 문제가 아니었다고 오늘날이 되어서야 전해지고 있다. 이것이 꼭 의전병원을 총독부의 옆에 신축했기 때문에 지기 싫어 인정하지 않는 것은 아닌 듯 하다. 왜냐하면 원래 총독부의원 시대의 선생님들은 동 의원 내, 즉 그들의 연구실은 물론, 진찰실, 병실 등에 한걸음도 의전의 학생을 접근시키지 않았을 정도이기 때문에. 또 의전의 졸업생도 의원 내에서는 대부분 존재가 인정되지 않았던 것이었다. 바꿔 말하자면 총독부의원내에는 처음부터 의전의 세력이 없었던 것이다. 이 이유는 선생님들에게 선경지명이 있어서 총독부의원이 이윽고 오늘날의 대학으로 바뀔 것을 그들이 예측하고 있었기 때문도 아니고 또한 장래의 대학교수가 될 것을 예측해서 공부에 바빴던 것도 아닌 듯 하다. 완전히 관료적인, 이른바 의관기질이 그것을 요구했던 것이다.

그러나 이 종류의 경위는 오늘날에는 이미 별 문제가 아니게 되었다. 인사현상 면에서 말해도 대학이 학내에서 의전 벌을 구축했다고 말할 정도로 의전과 대학은 오늘날 완전히 분리되어 버린 것이다. 경위는 모두 분주하게 흘러가는 세월의 저쪽에 잠겨 망각되어버리면 그걸로 되는 것이다. 대학교수도 의전도 오늘날 서로 각자 새롭다. '존재의 이유'를 가지고 있다.

의전이 대학의 발밑에 몰락한 것이 아니라는 증거는 교사를 곁쪽에서 보면 쉽게 알 수 있을 것이다. 의전의 교사는 도로를 하나 사이에 두고 고등공업의 교사와 같은 높이의 지면에, 마주보는 형태로 세워져 있다. 또 단순히 고등공업과 마주보고 있는 것만이 아니다. 이 도로에 면하고 있는 대학의 의학부의 교사가 있다. 마침 의학부가 대학병원의 뒤쪽에 접하고 있기 때문이다. 그래서 의전의 교문은 대학의학부의 간판에 실려 있는 의학부의 정문과 같은 도로면과 같은 쪽에 어느 정도 거리를 유지하며 우연히도 나란히 서 있는 것이다. 이 도로는 평탄하고 높고 낮음은 보이지 않는다. 물론 이것이 의전의 주요 도로(表道)이다. 대학병원의 구내를 빠져나가는 길은 가장 알기 쉬운 길이긴 하지만 실제로는 뒷길에 해당하는 것이다. 이 뒷길에서 의전의 교사를 보면 지세의 관계에서 어떻게 의전이 대학병원 아래에서 분란하게 몰락해 간 것처럼 보이기 마련이다. 그렇다고 해서 이 언덕길을 폐쇄하지는 못하는 듯 하다. 현재의 의학부의 교수들은 여전히 이 좁은 언덕길을 지나 병원과 의전을 왕복하고 있는 것이다. 성대의 교수들에게 있어서는 의전에서 대학으로 올라간 기념의 언덕길이기도 하므로, 또 그렇지 않더라도 실제로 의전에 가기에 가장 알기 쉽고 편리한 뒷길이다.

의전의 교문은 호기심을 가지고 바라봐도 좋을 것이다. 앞길에서 보면 초라한 문이 확실히 4개 정도는 있는 것 같지만 도대체 어느 문이 정문인지는 쉽게 알아차릴 수가 없다. 물론 판자로 된 간판이 걸려있는 것은 아니다. 아마 가장 다니기 쉬운 문으로 들어가면 그걸로 좋다는 식이 됐을 것이다. 교수, 학생들은 대개 편리한 뒷길이나 옆문을 사용하고 있으므로 그들 중에는 정문을 지나본 적이 없는 자가 상당히 있을 것이라고 생각 될 정도인데 꼭 과장해서 하는 말이 아닌 듯 하다. 그러나 이런 것이 딱히 문제가 되지는 않는다.

그렇다고는 해도 여기서 더욱더 의문이 생기지 않는 것은 아니다. 의학부의 정문과 의전의 교문이 같은 도로상에 나란히 서 있는 것은 겉쪽에서 보면 공평하게 보여 그야말로 무난하지만, 문제는 항상 내부에 있는 것이다. 의학부의 훌륭한 4층 건물에 비교하면 그 옆에 겸손하게, 하지만 불만스럽게 서 있는 의전의 단층 건물 교사는 마침 의학부의 창고 같은 모습을 하고 있다. 이 대조는 분명 좋지 않다. 의전의 교수, 학생에게 넓은 의미로는 대학에 대한 무의미한 반감과 굴종을 넌지시 가르치고 있는 노골적인 상징이라고 말하지 못할 것도 없기 때문이다. 거기에는 전문교육이 완전히 편의주의의 희생양이 된 것이다. 의전은 웅장하고 화려한 부속병원을 총독부의 오른쪽에 신축하고 있다. 이 병원 쪽은 큰판자로 만든 간판이 걸려 있어 충분히 사람의 눈을 끈다. 의전의 빈약한 교사를 병원이 보완하고 있다는 것이 보일 정도이다. 도로를 사이에 두고 총독부의 광장한 건물이 있기 때문에 의외로 규모가 작게 보일 우려가 있다. 그러나 경성의 명소 중 하나로서 부끄럽지 않은 멋진 건물이다. 기초의학의 교수 및 사무관계의 직원들은 교장과 함께 겸손하지만 불만스러운 의전교사 쪽에 감정이 남아있긴 하지만 임상방면의 교수들은 이 씩씩하고 시원시원한 병원에 모두 진찰실, 연구실을 가지고 있으며 강의 시간이 있으면 그들은 일일이 자동차를 날려서 의전의 교실까지 가야하는 것이다. 또 임상 실습은 당연히 병원에서 해야 하므로 이 경우에는 학생쪽이 전철을 타고 병원으로 서둘러 가야하는데 이것은 시간과 노력의 문제이며 의전의 자존심을 방해하는 이유가 되지는 않는 듯 하다. 의전출신을 대학출신과 비교하면 대체적으로 의전출신 쪽이 보수가 적어도 되는데다가 겸손하고 사소한 수고를 아끼지 않기 때문에 사용하기 편리하다고 보통은 말하고 있다. 그렇다고 해서 의전의 학생이 병원과 교장과의 사이를 열심히 왕복하는 것은 머지않아 그들이 사회에 나가서 수고를 게을리 하지 않고 활동하기 위한 기초 준비가 되기도 한다고 말하는 자가 있다면 이것이야말로 가장 성질 나쁜 장난이며 그야말로 삼가야 하는 일이다. 다만 최후에 남는 문제는 편의주의를 떠나서 순수한 교육이라고 하는 입장에서 바라보았을 때 광장한 대학병원 및 의학부의 건물 옆에 어쩔 수 없이 인접하여 겸손하지만 불평스러운 모습을 보이는 현재의 의전교사의 위치가 지니는 의미가 분명 현대의 전문교육의 어떠한 결함을 노골적으로 상징하는 일이 되지 않는다면 정말 행복할 것이다.(미완) 〈53~55쪽〉

혼다 다쓰요시(의학박사, 本田建義), 「병자의 간호에 대해서」, 『조선급만주』(제320호), 1934년 7월.

완치 되어야 했을 병자인데 간병인이나 가정에서 돌봐주는 사람이 간호에 대한 지식이 없어서 간병이 합리적으로 되지 않아 오히려 병을 악화시키는 바람에 끝내 귀여운 아이를 잃는 일이나, 또는 병에 따라서 의사가 오기까지 간호적인 대처가 몹시 중요한 경우 등이 많습니다. 따라서 저는 여기에서 병자의 간호에 대해 간단하게 이야기 해보고자 합니다.

남편이 집안일에 대한 걱정 없이 밖에서 마음껏 활동할 수 있도록 노력하는 것은 가정의 주부된 자의 의무라고 생각합니다. 특히 가정에 병자가 생겼을 경우에도 남편의 활동에 지장이 없도록 병자의 간호를 비롯해 만사의 일에 충분한 고려하여 만전을 기하는 것은 주부된 자로서의 책임이며 그렇게 해야 비로소 현모양처라고 할 수 있을 것입니다. 하지만 일가의 가계부터 청소, 요리, 의복, 방문객의 상대, 아이들의 양육 등 매일을 다망하게 지내야만 하는 주부 여러분들로서는 가정의학이나 간호학의 연구를 목적으로 독서, 공부 할 시간을 내기는 좀처럼 어려울 것이라 생각합니다.

특히 가족 인원이 많은 분들은 더욱더 쉽지 않은 일일 것입니다. 그러나 한편으로는 가족이 많으면 많을수록 의학, 간호의 지식이 반드시 필요하며, 현모양처로서 가정을 건전하고 밝게 유지해 나가기 위해서는 관련 지식을 쌓아두는 편이 좋지 않을까 생각합니다. 그래서 조금 병세가 무거운 환자라든지 오랫동안 앓는 환자의 간호를 할 때 가장 중요한 것은 자애롭고 친절한 마음으로 사소한 일에도 주의를 쏟고 환자가 희망하는 일이나 그 외의 모든 일들을, 표정만 보아도 읽어낼 정도의 용의주도한 주의가 필요합니다. 또한 다소 무리한 요구라도 병 그 자체에 큰 지장이 없는 범위 내의 일이라면 가능한 한 환자의 소원에 응해주고, 환자가 무언가 말하고자 하면 조용히 들어주는 등 항상 환자의 마음을 짜증나게 하지 않고 기분을 밝게 해 주도록 해야 합니다. 그렇지 않아도 환자는 항상 신경이 곤두서있고 사사로운 일에도 신경을 써서 병이 도지기 쉽습니다. 또한 환자의 정신상태는 몹시 변하기 쉽습니다. 따라서 환자가 하는 말이 모순되거나 무리한 요구가 많기 마련입니다만, 이것을 일일이 신경 써서 환자와 논쟁하는 일 따위는 절대로 삼가야 합니다.

그리고 그것이 크게 병에 상관이 없는 한 가능한 한 환자의 요구사항을 들어주어서 환자 마음에 들도록 상냥하고 정중하게 대해줄 필요가 있습니다. 즉 환자에게는 자애와 친절이 무엇보다 큰 위안이자 약이며, 병에 따라서는 종종 이 두 가지가 비싼 의약보다 나을 때가 있습니다. 그러나 또한 아무리 친절과 자애가 중요하다고 해도 환자가 희망하는 대로 의사가 금지한 것까지 해주거나, 먹이면 안 되는 음식까지 줘버리는 것은 안 된다는 점은 말할 필요도 없는 일이겠지요. 그래서 요컨대 자애의 마음에 매몰되지 않고 의사가 금지한 것이나 간호 법칙에 반하는 일은 절대로 하지 않고, 하지 못하게 하는 단호한 결심을 가질 필요가 있습니다. 사랑하는 아이가 조르는 대로 의사가 금지했는데도 불구하고 "저렇게 원하는데 이 정도는 먹여도 괜찮겠지"라는 식으로 자애로움이 지나쳐서 경솔하게도 의사 몰래 음식을 먹였기 때문에 모처럼 나아가고 있던 병을 전보다 오히려 악화시키는 일을 종종 세간에서 볼 수 있습니다.

자애와 친절이 중요함과 동시에 그 자애와 친절을 잘 구분해서 하는 것이 더욱더 중요한 것이어서, 환자의 요구를 받아들여도 좋은 경우와 나쁜 경우의 구별을 간병하는 사람은 꼭 제대로 생각해 둘 필요가 있습니다.

그리고 의사가 환자를 진찰한 후 대부분, 이 병은 며칠 정도 걸려서 이런 결과가 될 것이라고 대충 결과가 보이더라도 몹시 질이 나쁜 병인 경우에 의사는, 환자에게는 물론 가족분들에게도 그 전부를 쉽게 털어놓을 수 없는 경우가 종종 있습니다. 그러나 환자도 가족들도 병명은 물론이거니와, 이 병이 나을지 차도가 있을지 어떨지에 대해서는 무엇보다도 빨리 알고 싶고 또한 묻고 싶은 점일 것입니다. 그러나 만약 의사가 전후 사정에 대한 깊은 고민과 배려 없이 질문을 받는 대로 전부 경솔하게 실제의 일을 남김없이 말해버리면 환자나 가족이 몹시 낙담하거나 자포자기적으로 되어버리는 경향이 있으므로 의사는 이를 삼가야 합니다. 그래서 질문을 해도 의사가 일부러 명확한 답을 피하는 듯한 경우는 가능한 한 의사를 의심하지 말고 굳게 신뢰해, 일부러 병명을 묻거나 앞으로의 일에 대해 묻거나 하지 않는 편이 좋습니다. 예를 들어 폐결핵 같은 경우에 의사 쪽은 실제로 환자가 폐결핵에 걸렸다는 것을 알고 있으면서도 환자를 낙담시키지 않기 위해 폐첨(肺尖)이 조금 안 좋다든지 혹은 폐첨 카타르(catarrh)라는 식으로 둘러말하고, 폐결핵이라고 쉽게 단정지어 말하지 않는 것이 보통입니다. 그러나 보통 폐첨 카타르는 바꿔 말하자면 폐결핵 초기증상의 다른 이름이므로 당연히 가래는 소독하고 침구나 의류는 이따금 일광소독하고 식품류는 따로 다루게 하여 완전한 소독법의 강구 등이 필요합니다.

무엇보다 폐결핵 환자라도 병원에 입원중이라면 자택과 달리 설비도 갖춰져 있고 모든 것이 잘 되어있기 때문에 본인에게 알리지 않더라도 위험은 없습니다. 그러나 이것이 가정에서 치료를 받는 경우라면 본인에게 알리지 않으면 양생을 게을리 할 뿐 아니라 전염의 위험이 있다고 하여 너무 명료하게 하나부터 열까지 털어놓아도, 앞서 말했듯이 몹시 낙담하기 때문에 병의 진행을 빠르게 하거나 혹은 자포자기의 심정이 되어 나을 것도 낫지 않게 되어 버리는 경우가 있습니다. 그래서 의사나 간병인은 그 선택을 망설이는 일이 종종 있습니다만 초기, 즉 폐첨 카타르의 시기에는 본인에게도 공포를 주지 않는 정도로, 그리고 양생하기만 하면 반드시 낫는다고 하는 취지를 말한 후 비로소 병명을 밝혀 치료와 섭생에 노력하도록 합니다. 또한 상태가 좋지 않아 누웠다 일어났다 할 정도인 2기 증상일 경우나 그보다 더 무거운 증상을 보이는 3기 폐결핵환자에게는 병세를 너무 확실하게 말하지 말고, 병자에게 굳센 느낌을 주기 위해서 수양담(修養談)이나 위안이 될 만한 이야기를 해주어야 합니다. 또 알려도 괜찮을 만한 수양을 쌓은 사람에게는 오히려 조금이라도 빨리 상세하게 병의 상황을 밝히는 편이 오히려 결과적으로 좋을 것입니다. 그러나 소심한 사람, 신경질적인 사람 등에게는 가능한 한 알리지 않는 편이 좋습니다. 특히 폐결핵 뿐 아니라 일반 중병자에게 나을 가망이 보이지 않는다고 말하는 일은 물론이고, 병이 무거워서 어떻게 해도 걱정이라는 등의 말은 절대로 하지 말아야 합니다. 어쩔 수 없이 알려야 할 필요가 있을 때는 누군가 사람을 중간에 두고 그 사람에게 설명해 두는 것입니다. 또 간호에 종사하는 자는 병에 대해 가능한 한 정당하게 이해하고 있을 필요가 절대적으로 있습니다. 그리고 간병인이 타인일 경우에는 정에 이끌려서 눈이 어두워지는 일이 없고, 병 자체를 극히 냉정하게 관찰해 경우에 따라서 병을 합리적 내지는 학문적으로 판단할 수 있어서 해당 병에 대한 처치를 정당하게 강구할 수 있습니다. 그런데 육친의 경우 특히 부모가 아이를 간호하는 경우는 애정에 끌려다니거나 지나치게 걱정에 휩싸이기 때문에 환자의 용태가 급변하거나 하면 그저 당황하여 어쩔 줄을 몰라 넋이 나간 것처럼 되어버려서 판단의 정확성이나 중요한 주의력이 결락되어 오히려 병 상태를 점차 나쁘게 하기 쉽습니다.

그리고 부모는 그저 병에 걸린 아이의 안색이나 동작, 언어 등에만 정신을 뺏겨서 조금 기분이 좋아 보이면 몹시 기뻐하고 열이라도 조금 높아지면 새파래져서 당황하는 식이므로, 정작 중요한 변화 증상에 대한 주도면밀한 주의나 관찰을 잊어버리는 경우가 많습니다. 병이 무거울 때나 악화할 때에는 걱정만 하고 있어서는 아무런 도움이 되지 않으므로, 그 걱정에 낭비하는 정력을 증상의 관찰이나 그에 대한 적당한 처치에 쏟아야 하며 정을 좀 눌러가며 냉정함을 유지하는 것이 간호의 비결인 것입니다. 예를 들어 소아가 소화불량증이라서 의사가 수유를 제한하고 있는 경우 등에도 무심코 정 때문에 아이가 울 때마다 젖을 주어 점점 병세를 악화시켜서 무사히 나았을 아이가 어머니의 맹목적인 사랑 때문에 오히려 허무하게 죽는 비극도 꽤 많습니다.

이러한 일들은 아이에 대한 부모의 정을 생각하면 무리도 아니라는 생각이 들기도 합니다. 하지만 비상시에는 또 비상시의 결심과 방법이 필요하므로 불쌍하게 우는 소리에는 귀를 막아서라도 수유제한을 하는 것이 진정으로 해야 할 길이며 진정으로 부모로서 아이를 사랑하는 길입니다. 그리고 어떤 병자에 대해서도 마찬가지입니다만, 특히 만성병으로 오랫동안 앓고 있는 환자라든지 신경질적인 환자에게는 의사를 신임하지 않는다는 취지의 말을 해서는 절대 안 됩니다. 그렇지 않아도 오래 앓은 환자는 마치 의사의 처치가 불충분하고 나빠서 낫지 않는다고 생각하기 쉽습니다. 그러나 환자가 의사를 신뢰하지 않으면 병의 치료효과가 크게 좌우됩니다. 그와 마찬가지로 간병인도 환자로부터 절대적인 신뢰를 받는 것이 중요한 요건입니다. 즉 환자는 의사와 간병인을 신뢰함으로써 큰 안심과 위안을 느끼고 그 덕분에 병고로부터 일정 부분 구원을 받고 또한 그 정신적이 안심과 위안은 병의 회복기를 빠르게 합니다. 따라서 간병인은 이를 잘 명심해야 합니다. 그리고 가정에 환자가 생겼을 때 일본의 오래된 인습은 환자를 가능한 한 좁고 어두운 방에 눕혀두는 것입니다만 이것은 몹시 틀린 방법이라고 생각됩니다. 〈56~59쪽〉

시이바 요시야(경성부립순화(順化)원장 의학박사, 椎葉芳彌), 「실현할 수 있는 예방법」, 『조선급만주』(제321호), 1934년 8월.

전염병 박멸에는 예방 방법을 강구하는 것이 가장 필요한 일이지만 그 예방이 또 어렵다. 예방 방법에는 공적 설비와 개인의 위생이 있는데 먼저 설비 쪽부터 이야기해 보도록 하겠다.

경성에서 이렇게 해주면 좋겠다고 항상 생각하는 것은 수도의 보급이다. 경성에는 수돗물을 마시지 않는 사람이 많이 있다. 북부 방면에는 수돗물을 마시지 않고 불결한 우물물을 사용하는 사람이 많다. 이것이 예방에 있어 가장 큰 문제라고 생각한다. 특히 장티푸스, 적리(赤痢)와 같은 장질환 계통, 소화기 계통의 전염병 예방에는 수돗물을 마시게 할 필요가 있다.

수돗물을 마시게 하려면 어떻게 하면 좋을까? 여기에는 요금을 싸게 하는 것, 특히 빈민에게는 무료로 수돗물을 마시게 하도록 하는 방법을 사용해야 한다. 이 정도가 바로 실현 가능한 일이라 생각된다.

다음으로 생각할 수 있는 것은 화장실 설비이다. 경성부 내에는 화장실 설비가 불완전한 집이 많다. 조선인 쪽에는 화장실 설비가 아예 없는 집도 상당히 있다. 완전한 화장실을 한 집에 하나씩 반드시 만들도록 장려하는 일이 지극히 필요하다. 이것에는 일정한 보조금을 지급하는 것 또한 조선의 민도를 생각하면 필요하다고 생각된다. 우선 시설 면에서 해주었으면 하는 일은 이 두 가지이다.

위에서 말한 것 이외에도 이것저것 많고, 하수 설비를 완전히 갖추는 일 등도 극히 필요한 일이지만 이런 일들은 막대한 비용을 요구하기 때문에 급속하게 현실화하는 것은 불가능하다. 그러므로 현 상황에서 말하자면 위에서 언급한 것부터 시작해서 점점 시설 설비를 진행해 갈 필요가 있다고 평소부터 생각하고 있었다. 수도를 보급하고 화장실이 갖춰지면 전염병 예방에도 상당한 효과를 올릴 수 있다. 물론 이외에도 다양한 방법이 있다. 채소의 소독, 파리의 구제(驅除) 같은 일도 극히 필요하지만, 이것은 각 가정의 위생사상이 발전되면 자연스럽게 실행될 수 있을 것이다. 그 외에 말하고 싶은 것은 많지만 좀처럼 실행이 수반되지 않는 것 같다.

　이상 설비에 대해 간단하게 서술했다. 다음으로는 개인의 위생에 대해 생각해야 한다. 경성에서 개인의 위생 문제를 생각해 보면 제일 먼저 해주었으면 하는 것이 두 가지 있다. 그중 하나는 예방주사를 장려하는 것이다. 특히 장티푸스 같은 질병은 매년 한번(1번의 주사는 3회 연속해서 행한다) 예방주사를 반복하는 것이다. 조선처럼 장티푸스가 많은 곳에서는 이것이 가장 문제일 것이다. 이미 3년 이상 계속해서 매년 예방주사를 맞은 사람은 이 병을 피할 수 있다. 경찰이 강제로 하라고 해서 맞는 것이 아니라 평소부터 주치의를 두고 주치의에게 맞는 것이 좋다. 적리 예방주사를 맞으면 반응이 강해서 견디기 어려울 수 있으므로 내장 백신을 사용하는 편이 좋다. 그렇게 하면 이것도 예방할 수 있다고 생각한다.

　다음으로는 평소부터 건강을 저해하는 등의 행위를 삼가는 것이다. 바꿔 말하자면 위생면의 생활을 규칙 바르게 영위하는 것이다. 그중 제일은 우선 숙면을 취하는 것이다. 수면부족은 피로를 일으키는 가장 큰 요인으로, 밤을 지새우는 행위는 몹시 건강에 나쁘고 신체의 저항력을 약하게 한다. 충분한 수면시간을 취하고 건강을 좋게 해 두면 조금 과식하거나 해도 배탈이 나는 일은 없다.

　두 번째로는 폭음, 폭식을 삼가는 것이다.

　이상의 두 가지는 위생적으로 바르고 규칙적인 생활을 영위하는 조건으로 이것은 실행하면 실로 좋은 일이며 실행하기 어렵지 않고 누구나 곧바로 실행할 수 있다.

　평소부터 이렇게 위생면에서 긴장된 생활을 해 두면 전염병 등에 걸리는 일이 적다. 엎친 데 덮친다는 말이 있는데 신체가 약해졌을 때는 전염병에도 걸리기 쉽다. 이상으로 언급한 것은 누구나 지킬 수 있다는 점에서 전염병 예방법으로서도 가장 효과가 좋은 방법이라고 생각한다.(끝) 〈48~49쪽〉

혼다 다쓰요시(경성 혼다 병원장 의학박사, 本田建義), 「위생은 변소와 하수의 개량으로부터」, 『조선급만주』(제321호), 1934년 8월.

　전염병이 조선에 많은 것은 조선인의 위생사상이 유아적이라는 점이 주된 원인일 것이다. 이 전염병에 대한 생각이 유아적이라는 것은 우리들이 통계 등을 조사해 봐도 곧바로 알아차릴 수 있는데, 예를 들면 내지인의 2, 3배나 되는 조선인이 살고 있는 경성부 안에서의 전염병 발생 수는 내지인 쪽이 다수를 점하고 있는 기이한 숫자가 나타나고 있다는 사실이다. 이 숫자는 조선인에게 전염병 발생이 적기 때문이 아니라, 대체적으로 조선인이 전염병에 대해 깊은 관심을 가지고 있지 않다는 사실, 바꿔 말하면 은폐하고 있는 것은 아니겠지만 전염병이 발생해도 이를 발견하는 일이 적다는 것이 된다. 그 때문에 전염병의 유행이 극심한 것이다. 따라서 전염병의 박멸에는, 물론 내지인에게도 필요한 것이지만, 특히 조선인의 위생사상을 향상시키는 일이 근본적 문제이다. 따라서 다양한 강연과 라디오 방송, 신문·잡지를 이용해 선전하는 등 각종 방면에서 선전을 행하여 조선인의 위생사상을 향상시켜 가려고 노력해야만 한다. 요약하자면 조선에서의 전염병 유형이 내지에 비해 많은 점은 앞서 기술했던 원인이 그 주된 이유이기 때문에 특히 조선인 방면(내지인에게도 원래 필요한 일이지만)에 대한 선전을 행하여 위생사상의 향상을 꾀하는 것이 근본 방책일 것이라고 생각한다.

조선에 근대식 정치가 시행된 날이 오래되지 않으므로 전염병 박멸에 대한 관헌의 설비도 아직 불충분하다는 점도 있을 것이다. 조선뿐만 아니라 일본 전역을 생각해봐도 도시여서 위생설비인 상수·하수, 그 외에 각 방면의 공중위생시설이 유럽 선진국과 비교해서 손색이 있음은 유감이라 하지 않을 수 없다. 이 점도 점차 개선되어 갈 것이다.

구미 여러 나라에서는 변소를 수세식으로 해서, 어떤 집이라도 수세식 변소를 설치하고 있다. 변소를 수세식으로 하는 것은 전염병의 근본적 박멸책으로서 가장 필요한 부분이지만 그렇다고 이를 급속하게 실현하는 것도 불가능하다. 변소의 개량…변소를 수세식으로 하는 것은 전염병의 박멸에 필요할 뿐만 아니라, 여름의 소화기 계통 질병의 박멸에도 가장 필요한 점이라고 생각한다.

그 다음에 경성부는 하수 설비를 완전하게 해서 하천이나 개천의 청결법 등에도 충분한 힘을 기울여야만 한다.

그 외 전염병의 박멸법은 지금까지 많은 사람들에 의해 예전부터 이야기되어 왔는데 그 흔한 이야기가 오래되고 새로운 진리이다. 즉 파리의 구제를 행할 것, 인분 비료는 지역 교외 부근에는 절대로 금할 것, 부득이하게 사용할 경우에는 인분을 그대로 쓰지 않고 상당히 소독한 후에 사용할 것 등과 같은 점도 주의해야 하지만, 어쨌든 부청(府廳)도 개인 간에도 관민일치하여 위생상의 시설을 주의하지 않으면 경성부의 위생 상태는 개선되지 않을 것이다.(끝) 〈49~50쪽〉

경성 난도 마나토(南堂学人), 「경성의전론 (하)」, 『조선급만주』(제321호), 1934년 8월.

3

쓸데없는 이야기는 그만하고 본론을 이야기하겠다. 교장실에서 방문객을 맞이하는 사토 박사는 일찍이 내과의사였던 만큼 만사에 붙임성이 있다. 특히 교장이 되고 나서부터는 묘하게 원만함이 증가했다. 이 붙임성이 있다고 하는 의미는 이상할 정도로 산뜻하다는 의미도 아니고 또 사교성이 뛰어나다는 의미도 아니다. 그저 어디까지나 사람을 피하지 않는다고 하는 편이 적절한 듯싶다. 지방이 잘 붙은 거구가 증명하고 있는 것처럼 말투는 오히려 어눌한 부류에 속하고 응대할 때에도 날카로움이라든지 신선미 같은 것은 조금도 엿볼 수가 없어서, 실제로 만나면 둔중한 느낌을 깊게 느낄 것이다. 하지만 의전의 교사(校舍)가 인접한 대학의 광장(廣壯)한 건물에 압도되어 겸손함과 불평으로 가득차 있는 우울감은, 그의 정력적인 얼굴에 띈 미소를 바라보면 어느 정도 해소된다. 이 미소는 그의 특징으로 설명하기에는 조금 곤란한 것이지만 마침 울고 있는 것처럼 보이기도 하고 정체를 알 수 없는 것처럼 보이기도 한다. 아마도 기분이 좋아져서 웃으면 웃을수록 더 우는 얼굴처럼 보이리라. 이 미소에 대해서는 이미 정평이 나 있다. 둔중하기는 하지만 인간, 사토 박사는 오늘날 너무나 의전의 지도자다운 관록이 전신에 충분히 갖춰져 있는 것을 알아차릴 수 있다. 그는 한 사람의 정치가이다.

박사는 39년, 도쿄제대 의학부의 출신이다. 대학을 나와 동 대학의 연구실에 1, 2년 남아 조수를 했지만 그쪽은 별로 전망이 없다고 보였는지 얼마 안 되어 단념하고 조선으로 온 것이다. 즉 그즈음의 대한의원에 들어간 것이다. 이 대한의원은 이윽고 총독부의원으로 간판을 바꾸어 오늘날의 대학병원이 되었다. 대학병의원에서 그는 내과 선생님이었지만 또 한편으로 본부의 위생기사를 겸하고 있었다. 그러니까 조선의 의학계에서도, 본부의 공무원으로서도 현재로는 최고참자 중 한명인 것이다. 본부의 공무원은 모두 행정관리들이므로 항상 경질과 이동이 끊이지 않지만 이 점에서 그는 총독부의원의 의사선생님이 본직이기 때문에 위생기사로서는 전변이 격한 본부 인사이동의 여파를 받지 않아도 되었다. 오늘날에도 여전히 박사는 본부의 기사를 겸하고 있다. 본부에 가면 우선 국장급에 상당하고 게다가 본부의 위생행정에 다년간 관계하고 있는 최고참자로서 그 방면의 사정에도 정통하기 때문에 그의 발언은 본 부내에서도 상당한 힘을 가지고 있다. 위생기사로는 조선을 대체적으로 다 돌아다녀봤을 정도이고 세간에는 별로 알려져 있지 않지만 이쪽의 공적과 고심은 결코 적지 않다고 한다. 박사 자신의 자랑거리 중 하나이기도 하다.

애초에 박사는 내과의였지만 그 후 기초의학으로 전향해서 의전의 교수가 되자 의화학 강의를 시작한다. 또 동시에 본 부내와도 관계가 깊고 실무적 능력이 있어서 의전의 교감을 담당하고 있었다. 원래 총독부의원 시대(현재의 대학병원에서도 마찬가지이지만)의 중심세력은 임상 방면의 의사들이며 그들은 모두 뛰어난 인재가 모여 있다는 것을 자임(自任)하고 있었다. 그래서 사토 박사가 임상에서 기초로 전향한 것은 그에게는 결코 유쾌한 장면이 아니었을 것이다. 그의 의화학 강의에 대해서 학생들이 말하기로는 오히려 당시로서는 종종 일부 교수 사이에서 비방을 받고 있었다. 특히 강의 노트의 출처 등이 지적되는 등의 일이 있었을 정도이다. 그러나 의원, 의전을 통한 인사행정 방면의 결정권은 그의 손에 맡겨져 있었다. 사실 사토 박사와의 대립의 결과 일본으로 돌아간 교수도 적지 않았다. 또한 실제로 그 같은 결과 때문에 경성부내에서 개업하는 전임 교수도 있었을 정도이다. 이 무렵이 지금 기타사토 연구소에 있는 시가 기요시(志賀潔) 박사가 총독부 의원장인 동시에 의전의 교장이었던 시대이다. 사토 박사는 그의 직참(直參)이었으며 그는 시가 파벌의 제1인자로 소위 시가 박사가 품속의 칼처럼 부리던 사람이었다. 따라서 시가 박사에 대한 의원내의 반감은 항상 표면적으로는 사토 박사를 향하고 있었던 것이다. 말하자면 이 시대야말로 그가 인내하고 또 인내했던 시대이다. 이윽고 경성대가 생기고 시가 박사가 초대 의학부장에 취임하자 사토 박사는 함께 의전의 교장이 되어 경성대 교수를 겸하게 되었다. 대학에서는 여전히 의화학 강의를 하고 있었다. 총독부의원을 잃은 사토 박사는 즉시 총독부의 옆에 현재의 부속병원을 세워 이것을 의전의 본거지로 삼았던 것이다. 조금 지나자 사토 박사는 경성대 의화학 강좌에서 떠나 겸임교수를 그만두었다. 시가 박사는 의학부장에서 총장이 되었지만 학내 반(反) 시가파의 열기에 압박을 받아 옛 보금자리인 기타사토 연구소로 돌아간 것이다. 두 박사가 경성대를 떠나자 그때까지 학내에 둥지를 틀고 자리를 잡고 있던 의전벌(閥)은 완전히 학외로 구축(驅逐)되어버렸다.

여기에서 필자가 제3자의 입장에서 첨언하자면 시가 박사가 의학부장이 된 것이 이미 그들의 실패의 첫 번째 원인이었던 것이다. 만약 박사가 경성대에 가지 않고 의연하게 의전의 교장을 계속하고 있었다면, 그 자신을 위해서도 의전의 발전을 위해서도 누구보다 큰 역할을 할 수 있었지 않을까 상상할 수 있다. 또 의전은 한 번에 대량으로 전 교수를 잃지 않았을지도 모른다. 왜냐하면 현재의 대학교수 중에는 본래로 말하자면 의전에 당연히 남을 의리가 있는 선생도 상당히 있었다고 말하기 때문이다. 하지만 시가 박사가 의전에 남는 것은 그의 자존심이 도저히 용서하지 않았던 것이 틀림없다. 아마도 꿈에도 생각하지 못했을 것이다.

4

들자하니 사토 박사의 학위논문은 '조선 인삼'에 대한 것이다. 원래 이 조선 인삼은 인간의 신체에 영양제로 작용하거나 혹은 단순히 흥분자극제 역할을 한다고 한다. 이것은 문외한인 필자에게는 알 턱이 없으나 다만 이 두 가지의 학설이 이전부터 전문가 사이에서 대립하고 있었던 모양이다. 조선 인삼은 말할 것도 없지만 총독부의 귀중한 전매품이다. 물론 사토 박사의 논문 내용이 전자의 설이라는 것은 어떠한 의문점도 생기지 않는 점이다. 또 조선 인삼 성분의 실험보고로 학위를 딴 것은 굳이 사토 박사 외에도 조선 내에서만 수명은 있었는데 그들도 모두 전자의 설을 지지했다고 한다. 후자의 설을 가지고 학위를 딴 사람은 오늘날까지 한명도 없다고 일반적으로 전해지고 있는데 이것은 당연히 그래야만 한다. 왜냐하면 조선 인삼은 본부의 재원 중 하나이기 때문이다.

게다가 사토 박사의 이 논문에는 하나의 에피소드가 실려있다. 다시 말해 시가 박사가 종용해서 논문을 작성해 제출한 것이라고 일반적으로 이야기되고 있다. 시가 박사가 기타사토 연구소에서 총독부원장 겸 의전교장이 되어 부임해 온 당초, 의전 교감인 사토 박사는 아직 박사가 아니었다. 그래서 시가 박사는 전국 의전에서 교감이면서 학위를 가지고 있지 않는 자는 없는데 다름 아닌 경성의전의 교감이 박사가 아닌 것은 이상하니까 시급히 논문을 써라! 라고 사토 박사에게 추천한 것이다. 그래서 논문은 즉시 완성되었다. 시가 박사의 추천이므로 그 논문은 모 대학의 교수회 또한 무조건으로 즉시 통과했다. 아마 제출하고 나서 겨우 2개월 정도였던가, 분명 빨랐다. 이것은 당시 의원 내에서 무성한 이야깃거리를 낳았다. 그 무렵은 아직 학위논문이라면 반드시 독어로 써야할 정도로, 박사학위의 시장가치가 오늘날만큼 추락하지 않았던 시기이므로, 그의 이 재빠른 솜씨에는 아무래도 많은 인재들이 있는 의원내의 의사들도 놀란 듯 했다. 오늘날이었다면 물론 이 정도의 일로는 크게 화제가 되지 않았겠지만 당시 조선의학회는 매년 의전(현재는 경성대)에서 열렸지만 앞서 말한 경위에 대해 알고 있는 선생님들은 학회가 열릴 때마다 사토 박사에게 학위논문의 내용, 즉 조선 인삼의 성분에 대한 심술궂은 질문이나 반대설을 말해서 학회를 소란스럽게 했던 것이다. 무엇보다 사토 박사 쪽에서는 이런 종류의 난문과 만나면, 반드시 "현재 실험중이라서…"라는 식으로 대답해서 넘겼다. 그렇기는 하지만 이런 일은 그다지 길게 계속되지 않았다. 얼마 지나지 않아 대학이 생기고 모두가 신분이 높아지게 되었기 때문이다. 훗날 시가 박사는 박사 학위 남발에 반대했지만 학위논문의 간이화를 가르쳐 몇몇의 박사를 제조한 것은 본래 다름 아닌 그 자신이었다. 시가 박사는 그런 사람이기도 했다. 사토 박사는 드물 정도로 자신의 일화를 가지고 있지 않은 사람이다. 그래서 자연히 일화 대신에 그의 학위논문의 에피소드에 필자는 펜을 들어 언급하고 싶어진 것이었다.

원래 학위논문은 대개 2, 3개의 에피소드가 동반되는 것이 보통인 듯하다. 수년전까지 경성의전의 교수로서 병리해부를 담당하고 있었던 이나모토 가메고로(稲本亀五郎) 박사는 39년의 교토제국대 출신으로 사토 고조 박사와는 동기 졸업생이다. 이때의 졸업석차를 보면 꽤나 심한 말이기는 하지만 이나모토 박사가 수석을 점했고, 말석의 영광을 차지한 사람이 사토 교장이다. 이나모토 박사는 학문에 열심인 학자로 의전에서는 오래전부터 공로자였지만 오히려 실의에 가까운 상태에 둘러싸여, 경성의전에서 물러나 오사카 여자의전으로 옮겨 갔다. 그런데 이나모토 교수는, 아마 본인은 잊어버렸을 것이라고 주변 사람들이 말하지만 실은 이때까지 학위를 따지 않았었다. 제국대학을 수석으로 나온 것이 염두에 있었기 때문은 아니겠지만, 도대체 해부과 교수는 괴짜가 많다. 전임하기 직전 여자의전 쪽에서 학위가 없다고 하며 학위가 필요하다는 주의를 받았기 때문에 급히 생각난 것처럼 조속히 논문을 작성해서 학위를 딴 것이다. 학위는 이나모토 교수의 명예를 높이기 위해서는 조금도 도움이 될 만한 것이 아니었지만, 그저 여자의전의 쪽에서는 학교의 간판을 위해 필요했으므로 꼭 학위를 땄으면 좋겠다고 교수에게 의뢰했던 것이다. 보통 사람이라면 장래의 출세를 위해 학위논문을 따기 바빴겠지만 그의 경우 모든 것이 반대로, 용퇴할 때에 비로소 학위를 따지 않으면 안 되는 사정이 되었기 때문에 참으로 아이러니하다고 할 수 있겠다. 더 얄궂은 것은 수석으로 졸업했던 그가 사회에 나와서는 말석으로 졸업한 사토 박사의 밑에 계속 있었는데 결국 나중을 위해 용퇴하게 된 점이다. 그렇다고 해서 두 사람이 평소 고집을 부리고 양보하지 않거나 한 것은 아니었다. 이것이 사회일지도 모른다. 실제로 사토 교장은 상당히, 그에게 할 만큼은 했다고 이야기되고 있다. 이나모토 교수는 열심히 공부하는 학자였다. 〈53~56쪽〉

고지마 다케시(경성제국대학 조교수, 幸島驍), 「니코틴과 위장」, 『조선급만주』(제322호), 1934년 9월.

연초의 주요 성분은 물론 니코틴입니다. 그런데 니코틴은 유해하지만 어떤 경우에는 흥미로운 작용도 있는 것입니다. 음식물이 위에 들어가면 자연히 위벽에 위액이 분비되는데, 니코틴은 인체에 흡수되면 위액 분비를 왕성하게 하는 작용을 하기 때문에 소화가 상당히 순조롭게 진행되는 것입니다. 식후의 연초가 입뿐만 아니라 왠지 모르게 가슴을 안정시키는 것도 이러한 작용이 이루어지기 때문일 것입니다. 니코틴은 어쨌든 독물이기 때문에 위액의 분비를 활발하게 해도 그 후에는 위산과다, 혹은 만성위염을 일으키는 것이 명백해 위에 연초가 나쁘다고 하는 점도 물론 사실입니다.

그러나 또 니코틴은 변비를 순화하는 효능이 있습니다. 니코틴이 장의 ○근육에 달라붙어 ○○활동을 왕성하게 하기 때문에 자연히 배변을 용이하게 만드는 것입니다. 연초는 변비에는 효과가 있지만, 설사를 할 때에는 큰 해가 된다고 할 수 있습니다. 필요할 때 소량 사용하면 소화촉진에 연초는 유효하다고도 볼 수 있지만, 독물은 어디까지나 독물입니다. 하지만 연초와 같은 선호품은 지나치지 않을 정도로만 즐기면 어떤 것으로도 대체하기 어려운 쾌감을 맛볼 수 있는 것이므로 생리적인 결과만 운운할 수 있는 것은 아니겠지요.(끝) 〈38~40쪽〉

마쓰이 곤페이(경성제국대학 의학부 교수, 松井權平), 「갑상선종(크롭)」, 『조선급만주』(제322호), 1934년 9월.

　지난 6월 23일 펑톈(奉天)에서 열린 선만(鮮滿) 연합 의학회에서, 러허성(热河省)에서 갑상선종이 많은 지역의 조사보고가 있었다. 부족한 필자의 지식으로도 유럽에서는 스위스나 남 오스트리아에 본증이 지방병으로 인정받고 있는 지역이 있어서 아시아 대륙의 중앙까지 가지 않더라도 바다에서 먼 러허에 많다고 하는 것도 수긍하는 바이며, 만주 티푸스(고다마 박사의 연구라고 생각되지만) 연구와 함께 금시초문인 것을 들었던 것이다. 헤켈에 따르면 갑상선은 무두척삭동물(無頭脊索動物)에 이미 이것에 상당하는 것이 있다. 계통발생상으로는 그렇게나 먼 선조에 이미 후래 인류에 생길 포악한 갑상선종의 가능성이 있었던 것이다. 형태가 방패를 닮아있어서 갑상선(Thyroid)이라는 말은 방패를 뜻하는 그리스어에서 왔다. 이것이 팽창하면 독일어로 크롭이라고 하고 우리는 갑산성종이라고 부른다. 목 앞쪽 아래에 부풀어 오르는 병이 발현하는 것이다.

　원래 '선(腺)'이라고 하는 글자는 일본제 한자로 액즙을 분비하는 장기에 붙인 것, 따라서 그 분비액이 흘러나오는 도관이 있어야 할 것인데 우리 갑상선에는 이것에 없다. 여기에서 제조된 액체는 혈액 안으로 들어간다고 하므로 내분비선이나 혈선이라고 불리는 부류의, 게다가 첫 번째를 점유하는 것으로, 이것이 변조하여 다양하고 진묘한 질병을 일으켜 오래전부터 세상 사람들에게 알려져 온 이름 높은 '선'인 것이다.

　예를 들어 바세도우 병이라고 하는 것은 안구가 돌출되고 흰자가 빛나며 손가락 끝이 얇아지고 머리로의 맥박이 빨라지고, 땀을 흥건하게 흘리고 게다가 먹어도 여위는 병으로 이것에 갑상선종이 필수적인 증후이다. 큰 혹으로 나타나지 않지만 비전문가가 봐도 알 수 있을 만큼 목 아랫부분이 부풀고 두껍게 보인다. 『야마이노 소시(病の草子)』에 실릴 정도로 용모의 변화가 현저하여 세간에서 인지된 병이다. 이 병은 갑산선종이 많은 지방에는 희소하거나 혹은 없으며, 오히려 산재성 있는 지방에서 발견된다.

　또 지방병으로서 크롭이 있는 토지에서 태어날 때부터 병이 생긴 사람에게 정신의 기능이 아둔한 저능자 '크레탄(크레틴병)'이라고 하는 것이 있다. 대부분의 신체의 성장이 저해된 엄지동자 같은 병으로 전경부(前頸部)에 혹을 늘어뜨린, 『야마이노 소시』에 실릴 법한 그로테스크한 질병이다. 이 크레틴에 고양이를 ○○○ 천하일품인 명인이 있어, 이탈리아의 의성(醫聖) 라파엘과 비교할 만한 기능을 지닌 민트라고 하는 자가 스위스 베른에 있었던 일은 유명한 이야기로, 별명도 고양이 라파엘이었다. 갑상선 발육부전이 전부 병적 변성해 버리거나 또는 갑상선종을 뿌리까지 뽑아내면 치둔(痴鈍)해지거나 전신이 부어오르는 미크리에뎀이라고 하는 병이 된다.

어느 쪽이든 그로테스크한 병을 일으킨다. 그렇다면 생리적인 기능은 대단히 복잡한 것으로 그 안의 1, 2를 골라내 말하자면 갑상선은 생식작용과 관계가 있다. 특히 여성들에게 그러하며 월경주기에 따라서 크기의 소장(消長)이 있다고 한다. 유럽의 어느 지방에서는 새신부의 목의 굵기를 초야의 전후에 재는 오래된 관습이 있다고 한다. 갑상선암도 여자 쪽이 많다. 러허에서도 지방에 따라 다르지만 여자 쪽이 훨씬 많았던 듯하다. 하지만 지방병이 되어서 많이 발병한 지역에 가면 남녀의 차가 적어지거나 점차 남녀의 수가 비슷해진다.

바다에서 먼 지방에 이 갑상선종이 많은 것은 왜일까. 학자에게는 몹시 흥미로운 문제일 것이다.

지리적 관계로 보면 바다에 가까운 곳은 갑상선의 평균 중량이 가볍고 바다에서 먼 산지에서는 중량이 크고 해안의 평균치의 두 배가 되며 산지(山地)는 갑상선이 생리적으로도 크다.

유럽에서는 순교자 성 루터우스(1세)의 지벌이라고 믿었던 때도 있었다. 하지만 의성(醫聖)과 히포크라테스의 시대에 이미 물에 원인이 있다는 것을 주장해 '크롭 우물'이라고 칭하는 것이 있었다. 이 물을 마실 때는 갑상선이 확장되고 때로는 유행성으로 많은 사람들이 사는 곳에 발생한다고 말해져 왔다. 물이 원인이라고 한다면 그 물이 나오는 지방을 지질학적으로 조사할 필요가 발생한다. 그 결과에 따르면 고생대 ○수성암층, 3첩 및 3기 지층에서 발생해 중생대는 상술한 3첩을 제외하면 주라기·백악기에도 없고, 담수성암층 및 현대(4기) 지층에는 본 증후군의 지방병적 ○생은 보이지 않는다. 스위스에서도 나이든 빌헬은 주라기층의 용천을 크롭지방에 가져가 본 증후군을 ○○했다. 쥐나 개라 할지라도 '크롭' 우물물을 마시면 병에 걸린다고 하는 주장으로, 물이 원인이라는 설을 뒷받침하는 것이어서 한때 음료수설이 지배적이었다. 그러나 원래 갑상선종이 농후하지 않은 지방에서 데려온 개나 쥐에게 그 우물물을 마시게 해도 갑상선은 발병하지 않았다. 그 토지에서 태어난 동물이면 걸린다.

그러나 발병한 개나 쥐라도 다른 곳의 물로 기르면 낫고, 또 이런 병이 없는 토지로 보내면 동물의 갑상선종은 소실한다. 이러면 또 물에 원인이 있다는 설에도 의심스러운 부분이 생겨났다. 그렇다면 유전적 질환이라고 해도 그 가능성이 있는 자에게 '크롭' 우물물이 자극이 되어 선종을 유발하는 것이라고 한다면 앞뒤를 끼워 맞출 수 있다. 또한 가족적으로 발생하기 때문에 일종의 전염병이고, 오스트리아 케른텐의 도스텐후벤 마을에서는 주민이 개, 돼지, 양 등과 함께 살며 몹시 불결한 집에서 생활해 갑상선종이 농후한 지방의 하나였지만, 이 집들을 태우고 위생상태를 개선했더니 백년 안에 이 질병이 소실되고 아직 재발하지 않았다고 한다.

그렇다고 해도 에스키모인은 개와 함께 살며 불결하고 빈곤한 중에 생활하고 있지만 갑상선종에는 걸리지 않는다. 그래서 바다에 눈을 돌려 해초 안에 요오드가 있고 다시마나 미역을 먹기 때문에 갑상선암에 걸리지 않는 것이라고 설명하고 있다. 스위스 땅처럼 바다를 멀리 둔 곳, 공기 중에는 말할 것도 없고 음식물에도 또 이 지방에 수입하는 소금에도 요오드의 혼재량은 극 미량이다. 혹은 다른 지방에 들어가는 소금에 비하면 요오드가 거의 없고 따라서 목이 두꺼워지는 것이라고 하는 요오드 결핍설이 주장되고 있다. 그래서 소학교에서는 간유를 마시게해 소량의 요오드를 제공함으로써 예방하고 있는데 성적은 좋다고 한다. 아쇼프(Aschoff) 등도 일본에는 갑상선종이 비교적 적다고 말하고 있다. 사면이 바다인 나라라서 요오드가 함유된 해조를 먹고 있기 때문이라고 해석하는 학자가 있으며, 실제로 한 미국인 학생이 도호쿠(東北) 제국대학의 하타이(畑井) 교수 밑에서 해조의 요오드를 연구하고 있었다.

관습은 제2의 천성이라서 스위스 같은 곳은 병이 이미 ○뱅에 들어갔으나, 어떤 지방의 소학교 아동의 90퍼센트 이상이나 갑상선종 형성을 나타냈고, 또 베른 시는 초생아(배꼽이 아직 떨어지지 않은 아이)의 70퍼센트는 갑상선종이 생겨 있거나 생기려고 한다고 한다. 산의 사람은 중병을 짊어지고 ○○하고 멀리서부터 서로 부르는 등 경부에 울혈하는 일이 많고 그렇기 때문에 갑상선이 팽창하는 일이 많다고 한다. 우리 우방인 러허의 갑상선종 또한 향후 연구하기 좋은 대상이다.(끝)〈49~51쪽〉

본지 기자, 「적십자 병원을 방문하다」, 『조선급만주』(제323호), 1934년 10월.

조선에 적십자병원이 창립된 것은 지금으로부터 약 10여 년 전인 다이쇼 12년(1923), 당초는 상설구호소가 설치되고 서대문 밖의 죽첨정의 현재의 부지를 무상으로 받아 공사를 시작한 것이었다.

같은 해 11월 구호소, 진료규칙을 제정하고 내고, 외과, 소아과, 산부인과, 이비인후과, 치과, 약국을 두고 진료를 개시했다. 거기에 다이쇼 15년(1926), 일본 적십자사 조선 총지부 병원으로서 인가를 받아 종래의 진료소를 일본적십자사 조선본부병원으로 개칭하게 되어 오늘날에 이른다.

그동안 보통병동, 제약실, 약품고, 취사장, 시체실, 소독실, 시료진찰실, 병리시험실, 세균실, 전염병동, 거기에 간호부기숙사 등의 건물이 차례차례 증축되는 등 모양이 바뀌어 경성에서 큰 병원으로서의 진용을 확립해 왔다. 또한 지난 쇼와 4년(1929)에는 총재 간인노미야(閑院宮) 전하께서 와주시어 큰 영광이었다.

이곳에서는 적십자사 본래의 의의에 준하여 구호간호부 보습생 및 구호간호부생도의 교육을 개시했다. 오늘날에는 이미 약 70여 명의 졸업생을 내보내고 있다. 무엇보다 12개 연간의 의무연한이 있기 때문에 언제 소집될지 알 수 없다.

만주사변부상병자 구호를 위해 구호반을 편성해 간호부 13명은 전지로 소집되어 근무상의 큰 쾌거를 올리고 귀환했다.

적십자사의 취지에 기초하여 구호간호부의 양생, 혹은 빈곤 환자의 진료, 일반 환자의 치료는 가능한 한 저렴하게 하는 것이 본 병원의 특징이다.

1933년 중에 진료 환자 수는 14만 4,460명, 1일 평균 396명, 치료 연인원 29만 1,867명이며 입원환자는 1,770명이다. 적십자는 일본 전국에 지부병원이 26개소 있는데 경성은 전국에서도 도쿄, 오사카에 이어 제3위의 성적을 올려 일반구호에 예의 노력하고 있다.

시료(施療), 보통외래의 처방전이 59,348매, 1일 평균 163장 나가고 있다. 이에 대해 투약제수는 22,794제, 1일 평균 556제의 수치를 보이고 있다.

시료, 보통 환자의 입원 처방전이 17,027매, 일일 평균 47매로, 이것에 대한 투약제수가 56,007제, 1일 평균 153제를 투약하고 있다.

이상이 작년의 환자에 대한 성적의 수치이다.

구호간호부는 현재 19명이며, 여기에 보통간호부를 더해 70명이 밤낮으로 병과 ○냄새로 숨이 막힐 정도의 빨간 벽돌 건물 속에서 일하고 있다.

구호간호부라고 하는 것은 적십자사의 취지에 따라 전지에 소집될 자격을 갖춘 자로서 교육기간이 3개년, 게다가 12개년의 의무연한이 있다. 그녀들은 소위 전지에 소집될 경우에는 전선의 병사와 같은 자격을 가지고 공로에 따라서는 위계훈장도 받을 수 있다. 보통간호부는 교육연한이 2개년이지만 여기에서는 다른 병원과 달리 전부가 고등여학교 졸업생이 아니면 채용하지 않게 되어있다.

시료환자에 대한 업무는 적십자사 본래의 사명 때문에 이를 위한 대비는 전국 적십자병원 중에서도 최상이라고 할 수 있다. 경비도 본부로부터 1년에 3,500원의 보조가 있을 뿐인데 다른 15,000원은 병원의 수입을 그쪽에 할당하고 있다. 매일 오전 중 진료를 행하고 있는데 외래 1일 평균 151인, 입원환자는 186인으로 환자는 대부분 조선인이다.

환자의 병 종류를 보니 전염병성의 입원환자는 400명으로 디프테리아, 폐질환자가 그 대부분으로 그 외에 장티푸스, 세균성, 적리 등의 환자도 있다. 작년 전염병 환자는 1만3,830명 있었다. 그 외의 환자를 보면 영양기 계통의 환자가 대부분이고, 비뇨기, 생식기, 호흡기 병 등이 그 다음을 잇는다. 입원환자의 사망률은 총환자의 0.004에 해당하고 전염병환자의 사망률이 가장 높다.

병동은 5병동으로 병상 수는 125개이다. 보통병동은 24실이고 64병상 산원은 12실이고 24병상, 전염병동은 8실로 17병상, 시료병동은 3실로 20병상이다. 입원환자는 대부분 계속 만원인 상태로 125병상 중 평균 3분의 1 약 40인은 조선인 환자이다.

입원료는 1인실이 1일 6원, 물론 여기에는 진찰, 약값, 식사 등이 포함되어있다. 무엇보다 적십자 병원에서는 따로 1인실이 있는 것이 아니라 2인실을 특별히 1인실로 하여 중태병으로 희망하는 환자에게 해당시키고 있다. 2인실의 방이 3원과 3원 50전으로 나뉘어져있다. 다음이 3인~4인실로 1일 2원과 2원50전이다.

간병인은 1일 식비가 붙어있고 1원 30전, 이것은 일본인의 가격이다. 조선인은 1일 1원이다. 간병간호인은 적십자병원에서는 직영하고 있기 때문에 몹시 편리하며, 게다가 통제된 훈련이 되어 있으므로 다른 병동의 간병인에 비해 평판이 좋다. 따로 2인실에서는 상담한 후, 1인의 간병인으로 돌보게 하는 경우가 있고, 이 경우는 1일 80전으로 되어있다. 전염병환자는 모두 20퍼센트 증가요금을 받도록 되어있다. 물론 간병인도 20퍼센트 높은 일당으로 되어있다. 약값은 1일 20전으로 정해져 있으며 그 외는 실비이다. 주사료는 이 실비로 시술된다. 수술료는 1원에서 백 원까지의 제정이 되어있지만 수술의 정도에 따라 요금은 일정하지 않다. 시료환자 쪽은 모두 무료로 행하고 있다.

식품조달 또한 적십자병원 직영으로 주방장 이하 9명이 이 일을 하고 있다. 작년 환자의 식사 수는 20만 2,973식으로, 1일 평균 5,056식을 만들어내고 있다.

적십자병원을 배경으로 종사하고 있는 직원은, 원장은 군의 출신의 의학박사 이와부치 도모지(岩淵友次) 씨로 창립 이래 십여년 근속하여 오늘에 이르러 자애로운 아버지처럼 사랑받고 있다. 내과의 의장을 겸하고 있다. 내과는 이와부치 씨 이하 4명. 외과는 의학박사 아이바 다이지(相馬第二) 씨 이하 4명, 소아과는 의학박사 하라 히로타케(原弘毅) 씨 이하 3명, 산부인과는 사메지마 요시오(鮫島義雄) 의장 이하 4명(그런데 현재 사메지마 씨는 구마모토 熊本의 의대 연구실로 돌아가 예의 연구 중이지만 빠른 시일 안에 당당히 연구 논고를 가지고 돌아온다고 한다), 안과는 다카나가 ○(高永○) 의장 이하 2명, 이비인후과는 사토 다케시(佐藤猛) 의장 이하 2명, 피부과·비뇨과는 의학박사 모리야마 기로쿠(森山儀六) 씨 이하 2명, 치과는 요코지 히데아키(横地秀明) 이하 2명, 약제과는 이케가미 다쓰고로(池上達五郎) 씨 이하 4명, 광선과는 아이바 다이지 씨가 겸하고 있고 이하 2명, 병리실험실은 하라 히로타케 씨가 겸하고 있으며 이하 3명, 시료실은 다나카 진시로(田中仁四郎) 씨가 각각 실력을 발휘하고 있다.

본 병원의 경우는 간호부 또한 몹시 친절하고 정중하며 군규칙과도 같은 규율을 능히 지키고 있다. 기숙사에서도 정신강화(精神講話), 꽃꽂이, 거문고, 요리 등을 습득하게 하고 있다. 모두 고등여학교 출신자들인 만큼 비약적인 스캔들을 일으키는 자도 없고 온화하고 선량한 장태로 근무하고 있다. 그 중에는 이 병원에서 수업을 받고 시내 병원으로 나가 간호부가 된 사람도 상당히 있는데 퍽 평판이 좋다.

이 병원 안에는 매점도 있고 병자를 문병하는 경우의 선물도 이곳에서 구매할 수 있도록 되어있다. 위층에는 직원 숙직실이나 오락실이 있다. 당구장 등도 있어서 의사들은 한가한 시간에 이곳에서 사이좋게 병원의 분위기를 완전히 잊고 볼을 치고 있다.(끝) 〈87~88쪽〉

혼다 다쓰요시(경성 혼다 병원장 의학박사, 本田建義), 「치병과 종교」, 『조선급만주』(제324호), 1934년 11월.

텐리교(天理敎)·오모토교(大本敎)·곤코교(金光敎)나 최근의 히토노미치(人の道) 등의 신종교는 모두 신심에 의한 질병의 평유(平癒)를 팻말 맨 첫줄에 써 놓고 있어서, 이곳의 신도들 대다수는 마치 이것을 유일한 이익으로 믿고 싶어 하며 사람들에게도 권해서 의사 못지않은 신자가 많은 듯한데, 치병에 관한 종교적 신앙은 인문의 진보 상에서 또 국가위생의 발달상에서 봐도 그다지 어이없는 일은 아니라고 나는 생각한다. 그러나 한발 물러서서 생각해보면 신앙적 정신작용이 어떤 종류의 질병 특히 관능적 신경질환에 상당한 효과가 있다는 점은 부정할 수 없지만, 신체에 해부적 변화를 불러오는 질병, 예를 들어 늑막염이나 암, 위장염 등의 병에는 제아무리 종교를 믿고 가지기도를 올려도 결코 완치되는 일은 없는 것이다. 종교를 깊게 믿는 것은 자신의 신체를 신불에 의탁해서 안심입명하여 그 정신이 흥분요란하지 않으므로 질병의 경과가 대체로 괜찮거나 혹은 동통 등과 같은 자각증상이 경쾌한 부분이 있다는 것은 있을 수 있는 일이다. 이 신앙적 정신작용의 치병적 효험은 어떤 종교라도 과대하게 취급되어 세계적 대종교인 기독교나 불교에서도 신앙기도에 의해 병자를 낫게하는 효험을 믿어서, 소위 현세이익을 위해 종교를 신앙하고 있는 사람도 상당히 많다. 또 불교에서는 주문이 치병에 효력이 있다고 설파하여 고래부터 승니에게 의뢰해 경을 올려 부처에게 기도하고 치병을 꾀하는 풍습이 이루어졌으며, 나라(奈良) 시대 무렵에는 이 풍습이 매우 활발해 승려가 치병에 관여하고 그 동안 다양한 폐해가 발생했기 때문에 마침내 승니의 무술(巫術)에 의한 병자의 치료를 금하기에 이르렀던 일도 있었다. 하지만 부처에게 기도하고 경을 외서 현세이익을 구하고 질병에서 벗어나기를 기원하는 신앙은 결코 불교 본래의 목적이 아니다. 불교의 근본적 정신은 적멸위락(寂滅爲樂)이었으며, 치병 등의 현세이익을 설파하는 것은 세간의 신앙을 불러 모으기 위한 방편에 불과하다고 생각할 수 있다. 무엇보다 즉신성불을 표방하는 진언종(眞言宗)은 그 개조(開祖)인 고보 대사(弘法大師)가 이미 일종의 대기술사(大奇術士)·대마술사로, 현세이익의 신앙을 조성한 점에 있어서 아마 다른 필적을 찾을 수 없을 정도이다. 요컨대 대사의 한마디로 즉시 눈병 환자를 고친 일, 한번 어루만진 것으로 앉은뱅이를 일어서게 한 일, 물이 없는 땅에 지팡이로 구멍을 뚫었더니 청수용출한 일, 가뭄으로 괴로워하는 땅에는 경을 외워 비를 내리게 한 일 등의 전설은

오늘날까지 전해져서 대사의 유적인 시코쿠(四国) 88개소를 차례로 순배하며 가호를 구해 난치병의 평유를 기원하는 시코쿠 순례 모습은 끊임이 없다. 기독교에서도 마찬가지로 기독교 스스로 다양한 병자를 다룸에 있어 빙의한 악귀를 구축해 병을 낫게 했다는 소위 기적이 신자의 뇌리에 깊게 새겨진 결과 구세주의 이름을 칭송하게 된 하나의 큰 토대라고 생각한다. 마태복음 4장 24절에도 "귀신 들린 자, 간질·중풍병자들을 그에게 데려오니 그들을 고치시더라."라고 기술되어 있으며 "주여 내 아들을 불쌍히 여기소서. 그가 간질로 심히 고생하여 자주 불에도 넘어지며 물에도 넘어지는지라."(마태복음 17:15) "이에 예수께서 꾸짖으시니 귀신이 나가고 아이가 그때부터 나으니라."(마태복음 17:18)라고 기술되어 있다. 이상의 신경정신병 외에도 신체의 국소적 질병, 예를 들면 귀머거리·벙어리·장님·꼽추 등과 같은 자들도 역시 예수의 손에 의해 즉시 완전히 나았다는 이야기가 누가복음·마태복음의 기사 중에 있는데, 기독교의 승려는 동시에 의사로서 병상에 임하여 기도·참회 등에 의해 병자를 낫게 한다는 점을 가르쳐왔다. 또한 전술한 일본의 신흥종교라고 해야 하는 곤코교나 덴리교, 히토노미치 등이 치병의 이익을 제1의 목표로 삼는 것처럼 종교적 단체와 매우 비슷한 것이 미국의 에디 부인이 창설한 '크리스천 사이언스'라고 하는 것이다. 모든 질환은 전부 죄악에 의해 발생하는 것이며, 신앙과 기도로 어떤 병이라도 완치될 수 있다고 주창해 수많은 귀의자를 모으고 있다. 에디 부인은 특별히 학문의 소양이 있는 부인도 아니며, 그의 저서는 완전히 공상적이고 독단적인 황당무계한 사람이다. 그러나 신자는 이 저서를 완전히 하늘의 계시이자 새로운 성서처럼 숭배하고 부인을 여자 예언자로서 깊이 존경하고 있다. 이러한 점에서 우리 일본의 덴리교의 개조 나카야마 미키(中山みき) 여사와 거의 큰 차이가 없다. 무엇보다 이 '크리스천 사이언스'에서는 신경병과 같은 기능적 질병뿐만 아니라 위장병·폐병 등과 같은 기질적 질병 또한 동일하게 신앙에 의해 치유할 수 있다고 말한다. 상당한 지식이 있는 계급 중에도 이처럼 불합리한 '신앙 마법'을 믿는 자가 많다. 또 이와 대립하는 목사 우스 스타 및 마크 콘트가 창립한 '임마누엘 처치 무브먼트'라고 하는 일파의 종교단체는 '크리스천 사이언스'처럼 극단적인 것은 아니다. 단지 기능적 질환인 신경성 질병에 대해 신앙 기도의 효력이 있다는 사실을 인정하고, 반드시 의학을 배척하는 것이 아니라 병자가 있으면 우선 의사에게 진단을 받고 그 병이 신경병성인 것일 때는 목사에게 치료받으라고 하고 있다. 이상과 같이 의료적 종교가 많은 점에 있어서 최근 오사카 마이니치 신문의 『현대의 불교』에서 도모마쓰 엔타이(友松圓諦) 대사가 "미래왕생이라고 하는 오래전부터의 금간판에 금이 간 현대인이 생명에 집착이 격심함과 동시에 오늘의 의료적 시설들이 빈민대중이 가까이하기 어렵고, 또한 의학의 진보가 아직 철저하지 않아 보편화되지 않았기 때문에 오늘날의 종교가 유일한 무기로서 '신심에 의한 평유'를 주장하게 되었다. 또 수많은 현세기도의 사원 및 신사가 영리업자 계층에 많은 신도수를 보유하고 있다는 사실은 현재의

경제조직 그 자체의 불안성, 투기성의 반영이다."라고 기술하고 있다. 그런데 우리처럼 의사를 업으로 삼은 자가 직업적 의식으로 이것저것 말하는 것은 아니지만 도모마쓰가 "이런 종교적 정서가 횡행하는 사실은 사회생활의 향상이라는 입장에서 실로 불쾌한 일"이라고 부언하고 있는 점에 나는 크게 동감하는 부분이다.(끝) 〈60~61쪽〉

하기노 마사토(경성부 위생과장 의학박사, 萩野正俊), 「디프테리아의 예방에 대해서」, 『조선급만주』(제325호), 1934년 12월.

매년 동절기가 되면 호흡기계의 전염병이 많고 성홍열, 디프테리아의 환자수가 증가하는 경향이 있다. 올해 마찬가지로 아래의 표에 나타내는 대로 점차 증가하고 있으며, 여기에 디프테리아는 작년에 비해 10월말까지 110명의 증가를 보이고 있는 것이 현재의 상황이다. 이를 전염병 총수로 보면 반대로 작년 10월말에 비해 365명의 감소를 나타내고 있다. 그럼에도 불구하고 디프테리아 환자는 증가해 왔다. 이에 대해서 부민 여러분과 함께 깊이 고찰해 보아야 할 문제라고 생각한다. 디프테리아는 아이들에게 많은 전염병이다. 따라서 아이가 있는 분에게 도움이 될까 생각하여 디프테리아의 예방법에 대해서 이야기하고자 한다. 먼저 성홍열, 디프테리아 및 전염병 전체의 환자수를 월별로 나타내면 아래의 표 대로이다.

성홍열	1933	1934	디프테리아	1933	1934	전염병환자총수	1933	1934
1월	37	29	1월	19	23	1월	99	75
2월	31	42	2월	22	33	2월	173	115
3월	25	41	3월	32	42	3월	149	141
4월	30	43	4월	13	32	4월	129	136
5월	24	36	5월	19	33	5월	140	130
6월	25	22	6월	20	34	6월	211	162
7월	18	24	7월	4	20	7월	230	212
8월	24	25	8월	26	22	8월	285	216
9월	21	28	9월	16	35	9월	240	222
10월	30	33	10월	43	54	10월	315	195
계	265	331	계	218	328	계	1971	1604
증	66		증	110		감	365	

디프테리아는 디프테리아 간균(桿菌)에 감염되어 주로 인후에서 번식하고, 그곳에 회백색의 막을 만들어 결국 후두를 막아 질식으로 죽음에 이르게 하는 경우도 있지만, 디프테리아 균이 만들어내는 독소에 의해 발열 그 외 심장, 장 등에 침범해 위중한 병상을 나타내어 사망에 이르게 하는 경우가 많다. 앞에 서술한 대로 이 병은 아이들에게 감염되기 쉬운 전염병

이므로 가족 간에 감염되는 경우가 많다. 그래서 아이들이 인후의 통증을 호소하며 쉰 기침을 시작했을 때는 빨리 의사의 진찰을 받아야 한다. 그래서 혹시라도 디프테리아에 감염된 경우에는 치료혈청 주사를 맞고 동시에 환자를 격리해야 한다. 이렇게 하는 것은 환자를 위한 일이기도 하고 또한 다른 아이들의 예방을 위해서이기도 하다. 이것이 예방 중에서도 가장 중요하다.

평생 아이들에게는 양치질을 하도록 습관을 만들어주는 것이 필요함은 물론이고 거기서 한발 더 나아가 아이들에게 디프테리아의 예방주사를 맞게 해두는 것도 무엇보다 중요하다.

디프테리아 예방주사에 대해서는 일반적으로 알려져 있지 않은 것 같으므로 이에 대해 간단히 이야기하고자 한다. 이전에는 디프테리아의 예방을 위해서 디프테리아 치료혈청 주사를 맞았지만 가스톤 라몬이라고 하는 사람이 디프테리아균이 생산하는 독소를 연구하여, 인체에 주사했을 때 면역능력이 있는 게다가 인체에 나쁜 반응이 없는 독소를 발견한 것을 시작으로 유럽 및 내지 각 도시에서 실제로 응용되고 있다. 이것은 혈청이 아니므로 한번 예방주사를 맞아 두면 상당히 오랜 기간 동안 신체에 면역체가 지속되어 예방효과를 나타낸다. 설령 디프테리아에 감염됐을 경우에도 안심하고 치료 혈청의 주사를 맞을 수 있다.

올해 5월 이래 경성부에서는 디프테리아 환자가 발생한 가정에 대해 15세 미만의 아이가 있으면 이 아이에게는 권고하여 경성부의 위생시험실에서 이 독소(아나톡신)에 의한 예방주사를 맞도록 하고 있는데, 이 수는 약 200여 명에 이르지만 아직 한 명도 환자가 발생하지 않은 좋은 성적을 내고 있다.

이제부터 디프테리아의 유행기를 앞두고 있으므로 경성부내의 일반인에게도 무료로 예방주사 요구에 응하도록 되어 있으므로 아이를 꼭 경성부의 위생실에 데려가 주사를 맞게 했으면 좋겠다.

또한 디프테리아 감염에 큰 책임이 있는 것은 어른이다. 어른은 디프테리아에 감염돼도 발병하지 않고 보균자로서 균을 운반하는 경우가 많기 때문이다. 그래서 어른이 양치질을 꼭 하는 것이 이 병의 예방에 무엇보다도 중요하다고 생각된다.

앞서 언급했듯이 올해 경성부의 전염병 환자 수는 전염병 전체로 보면 작년에 비해 상당히 감소세를 보이고 있는데, 이것은 부민의 전염병 예방에 대한 인식 향상이 큰 원인이라고 생각되므로 디프테리아 예방에 대해서도 솔선해서 예방주사를 맞도록 하여 주의해주시면 좋겠다고 생각한다.

또한 성홍열도 디프테리아와 마찬가지로 예방주사가 있으므로 부내 소학교 아동에게 현재 시행중인데, 이전 10개년간의 성적에 대비해 보면 상당한 효과를 보여주고 있다. 쇼와 3년(1928) 중 아동의 이환율(罹患率)은 1,000명당 17명이었던 것이 해마다 감소하여 쇼와 7년(1932)에는 1,000명당 6명이 되었으며 부내의 성홍열 환자수의 증감에 영향을 받고 있지 않다. 경성부의 위생시험실에서는 디프테리아와 마찬가지로 성홍열 예방주사도 무료로 시행하고 있으므로 이것도 꼭 이용하셨으면 한다.

요컨대 디프테리아, 성홍열의 예방은 예방주사(혈청이 아닌)와 양치질 이 두 가지이다. 어른의 양치질은 특히 필요하다.(끝) 〈61~62쪽〉

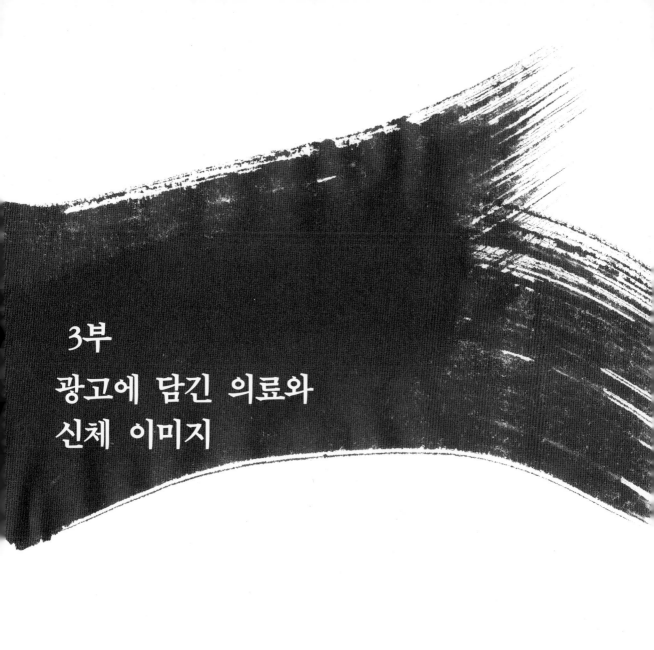

3부
광고에 담긴 의료와
신체 이미지

1. 고통받는 신체

〈그림 1〉 '만성 위장병'. 『동아일보』 1931년 2월 10일

〈그림 2〉 치통. 『동아일보』 1931년 7월 22일

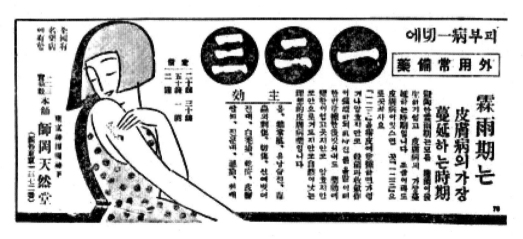

〈그림 3〉 피부병. 『동아일보』 1931년 6월 16일

〈그림 4〉 무좀.
『동아일보』 1931년 8월 15일

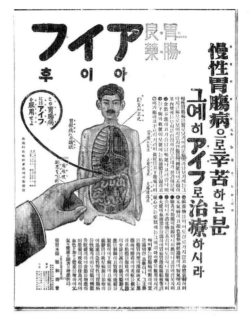

〈그림 5〉 만성 위장병.
『동아일보』 1934년 7월 25일

〈그림 6〉 뇌 신경병(건뇌환 광고 부분).
『동아일보』 1933년 10월 13일

〈그림 7〉 만성 위장병.
『경성일보』 1931년 10월 10일

〈그림 8〉 여러 피부병 증상. 『조선중앙일보』 1933년 4월 23일

〈그림 9〉 『동아일보』 1931년 9월 10일

〈그림 10〉 종기. 『동아일보』 1932년 4월 9일

〈그림 11〉 신경쇠약.
『경성일보』 1935년 1월 16일

〈그림 12〉 뇌의 피로와 신경쇠약. 『조선신문』 1934년 8월 22일

2. 의료기

〈그림 1〉 건강대. "배를 눌러주고 보온
작용을 하며 자극을 준다". 『동아일보』
1930년 4월 13일

〈그림 2〉 '고산 태양등'. 『경성일보』 1931년 3월 27일

〈그림 3〉 "라듐 온구치료기. 의학계의
대혁명, 세계적 대발명". 『동아일보』
1931년 6월 27일

〈그림 4〉 융비기, 코 높이는 기계.
"코는 인생의 꽃, 코 모양으로
행복과 불행이 나뉜다". 『동아일보』
1931년 7월 16일

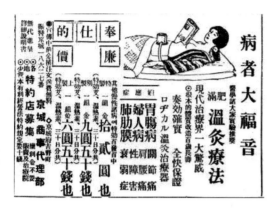

〈그림 5〉 "위장병, 부인병, 폐 늑막에 좋은 온구
요법, 살찌게 한다.". 『동아일보』 1931년 7월 31일

〈그림 6〉 고무손, 우유병, 고무
삭구, 온구기, 월경대, 탈장대,
반창고, 등 고무 관련 의료기기를
모두 적었다. 『동아일보』 1932년
12월 21일

〈그림 7〉 가정용 태양등. 『경성일보』
1932년 3월 6일

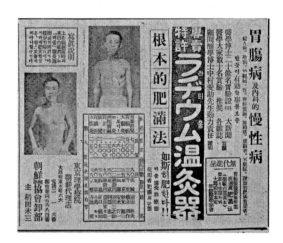

〈그림 7〉 "위장병과 만선병에 좋은 라디움 온구기".
"살찌게 한다". 『매일신보』 1933년 12월 9일

〈그림 8〉 뇌를 건강하게 하는 '건뇌기'.
『신여성』 64호 1933년 10월호

〈그림 9〉 '습윤기'. 『경성일보』 1934년 5월 19일

3. 구충 · 살충제

1) 구충제

〈그림 1〉 회충약. 『동아일보』 1931년 2월
9일

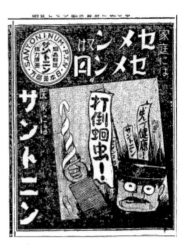

〈그림 2〉 "타도 회충". 위생경찰이
회충을 잡았다. 『경성일보』 1932년
1월 10일

〈그림 3〉 회충약. 『동아일보』 1931년 10월 4일

〈그림 4〉 배 속에 있는 회충을 그렸다.
『동아일보』 1932년 7월 9일

〈그림 5〉 "풀밭에서 우는 벌레는 순하지만,
배 속에 있는 벌레는 무섭다".
『동아일보』 1931년 9월 6일

〈그림 6〉 회충약. 『동아일보』 1932년 6월 2일

〈그림 7〉 "가족의 건강은 회충 박멸부터".
『동아일보』 1932년 9월 6일

〈그림 8〉 '회충 박멸의 신'.
『동아일보』 1932년 11월 18일

〈그림 9〉 회충약. 『동아일보』 1932년 12월 16일

〈그림 10〉 회충약. '건강 수호의 신'.
『동아일보』 1934년 7월 19일

〈그림 11〉 "회충박멸 백발백중". 『매일신보』 1935년 5월 12일

2) 살충제

〈그림 12〉 가정 살충제. 『경성일보』 1932년 6월 1일

〈그림 14〉 빈대. 『경성일보』 1934년 5월 18일

〈그림 13〉 모기향.
『동아일보』 1932년
5월 27일

〈그림 15〉 "살충제를 사용한 부엌은 깨끗하다".
『경성일보』 1934년 5월 22일

〈그림 16〉『경성일보』1934년 5월 30일

〈그림 17〉『경성일보』1934년 5월 27일

〈그림 18〉 변소 악취와 구더기 방지.『동아일보』1933년 4월 20일

〈그림 19〉 가정용 살충제. 『경성일보』
1934년 6월 29일

〈그림 20〉 "빈대가 자멸한다". 『경성일보』 1934년 7월 2일

〈그림 21〉 『경성일보』 1934년 6월 2일

〈그림 22〉 의복 제충과 방습. 『조선일보』
1934년 7월 19일

〈그림 23〉 『동아일보』
1932년 7월 27일

〈그림 24〉 "어린아이도 입으로 불어
파리 모기 등을 죽일 수 있다".
『경성일보』 1935년 7월 18일

〈그림 25〉 벼룩. 『동아일보』 1935년
5월 11일

〈그림 26〉 "모기 군대 절멸".
『경성일보』 1935년 5월 13일.

〈그림 27〉 『경성일보』 1935년 7월 6일

4. 화류병(성병) 약 광고

〈그림 1〉 "옛날에는 코가 떨어진 사람이 있었다". 매독약. 『동아일보』 1931년 3월 7일

〈그림 2〉 매독약. 『동아일보』 1932년 4월 13일

〈그림 3〉 "과학의 승리". 임질약. 『동아일보』 1932년 5월 17일

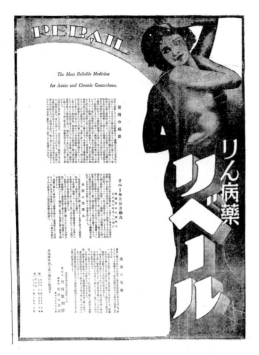

〈그림 4〉 임질약. 『경성일보』 1932년 6월 7일 　　　〈그림 5〉 임질약. 『경성일보』 1932년 7월 16일

〈그림 6〉 "매독 완전 치료". 『동아일보』 1932년 7월 17일

〈그림 7〉 "술과 여자와 임질". 『경성일보』 1934년 7월 19일

〈그림 8〉 "위험하다. 임질을 빨리 치료하라". 『동아일보』 1933년 11월 21일

〈그림 9〉 임질약. 『동아일보』 1935년 4월 12일

〈그림 10〉 "임질로 고통하는 이여 보라". 『동아일보』 1935년 4월 12일

〈그림 11〉 "의학의 승리. 매독의 근본 치료".
『조광』 창간호(1935.11), 401쪽.

〈그림 12〉 최신 매독에 이상적인 약과 최신 강력 임질약. "독일은 세계 제일".
『동아일보』 1935년 11월 9일

5. 뇌건강

〈그림 1〉 "번민하지 말라. 절망하지 말라".
『조선일보』 1931년 4월 17일

〈그림 2〉 "전율할 신경쇠약의
마수에서". 『신동아』 2권 3호,
1932년 3월

〈그림 3〉 불면, 변비, 두통, 기억력 감퇴. 『동아일보』 1932년 6월 14일.

〈그림 4〉 이상이 쓴 소설 『날개』에 나오는
'아달린' 약 광고. 신경쇠약 불면증.
두근거림. 『경성일보』 1933년 1월 7일

〈그림 5〉 뇌 신경병. 『동아일보』 1933년 5월 7일

〈그림 6〉 신경쇠약. 『동아일보』
1933년 9월 12일

〈그림 7〉 "뇌는 자본이다". 『조선일보』 1934년 3월 22일

〈그림 8〉 "뇌는 활동의 원동력이다". 『조선일보』 1934년 5월 18일

〈그림 9〉 "불면과 변비는 뇌의 대적".
『조선일보』 1934년 7월 15일

〈그림 10〉 구름이 걷히고 맑아지듯이 우울이 사라진다. 『경성일보』 1934년 7월 16일

〈그림 11〉 "뇌는 자본이다". 『조선신문』 1934년 5월 19일

〈그림 12〉 "두통, 변비, 불면은 뇌신경 이변의 조짐". 『경성일보』 1934년 11월 8일

〈그림 13〉 '근대인 뇌의 식량.' "봄은
두뇌에 이변이 생기는 계절". 바이올린
줄 하나가 끊어졌다. 『경성일보』
1935년 4월 11일

〈그림 14〉 "시험기 학생의 두뇌를 지켜라".
『경성일보』 1935년 2월 20일

〈그림 15〉 신경 영양 강장제. 『동아일보』 1935년 4월 20일

〈그림 16〉 "뇌는 자본이고 지배자이다". 『동아일보』 1935년 4월 14일

〈그림 17〉 '두뇌 과로'. 『경성일보』 1935년 7월 7일

〈그림 18〉 "첨예한 신경, 마모되는 뇌의 힘". 『동아일보』 1935년 9월 23일

6. 자양강장제와 신체 이미지

〈그림 1〉 '강정 강뇌'. 『경성일보』 1931년 2월 4일

〈그림 2〉 '튼튼한 체력, 왕성한 정력'.
『조선일보』 1931년 10월 16일

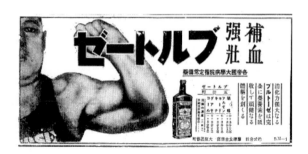

〈그림 4〉 '보혈 강장'. 『경성일보』 1932년 2월 5일

〈그림 3〉 '초급속 강장제'. 『동아일보』 1931년 10월 24일

〈그림 5〉 영양 강장제. 『조선일보』 1932년 2월 16일

〈그림 6〉 "인체세포 개조. 초급속 강장제". 『조선신문』 1932년 2월 21일

〈그림 7〉 보혈 강장제. 『동아일보』 1932년 2월 28일

〈그림 8〉 "인체세포 개조. 초급속 강장제". 『경성일보』 1932년 4월 7일

〈그림 9〉'초급속 강장제'. 『경성일보』 1932년 4월 29일

〈그림 10〉"보혈 강장제, 원동력 보급". 『동아일보』 1932년 5월 17일

〈그림 12〉'골수 호르몬, 철(鐵)제제'.
『경성일보』 1933년 2월 21일

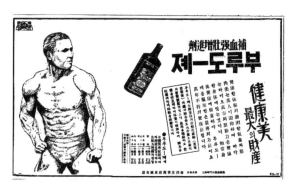

〈그림 11〉"건강미, 최대의 재산".
『동아일보』 1932년 7월 7일

〈그림 13〉 간유와 간유구.
『신동아』 2권 5호, 1932년 5월

〈그림 14〉 "위와 장을 강하게
하여 정력이 왕성해진다".
『경성일보』 1933년 9월 8일

〈그림 15〉 '보혈 강장 증진제'. 『동아일보』 1933년 10월 14일

〈그림 16〉 "몸을 튼튼하게 하는" 약. 『조선일보』 1933년 11월 30일

〈그림 17〉 "세포를 강화하는 생명소의
출현". 『조선신문』 1934년 4월 27일

〈그림 18〉 '골수 호르몬 철(鐵)제제'.
『조선일보』 1934년 9월 16일

〈그림 19〉 '체력 충실', 『조선신문』 1934년 9월 22일

〈그림 20〉 "한 알로 소화, 흡수, 영양,
치료의 종합효과를 발휘한다". 『조선일보』
1934년 9월 7일

〈그림 21〉 "인체는 기관, 음식물은
석탄. 이것을 정력화 하는 것은 효소".
『조선일보』 1934년 11월 13일

〈그림 22〉 "각기와 영양에". 정력증진. 『경성일보』 1934년 11월 17일

〈그림 23〉 '불로회춘, 정력증진'.
『조선신문』 1935년 5월 21일

〈그림 24〉 "생생하고 발랄한 건강체".
『경성일보』 1935년 7월 12일

7. 전염병과 성인병

1) 전염병

〈그림 1〉 "세계적인 내복 예방제의
시조". 장티푸스 내복 예방제.
『조선신문』 1932년 6월 22일.

〈그림 2〉 "장티프스는 예방할 수 있다. 한번 먹으면
일년 동안 예방할 수 있다". 『경성일보』 1932년 7월
6일

〈그림 3〉 "장티푸스는 예방할 수
있다". 『경성일보』 1932년 7월 22일

〈그림 4〉 결핵 예방. 『동아일보』 1933년 4월 27일

2) 성인병

〈그림 5〉 고혈압, 뇌일혈, 협심증 예방과 치료.
『경성일보』 1934년 7월 8일

〈그림 6〉 "인생은 40이 지나면서 신체에 변화가 생긴다". 고혈압과 당뇨병. 『경성일보』 1935년 4월 24일

〈그림 7〉 동맥경화와 혈압, 뇌일혈과 중풍. 『경성일보』 1935년
7월 21일

8. 위생과 신체

1) 비누와 샴푸

〈그림 1〉 "공업 채산의 혁명을 실증한다".
『동아일보』 1931년 3월 1일

〈그림 2〉 "순도 99.4%". 『동아일보』
1932년 1월 26일

〈그림 3〉 "피부를 강하게 해서 건강으로". 『조선신문』 1932년 2월 7일

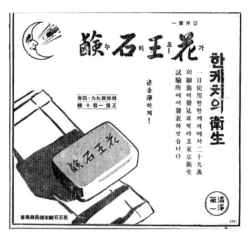

〈그림 4〉'한케치(ハンケチ: 손수건)'의 위생.
"하루 사용한 손수건에서 29만의 세균이
발견되었다".『동아일보』1932년 3월 8일

〈그림 5〉'청정 제일'.『동아일보』1932년 5월 15일

〈그림 6〉샴프를 세발료 라고 했다.
"머리는 이렇게 감으십시오".
『동아일보』1935년 2월 2일

〈그림 7〉"우선 손을 깨끗이". "손이 더러우면 병의 원인이
된다".『동아일보』1934년 6월 22일

〈그림 8〉'명랑한 세발'.
『조선일보』1935년 4월 17일

〈그림 9〉"피부의 위생과 건강에 신경 써야 할 때가 되었다".
『조선신문』1935년 4월 15일

2) 치약·칫솔

〈그림 10〉『신동아』 2권 8호, 1932년 8월

〈그림 11〉 "라이온 치약 건강으로
스트라이크". 『경성일보』 1933년 4월 28일

〈그림 12〉 담배 피우는 사람을 위한
'스모카' 치약.
『경성일보』 1933년 9월 17일

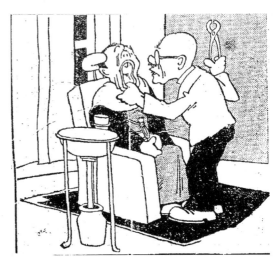

〈그림 13〉 구라부 치약 광고 가운데 부분.
『경성일보』 1934년 5월 19일

〈그림 14〉 "충치는 밤도둑과 같다. 사람이 잠들 때를
틈타 온다". 『동아일보』 1934년 12월 30일

〈그림 15〉 "눈보다 하얗게 이를 만든다".
『경성일보』 1935년 2월 8일

〈그림 16〉 6월 4일 충치 예방 데이.
구라부 치약 협찬 광고.
『조선신문』 1935년 6월 4일

〈그림 17〉 "6월 4일은 충치 예방 데이".
『조선신문』 1935년 6월 4일

9. 부인병 의약품

〈그림 1〉 월경불순. 『경성일보』
1931년 1월 8일

〈그림 2〉 '장마와 더위에 부인 양약'. 『동아일보』 1931년 6월 15일

〈그림 3〉 월경불순. 『동아일보』 1931년 7월 12일

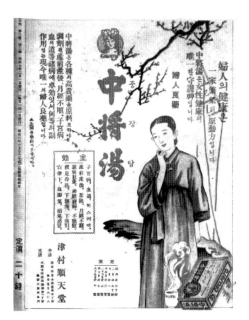

〈그림 4〉 "부인의 건강은 일가 번영의 원동력".
『신여성』 44호, 1932년 2월

〈그림 5〉 "절망에서 환희로".
"환하고 즐겁고 명랑하게". 『신여성』
45호, 1932년 3월

〈그림 6〉 "당신의 건강미가 부부 사이의
원만함의 제1조건".
『신여성』 45호, 1932년 3월

〈그림 7〉 "강하게 낳아서
강하게 길러라". 『경성일보』
1932년 2월 10일

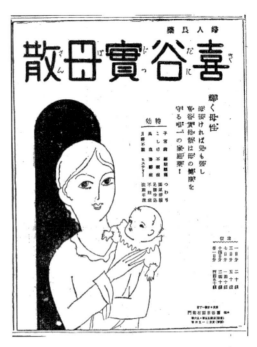

〈그림 8〉 "부인약의 왕좌, 건강 외에 행복 없다".
『경성일보』 1932년 4월 29일

〈그림 9〉 '부인 양약'.
『경성일보』 1932년 5월 17일

〈그림 10〉 "발랄한 건강도, 매력 있는 미모도".
『경성일보』 1932년 5월 19일

〈그림 11〉 "구질구질한 장마철에".
『동아일보』 1932년 6월 21일

〈그림 12〉 "가을은 여성의 위기". 『동아일보』 1933년 9월 12일

〈그림 13〉 "가슴에 용솟음치는 행복감!". 『경성일보』 1935년 2월 14일

10. 피부병 약과 발모·제모제

1) 피부병 약

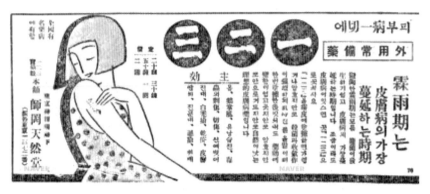

〈그림 1〉 "장마철은 피부병이 가장 만연하는 시기".
『동아일보』 1931년 6월 16일

〈그림 2〉 "피부병 퇴치, 강력한 살균작용".
『동아일보』 1932년 5월 20일

〈그림 3〉 "여름이 되어 옷이 얇아지니 옥 같은 살결이 자랑이다. 그러나 피부병은 그 고움을 앗아간다".『동아일보』 1932년 7월 16일

〈그림 4〉 피부약, 가정상비약. 『경성일보』 1934년 10월 29일

〈그림 5〉 '침투성 피부약'. "잠복균을 죽이는 것이 이 약의 특색이다!".『조선신문』 1935년 6월 18일

〈그림 6〉 무좀, 습진, 물집. 『경성일보』 1935년 7월 6일

〈그림 7〉 무좀약. 『동아일보』 1931년 7월 2일

2) 땀과 무좀약

〈그림 8〉 무좀약. 『조선일보』 1935년 7월 22일

〈그림 9〉 "무좀은 땀 고인 것에서 비롯된 것".
『조선일보』 1934년 6월 21일

〈그림 10〉 액취증. '겨 땀'의 악취.
『조선일보』 1934년 6월 21일

〈그림 11〉 '얼굴약(顏劑) 부분.
『동아일보』 1933년 6월 11일

3) 여드름 주근깨

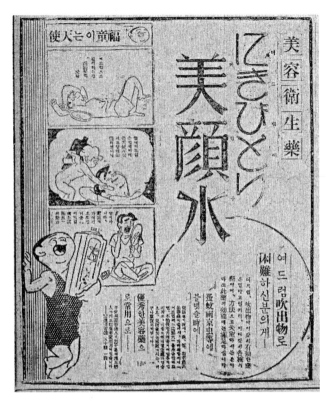

〈그림 12〉 여드름에 '미안수'. 『매일신보』 1934년 9월 29일

〈그림 13〉 '개기름 얼굴(지방안)'의 여드름 빼는 약.
『동아일보』 1935년 9월 19일

4) 발모제와 제모제

〈그림 14〉 "모발과 정력을 모두 젊어지게
한다". 『경성일보』 1931년 1월 10일

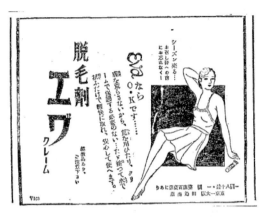

〈그림 16〉 "시즌이 왔다". '탈모제'.
『경성일보』 1934년 6월 22일

〈그림 15〉 "여름이다!". '탈모제'. 『경성일보』 1933년 7월 15일

〈그림 17〉 "아름다운 팔과 다리는 모던으로 가는 길!
다모증은 곧바로 제거되며 부드러운 피부가 된다". 『경성일보』 1934년 7월 14일

〈그림 18〉 "빛나는 자태미". 『경성일보』 1934년 8월 1일

〈그림 19〉 "대담한 자태". 『경성일보』 1934년 8월 19일

〈그림 20〉 "비듬과 대머리가 고민이라면". 『경성일보』 1935년 4월 13일

5) 고약

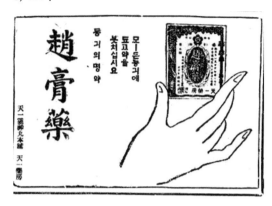

〈그림 21〉 "모든 종기에".
『동아일보』 1931년 1월 19일

〈그림 22〉 "과거 · 현재 · 미래. 종기에".
『동아일보』 1932년 2월 6일

〈그림 23〉 고약의 효능. 『동아일보』 1932년 4월 9일

〈그림 24〉 『동아일보』 1932년 11월 5일

11. 눈병·귓병·콧병

1) 안약

〈그림 1〉 "어느 때 어느 곳에서나 사용할 수 있는 새로운 용기". 『동아일보』 1931년 11월 16일

〈그림 2〉 '눈 씻는 약'. 『동아일보』 1932년 12월 21일.

〈그림 3〉 해수욕장과 안약. 『경성일보』 1934년 7월 4일

〈그림 4〉 "여름이다. 눈을 보호하라". 『조선신문』 1934년 8월 12일

〈그림 5〉 "피로한 눈은 젊음의 치욕이다".
『조선신문』 1935년 2월 16일

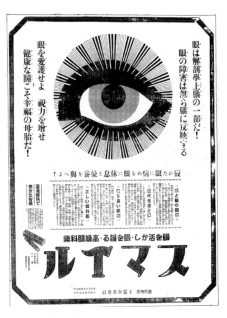

〈그림 6〉 "눈은 해부학상으로 뇌의
일부분이다." "눈의 장애는 뇌로 연결된다".
『경성일보』 1935년 5월 8일

〈그림 8〉 "여름의 태양은 강렬하다".
『조선신문』 1935년 6월 11일

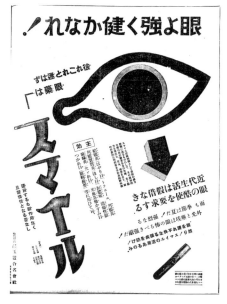

〈그림 7〉 "근대 생활은 가차 없이 눈을
혹사시킨다".
『조선신문』 1935년 6월 15일

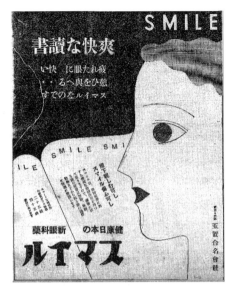

〈그림 9〉 "상쾌한 독서". 『조선신문』 1935년
10월 5일

〈그림 10〉 "눈은 뇌를 지배한다".
『매일신보』 1935년 10월 27일

2) 콧병

〈그림 11〉 "콧속에 약을 흡입하는 방식".
『조선일보』 1935년 1월 8일

〈그림 12〉 "콧속이 나쁜 아이는 성적이 나쁘다".
『조선일보』 1935년 8월 2일

12. 소화기 질병과 의약품

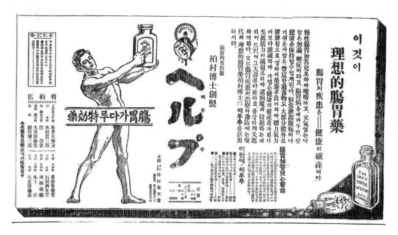

〈그림 1〉 "이것이 이상적 장위약". 여자 누드 광고는 꽤 있지만, 남성의 나체를 모델로 등장시킨 매우 특이한 광고다. 『동아일보』 1931년 6월 9일

〈그림 2〉 "위장에 병이 생기면 건강이 파산한다". 『동아일보』 1931년 7월 10일

〈그림 3〉 위장약 광고 부분. 『동아일보』 1932년 7월 14일

〈그림 4〉 맛 좋은 위장약.
『동아일보』 1932년 10월 19일

〈그림 5〉 '활명수'. 『동아일보』 1933년 7월 21일

〈그림 6〉 위장병 처방전.
『경성일보』 1934년 7월 20일

〈그림 7〉 "위장병 사망자는 연 30만 명".
『경성일보』 1934년 12월 13일

〈그림 8〉 만성 위장병 치료약.
『조선신문』 1935년 1월 17일

〈그림 9〉 "만성 위장병에".
『조선신문』 1935년 4월 13일

〈그림 10〉 가정상비 구급 위장약
'활명수'. 『조선일보』 1935년 7월 7일

〈그림 11〉 『경성일보』 1935년 7월 25일

〈그림 12〉 "구급상비약 활명수, 동화약방".
『조선일보』 1935년 7월 21일

〈그림 13〉 "소화와 식욕과 영양을 증진".
『조선신문』 1935년 8월 16일

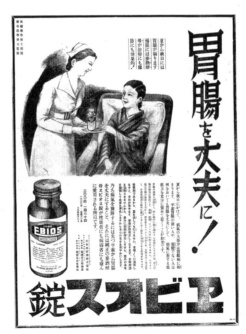

〈그림 14〉 "위장을 튼튼하게!". 『경성일보』
1935년 9월 26일

13. 호흡기 질병과 의약품

〈그림 1〉 "추위의 위세가 맹렬하다". 『동아일보』 1932년 2월 16일

〈그림 2〉 "아침과 저녁, 냉기를 따라오는 감기 귀신". 『동아일보』 1932년 10월 30일

〈그림 3〉 "감기로 폐렴에". 『동아일보』 1932년 12월 13일

〈그림 4〉 "감기는 만병의 원인". 『동아일보』 1932년 12월 17일

〈그림 5〉 여우 목도리를 두른 여인과 감기약. 『조선신문』 1933년 1월 18일

〈그림 6〉 "가래와 기침, 천식" '용각산'.
『경성일보』 1933년 3월 17일

〈그림 8〉 "유행성 감기 습격, 마스크도 필요 '천전이'는
더욱 필요". 『동아일보』 1934년 2월 28일

〈그림 7〉 미키마우스 만화를 등장시켰다. 이 무렵 일본에서 미키마우스가 유행했다. 『경성일보』 1933년
10월 13일.

〈그림 9〉 "가래와 기침, 천식에". 『경성일보』 1934년 11월 20일

〈그림 10〉 "명약의 일투(一投)". 『경성일보』 1934년 11월 30일

〈그림 11〉 "감기 해열 특효약". 『조선신문』 1934년 12월 20일

〈그림 12〉 어린이 감기약. 『조선신문』 1935년 2월 8일

〈그림 13〉 어린이 감기약. 『조선신문』 1935년 2월 18일

〈그림 14〉 '만화, 어린이와 동물국'. "토끼가 '아사다아메'를 먹고 경주에 이긴다. 미키마우스가 스키를 타면서 '아사다아메'를 먹는다". 가수의 목청을 좋게 한다. 『조선일보』 1935년 2월 26일

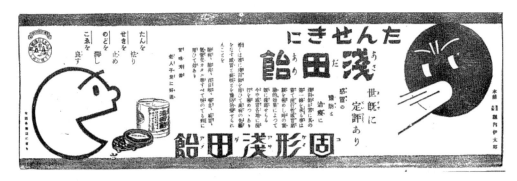

〈그림 15〉 "가래를 제거하고 기침을 멈추게 하며 목을 개운하게 한다". 『경성일보』 1935년 4월 12일

14. 신경통과 근육통

1) 신경통, 류머티즘

〈그림 1〉 "통증을 누그러뜨린다". 『경성일보』 1934년 5월 26일

〈그림 2〉 '류머티즘, 신경통'. 『경성일보』 1934년 6월 16일

〈그림 3〉 "통증과 응어리에".
『경성일보』 1935년 4월 28일

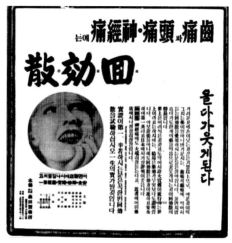

〈그림 4〉 "치통과 두통, 신경통에".
『동아일보』 1935년 9월 30일

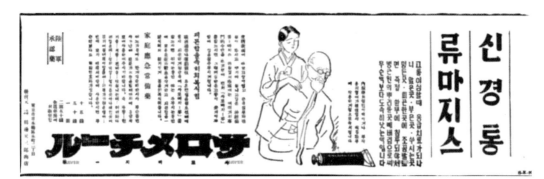

〈그림 5〉『동아일보』 1935년 10월 24일

2) 근육통

〈그림 6〉 "피로를 확 날려라. 인생은 스포츠다.
승리할 것인가 패배할 것인가,
성공할 것인가 실패할 것인가.".
『경성일보』 1931년 4월 10일

〈그림 7〉『경성일보』 1931년
11월 5일

〈그림 8〉『경성일보』1931년 12월 5일

〈그림 9〉『경성일보』1933년 2월 16일

〈그림 10〉"근육과 관절을 많이
사용하는 운동가의 상용약".
『조선신문』1933년 11월 20일

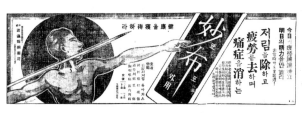

〈그림 11〉"저림과 피로와 통증을 없앤다".
『조선일보』1933년 12월 20일

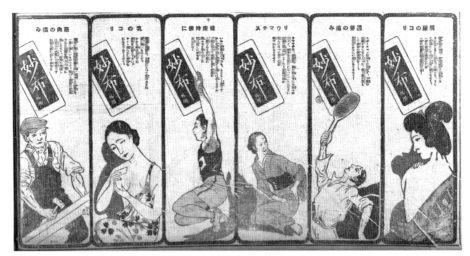

〈그림 12〉『조선신문』1934년 7월 15일

〈그림 13〉『동아일보』1935년 4월 12일

〈그림 14〉 "자랑하라 건강!".『동아일보』1935년 7월 14일

〈그림 15〉 "피로와 결림과 통증".『동아일보』1935년 10월 9일

15. 인삼 제품

〈그림 1〉 "빠르게 인삼의 효과를 기대하는
분께, 조선총독부 전매국 제조, 홍삼정".
『조선일보』 1931년 2월 15일

〈그림 2〉 "강정 비약(秘藥)". '관제(官制) 홍삼정'.
『조선신문』 1931년 5월 17일

〈그림 3〉 "강정 비약". '관제 홍삼정'.
『조선신문』 1931년 5월 25일

〈그림 4〉 "강정 · 강뇌". 『동아일보』 1931년 10월 13일

〈그림 5〉 "효과 100%, 불로장수의 영약. 고려
인삼을 주요 약재로 한 인삼 신제품".
『동아일보』 1932년 2월 28일.

〈그림 6〉 '인삼 엑기스'. 『조선일보』 1933년 8월 23일